Beiträge zur Hagiographie

herausgegeben von
Dieter R. Bauer, Klaus Herbers,
Volker Honemann und Hedwig Röckelein

Band 4

Charles Mériaux

Gallia irradiata

Saints et sanctuaires dans le nord de la Gaule du haut Moyen Âge

Franz Steiner Verlag Stuttgart 2006

Ouvrage publié avec le soutien de la Mission Historique Française en Allemagne (Göttingen)

Bibliografische Information der Deutschen Bibliothek
Die Deutsche Bibliothek verzeichnet diese Publikation in der Deutschen Nationalbibliografie; detaillierte bibliografische Daten sind im Internet über <http://dnb.ddb.de> abrufbar.

ISBN-10: 3-515-08353-7
ISBN-13: 978-3-515-08353-9

ISO 9706

Druck: Printservice Decker & Bokor, München.
Printed in Germany

SOMMAIRE

Aides à la publication

Cet ouvrage a été publié grâce au concours financier:
- de la Commission départementale d'histoire et d'archéologie du Pas-de-Calais et du Conseil général du Pas-de-Calais;
- de la Mission historique française en Allemagne (Göttingen);
- du Centre d'étude et de recherche en histoire culturelle de l'Université de Reims (EA 2616).

Préface

Gallia irradiata: cette expression imagée se lit sous la plume d'un moine de la grande abbaye de Saint-Vaast d'Arras qui écrivait il y a plus de mille ans: dans sa «Chronique de Saint-Vaast», il célébra en termes lyriques l'époque déjà lointaine, le septième siècle, où la Gaule, plus spécialement le nord de ce pays, «rayonnait» de quantité de saints évêques et abbés dont les noms sont encore familiers: Amé, Aubert, Bertin, Omer, Riquier, Vulmer et autres. C'est cette lente et incertaine propagation du christianisme, après les grandes invasions et la mainmise des Francs sur ces régions, que Charles Mériaux a étudiée dans une thèse de doctorat soutenue brillamment devant l'Université de Lille III le 7 janvier 2002 et qui est publiée dans ce livre.

Charles Mériaux s'est attaché d'abord aux missions des sixième et septième siècles, menées surtout par des moines venus d'ailleurs, d'Aquitaine, des pays celtiques; il soutient avec un grand luxe d'arguments que, malgré une vraie colonisation franque, la région n'était pas totalement retournée au paganisme gallo-romain comme on l'affirme souvent à partir de sources tardives, et que les missionnaires trouvèrent à s'appuyer sur un certain héritage chrétien venu du Bas Empire romain. Dans la deuxième partie, morceau de bravoure du livre, l'auteur étudie la mise en place de l'équipement et de l'encadrement religieux des campagnes, les villes ayant quasiment disparu, dans toute leur diversité: basiliques funéraires, monastères doubles qui seraient plutôt des monastères de femmes abritant un petit groupe de clercs à leur service (les futurs chanoines), oratoires ruraux et premières paroisses, bien difficiles à saisir. Il étudie aussi les créateurs de ces lieux: évêques, surtout ceux de Cambrai-Arras à l'intérieur, moines, surtout ceux du diocèse de Thérouanne vers la mer, aristocrates et propriétaires terriens francs. La dernière partie est consacrée à la mise en place progressive du culte des saints «régionaux», bien qu'ils soient le plus souvent venus d'ailleurs, saints par la grâce de la *vox populi*, qu'ils soient évêques, abbés ou abbesses, car les femmes ont joué un grand rôle.

Les idées bien argumentées de Charles Mériaux rencontreront approbation, correction, contradiction. Il en sera ainsi à propos des différences entre les évêchés de Cambrai-Arras, du rôle respectif des évêques, des moines et des laïcs, et surtout du degré de continuité entre ce que nous appelons l'Antiquité et le Moyen Âge, tant les historiens se partagent entre les adeptes de la continuité et ceux de la rupture entre les deux périodes: c'est ainsi que progresse la science. Mais ce qui restera longtemps et vaudra à l'auteur la reconnaissance des lecteurs et des utilisateurs, ce sont ses quelques soixante-dix dossiers sur les saints régionaux du sixième au onzième siècle, c'est son catalogue des sanctuaires connus par les sources et l'archéologie, d'autant plus utile que plusieurs d'entre eux se sont perpétués jusqu'à nos jours, sinon par les bâtiments, du moins par le peuplement.

Ce livre est un apport précieux à l'histoire religieuse et politique, à l'histoire du peuplement des territoires qui ont formé plus tard le département du Pas-de-Calais; il déborde du cadre départemental, mais il l'inclut tout entier. Pour cette raison, le Conseil général, conscient de l'utilité du mécénat culturel et scientifique, a décidé de lui attribuer une subvention, par le canal de la Commission départementale d'histoire et d'archéologie du Pas-de-Calais, pour que le livre puisse paraître dans une collection prestigieuse.

Dominique Dupilet,
Président du Conseil général du Pas-de-Calais

Remerciements

Ce livre propose la version remaniée d'une thèse de doctorat soutenue à l'Université de Lille III le 7 janvier 2002. Celle-ci avait pu être entreprise dans d'excellentes conditions matérielles, d'abord grâce au soutien du Conseil général du Nord/Pas-de-Calais et du CNRS (UMR 8529 CERSATES), puis de la Mission historique française en Allemagne (Göttingen). Stéphane Lebecq, professeur à l'Université de Lille III, en a assuré la direction avec une très grande disponibilité dont je lui suis infiniment reconnaissant. Je remercie les autres membres du jury, Nancy Gauthier, professeur émérite à l'Université de Tours, Régine Le Jan, professeur à l'Université de Lille III, Michel Parisse, professeur à l'Université de Paris I, et Ian Wood, professeur à l'Université de Leeds. J'espère avoir tiré le meilleur profit des observations dont ils m'ont fait part lors de la soutenance. Klaus Herbers, professeur à l'Université d'Erlangen, a immédiatement proposé d'accueillir ce travail dans la collection des Beiträge zur Hagiographie. Sa patience a été mise à rude épreuve et les remerciements que je lui adresse se veulent d'autant plus vifs. Ma dette est également grande à l'égard de ceux qui, à un moment ou à un autre, manifestèrent de l'intérêt pour cette recherche. Tous ne peuvent être nommés, mais je veux spécialement remercier ici Josiane Barbier, Hedwig Röckelein, Nicholas Brousseau, Martin Heinzelmann et Laurent Morelle auxquels j'associe Karine Ugé et Brigitte Meijns qui eurent la gentillesse de m'adresser leurs travaux. Je tiens également à remercier Brigitte Beaujard et Françoise Prévot qui m'ont ouvert les portes des réunions de la «Topographie chrétienne des cités de la Gaule» (GDR 893). Je ne peux passer sous silence ce que ce travail doit aussi aux lumineuses leçons de méthode prodiguées par François Dolbeau dans son séminaire de l'École pratique des Hautes Études. Il m'est enfin agréable d'exprimer ma reconnaissance à l'égard des institutions qui ont soutenu financièrement cette publication: la Commission départementale d'histoire et d'archéologie du Pas-de-Calais et son président Bruno Béthouart; le Conseil général du Pas-de-Calais; la Mission historique française en Allemagne et ses directeurs successifs Pierre Monnet et Christophe Duhamelle; et enfin l'Équipe d'accueil 2616 de Université de Reims dirigée par Claire Prévotat et Philippe Buton.

Au moment de mettre un point final à ce travail, je n'oublie pas ce qu'il doit à la patience et la compréhension de mes proches. Je pense tout particulièrement à une jeune femme – dont l'aide efficace ne fut jamais comptée –, à trois garçons et à leur petite sœur: ce livre leur est dédié.

Introduction

Les études récentes n'ont pas manqué de souligner la complexité du phénomène de christianisation qui désigne tout à la fois un processus de conversion personnelle ou collective, embrasse peu ou prou tous les aspects de la vie des groupes sociaux et s'inscrit durablement dans l'espace[1]. Si l'on ne peut nier la somme de décisions individuelles qu'implique le processus de christianisation (mais que l'historien du haut Moyen Âge peine à appréhender), force est de constater son caractère collectif comme l'a souligné récemment un recueil d'articles[2]. Les clercs ont progressivement prétendu réglementer l'ensemble des pratiques et des rituels du corps social auxquels les sociétés anciennes n'avaient pas accordé de signification proprement religieuse. Ce furent ainsi tous les cadres de l'existence qui firent l'objet de christianisation, et en premier lieu l'espace et le temps. On connaît les progressifs efforts d'adaptation de la liturgie aux grands cycles saisonniers, mais également aux principales étapes de l'existence[3]. Dans l'espace, cela s'est traduit par l'élaboration progressive d'un paysage religieux caractéristique, dans le cadre des diocèses, et plus particulièrement au sein de l'espace urbain et dans ses environs immédiats autour des groupes cathédraux et des basiliques funéraires. Ceci amène à souligner d'emblée l'importance fondamentale du culte des saints[4]. Dans les campagnes, l'ensemble du paysage fut aussi marqué, à la fois par des signes des plus modestes[5], mais également par un réseau de sanctuaires divers: églises édifiées et contrôlées par les grands aristocrates, basiliques autour desquelles se rassemblèrent des communautés diverses, oratoires ruraux sous la responsabilité de l'évêque, etc. Une nouvelle fois, on observe le rôle cristallisateur joué par les tombes et les reliques des saints[6]. Il faut enfin rappeler que les clercs ne se contentèrent pas d'observer et de décrire la christianisation progressive de l'espace, mais qu'en mettant leur plume au service des saints, ils participèrent activement à l'élaboration de cette géographie sacrée. La christianisation de l'espace doit aussi être comprise comme une construction historiographique et hagiographique[7].

Autour de l'an mil, un clerc de Saint-Vaast d'Arras exprime assez justement le phénomène en évoquant les grands saints de l'époque mérovingienne: «Ô Gaule, irradiée par les précieuses reliques des saints, tu fleurissais alors à la lumière de cette époque étincelante et à celle du Christ, car en toi se mouvaient les pierres vivantes de

[1] Excellente présentation des enjeux de la christianisation pendant le haut Moyen Âge, dans Nolte, Conversio und Christianistas, 13–20; plusieurs ouvrages et colloques se sont penchés sur le sujet: La conversione al cristianesimo nell'Europa dell'alto Medioevo; Cristianizzazione ed organizzazione ecclesiastica delle campagna nell'alto Medioevo; La christianisation des pays entre Loire et Rhin, dir. Riché; Saint Géry et la christianisation dans le nord de la Gaule, dir. Rouche; L'évangélisation des régions entre Meuse et Moselle, dir. Polfer; Varieties of Religious Conversion, dir. Muldoon (une présentation développée de cet ouvrage se lit dans Platelle, La conversion religieuse).

[2] Christianizing Peoples and Converting Individuals, dir. Armstrong/Wood.

[3] Le temps chrétien de la fin de l'Antiquité au Moyen Âge, dir. Leroux; Declercq, Anno Domini.

[4] Voir à ce propos un travail exemplaire pour la Gaule de l'Antiquité tardive: Beaujard, Le culte des saints en Gaule.

[5] Howe, The conversion of the physical world.

[6] Local Saints and Local Churches in the Early Medieval West, dir. Sharpe/Thacker.

[7] Deux bilans récents: Boesch Gajano, Des loca sanctorum aux espaces de la sainteté; Henriet, Les clercs, l'espace et la mémoire.

l'édifice du Christ, parfaitement polies avec patience et force»[8]. Et l'auteur de citer alors les noms des saints Genès de Lyon, Outrille de Bourges, Ouen de Rouen, Amé de Sion, Léger d'Autun, Faron de Meaux, Drausin de Soissons, Lambert de Tongres, Aubert de Cambrai, Omer de Thérouanne, Bertin de Sithiu, Vulmer de Samer et Riquier de Centule. «Pierres vivantes» selon les mots de l'apôtre Paul, ces saints l'étaient assurément par la présence concrète de leurs reliques autour desquelles s'organisait le culte qui leur était rendu. L'auteur suggère tout autant les mérites qui leur étaient reconnus que les efforts déployés par des générations d'évêques, d'abbés, d'abbesses et parfois de grands propriétaires laïcs pour installer ces figures de sainteté privilégiées au sein du «paysage religieux» du nord de la Gaule.

Cette Gaule du Nord, nous l'avons un peu arbitrairement limitée aux cités romaines des Morins, des Ménapiens, des Atrébates et des Nerviens, devenues les diocèses médiévaux de Thérouanne, Tournai et d'Arras/Cambrai. Il aurait été logique d'y ajouter Noyon dont les évêques gouvernèrent Tournai jusqu'au XIIe siècle, mais il nous a semblé que ce serait alors rompre une certaine unité géographique. Par certains aspects (l'emprise romaine plus accentuée), l'étude de la cité de Vermand (devenue diocèse de Noyon) appelle davantage de comparaisons avec les diocèses picards et notamment celui d'Amiens[9]. La contrepartie de l'approche régionale retenue pour notre enquête est de prendre appui sur une documentation inégale selon les périodes envisagées. Pour ne prendre qu'un exemple, on rappellera qu'il ne subsiste pas, pour le haut Moyen Âge, de capitulaires épiscopaux que l'on puisse attribuer en toute certitude à tel ou tel évêque des diocèses considérés. Ceci permet difficilement d'envisager le thème de la christianisation de la même manière et selon la même problématique du VIIe au Xe siècle.

Avant de présenter la documentation – qui a imposé d'elle-même les cadres chronologiques de cette enquête –, il nous paraît important de préciser d'emblée les lignes de force de notre démarche qui ont dicté l'architecture de notre travail: tout à la fois réflexion sur la notion de «mission», enquête sur la christianisation de l'espace, et recherche sur ces modèles de sainteté qui ont, si l'on en croit notre clerc védastin, si vivement «illuminé» et «irradié» le nord de la Gaule du haut Moyen Âge.

LES AXES DE LA RECHERCHE

«Mission»

Il nous a paru important d'envisager d'abord la christianisation à travers le prisme de la notion de «mission», retenue habituellement par l'historiographie pour l'époque mérovingienne[10]. Celle-ci considère, en effet, qu'au VIe et au début du VIIe siècle, les membres du clergé opérèrent *ex nihilo*, c'est-à-dire sans la logistique institutionnelle de véritables sièges épiscopaux, en supposant que la région n'avait pas fait l'objet d'un

[8] Chronicon Vedastinum, éd. Waitz, 695: *Enimvero Gallia, pretiosis sanctorum corporum irradiata, vernabas etiam tum temporis preclarisque Christi luminaribus, dum volvebantur in te lapides vivi in aedificio Christi patientia atque fortitudine optimi quadrati.*

[9] Ces diocèses ont fait l'objet d'une thèse récente: Sabine Racinet, Peuplement et christianisation dans la partie occidentale de la province ecclésiastique de Reims (anciens diocèses d'Amiens, de Beauvais et de Noyon du IVe à la fin du Xe siècle), Université de Reims, 2002, 3 volumes.

[10] Vues d'ensemble dans Schäferdiek, Die Kirche des früheren Mittelalters; Ewig, Die christliche mission bei den Franken; Hillgarth, Modes of evangelization of Western Europe, auquel fait écho le recueil de documents publié par le même auteur sous le titre suivant: Christianity and Paganism (350–750). The Conversion of Western Europe.

encadrement ecclésiastique digne de ce nom à la fin de l'Empire. À cette date, écrit Mgr Lestocquoy, «tout est si vague, si inconsistant qu'on voit surtout des sortes de missionnaires s'attacher à l'une ou l'autre des *civitates*. Rien ne prouve un établissement stable d'un évêque: la constatation paraît trop générale pour qu'on puisse invoquer un oubli de tous ces évêques antérieurs au Ve siècle»[11]. Même observation de Charles Pietri: «Au début du Ve siècle, à la veille de la grande invasion, les pays de la Gaule nord-occidentale sont aux premiers temps missionnaires, un peu comme l'est, plus au nord, la Frise à l'époque de Willibrord.»[12]

À l'inverse, d'autres historiens tiennent à rappeler que les institutions chrétiennes se sont aisément glissées dans le moule administratif romain dès le début du IVe siècle et qu'il n'y a pas de raison de prétendre que le nord de la Gaule ait pu se singulariser ouvertement à cet égard. Dans le contexte des recherches récentes tendant – à bon droit – à minimiser la prétendue rupture des «invasions barbares» du Ve siècle, un historien comme Alain Dierkens peut ainsi poser l'hypothèse d'une continuité de l'institution épiscopale dès le IVe siècle, tout en reconnaissant volontiers que si les cadres politiques et administratifs affichaient officiellement leur adhésion au christianisme, il en allait néanmoins bien différemment de la réalité vécue localement, où subsistaient des habitudes et des coutumes parfois en contradiction ouverte avec les principales exigences de la nouvelle religion. «La christianisation de la Gaule, écrit Alain Dierkens, est un phénomène interne, intérieur, dont l'armature institutionnelle existe (du moins en théorie) et dont les modalités se posent en terme d'approfondissement, d'enracinement et non pas de réelles missions. La christianisation de la Gaule mérovingienne est donc fondamentalement différente de celle de la Frise»[13]. Revenant plus récemment sur la question, son propos se fait plus explicite encore: «Bref, le catholicisme resta, sans réelle interruption, la religion de l'État mérovingien et sa diffusion bénéficia, comme au siècle précédent [au VIe siècle], de l'appui du pouvoir public. Sans qu'il y ait moyen d'avoir de certitude en la matière, je crois que l'interruption, dans la liste épiscopale de (Bavay-) Cambrai, entre Superior (milieu IVe siècle) et le début du VIe siècle résulte plus de lacunes dans la transmission de la documentation que de l'absence, pendant des décennies, de tout évêque sur le siège de la plus septentrionale des *civitates* relevant de Reims»[14]. Cette idée d'une continuité institutionnelle avec les siècles précédents est assurément recevable pour les régions méridionales de la Gaule, davantage romanisées, où les charges épiscopales furent, dès la fin du IIIe siècle, occupées – puis conservées malgré les changements politiques – par les élites sénatoriales locales, comme l'a indiscutablement montré Martin Heinzelmann[15]. Mais, dans le Nord, des sources peu nombreuses permettent mal de trancher le débat. Manquent, en premier lieu, les précieuses informations que Grégoire de Tours donne pour le reste de la Gaule au VIe siècle. Ce silence peut néanmoins difficilement être interprété comme le signe d'une vacance généralisée de la fonction épiscopale et il se peut très bien que les charges aient été effectivement occupées mais alors par des hommes recrutés localement, sans grande envergure sociale ni politique à l'échelle du royaume.

[11] Lestocquoy, L'origine des évêchés de la Belgique seconde, 47.

[12] Pietri, Remarques sur la christianisation, 57.

[13] Dierkens, Pour une meilleure compréhension du phénomène de la christianisation, 49; id., Pour une typologie des missions carolingiennes.

[14] Dierkens, Considérations sur la christianisation du Hainaut, 18 (Alain Dierkens souligne par ailleurs le caractère très superficiel de cette christianisation aux VIIe–VIIIe siècles: id., Superstitions, christianisme, paganisme); même appréciation chez Dom Dubois, Les listes épiscopales, témoins de l'organisation ecclésiastique, 18 qui parle de «la transmission défectueuse d'une histoire probablement assez peu mouvementée».

[15] Heinzelmann, Bischofsherrschaft in Gallien; id., L'aristocratie et les évêchés.

Au VIIe siècle néanmoins, on observe bel et bien un changement: un nombre important de charges ecclésiastiques (évêques diocésains, itinérants, abbés, etc.) n'a pas été occupé par des figures locales mais davantage par des personnalités extérieures de premier plan, très liées aux monarques mérovingiens. Ainsi de Géry († 623/629), venu du diocèse de Trèves, sur le siège épiscopal de Cambrai; du Limousin Éloi († 660) sur celui de Noyon-Tournai; d'Omer († après 667), né dans le Cotentin, sur celui de Thérouanne; mais aussi de l'Aquitain Amand († après 674/675), évêque *ad predicandum* le long de l'Escaut. Cette période ne dura guère et la génération suivante se caractérisa par son enracinement local (Bertoald à Cambrai, Erkembode à Thérouanne), mais cela n'en signale pas moins l'originalité de la région qui, sans être une véritable terre de mission, fut néanmoins marquée par une certaine désorganisation de ses structures eclésiastiques exigeant un renouveau, en grande partie venu de l'extérieur au VIIe siècle. À ce titre, on ne peut défendre l'idée d'une véritable continuité.

Une partie de notre recherche s'attachera donc à dessiner le travail de ce réseau d'ecclésiastiques en «mission» dans le courant du VIIe siècle – avec les réserves que nous avons soulignées – et à dégager le rôle fondamental que jouèrent la cour de Neustrie et les rois mérovingiens, principalement Dagobert Ier (629 † 639), dans cette entreprise. Le nord du royaume avait paradoxalement fait l'objet d'un certain abandon par les souverains du VIe siècle, davantage fascinés par les rivages de la Méditerranée et l'héritage romain qu'avaient repris à leur compte les royaumes des Ostrogoths et des Wisigoths. À la fin du siècle, la guerre civile avait cependant redonné une place stratégique à ces confins septentrionaux – entre Neustrie et Austrasie –, en même temps que le développement des échanges en mer du Nord contribuait à leur donner une importance économique nouvelle. Dans ce contexte, les diocèses du Nord mirent en quelque sorte à l'épreuve les nouveaux rapports de coopération établis entre le roi et l'Église franque au concile de Paris (614). La promotion de nouvelles figures ecclésiastiques – parfois même de véritables réseaux – fortement liées à la royauté franque, explique que celles-ci furent aussi très impliquées dans les crises qui secouèrent le royaume neustrien dans la deuxième moitié du VIIe siècle[16].

La topographie chrétienne

Les sanctuaires fournissent naturellement l'un des marqueurs de la christianisation les plus aisément repérables par l'historien. Cela est surtout vrai dans les centres urbains. Sans avoir voulu délibérément transformer la physionomie de la cité antique, l'Église n'en a pas moins peu à peu profondément marqué la topographie urbaine en multipliant les sanctuaires à l'intérieur de la muraille (la cathédrale en particulier) et dans ses environs immédiats (les basiliques funéraires)[17]. Arras, Cambrai et dans une moindre mesure Tournai furent durablement marquées par cette bipolarité/multipolarité entre la cité et le bourg progressivement rassemblé autour du (ou des) centre(s) monastique(s) péri-urbain(s). Aux IXe–Xe siècles, la présence de l'évêque et de son clergé a parfois entraîné la mise en place d'ambitieuses politiques architecturales qui ont inscrit avec

[16] L'existence de liens étroits entre des personnalités aussi différentes qu'Achaire (évêque de Noyon/Tournai), ses deux successeurs Éloi puis Mommelin, Amand (abbé d'Elnone), Omer (évêque de Thérouanne), Bertin (abbé de Sithiu), Aubert et Vindicien (évêques de Cambrai) a été mise en évidence par Fritze, Universalis gentium confessio; le propos de cet historien était alors de démontrer que l'influence colombanienne avait gagné le clergé franc à l'idée de mission universelle, ce qui représentait un premier pas de l'état d'esprit missionnaire qui anima ensuite, en liaison avec l'évêque de Rome, les Anglo-Saxons sur le continent.

[17] Gauthier, La topographie chrétienne entre idéologie et pragmatisme.

davantage de force le religieux dans la cité. Leurs résultats ont été récemment mis en lumière pour les cités épiscopales lotharingiennes[18].

Concernant la topographie chrétienne des campagnes, on se heurte à des problèmes beaucoup plus ardus qui tiennent à la chronologie de la mise en place du réseau «paroissial» et à la nature de la documentation dont dispose l'historien pour l'établir. La question est d'importance car l'achèvement de ce réseau peut être interprété comme un indicateur de la fin du processus de christianisation (ou en tout cas d'une de ses phases), en considérant qu'à ce moment le christianisme est parvenu à encadrer véritablement tous les aspects de la vie sociale au sein de l'institution paroissiale (nous ne perdons pas de vue pour autant que la christianisation doit être envisagée comme un «processus sans fin» comme l'a rappelé Ludo Milis, chaque génération demandant à nouveau à être christianisée[19]).

Le mot de paroisse ne s'impose que très tardivement. Au XIe siècle encore, il sert bien souvent à désigner l'ensemble du diocèse[20] et il faut attendre le XIIIe siècle pour obtenir une véritable définition canonique de cette institution locale rassemblant, autour d'un oratoire et de son desservant, des fidèles installés sur un territoire bien délimité et dont les droits (baptême, sépulture) et les devoirs (financiers: dîme, casuel) sont clairement définis[21]. Mais il est évident qu'existent dès le VIIe siècle des formes d'organisation au sein des églises locales, et pas seulement dans le sud de la Gaule[22]. La Vie de Géry – évêque de Cambrai au tournant des VIe–VIIe siècles et dont il sera amplement question par la suite – en est un excellent témoignage[23]. Par ailleurs, les archéologues ont été tentés de voir dans le rassemblement de sépultures autour des églises dès la fin du VIIe siècle – comme cela a pu être mis en évidence à Mondeville sur le site de l'ancien village de Saint-Martin de Trainecourt[24] – l'adoption de concep-

18 Hirschmann, Stadtplanung, Bauprojekte und Grossbaustellen; l'auteur préfère employer le terme de «villes cathédrales».

19 Milis, La conversion en profondeur.

20 Voir ainsi les mentions relevées dans Niermeyer, Mediae latinitatis lexicon minus, 764–765; et surtout dans le Novum glossarium mediae latinitatis, P–Pazzu, 1985–1993, 380–395; l'usage du terme de *parrochia* dans le sens de diocèse ou de province ecclésiastique est attesté chez Flodoard (Schneider, Erzbischof Fulco von Reims, 14–15, n. 59); ajoutons quelques mentions glanées dans les sources septentrionales: Vita Gaugerici prima, éd. Krusch, c. 1, 652 (l'évêque métropolitain Magnéric de Trèves visite *sollicitudine pastorale ipse parrotia*); Vita Gaugerici tertia, éd. van den Bosch, c. 11, 677 (à propos du même évêque: *suae parochiae ecclesias circumibat*); en revanche la Vie d'Amand, et peut-être aussi celle d'Éloi, utilisent le terme de *dioceses* au sens d'églises rurales (Vita Eligii, éd. Krusch, l. II, c. 20, 711; Vita Amandi prima, éd. Krusch, c. 13, 436); Folcuin utilise clairement le terme de *parrochia* dans le sens de paroisse (Gesta abbatum Sithiensium, éd. Holder-Egger, c. 57, 617 et c. 62, 618); le terme retrouve néanmoins son sens de diocèse dans les privilèges pontificaux pour Saint-Bertin au tournant des XIe–XIIe siècles (voir ainsi en 1107 celui de Pascal II: Simon, Gesta abbatum Sithiensium, l. II, c. 9, éd. Guérard, 219); en 1024/1025, les *Gesta* des évêques de Cambrai mentionnent *hae duae parochiae* pour évoquer les diocèses d'Arras et de Cambrai, tout en signalant que l'évêque Thierry au IXe siècle se rendait *ad quendam diocesis suae locum* (Gesta episcoporum Cameracensium, éd. Bethmann, l. I, c. 7, 406; c. 47, 417).

21 La bibliographie sur l'institution paroissiale est immense; on en trouvera les références dans: La paroisse en questions, dir. Coutiez/Van Overstraeten; on citera également deux excellentes introductions: Platelle, La paroisse et son curé jusqu'à la fin du XIIIe siècle, et Avril, La 'paroisse' dans la France de l'an Mil; la documentation des Ve–VIe siècles est désormais commodément rassemblée dans Delaplace, Les origines des églises rurales, 25–40.

22 Pour une excellente présentation de la riche documentation arlésienne à ce sujet, voir Guyon, L'Église en Provence, 221–225.

23 Vita Gaugerici prima, éd. Krusch, c. 1–5, 652–653: à Carignan, l'évêque Magnéric de Trèves rend visite au *sacerdos, cuius sollicitudinem de ipso castro conmiserat*, dont on voit qu'il assure un enseignement de base à l'attention des enfants; Gauthier, L'évangélisation des pays de la Moselle, 238.

24 Lorren, Le village de Saint-Martin de Mondeville.

tions proprement chrétiennes concernant la mort et les défunts qui, mise en relation avec des indices de structuration précoce de l'habitat rural, peut être comprise comme un pas significatif dans le processus d'encadrement religieux des campagnes[25]. Mais peut-on pour autant parler d'un réseau systématique? Robert Fossier parle prudemment de «nébuleuses paroissiales» pendant le haut Moyen Âge, en affirmant qu'«en l'an 1000, le réseau régulier des paroisses n'existe pas»[26]. Force est de constater en définitive qu'une grande diversité règne encore pendant tout le haut Moyen Âge et que la règle reste encore à l'existence de lieux de culte multiples sans que l'un d'entre eux ne prétende encore concentrer l'ensemble des fonctions (baptismale, funéraire) qui furent ensuite celles de l'église paroissiale et de ses abords[27].

Pour tenter de saisir la complexité de l'encadrement religieux des campagnes pendant le haut Moyen Âge, il peut aussi être utile d'introduire le modèle explicatif développé actuellement Outre-Manche pour retracer l'histoire des premiers temps du christianisme entre les VIIe et Xe siècles. Ce schéma prend en compte l'implantation des nombreux établissements monastiques, signalés notamment par Bède dans son *Histoire ecclésiastique*. Plusieurs historiens, dont John Blair et Sarah Foot, rappellent qu'il faut se défaire de la conception, anachronique avant le Xe siècle, du monachisme bénédictin contemplatif comme seule norme pour la vie religieuse communautaire[28]. Pour se débarrasser de la confusion qu'introduit dans l'esprit de l'historien le terme latin de *monasterium*, ils proposent de faire référence au vieil anglais (*mynster*) pour désigner ces communautés du haut Moyen Âge dont ils ont pu observer qu'elles donnèrent naissance dans un grand nombre de cas à des églises-mères au début du XIIe siècle. En proposant l'adoption du terme de *minster*, ils invitent donc à davantage réfléchir sur les fonctions pastorales, éducatives, charitables, etc. – que nous pourrions donc appeler «pré-paroissiales» – que pouvaient remplir ces communautés insulaires à l'égard des populations alentour. Le caractère un peu trop radical de l'équivalence *monasterium/minster* (surtout lorsque la documentation est particulièrement lacunaire) a pu être à bon droit critiqué[29]; il met, néanmoins, fort justement l'accent sur la composante pastorale de certaines communautés du haut Moyen Âge que la documentation postérieure aux grandes réformes monastiques des Xe–XIe siècles contribua à minimiser.

Il faut enfin reconnaître que l'historien se heurte à un réel problème de documentation. Il existe, on le sait, un véritable saut quantitatif à partir de la seconde moitié du XIe siècle puisque, dans un esprit «grégorien», les autels – entendons les revenus des églises, définis et imposés depuis la fin du VIIIe siècle –, tenus jusque-là par des laïcs, furent massivement restitués à l'Église puis incorporés dans le patrimoine des grandes institutions ecclésiastiques: chapitres cathédraux, réguliers, séculiers et communautés monastiques[30]. Pour le tout début du XIIe siècle, Bernard Delmaire a ainsi pu montrer

[25] Périn, La part du Haut Moyen Âge.

[26] Fossier, Enfance de l'Europe 1, 345–358, surtout 347 et 349; voir aussi id., La terre et les hommes en Picardie 1, 171–174; on lira une excellente et copieuse approche historiographique du problème dans Peytremann, Archéologie de l'habitat rural 1, 25–102.

[27] Voir en dernier lieu Zadora-Rio, Le village des historiens et le village des archéologues, 150–152; Peytremann, Archéologie de l'habitat rural 1, 295–316; on consultera aussi avec profit Génicot, L'économie rurale namuroise au bas Moyen Âge 4, 59–69.

[28] Voir en particulier les contributions rassemblées dans: Pastoral Care Before the Parish, dir. Blair/Sharpe, et surtout Foot, Anglo-Saxon minsters: a review of terminology; ead., Parochial ministry in early Anglo-Saxon England.

[29] Voir les remarques de Eric Cambridge et Donald Rollason ainsi que la réponse de John Blair dans: Early Medieval Europe 4–1 (1995), 87–104; ibid. 4–2 (1995), 193–212.

[30] Delmaire, Le diocèse d'Arras 1, 112–120; à cette occasion s'impose dans les diocèses septentrionaux l'institution-clef de la *persona*.

que le réseau paroissial du diocèse d'Arras était déjà extrêmement dense et qu'il s'est ensuite étoffé dans des proportions assez modestes[31]. Ces églises, dans la plupart des cas, apparaissent ainsi pour la première fois en bloc dans la documentation. Cela revient-il à dire qu'elles sont de fondation récente? Rien n'est plus difficile à apprécier car les chartes de donation d'autel n'apportent presque jamais les précisions souhaitées (fondateur, vocable), et il faut, pour tenter de cerner les origines de ces églises, rassembler tout un faisceau d'informations autour du sanctuaire et de la localité, en faisant appel, entre autres, à l'archéologie, la toponymie, et l'hagiotoponymie. Cette dernière méthode, qui cherche à interpréter les vocables des églises (le saint en l'honneur duquel elles sont consacrées), débouche rarement sur des résultats définitifs. Elle permet au mieux de distinguer des fondations récentes (ainsi des églises dédiées à saint Nicolas dont le culte prit véritablement son essor en Occident à la fin du XIe siècle) mais, dans l'ensemble, il est difficile d'être fixé, tant la dévotion à l'égard de certains saints fut vivace tout au long du Moyen Âge (la Vierge, Pierre, Martin, etc.).

Plutôt que de partir d'une mention d'église aux XIe–XIIe siècles et de conjectures sur la date de sa fondation (ce qui obligerait à manier une documentation considérable pour des résultats assez incertains), il a paru plus honnête de limiter l'enquête aux mentions explicites de lieux de culte fournies par la documentation du haut Moyen Âge, que nous avons – un peu arbitrairement – bornée à la fin du Xe siècle. Comme nous avons jugé utile, en ce domaine, d'annexer à cette recherche un catalogue de sanctuaires, il convient maintenant de le présenter rapidement.

Nous avons entendu le terme de sanctuaire dans un sens très large (*basilica*, *ecclesia*, *ecclesiola*, *monasterium*, *cella*, *templum*, etc.) sans néanmoins nous arrêter sur les formules de pertinence stéréotypées qui, dans les actes, servent à la description des domaines (les mentions *villa x cum appendiciis suis*)[32]. Tout ceci pour permettre une meilleure appréciation de la diversité des fondations religieuses et éviter de les interpréter à l'aune de leur devenir pendant le Moyen Âge classique. L'historiographie traditionnelle a eu trop tendance en effet à profiter de la rareté et du silence des sources pour établir des catégories tranchées – comment distinguer parfois une église d'un monastère quand on connaît les imprécisions du vocabulaire? – qui reflètent souvent mal la réalité complexe du paysage religieux de l'époque. C'est cette indétermination que nous avons voulu délibérément conserver dans le catalogue.

De la même façon, les historiens ont eu souvent tendance à prendre systématiquement comme postulat la pérennité des institutions (abbayes, chapitres) pendant tout le haut Moyen Âge même s'il n'existait que de rares attestations. Tout ceci obligeait à justifer exagérément les silences documentaires. À ce titre, les «sécularisations» carolingiennes ont fourni des explications commodes ainsi que les incursions normandes, qu'il ne convient cependant pas de surestimer comme l'a rappelé Albert D'Haenens[33]. Pour nous en tenir au cadre géographique de notre enquête, nous avons refusé de les invoquer systématiquement (sauf naturellement lorsqu'elles sont formellement attes-

[31] Ibid., 72–75 (4/5 des églises du diocèse médiéval sont mentionnées dans la documentation au début du XIIe siècle); ID., Les actes de fondation de paroisse.

[32] Les confirmations de biens des grands établissements monastiques ne sont pas sans poser de problèmes à cet égard: dans l'ensemble, elles ne signalent pas les églises des domaines quand bien même ces dernières sont connues par d'autres sources; un exemple: les *villae* de Quelmes, Acquin et Bayenghem affectées aux *famuli* de Saint-Bertin en 877 (Recueil des actes de Charles le Chauve 2, n° 430, 462) dont on sait par le polyptyque dressé en 844/859 qu'elles possédaient chacune une église; mais, dans certains cas, les églises peuvent être explicitement citées, notamment dans les actes du Xe siècle pour les abbayes gantoises de Saint-Pierre et de Saint-Bavon.

[33] D'HAENENS, Les invasions normandes en Belgique au IXe siècle.

tées)[34]. Le corpus qui est ici proposé sera donc volontairement incomplet (nombre d'églises et de communautés qui ne sont documentées qu'au XIIe siècle peuvent très bien avoir une origine plus ancienne), mais d'autant plus représentatif (notamment pour mener une recherche sur la fréquence des vocables) de la topographie religieuse des cités et des campagnes du nord de la Gaule pendant le haut Moyen Âge.

Le culte des saints

L'impact de la christianisation ne se mesure pas seulement à l'aune des listes épiscopales ni des créations d'églises et de monastères, il faut également prendre en compte le processus de formation d'identités collectives autour du culte des saints. Dans le nord de la Gaule, il s'agit essentiellement des grandes figures «missionnaires» du VIIe siècle évoquées précédemment. Sans vouloir appliquer à toute force les trois éléments constitutifs du christianisme antique tels que les a magistralement définis Peter Brown – des patrons (les saints), des lieux (leurs sanctuaires), des *impresarii* (les évêques) –, on insistera néanmoins sur le rôle fondamental qu'ont joué la définition et la promotion de modèles de sainteté; ce double mouvement s'est ancré dans l'histoire des premiers temps missionnaires tout en rejoignant les attentes des générations successives de croyants[35].

On aura donc à cœur de présenter la manière dont se sont imposés certains modèles de sainteté en fonction des conditions historiques précises dans lesquelles ils se sont développés. Ainsi, à Cambrai, la promotion de grandes figures épiscopales mérovingiennes (Géry, Aubert, Vindicien, Hadulphe) répond en partie aux transformations que connaît le diocèse au Xe siècle, période où l'évêque accrut progressivement son pouvoir, notamment par l'acquisition de droits publics, concédés par les souverains ottoniens. La situation est bien différente dans le diocèse de Thérouanne où les deux communautés de Sithiu (Saint-Bertin et Saint-Omer) semblent s'être imposées progressivement comme le véritable centre religieux de la région, concentrant les précieuses reliques des saints fondateurs du diocèse et, pour cette raison, attirant les dévotions des fidèles. Alors qu'à Cambrai, l'évêque joua un rôle décisif dans la promotion de nouveaux modèles de sainteté, à Thérouanne, les moines de Sithiu furent davantage maîtres de leurs choix – de concert avec le comte de Flandre – en encourageant notamment au Xe siècle les cultes de l'évêque Folcuin († 855) et d'un ermite du VIIIe siècle nommé Silvin. Dans le courant du Xe siècle, tous deux s'imposèrent comme patrons à part entière de la communauté bertinienne.

Dans l'ensemble, on observera avec intérêt que les diocèses d'Arras/Cambrai, Tournai et Thérouanne ont développé des cultes privilégiés selon des modalités sensiblement différentes. Ainsi, ce sont des saints patrons locaux qui semblent avoir cristallisé les identités des diocèses de Thérouanne et d'Arras/Cambrai. Dans le diocèse de Tournai, en revanche, la relative absence de tels modèles locaux de sainteté (les évêques étaient inhumés à Noyon et les monastères se réclamant d'Amand ne purent se partager le corps de leur fondateur qui reposait à Elnone) explique le désir partagé par les communautés monastiques et les princes laïcs – en fait surtout le comte de Flandre à partir du IXe siècle – de développer de nouveaux cultes. Tout d'abord en important

[34] Nous avons ainsi laissé de côté, pour les notices consacrées à Marchiennes, Hamage, Hasnon et Elnone, la fameuse mention des Annales Vedastini (éd. von Simson, 49) évoquant la destruction de *omnia monasteria supra Hisscar fluvium* (la Scarpe?) en 881.

[35] Pour la Gaule des Ve et VIe siècles, on verra désormais Beaujard, Le culte des saints en Gaule; on signalera également l'intéressante et volumineuse tentative de Bauer, Lotharingien als historischer Raum, pour montrer comment, dans l'espace lotharingien, le culte de saints privilégiés pouvait être créateur d'identité; présentation plus succincte dans Bauer, Heiligenverehrung und Raum.

des reliques (Nicaise à Tournai, Calixte à Cysoing, Donatien à Bruges, Walburge à Furnes, les saints de Fontenelle à Gand), puis en créant de toutes pièces de nouveaux modèles de sainteté (saint Liévin à Saint-Bavon). L'autorité lointaine de l'évêque de Noyon n'est sans doute pas pour rien dans ce développement assez incontrôlé du culte des saints.

Une première partie de notre travail («L'implantation du christianisme») s'attachera aux siècles mérovingiens: il s'agira d'abord de discuter la notion de «paganisme» (chapitre I), avant d'évoquer les raisons et les modalités de la réorganisation ecclésiastique du VIIe siècle (chapitre II). Un dernier chapitre s'efforcera de dessiner la physionomie particulière des nouveaux ensembles diocésains (chapitre III).

Dans un second temps («L'élaboration du paysage religieux»), nous interrogerons l'ensemble de la documentation du haut Moyen Âge pour apprécier, d'une part le rôle des grands établissements monastiques dans la structuration du réseau des sanctuaires ruraux (chapitre IV) et, d'autre part, le rôle de l'aristocratie laïque dans la fondation de communautés et d'églises rurales (chapitre V). Un intérêt particulier sera aussi porté à l'évêque et à sa cité épiscopale (chapitre VI).

Une dernière partie («Le culte des saints») privilégiera les différentes voies de développement du culte des saints. Nous insisterons dans un premier temps sur l'importance de Sithiu dans le diocèse de Thérouanne (chapitre VII), puis sur le modèle épiscopal élaboré à Cambrai (chapitre VIII) et enfin sur le caractère très particulier des «cultes inventés et importés» dans le diocèse de Tournai (chapitre IX).

Il convient maintenant de présenter plus en détail le cadre géographique de l'enquête et la documentation mise en œuvre.

LE CADRE NATUREL

Le cadre naturel présente une certaine unité: il s'agit du bassin de l'Escaut dans sa définition la plus large[36]. Il comprend à la fois les affluents de la rive gauche du fleuve (la Lys et la Scarpe) et ceux de la rive droite (la Selle, l'Écaillon ou la Haine au sud jusqu'à la Dendre plus au nord). Au sud-ouest, la Canche fournit une frontière commode, qui fut celle des cités puis diocèses de Thérouanne et d'Amiens. À l'est, évidemment, la limite entre les diocèses de Cambrai et de Liège pouvait paraître plus artificielle. Pendant le haut Moyen Âge, il s'agissait d'une frontière floue, mais dont la définition ne s'imposait guère du fait de la persistance de vastes espaces boisés. Au sud, sur les premiers contreforts de l'Ardenne (l'actuelle Fagne), prenaient naissance à la fois la grande *Silva Arduenna* qui s'étendait ensuite profondément vers l'est, et la forêt Charbonnière (*Silva Carbonaria*), qui rejoignait au nord les vallées de la Dyle et de la Senne[37]. On l'aura compris, l'espace ainsi considéré est en grande partie celui d'une nature encore sauvage et difficile.

Le haut Moyen Âge s'ouvre par ailleurs avec la fin de la deuxième transgression dunkerquienne (IVe–VIIe siècles), ce qui explique la physionomie très particulière du littoral: une vaste plaine maritime en cours progressif de colmatage derrière un cordon dunaire protecteur. Celle-ci connaissait une première mise en valeur dont témoignent

36 Voir dans ce sens: Van Uytfanghe, La vallée de l'Escaut et de ses affluents à l'époque mérovingienne, 26–28.

37 Noël, Deux grandes forêts du nord de la Gaule franque.

les chartriers de Sithiu et des établissements gantois dès le VIIIe siècle[38]. C'est bien l'ensemble de la région qui fut marqué par la présence de l'eau. Les monastères établis dans les fonds de vallées marécageux en éprouvèrent au plus haut point les contraintes et parfois les avantages. Il en était ainsi à Elnone où il fallut précipitamment procéder à la surélévation du mausolée de saint Amand en 809 pour le protéger des débordements de la Scarpe[39], mais aussi à Saint-Bertin que la présence des marécages alentour rendait difficile d'accès (sauf en cas de gel comme le jour des funérailles de l'évêque Folcuin à la mi-décembre 855[40]). Les Miracles de Bertin rapportent aussi l'épisode du voleur qui s'était fait volontairement enfermer dans l'abbatiale et qui fut ensuite bien incapable de quitter l'*insula* avec les vases liturgiques qu'il venait de dérober[41].

À l'époque romaine, la région sur laquelle est centrée notre étude comprenait les cités des Morins (chef-lieu: Thérouanne seule, puis Thérouanne et Boulogne au début du Ve siècle), des Ménapiens (chef-lieu: Cassel, puis Tournai au début du Ve siècle), des Atrébates (chef-lieu: Arras) et des Nerviens (chef-lieu: Bavay, puis Cambrai au début du Ve siècle), toutes intégrées dans la province de Belgique seconde. À l'époque mérovingienne, elles cédèrent la place aux diocèses de Tournai (gouverné depuis Noyon), d'Arras/Cambrai et de Thérouanne (qui comprenait l'ancienne cité de Boulogne) et relevaient de la métropole rémoise. Toutes – à la différence de Reims – semblent avoir fait partie, dès les origines, du royaume neustrien, on aura l'occasion d'y revenir. En 843, la rive droite de l'Escaut (et donc la presque totalité du diocèse de Cambrai) ainsi que la cité d'Arras relevèrent du royaume de Lothaire lors du partage de Verdun (tout en continuant de dépendre spirituellement du siège de Reims)[42]. En 866, Saint-Vaast que tenait Lothaire II fut restitué à Charles[43]. Au traité de Meersen (870), l'ensemble des comtés et des établissements du diocèse de Cambrai furent attribués à Charles le Chauve[44] jusqu'au traité de Ribemont (880). À partir de cette date, le destin du diocèse de Cambrai fut lié à celui de la Lotharingie. Il devint dans le courant du Xe siècle un évêché modèle de l'Église d'Empire ottonienne[45]. Son évêque gouvernait cependant aussi le diocèse d'Arras dont l'appartenance au royaume de Francie occidentale ne fut jamais discutée.

LES SOURCES

On a déjà dit plus haut que la nature même de la documentation avait guidé la définition chronologique retenue pour cette recherche. Pour une simple raison de volume documentaire, il n'était pas envisageable d'intégrer l'ensemble des chartes de donation d'autel des XIe–XIIe siècles (inédites pour une large part et dont, bien souvent, on ne tire rien d'autre que l'attestation de l'existence de l'église à la date de la rédaction de l'acte). D'autre part, il n'était pas possible de se priver des informations abondantes qui

[38] LEBECQ, L'homme au péril de l'eau.

[39] Milon, Vita Amandi, éd. KRUSCH, 476–477; VAN UYTFANGHE, La vallée de l'Escaut et de ses affluents à l'époque mérovingienne, 29.

[40] Folcuin, Gesta abbatum Sithiensium, éd. HOLDER-EGGER, c. 62, 618–619.

[41] Miraculum Bertini, éd. LEVISON, 778–779; au début du XIIe siècle, il est encore question de l'Aa *quo videlicet ejusdem cenobii insula ambitur* (Simon, Gesta abbatum Sithiensium, éd. GUÉRARD, l. II, c. 13A, 225).

[42] Annales de Saint-Bertin, éd. GRAT/VIEILLARD/CLÉMENCET, a° 843, 45; sur la partie de la rive gauche de l'Escaut comprise au Moyen Âge dans le doyenné cambrésien de Beaumetz, voir DELMAIRE, Les limites.

[43] Annales de Saint-Bertin, éd. GRAT/VIEILLARD/CLÉMENCET, a° 866, 128.

[44] Ibid., a° 870, 173–174; VERBEEMEN, L'ordre géographique suivi dans le traité de Meersen (870).

[45] Commode présentation dans ROUCHE, Cambrai du comte mérovingien à l'évêque impérial, 23–37.

surgissent dans les décennies entourant l'an mil. Auparavant, la documentation significative est assez mince. Elle se limite à quelques textes hagiographiques mérovingiens (Vies de saint Vaast, de saint Géry, de sainte Aldegonde); à une production un peu plus abondante à l'époque carolingienne (Vies de saint Omer, de saint Bavon, de saint Amand par Milon; Miracles des saints de Fontenelle, etc.); et à quelques diplômes. À partir du milieu du Xe siècle, sont rédigées les premières œuvres d'envergure compilant nombre de traditions plus anciennes: 945/946 pour la *Ratio fundationis* et le fragment ancien du *Liber traditionum* de Saint-Pierre-au-Mont-Blandin à Gand; 961/962 pour l'œuvre de Folcuin à Sithiu, puis après 965 pour l'ouvrage un peu différent qu'il consacra aux abbés de Lobbes; 1024/1025 pour les *Gesta* des évêques de Cambrai; à la même époque pour les plus anciens fragments du *Chronicon Vedastinum*.

Une documentation lacunaire

Cette documentation tardive – quand elle évoque par exemple l'époque mérovingienne – doit être considérée avec une double méfiance. On sait d'une part qu'elle n'est que partiellement représentative des archives anciennes qui, pour une bonne partie, ont pu disparaître accidentellement[46]. En 886, l'annaliste de Saint-Vaast rapporte ainsi la destruction des archives du monastère, qui avaient été emportées à Beauvais devant la menace normande, lors d'un incendie qui ravagea la cité le 17 septembre[47]. Pour Elnone, le chanoine Platelle a bien montré que les moines, dans leur fuite devant ces mêmes Normands, ne s'étaient souciés que des seuls diplômes ayant trait à la mense conventuelle[48]. Un acte de Charles le Simple pour la cathédrale de Cambrai daté du 20 décembre 911 fait également état de l'incendie des archives épiscopales et de la destruction d'un précédent privilège du roi Zwentibold (895 † 900)[49]. D'autre part, certaines compilations tardives (cartulaires) regorgent de faux. Une partie d'entre eux a fait l'objet d'études et d'éditions récentes ayant parfois précisément identifié les interpolations ou, le cas échant, établi l'existence d'un modèle authentique, ce qui les rend utilisables. Pour d'autres, en revanche, de grandes incertitudes subsistent. Enfin, il faut bien voir que les auteurs des *gesta* – qui ont souvent fait l'effort d'insérer des pièces diplomatiques dans leurs travaux – ont procédé à une sélection (et parfois une manipulation) de leur documentation dont on n'entrevoit pas toujours très bien les mécanismes. Dans l'ensemble, c'est donc un tableau très contrasté qui se dégage. Du véritable «'nid' de faussaires» que fut Saint-Pierre de Gand[50] jusqu'à Saint-Bertin où officiait le scrupuleux Folcuin il est évident que chaque fonds documentaire demande une appréciation spécifique qui aura peut-être tendance à obscurcir quelque peu le fil de la démonstration de notre enquête mais à laquelle il est difficile d'échapper.

Une documentation falsifiée

Il faut cependant s'arrêter un instant sur le cas très particulier du diocèse de Thérouanne. Contrairement à ce qui a pu se passer à Cambrai (il en sera question dans un

[46] Sur le classement et le devenir des archives ecclésiastiques du haut Moyen Âge, voir en dernier lieu DECLERCQ, Le classement des chartriers ecclésiastiques, 331–333, ainsi que les contributions réunies dans: Charters and the Use of the Written World, dir. HEIDECKER.

[47] Annales Vedastini, éd. VON SIMSON, a° 886, 62: *In quo incendio omnis ornatus monasterii Sancti Vedasti in thesauro et sacris vestibus et libris et kartis deperiit.*

[48] PLATELLE, Le temporel de l'abbaye de Saint-Amand, 81–82.

[49] Recueil des actes de Charles le Simple, n° 68, 153: *sed eadem civitate deflagrata, preceptum quoque voracibus flammis absumptum est.*

[50] DECLERCQ, Centres de faussaires et falsifications de chartes, 66.

instant), les traditions relatives aux premiers évêques de Thérouanne n'ont été rassemblées qu'au XVIIe siècle, après la destruction de la cité par les armées de Charles Quint en 1553 et la dispersion des archives de l'ancien diocèse partagé en 1556 entre trois nouveaux sièges, Boulogne, Saint-Omer et Ypres[51]. En 1635 donc, le Père Malbrancq fit paraître à Tournai les trois gros volumes de son *De Morinis et Morinorum rebus*[52] dans lequel il manifestait un louable souci d'honnêteté en citant précisément ses sources – entre autres Folcuin, Hariulf, Jean le Long, les *Gesta* des évêques de Cambrai, ainsi que les manuscrits hagiographiques bertiniens –, un *Chronicon Morinense* (en fait un catalogue tardif des évêques de Thérouanne qui n'intéresse pas notre recherche[53]) et des documents rapportés par un certain Matthieu Despretz, archidiacre de Thérouanne à la fin du XVIe siècle. Cette documentation avait été fournie à Malbrancq par Claude Despretz, jurisconsulte artésien, qui se présentait comme le petit-neveu de l'archidiacre et prétendait tenir de lui un ouvrage intitulé *De antiquitatibus ecclesiae Morinensis*. En fait, ce volume ne semble avoir existé que dans l'imagination du jurisconsulte auquel il faut attribuer une riche entreprise de falsification avec la distribution, en ce début du XVIIe siècle, de prétendus documents authentiques aux érudits de la région. Il s'agissait d'informations inédites sur «Baldéric» (l'auteur présumé des *Gesta episcoporum Cameracensium*) fournies à Georges Colveneer avec les actes d'un concile qu'aurait réuni au début du VIIe siècle Sonnatius de Reims; de pièces ayant trait à saint Hubert à l'intention du jésuite Jean Roberti; et enfin d'une lettre de Jean de Cambrai à Hincmar de Laon pour le prieur du Mont-Saint-Éloi, François Doresmieux! L'existence même de Matthieu Despretz n'est finalement guère assurée[54]. En revanche, la postérité des falsifications de Claude Despretz est telle que certaines informations qui en découlent continuèrent à circuler (au tout début du XXe siècle, le chanoine Bled les a reprises dans ses *Regestes des évêques de Thérouanne*[55]) jusqu'à ce que Hans Van Werveke vienne régler un peu brutalement leur compte[56].

La documentation hagiographique

Il n'est pas question de présenter en détail dès maintenant les dossiers hagiographiques sur lesquels repose notre recherche. Ils ont été regroupés dans un catalogue, placé en tête de la bibliographie. Contentons-nous à présent de rappeler les quelques règles qui nous ont guidés dans l'exploitation de ce type de sources[57]. De manière générale, ce que l'on nomme hagiographie désigne à la fois les sources relatives au culte des saints et les études qui prennent pour objet ces documents (même si certains historiens prennent désormais l'habitude de parler d'hagiologie pour désigner cette dernière activi-

[51] En attendant la parution d'une publication de l'École des chartes entièrement consacrée à l'histoire de Thérouanne et à ses sources, voir DELMAIRE, Thérouanne et Hesdin, 134–135.

[52] MALBRANCQ, De Morinis et Morinorum rebus.

[53] BLED, Le Chronicon Morinense.

[54] PONCELET, Une lettre de s. Jean; ID., Les documents de Claude Despretz; VANSTEENBERGHE, Note sur la valeur historique du De Morinis, 320–324; aux forgeries mises à jour par le Père Poncelet, il faut désormais ajouter les actes des conciles inventés par Claude Despretz et attribués par lui aux évêques Sonnatius de Reims et Hubert de Maastricht: voir Capitula episcoporum 3, éd. POKORNY, 375–379.

[55] BLED, Regestes des évêques de Thérouanne 1, 36–38; ID., Antimond, Dictionnaire d'histoire et de géographie ecclésiastique 3 (1924), 558–559.

[56] VAN WERVEKE, Het bisdom Terwaan van de oorsprong tot het begin der veertiende eeuw, annexes 3 et 4, 125–135; VANSTEENBERGHE, Note sur la valeur historique du De Morinis, 324–328.

[57] On se contentera de rappeler ici les services rendus par le guide bibliographique suivant: DUBOIS/LEMAITRE, Sources et méthodes de l'hagiographie médiévale; pour une première approche, voir HERBERS, Hagiographie; pour un aperçu récent des recherches hagiographiques, voir les contributions rassemblées dans: Hagiographica 6 (1999).

té)[58]. Ces recherches sont nées dans la première moitié du XVIIe siècle lorsque, dans le contexte général de la Contre-Réforme, l'Église catholique a, d'une part, voulu donner un nouvel élan au culte des saints et, d'autre part, cherché à en corriger les abus les plus flagrants. L'entreprise fut confiée à des jésuites belges, disciples de Jean Bolland. Le travail des Bollandistes, qui se poursuit à l'heure actuelle[59], fut donc à la fois de rassembler les dossiers littéraires (Vies, recueils de miracles, Passions, Inventions et Translations de reliques, etc.) relatifs aux saints, d'en apprécier la vraisemblance et d'en publier les éléments les plus recevables historiquement dans l'ordre du calendrier[60], mais aussi d'enquêter sur tous les autres témoignages du culte qui leur était rendu.

C'est naturellement le volet liturgique de l'entreprise qui permettait de faire le meilleur tri. Les Bollandistes ont ainsi progressivement élaboré une «méthode hagiographique» définie au début du XXe siècle par le Père Delehaye. Pour ce dernier, il importe, avant de considérer les écrits relatifs au saint, de dresser ses «coordonnées hagiographiques», c'est-à-dire les premières attestations du lieu où il fut honoré et des dates (*depositio*, *translatio*, etc.) auxquelles il était fêté. Ce qui signifie, en somme, considérer un dossier hagiographique comme un ensemble dont la valeur historique réside avant tout dans les mentions du culte plus que dans les parties littéraires, dont la rédaction a pu être plus tardive, et dont l'intérêt ne vaut souvent que pour le moment où elles ont été mises par écrit. «Les recherches souvent pénibles que les Bollandistes s'imposent pour établir une date du calendrier sont tout autre chose qu'un passe-temps d'érudit. Elles sont la conséquence d'une méthode qui, dans le dossier du saint, démêle avant tout la donnée liturgique, la principale au point de vue de la tradition historique, et n'attache qu'une importance secondaire à la partie littéraire, dont la valeur est trop souvent contestable»[61].

Une attestation ancienne du culte peut ainsi inviter à regarder avec plus d'intérêt un dossier littéraire, mais, dans le cas contraire, on doit observer la plus grande méfiance. On l'aura compris, chaque dossier hagiographique présente une physionomie spécifique et il est assez vain de vouloir les enfermer dans un genre documentaire spécifique. Trois exemples suffiront à illustrer notre propos. Au IXe siècle, Milon d'Elnone

[58] Sur ce point: Philippart, Hagiographes et hagiographie; Henriet, Texte et contexte (avec d'abondantes références bibliographiques).

[59] Le travail des Pères Bollandistes est d'autant plus fondamental pour notre propos qu'ils ont non seulement élaboré une méthode, mais ont aussi, pour des raisons de proximité géographique bien compréhensibles, considérablement défriché les dossiers hagiographiques qui seront envisagés ici; le lecteur s'en rendra aisément compte en consultant dans la bibliographie la liste des travaux d'Albert Poncelet, Maurice Coens, Baudouin de Gaiffier et Joseph van der Straeten qui ont été mis à profit.

[60] Les considérables travaux d'édition des Bollandistes ou encore des collaborateurs des MGH ont souvent eu comme conséquence de définir une fois pour toutes (de fossiliser, dirions-nous) un corpus des textes hagiographiques dignes d'être exploités (et facilement utilisables grâce aux index et notamment à cet incomparable outil de travail que sont la Bibliotheca hagiographica latina et son Novum supplementum) par les historiens qui de nos jours restent ainsi souvent prisonniers des choix et d'une classification documentaires opérés dans un contexte épistémologique très différent du leur (voir à titre d'exemple les sélections arbitraires des *Miracula Wandregisili* dans l'édition des MGH); sur tout ceci, on lira les observations stimulantes de Lifshitz, Beyond positivism and genre; on mesure ainsi tout l'intérêt du projet «Sources hagiographiques de la Gaule» de l'Institut historique allemand de Paris (Dolbeau/Heinzelmann/Poulin, Les sources hagiographiques narratives composées en Gaule avant l'an Mil) qui fonde ses enquêtes sur l'ensemble de la tradition manuscrite des textes.

[61] Delehaye, Cinq leçons sur la méthode hagiographique, 17; notons qu'une attestation ancienne du culte peut se lire dans des sources qui ne sont pas liturgiques à proprement parler: ainsi pour saint Rombaut dont le culte, signalé dans des litanies dès la fin du IXe siècle, n'est attesté à Malines qu'au début du Xe siècle: Recueil des actes de Charles le Simple, n° 65, 148; le saint apparaît pour la première fois avec le rang de martyr.

compose en l'honneur du saint patron du monastère un texte que son dernier éditeur, Bruno Krusch, a appelé *Vita Amandi secunda*. Le moine a consulté et «édité» des pièces tirées des archives de l'établissement (le «testament» du saint et la lettre que lui adressa le pape Martin Ier)[62], établi une chronologie de la vie d'Amand et ajouté quelques textes liturgiques: Milon travaillait assurément autant en historien qu'en hagiographe. Au milieu du XIe siècle, un moine de Saint-Bavon de Gand rédige la Vie de saint Liévin dont le culte a été créé de toutes pièces au début du siècle. Pour ce faire, il recopie la Vie de saint Lébuin de Deventer et invente – au sens fort – la figure d'un Irlandais débarqué en Flandre au VIIe siècle: c'est un travail de pure imagination[63]. Au milieu du IXe siècle, les litanies ajoutées dans le sacramentaire de l'évêque de Cambrai Hildoard signalent une invocation à un certain Wasnulphe dont on sait qu'il était honoré à Condé-sur-Escaut au début du XIe siècle: aucune Vie ne lui fut jamais consacrée et pourtant l'attestation précoce de son culte est précieuse à qui s'intéresse aux dévotions locales à l'époque carolingienne[64].

Revenons un instant à la partie littéraire d'un dossier hagiographique et aux problèmes ardus que peuvent poser les Vies de saints au regard d'autres pièces, comme les recueils de miracles, dont on saisit souvent mieux le contexte de mise par écrit[65]. Comme l'a magistralement rappelé Jacques Fontaine en éditant la Vie de saint Martin par Sulpice Sévère, les Vies de saints obéissent le plus souvent au principe d'une triple stylisation des faits et gestes de leurs héros. De son vivant même, le saint opère une première stylisation en accordant ses actes avec des modèles et des références puisés essentiellement à la lecture des Écritures. Après sa mort, les témoignages de son entourage procèdent à un nouveau degré de stylisation en conservant un souvenir sélectif du défunt dont ils interprètent consciemment ou inconsciemment les actions. Enfin, il revient au rédacteur de la Vie d'introduire ses propres effets de stylisation (le troisième degré) et ceux de son milieu[66]. À titre d'exemple, on rappellera que Jonas de Bobbio présente l'Irlandais Colomban en Gaule accompagné de douze pèlerins[67]. Ce chiffre doit-il être expliqué par le désir du saint d'imiter le Christ, par celui de son entourage (consulté par Jonas) de l'en mieux rapprocher ou enfin par les propres références scripturaires du moine de Bobbio? Si, dans ce cas précis, on admet aisément la réalité du fait brut, il est évident que la part des différents niveaux de stylisation peut varier considérablement, et il est parfois bien difficile de dégager une appréciation convaincante[68].

Ces quelques remarques ont valeur d'avertissement. Derrière le terme commode de sources hagiographiques se présente en fait un ensemble documentaire qui résiste mal à une analyse d'ensemble et qui exige souvent une présentation assez détaillée du

[62] Milon, Vita Amandi, éd. KRUSCH, 452–456 (lettre de Martin Ier: *exemplar in papireis scedis editum*); ibid., 472 et 483–485 (*sicut etiam testamento, terribili scripto pro hac re, quod in archivo nostri monasterii hactenus servatur, decrevit*); DECLERCQ, Le classement des chartriers ecclésiastiques, 331.

[63] En dernier lieu, voir COENS, L'auteur de la Passio Livini.

[64] COENS, Recueil d'études bollandiennes, 280–281; ORCHARD, The ninth and tenth-century additions, 293.

[65] SIGAL, Le travail des hagiographes aux XIe et XIIe siècles; ID., Histoire et hagiographie: les Miracula aux XIe et XIIe siècles; DIERKENS, Réflexions sur le miracle; Mirakel im Mittelalter, dir. HEINZELMANN/HERBERS/BAUER.

[66] Sulpice Sévère, Vita Martini, éd. FONTAINE, 1, 185–188.

[67] Jonas, Vita Columbani, éd. KRUSCH, l. I, c. 4, 160.

[68] Voir par exemple la première Vie de Josse (Xe siècle) qui prétend que le saint élevait onze poules et un coq (éd. LE BOURDELLÈS, c. 10, 922–923)! Une même démarche conduit le chanoine Platelle à s'interroger sur la beauté que le biographe de sainte Waudru, fondatrice de la communauté de Mons, prête à son héroïne (Elle était belle et bonne, 148–151).

contexte de rédaction[69]. C'est pourquoi il a paru plus commode de consacrer à chaque dossier une note particulière en annexe.

Le reste des sources qui ont étayé l'enquête nous retiendra moins longtemps. Comme cela a été rapidement évoqué plus haut, les informations substantielles que l'on peut obtenir au sujet des premiers siècles des diocèses médiévaux proviennent surtout d'œuvres composées à partir du milieu du Xe siècle. Les plus intéressantes pour notre propos sont les *Gesta* consacrés aux abbés de Sithiu et aux évêques de Cambrai[70].

Les *Gesta abbatum Sithiensium*

Les *Gesta* des abbés de Sithiu forment une œuvre composite rédigée en 961/962 par Folcuin à la demande de l'abbé Adalolphe. Dans son travail, le moine a inséré une série de diplômes émanant de souverains (17 dont plusieurs faux privilèges mérovingiens), une petite trentaine d'actes privés (dont plusieurs donations d'églises), des inventaires de biens, un fragment du polyptyque dressé sur ordre de l'abbé Adalard (entre 844 et 859) et surtout des passages narratifs de sa propre plume reprenant des traditions orales (auxquelles il se réfère parfois explicitement). Karine Ugé et Brigitte Meijns ont récemment rappelé à quel point Folcuin écrivait l'histoire du monastère en fonction des crises qu'il traversa au Xe siècle, particulièrement la réforme introduite en 944 par le comte Arnoul de Flandre, abbé laïc, et Gérard de Brogne. C'est très net en ce qui concerne la présentation de la séparation des deux communautés de Saint-Bertin et Saint-Omer, attribuée à Fridugise en 820. Pour autant Folcuin ne réécrit pas de fond en comble l'histoire des communautés en fonction des intérêts présents. Son travail n'est pas seulement une œuvre de circonstances destinée à souder la communauté autour d'une «mémoire» commune, il répond aussi concrètement à d'autres impératifs (d'ordre archivistique) rencontrés par la communauté[71]. Nous espérons montrer plus loin quelle occasion cette entreprise a aussi représentée pour la défense des intérêts familiaux de l'auteur, notamment pour la promotion à la sainteté de son oncle, évêque de Thérouanne. Nommé abbé de Lobbes en 965, Folcuin composa alors un travail un peu différent pour cet établissement, exclusivement narratif cette fois-ci. Nous aurons aussi l'occasion de nous y référer.

La tradition manuscrite de l'œuvre n'est pas des plus simples[72]. Le travail autographe de Folcuin, de l'avis même de Dom Mabillon, était conservé à Saint-Bertin; il disparut à la Révolution. Subsistent aujourd'hui trois copies dont les plus fidèles sont celles de Dom Portebois, prise en 1693, et de Dom Dewitte, prise avant 1775[73]. Le travail de Folcuin a été interpolé par endroit dans la seule copie médiévale de l'œuvre qui date du XIIe siècle[74]. Les *Gesta* de Folcuin attendent encore leur éditeur et le

[69] Les circonstances de rédaction des textes hagiographiques retiennent de plus en plus l'attention des chercheurs: voir le volume Hagiographie im Kontext, dir. BAUER/HERBERS et le bilan récent dressé dans HENRIET, Texte et contexte.

[70] Sur ce type de source, voir SOT, Gesta episcoporum, gesta abbatum; ID., Organisation de l'espace et historiographie épiscopale; KAISER, Die Gesta episcoporum als Genus der Geschichtsschreibung.

[71] GEARY, Phantoms of Remembrance, a beaucoup insisté sur l'intérêt des communautés monastiques pour leur propre histoire autour de l'an Mil; les thèses de l'historien américain ont été nuancées par MORELLE, Histoire et archives vers l'an mil.

[72] Les problèmes qu'elle pose sont considérablement éclaircis dans le mémoire d'habilitation de Laurent Morelle (Autour de Folcuin); en attendant sa publication, on pourra se reporter aux introductions des différentes éditions, ainsi qu'aux études suivantes: MEIJNS, Chanoines et moines à Saint-Omer; UGÉ, Creating a usable past; EAD., Politics of Narrative Production 1, 114–131; bibliographie exhaustive sur ces *Gesta* dans Narrative Sources 2000.

[73] Paris, Bibl. nat. de France, nouv. acq. lat., ms 275; Saint-Omer, Bibl. mun., ms 815.

[74] Boulogne-sur-Mer, Bibl. mun., ms 146; ce manuscrit est édité *in extenso*: Cartulaire de l'abbaye de Saint-Bertin, éd. GUÉRARD, 1–168.

chercheur doit aujourd'hui recourir, pour les passages narratifs aux extraits édités par Oswald Holder-Egger (1881), pour les actes à l'édition donnée par Maurits Gysseling et Anton Koch (1950), et enfin, pour le polyptyque à l'édition de François-Louis Ganshof (1975)[75].

Signalons qu'il existe une tradition des actes de Saint-Bertin indépendante de Folcuin: les actes originaux (ou pseudo-originaux?) ont été détruits à la Révolution, mais ils avaient pu être copiés peu auparavant par Dom Dewitte dans son Grand Cartulaire[76].

Les *Gesta* des évêques de Cambrai

Parfois encore attribués à tort à un certain Baldéric[77], ces *Gesta* sont légèrement plus tardifs. L'œuvre est désormais bien connue grâce aux recherches approfondies d'Erik van Mingroot[78]. La première mouture du texte a été composée dans l'entourage très proche de l'évêque de Cambrai Gérard Ier (1012 † 1051), de toute évidence par son propre chapelain nommé Foulques. Le plan de l'ouvrage obéit aux préoccupations de réforme qui étaient celles de Gérard en 1024/1025. Le premier livre présente la succession des évêques d'Arras/Cambrai (en insistant bien sur l'existence de deux diocèses indépendants) depuis saint Vaast; il mêle alors de longs paragraphes narratifs inspirés des sources dont disposait l'auteur (catalogue épiscopal, Vies de saints, etc.), et insère une série de diplômes royaux et impériaux dont les originaux sont parfois encore conservés. Ces développements sont de plus en plus nourris au fur et à mesure que l'on se rapproche de l'épiscopat d'Erluin († 1012) sur lequel se clôt le premier livre. Le deuxième livre présente un tableau des communautés (*monasteria*) des deux diocèses et résume à grands traits leur histoire, sous la forme d'une quarantaine de notices, parfois fort brèves. Outre les établissements existant alors (communautés monastiques masculines et féminines, chapitres), l'auteur évoque les communautés disparues auxquelles la tradition attribue une existence ancienne[79]. Le troisième livre, enfin, est consacré à l'épiscopat de Gérard. Foulques en a rédigé les cinquante premiers chapitres en 1024/1025. La suite fut complétée après la mort du prélat (1051) par un auteur qui en profita pour ajouter des compléments dans l'ensemble de l'œuvre. Tels qu'ils ont été composés en 1024/1025, les *Gesta* se présentent donc comme un volet de l'entreprise historiographique de légitimation et de renforcement de l'autorité épiscopale (on pourrait aussi mentionner la rédaction de la Vie d'Aubert et la troisième Vie de Géry), ce dont Gérard avait assurément besoin pour faire accepter les réformes qu'il cherchait à introduire dans les établissements des deux diocèses.

[75] Folcuin, Gesta abbatum Sithiensium, éd. HOLDER-EGGER; Diplomata belgica, éd. GYSSELING/KOCH, 5–83; Le polyptyque de l'abbaye de Saint-Bertin, éd. GANSHOF.

[76] Les chartes de l'abbaye de Saint-Bertin 1, éd. HAIGNERÉ.

[77] PONCELET, Les documents de Claude Despretz, 246–253, a retracé l'itinéraire de cette erreur.

[78] Gesta episcoporum Cameracensium, éd. BETHMANN; l'œuvre a été principalement éditée à partir du manuscrit La Haye, Bibl. royale, ms 75 F 15 autrefois conservé à Saint-Ghislain: il s'agit d'une copie de la première moitié du XIe siècle que l'éditeur, Ludwig Bethmann, tenait pour le manuscrit revu par l'auteur lui-même; cette hypothèse n'est plus guère soutenable depuis que l'on a mis en évidence la succession de deux auteurs différents (VAN MINGROOT, Kritisch onderzoek omtrent de datering van de Gesta episcoporum Cameracensium, 292); bibliographie complète sur ces *Gesta* dans Narrative Sources 2000.

[79] Dans le catalogue des sanctuaires, nous n'avons pas retenu les fondations postérieures à l'an mil (à titre d'exemple, cette *cella* Saint-Sauveur de Berclau fondée sur un domaine marécageux de Saint-Vaast d'Arras par l'abbé Léduin avec le consentement de Gérard Ier: Gesta episcoporum Cameracensium, éd. BETHMANN, l. II, c. 20, 460); en l'absence de telles précisions, on a retenu tous les établissements cités, partant du principe qu'ils avaient été fondés au plus tard avant la fin du Xe siècle.

Les actes

Il n'est pas question de présenter en détail les actes mis à contribution dans cette étude, particulièrement lorsqu'il s'est agi de les utiliser pour établir les mentions précoces d'églises ou recueillir quelques précisions à leur sujet. La liste en est donnée dans les notices des établissements bénéficiaires, essentiellement les grands monastères. Au sujet des sièges épiscopaux, signalons d'emblée la disproportion flagrante entre le siège de Thérouanne pour lequel aucun diplôme royal n'a été conservé (pas même sous la forme de copie) avant l'an mil, et celui de Cambrai, où le nombre d'actes royaux puis impériaux s'accroît considérablement au Xe siècle du fait de sa situation particulière d'évêché d'Empire. Comme on vient de le rappeler, beaucoup d'actes privés pour Sithiu ont été copiés dans les *Gesta* de Folcuin et le Grand Cartulaire de Dom Dewitte. Ailleurs (Cambrai, Elnone) on ne conserve que quelques épaves pour le Xe siècle. La situation est néanmoins un peu particulière dans les archives de Saint-Pierre-au-Mont-Blandin à Gand.

C'est en effet sous la forme de notices conservées dans les deux *Libri traditionum* qu'a été transmis le souvenir des donations des fidèles[80]. Le premier – communément appelé *Liber traditionum antiquus* – a été composé en 944/946 (et non dès 941) pour accompagner la reconstitution du temporel de l'abbaye à la suite de la réforme de Gérard de Brogne (en raison des incertitudes qui planèrent un temps sur le destin de Saint-Bavon, les moines blandiniens émirent d'ailleurs des prétentions sur les biens de leurs rivaux dont une liste a été insérée dans le *Liber traditionum antiquus*). Ce *Liber* est précédé d'une longue introduction retraçant les origines du monastère, la *Ratio fundationis*[81]. Le second – que nous nommerons désormais simplement *Liber traditionum* – fut composé autour de 1042 sous l'abbé Wichard[82]. Nous en avons exploité les notices antérieures à l'an mil. Ajoutons enfin que la rédaction de ces *Libri traditionum* a accompagné tout un travail de classement des originaux quand ils étaient conservés, d'interpolation ou encore de confection de pseudo-originaux[83]. Dans le dédale de ces forgeries, nous avons suivi avant tout les choix opérés par les éditeurs des *Diplomata belgica*, en négligeant les actes édités sans critique (mais l'exercice était – et reste – des plus périlleux!) par Auguste Van Lokeren entre 1868 et 1871[84].

Les descriptions de biens

Pour plusieurs établissements monastiques, des descriptions de biens dressées avant le début du XIe siècle ont été des sources précieuses pour l'étude des sanctuaires ruraux dépendant de grands monastères. Parmi les plus anciennes, il faut assurément compter celle du temporel et du trésor de Saint-Bavon datée du tout début du IXe siècle, dont il ne subsiste aujourd'hui qu'un fragment palimpseste[85]. On possède également une épave du polyptyque d'Elnone décrivant quelques domaines de la mense abbatiale cédés en bénéfice et dont la rédaction n'est pas postérieure à 872[86]. On a pu rappeler

[80] Sur les *libri traditionum*, voir Fichtenau, 'Carta' et 'noticia' en Bavière; et, en dernier lieu, Declercq, Originals and cartularies.

[81] L'ensemble a été édité dans: Diplomata belgica, éd. Gysseling/Koch, n° 49, 123–138.

[82] Édité (avec le *Liber traditionum antiquus* en regard) dans: Liber traditionum, éd. Fayen.

[83] Sur les archives blandiniennes et le *Liber traditionum antiquus* en particulier, voir une présentation rapide dans Declercq, Le classement des chartriers ecclésiastiques, 333; et surtout la thèse de doctorat de ce même auteur: id., Traditievorming en tekstmanipulatie in Vlaanderen in de tiende eeuw (avec résumé français, 261–269).

[84] Publiés sous le titre suivant: Chartes et documents de l'abbaye Saint-Pierre au Mont-Blandin, éd. Van Lokeren.

[85] Verhulst, Das Besitzverzeichnis der Genter Sankt-Bavo-Abtei, 231–234.

[86] Platelle, Le temporel de l'abbaye de Saint-Amand, 70; voir désormais: Das Polyptychon und

plus haut que Folcuin avait inséré dans ses *Gesta* une description des biens affectés aux moines de Saint-Bertin dressée sur l'ordre de l'abbé Adalard en 844/859; plusieurs églises sont documentées à cette occasion[87]. À Lobbes, l'entreprise eut lieu plus tard, en 889, sur l'ordre de l'évêque Jean de Cambrai; elle provoqua notamment la rédaction d'une «liste longue» particulièrement détaillée[88]. À Maubeuge, ce que l'on appelle généralement le premier «testament» de sainte Aldegonde a été réhabilité par Anne-Marie Helvétius qui date sa composition du milieu du IXe siècle[89]. Plus tardive (1019/1030), la lettre adressée par l'abbé Othelbold de Saint-Bavon à la comtesse Otgive intéresse au premier chef notre enquête parce qu'elle offre, d'une part, une première liste des reliques conservées dans le monastère et donc des saints qui y étaient honorés (ce qui permet de penser qu'elle est une réponse à une requête de la comtesse en vue du grand rassemblement de reliques de la Paix d'Audenarde), et qu'elle présente, d'autre part, une liste des biens (et des églises) de Saint-Bavon usurpés sous le principat d'Arnoul Ier (dans le courant du Xe siècle), dont seule une partie aurait effectivement été restituée aux moines[90].

Les sources liturgiques

Comme on l'a rappelé plus haut, les attestations liturgiques sont des plus précieuses pour apprécier l'ancienneté du culte rendu à un saint. Ont donc été abondamment sollicités les martyrologes historiques du IXe siècle, essentiellement ceux d'Adon et d'Usuard[91]. Les travaux de Dom Quentin et de Dom Dubois ont distingué deux familles du martyrologe d'Adon. Dans la première famille, la première recension a été achevée en 855 et les deux recensions suivantes sont le fait d'Adon lui-même (introduction d'un *martyrologium perantiquum* dans la deuxième et de nombreuses mentions viennoises dans la troisième). La seconde famille rassemble un remaniement du travail définitif d'Adon à Auxerre et de nombreux emprunts à Usuard. De son côté, le moine de Saint-Germain-des-Prés avait commencé son martyrologe en 850. Le travail fut achevé vers 865 et la préface composée avant 870. D'après Dom Dubois, Usuard a continué à enrichir de sa propre main le manuscrit de son travail (de la plume d'un copiste anonyme) jusqu'à sa mort peu après 877[92].

Par ailleurs, nombre d'attestations anciennes du culte des saints sont à glaner dans les anciennes litanies, commodément regroupées et publiées par le Père Coens[93], et dans les calendriers, comme celui d'Héric d'Auxerre[94], ou encore ceux des grands sacramentaires composés à Elnone dans le courant du IXe siècle[95].

die Notitia de areis von Saint-Maur-des-Fossés, éd. Hägermann/Hedwig, 78–89 (commentaire) et 103–105 (édition).

87 Le polyptyque de l'abbaye de Saint-Bertin, éd. Ganshof; Renard, Lectures et relectures d'un polyptyque carolingien.

88 Le polyptyque de l'abbaye Saint-Pierre de Lobbes, éd. Devroey.

89 Charte de donation de l'abbaye de Maubeuge, éd. Daris, 42–44; Helvétius, Abbayes, évêques et laïques, 161–168.

90 De brief van abt Othelbold aan gravin Otgiva, éd. Voet, 230–241.

91 De manière générale, voir Dubois, Les martyrologes du Moyen Âge latin; et les introductions aux éditions des martyrologes d'Usuard et d'Adon; sur Usuard, voir désormais Overgaauw, Martyrologes manuscrits des anciens diocèses d'Utrecht et de Liège 1, 19–38.

92 Paris, Bibl. nat. de France, ms lat. 13745.

93 Coens, Recueil d'études bollandiennes, 131–322; voir également: Anglo-Saxon Litanies of the Saints, éd. Lapidge.

94 Gaiffier, Le calendrier d'Héric d'Auxerre.

95 Coens, Recueil d'études bollandiennes, 271–274; Deshusses, Chronologie des grands sacramentaires de Saint-Amand; et désormais: Der karolingische Reichskalender, éd. Borst.

L'archéologie n'a pas été évoquée. Les découvertes commencent cependant à être significatives, particulièrement à Arras et à Tournai, même si les interprétations sont encore peu assurées. Au total, cette étude aura l'occasion de solliciter une documentation variée, quoique principalement écrite: textes hagiographiques et plus généralement narratifs, actes diplomatiques, descriptions de biens, mentions liturgiques.

Comme pour toute source dont dispose l'historien du haut Moyen Âge, on ne perdra jamais de vue, dans le fil de l'exposé, le contexte et les circonstances dans lesquels les informations nous ont été transmises depuis ces époques lointaines. Cela signifie aussi qu'il faudra systématiquement apprécier la représentativité de cette documentation au regard de ce que l'on cherche à appréhender: le processus de christianisation du nord de la Gaule du haut Moyen Âge.

Première partie

L'implantation du christianisme

L'objet de cette première partie est de revenir sur la façon dont il convient d'interpréter ce qu'on appelle couramment le phénomène de christianisation du nord de la Gaule mérovingienne.

Ceci implique d'abord une interrogation sur la nature du «paganisme» qu'auraient eu à affronter au VIIe siècle les «missionnaires». Or ce phénomène se présente surtout comme le produit de reconstructions tardives (chapitre I), ce qui amène à relativiser le caractère «missionnaire» du VIIe siècle pour le nord de la Gaule.

La période mérovingienne fut néanmoins porteuse d'un véritable changement, matérialisé par une montée en puissance de la hiérarchie ecclésiastique, particulièrement de l'institution épiscopale, grâce à une étroite coopération avec le souverain et de très grands aristocrates. Une belle image de cette alliance est glissée par le biographe de saint Éloi, évêque de Noyon-Tournai, dans la bouche de son modèle: «Que ta sérénité me cède ce domaine, Ô mon roi [il s'agit de Dagobert], là où, toi et moi, nous construirons une échelle par laquelle nous mériterons l'un et l'autre de gagner le royaume céleste»[1]. Dans le deuxième tiers du VIIe siècle, l'intense activité de l'évêque signale ainsi véritablement l'intégration des évêchés septentrionaux au sein du *regnum Francorum* (chapitre II).

On peut enfin essayer de dégager les étapes de l'appropriation de l'espace par le christianisme sous la forme de l'implantation d'un réseau de sanctuaires. Au VIIe siècle, les diocèses gagnèrent donc progressivement la physionomie qui fut la leur pendant tout le premier Moyen Âge, ne serait-ce que par ces unions bipolaires caractéristiques. Certaines se maintinrent durablement: jusqu'en 1093/1094 pour Arras et Cambrai; jusqu'en 1146 pour Noyon et Tournai. L'union de Boulogne et de Thérouanne resta définitive. Il y a là assurément une rupture au regard de la géographie administrative du Bas Empire qu'il conviendra de mettre en lumière (chapitre III).

[1] Vita Eligii, éd. Krusch, l. I, c. 15, 680–681; *Hanc mihi, domine mi rex, serenitas tua concedat, quo possim ibi et mihi et tibi scalam construere, per quam mereamur ad caelestia regna uterque conscendere;* le thème de l'échelle céleste est repris du récit de la Genèse (28); c'est dans des termes similaires qu'en 941 l'évêque Transmar de Noyon-Tournai aurait invité le comte Arnoul de Flandre à restaurer le monastère de Saint-Pierre de Gand (Miracula Bavonis, éd. Holder-Egger, l. I, c. 7, 593: *mandavit litteris, ut in scriptis eius reperimus, super hoc negotio Arnulfo, ad quem idem locus ex regio pertinebat beneficio, se scilicet scalam velle erigere, per quam uterque levi volatu caelum posset conscendere*).

Chapitre I
«Paganisme» et «mission» dans le nord de la Gaule mérovingienne

Le caractère lacunaire de sources de nature très différente a pu engendrer des positions contradictoires en ce qui concerne la définition de ce qu'on appelle le processus de «christianisation» et sa chronologie. L'historiographie traditionnelle ne s'est en effet guère dégagée des Vies de saints qui ont abondamment documenté les fondations monastiques du VIIe siècle – le premier «siècle des saints», pour reprendre une expression de Dom Mabillon qui servit de titre à un petit livre de Léon van der Essen paru en 1942[2] – en établissant ainsi une équation implicite entre christianisation et fondations de monastères[3]. Rares furent ceux qui firent remarquer que la prodigieuse floraison monastique du VIIe siècle semble s'être développée au sein d'une société – ou au moins d'une très grande partie de la société – christianisée, ou en tout cas qui se proclamait chrétienne[4]. Les recherches récentes ne manquent donc pas de battre en brèche cette vision traditionnelle en rappelant l'intérêt qu'il y a à distinguer un degré élémentaire de christianisation (avec essentiellement la diffusion généralisée du baptême) et l'enracinement en profondeur de la religion chrétienne dans les pratiques sociales, par définition toujours incomplet – un «processus sans fin», pour reprendre l'expression de Ludo Milis[5]. En développant un discours englobant sur les pratiques qui, à une époque ou à une autre, se trouvèrent en opposition avec l'idée qu'ils se faisaient d'une société chrétienne, les clercs ont aussi construit de manière artificielle le «paganisme»[6]. Les pénitentiels ou la documentation conciliaire permettent de s'en faire une idée mais posent de redoutables problèmes d'interprétation car ils ne peuvent être confrontés avec les pratiques effectivement vécues et dont, faute de sources, on ignore presque tout[7]. Dans le cadre géographique qui est le nôtre, nous ne nous sommes pas intéressés en détail à la documentation conciliaire et pénitentielle et aux problèmes d'interprétation qu'elle pose. Résumons-les pourtant brièvement. Wilhelm Boudriot puis, plus récemment, Dieter Harmening ont remarqué que les mêmes interdictions concernant des

2 Van der Essen, Le siècle des saints, 7.

3 C'est ce qui se dégage par exemple du premier volume de l'Histoire de l'Église en Belgique du Père de Moreau.

4 Voir ainsi ce qui opposait déjà en 1899 le chanoine Vacandard à Fustel de Coulanges. Pour ce dernier, «nous voyons aussi quelques coutumes païennes qui se conservaient dans les campagnes; mais ce sont des coutumes populaires qui persistent chez tous les peuples convertis; elles ne prouvent donc pas que ces Francs ne fussent pas officiellement chrétiens. Jamais il n'est fait mention d'un prêtre païen, d'un sanctuaire païen, de divinités païennes»; le premier défendait avec force l'idée «qu'il y eût encore des idolâtres sous les Mérovingiens» (Vacandard, L'idolâtrie en Gaule au VIe et au VIIe siècle, 424–425); voir à ce sujet les remarques très justes de Werner, Le rôle de l'aristocratie, 58: «La haute aristocratie des royaumes francs du VIe siècle, sans présenter nécessairement des fervents de la nouvelle foi, était, de bonne heure, assez exclusivement chrétienne, dans le sens de l'acceptation du Dieu des chrétiens comme seul seigneur dans les cieux.»

5 Milis, La conversion en profondeur; l'auteur distingue néanmoins deux vagues de christianisation au IVe puis au VIIe siècle avant de présenter les mécanismes de ce qu'il nomme «la conversion en profondeur» de la société; voir également id., La formation d'une région bi-culturelle, 150–153 et 172–179.

6 On lira la mise au point la plus récente dans Dierkens, Christianisme et 'paganisme' dans la Gaule septentrionale, qui renvoie à une abondante bibliographie dont on retiendra particulièrement les titres suivants: Hen, Culture and Religion in Merovingian Gaul; id., Paganism and superstitions in the time of Gregory of Tours; Künzel, Paganisme, syncrétisme et culture religieuse populaire au haut Moyen Âge; Markus, From Caesarius to Boniface; Schmitt, Les 'superstitions'; Zeddies, religio et sacrilegium.

7 Hen, Culture and Religion in Merovingian Gaul, 169–172; Künzel, Paganisme, syncrétisme et culture religieuse populaire au haut Moyen Âge, 1055–1059.

pratiques païennes – constamment répétées dans les canons des conciles jusqu'au XIe siècle – reprenaient en fait des dispositions prises dès le VIe siècle, notamment par Césaire d'Arles[8]. Les canons relatifs aux superstitions auraient donc été réaffirmés régulièrement – par respect pour les autorités et les conciles antérieurs qui les avaient promulgués – sans nécessairement correspondre à des situations vécues. D'autres historiens ont néanmoins rétorqué que ces répétitions ne pouvaient être purement formelles et qu'il était inconcevable qu'elles ne reflétassent pas une certaine réalité inquiétant les clercs. En définitive, Yitzhak Hen préfère voir derrière ces dispositions l'obsession du clergé devant «des menaces potentielles» qui pouvaient guetter les fidèles.

Dans le cadre géographiquement restreint qu'a retenu notre recherche, il s'agit ici, à partir des trop rares indications fournies par les sources écrites et archéologiques, de donner quelques éléments d'appréciation du «paysage religieux» du nord de la Gaule avant la fin du VIe siècle. On pourra ainsi constater que ce qu'on appelle «paganisme» ne désigne en fait qu'un ensemble de pratiques sociales à vague connotation religieuse sans pour autant constituer un ensemble doctrinal opposé de façon irréductible au christianisme. On ne peut guère parler de religion païenne qui aurait été supplantée[9]. Nous examinerons donc d'abord tout ce que la notion de «paganisme» doit aux reconstructions des auteurs tardifs avant de proposer un rapide tour d'horizon de la réalité des pratiques religieuses du VIe siècle, pour enfin conclure sur l'idée que les missionnaires du VIIe siècle furent assurément confrontés à une société pour laquelle il n'y avait déjà pas d'autre alternative religieuse que le christianisme.

LE «PAGANISME» DANS LES SOURCES ÉCRITES

Des sources contemporaines laconiques

À parcourir les Vies des saints mérovingiens, on a véritablement l'impression que les missionnaires du VIIe siècle ont opéré dans un espace et une société qui ignoraient toute implantation préalable de la religion chrétienne. On serait ainsi tenté, au premier abord, de suivre les métaphores guerrières filées par les hagiographes qui présentent le nord de la Gaule comme un vaste front de christianisation où le missionnaire, tel Amand, fondateur d'Elnone, s'avançait armé du «glaive évangélique (*evangelicus mucro*) pour combattre les vieilles erreurs des Sicambres»[10]. «Autrefois les barbares ou les brigands indigènes occupaient le désert des forêts et des rivages; aujourd'hui le chœur vénérable et angélique des saints célèbre la louange de Dieu» écrivait déjà Paulin, futur évêque de Nole, à Victrice de Rouen en 398 en évoquant ce qu'il avait entendu dire de l'activité de l'évêque le long du littoral morin. Au tout début du VIe siècle, c'est une église en ruine occupée par un ours et négligée par les habitants païens que découvre saint Vaast, tout juste nommé évêque d'Arras par Remi de Reims sur la

[8] BOUDRIOT, Die altgermanische Religion; HARMENING, Superstitio.

[9] C'est néanmoins l'idée que défend le livre de JONES/PENNICK, A History of Pagan Europe (surtout 111–137) pour le paganisme germanique; cette position est aussi défendue par MCMULLEN, Christianisme et paganisme du IVe au VIIIe siècle, qui insiste sur la vitalité du paganisme et la persécution systématique dont il fit l'objet entre les IVe et VIIIe siècles (mais l'idée d'un paganisme immuable pendant près de cinq siècles sur l'ensemble de l'Empire romain n'est guère convaincante); dans une perspective assez similaire mais avec une définition plus fine des permanences païennes, on verra les contributions réunies dans le recueil suivant: The Pagan Middle Ages, dir. MILIS.

[10] Jonas de Bobbio, Vita Columbani, prologue, éd. KRUSCH, 145–146; l'expression *mucro apostolicus* se lit dans la lettre adressée par le pape Martin Ier à Amand (Milon, Vita Amandi, éd. KRUSCH, 455); l'une et l'autre se trouvent déjà sous la plume d'Augustin et de Prosper d'Aquitaine.

recommandation de Clovis[11]. Un siècle plus tard, ce sont à nouveau «des esprits sauvages encore obscurcis par les ténèbres hideuses de l'ignorance» que rencontre Omer dans le diocèse de Thérouanne; il est même précisé plus loin qu'Adroald – le fameux donateur du domaine de Sithiu où Mommelin et Bertin fondèrent le monastère appelé au développement que l'on connaît – avait été «détourné de l'erreur des gentils, converti à la foi catholique et baptisé en compagnie de toute sa famille» par le prélat[12].

Tous ces passages manquent assurément de précision alors qu'on attendrait parfois des développements beaucoup plus concrets et nourris. En tant que clerc de Saint-Éloi de Noyon, il n'était guère difficile à l'auteur de la Vie d'Éloi – dont on sait certes qu'il travailla à partir d'une œuvre composée par Ouen de Rouen – de recueillir des informations précises auprès des clercs de la cathédrale sur les périples missionnaires de son saint patron[13]. En fait, comme on va pouvoir le constater, ce que l'on sait du paganisme provient essentiellement de sources tardives et se présente surtout sous la forme de reconstructions imaginaires sans grand rapport avec la réalité historique.

Les développements tardifs

On doit en effet observer que les développements sur le paganisme sont de plus en plus nourris lorsque l'époque de rédaction de la source s'éloigne de celle des événements qu'elle évoque. Deux thèmes sont alors développés: d'une part celui des persécutions, d'autre part celui des anciens cultes que le christianisme aurait remplacés.

Les persécutions des premiers chrétiens sont évoquées en 1024/1025 dans les *Gesta* des évêques de Cambrai dont l'auteur, abandonnant momentanément ses modèles, Grégoire de Tours et Flodoard, glose la lettre adressée par Jérôme à la veuve Geruchia en 409 sur la «déportation» des cités septentrionales en Germanie (et dont le propos doit être assurément accepté avec précaution[14]). Il dresse alors un tableau apocalyptique de la conquête franque et des persécutions qui s'ensuivirent – prélude évidemment indispensable pour exalter comme il convient l'action de saint Vaast dans la première moitié du VIe siècle: «Si les païens en surprenaient quelques-uns, ils les frappaient de verges ou les immolaient avec le glaive: la plupart, enfouis dans des cavernes ou des souterrains, y étaient étouffés. Ainsi, par la mort des prêtres, les devoirs du saint ministère étaient interrompus»[15]. Au XIIe siècle, la Vie de l'évêque Éleuthère s'étend encore davantage sur les persécutions dont auraient été victimes les premiers chrétiens de Tournai mais ses développements sont bien peu convaincants si l'on en croit la chronologie fautive qu'ils empruntent. À une époque indéterminée (entre la fin

[11] Jonas de Bobbio, Vita Vedasti, éd. KRUSCH, c. 6, 409–410.

[12] Vita Audomari, Bertini et Winnoci, éd. LEVISON, c. 5–6, 756; c. 10, 759.

[13] Vita Eligii, éd. KRUSCH, l. II, c. 8, 700–701 (la Vie couvre 78 pages dans l'édition de Krusch).

[14] Citée par GAUTHIER, L'évangélisation des pays de la Moselle, 114 d'après la traduction de Pierre Courcelle: «La ville si puissante de Reims, Amiens, Arras, les plus reculés des hommes: les Morins; Tournai, les Némètes, Strasbourg ont été transférés (*translatae*) en Germanie»; sur cette lettre, voir WHITTAKER, L'importance des invasions du Bas-Empire, 13 à propos de Jérôme, ce «vieillard morose de plus de 70 ans, qui habitait la lointaine Bethléem et qui envoyait un flot de lettres et de sermons déplaisants pour proclamer les horreurs de la dévastation barbare par tout le monde romain, avec plus d'égard pour la rhétorique que pour la vérité».

[15] Gesta episcoporum Cameracensium, éd. BETHMANN, l. I, c. 5, 404: *At vero primos earum patres quaedam vetustatis obscuritas a nostra seclusit memoria, immo ea quae peccatis exigentibus Galliarum ecclesias paganorum persecutio subvertit; quae adeo in cristianorum populum efferbuisse legitur, ut cristiani, qui ea tempestate fuerant, per latibula divina celebrarent misteria. Si qui autem a paganis repperiebantur, aut verberibus afficiebantur aut gladio trucidabantur; multi in speleis aut fossis subterraneis absconsi suffocabantur. Sic obeuntibus sacerdotibus, intermissa sacrorum officia; quicquid ad sacri cultus observantiam spectabat, remissum.*

du IIIe et le début du Ve siècle), la communauté chrétienne de Tournai aurait été violemment persécutée par le «tribun de l'Escaut», ce qui l'obligea à fuir la ville et à édifier une petite église à *Blandinium*, que la tradition a toujours identifiée avec l'actuel village de Blandain. Par la suite Éleuthère ressuscita la fille du tribun – nommée Pagana pour la circonstance! – qui fut ainsi baptisée; son père se convertit alors[16]. À la différence de l'auteur des *Gesta* des évêques de Cambrai – qui évoquait des persécutions de la part des Francs –, celui de la Vie d'Éleuthère trouve ses références dans les persécutions romaines du IIIe siècle. Mais il s'agit bien dans les deux cas de pures constructions littéraires.

Un exemple plus caractéristique encore est celui de l'évêque Diogène qui a beaucoup embarrassé les historiens d'Arras[17]. D'origine grecque, Diogène aurait été envoyé en Gaule par le pape et consacré par l'évêque de Reims afin d'aller prêcher à Arras, soixante-quatorze ans avant l'ordination de Vaast (426?). Cela se passait au temps des persécutions des Vandales qui visaient alors «les églises du *regnum Francorum*» (!). C'est en tout cas ce que l'on peut lire dans une notice placée en tête de la liste épiscopale donnée dans un manuscrit de la fin du XIe siècle aujourd'hui conservé à Boulogne-sur-Mer[18]. Rappelons d'emblée que ce Diogène n'est pas connu du rédacteur des *Gesta* des évêques de Cambrai qui avoue néanmoins s'appuyer sur une liste épiscopale. On sait par ailleurs qu'une telle liste circulait déjà au IXe siècle. On le voit, Diogène surgit bien tardivement dans la documentation. Le travail de Lotte Kéry sur la restauration du diocèse d'Arras en 1093/1094 a récemment mis l'accent sur le dossier de textes compilés à cette occasion pour défendre la cause des Arrageois, les *Gesta Atrebatensium*. Or, il se trouve que le plus ancien témoin en est précisément le manuscrit de Boulogne, copié au sein du *scriptorium* de la toute nouvelle cathédrale d'Arras[19]. On sait que le pape Urbain II était favorable à la restauration du diocèse[20] et il était habile, en introduisant ce fameux Diogène, de rappeler que, dès les origines, c'est grâce à Rome qu'avait été fondé le diocèse, ce qui justifiait assurément sa restauration avec le soutien du pape. On peut donc sans crainte faire de ce Diogène, envoyé par Rome, une pure création du XIe siècle. Le nom grec qui lui a été attribué semble d'ailleurs assez représentatif de l'idée que l'on se faisait des origines chrétiennes d'Arras, à l'image de celles de Paris où auraient prêché Denis et Éleuthère au IIIe siècle.

Plus abondants sont les développements autour des anciens cultes supplantés par le christianisme. Le dossier hagiographique de l'évêque Géry de Cambrai († 623/629) est un excellent observatoire des réécritures successives de ce thème. «À un endroit où il avait détruit des images», nous dit la première Vie du saint rédigée selon toute vraisemblance au milieu du VIIe siècle[21], Géry fit édifier une basilique dédiée à saint

[16] Vita Eleutherii, éd. Hensken: les parents d'Éleuthère auraient été convertis par Piat sous Dioclétien mais la présence de saint Médard de Noyon († vers 560) est évoquée par deux fois dans le texte.

[17] Derolez, La cité des Atrébates à l'époque romaine, 520 et Milis, La formation d'une région biculturelle, 151 acceptent son existence; Roger Rodière, Arras, Dictionnaire d'histoire et de géographie ecclésiastique 4 (1930), 688, Dumoulin/Pycke, L'évangélisation de la Belgique Seconde, 443 et Demolon, La diffusion du christianisme dans le diocèse d'Arras, in: Le Nord de la France de Théodose à Charles Martel, 136, le rejettent mais sans s'expliquer.

[18] Boulogne-sur-Mer, Bibl. mun., ms 84, fol. 139r, cité par Duchesne, Fastes épiscopaux 3, 107: *In antiquorum traditione refertur quod quidam Diogenes, natione grecus, tempore Wandalice persequutionis crudeliter grassata est in regno et in ecclesiis regni Francorum, a Romano pontifice in Galliam gratia predicationis sit directus et a quodam illius temporis Remorum archiepiscopo episcopus consecratus. Hic primum predicavit Atrebatum. Fuerunt autem inter illius predicationes et beati Vedasti ordinationem anni numero LXXIIII.*

[19] Kéry, Die Errichtung des Bistums Arras, 14–15.

[20] Voir en dernier lieu Delmaire, Le diocèse d'Arras 1, 39–52.

[21] Vita Gaugerici prima, éd. Krusch, c. 13, 657: *in basilica sancti Medardi, quem ipse vivens edificare iussit in loco, unde idola distruere procuravit, quae est in oppido Camaracinse civitate.*

Médard où il fut ensuite inhumé. Le remaniement carolingien n'est guère plus prolixe[22]. En revanche, l'ample réécriture du texte commandée au début du XIe siècle par l'évêque Gérard Ier indique, selon des témoignages oraux, que cette colline portait le nom de Mont-des-Bœufs en raison des sacrifices d'animaux qui y étaient régulièrement commis. Outre le fait que l'appellation de *Bublemons* pourrait correspondre à l'évolution linguistique aberrante d'un mont public (*publicus mons*) originel, on ne peut qu'être frappé par l'ampleur que prend désormais le thème du paganisme. Des simples *ex voto* (?) du VIIe siècle, on passe quatre siècles plus tard à la description d'un culte organisé autour de sacrifices. Les protestations de sincérité de l'auteur (qui prétend s'appuyer sur des vestiges monumentaux et des témoignages oraux) cachent mal l'anachronisme qu'il commet en décrivant un rituel tel qu'il a pu le lire dans la littérature antique[23]. Dans les *Gesta* qu'il rédigea au même moment, il avait d'ailleurs introduit un autre motif, celui du bois sacré (*leucus*) planté au sommet du mont, dont on doit penser qu'il relève aussi de sa propre conception globalisante du paganisme des premiers temps[24]. Il n'est pas question d'écarter définitivement la possibilité de sacrifices de bœufs à Cambrai – les découvertes archéologiques les attestent à Arras au IVe siècle et la lettre de Grégoire le Grand à l'abbé Mellitus, qui sera citée plus loin, les évoque également – mais il est quand même curieux que leur mention ne soit explicite qu'au XIe siècle. Ce serait par ailleurs trop solliciter les textes que d'interpréter dans ce sens les *idola* du VIIe siècle.

Les mentions de Famars, près de Valenciennes, posent le problème d'une manière assez similaire. Le nom de ce *castellum* du Bas Empire, qui fut le siège du préfet des auxiliaires germaniques de l'armée romaine (les Lètes barbares), désignerait volontiers un ancien temple de Mars (*Fanum Martis*). Mais cette étymologie n'apparaît explicitement qu'au Xe siècle sous la plume de Folcuin. Famars ne manque pourtant pas d'être mentionné dès le VIIe siècle dans la première Vie de Géry, et les fouilles n'ont par ailleurs pas confirmé l'existence d'un *fanum*[25]. Si les vestiges d'un sanctuaire avaient été encore en place au VIIe siècle, on conçoit mal que l'auteur de la Vie de Géry les ait passés sous silence. On doit donc en conclure que si sanctuaire il y eut vraiment (mais l'on peut aussi penser à une plus ancienne aire sacrée gauloise[26]), son souvenir s'était complètement perdu au VIIe siècle.

On trouve un dernier exemple autour de la fondation de Saint-Pierre-au-Mont-Blandin à Gand. La Vie de saint Amand ne rentre guère dans le détail des pratiques

[22] Vita Gaugerici secunda, éd. van den Bosch, c. 14, 675: *Sepultus est autem in basilica, quae est in montis vertice, ab ipso sancto viro in honore beati Medardi constructa; estque locus ipse haud procul ab urbe Cameracen siritibus daemonum priscis temporibus ab idolatris ad subversionem animarum dedicatus.*

[23] Vita Gaugerici tertia, éd. van den Bosch, c. 56, 687: *mons quidam in sublime porrigitur, ex omni parte tunc temporis saltuosus; olim vero, juxta relationem veterum nefariis daemonum cultibus mancipatur: ipsa etenim species rerum et quaedam vestigia, que etiam adhuc cernebantur, errorum fidem dabant non modicam testimonio fabulonum, qui eum astruunt Bublemontem composito nomine appellatum, vel a bubus utique, vel etiam ceteris animalibus, quae immolabantur sacrificiis idolorum*; cette étymologie fantaisiste pourrait rappeler confusément le souvenir d'un antique mont publique comme c'est le cas à Liège: voir à ce propos Judic, La diffusion de la Regula pastoralis de Grégoire le Grand dans l'Église de Cambrai, 218, n. 28.

[24] Gesta episcoporum Cameracensium, éd. Bethmann, l. II, c. 4, 20.

[25] Folcuin, Gesta abbatum Lobbiensium, éd. Pertz, c. 1, 55: *locus ubi intra terminos pagi, quem veteres a loco, ubi superstitiosa gentilitas fanum Marti sacraverat, Fanum-Martinse dixerunt*; même remarque dans la Vita Gaugerici tertia, éd. van den Bosch, c. 54, 686 alors que les deux premières Vies ne disent rien dans ce sens lorsqu'elles évoquent la visite pastorale de Géry à Famars; sur les fouilles de Famars, voir Carte archéologique de la Gaule 59, 212–239.

[26] Voir dans ce sens Gricourt, Composés et dérivés de templum dans le Nord de la Gaule.

auxquelles fut confronté le saint dans cette région. Il signale vaguement les dévotions aux arbres, les *idola* et les *fana* de la région gantoise, dont le texte suggère d'ailleurs que le missionnaire les rencontra un peu partout lors de son action dans le royaume franc[27]. Dans le premier tiers du IXe siècle, la Vie de saint Bavon ne se montre guère plus précise[28]. Milon d'Elnone († 872), tout occupé à dresser la chronologie de la vie d'Amand et à publier les documents le concernant, ne s'intéresse guère aux oppositions auxquelles se heurta la prédication du saint. En revanche en 944/946, le clerc du Mont-Blandin qui rédige la *Ratio fundationis* du monastère – il s'agit du récit des origines placé en tête du *Liber traditionum* composé dans le but d'inciter le comte Arnoul Ier à reconstituer le temporel de l'abbaye de la manière la plus avantageuse – s'étend plus librement sur le culte païen établi au Mont-Blandin avant l'arrivée d'Amand: «Entre l'Escaut et la Lys, se trouve un mont sur lequel était bâti un temple très ancien, où les habitants incultes et insensés honoraient Mercure selon l'usage des anciens païens». Mieux, il propose une étymologie fantaisiste du nom du monastère (Blandin), en raison des moyens de séduction (*blanditiae*) qu'Amand sut employer pour convertir les «âmes de ce peuple féroce»[29]. Cette vision des origines est ensuite passée dans les actes en faveur du monastère. Le 13 juillet 1073, le châtelain Folcard enrichit l'autel du monastère dédié aux apôtres Pierre et Paul, «consacré en leur honneur par le pontife Amand de sainte mémoire à un endroit où avait été détruit un temple et un autel en l'honneur de Mercure»[30]. De semblables observations peuvent être faites ailleurs, notamment à propos de l'abbaye de Stavelot, fondée par Remacle, auquel la tradition – sous la plume d'Hériger de Lobbes – attribue, seulement à partir du Xe siècle, la destruction de statues de Diane et de fontaines sacrées[31].

En somme, la description du paganisme et celle des persécutions infligées aux chrétiens par le paganisme romain ou germanique est un thème cher aux hagiographes tardifs. Ceux-ci furent assurément prompts à présenter leurs modèles aux prises avec le paganisme alors que la documentation contemporaine n'est pas si catégorique. Cela rejoint assurément les observations de Ian Wood et Yitzhak Hen[32]. Il est cependant difficile de suivre complètement ce dernier historien pour lequel cet intérêt s'inscrit dans une volonté plus large des clercs carolingiens de jeter un discrédit sur l'époque mérovingienne et de contribuer à la *damnatio memoriae* de la précédente dynastie[33]. Parmi les cas étudiés ici, les développements les plus significatifs ont en effet été rédigés dans les siècles suivants (Xe–XIe siècles).

27 Vita Amandi prima, éd. Krusch, c. 13, 436–437: *pagum quendam praeter fluenta Scaldi fluvii, cui vocabulum Gandao indidit antiquitas, diaboli laqueis vehementer inretitum, ita ut incolae loci ilius, relicto Deo, arbores et ligna pro Deo colerent atque fana vel idola adorarent*; ibid., c. 24, 447–448; destruction d'un arbre, *quae erat daemoni dedicata*, dans le *pagus* de Beauvais.

28 Vita Bavonis, éd. Krusch, c. 4, 537: *In eodem etiam castro indiderat olim antiquitas simulacra nefanda et idola, quae pro Deo illic a populo colebantur.*

29 *Ratio fundationis*, éd. Diplomata Belgica, éd. Gysseling/Koch, n° 49, 124: *Est autem mons situs inter flumina Scaldis et Legie, ubi vetustissimum fanum fuit, in quo ex antiquorum more gentilium ab stulto rusticorum populo Mercurius colebatur. Contrivit ergo idolum, subvertit aram, succidit lucos, atque ipsum locum dedicavit in honore principis apostolorum Petri, cui Blandinium indidit vocabulum, quia blanditiis animos ferocis populi inibi delinuit, sacrique baptismatis unda consecravit*; le toponyme gallo-romain de *Blandinium* rappelle en réalité le nom du propriétaire (Blandius): Gysseling, Toponymisch woordenboek 1, 149.

30 Liber traditionum, éd. Fayen, n° 130, 12: *ad altare beatissimorum Petri et Pauli quod est situm in cenobio Gandensi seu Blandinensi quod olim sancte recordationis antistes Amandus destructo fano vel ara Mercurii, in honore eorumdem apostolorum consecraverat.*

31 George, Saint Remacle, évangélisateur en Ardenne, 60.

32 Wood, The Missionary Life.

33 Hen, Paganism and superstitions in the time of Gregory of Tours, 239–240.

ACTION ET POSTÉRITÉ DES «MISSIONNAIRES INSULAIRES»

Il est un autre thème dont l'étude force à relativiser le poids des traditions tardives. Il s'agit de l'activité missionnaire démesurée prêtée aux Irlandais. En 1945, le Père de Moreau mettait déjà l'accent sur la rareté des attestations contemporaines (littéraires ou liturgiques) au regard de la prolixité des écrits hagiographiques tardifs[34]. Nous voudrions ici rappeler les éléments du dossier dans le cadre des diocèses de notre étude en élargissant notre corpus aux «missionnaires insulaires» dans leur ensemble[35]. Il convient donc d'abord d'examiner les fondements historiques de ces traditions avant de nous intéresser au développement du culte de ces Irlandais.

Les sources contemporaines

L'historiographie traditionnelle a eu tendance à généraliser l'influence irlandaise en Gaule du Nord, particulièrement dans le domaine de la vie monastique sous la forme de la diffusion généralisée de la règle dite mixte, exclusivement composée d'éléments tirés de la règle de Benoît de Nursie et de celle de Colomban. En 1986, Alain Dierkens a cependant opéré une reconsidération de ce qu'on appelait généralement le monachisme colombanien tel qu'il s'est développé à Luxeuil au VIIe siècle, en réalité plus franc que réellement irlandais, et en définitive peu marqué par les règles religieuses, les cultes et les pratiques liturgiques proprement irlandais[36]. On ne voit pas, en outre, que les fondations de Colomban aient continué à entretenir au VIIe siècle des relations suivies avec les cercles monastiques irlandais. Les connexions «luxoviennes» ont assurément marqué l'épiscopat et le monde monastique dans le nord de la Gaule, mais il est bien difficile de les interpréter comme des témoins de l'influence irlandaise à proprement parler.

Il a néanmoins existé des cercles empreints d'une réelle influence irlandaise, tels ceux qui se développèrent autour de Lagny, communauté fondée par saint Fursy avec l'appui d'Erchinoald et de Clovis II; puis de Péronne, où ses reliques furent transportées sur ordre du maire du palais et confiées à la garde de ses frères Feuillien et Ultan; et enfin de Nivelles. Les deux Irlandais furent, en effet, chassés de Péronne par Erchinoald et trouvèrent refuge auprès d'Itte († 652), veuve du maire de Pépin Ier qui entoura de ses soins la fondation du *monasterium Scottorum* de Fosses. Mais, pour des raisons d'ordre politique (Péronne est attesté comme un bastion neustrien tandis que Nivelles et Fosses le sont comme points d'ancrage du pouvoir pippinide), les liens ne purent se maintenir entre ces différentes fondations sur le modèle des fédérations irlandaises de monastères autour de la famille de leur fondateur; il est donc difficile de parler à leur propos d'une véritable *parochia* monastique[37].

Péronne, en Neustrie, était situé dans le diocèse d'Amiens; Nivelles, en Austrasie, dans le diocèse de Liège. Pour des raisons qui sont difficiles à mettre en lumière, les sources signalent bien peu d'échanges directs avec l'épiscopat et les communautés des

[34] MOREAU, Histoire de l'Église en Belgique 1, 120–122; SNIEDERS, L'influence de l'hagiographie irlandaise, 851–860.

[35] Vues d'ensemble dans GOUGAUD, L'œuvre des Scotti dans l'Europe continentale; ID., Les surnuméraires de l'émigration scottique; et surtout ID., Les saints irlandais hors d'Irlande; pour une présentation plus précise: MERDRIGNAC, Bretons et Irlandais en France du Nord.

[36] DIERKENS, Prolégomènes à une histoire des relations culturelles entre les îles britanniques et le continent; voir également l'étude, moins fouillée mais au titre suggestif, de SCHÄFERDIEK, The irish mission of the seventh century. Historical fact or historiographical fiction ?

[37] DIERKENS, Abbayes et chapitres, 71–72 et 303–311 et ID., Prolégomènes à une histoire des relations culturelles entre les îles britanniques et le continent, 386–388.

diocèses d'Arras/Cambrai, Tournai et Thérouanne. La participation de l'évêque Aubert de Cambrai à la translation des reliques de Fursy n'est pas absolument assurée car le texte de la Vie de Fursy peut très bien faire mention d'Aubert de Senlis. L'hypothèse est d'autant plus recevable que le diocèse de ce dernier était limitrophe de celui de Meaux où se trouvait Lagny, lieu de la première sépulture de Fursy[38]. L'évêque de Sion, Amé, exilé sur ordre de Thierry III, avait été confié à la garde d'Ultan à Péronne. À la mort de l'abbé irlandais, il fut remis à Mauront, fils de Rictrude – dont la famille est à l'origine des communautés de Hamage et Marchiennes sur la Scarpe. Les deux hommes gagnèrent ensuite la communauté de Breuil sur la Lys[39]. Ce transfert suggère naturellement des fidélités communes à l'égard de la monarchie neustrienne mais les sources ne disent rien d'éventuelles influences réciproques entre ces établissements. De la même façon, les relations entre Nivelles et Maubeuge – par l'intermédiaire de l'abbé Subnius (Irlandais lui-même?) auquel Aldegonde aurait confié les visions célestes dont elle avait été gratifiée[40] – sont davantage le signe d'intérêts politiques communs (autour des Pippinides) qu'elles ne traduisent une quelconque influence irlandaise à Maubeuge dont les sources ne disent rien[41] .

Mais le bilan n'est pas pour autant totalement nul comme le montrent quelques rares – mais indiscutables – indices. Au tout début du VIIIe siècle, c'est un abbé irlandais nommé Célestin qui gouvernait le Mont-Blandin à Gand. Aux dires de la *Ratio fundationis* du monastère, il fut déposé par Charles Martel à la suite de la bataille de Vinchy en 719 (ainsi doit-on comprendre la *dissensio inter Karolum et Ragenfridum*) et de lâches dénonciations de la part de *susurrones invidia diaboli instigati* qui l'accusèrent d'avoir correspondu avec le Neustrien. Les traditions annalistiques du Mont-Blandin affirmèrent ensuite qu'il trouva refuge dans la *cella* de Renaix. En tout cas, ces informations suggèrent l'allégeance qu'il avait de toute évidence ouvertement manifestée à l'égard de Ragenfred[42]. À la fin du Xe siècle, Folcuin s'interroge sur l'activité à Lobbes d'un certain Abel, *Scotus*, dans la première moitié du VIIIe siècle (comme *adjutor* ou *cooperator* de l'abbé) et dont il ne sait s'il faut le mettre en rapport avec un certain Abel que Boniface ne put établir sur le siège de Reims pour remplacer le fameux Milon (qui représentait aux yeux du missionnaire anglo-saxon le modèle de l'évêque indigne)[43]. En tout cas, la présence d'un Irlandais à Lobbes dans la première moitié du VIIIe siècle signalerait le prolongement des échanges engagés par les Pippinides (dont on connaît l'attachement à l'égard de ce monastère) avec l'Irlande quelques décennies plus tôt. Les travaux de Ludwig Traube ont, par ailleurs, bien montré que Péronne était à la fin du VIIe siècle et au VIIIe siècle un actif foyer de diffusion de la culture irlandaise auquel pouvaient se nourrir les *scriptoria* des établissements voisins[44]. Une des meilleures preuves est sans doute aujourd'hui donnée par la collection de canons irlandais, copiée à la demande de l'évêque de Cambrai, Albéric († après 763).

[38] Vita Fursei, éd. KRUSCH, c. 10, 439; l'épisode est ensuite passé dans la Vie d'Aubert de Cambrai rédigée au début du XIe siècle et les historiens ont donc, sans discussion, adopté cette identification (par exemple, A. DIERKENS, Abbayes et chapitres, 304–305).

[39] Hucbald, Vita Amati, éd. Cat. Brux. 2, c. 13–24, 48–53.

[40] Vita Aldegondis, éd. LEVISON, c. 18, 88.

[41] HELVÉTIUS, Abbayes, évêques et laïques, 135–138 (Maubeuge et les Pippinides); EAD., Sainte Aldegonde, 233–236.

[42] Ratio fundationis dans Diplomata belgica, éd. GYSSELING/KOCH, n° 49, 125; Annales Blandinenses, éd. GRIERSON, a° 765, 8 pour la fuite de Célestin à Renaix (la date est naturellement erronée); GRIERSON, The early abbots of St. Peters of Ghent, 144; Monasticon belge 7–1 (1988), *97–*98.

[43] Folcuin, Gesta abbatum Lobbiensium, éd. PERTZ, c. 7, 58–59; DIERKENS, Abbayes et chapitres, 104–106; GAUTHIER, L'évangélisation des pays de la Moselle, 364–365.

[44] TRAUBE, Perrona Scottorum.

En nous fondant sur les attestations les plus dignes de foi, force est donc de constater que l'influence irlandaise a pu se manifester dans certains grands centres monastiques de la région, mais il s'agit surtout d'une influence culturelle. Or l'hagiographie a beaucoup prêté aux missionnaires insulaires dans la christianisation des campagnes septentrionales.

La postérité hagiographique considérable des Irlandais

Dans les diocèses d'Arras et de Cambrai, ce sont naturellement les *Gesta* qui permettent un dénombrement des saints auxquels on attribuait une origine irlandaise au tout début du XIe siècle: Kilien à Aubigny-en-Artois, Rombaut à Malines, Vulgan à Lens, Wasnulphe à Condé-sur-Escaut, Liphard à Honnecourt et enfin Etton à Fucheau.

Kilien est celui dont on trouve les mentions les plus précoces (qui ne sont pas pour autant contemporaines, loin s'en faut) dans deux textes antérieurs aux *Gesta*. Il s'agit d'abord de la Vie de l'évêque de Meaux, saint Faron, dont l'auteur – son lointain successeur Hildegaire – affirme entre 868 et 872 qu'il envoya Kilien, *ex genere Scottorum ortus*, dans l'Artois. Hildegaire prétend tenir ses informations d'une *Vita Chilleni* qu'il cite à trois reprises mais toujours mal à propos[45] de telle sorte qu'il est difficile de savoir si ce texte peut être identifié avec la Vie de Kilien conservée dans deux manuscrits ayant appartenu à l'abbaye de Marchiennes, dont le plus ancien a été copié au Xe siècle[46]; un examen approfondi du dossier avait néanmoins conduit Dom Dubois à répondre par l'affirmative et donc à dater la rédaction de la Vie de Kilien du milieu du IXe siècle[47]. Ces précisions ne résolvent que très partiellement notre problème mais il est désormais possible d'affirmer que le thème de l'origine de Kilien circulait au moins un siècle et demi avant la rédaction des *Gesta*. De toute façon le nom même de Cillianus ou de Chillenus trahit sans discussion une origine irlandaise. La graphie de Kilien qui est traditionnellement adoptée venant simplement le distinguer de son compatriote homonyme Kilian, assassiné à Wurzbourg à la fin du VIIe siècle. Ce que l'on peut lire dans la Vie de Kilien n'en reste pas moins très fantaisiste, notamment le récit de sa fuite de Rome – où il avait passé onze années – pour échapper à la foule qui voulait de lui comme pape!

Pour les autres personnages cités dans les *Gesta*, il n'est pas possible de recouper autant d'informations. Le culte de Rombaut est bien attesté au début du IXe siècle[48], celui de Wasnulphe quelques décennies plus tard[49] et celui d'Etton enfin peut-être au même moment dans le «testament» de sainte Aldegonde[50], mais seul ce dernier est explicitement cité comme Irlandais dans la documentation dès le début du Xe siècle[51], ce qui est déjà assurément bien tard. Quant à Vulgan, il n'existe pas d'attestation de son culte antérieure aux *Gesta*. De surcroît, l'onomastique ne semble cette fois d'aucun secours pour préciser l'enquête. On observe donc que le thème de l'origine insulaire émerge bien tardivement dans la documentation même. Il fut ensuite repris avec force

[45] Les passages de la *Vita Faronis* d'Hildegaire faisant mention de Kilien et de sa Vie ont été rassemblés par le Père Poncelet dans son édition de la *Vita Killiani* (432–433).

[46] Douai, Bibl. mun., ms 840 (XIIe) et 857 (Xe pour la Vie de Kilien); Cat. Duac., 396 et 412; pour les mentions liturgiques du culte de Kilien, voir Gougaud, Les saints irlandais hors d'Irlande, 124 et 187 (sacramentaire de Saint-Vaast à usage de Corbie copié au milieu du Xe siècle).

[47] Dubois, Un sanctuaire monastique au Moyen Âge, 11–14.

[48] Gaiffier, Attestations anciennes sur le culte de s. Rombaut.

[49] Coens, Recueil d'études bollandiennes, 280 (litanies ajoutées au sacramentaire d'Hildoard).

[50] Charte de donation, éd. Daris, 44; Etton est qualifié d'*abbas*; Helvétius, Abbayes, évêques et laïques, 161–168.

[51] Vita Eloquii, éd. Misonne, Les sources littéraires de la Vie de saint Éloque, 359.

et amplifié par les Vies consacrées à ces personnages (à l'exception de Wasnulphe de Condé, au sujet duquel aucun texte n'a jamais circulé). Dans la Vie que rédigea Thierry de Saint-Trond en l'honneur de saint Rombaut de Malines, celui-ci est présenté comme un digne successeur de Colomban, des Irlandais de Péronne, et de Bertuin (de Malonne), qui fut accueilli à Malines par le noble Adon[52]. Etton, lui, aurait fait partie d'une cohorte d'Irlandais passée sur le continent en compagnie de Vincent-Madelgaire, époux de sainte Waudru, fondatrice de Mons[53]. Ce thème est des plus tardifs. Il correspond à la fusion de deux traditions: d'une part, celle qui, à partir du début du Xe siècle, multiplie les pèlerins – dont Etton – qui auraient accompagné Fursy et ses frères sur le continent et d'autre part celle du voyage de Vincent-Madelgaire en Irlande en raison de la donation de l'île (!) par Dagobert – thème apparu dans la Vie de Vincent rédigée au début du XIe siècle[54].

Quant à Vulgan, les origines insulaires que lui attribuent les *Gesta* ont été interprétées comme des origines anglo-saxonnes sous la plume de son hagiographe (Vulgan aurait été élevé dans l'entourage d'un évêque de Cantorbéry avant de débarquer en Gaule et de mener une existence érémitique près de Saint-Vaast d'Arras). Mais il faut dire que celui-ci écrivait à Saint-Ouen sous l'abbatiat de Nicolas (1042 † 1092)[55] – donc dans un milieu extrêmement familier de l'Angleterre – après les translations des reliques du saint, d'abord en 1035 au château de La Ferté par les soins du duc Robert de Normandie[56], puis, pour une partie seulement, au monastère de Sigy dépendant de Saint-Ouen[57].

Il faut enfin évoquer le cas de saint Liphard dont le dossier hagiographique ne contient en tout et pour tout qu'une Vie, rédigée dans le courant du XIe siècle. À l'exception des informations sur le culte du saint à Honnecourt au Xe siècle, il est difficile d'accorder la moindre créance à ce document. On notera seulement que l'hagiographe a ici jugé bon de dessiner la figure d'un évêque anglo-saxon du VIIe siècle (sous le règne de Dagobert). Liphard est en effet présenté comme évêque de Cantorbéry[58], parti en pèlerinage à Rome en compagnie d'un certain Cadruel, «Roi des Angles»[59]. Il aurait alors été assassiné sur la route, à Trescault, non loin d'Honnecourt.

La présence irlandaise se décline comme un thème tout aussi légendaire sur le littoral, dans les diocèses de Thérouanne et de Tournai, avec les dossiers hagiographiques des saints Lugle et Luglien d'une part et Liévin de l'autre.

À propos des premiers, on doit d'abord noter que la tradition manuscrite de leur Vie est particulièrement mince: aucun témoin n'a été repéré dans les catalogues des fonds de la région. On peut légitimement soupçonner le récit de ne pas être plus ancien que le chapitre de Lillers, fondé dans le courant du XIe siècle, où étaient honorés les deux saints; c'est d'ailleurs un manuscrit de l'établissement qui servit de témoin à l'édition des Bollandistes[60]. L'origine royale qui est attribuée à ces deux frères, le

[52] Thierry, Vita Rumoldi, éd. Du Sollier, c. 1–5, 241–242.

[53] Vita Ettonis, éd. Pien, c. 5–8, 59–60.

[54] Vita Vincentii, éd. Poncelet, c. 8, 429.

[55] D'après des sources consultées par Dom Pommeraye au XVIIe siècle: voir l'introduction de l'édition de la Vie par le Père de Smedt (§ 3, 566–567).

[56] Comme on peut le lire à la fin du Livre noir du chapitre de Saint-Ouen (auj. Rouen, Bibl. mun., ms Y 41 du XIIe siècle): Analecta Bollandiana 23 (1904), 224 et 268–269.

[57] Rombaut Van Doren, Vulgano, Bibliotheca sanctorum 12 (1969), 1367–1368.

[58] Vita Lietphardi, éd. Hensken, c. 2, 495.

[59] Henri Platelle, Liephard, Catholicisme 7 (1975), 738 préfère l'identifier avec un roi breton; d'autres auteurs rapprochent ce Cadruel du roi anglo-saxon Caedwalla: Vies des saints et des bienheureux 2 (1936), 83.

[60] Voir les éléments rassemblés en tête de l'édition du Père Ghesquière; il n'existe évidemment pas

détail de leur *peregrinatio* (Lugle partit d'abord seul en Terre sainte) en Angleterre puis sur le continent, la multiplication des clichés (Lugle acclamé évêque à Jérusalem; la tempête apaisée pendant la traversée de la Manche; la guérison d'un aveugle à Boulogne; etc.) et une chronologie des plus floues (la mention de l'évêque Theodericus Bainus – qu'ils refusèrent de rencontrer à Boulogne – invite généralement à situer leur martyre au début du VIIIe siècle) n'incitent guère à la confiance. Surtout, la mention du culte de saint Nicolas – invoqué par les deux frères lors de la tempête précédemment évoquée – conduit plutôt à penser que le contexte de rédaction se situe après la translation des reliques du saint de Myre à Bari en 1087, lorsque son culte connut véritablement son essor en Occident et qu'il gagna son statut de saint patron des marins[61]. Il est donc très peu probable que la Vie soit une composition du IXe siècle comme l'affirmait Léon van der Essen en se fondant sur «le style fleuri» du texte[62]. En s'emparant (pour des raisons de prestige) du thème de l'origine irlandaise, le clerc de Lillers ou d'un établissement voisin ne s'est pas rendu compte de ce qu'il pouvait avoir d'incongru au regard de la réalité du VIIe siècle dans le diocèse de Thérouanne où la présence proprement irlandaise n'est pas attestée à l'époque mérovingienne.

Il n'est pas besoin de revenir aussi longuement sur la figure de saint Liévin dont il sera question dans le dernier chapitre. Liévin est une invention des moines de Saint-Bavon de Gand dont la première attestation remonte aux années 1019/1030. À cette date en effet, l'abbé Othelbold mentionne ses reliques dans la lettre qu'il adresse à la comtesse Otgive: «saint Liévin, évêque venu d'Irlande (*Scottia*) en pèlerinage, assassiné par des malfaiteurs à proximité d'un domaine de Saint-Bavon»[63]. La Vie qui lui fut consacrée est un pur plagiat de la Vie de saint Lébuin de Deventer[64].

Le bilan «irlandais» est finalement contrasté. Il est évident que des dévotions se cristallisèrent dès l'époque carolingienne autour de quelques figures de sainteté dont on voulait alors croire qu'elles étaient venues d'Irlande, ce qui a parfois pu être le cas de certains: le nom de Kilien en témoigne. Mais on a bien l'impression que, si ces personnages ont réellement existé, leur influence a été des plus limitées au VIIe siècle: on est bien en peine de l'apprécier correctement. La participation irlandaise au processus de christianisation appartient moins à l'histoire mérovingienne des régions qui nous retiennent ici qu'à l'élaboration plus tardive d'une mémoire des origines.

QUE SAIT-ON DU PAYSAGE RELIGIEUX AU VIe SIÈCLE?

«Là où il avait détruit des sanctuaires païens, il construisait aussitôt des églises ou des ermitages». Le modèle littéraire de la Vie de saint Martin rédigée par Sulpice Sévère se retrouve souvent sous la plume des hagiographes qui suggèrent à la fois une destruction violente des temples païens mais également une continuité par la construction de

de mention ancienne du culte de ces deux Irlandais mais un récit du vol de leurs reliques et de leur translation à Montdidier à l'extrême fin du Xe siècle (?) est rapporté par une note adressée en 1666 par Du Cange aux Bollandistes.

[61] Sur le culte de saint Nicolas, voir la notice très complète de Klaus GUTH, Nikolaus von Myra Biographisch-bibliographisches Kirchenlexikon 6 (1993), 915–920.

[62] VAN DER ESSEN, Étude critique et littéraire, 420; SNIEDERS, L'influence de l'hagiographie irlandaise, 857–858.

[63] De brief van abt Othelbold aan gravin Otgiva, éd. VOET, 232; HUYGHEBAERT, Liévin, Catholicisme 7 (1975), 771–772.

[64] Vita Livini, éd. MABILLON; SNIEDERS, L'influence de l'hagiographie irlandaise, 853–857; COENS, L'auteur de la Passio Livini.

sanctuaires chrétiens[65]. Comme on a déjà essayé de le montrer, on ne possède pourtant guère de témoignages attestant la destruction délibérée de temples romains ou d'éléments naturels qui auraient eu une connotation religieuse prononcée pour les populations germaniques. S'il paraît donc difficile de généraliser le premier thème (destruction), en revanche, le second (continuité sur des lieux porteurs d'une confuse sacralité) ne manque pas d'être observé dans le nord de le Gaule.

Les témoignages de l'archéologie

Même si on le connaît bien mal, on doit d'abord rappeler l'implantation d'un réseau de sanctuaires ruraux dès le Haut Empire[66], établis en l'honneur soit de divinités proprement romaines, soit de divinités celtiques absorbées par *interpretatio romana* dans le panthéon romain. Naturellement, c'est dans les campagnes les plus romanisées que ces sanctuaires ont pu être repérés[67]. En Cambrésis, seul le *fanum* de Cantaing-sur-Escaut a pu être clairement identifié comme tel mais on sait que le réseau des *villae* apparaît pourtant assez dense dans cette région[68]. Dans l'actuel Pas-de-Calais, on ne recense pas moins d'une dizaine de ces petits sanctuaires ruraux essentiellement grâce aux prospections aériennes de Roger Agache dans le sud du département. Mais en l'absence de recherches systématiques, on peut penser que bien d'autres lieux de culte pourront être mis au jour à l'avenir[69]. Le Hainaut – densément desservi par les voies et *diverticula* qui convergeaient vers Bavay – révèle, comme le Cambrésis voisin, un certain équipement religieux des campagnes: ainsi du site des Castellains à Fontaine-Valmont édifié dès le Haut Empire.

En ce qui concerne la vie religieuse dans les chefs-lieu des cités, les découvertes monumentales ne sont guère suggestives sauf peut-être à Bavay (aire sacrée au centre des deux *fora* successifs; statuettes de bronze) et surtout à Boulogne. Le rôle de port militaire de cette dernière cité assurait en effet le passage d'une population cosmopolite, radicalement différente de celle de l'arrière-pays morin, et ouvrait la cité aux influences méridionales. On a ainsi retrouvé sur place des représentations du panthéon romain et gaulois en nombre abondant (statues, lampes, etc.)[70].

Un dernier exemple nous entraîne vers les régions les plus septentrionales du littoral ménapien, où l'implantation romaine fut moins intense pendant le Haut Empire. Ces dernières ont cependant livré une gerbe modeste mais non négligeable d'objets et

65 Sulpice Sévère, Vita Martini, éd. FONTAINE, c. 13, § 9: *Nam ibi fana destruxerat, statim ibi aut ecclesias aut monasteria construebat*; on verra également l'épisode de la fondation du Mont-Cassin par Benoît sur l'emplacement d'un temple dédié à Apollon (Grégoire le Grand, Dialogues, l. II, c. 8, § 10–11); l'expression de Sulpice Sévère est reprise par exemple dans la Vita Amandi prima, éd. KRUSCH, c. 15, 439; VAN UYTFANGHE, Le remploi dans l'hagiographie, 375–378.

66 De manière générale, voir FAUDET, Les temples de tradition celtique en Gaule romaine; EAD., Atlas des sanctuaires romano-celtiques de Gaule; EAD., Les sanctuaires de tradition indigène en Gaule romaine.

67 Sur le paysage religieux de la région dans l'Antiquité, voir en dernier lieu DESMULLIEZ, Préhistoire et antiquité, 91–96.

68 Carte archéologique de la Gaule 59, 168; dans l'actuel département du Nord, il n'est pas évident que les vestiges retrouvés à Pont-sur-Sambre et Villers-en-Cauchies correspondent à de tels *fana* (ibid., 360 et 428).

69 Carte archéologique de la Gaule 62–1, 80 (Clarques?), 119 (Avesnes-le-Comte?), 196 (Gouy-en-Artois), 199 (Beaumetz-lès-Cambrai); ibid. 62–2, 320 (Boisleux-au-Mont: deux sanctuaires), 320 (Boyelles), 416 (Graincourt-lès-Havrincourt), 452 (Rollancourt?), 455 (Puisieux), 873 (Duisians: deux sanctuaires).

70 Carte archéologique de la Gaule 59, 115 (Lucius Osidius prêtre du culte impérial à Bavay) et 119–121 (*fora*); BELOT, Les dieux et les morts, 18–223 (catalogue exhaustif des découvertes faites à Boulogne).

de sites attestant des pratiques religieuses locales mais fortement influencées par la religion romaine[71]. On rappellera notamment ces autels dédiés à la déesse Nehalennia/Cybèle retrouvés dans l'estuaire de l'Escaut, au large de Domburg – aujourd'hui sur l'île de Walcheren – et à Colijnsplaat, sur l'île de Noord Beveland[72]. Le culte rendu par les marins à cette déesse gauloise semble avoir connu un certain succès le long du littoral: il est attesté à Boulogne sous la forme d'une statuette, retrouvée au XIXe siècle dans une sépulture au hameau de Bréquerecque[73].

Il faut désormais nuancer l'idée d'un abandon considérable des sites urbains au Bas Empire – empruntée trop rapidement aux déclamations contemporaines sur l'installation des peuples germaniques dans l'Empire. Dans la région qui nous intéresse, le phénomène a été progressif depuis la fin du IIIe siècle. Le IVe siècle semble donc bien avoir connu la même vitalité religieuse que le reste de l'Empire – dont on avait mal soupçonné l'ampleur jusqu'à ces dernières années – sous la forme de la diffusion des cultes orientaux. Des éléments ont été repérés depuis longtemps à Tournai, Bavay et sur le site des Castellains évoqué précédemment. À Arras, de la première moitié du IIIe siècle jusqu'au dernier tiers du IVe siècle, a été mis au jour un sanctuaire dédié à Attis et Cybèle avec de probables fosses tauroboliques. Le déroulement des cérémonies de purification prévoyait en effet le sacrifice de ces animaux sur un plancher posé au dessus de la fosse de telle sorte que le prêtre, à l'intérieur, fût arrosé par le sang de la victime. Fait remarquable, ce complexe fut détruit vers 375 et la statue d'Attis semble alors avoir été délibérément mutilée et détruite. À Boulogne (et de manière générale en Morinie), il n'est pour le moment pas question de structures monumentales – le Mithraeum que, depuis le XIXe siècle, on croyait avoir identifié n'a pas résisté à une critique récente – mais les découvertes se présentent plus nombreuses sous la forme de statuettes et de représentations sur des objets variés (lampes, monnaies) de Cybèle, de divinités égyptiennes, du *Sol invictus*, auxquelles il faut ajouter le dadophore mithriaque du coffret de Bréquerecque[74].

Dans les régions qui connurent une occupation germanique plus intense, particulièrement la vallée de l'Escaut ou encore le littoral ménapien et morin, il est difficile, faute de sources, d'avoir une idée des pratiques et de la topographie religieuses même si l'archéologie peut fournir çà et là quelques indications. Par cet intermédiaire, on appréhende un ensemble confus de pratiques tournées vers l'au-delà, notamment des rites funéraires originaux comme l'inhumation de chevaux (entre autres à Tournai, dans l'environnement de la tombe de Childéric – pas moins de vingt-et-un animaux! –, à Neuville-sur-Escaut ou encore à Hordain) qui put accompagner celle de personnages privilégiés[75]. On restera prudent devant le sens ouvertement «païen» ou chrétien à attribuer à une sépulture. L'orientation des tombes ou encore le mobilier qu'elles révèlent ne peuvent être trop strictement interprétés. Force est de reconnaître que des considérations multiples pouvaient pousser quelqu'un – à moins qu'il ne s'agisse de son

[71] Vermeulen, Moderate acculturation in the fringe area of the Roman Empire.

[72] Delmaire, La région Manche/mer du Nord dans l'espace politique et économique romain, 157; au Moyen Âge, cette extrémité de la cité des Ménapiens faisait partie du diocèse d'Utrecht.

[73] Belot, Les dieux et les morts, n° 15–7A, 236–240.

[74] Vues d'ensemble dans: Les religions orientales dans le nord de la Gaule, et Belot, Les cultes orientaux dans la Gaule du nord-ouest; pour Arras, voir Carte archéologique de la Gaule 62–1, 136–138; Belot/Jacques, Le complexe métroaque d'Arras-Baudimont, et Jacques, Arras ville antique, 41–60; pour Boulogne: Belot, Dioscures ou dadophores? À propos des sculptures 'mithriaque' et du 'Mithraeum' de Boulogne-sur-Mer, 136–148 (sur le pseudo-Mithraeum) et 148–159 (cultes orientaux), et id., Les dieux et les morts, 224–247.

[75] Dernier état de la question dans Verslype, Le paysage rural et urbain des bassins de l'Escaut et de la basse et moyenne Meuse à la période mérovingienne 2, 229–238.

entourage – à soigner ainsi sa sépulture. L'Église, par ailleurs, n'a d'abord pas manifesté grand intérêt à ce propos[76]. L'éventuelle organisation de cultes autour de sanctuaires nous échappe tout autant.

À ce titre, le sanctuaire germanique récemment mis au jour à Arras est exceptionnel. On a évoqué précédemment la destruction du sanctuaire métroaque, intervenue dans le dernier quart du IVe siècle. À proximité fut alors édifié un ensemble cultuel comprenant une nouvelle fosse de sacrifice (trois crânes humains ont été retrouvés); une représentation de ce qui semble être le dieu Fro (Freyr en Scandinavie) a pu être mise au jour. Il s'agit d'un bloc de grès landénien dont le sculpteur a utilisé la forme naturelle pour représenter un petit personnage muni d'un attribut phallique. L'analyse du mobilier suggère que ses adeptes appartenaient à un contingent germanique (venu de la moyenne vallée de l'Elbe?), récemment passé au service de l'armée romaine. Le sanctuaire est ensuite remplacé à la fin du IVe siècle par des casernements[77]. Cette découverte est assurément d'une importance majeure pour l'histoire d'Arras, mais elle ne semble pas représentative des pratiques religieuses proprement locales à la fin du IVe siècle.

La continuité topographique

En définitive, il ne convient pas de nier certaines interventions autoritaires de l'Église contre certaines pratiques jugées «païennes» – la Vie de l'évêque Géry parle ouvertement de «destruction des images» – mais d'en nuancer la portée. Bien souvent, le christianisme sut s'inscrire dans une certaine continuité, celle-là même que Grégoire le Grand recommandait à l'abbé Mellitus en route vers l'Angleterre. «J'ai moi-même longuement réfléchi à l'affaire des Anglais: ainsi les temples des idoles ne doivent pas être détruits chez ce peuple, mais il faut détruire les idoles elles-mêmes qui sont à l'intérieur des temples. Qu'on asperge ces mêmes temples d'eau bénite, qu'on construise des autels, qu'on y mette des reliques, car si ces temples sont bien construits, il faut les faire passer du culte des démons à la vénération du vrai Dieu. De cette façon, puisque les habitants eux-mêmes voient que leurs temples ne sont pas détruits, ils abandonneront leur erreur et accourront plus familièrement vers les lieux auxquels ils sont habitués pour connaître et adorer le vrai Dieu»[78]. Il y a un parallèle certain avec la manière dont l'évêque Géry de Cambrai procéda, exactement au même moment, en édifiant la basilique dédiée à saint Médard. Les sacrifices des bœufs sont aussi évoqués dans la troisième Vie du saint. On rappellera à ce propos que Bruno Judic a pu mettre en évidence une utilisation du *Liber pastoralis* dans ce texte, rédigé dans l'entourage de l'évêque Gérard Ier au début du XIe siècle. Des traditions tardives attestent le même phénomène de substitution sur le Mont Phanus à Bayeux au milieu du VIe siècle, où l'évêque Vigor aurait aussi fait édifier une basilique à un endroit où se trouvaient des statuettes féminines (*in quo monte erat effigies lapidea in specie mulieris, quem incole loci illius velud quodam sacrum venerari solebant*); elle accueillit plus tard son tombeau[79].

[76] En dernier lieu: Young, Pratiques funéraires et mentalités païennes.

[77] Carte archéologique de la Gaule 62–1, 138–140; Verslype, Le paysage rural et urbain des bassins de l'Escaut et de la basse et moyenne Meuse à la période mérovingienne 2, 94; Jacques, Arras ville antique, 67–75.

[78] Traduction de Bruno Judic dans: Le christianisme en Occident, dir. Bougard, 10–11.

[79] Vita Vigoris, éd. De Smedt, c. 8, 301–302; Howe, The date of the 'Life' of st. Vigor of Bayeux; des fouilles furent effectuées à cet endroit, voir Nancy Gauthier, Bayeux, Topographie chrétienne des cités de la Gaule 9 (1996), 46–47.

Au regard des observations que nous avons pu faire, il semble néanmoins que Grégoire ait eu une vision toute romaine du «paganisme» qui pouvait régner dans l'Europe du Nord-Ouest. On a déjà rappelé que de véritables sanctuaires n'ont pas été retrouvés. Le paganisme se concrétisait davantage sous la forme d'une connotation religieuse que portaient confusément certains lieux: sources, bois, collines[80] – autant d'éléments qui, sans manifester l'hostilité ouverte des populations à l'égard du christianisme, étaient néanmoins propres à entretenir l'irritation des cadres encore peu nombreux des églises septentrionales. Monts et collines, à l'image des *idola* du Mont-des-Bœufs remplacées par une basilique, reçurent sinon un véritable sanctuaire, du moins une dénomination ouvertement chrétienne que signalent des sources dès le début du XIe siècle: Mont-Saint-Winnoc à Bergues[81], Mont-Sainte-Croix près de Gand[82], Mont-Saint-Éloi près d'Arras, sur lequel nous reviendrons[83]. D'autres toponymes, comme le Mont-Saint-Aubert près de Tournai, sont aussi bien connus mais attestés beaucoup plus tardivement (XIIe siècle).

On doit enfin signaler la remarquable continuité observée à Elnone entre ce qui fut indéniablement un lieu de guérison dans l'Antiquité – des centaines d'*ex voto* ont pu être retrouvés au XVIIe siècle au lieu-dit la Fontaine-Bouillon –, et l'installation précoce d'un sanctuaire dédié à saint Martin puis la fondation du fameux monastère par saint Amand[84]. L'exemple d'Elnone peut d'ailleurs être rapproché de celui de Luxeuil que développe davantage Jonas de Bobbio dans sa Vie de Colomban. Les thermes abandonnés livraient en effet à la vue des moines un ensemble de statuettes, et Jonas se scandalise devant «cette quantité de statues de pierre, que les païens de l'ancien temps honoraient d'un culte misérable et de rites profanes, leur offrant des sacrifices au cours de cérémonies abominables». En définitive, la stylisation hagiographique transforme en pratique «païenne» ce qui participait en fait d'un sentiment plus confus de religiosité autour d'un vif désir de guérison[85].

LA RÉALITÉ DE L'ACTIVITÉ MISSIONNAIRE AU VIIe SIÈCLE

On le voit, il faut prendre avec beaucoup de prudence ce que disent les sources d'une implantation brutale et violente du christianisme. Mais quelle image convient-il donc de se faire de l'entreprise missionnaire du VIIe siècle? Disons-le d'emblée, nous ferions volontiers nôtres les réflexions de Ian Wood, pour lequel les sources du haut Moyen Âge évoquent le paganisme moins comme une «cosmologie» que comme une «série de normes sociales», et qui préfère désigner ces pratiques par le terme de «paganisme commun» («mundane paganism»)[86].

[80] Howe, The conversion of the physical world, 67–70.

[81] Vita Winnoci secunda, éd. De Smedt, c. 2, 268.

[82] Translatio Bavonis, éd. Coens, 44 et 47 (il y eut une apparition de la croix en 1058).

[83] Gesta episcoporum Cameracensium, éd. Bethmann, l. I, c. 28, 413.

[84] Carte archéologique de la Gaule 59, 381–382; Platelle, Le temporel de l'abbaye de Saint-Amand, 47; la documentation écrite est absolument muette à ce sujet; l'église Saint-Martin a été édifiée à l'emplacement de ce qui semblait être une petite nécropole.

[85] Jonas, Vita Columbani, éd. Krusch, l. I, c. 10, 196; trad. de Vogüé, 119: *Ibi aquae calidae cultu eximio constructae habebantur; ibi imaginum lapidearum densitas vicina saltus densabant, quas cultu miserabili ritoque profano vetusta paganorum tempora honorabant, quibusque execrabiles ceremonias litabant; solae ibi ferae ac bestiae, ursorum, bubalorum, luporum multitudo frequentabant*; voir sur ce point les dossiers rassemblés dans Rousselle, Croire et guérir. La foi en Gaule dans l'Antiquité tardive, et Desmet, Le culte des eaux dans le nord de la Gaule pendant le haut Moyen Âge, qui préfère, à ce propos, «parler de syncrétisme entre les vertus thaumaturgiques des sources et des saints que de survivance du paganisme» (27).

[86] Wood, Pagans and holy men, 600–800, 361: les sources «reveal paganism not as a cosmology

L'évêque et les grands aristocrates

La Vie d'Amand ne précise pas la condition sociale des personnes qui lui manifestèrent autant d'hostilité. En revanche, deux épisodes montrent les évêques Vaast au VIe siècle et Éloi au VIIe siècle, confrontés à des formes de paganisme, ce qui permet de mieux distinguer ce qui heurtait les clercs mérovingiens.

La Vie de saint Vaast rapporte ainsi le repas auquel un certain Hocinus convia l'évêque en présence du roi Clotaire Ier. Plusieurs pots de cervoise avaient été préparés: les uns pour les chrétiens, les autres «consacrés selon le rite païen» (*vasa [...] alia christianis, alia vero paganis opposita ac gentile riti sacrificata*). Le signe de croix que l'évêque imposa sur ces derniers pots les fit éclater et la cervoise se répandit à terre; il exhorta chacun à abandonner ses «superstitions» et nombreux furent alors ceux qui demandèrent le baptême[87]. L'épisode se serait donc déroulé au début du VIe siècle dans un milieu d'aristocrates germaniques qui, tout en étant au service d'un monarque qui se proclamait chrétien, n'avaient pas jugé bon de recevoir pour eux-mêmes le baptême. On peut penser que ce baptême collectif – le seul qui apparaisse dans les sources – correspond bien à une situation réelle. Force est néanmoins de constater qu'une certaine acculturation est très perceptible.

Car Jonas, dans la Vie de Colomban, décrit un épisode assez similaire (c'est d'ailleurs un argument sur lequel s'appuie Bruno Krusch pour attribuer au moine de Bobbio la Vie de Vaast[88]) mais qui s'en éloigne aussi sensiblement. En s'installant à Bregenz près du lac de Constance, Colomban fut en effet confronté à des hommes qui avaient également rempli de bière une vaste cuve (*vas magnum, quem vulgo cupam vocant*). Celle-ci, expliquèrent-ils à l'Irlandais, devait être sacrifiée au dieu Vodanus. En soufflant sur le récipient, il le fit alors voler en éclat[89]. Ce qui importe ici, c'est la mention d'une divinité germanique qui est absente dans la Vie de Vaast. Dans cette dernière, ce que l'on appelle généralement paganisme est en fait déjà un état bien dégradé de pratiques religieuses plus anciennes. Dans le nord de la Gaule du début du VIe siècle, il semble donc que par «paganisme», il faille déjà davantage comprendre telle ou telle connotation apportée à certains rituels de sociabilité, dans ce cas précis ceux qui entourent les repas pris en commun, contre lesquels l'Église continua à s'élever par la suite avec plus ou moins de sévérité. Pour s'en tenir aux repas festifs, on pourra citer les propos édifiants par lesquels, à l'époque carolingienne, un clerc évoque l'attitude de sainte Maxellende et fustige de telles assemblées: «Elle prit ainsi l'habitude d'éviter les festins et les repas chargés de mets délicieux. Elle ne voulait pas participer à ces rassemblements surtout à cause des chants déshonorants ou voluptueux, mais également en raison des paroles frivoles des bouffons souvent prononcées dans les banquets qu'il faut non seulement appeler superflues mais aussi dangereuses et presque criminelles»[90].

which has to be reconstructed from the later record of the sagas, nor as a set of beliefs held perhaps by a small warrior élite and preserved only in the iconography of the bracteates, but as a set of social norms which appear to have been accepted by a considerable number of Germanic communities. It was this more mundane paganism which provided the context for missionary activity and determined the immediate possibilities and problems»; voir aussi ID., The Missionary Life, 4–6 et 253–256.

[87] Vita Vedasti, éd. KRUSCH, c. 7, 410–411.

[88] KRUSCH, Zwei Heiligenleben des Jonas von Susa, 439.

[89] Jonas, Vita Columbani, éd. KRUSCH, l. I, c. 27, 213–214, l'expression *quem vulgo vocant* apporte ici un précieux effet de réel; voir à ce sujet VAN UYTFANGHE, Les expressions du type quod vulgo vocant, 33–37 (pour les mentions relevées dans la Vie de Colomban).

[90] Passio Maxellendis prima, éd. BEVENOT, c. 10, 584: *convivia et deliciarum prandia summo studio devitare consuevit; nolebat igitur his interesse conventiculis, praecipue quidem propter turpia*

La Vie d'Éloi propose un épisode tout aussi instructif qui – même s'il eut lieu dans le diocèse de Noyon – ne peut manquer d'enrichir notre propos. Le jour de la fête de saint Pierre, Éloi prêchait dans un *vicus* proche de la cité épiscopale et dénonçait «les jeux démoniaques, les danses impies et toutes les autres superstitions totalement dénuées de sens» (*abiciendos atque abhominandos cunctos daemonum ludos et nefandas saltationes omnesque inanes prorsus relinquendas superstitiones*). De puissants laïcs (*praestantiores*: en lesquels rien ne permet de reconnaître des prêtres païens) de l'entourage du maire du palais d'Erchinoald menacèrent de le tuer s'il réitérait ses interdictions. En l'apostrophant sous le nom de Romain, on lui fit savoir que jamais ne seront abandonnées ces fêtes et coutumes ancestrales. Un miracle semble finalement avoir permis à Éloi de sortir vainqueur de cette situation bien mal engagée[91].

Ces deux exemples signalent assurément la persistance de pratiques qui commencent à entrer en contradiction avec l'entreprise de christianisation des pratiques sociales (repas) et du temps (fêtes) qu'approfondissent les clercs mérovingiens. Néanmoins, il semble important de remarquer que le décalage n'est pas simplement d'ordre religieux mais que, dans les deux cas, il se double d'un hiatus culturel entre deux hommes venus du sud-ouest de la Gaule et leurs ouailles. L'épisode de la Vie d'Éloi est particulièrement révélateur à cet égard. Nous aurons bientôt l'occasion de rappeler qu'il révèle aussi un différend proprement politique entre l'évêque et Erchinoald.

Une société sommairement christianisée au VIIe siècle

Au VIIe siècle en tout cas, l'adoption du christianisme est un fait absolument général et les Vies de saints sont unanimes à présenter des familles chrétiennes, sans d'ailleurs s'en étonner. Ainsi d'Austreberte dont la mère Framehilde est une «nouvelle Elisabeth»[92]; de Dodon, futur abbé de Wallers, qu'Ursmer de Lobbes tint sur les fonts baptismaux; d'Ursmer lui-même dont la mère fut elle aussi miraculeusement avertie de la naissance par deux visions successives[93]; de Landelin, confié dès son plus jeune âge par ses parents à l'évêque Aubert de Cambrai, son parrain; de Vulmer, «né de parents chrétiens et illustres»[94]; et la liste pourrait être complétée. Quant à Waldebert et Bertille, les parents d'Aldegonde et de Waudru, ils auraient atteint un modèle de perfection rare et «après avoir vécu dans le mariage charnel, enflammés par un trait de lumière divine, [ils] avaient choisi la vie spirituelle et imitaient les conseils de Paul, disant que ceux qui ont des épouses soient comme ceux qui n'en ont pas.»[95] Pour le moine

sive amatoria cantica, nec non et ob frivola scurrarum verba, quae non solummodo appellanda sunt otiosa, sed nociva et pene criminalia, que in conviviis saepe narrantur; la signification sociale des banquets a été soulignée en particulier par Althoff, Der frieden-, bündnis und gemeinschaftstiftende Charakter des Mahles im früheren Mittelalter; on notera également l'exemple d'Authaire et Aiga, les parents d'Ouen dont la seconde Vie (début du IXe) loue la maison dans laquelle *non ut assolet in quorumdam secularium conviviis, mimorum atque hystrionum carmina foeda, sed evangelica, vel apostolica, sive prophetica personabant oracula* (éd. Cuypers, § 1, 810): or rien de tel n'est dit, ni dans la Vie de Colomban (qui fait mention des parents d'Ouen au l. I, c. 26), ni dans la première Vie du métropolitain de Rouen (éd. Levison, c. 1, 554: *uterque christiano apice decorati*).

[91] Vita Eligii, éd. Krusch, l. II, c. 20, 711–712; il paraît difficile d'identifier ces *praestantiores* à de véritables prêtres païens comme le fait Schmitt, Les 'superstitions', 447, alors que le texte désigne clairement des antrustions d'Erchinoald; voir sur ce point Fouracre, The work of Audoenus of Rouen and Eligius of Noyon, 82–83: «the accusation of pagan affinities is here a subjective concept, hurled at the subjects to 'explain' Eligius's differences with them»; les attitudes ambivalentes de l'Église à l'égard des danses ont été soulignées par Riché, Danses profanes et religieuses dans le haut Moyen Âge.

[92] Vita Austrebertae, éd. Mabillon, c. 4, 29.

[93] Vita Ursmari, éd. Levison, c. 1, 453–454.

[94] Vita Vulmari, éd. Mabillon, c. 1, 234.

[95] Vita Aldegundis, éd. Levison, c. 2, 86.

blandinien qui écrit la Vie de Bertulphe de Renty à la fin du XIIe siècle – mais à partir d'une *vita veteri olim scripto descripta* –, le saint est un nouvel Abraham fuyant l'Alémanie et ses habitants païens pour la Terre promise où l'accueillirent le comte Wambert et son épouse Homburge. Au VIIe siècle donc, il ne paraît pas douteux que les milieux les plus élevés de la société aient rallié de longue date le christianisme.

Fait étonnant, les baptêmes d'adultes ne sont jamais mis au crédit des figures que l'historiographie retient volontiers comme missionnaires, et il est encore moins question de baptêmes de masse au VIIe siècle. Les «missionnaires» sont au mieux associés à des baptêmes d'enfants dont ils deviennent les parrains, comme cela fut le cas d'Amand pour Clotsende, fille de Rictrude de Marchiennes[96]; de l'évêque de Cambrai, Aubert, pour Landelin, fondateur de Lobbes et Crespin[97]; ou encore d'Ursmer, successeur de Landelin à Lobbes, et parrain de Dodon qu'il établit ensuite à Wallers[98].

Les sources hagiographiques signalent cependant quelques exceptions pour le VIIe siècle. On a évidemment évoqué plus haut le témoignage de la Vie d'Omer qui prétend que l'évêque de Thérouanne aurait baptisé Adroald et toute sa famille, mais la date de rédaction du texte (un peu avant 820) rend ce passage assez suspect: l'acte de donation du domaine de Sithiu, cédé en 649 par ce même Adroald à Omer, est en effet souscrit par un abbé et trois prêtres (mais une partie des autres témoins pouvait aussi être des clercs)[99], ce qui signale un encadrement ecclésiastique plus large que le cercle étroit des compagnons d'Omer que sa Vie veut bien nommer. La Vie de Géry évoque le cas d'un lépreux de Carignan que le futur évêque de Cambrai baptisa avant son accession à l'épiscopat. Le baptême signale ici la réintégration au sein de la communauté d'un homme que sa maladie avait placé à l'écart de la société. Le fait que l'administration du sacrement soit associée à la lèpre signale bien que le baptême d'adulte n'était plus la norme au milieu du VIIe siècle, au moment où l'hagiographe écrit[100]. De la même manière, la dernière mention de baptême d'adulte que nous avons pu repérer concerne un étranger à la région. Il s'agit de Bertulphe dont la Vie précise qu'il vint d'Alémanie et fut accueilli puis baptisé par des aristocrates du Ternois à la fin du VIIe siècle[101].

Quant aux récits de conversions d'adultes, ils concernent toujours des baptisés qui acceptent d'abandonner leur existence ancienne – parfois fort peu recommandable comme celle de Landelin qui faisait partie d'un groupe de brigands (*more latronum vivebat, rapinis et cedibus occupatus*) – pour vivre dans la pénitence[102]. Il en va ainsi de Bavon auprès de saint Amand[103]. Nous en voulons aussi pour preuve les premiers chapitres de la Vie de Riquier évoquant le débarquement de deux Irlandais sur les côtes du Ponthieu, qui reçurent un accueil détestable des habitants du lieu et trouvèrent alors refuge auprès de Riquier «qui n'était issu ni de parents nobles ni d'une haute lignée mais d'une famille de rang médiocre». La Vie évoque bien les païens (*gentiles*) de la région mais cette affirmation demande à être nuancée car leur hostilité semble avoir été d'une part motivée par la radicale étrangeté des deux Irlandais et d'autre part par leur aversion pour un discours qui prêchait la conversion à une vie ascétique. Définir

[96] Vita Rictrudis, éd. HENSKEN, c. 10, 83.

[97] Vita Landelini, éd. LEVISON, c. 1, 438–439.

[98] Vita Dodonis, éd. DE BUCK, c. 3, 364.

[99] Diplomata belgica, éd. GYSSELING/KOCH, n° 1, 7; voir aussi dans ce sens les remarques de WERNER, Le rôle de l'aristocratie, 63, n. 57; ceci rejoint les observations formulées pour l'administration civile par LE JAN, Prosopographica Neustrica, 232: «l'organisation administrative du pagus de Thérouanne était moins squelettique qu'on pourrait le penser».

[100] Vita Gaugerici prima, éd. KRUSCH, c. 5, 653.

[101] Vita Bertulfi, éd. HOLDER-EGGER, c. 4, 633.

[102] Vita Landelini, éd. LEVISON, c. 1–3, 438–440.

[103] Vita Bavonis, éd. Krusch, c. 2–3, 535–536.

comme païens les compatriotes de Riquier, c'est en définitive rester prisonnier des sources qui considèrent ainsi ceux qui n'acceptaient pas «de passer toute leur vie dans la pénitence et la religion sacrée»[104].

La seule objection sérieuse se présente à propos de l'activité d'Amand dans la basse vallée de l'Escaut. La Vie du saint évoque en effet les lettres (*epistolae*) autorisant le baptême par la contrainte royale[105]. Cette mention signalerait-elle que la basse vallée de l'Escaut était encore une véritable enclave de mission au VIIe siècle? Ou faut-il considérer, avec Bruno Krusch et Mgr Lesne[106], que cette information a été inventée au VIIIe siècle par l'auteur de la Vie du saint, qui avait à l'esprit la politique de conversion forcée des Carolingiens en Saxe? Le fait que le fragment de la *Vita antiqua* et l'ensemble de la *Vita altera* ignorent cet épisode irait effectivement dans ce sens.

Il est en définitive difficile de ne pas rejoindre Yitzhak Hen pour lequel des pratiques religieuses rudimentaires étaient assurément ancrées au sein de la société mérovingienne du VIIe siècle, ne serait-ce que sous la forme généralisée de l'administration du baptême[107]. Ceci suggère donc déjà un considérable travail de conversion en profondeur mené au VIe siècle.

Les tâches de l'évêque

L'épiscopat septentrional semble bien avoir été plus administrateur que missionnaire. Il en va ainsi pour Amand. Ses échecs (en particulier dans la basse vallée de l'Escaut) ne sont pas clairement expliqués. Mais l'éclairage qu'apporte la lettre du pape Martin Ier, tirée par Milon d'Elnone des archives de son monastère, permet d'avancer quelques hypothèses. Elle signale en effet qu'Amand – alors évêque de Maastricht – s'était plaint avant tout «de la dureté des prêtres de cette nation» (*duritia sacerdotum gentis illius*). Elle ne dit rien des laïcs[108]. Les échecs retentissants du saint – l'abandon de ses compagnons, l'hostilité affichée de la population dans la vallée de l'Escaut[109] – semblent donc être de nature plus disciplinaire (au sein d'une organisation ecclésiastique déjà bien implantée) que proprement missionnaire. On pourrait oser une interprétation du passage de la Vie évoquant Amand «chassé non sans injures par les femmes et les rustres (*a mulieribus vel a rusticis repulsus*) et fréquemment précipité dans le fleuve» en rappelant que l'évêque aurait très bien pu s'opposer violemment à des prêtres à propos de leur vie conjugale et se heurter ensuite aux réactions violentes de leurs compagnes. On pourra noter qu'à la fin du XIe siècle, Goscelin de Cantorbéry introduit aussi dans sa Vie d'Augustin le récit d'un long épisode – inconnu de Bède – rapportant comment le saint et ses compagnons en route vers l'Angleterre furent injuriés et chassés des environs d'Angers par un groupe de femmes furieuses[110].

Les sources du VIIe siècle s'attachent par ailleurs à dessiner le portrait d'évêques dont les préoccupations furent très temporelles. L'évêque Géry est le précurseur de ce profil épiscopal dont furent louées les qualités autant spirituelles que politiques. Nommé entre 584 et 590, nous l'avons dit, il dut certes son élévation au siège de Cambrai à l'éducation religieuse soignée qui lui fut donnée par le prêtre de l'église de Carignan, mais également au fait qu'il avait été remarqué par l'évêque diocésain en

[104] Vita Richarii, éd. KRUSCH, c. 2, 444–445; voir aussi la Vita Walarici, éd. KRUSCH, c. 22, 168–169.
[105] Vita Amandi prima, éd. KRUSCH, c. 13, 437.
[106] LESNE, Amand, 942.
[107] HEN, Culture and religion in Merovingian Gaul, 154–206.
[108] Milon, Vita Amandi, éd. KRUSCH, 434.
[109] Vita Amandi prima, éd. KRUSCH, c. 13, 436–438.
[110] Goscelin, Vita Augustini, c. 10, cité par GAMESON, Goscelin's Life of Augustine of Canterbury, 396–397.

tournée pastorale. Il s'agissait de Magnéric, métropolitain de Trèves dont les relations avec les souverains austrasiens, et particulièrement Childebert II (l'évêque était le parrain de son fils, Théodebert II), sont particulièrement bien documentées par Grégoire de Tours[111]. Au moment où Childebert venait de prendre le contrôle de Cambrai – cité vraisemblablement neustrienne –, les attaches austrasiennes de Géry le désignaient comme un candidat idéal[112]. On peut souligner le caractère fort peu missionnaire (au sens strict) de son action dans le diocèse de Cambrai. En revanche, deux passages insistent sur les heurts qui l'opposèrent aux représentants locaux du roi, le comte Wadon qui, à la suite de l'intronisation du prélat, refusa de délivrer douze prisonniers, et un tribun nommé Walcharius, qui retenait trois personnes sur ordre du *iudex* local. Dans les deux cas, Géry eut gain de cause et obtint la délivrance des captifs. S'il agissait de toute évidence par charité chrétienne envers des esclaves et des prisonniers, on peut néanmoins se demander si ces tensions ne trahissent pas aussi une nouvelle définition – voulue par le souverain – des rapports d'autorité dans la cité au profit de l'évêque[113]. Sa Vie montre que Géry entretint d'excellents rapports avec Clotaire II. La présence du prélat est mentionnée au concile de Paris en 614[114]. On le voit rendre visite au souverain à Chelles – il s'opposa alors au maire du palais Landri à propos de deux esclaves condamnés à mort – et, au nom du roi, effectua une mission charitable à Tours[115].

Quelques années plus tard, la Vie d'Amand présente des épisodes assez similaires: tout en soulignant les rapports étroits (mais conflictuels nous y reviendrons) entre Dagobert et le saint, elle semble indiquer que ce dernier s'était vu déléguer une partie de l'autorité publique (et cela pas seulement pour contraindre les récalcitrants au baptême comme l'affirme la Vie en évoquant les lettres procurées par le roi à cet effet). Sans cela, on expliquerait mal le conflit qui l'opposa au comte Dotto à propos d'un malheureux, régulièrement condamné à mort par une assemblée réunie à cette occasion, pendu mais ressuscité par l'intervention du saint[116]. De tout ceci se dégage donc l'impression que l'évêque fut aussi un agent du pouvoir royal destiné à reprendre en

[111] Gauthier, L'évangélisation des pays de la Moselle, 189–204.

[112] Vita Gaugerici prima, éd. Krusch, c. 1–6, 652–654; ce passage est une pièce importante versée au dossier de l'enseignement dans les écoles que l'on appellera plus tard paroissiales, notamment par la récitation du psautier (Riché, Éducation et culture dans l'Occident barbare, 229–231).

[113] Vita Gaugerici prima, éd. Krusch, c. 7–8, 654–655; Vercauteren, Étude sur les civitates de la Belgique seconde, 210; sur la réalité problématique du thème de la délivrance des captifs par l'évêque mérovingien, voir en dernier lieu Scheibelreiter, Der Bischof in merowingischer Zeit, 189–192 et surtout 191: «das Grundthema aller Gefangenenbefreiungen ist der Konflikt zwischen Graf bzw. Richter und Bischof».

[114] Concilia Galliae, éd. De Clercq, 281: *Ex ciuitate Marace Gaugericus episcopus.*

[115] Vita Gaugerici prima, éd. Krusch, c. 9, 655; c. 10, 655–656: *ad sepulchrum beati Martini confessoris a memorato piissimo Chlodhario rege cum muneribus in dispensations pauperum erogandum Toronis fuisset directus*; l'autorité de l'évêque fut aussi renforcée par la donation de propriétés en Périgord (dès le règne de Childebert II? Rien ne s'oppose à cette possibilité puisque le roi hérita de la cité de Périgueux à la mort de son oncle Gontran en 592), que Géry fut ensuite amené à inspecter (ibid., c. 11, 656); sur les biens des Églises septentrionales en Aquitaine, voir Rouche, L'Aquitaine des Wisigoths aux Arabes.

[116] Vita Amandi prima, éd. Krusch, c. 14, 438–439 (l'épisode est absent du fragment de la *Vita antiqua*; il est moins détaillé dans la *Vita Amandi altera*, éd. Hensken, c. 7, 854–855); ce passage est sans doute l'un des plus précis du texte que l'auteur prétend rapporter *viro venerabili praesbitero nomine Bono narrante*; Vercauteren, Étude sur les civitates de la Belgique seconde, 299, à la suite de Paul Rolland, faisait de ce Dotto un comte de Tournai (ce qui n'est pas exclu), mais la Vie se contente de préciser qu'il était *comes quidam ex genere Francorum;* le thème hagiographique du pendu dépendu a fait l'objet d'une étude classique du Père de Gaiffier, voir ses Études critiques d'hagiographie et d'iconologie, 194–226.

main les aristocrates locaux qui exerçaient alors l'autorité publique au nom du roi. Dans le cas d'Amand, on peut donc se demander dans quelle mesure les difficultés qu'il rencontra ne furent pas aussi liées à sa qualité de représentant du souverain dans une région qui connaissait encore une certaine indépendance à l'égard du pouvoir central.

En définitive, nous ferons volontiers nôtres les idées exprimées par Alain Dierkens, Yitzhak Hen et Ian Wood qui refusent de parler de christianisation sous l'angle d'une confrontation entre la religion chrétienne d'une part et un improbable «paganisme» de l'autre. En d'autres termes, le concept de mission semble bien peu adéquat pour désigner un processus qui, dès l'époque mérovingienne, paraît avoir à faire avec une société déjà rudimentairement christianisée, dont les individus sont assurément baptisés. Il paraît donc important de ne pas présenter ce que l'on peut savoir des pratiques religieuses – en fait surtout destinées à donner un sens à l'au-delà – comme une cosmologie cohérente, telle qu'on pense la discerner un peu plus au nord, dans la Frise du début du VIIIe siècle, et dans la Saxe de la fin du même siècle. Là, l'expression d'un paganisme consciemment opposé à la religion chrétienne s'est forgée contre l'agression franque[117].

Chapitre II

Le roi mérovingien et l'épiscopat septentrional au VIIe siècle

Le précédent chapitre a cherché à nuancer l'idée d'une véritable entreprise missionnaire dans les diocèses les plus septentrionaux du *regnum Francorum* au VIIe siècle en rappelant que le «paganisme» rencontré par les clercs demandait à être discuté. En outre, le VIIe siècle est considérablement plus documenté en matière de hiérarchie ecclésiastique, particulièrement par les sources hagiographiques ou diplomatiques. Celles-ci insistent sur les liens tissés entre l'épiscopat et la cour franque. Ce saut documentaire révèle que la montée en puissance de l'Église et de ses évêques dans la région s'explique par des rapports plus étroits établis désormais avec le souverain et son entourage.

Il conviendra d'abord de rappeler le désintérêt manifesté par les souverains mérovingiens pour le nord du *regnum Francorum* au VIe siècle; un désintérêt – assez paradoxal puisque la moyenne vallée de l'Escaut fut le berceau de l'expansion franque au tournant des VIe–VIIe siècles – qui explique la documentation lacunaire sur ces églises locales, en retrait des luttes d'influence et de pouvoir qui déchiraient l'aristocratie franque dans le dernier quart du VIe siècle. Au sein du *Regnum Francorum*, la cristallisation d'identités politiques de plus en plus distinctes en Neustrie et en Austrasie contribua cependant à donner de l'importance aux régions septentrionales disputées entre les deux *Teilreiche*. L'épiscopat fut alors un élément important de contrôle et il faudra donc essayer – dans la mesure où les sources le permettent – d'esquisser les réseaux de fidélités qui se tissèrent au VIIe siècle.

[117] À proprement parler, il n'y aurait d'entreprise missionnaire dans le monde franc qu'à l'époque carolingienne: Dierkens, Pour une typologie des missions carolingiennes; sur la Frise, voir Lebecq, Les Frisons entre paganisme et christianisme; sur la Saxe, voir en dernier lieu le bilan dressé dans Pätzold, Die Anfänge des Christentums an der mittleren Elbe.

LE NORD DE LA GAULE JUSQU'AU RÈGNE DE DAGOBERT

La grande guerre civile qui déchira la famille mérovingienne dans la seconde moitié du VIe siècle est à l'origine de la formation des deux ensembles territoriaux distincts, les deux *regna* de Neustrie et d'Austrasie. Le centre de gravité du premier s'établit progressivement entre Seine et Oise tandis que celui du second se plaçait autour de la cité de Metz et de la vallée de la Moselle. Dans cette configuration, le nord de l'ancienne province romaine de Belgique seconde – c'est-à-dire les anciennes cités de Boulogne, Thérouanne, Arras, Cambrai et Tournai – semble être resté un théâtre d'action marginal du conflit que les forces en présence ne se souciaient guère de contrôler fermement. C'est en tout cas l'impression qui se dégage de la lecture des *Dix livres d'histoires* de Grégoire de Tours dont les intérêts n'étaient guère portés vers les confins septentrionaux du royaume, même s'il savait, le cas échéant, s'informer plus précisément[118].

Un certain abandon du berceau de la puissance franque

Au tournant des Ve–VIe siècles, le nord de l'ancienne province romaine de Belgique seconde constitue le cœur de la puissance franque encore en devenir; c'est en tout cas ce que rappelle le métropolitain de Reims Remi lorsqu'il s'adresse à Clovis pour le féliciter de son accession au trône. Au XVIIe siècle, la découverte de la tombe de son père Childéric à Tournai est venue mettre en pleine lumière le rôle central, moins peut-être du chef-lieu de la cité des Ménapiens, que de la moyenne vallée de l'Escaut dont Grégoire attribue la mainmise au mythique Clodion dès le début du Ve siècle[119]. D'autres cités ont pu tout aussi bien devenir le siège du pouvoir de petits souverains de moindre importance. L'historien tourangeau rapporte en effet qu'une fois les succès assurés en Aquitaine, Clovis se retourna contre certains de ses parents manifestant une trop grande indépendance et notamment un certain Ragnacaire installé à Cambrai[120].

Il faut cependant rappeler que les régions du littoral – pour notre propos cela désigne l'ancienne Morinie romaine et ses prolongements orientaux jusqu'à l'embouchure de l'Escaut –, semblent avoir connu un destin un peu différent au Bas Empire. Depuis le IVe siècle en effet, l'ensemble des côtes de la Manche a fait l'objet d'une colonisation progressive par des contingents germaniques, francs, frisons et saxons auxquels les autorités romaines avaient confié la défense du littoral contre les incursions de certains de leurs compatriotes plus agressifs; d'où le nom du *Litus saxonicum* donné à cette série d'établissements militaires. Pour le VIe siècle, l'archéologie a ainsi pu repérer plusieurs de ces petites communautés dans le Bessin Normand et dans la plaine de Caen – dont parle d'ailleurs Grégoire de Tours – mais également sur le littoral picard (nécropoles de Nouvion-en-Ponthieu, Vron et Waben) et dans les environs de Boulogne (nécropoles de Fruges, Preures, Équihen, Boulogne, Marquise et Frethun)[121]. Par ailleurs dans l'actuel Pas-de-Calais, le recul fortement prononcé de la langue latine vers le sud signalé aujourd'hui dans la toponymie sous la forme d'une ligne qui relierait grossièrement les villes actuelles de Montreuil et de Béthune est un indice supplémen-

[118] Grégoire a fourni la matière des 651 pages de l'ouvrage de LONGNON, Géographie de la Gaule au VIe siècle, qui n'a pu en consacrer que 5 aux cités d'Arras, Cambrai, Tournai et Thérouanne; voir aussi les cartes dressées dans VIEILLARD-TROIEKOUROFF, Les monuments religieux de la Gaule, et les contributions rassemblées dans Grégoire de Tours et l'espace gaulois, dir. GALINIÉ/GAUTHIER.

[119] Grégoire de Tours, Historiarum libri decem, éd. KRUSCH/LEVISON, L. II, c. 9, 58.

[120] Ibid., l. II, c. 42, 92–93.

[121] Voir en dernier lieu les contributions rassemblées dans: Les barbares et la mer, dir. MARIN, et particulièrement LORREN, Manche et mer du Nord du IIIe au VIIIe siècle; ROUCHE, Les Saxons et les origines de Quentovic; LEBECQ, La Neustrie et la mer.

taire de ces installations sur le littoral[122]. Ces populations maritimes entretenaient assurément des relations étroites avec les autres régions littorales de la Gaule; elles ont ainsi contribué à définir progressivement un espace d'échanges homogène autour la Manche, dont le port de Quentovic (dans l'estuaire de la Canche) apparaît au tout début du VIIe siècle comme le centre majeur de distribution sur le continent. Mais les orientations exclusivement maritimes de ces populations ont aussi isolé quelque peu la Morinie du reste de la Gaule au VIe siècle, à un moment où les visées hégémoniques franques se portaient avant tout vers des horizons méridionaux.

Une chose est certaine, les intérêts fortement prononcés de Clovis puis de ses fils pour le sud de la Gaule – Aquitaine, Bourgogne, Provence – les conduisirent dorénavant à négliger quelque peu le nord de leur royaume. Clovis lui-même s'établit à Paris où il fut inhumé[123]. Témoignent aussi de cet abandon des horizons les plus septentrionaux les capitales retenues lors des partages successifs du VIe siècle: Paris, Orléans, Soissons et Reims[124]. Le récit de Grégoire n'est pas suffisamment précis pour que l'on puisse savoir avec certitude ce qu'il advint des cités de l'Escaut. Si on admet généralement qu'elles revinrent aux souverains établis à Soissons plutôt qu'à ceux de Reims[125], il convient de ne pas donner un caractère trop absolu à cette affirmation[126]. Paradoxalement, on constate donc qu'aucun des descendants de Childéric ne tint à faire fermement reconnaître sa souveraineté sur le berceau géographique de la puissance franque avant la guerre civile.

Les retombées modestes des luttes de la guerre civile

Les rivalités exacerbées qui provoquèrent, puis nourrirent, l'interminable faide royale de la deuxième moitié du VIe siècle redonnèrent ponctuellement une place importante aux régions de l'Escaut et il n'est, en effet, pas indifférent de voir les deux frères Chilpéric Ier et Sigebert Ier y porter leur querelle. En 575, Chilpéric trouva refuge «à l'intérieur des murs de Tournai» – ce qui indique effectivement que la cité devait lui appartenir – mais, à l'appel de ses propres leudes, son frère Sigebert put prendre sans difficulté possession du vaste domaine de Vitry-en-Artois. C'est au moment où ceux-ci le reconnurent comme roi que deux esclaves armés par Frédégonde le frappèrent mortellement de leurs scramasaxes[127]. Au début du VIIIe siècle, l'auteur du *Liber historiae Francorum* précise même que ces derniers étaient originaires du pays de Thérouanne

[122] Gysseling, La genèse de la frontière linguistique dans le nord de la Gaule, 25–28.

[123] Grégoire de Tours, Historiarum libri decem, éd. Krusch/Levison, l. II, c. 38, 89 (*Egressus autem a Turonus Parisius venit ibique cathedram regni constituit*); l. II, c. 43, 93–94 (à la mort de son mari, Clotilde délaissa encore davantage le nord du royaume en s'installant à Tours, *raro Parisius visitans*).

[124] Dierkens/Périn, Les *sedes regiae* mérovingiennes entre Seine et Rhin; Wood, The Merovingian Kingdoms, 56; Barbier, Le système palatial franc, 258–259.

[125] Ewig, Die fränkischen Teilungen und Teilreiche (511–613), 115 (attribution à Clotaire Ier en 511) et 136–137 (à Chilpéric Ier en 561); voir cependant les réserves de Wood, The Merovingian Kingdoms, 367–369 (cartes); sur Soissons comme foyer, au VIe siècle, du futur royaume neustrien, voir Ewig, Die fränkischen Teilreiche im 7. Jahrhundert, 186 et surtout Kaiser, Untersuchungen zur Geschichte der Civitas und Diözese Soissons, 155–168.

[126] Ewig, Die fränkischen Teilungen und Teilreiche (511–613), 115, n. 6 rappelle à juste titre que la meilleure définition du royaume de Théodebert (et donc par recoupement, de celui de ses oncles) peut-être tirée des souscriptions du concile réuni par lui à Clermont en 535 (Concilia Galliae, éd. De Clercq, 110–111; Pontal, Histoire des conciles mérovingiens, 106); les évêques du Nord de la Gaule n'y figurent pas mais on peut difficilement interpréter ce silence dès lors que leurs souscriptions n'apparaissent qu'épisodiquement avant le début du VIIe siècle.

[127] Grégoire de Tours, Historiarum libri decem, éd. Krusch/Levison, l. IV, c. 50–51, 187–189 et l. V, c. 22, 229–230 à propos de la naissance et du baptême de Samson au même moment.

(*pueri Taraonenses*)[128]. En tout cas, la mort de Sigebert semble avoir provoqué un nouveau revirement des aristocrates francs puisque Chilpéric put quitter Tournai pour se rendre sur les lieux du crime et procéder aux funérailles de son frère à Lambres – dépendant du domaine de Vitry –, avant de transférer définitivement le corps vers la nécropole dynastique de Saint-Médard de Soissons[129]; il suffira de souligner que l'occasion de faire de Vitry un lieu de sépulture semble alors ne pas avoir effleuré l'esprit de la famille royale.

À la fin des années 570, c'est dans les environs de Tournai que l'on choisit d'exiler la femme du comte Leudaste[130]; ce dernier ayant été l'instigateur d'un projet de subversion du trône de Neustrie prévoyant notamment l'élimination de Frédégonde. Lorsqu'en 585, Gontran et Childebert s'accordèrent pour lutter contre Chilpéric, le roi de Neustrie prit immédiatement la direction de Cambrai où il se réfugia et envoya à Vitry le fils qui venait de lui être donné[131]. Quelques années plus tard, Grégoire signale une violente faide parmi des Francs de Tournai en présentant ces hommes comme des fidèles de Frédégonde; ne réussissant pas à apaiser leur querelle, la reine les fit tout simplement massacrer[132]. Par ailleurs, le pacte d'Andelot est singulièrement silencieux, mais il est vrai qu'établi le 28 novembre 587 entre Gontran, Childebert et Brunehaut, il n'évoque pas le devenir du royaume de Chilpéric Ier[133], ce qui en définitive plaide pour un rattachement des cités de l'Escaut à ce dernier. En revanche, l'assassinat de Chilpéric semble avoir rapidement ouvert les portes de Cambrai à Childebert d'Austrasie puisque, d'après la Vie de l'évêque Géry, c'est lui qui procéda, avant 590, à la nomination de l'évêque[134].

Quelques années plus tard, le propre fils de Chilpéric, Mérovée, connut une fin tragique dans les environs de Thérouanne. Chargé par son père de surveiller Brunehaut retenue prisonnière à Rouen, Mérovée aurait été séduit par la reine d'Austrasie et, avec la complicité du métropolitain Prétextat, l'aurait épousée secrètement, expliquant ainsi aisément la fureur de son père. Il put d'abord trouver des appuis en Champagne, donc en Austrasie. Vers 577 cependant, il décida de rejoindre la région de Thérouanne où des fidèles prétendaient pouvoir le mettre à l'abri des poursuites de Chilpéric (*a Terabannensibus circumventus est, dicentibus, quod relicto patre eius Chilperico, ei se subiugarent si ad eos acciderit*)[135]. Il tomba finalement dans le piège qui lui était tendu et fut emprisonné dans l'*hospitolium* d'un domaine (*in villam quandam*) où il se suicida – à moins que Frédégonde elle-même n'ait ordonné son exécution, selon une rumeur malveillante dont Grégoire se fait l'écho. Jusqu'à la mort de Chilpéric Ier, l'avantage est donc selon toute apparence à l'influence neustrienne, mais il est significatif que Mérovée ait pu se croire davantage en sécurité près de Thérouanne qu'en Austrasie. Le propre frère de Mérovée, nommé Clovis, fut lui aussi assassiné, mais à Noisy près de Paris. À la fin des années 580 (après l'assassinat de Chilpéric Ier), le roi Gontran eut à

[128] Liber historiae Francorum, éd. KRUSCH, c. 32, 296.

[129] Grégoire de Tours, Historiarum libri decem, éd. KRUSCH/LEVISON, l. IV, c. 51, 189; sur Saint-Médard de Soissons comme nécropole dynastique, voir KRÜGER, Königsgrabkirchen, 125–133.

[130] Grégoire de Tours, Historiarum libri decem, éd. KRUSCH/LEVISON, l. V, c. 49, 261: *Capta quoque uxore eius [Leudastis], in pago Tornacensi exilio recluditur*; sur cet épisode dans lequel Grégoire fut personnellement impliqué, voir PIETRI, La ville de Tours du IIIe au VIe siècle, 285–289 et WOOD, The Merovingian Kingdoms, 86–87.

[131] Grégoire de Tours, Historiarum libri decem, éd. KRUSCH/LEVISON, l. VI, c. 41, 313: *cum omnibus thesauris suis in Camaracense urbe discessit et omnia quae melius habere potuerat secum tulit.*

[132] Ibid., l. X, c. 27, 519–520.

[133] Ibid., l. IX, c. 20, 434–439.

[134] Vita Gaugerici prima, éd. KRUSCH, c. 6, 654.

[135] Grégoire de Tours, Historiarum libri decem, éd. KRUSCH/LEVISON, l. V, c. 18, 224.

cœur de rassembler les dépouilles de ses neveux au monastère Saint-Vincent de Paris (devenu plus tard Saint-Germain-des-Prés). Noisy se trouvait dans le diocèse de Paris et Grégoire suggère que l'évêque ordinaire (*convocato episcopo civitatis*, dit-il sobrement) procéda à la «translation» des restes de Clovis. On ne sait évidemment pas à quel titre l'évêque de Paris fut convoqué, et si, pour ce genre d'entreprise (qui n'avait pas de portée proprement religieuse), il était de coutume de faire intervenir l'évêque plutôt qu'un grand laïc. Toujours est-il que Gontran confia aussi la mission suivante à un évêque, mais le prélat désigné fut cette fois Pappoul de Chartres[136]. On pourra donc soit en conclure qu'il n'y avait alors pas d'évêque à Thérouanne (mais cela peut être un peu rapide, l'évêque pouvait être empêché), soit – et cette hypothèse est sans doute plus intéressante – que l'évêque n'était alors qu'une figure d'importance locale qui n'appartenait pas au cercle des prélats gravitant dans l'entourage royal et qui, en définitive, ne jouissait pas de la confiance de Gontran pour remplir cette mission politiquement délicate.

Les circonstances des assassinats successifs éclairent brièvement les fidélités changeantes des aristocrates de la région. On peut en effet penser que Mérovée avait de bonnes raisons de chercher refuge en Morinie, ce qui signale l'indépendance que devait conserver l'aristocratie locale à l'égard de Chilpéric. L'assassinat de Sigebert montre aussi que les choix en matière de fidélité n'étaient en rien dictés par des considérations géographiques. Entre Neustrie et Austrasie, la vallée de l'Escaut restait donc un champ où pouvaient se déployer, sans résultats décisifs, l'un et l'autre parti.

À la mort de Chilpéric Ier, son frère Gontran noua une alliance avec sa belle-sœur Brunehaut, écartant ainsi dans un premier temps le petit Clotaire II dont, nous dit Grégoire, Gontran doutait des ascendances; en même temps il faisait main basse sur une bonne partie du royaume de son frère[137]. Néanmoins le souverain de Burgondie s'installa rapidement dans un rôle d'arbitre entre ses neveux et manifesta un intérêt croissant pour le jeune Clotaire qu'il accepta en définitive de porter sur les fonts baptismaux à Nanterre en 591[138]. Comme le laisse entendre Grégoire, cela signifiait qu'il reconnaissait à l'enfant l'héritage du royaume de son père, qu'il contrôlait déjà pour une bonne part, au risque de se brouiller avec Childebert II; en tout cas, c'est ce qu'affirme clairement le Pseudo-Frédégaire[139]. La mort de Gontran (593), de Childebert II (596) puis de Frédégonde (597) permit l'accession de trois très jeunes souverains (outre Clotaire II en Neustrie, Théodebert II en Austrasie et Thierry II en Burgondie) que les grands – particulièrement en Austrasie – surent dans un premier temps employer comme instruments de leurs intérêts en relançant le conflit. En 593, le *dux* de Champagne Wintro tente en vain de menacer Clotaire[140]. En 596, Ce dernier put s'emparer de Paris et de quelques autres cités au nombre desquelles Eugen Ewig voudrait voir figurer Cambrai[141].

[136] Ibid, l. VIII, c. 10, 377; sur Saint-Vincent/Saint-Germain comme nécropole dynastique, voir Krüger, Königsgrabkirchen, 103–124.

[137] Ibid., l. VII, c. 7, 330 (Gontran répare les torts faits par Chilpéric de son vivant); l. VIII, c. 42, 408 (il confie à Beppolène la charge de *dux* sur des cités appartenant à Clotaire); l. IX, c. 20, 441 (sous réserve de reconnaître son neveu, il prétend ne lui abandonner que deux ou trois cités).

[138] Ibid., l. X, c. 28, 521–522.

[139] Pseudo-Frédégaire, Chronicarum libri IV, éd. Wallace-Hadrill, l. IV, c. 3, 5: *[Gunthramnus] festinans perrexit Parisius ibique Fredegundem cum Filio Chilperici Clothario ad se venire precepit, quem Rioilo villa baptizare iobet, et eum de sancto lavacro excipiens in regnum patris firmavit.*

[140] Ibid., l. IV, c. 14, 10–11.

[141] Ibid., l. IV, c. 17, 12: *Fredegundis cum filio Clothario regi Parisius vel reliquias rito barbaro occupavit*; Ewig, Die fränkischen Teilungen und Teilreiche (511–613), 148.

On a longtemps simplifié le schéma des partages du VIe siècle, notamment en attribuant une fois pour toutes les cités de l'Escaut au royaume de Chilpéric Ier puis de son fils Clotaire II. Les éléments rassemblés vont effectivement dans ce sens, de même que, on l'a vu, l'intervention de Gontran dans la cité de Thérouanne à la fin des années 580 pour ramener le corps de son neveu Mérovée, du lieu où il avait été traîtreusement assassiné vers la nécropole dynastique de Saint-Vincent/Sainte-Croix à Paris. Il faut cependant garder à l'esprit que notre source principale reste Grégoire. Or il suffit de jeter un coup d'œil à la très sûre *Vita Gaugerici* pour constater que l'évêque de Tours n'a pas toujours signalé les changements de la géographie politique septentrionale[142]. La région a assurément été plus disputée qu'il n'y paraît et si son attribution au royaume de Neustrie semble être une évidence pour les historiens, ce ne fut sans doute pas le cas pour les contemporains. En témoignent les âpres tractations que laisse deviner le Pseudo-Frédégaire à propos du duché de Dentelin.

Le nord de la Neustrie au début du VIIe siècle et l'énigmatique duché de Dentelin

Au tout début du VIIe siècle, Clotaire est dans une situation particulièrement difficile. Le Pseudo-Frédégaire rapporte ainsi qu'en 600, défait à Dormelles par ses deux cousins Thierry II (Bourgogne) et Théodebert II (Austrasie), Clotaire dut céder le «duché de Dentelin» et ne conserva que «douze *pagi* entre l'Oise, la Seine et la côte»[143]. Le Pseudo-Frédégaire évoque ensuite à deux reprises cet éphémère duché dont la restitution aurait été promise à Clotaire par Thierry en 611, au moment où ce dernier recherchait la neutralité de son cousin pour mieux vaincre son frère Théodebert[144]. Clotaire en prit donc le contrôle, ce qui excita la fureur de Thierry peu disposé à honorer son engagement[145]; on ignore en définitive lequel des deux souverains eut le dessus sur l'autre. Lorsqu'en 634/635, le Pseudo-Frédégaire évoque le projet de partage du royaume de Dagobert entre ses deux fils Sigebert et Clovis, il est de nouveau question du duché de Dentelin, «qui avait été injustement annexé à l'Austrasie, mais qui devait être soumis à la Neustrie et gouverné par Clovis» – et l'auteur de préciser ensuite que Dagobert imposa ce partage «par la terreur», ce qui en dit long sur les résistances qu'il devait susciter[146]. Ce triple témoignage a été abondamment cité et les opinions les plus variables ont pu être émises quant aux cités effectivement regroupées dans ce *ducatus*[147] dont le nom à lui seul n'a pas cessé d'intriguer[148]. La description du Pseudo-Frédégaire demande à être interprétée. À la suivre littéralement, le duché – entre les vallées de la Seine et de l'Oise – devait englober les anciennes cités romaines de

142 À la fin des années 580, Géry est nommé évêque de Cambrai par Childebert II d'Austrasie sur le conseil de Magnéric de Trèves: Vita Gaugerici prima, éd. KRUSCH, c. 6, 653–654.

143 Ibid., l. IV, c. 20, 13: *et per Secona et Esera docatum integrum Denteleno usque Ocianum mare Theodebertus reciperit. Duodicem tantum pagi inter Esara et Secona et mare litores Ociani Chlothario remanserunt.*

144 Ibid., l. IV, c. 37, 30: *Docatum Dentelini, quem contra Theodeberto cassaverat, si Theudericus Theodebertum superabat, Chlotarius super memorato Denteleno docato suae dicione receperit.*

145 Ibid., l. IV, c. 38, 32.

146 Ibid., l. IV, c. 76, 64; sur ce partage, voir DUPRAZ, Contribution à l'histoire du Regnum Francorum, 200–238.

147 Par exemple: CARDOT, L'espace et le pouvoir, 174 (Tournai, Thérouanne, Boulogne, Cambrai, Arras et Soissons) et ROUCHE, Remarques sur la géographie historique de la Neustrie, 7 (Thérouanne, Arras, Tournai, Noyon, Amiens, Beauvais et Rouen).

148 HELVÉTIUS, Abbayes, évêques et laïques, 51 et 128–129, suggère très prudemment que l'énigmatique Dentelin (premier titulaire de la charge?) pouvait appartenir à la famille de Gondeland, maire du palais de Neustrie en 613: la *Vita Vincentii* du XIe siècle (éd. PONCELET, 430) évoque en effet un fils de Waudru et Madelgaire nommé Dentelin.

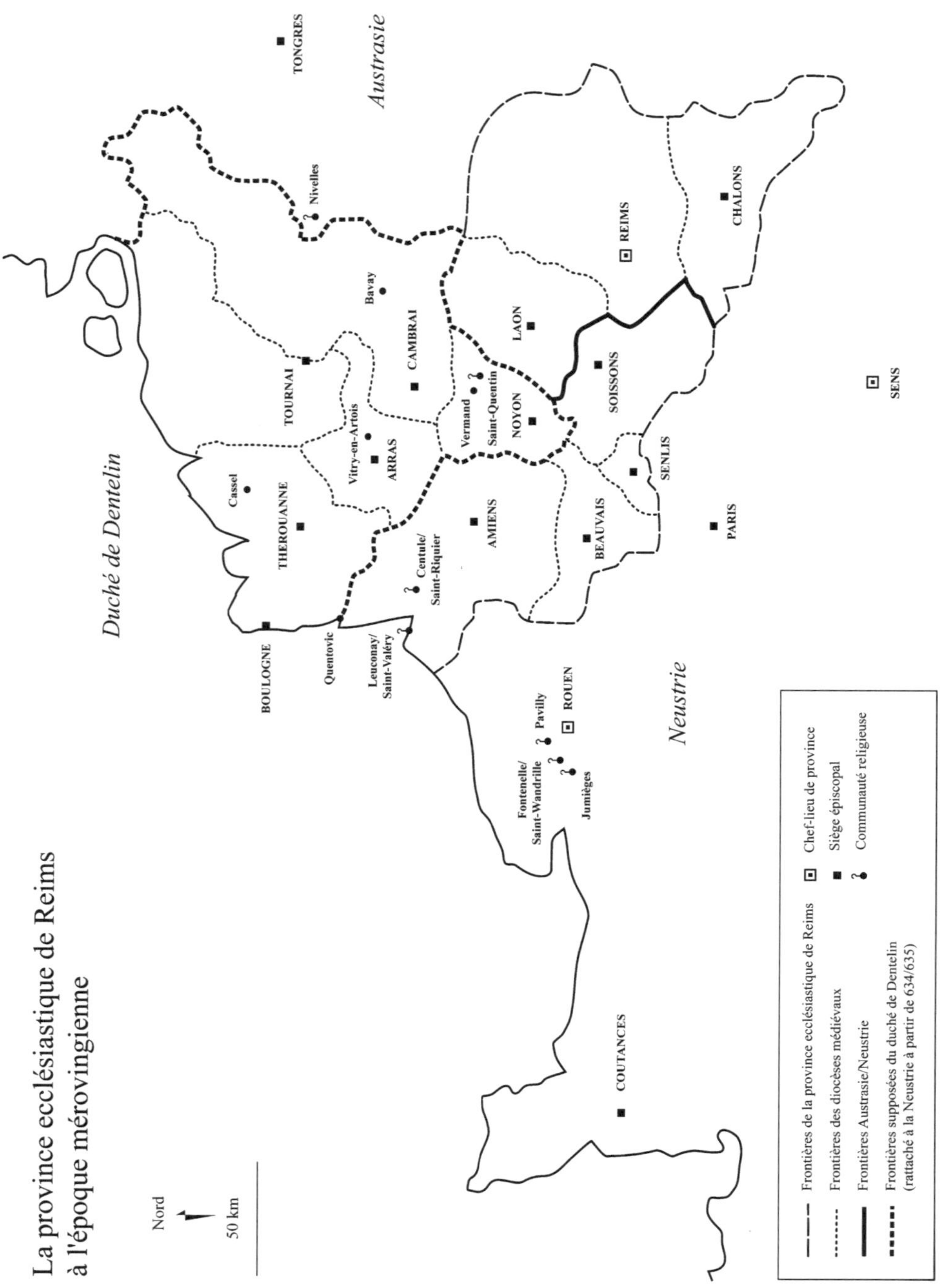
La province ecclésiastique de Reims
à l'époque mérovingienne
Nord
50 km
Duché de Dentelin
Austrasie
Neustrie
TONGRES
Nivelles
Bavay
CAMBRAI
TOURNAI
Vitry-en-Artois
ARRAS
Cassel
THEROUANNE
BOULOGNE
Quentovic
Leuconay/
Saint-Valéry
Centule/
Saint-Riquier
AMIENS
Vermand
Saint-Quentin
NOYON
LAON
REIMS
CHALONS
SOISSONS
SENLIS
BEAUVAIS
PARIS
SENS
ROUEN
Pavilly
Fontenelle/
Saint-Wandrille
Jumièges
COUTANCES
Frontières de la province ecclésiastique de Reims
Frontières des diocèses médiévaux
Frontières Austrasie/Neustrie
Frontières supposées du duché de Dentelin
(rattaché à la Neustrie à partir de 634/635)
Chef-lieu de province
Siège épiscopal
Communauté religieuse

Boulogne, Thérouanne, Tournai, Arras, Cambrai, Vermand, Amiens et Beauvais, mais il est alors difficile de reconnaître douze *pagi* dans la seule cité de Rouen. Eugen Ewig a donc aussi attribué à Clotaire II Amiens et Beauvais, ce qui, étant donnée l'imprécision du chroniqueur, peut apparaître comme la solution la plus vraisemblable[149].

Si on peut discuter à l'infini de l'attribution des cités d'Amiens et de Beauvais, force est de reconnaître que l'assise du pouvoir de Clotaire était désormais circonscrite à la basse vallée de la Seine, et particulièrement à Rouen et ses environs immédiats qui semblaient d'ailleurs avoir été choisis, dès le troisième quart du VIe siècle, par Childebert Ier puis Chilpéric Ier comme centre privilégié de la monarchie neustrienne (que l'on se souvienne, par exemple, de l'exil de Brunehaut à Rouen à la mort de Sigebert)[150]. Ce repli forcé de Clotaire II sur la basse vallée de la Seine est par ailleurs confirmé par Jonas de Bobbio qui évoque la visite de Colomban – à la suite de son expulsion de Luxeuil et de son retour avorté en Irlande – au souverain régnant «sur les Francs de Neustrie installés à l'extrémité de la Gaule, au bord de l'océan» (*qui Neustrasis Francis regnabat, extrema Gallia ad Oceanum positis*)[151]. Ceci explique en partie le recentrage plus occidental de la monarchie neustrienne dans la deuxième moitié du VIIe siècle, concrétisé notamment par les fondations monastiques de Fontenelle (649/650) et de Jumièges (654). Sur le siège métropolitain de Rouen, se succédèrent par ailleurs des fidèles non seulement des monarques mérovingiens mais aussi de leurs maires du palais successifs, Erchinoald et Ébroïn, dont la politique fut de plus en plus ouvertement centralisatrice (autour de la Neustrie s'entend) dans les années 670–680: il s'agit évidemment d'Ouen puis d'Ansbert sur la personnalité desquels on aura l'occasion de revenir très bientôt.

S'il a pu paraître un peu long de revenir ainsi, sources en main, sur les dissensions autour des franges périphériques du royaume, c'est surtout pour mieux faire ressortir que, loin de s'ancrer dans une longue tradition politique (qu'expliquerait aisément le rôle fondamental que joua la région aux premiers temps de l'expansion franque), l'intérêt de la cour neustrienne pour le nord de la Gaule et le soutien sans faille qu'elle apporta alors à l'institution ecclésiastique au VIIe siècle se présentent davantage comme la redécouverte d'un espace longtemps négligé (pour la vallée de l'Escaut) – et peut-être jamais véritablement maîtrisé dans ses marges littorales – mais désormais stratégique à l'échelle des deux *regna* de Neustrie et d'Austrasie; ce qui explique l'envergure de la politique et les moyens mis en œuvre qu'il convient désormais d'exposer.

DAGOBERT Ier ET L'ÉPISCOPAT SEPTENTRIONAL

La convocation par Clotaire II des deux grandes assemblées (l'une de grands laïcs, l'autre de grands ecclésiastiques) à Paris en 614 peut être considérée comme le point de départ de la réorganisation des *regna* sous l'autorité du souverain neustrien, mais avec la collaboration des aristocraties, particulièrement en Austrasie où leur défection avait permis la déchéance de la reine Brunehaut. À ce titre, les actes de ces rencontres

[149] LONGNON, Géographie de la Gaule au VIe siècle, 145–146 et EWIG, Die fränkischen Teilungen und Teilreiche (511–613), 148–149.

[150] Grégoire de Tours, Historiarum libri decem, éd. KRUSCH/LEVISON, l. V, c. 1, 195–196 (exil de Brunehaut); BARBIER, Le système palatial franc, 260; GAUTHIER, Rouen pendant le haut Moyen Âge, 7–9.

[151] Jonas de Bobbio, Vita Columbani, éd. KRUSCH, l. I, c. 24, 206–207; il est en définitive très convaincant d'imaginer une rencontre des deux hommes à Rouen plutôt qu'à Paris, comme le propose PICARD, L'Irlande et la Normandie avant les Normands, 5.

(canons du concile et Édit de Clotaire) définissent un projet politique qui fut ensuite largement appliqué, notamment en associant bien davantage l'épiscopat au gouvernement du royaume – un épiscopat dont il est dit que ses membres pouvaient désormais, «s'ils en étaient dignes», être recrutés au sein des proches du souverain[152]. Il apparaît donc bien que la royauté mérovingienne en la personne de Clotaire II puis surtout de son fils Dagobert Ier, ressentait de cette manière le besoin de disposer de relais locaux plus fidèles[153]. En tout cas, l'étroitesse des liens entre la royauté et l'épiscopat à cette époque est illustrée avec force dans les diocèses septentrionaux.

Luxeuil

L'historiographie traditionnelle a eu tendance à généraliser l'influence irlandaise en Gaule du Nord, particulièrement dans le domaine de la vie monastique sous la forme de la diffusion généralisée de la règle dite mixte, exclusivement composée de la règle de Benoît de Nursie et de celle de l'Irlandais Colomban[154]. Plus franc que réellement irlandais dans ses usages, le monastère de Luxeuil n'en a pas moins joué un rôle majeur au regard du recrutement des cadres des Églises septentrionales[155]. C'est naturellement de Jonas que l'on tire les meilleurs renseignements concernant son influence dans le nord du royaume franc. Le moine de Bobbio rappelle ainsi qu'y furent formés sous l'abbatiat d'Eustaise († 629), Chagnoald de Laon, Achaire, «évêque de Vermand, Noyon et Tournai», Régnier d'Augst et Bâle, Omer de Boulogne et Thérouanne[156]. Au sein de cette phalange, il faut assurément faire une place à part à Achaire. L'envergure d'Éloi, son successeur sur le siège de Noyon dont il sera question bientôt, explique que l'on soit très mal documenté à son propos[157] et qu'il n'ait laissé qu'une très faible postérité liturgique dans le diocèse[158]. Il est néanmoins attesté dès 626/627 au concile de Clichy[159]; si l'on suit la Vie d'Éloi, il serait mort en 640. Mais Achaire eut un rôle des plus importants à la cour: son intervention lors des nominations d'Amand sur

[152] Capitularia regum Francorum 1, éd. Boretius, n° 9, c. 1, 21; Servatius, 'Per ordinem principis ordinetur'.

[153] Vues d'ensemble à ce propos dans Kaiser, Royauté et pouvoir épiscopal au nord de la Gaule (VIIe–IXe siècles), 143–150.

[154] C'était déjà la thèse de Malnory, Quid luxovienses monachi, réaffirmée avec force par Prinz, Frühes Mönchtum im Frankenreich, en particulier 121–151.

[155] Dierkens, Prolégomènes à une histoire des relations culturelles entre les îles britanniques et le continent; voir également l'étude moins fouillée, mais au titre suggestif, de Schäferdiek, The irish mission of the seventh century. Historical fact or historiographical fiction?; Moyse, Les origines du monachisme dans le diocèse de Besançon, 83–102 et 369–426; id., Monachisme et réglementation monastique en Gaule avant Benoît d'Aniane.

[156] Jonas de Bobbio, Vita Columbani, éd. Krusch, l. II, c. 8, 245; trad. de Vogüe, 192: *multosque eorum ad paenitentiae medicamenta pertraxit. Fuit eius studii, ut multos sua faciunda erudiret; nam multi eorum postea ecclesiarum praesules extiterunt, Chagnoaldus Lugduno Cloade, Acharius Veromandorum et Noviomensis ac Tornacensis episcopus, Ragnacerius Augustanae et Basiliae, Audomarus Bononiae et Tharaonensis oppidi*; ce passage de la Vie de Colomban est repris, avec quelques additions concernant Faron et Fare, frère et sœur de Chagnoald, dans la Vie d'Agile, abbé de Rebais (c. II, § 5, éd. Stilting, 577).

[157] Aucune Vie ne lui a été consacrée: en 1627 puis à nouveau en 1630, P.-F. Chifflet se plaignait auprès de J. Bolland de ne pas disposer d'un tel document pour son projet d'hagiographie de la Franche-Comté (Coens, Le plan d'une hagiographie de la Franche-Comté, 32; Joassart, Pierre-François Chifflet, Héribert Rosweyde et Jean Bolland, 174).

[158] Voir en dernier lieu les éléments rassemblés dans: Vies des saints et des bienheureux 11, 1956, 923–924 [Dom Dubois]; Catholicisme 1, 1948, 78–79 [René Aigrin]; Duchesne, Fastes épiscopaux 3, 103 (rectifie notamment ce qui est écrit ibid., 133 à propos d'Omer).

[159] Concilia Galliae, éd. De Clercq, 297: *ex ciuitate Nouiomago Aigahardus episcopus*; sa souscription figure aussi sur le privilège de l'évêque Faron de Meaux pour Rebais (637/638).

l'Escaut et d'Omer à Boulogne/Thérouanne est mentionnée par les Vies de ces évêques. Le premier sollicita par son entremise auprès de Dagobert les fameuses «lettres, afin que quiconque refusant de lui-même d'être régénéré dans le bain du baptême y soit contraint par la volonté royale» (*adiit eique humiliter postulavit, ut ad regem Dagobertum quantotius pergeret epistolasque ex iussu illius acciperet, ut si quis se non sponte per baptismi lavacrum regenerare voluisset, coactus a rege sacro ablueretur baptismate*)[160]. Quant à Omer, «appelé par le très révérend prince Dagobert et tout le peuple des Francs, grâce à l'intervention de saint Achaire, évêque de Noyon (*sancto Achario Noviomense episcopo opitulante*), il accepta la charge épiscopale avec une grande humilité d'esprit afin d'instruire et de gouverner le peuple de la ville de Thérouanne»[161]. Ces mentions dessinent en définitive le profil d'un véritable «conseiller» du souverain pour tout ce qui touchait aux affaires ecclésiastiques septentrionales[162].

On sait par ailleurs que, de proche en proche, les sources ont étendu le cercle de ces évêques disciples de Colomban[163]. Jonas lui-même compte exagérément Éloi «parmi ceux qui, pour l'amour de Colomban, construisent des monastères observant sa règle, réunissent des communautés, rassemblent des troupeaux du Christ»[164]. Quant à l'inlassable activité qu'Amand manifesta sa vie durant sur tous les théâtres de l'expansion franque (d'Anvers à la Gascogne), elle s'explique tout aussi bien par le soutien appuyé de la monarchie mérovingienne à son action missionnaire, par de hautes exigences spirituelles (avec les immenses déceptions qui les accompagnèrent et expliquèrent sans doute des abandons successifs que Grégoire le Grand lui-même n'aurait pas désavoués[165]) et enfin, si l'on peut tenter un peu de psychologie historique, par un caractère entier, peu apte aux compromissions et sans doute assez rétif à l'action collective[166]. Autant de raisons qui dispensent de faire intervenir une influence directe de la *peregrinatio pro Deo* des Irlandais, même si Amand sut gagner l'admiration des disciples de Colomban – la présence de Jonas à Elnone le prouve[167] – qui purent en retour exercer aussi une certaine influence sur lui. Il en va de même pour l'évêque Aubert de Cambrai. Le thème de la formation d'Aubert à Luxeuil n'apparaît qu'au début du XVIIe siècle dans une fausse lettre d'Hincmar de Laon à l'évêque Jean de Cambrai. L'auteur de la forgerie est le fameux Claude Despretz, dont on a présenté en introduction l'intense activité de faussaire[168]. En ce qui concerne Aubert, on peut seulement dire qu'il fut peut-être en relation avec Amand, notamment par l'intermédiaire de sainte Aldegonde de Maubeuge[169]. Éloi, Amand et Aubert ont été évidemment

[160] Vita Amandi prima, éd. KRUSCH, c. 13, 437; écho plus nuancé au c. 17, 411 (à propos du retour d'Amand à la cour): *quod si hoc vir Dei [Amandus] non rennueret, per hanc familiaritatem liberius in regno ipsius, vel ubicumque eligeret, haberet licentiam praedicandi, seu et nationes quam plures per hanc gratiam se posse conquiri fatebantur*.

[161] Vita Audomari, Bertini et Winnoci, éd. LEVISON, c. 4, 755–756.

[162] EWIG, Die Merowinger und das Frankenreich, 137; FRITZE, Universalis gentium confessio, 86–87 évoque la «Schlüsselstellung» d'Achaire.

[163] En dernier lieu FRITZE, Universalis gentium confessio, 87.

[164] Jonas de Bobbio, Vita Columbani, éd. KRUSCH, l. II, c. 10, 255.

[165] Grégoire le Grand, Dialogues, l. II, c. 3, s'appuie sur l'exemple de l'apôtre Paul fuyant Damas pour justifier la fuite des hommes de Dieu vers des horizons plus réceptifs à leur apostolat.

[166] À propos d'Amand, voir les remarques de VAN DER ESSEN, Étude critique et littéraire, 340 («un enthousiaste et un idéaliste») et de VAN UYTFANGHE, Die Vita im Spannungsfeld von Legende, Biographik und Geschichte, 218–220 («ein mutiger, ruheloser und bisweilen intoleranter Mann»).

[167] Jonas de Bobbio, Vita Columbani, éd. KRUSCH, prologue, 145–146.

[168] PONCELET, Une lettre de s. Jean, évêque de Cambrai à Hincmar de Laon.

[169] Rappelons que même au début du XIe siècle, la Vie d'Aubert ne dit rien d'un éventuel passage à Luxeuil; COOLEN, Saint Colomban et saint Omer, 363; PRINZ, Frühes Mönchtum im Frankenreich, 123; FRITZE, Universalis gentium confessio, 85 (reconnaît qu'il s'agit d'une hypothèse); HELVÉTIUS, Abbayes, évêques et laïques, 132.

marqués par l'héritage de Colomban, comme l'ensemble de l'épiscopat franc, mais ils ne nous semblent pas pour autant appartenir au premier cercle «luxovien» (ce qui ne veut pas dire irlandais comme l'a montré Alain Dierkens), attesté comme tel dans les sources. En revanche, il apparaît bien que tel fut le cas d'Omer et de ses compagnons Mommelin, Bertin et Ébertram.

La Vie carolingienne d'Omer fait effectivement mention de son entrée à Luxeuil. Domitta, sa mère, étant décédée, son père Friulfus fut accueilli en même temps que lui sous l'abbatiat d'Eustaise. La famille du saint était originaire des environs de la *Constantia civitas*[170] qu'on a longtemps identifiée avec Constance en Alémanie. Mais la mention, dans la Vie de Colomban, d'un disciple de l'Irlandais nommé Potentin, dont Jonas signale qu'il est toujours en vie (donc en 639/642), établi *in suburbano Constantiae urbis* – cité dont l'identification avec Coutances dans le Cotentin est évidente dès lors que Jonas précise qu'elle était établie *in loca Armoricana* – invite, entre autres arguments[171], à faire de la communauté réunie par ce dernier (*monachorum cohors*) le lien entre Omer et Luxeuil[172]. Si on accepte cette hypothèse, on peut aussi penser que les compagnons dont s'entoura l'évêque – la Vie d'Omer précise qu'ils étaient des compatriotes (*de predicta Constantinense regione*)[173] – auraient pu aussi se trouver aux côtés de Potentin, ce qui cadre tout à fait avec le rôle qu'ils jouèrent aux côtés d'Omer en fondant la communauté de Sithiu. Ces sources n'évoquent cependant pas leur passage à Luxeuil, ce que ne manquent cependant pas de faire les développements postérieurs des dossiers hagiographiques respectifs de Mommelin[174] et Bertin[175]. Parmi les évêques dont il est question, Omer est d'ailleurs celui dont les sources dessinent le profil le plus colombanien, ce qui est très éclairant quant à la physionomie des institutions ecclésiastiques du diocèse de Thérouanne et à la prééminence que Sithiu semble prendre dès les origines dans le diocèse. On évitera néanmoins d'exagérer cette influence car la Vie d'Omer est toute imprégnée de cet esprit colombanien – la tradition manuscrite est d'ailleurs éloquente à cet égard[176] – qui relève, au moins en partie, d'un processus de stylisation rétrospectif. Ainsi, l'auteur présente le premier établissement monastique de Mommelin, Bertin et Ébertram (au *vetus monasterium* que la tradition situe dès l'époque carolingienne un peu en aval de l'Aa, sur l'actuelle commune de Saint-Momelin) comme le résultat d'une pérégrination des trois hommes s'en remettant à Dieu seul, mais il est difficile de lire autre chose que le récit d'une recherche difficile du site le plus favorable à l'établissement de la communauté au sein même du domaine de Sithiu[177]. La suite montre bien qu'ils n'envisageaient en rien une *peregrinatio* perpétuelle. On notera par ailleurs que le texte est muet quant à la règle adoptée aux origines.

[170] Vita Audomari, Bertini et Winnoci, éd. LEVISON, c. 1–2, 754–755.

[171] Voir en dernier lieu PICARD, L'Irlande et la Normandie avant les Normands, 4–8; MÉRIAUX, Thérouanne et son diocèse jusqu'à la fin de l'époque carolingienne, 388–390: les identifications *Constantia*/Coutances et *pagus Constantinus*/Cotentin ne font aucun doute dans le martyrologe d'Usuard (éd. DUBOIS, 308) et les Miracles de saint Wandrille (c. 7, éd. VAN DEN BOSCH, 282).

[172] Jonas, Vita Columbani, éd. KRUSCH, l. I, c. 21, 199.

[173] Vita Audomari, Bertini et Winnoci, éd. LEVISON, c. 9, 758–759.

[174] Vita Mummolini, éd. Cat. Brux. 2, c. 1, 529 (Xe siècle ?)

[175] Folcard, Vita Bertini, éd. STILTING, c. 8, 605 (XIe siècle).

[176] Le plus ancien témoin de la Vie tripartite (d'Omer, Bertin et Winnoc) est actuellement un recueil exclusivement composé de Vies de saints «colombaniens»: Colomban lui-même, Eustaise, Fare, Bertulphe, Gall et Otmar (Bruxelles, Bibl. royale, ms 8518–8520: Cat. Brux. 2, 213–216 et HEINZELMANN, Saints et saints évêques. L'évêque de Thérouanne saint Omer).

[177] Vita Audomari, Bertini et Winnoci, éd. LEVISON, c. 11, 760: *Protinus enim in navem ascendentes, sine gubernatore et remigio ac sine ulla cibi et potus cura huc atque illuc, spatioso stagno aderente predicto eorum abitaculo, navigantes, omnipotentem rogabant Dominum, ut in locum, quem sua illis preparavait misericordia, eos diduceret inlesos.*

Amand et Éloi

Deux hommes semblent avoir été davantage marqués par des influences méridionales comme le montrent plusieurs passages tirés de leurs Vies respectives. Amand est né de parents illustres et chrétiens nommés Serenus et Amantia installés sur le littoral de l'Atlantique[178], et selon toute vraisemblance dans la région située immédiatement au sud de l'estuaire de la Loire, l'Herbauge[179]. Ainsi s'explique aisément le choix que fit le jeune homme de gagner le monastère de l'île d'Yeu pour être initié à la vie monastique. Les parents d'Éloi, Eucherius et Terrigia, étaient sans doute moins illustres et vivaient dans le domaine de Chaptelat, non loin de Limoges[180]. L'identité aquitaine – le terme apparaît dans toutes les sources – des deux hommes est indéniable[181]. Leurs parcours personnels furent certes différents (Éloi connut une carrière de monétaire à Limoges, peut-être à Marseille et finalement auprès de Clotaire II – qu'il impressionna vivement en façonnant deux trônes en or avec la matière prévue pour un seul – puis de Dagobert; de son côté Amand s'était lancé, à la suite d'un voyage à Rome, dans une activité missionnaire sur tous les fronts pionniers de la conquête franque), mais on peut néamoins déceler entre les deux hommes une certaine proximité spirituelle.

Celle-ci se manifeste d'abord par une dévotion privilégiée à l'égard de saint Martin. Si Amand quitta l'île d'Yeu, ce fut finalement pour gagner le sépulcre du saint tourangeau et y recevoir la tonsure[182]. Éloi œuvra aussi à Tours: à la demande de Dagobert, il mit ses talents d'orfèvre au service d'une reconstruction des tombeaux de la basilique – ceux de Martin, de Brice et d'autres encore – dont il confirma en même temps les privilèges[183]. Lors de cette visite, il avait été hébergé hors de la ville par une femme qui recueillit à cette occasion un peu de sa barbe et de ses cheveux. Après la mort d'Éloi, ces reliques s'activèrent et émirent une douce lumière; on construisit alors un petit oratoire sur le lieu du miracle[184]. Beaucoup plus significatives que les mentions du sanctuaire tourangeau sont celles qui, dans leurs Vies respectives, mettent Éloi et Amand en rapport avec la cité métropolitaine de Bourges. Après son séjour à Tours, Amand se rendit auprès d'Outrille (*Austregisilus*), métropolitain de Bourges, et de son archidiacre Sulpice. Il obtint, avant son départ pour Rome, de mener quinze années durant une vie d'ascète dans une cellule édifiée sur la muraille et adossée à la cathédrale. Il convient de le souligner, l'ensemble des sources hagiographiques font mention de ce séjour[185]. Éloi ne manqua jamais, semble-t-il, de faire halte à Bourges lors de ses visites en Limousin, soit pour converser avec le reclus Ebrigisilus[186], soit dans l'intention d'honorer la mémoire de Sulpice[187]. On sait en outre par une lettre de Didier de Cahors

178 Vita Amandi prima, éd. KRUSCH, c. 1, 431–432.

179 Vita Amandi altera, éd. HENSKEN, c. 1, 854: *in pago Herbasilico [...] traxit originem*; Milon, Vita Amandi, éd. KRUSCH, c. 4, 457: *in provintia Aquitanorum et pago praefatae regionis vocabulo Herbatilico*; DECLERCQ/VERHULST, L'action et le souvenir de saint Amand en Europe centrale, 513.

180 Vita Eligii, éd. KRUSCH, l. I, c. 1, 669–970.

181 Sur tout ceci, voir ROUCHE, L'Aquitaine des Wisigoths aux Arabes, 423–441.

182 Vita Amandi prima, éd. KRUSCH, c. 4, 433; il n'est cependant pas fait mention d'un séjour à Tours ni dans le fragment d'Innsbruck ni dans la *Vita Amandi altera*.

183 Vita Eligii, éd. KRUSCH, l. I, c. 32, 688.

184 Ibid., l. I, c. 68, 734–735.

185 RIEDMANN, Unbekannte frühkarolingische Handschriftfragmente, 281; Vita Amandi prima, éd. KRUSCH, c. 5, 433; c. 6, 433–434; Vita Amandi altera, éd. HENSKEN, 854; Françoise PRÉVOT, Bourges, Topographie chrétienne des cités de la Gaule 6 (1989), 15–26.

186 Vita Eligii, éd. KRUSCH, l. II, c. 31, 716–717; PRÉVOT, Bourges, 25.

187 Vita Eligii, éd. KRUSCH, l. II, c. 15, 702–704: Éloi s'arrêta à Bourges à l'aller comme au retour de son voyage et se distingua notamment en protégeant de nombreux prisonniers, condamnés pour le meurtre d'un *iudex fiscalis*, qui avaient trouvé refuge dans la basilique Saint-Sulpice.

tout le prestige que Sulpice avait acquis parmi les *nutriti* de la cour de Clotaire II où le futur métropolitain de Bourges semble avoir été chargé de la distribution des aumônes[188].

En outre, les relations étroites que pouvaient entretenir Amand et Éloi sont suggérées par les sources amandinoises. La première Vie signale qu'à la suite d'une violente altercation entre Amand et Dagobert – «qui s'abandonnait, plus qu'il n'était convenable, à l'amour des femmes et se laissait enflammer par des voluptés détestables» – , le saint quitta la cour mais qu'Éloi (alors monétaire) et Ouen (alors référendaire) se firent les interprètes du souverain et œuvrèrent à une réconciliation[189]. Au IXe siècle, Milon évoque aussi l'attachement respectueux qu'Éloi témoignait à Amand (*qui beatissimo pontifici Amando, dum adviveret, fuerat familiarissimus ac sanctitatis ipisus non ignarus*), mais dans un passage qui n'est pas sans poser problème puisqu'il rapporte l'élévation des reliques du fondateur d'Elnone († après 674/675) par l'évêque de Tournai († 660)[190].

Vermand/Noyon, pivot de la «politique» ecclésiastique de Dagobert

Vermand – comme Amiens – faisait partie de ces anciennes cités romaines du nord de la Gaule dont le caractère épiscopal est bien attesté au VIe siècle: en 511, l'évêque Sofronius souscrivit en effet les actes du concile d'Orléans réuni par Clovis[191]. C'est surtout l'épiscopat de Médard qui semble avoir installé le diocèse dans une position importante. Médard était à la fois un grand propriétaire local, né dans le Vermandois d'un père franc et d'une mère romaine, possessionnés à *Silentiacum* (Salency, près de Noyon, ou Sélency, près de Saint-Quentin), mais il eut aussi un rayonnement moral à la cour franque et c'est à lui que la reine Radegonde s'adressa lorsqu'elle voulut recevoir le voile consacré avant de se retirer à Poitiers; la cérémonie eut lieu à Noyon[192]. Mieux, la réputation de sainteté de l'évêque semble s'être développée de son vivant et explique l'empressement de Clotaire Ier à mettre la main sur sa dépouille, à la faire porter à Soissons, sa capitale, et à la déposer dans une basilique dont son fils Sigebert acheva la construction. Le sanctuaire connut rapidement un grand rayonnement qu'évoquent à la fin du VIe siècle aussi bien Grégoire de Tours que Venance Fortunat[193]. L'inhumation

188 Lettre de Didier de Cahors à Ouen de Rouen (641/655), éd. ARNDT, 1–10, 199; pour la correspondance entre Didier et Sulpice (le premier étant suffragant du second), voir les lettres 1–12, 2–1, 2–5, 2–10 (éd. ARNDT, 200, 203, 205 et 208); Vita Sulpicii (BHL 7930), éd. BOLLAND, c. 10, 168; l'ancienneté de ce texte a été établie contre l'avis de Bruno Krusch par LAUGARDIÈRE, L'Église de Bourges avant Charlemagne, 149–153.

189 Vita Amandi prima, éd. KRUSCH, c. 17, 440–444: écho ou tradition indépendante du Pseudo-Frédégaire (éd. WALLACE-HADRILL, l. IV, c. 60, 50: *luxoriam super modum deditus tres habebat maxime ad instar reginas et pluremas concupinas*)?

190 Milon, Vita Amandi, éd. KRUSCH, c. 6, 472.

191 Concilia Galliae, éd. DE CLERCQ, 13–19: *Suffronius episcopus de Veromandis*, sauf dans le ms P (Paris, Bibl. nat. de France, ms lat. 1564 du IXe siècle): *Soffronius episcopus eclesiae Noiomanginsae;* étaient également présents pour la province de Reims, Loup de Soissons, Edebius d'Amiens et Libanius de Senlis.

192 Fortunat, Vita Radegundis, éd. KRUSCH, c. 26, 41; Pseudo-Fortunat, Vita Medardi, éd. KRUSCH, c. 4, 68 et c. 21, 70; sur le siège épiscopal de Vermand/Noyon pendant le haut Moyen Âge, on se reportera au volume de la Topographie chrétienne consacré à la Belgique seconde (en préparation); les sources entretiennent une certaine confusion au sujet de la résidence de l'évêque que l'épiscopat d'Éloi et le choix de son lieu de sépulture semblent avoir définitivement fixée à Noyon (la (re)fondation, par ce même évêque, de la basilique Saint-Quentin à Vermand pourrait alors être interprétée comme une sorte de compensation à ce recentrage méridional).

193 Voir, en dernier lieu, les contributions rassemblées dans Saint-Médard. Trésors d'une abbaye royale, dir. DEFENTE, et KRÜGER, Königsgrabkirchen, 125–133.

de Médard à Soissons signale que le prestige du prélat était essentiellement limité à la cour de Clotaire Ier ou qu'il n'existait pas encore de réel «patriotisme diocésain», car on ne voit pas que les habitants du Vermandois se fussent violemment opposés à cette translation, comme le firent, un siècle plus tard, les Noyonnais lorsque la reine Bathilde prétendit emporter la dépouille de l'évêque Éloi († 660). Un personnage d'une telle envergure a contribué à renforcer l'importance de son diocèse, et ce n'est pas un hasard si les sources le présentent parfois comme l'auteur du déplacement de la cité épiscopale de Vermand vers Noyon.

De plus, on sera attentif au fait que la mention la plus digne de foi concernant l'évêque de Tournai Éleuthère est précisément tirée de la Vie de Médard du pseudo-Fortunat[194]. Sans vouloir prêter à Médard le rôle que joua plus tard son successeur Achaire auprès d'Amand, on peut néanmoins légitimement se demander si, au vu des relations qu'il entretenait avec la cour, l'évêque n'eut pas une part de responsabilité dans la nomination de son ami de jeunesse à Tournai. On pressent donc déjà une certaine forme de dépendance, même si Tournai possédait bien au VIe siècle son propre évêque. Au XIe siècle, l'évêque Radbod de Noyon va beaucoup plus loin – mais il s'agissait alors de contrer les revendications d'indépendance des Tournaisiens – en prétendant, au mépris de la chronologie, que Médard succéda à Éleuthère et, le premier, gouverna simultanément les deux diocèses[195].

On a rappelé plus haut le «rôle clef» joué par Achaire, évêque de Noyon, dans la nomination d'Omer à Thérouanne ainsi que son intervention auprès de Dagobert pour faciliter la mission d'Amand sur l'Escaut. Nous reviendrons plus loin sur ce ressort de l'activité d'Amand. Contentons-nous de rappeler dans un premier temps qu'Amand était bien titulaire de la charge épiscopale. Dans les deux cas, Achaire semble avoir exercé des prérogatives que l'on aurait plus volontiers attribuées à un évêque métropolitain. Évoquant la nomination épiscopale de son successeur Éloi peu de temps après la mort de Dagobert, la Vie du saint rappelle que l'activité de l'évêque s'étendait sur les villes de Tournai, de Noyon, de Gand, de Courtrai ainsi que sur la Flandre, à partir de Vermand, «qui est ville métropolitaine» (*matropolis urbs*)[196]. Le terme mérite d'être retenu car il n'est jamais employé dans un sens différent de celui de chef-lieu de province ecclésiastique, ce qu'assurément Vermand n'était pas[197]. De surcroît, on voit curieusement Éloi intervenir hors de son propre diocèse dans un domaine qui relève assurément des prérogatives habituelles de l'évêque ordinaire, celui de la reconnaissance de la sainteté. L'évêque de Noyon/Tournai en effet ne se serait pas contenté d'«inventer» des reliques dans ses propres diocèses (celles de Quentin près de Vermand et celles de Piat à Seclin), il aurait également mis au jour les restes de saint Lucien à Beauvais. Concernant les reliques des saints Crépin et Crépinien à Soissons, il est difficile de savoir s'il les a aussi «inventées» ou si son travail s'est limité à la réalisation d'une *memoria*[198]. De tout cela, on tire l'impression qu'Éloi, comme Achaire avant lui, aurait joui, lors de sa nomination, d'une certaine autorité supérieure sur les diocèses septentrionaux de la province ecclésiastique de Reims.

194 Vita Medardi, éd. Krusch, c. 5, 68.

195 Radbod, Vita Medardi, éd. Hensken, c. 18, 90.

196 Vita Eligii, éd. Krusch, l. II, c. 2, 695: *constituerunt custodem urbium seu municipiorum his vocabulis, Vermandensis scilicet, quae est matropolis urbs, Tornacensi vero, quae quondam regalis extitit civitas, Noviomagensi quoque et Flandrensi, Gandensi etiam et Corturiacensi.*

197 Le Novum glossarium, volume 6: M–N, Copenhague 1959–1969, 456–458 ne signale pas d'utilisation de *metropolis* dans le sens de cité épiscopale.

198 Vita Eligii, éd. Krusch, l. II, c. 6–7, 697–700; sur ces différentes *inventiones*, on consultera les notices du volume de la Topographie chrétienne des cités de la Gaule. Province ecclésiastique de Reims, en préparation.

Pourquoi ne pas tenter une explication? Reims était une cité austrasienne et dans la sourde compétition qui opposait les deux *regna* dans le premier tiers du VIIe siècle, il pouvait être dangereux – d'un point de vue neustrien s'entend – de laisser les coudées trop franches aux évêques rémois à l'égard de leurs suffragants les plus septentrionaux[199]. Privilégier Vermand/Noyon fut donc, semble-t-il, une réponse appropriée de la cour neustrienne pour garder un bon contrôle, par l'intermédiaire de ses évêques, sur cette marge du royaume que l'on voulait neustrienne. Le souvenir de la figure exemplaire que fut Médard – on l'a dit – servait assurément Noyon; les aléas des nominations épiscopales (le siège de Noyon était justement vacant à la mort de Dagobert) pourraient également expliquer que ce rôle ne pût pas être confié aux évêques d'Amiens. Tout ceci permet sans doute de mieux comprendre la nomination d'un personnage aussi important qu'Éloi ainsi que le soin qui semble avoir présidé à la nomination de son successeur Mommelin, comme on aura l'occasion de le souligner bientôt.

Et le rattachement de Tournai à Noyon dira-t-on? Les historiens l'expliquent souvent rapidement en rappelant l'implantation chrétienne superficielle de la région qui ne nécessitait pas la présence d'un évêque dans chaque ancien chef-lieu de cité[200]. Certes. Mais il est pour le moins curieux que cela ait concerné une cité dont on sait qu'elle avait un rôle politique et religieux au VIe siècle, ce dont témoigne encore la Vie d'Éloi au début du VIIIe siècle en évoquant une ancienne *civitas regalis*. On explique donc mal qu'elle ait été si ouvertement négligée. Achaire est le premier évêque à être présenté comme titulaire des deux sièges par Jonas de Bobbio. C'est lui qui est présenté comme intermédiaire entre Dagobert et Amand dont on sait seulement qu'il avait été ordonné évêque à son retour de Rome. Les historiens s'accordent pour voir en lui un évêque sans siège[201]. D'après ce que l'on peut savoir de son apostolat, Amand aurait œuvré, non seulement le long de l'Escaut mais aussi de manière privilégiée sur la rive droite, c'est-à-dire en respectant les limites de l'ancienne cité des Ménapiens[202] comme en témoignent ses trois fondations les plus importantes, situées en amont (Elnone) et en aval (les communautés gantoises) du fleuve. De la sorte, pourquoi ne pas imaginer qu'Amand aurait été – dans l'esprit de ceux qui présidèrent à sa nomination, et en premier lieu Dagobert – destiné à occuper le siège de Tournai, mais qu'en raison des idéaux monastiques qui l'animaient, il aurait délaissé la cité épiscopale pour les domaines d'Elnone et de Gand mis à sa disposition par le souverain? Le caractère assez imprévisible du saint et son désir d'œuvrer sur tous les fronts missionnaires du royaume franc pourraient expliquer des absences répétées qui auraient conduit Achaire à assurer en quelque sorte l'intérim (au moins en titre) à Tournai: une situation d'abord provisoire qui, en raison de la longévité d'Amand († après 674/675), prit un caractère définitif. L'autorité, le prestige et le caractère sans doute difficile du saint installé à Elnone (la cour neustrienne ne semble plus avoir fait appel à ses services après la mort de Dagobert; mais il fut alors sollicité du côté austrasien, notamment pour occuper,

[199] Au VIIe siècle, les mentions de l'intervention du métropolitain se limitent à la réunion problématique d'un synode par Sonnatius (Pontal, Histoire des conciles mérovingiens, 215–216 et Sot, Un historien et son Église, 430–433) et la souscription de Reolus au bas du testament d'Amand (Milon, Vita Amandi, éd. Krusch, 484).

[200] Moreau, Histoire de l'Église en Belgique 1, 60: «on doit sans doute l'expliquer avant tout par le grand nombre de païens dans les diocèses de Tournai et d'Arras»; voir aussi Lestocquoy, L'origine des évêchés de Belgique seconde, 49.

[201] Frank, Die Klosterbischöfe des Frankenreiches, 92–96.

[202] Avec néanmoins quelques exceptions: la fondation d'une église à Anvers et les interventions qui lui sont attribuées par Milon de Saint-Amand à Marchiennes, Antoing et Leuze qui, sans faire partie du diocèse de Tournai, en étaient néanmoins très proches; voir Moreau, La Vita Amandi prima et les fondations monastiques de saint Amand, 454–464.

trois années durant, le siège épiscopal de Maastricht) rendaient sans doute délicate la nomination d'un évêque titulaire à Tournai. En 641, le remplacement d'Achaire par Éloi – dont on a souligné les liens qui l'unissaient à Amand – aurait été en partie dicté par la capacité des deux hommes à travailler de concert. Il signale, en tout cas, la nécessité de nommer à Noyon quelqu'un qui fût capable de composer avec la bouillante personnalité d'Amand (une qualité qu'Éloi avait déjà manifestée en le réconciliant avec Dagobert). Ces relations informelles se seraient néanmoins traduites définitivement d'un point de vue institutionnel et le siège épiscopal de Vermand/Noyon se serait vu ainsi confier le gouvernement de celui de Tournai.

LES CLIVAGES DE LA SECONDE MOITIÉ DU VIIe SIÈCLE

À la mort de Dagobert, ses deux fils lui succédèrent. En Austrasie, la situation ne changea guère: Sigebert IIIer régnait depuis 633 sous la tutelle de l'évêque Arnoul de Metz et du maire du palais Pépin. À la mort de ces derniers, le fils de Pépin Grimoald put – non sans difficultés – imposer son autorité après 643 sur le *regnum* austrasien jusqu'à la malheureuse tentative de «coup d'État» à la suite de laquelle ses adversaires le livrèrent aux Neustriens qui le firent exécuter (657). Il faut ensuite attendre la fin des années 670 pour voir Pépin II retrouver en Austrasie l'influence qui avait été celle de ses ancêtres. En Neustrie, en revanche, la mort de Dagobert Ier entraîna l'accession au trône du petit Clovis II et la courte période de «régence» de sa mère Nanthilde (qui avait nommé Aega maire du palais). Ceci provoqua la redéfinition des rapports de force au sein de l'aristocratie neustrienne, et finalement l'émergence du groupe familial représenté par les maires du palais successifs Erchinoald († vers 658) puis Ébroïn († 680/683)[203].

C'est dans ce contexte que doit être considérée la décision commune de deux proches du roi défunt, son monétaire Éloi et son référendaire Ouen, d'abandonner leurs charges auliques et la vie séculière pour l'épiscopat. Afin de respecter scrupuleusement les canons ecclésiastiques, les deux hommes patientèrent un an avant d'être consacrés tous les deux à Rouen le 13 mai 641 et installés dans leurs diocèses respectifs[204]. L'interprétation d'une telle décision n'est pas aisée car on peut tout à la fois penser qu'elle correspondait à une renonciation volontaire aux intrigues politiques qui agitaient alors la cour, à une mise à l'écart forcée, ou enfin à ce qu'Alain Dierkens appelle une «solution alternative à un *cursus honorum* civil»[205]. En fait, la carrière ecclésiastique des deux hommes montre qu'aucune de ces trois interprétations ne peut être négligée.

Éloi progressivement marginalisé

S'il n'omet pas de présenter rapidement les deux diocèses de Noyon/Tournai, le second livre de la Vie d'Éloi – entièrement consacré à son épiscopat et à ses miracles posthumes alors que le premier avait développé son existence *sub habitu saeculari* – rapporte davantage en ses premiers chapitres les voyages lointains effectués par l'évêque. Si des motifs spirituels (les pèlerinages à Tours et à Bourges) et des intérêts personnels (les voyages en Limousin et des visites à Solignac) ne furent pas absents, on observe

203 Wood, The Merovingian Kingdoms, 156; Heidrich, Les maires du palais neustriens du milieu du VIIe siècle au milieu du VIIIe siècle, 217–222; précieuse, mais peu synthétique, est l'étude de Dupraz, Contribution à l'histoire du Regnum Francorum.

204 Vita Eligii, éd. Krusch, l. II, c. 2, 695–696.

205 Dierkens, Prolégomènes à une histoire des relations culturelles entre les îles britanniques et le continent, 381, n. 63.

néanmoins qu'Éloi a volontiers parcouru les régions dans lesquelles il avait exercé ses premières fonctions de monétaire pour le compte de Clotaire II (Limoges, la vallée du Rhône)[206] et que sa présence dans les résidences royales (Compiègne, Vitry, Clichy) reste ponctuellement attestée après son élévation à l'épiscopat[207]. On peut donc constater que sa charge épiscopale ne l'empêcha pas de continuer à jouer un rôle important au nom du jeune souverain et de sa mère. Lors des funérailles de l'évêque, Bathilde manifesta d'ailleurs un bien vif intérêt pour sa dépouille qu'elle désirait rapporter à Chelles[208]. Qu'Erchinoald ait aussi fait appel à lui pour présider la cérémonie de translation du corps de saint Fursy de Lagny à Péronne où il avait fondé un nouveau monastère, pourrait signaler une certaine proximité[209], mais il semble qu'Éloi intervint alors davantage en qualité d'évêque diocésain, car son biographe ne manque pas, par la suite, de suggérer les mauvais rapports qu'il entretint avec les maires du palais successifs, Erchinoald puis Ébroïn.

La Vie signale en effet çà et là des tensions, qu'il s'agisse de violents reproches adressés par l'évêque à des membres de la *familia* d'Erchinoald[210] ou encore d'un voyage que l'évêque entreprit de très mauvais gré avec le maire du palais. Au cours de ce déplacement, l'évêque de Noyon eut une vision lui annonçant la mort brutale de son illustre compagnon qui, effectivement, ne tarda pas à se produire. Éloi assista alors Erchinoald dans ses derniers moments, promettant notamment d'œuvrer pour les plus pauvres, ce que le mourant n'aurait guère fait de son vivant[211]. Les relations avec le nouveau maire du palais Ébroïn ne semblent pas avoir été meilleures: un de ses familiers – un *vir infaustus* qui aurait tenté de s'emparer d'un bois appartenant à l'église de Noyon – fut pour ce motif excommunié par l'évêque et s'effondra foudroyé sur le champ[212]. Enfin, si la Vie a des mots très durs pour le maire du palais de Burgondie imposé par Nanthilde puis soutenu par Erchinoald nommé Flaochad, *crudelissimus vir* et *tyrannus*, elle est en revanche extrêmement bien disposée à l'égard du patrice Willibad, *christianissimus vir*, représentant les tendances autonomistes des grands de Burgondie qu'Erchinoald puis Ébroïn combattirent avec la plus grande résolution[213].

[206] Éloi est souvent présenté comme ayant dirigé l'atelier monétaire de Marseille où ont été retrouvées des monnaies à son nom, mais ceci, étant donné le silence de la Vie à ce sujet, reste une hypothèse; Vita Eligii, éd. KRUSCH, l. II, c. 11, 701 (en Provence); c. 12, 701–702 (à Ampuis, près de Lyon); c. 13, 702 (en Provence, après avoir achevé une mission, Éloi rend visite à ses amis et collègues dans l'épiscopat dont Aurelianus d'Uzès); c. 15, 702–703 (voyage à Bourges); c. 31, 716–717 (passage à Bourges au retour d'une visite à Solignac).

[207] Ibid., l. II, c. 22, 713–714 (dans les environs du palais royal de Compiègne); c. 31, 716 (Clichy); la présence d'Éloi à Vitry et Compiègne se déduit également des miracles opérés après sa mort autour de ses lits (l. II, c. 79, 739 et c. 76, 737–738) mais il peut être question de ceux qu'il occupait avant son élévation à l'épiscopat.

[208] Ibid., l. II, c. 37–38, 722–723; la proximité de la cour est aussi suggérée au c. 32 (717–718) par une série invraisemblable de prédictions dont Éloi aurait gratifié la famille royale concernant la mort de Charibert (en 632), celle de Dagobert (en 639), la naissance de Clotaire III (ce qui rassura Bathilde en attente d'un fils, dont Éloi lui-même aurait proposé le nom), et enfin le devenir du royaume après la mort de Clovis II.

[209] Vita Fursei, éd. KRUSCH, c. 10, 439.

[210] Vita Eligii, éd. KRUSCH, l. II, c. 20, 711–712.

[211] Ibid., l. II, c. 27, 714–715.

[212] Ibid., l. II, c. 19, 709–710: les personnes présentes prièrent alors Éloi de rendre la vie au malheureux dont on préparait les funérailles.

[213] Ibid., l. II, c. 28, 715–716; la lutte que se livrèrent les deux hommes et le soutien que reçut Flaochad de la part de Nanthilde et d'Erchinoald est détaillée par le Pseudo-Frédégaire; Flaochad fit assassiner son rival en septembre 642 mais mourut brutalement quelques jours plus tard: voir EBLING, Prosopographie der Amtsträger des Merowingerreiches, n° 174, 150–151 (Flachoad) et n° 311, 238–240 (Willibad).

Tout indique donc qu'Éloi s'est opposé assez tôt au petit cercle influent de la cour neustrienne qui l'a marginalisé.

Amand dans l'orbite austrasienne

Alors que les données s'accordent pour mettre en relation étroite Amand et la cour franque sous le règne de Dagobert Ier, en revanche elles sont étonnamment muettes sur les éventuels rapports qui auraient pu se prolonger, après la mort du souverain, avec la reine Nantilde, les maires du palais Aega, Erchinoald puis Ébroïn ou encore Clovis II et la reine Bathilde. Il ne faut en effet pas oublier qu'Amand vécut fort longtemps, au moins jusqu'en 674/675, date à laquelle, «le corps déjà usé, fatigué par de multiples labeurs, dans la vieillesse la plus extrême, le corps à demi-mort», le saint n'aspirait plus qu'à quitter ce monde, comme il le fit savoir dans son «testament»[214]. Mais une figure si importante des années 620–640 ne pouvait rester indifférente à ce qui se passait dans le *regnum Francorum* dans le troisième quart du VIIe siècle. Plusieurs éléments viennent ainsi indiquer qu'Amand s'est alors ouvertement rapproché des cercles influents du *regnum* austrasien. Dagobert lui-même l'y avait prédisposé en lui confiant la paternité spirituelle du petit Sigebert[215]. Le nom donné à l'enfant en faisait un souverain tout désigné pour le royaume d'Austrasie sur lequel il fut d'ailleurs installé à peine âgé de trois ans en 633/634.

Sans les relations étroites qu'il dut alors nouer et conserver avec les milieux austrasiens, on explique mal sa nomination comme évêque diocésain de Maastricht – le siège épiscopal était on ne peut plus stratégique puisque s'y concentraient les terres patrimoniales des Pippinides – à la fin de l'année 648 ou au début de 649, à l'instigation du maire du palais Grimoald. Amand intervint aussi dans la fondation de l'abbaye de Nivelles dont Alain Dierkens a récemment retracé les étapes. On peut discuter du statut précis d'Amand au moment où il se fit le conseiller d'Itte, veuve de Pépin Ier, et de sa fille Gertrude: était-il alors encore évêque *ad predicandum* le long de l'Escaut ou déjà installé sur le siège de Maastricht? Peu importe au demeurant, puisque cette intervention vient confirmer la proximité du missionnaire et de l'aristocratie austrasienne, singulièrement la puissante famille de Pépin[216]. Plusieurs décennies plus tard, après la mort d'Amand, on voit d'ailleurs Gertrude se soucier des funérailles d'un disciple du missionnaire, le fameux Bavon, et faire porter à Gand un linceul et d'autres linges funéraires (*vestimenta ad sepeliendum corpus suum*)[217].

La lettre que le pape Martin Ier adressa en 649/650 à Amand vient enfin indirectement rappeler les rapports de confiance établis par l'évêque de Maastricht avec les milieux dirigeants austrasiens. Si le pape cherchait en premier lieu à réconforter un Amand découragé par la médiocrité du clergé local, sa lettre insistait aussi beaucoup sur la querelle monothélite dans laquelle étaient empêtrés l'évêque de Rome et le concile qu'il avait réuni de son propre chef au Latran à ce sujet. Martin Ier, qui cherchait alors à apparaître en position de force par rapport à l'empereur, sollicitait des soutiens en Occident et mettait doublement Amand à contribution. D'une part, en lui demandant de réunir un synode qui réaffirmerait les décisions prises au Latran (la lettre indique

[214] Milon, Vita Amandi, éd. Krusch, 484.

[215] Vita Amandi prima, éd. Krusch, c. 17, 441–442; le nom de Sigebert s'inscrit, on le sait, dans une forte tradition anthroponymique illustrée par Sigebert le Boîteux, roi des Francs rhénans (dont le soutien à Clovis fut décisif dans sa victoire contre les Alamans), par l'époux malheureux de Brunehaut et enfin par le petit-fils de ce dernier, dont le règne fut des plus éphémères (613).

[216] Werner, Der Lütticher Raum in frühkarolingischer Zeit, 231–236; Dierkens, Saint Amand et la fondation de l'abbaye de Nivelles, 325–334.

[217] Vita Bavonis, éd. Krusch, c. 14, 545.

qu'elles doivent parvenir rapidement à Amand) pour que les souscriptions de l'épiscopat austrasien soient ensuite adressées à Rome; d'autre part, pour qu'Amand intervienne directement auprès de son filleul Sigebert – comprenons plutôt du maire du palais Grimoald – afin qu'il envoie quelques évêques d'Austrasie destinés à étoffer la légation qui prendra la route de Constantinople. La suite donnée à ces projets n'est pas connue. On peut penser qu'il n'y en eut guère dès lors qu'Amand abandonna son siège (pour retourner à Elnone selon toute vraisemblance), et surtout que Martin Ier fut emmené de force en Orient où il mourut en 655, exilé sur l'île de Chersonè[218].

La démission d'Amand et son retour à Elnone ne semblent pas pour autant l'avoir définitivement exclu de la scène austrasienne. Sa Vie présente la donation qu'il reçut de Childéric II, roi d'Austrasie entre 662 et 675, pour fonder un monastère à Nant dans l'Aveyron[219]. Nant se trouvait en effet dans le diocèse de Rodez qui faisait partie des cités méridionales appartenant aux rois austrasiens depuis 561 et restituées à Sigebert III immédiatement après la mort de son père (639)[220]. Derrière le geste de Childéric, il faut sans doute voir la main, non plus de la puissante famille Pippinide – en retrait depuis 657 –, mais désormais du maire du palais Waratton.

Fidèles et opposants à la cour neustrienne

Parmi les grands laïcs et ecclésiastiques qui eurent un rôle important à la cour de Dagobert Ier, d'autres qu'Éloi ou Amand conservèrent une place éminente. Ainsi Ouen, proche compagnon de l'évêque de Noyon, ancien référendaire devenu métropolitain de Rouen, on l'a dit, dont les sources suggèrent la proximité qu'il garda, jusqu'à sa mort, avec la cour neustrienne. On a, par ailleurs, déjà rappelé quelle importance avait acquise la basse vallée de la Seine dans l'équilibre géographique interne du royaume neustrien. Ceci se concrétisa donc par le soutien appuyé de la reine Bathilde et du maire du palais Erchinoald à la fondation en 649/650 de la communauté de Fontenelle par Wandrille, ancien *domesticus* de Dagobert[221]. La proximité entre le métropolitain de Rouen et le maire du palais Ébroïn malgré l'éviction de la reine Bathilde – entrée à Chelles – est ensuite attestée par le *Liber historiae Francorum*[222].

Or, quelques indices invitent à rattacher Omer et ses compagnons à ce cercle proche du pouvoir. Wandrille et Ouen semblent avoir entretenu de bonnes relations avec Omer: c'est en effet l'évêque de Thérouanne qui éleva au diaconat le fondateur de Fontenelle à la demande du métropolitain[223]. La Vie d'Ansbert signale également, sous son épiscopat, la tenue d'un concile à Rouen concernant la libre élection de l'abbé de Fontenelle. Parmi les personnalités présentes, on relève un *Audomarus abba* que quelques manuscrits parmi les plus anciens citent en fait comme évêque[224]. Le monastère eut par la suite des relations très privilégiées avec le diocèse de Thérouanne où il possédait une série d'importants domaines dès la fin du VIIe siècle[225]. Dans les

218 Milon, Vita Amandi, éd. Krusch, 452–456; Scheibelreiter, Griechisches-lateinisches-fränkisches Christentum.

219 Vita Amandi prima, éd. Krusch, c. 23, 445–446.

220 Ewig, Die fränkischen Teilreiche im 7. Jahrhundert, 201–203; Cardot, L'espace et le pouvoir, 179.

221 Vita Wandregisili prima, éd. Krusch, c. 14, 19; Gesta abbatum Fontanellensium, éd. Pradié, c. I, § 7, 20–25; sur la fondation de Fontenelle, voir les éléments rassemblés dans Lot, Étude critique sur l'abbaye de Saint-Wandrille, III–XII.

222 Liber historiae Francorum, éd. Krusch, c. 45, 318–319; Scheibelreiter, Audoin von Rouen, 207–215; Laporte, Les monastères francs et l'avènement des Pippinides, 7.

223 Vita Wandregisili prima, éd. Krusch, c. 13, 19.

224 Vita Ansberti, éd. Levison, c. 18, 631; Pontal, Histoire des conciles mérovingiens, 228; relevons néanmoins la souscription d'Ansoald de Poitiers, pourtant connu pour son opposition à Ébroïn.

225 Ces possessions seront présentées en détail dans la deuxième partie.

années 660, Omer et Mommelin furent activement associés à la «politique religieuse» de la reine Bathilde[226]: leurs souscriptions figurent ensemble au bas du privilège accordé par Omer à Sithiu le 14 avril 663[227]; ainsi qu'à la fin de celui que l'évêque Drausin de Soissons – à la demande d'Ébroïn et de son épouse Leutrude, cela mérite d'être signalé – accorda à Sainte-Marie de Soissons en 666[228]. Mommelin souscrivit également le privilège de Bertefrid d'Amiens pour Corbie donné le 6 septembre 664[229].

À l'inverse, on peut tenter de dessiner à grands traits le réseau de ceux que les sources présentent comme les adversaires résolus du centralisme neustrien entre la mort de Thierry III et l'entrée de la reine Bathilde à Chelles (673) et la réunification du *regnum* sous l'égide des Pippinides à la suite de la bataille de Tertry (687)[230]. On l'a vu, il semble qu'Éloi puisse être considéré comme représentatif de ce cercle alors en formation dans les années 650. Il faut également rappeler le cas de Philibert qui faisait partie du petit cénacle monastique réuni par Ouen à Rebais et prit un temps la tête de cette communauté qui l'accepta très mal. La fondation de Jumièges présente, vers 654, des caractères assez similaires à celle de Fontenelle, c'est-à-dire avec l'appui du pouvoir royal et sous le contrôle de l'évêque métropolitain[231]. À partir de 674/675 néanmoins – c'est ce qui le distingue de Wandrille et de ses successeurs –, Philibert entra en conflit avec le maire du palais Ébroïn. Après avoir été emprisonné, Philibert fut exilé en Aquitaine – lui-même était originaire d'Eauze – et trouva refuge dans le diocèse de Poitiers, auprès de l'évêque Ansoald qui l'installa à la tête de la communauté de Quinçay avant de favoriser la fondation d'Herio/Noirmoutier (677)[232]. Des traditions tardives évoquent la figure d'Ansoald dans la Vie d'Éloi à propos des démêlés entre l'évêque de Noyon/Tournai et les aristocrates de la *familia* d'Erchinoald. Avant la fin du Xe siècle, un interpolateur aquitain a en effet précisé que l'évêque de Poitiers aurait assisté à la scène et que c'est à lui qu'on devait le récit de cet événement[233]. Une telle affirmation n'est pas vraiment assurée du point de vue de la chronologie, mais elle suggère confusément une certaine proximité entre les deux hommes sur l'échiquier politique du temps[234]. Par la suite, Ansoald s'est illustré en réclamant haut et fort les reliques d'un opposant insigne au pouvoir neustrien, l'évêque

226 À ce propos, voir en dernier lieu, Dierkens, Prolégomènes à une histoire des relations culturelles entre les îles britanniques et le continent; comme le fait remarquer Dom Laporte, Les monastères francs et l'avènement des Pippinides, 3: «Les ss. Mommelin, Bertin, Ebertramme qui gouverneront Sithiu, viennent de Luxeuil [à nuancer naturellement d'après ce qui a été dit plus haut]. Ce groupe paraît devoir être catalogué 'politique': il sera loyaliste… sans entêtement, et saura se rallier à temps [aux Pippinides]».

227 Diplomata belgica, éd. Gysseling/Koch, n° 3, 12; Ewig, Das Privileg des Bischofs Audomar von Térouanne von 663.

228 Diplomata 2, éd. Pardessus, n° 355, 141.

229 Dernière édition dans Krusch, Die Urkunden von Corbie und Levillains letztes Wort, 371; Morelle, Le statut d'un grand monastère franc: Corbie (664–1050), 203–224.

230 Commode synthèse dans Semmler, Spätmerowingische Herrscher: Theuderich III. und Dagobert II.

231 Vita Philiberti prima, éd. Levison, c. 2–4, 585–587; c. 6, 588.

232 Ibid., c. 24–26, 596–598; Tardif, Les chartes mérovingiennes de Noirmoutier; Laporte, Les monastères francs et l'avènement des Pippinides, 10.

233 Vita Eligii, éd. Krusch, l. II, c. 20, 712–716; Westeel, Quelques remarques sur la Vita Eligii, 41-43, signale l'interpolation dans Tours, Bibl. mun., ms 1028 du Xe siècle.

234 Ansoald est attesté comme évêque de Poitiers entre 656/677 et 696; rien ne s'oppose néanmoins à ce qu'il ait été en contact avec le prestigieux évêque de Noyon/Tournai avant sa propre élévation à l'épiscopat; sur Ansoald, voir Picard, Aquitaine et Irlande dans le haut Moyen Âge, 24–25; Didon, le prédécesseur d'Ansoald, avait été très impliqué dans le coup d'État de Grimoald en Austrasie (656) et l'exil du petit Dagobert II vers l'Irlande (Dupraz, Contribution à l'histoire du Regnum Francorum, 339–342).

d'Autun Léger – dont il était le parent – qui avait d'ailleurs exercé un temps la fonction d'archidiacre dans le diocèse de Poitiers.

Les données que l'on possède concernant Mommelin, successeur d'Éloi († 660) sur le siège de Noyon/Tournai, semblent indiquer que sa nomination ne dut rien au hasard, mais émanait de la cour – et non seulement du clergé et du peuple de Vermand/Noyon – et peut-être d'Ébroïn. Par bien des aspects, il se présentait comme l'antithèse de son prédécesseur. Homme du Nord (il était originaire de Coutances), Mommelin appartenait au cercle des compagnons de l'évêque de Thérouanne Omer – lui-même proche du pouvoir neustrien, a-t-on dit – et avait été établi par ce prélat comme premier abbé de la communauté naissante de Sithiu. On peut aussi se demander si, comme pour la nomination d'Omer, son appartenance à un milieu social marqué par la mer n'a pas été un facteur décisif dès lors que son activité pastorale devait aussi se porter sur les rivages de la Mer du Nord. En écho aux difficultés rencontrées par Éloi dans son diocèse, telles que nous avons essayé de les mettre en évidence – et particulièrement sa «Romanité» –, la Vie de Mommelin fait état de ses compétences linguistiques et de sa capacité à s'exprimer aussi bien en latin qu'en *theutonica lingua*[235]. Peut-être ne faut-il pas accorder trop d'importance à un texte dont la rédaction est tardive. Ce qui est sûr néanmoins, c'est que la désignation de Mommelin s'est accompagnée de la nomination d'Ébertram – lui aussi signalé comme moine de Sithiu dans la Vie d'Omer – comme abbé de Saint-Quentin[236]. Éloi, à l'occasion de l'invention des reliques de Quentin, avait fait de ce sanctuaire un lieu privilégié pour imposer son autorité, notamment à l'égard du clergé local[237]. Il paraît en définitive important de constater que deux hommes très proches furent désignés pour occuper les deux charges les plus importantes du diocèse; nous y verrons volontiers de la part de la cour neustrienne la volonté de disposer d'hommes plus fidèles dans un diocèse que l'on a présenté comme stratégique. Enfin, on ne peut qu'être frappé par l'indifférence manifestée à l'égard de Mommelin par le clerc de Saint-Éloi de Noyon qui remania la Vie de son saint patron en y ajoutant une belle série de miracles *post portem*. Le nouvel évêque n'est nommément cité qu'à propos d'un différend qui l'opposa à la communauté au sujet du cheval qui avait appartenu au saint de son vivant[238].

[235] Vita Mummolini prima, éd. GHESQUIÈRE, c. 18, 403–404: *Interea vir dei Eligius Noviomensis urbis episcopus, post multa patrata miracula in pace plenus dierum migravit ad Dominum. Cujus in loco fama bonorum operum, quia praevalebat non tantum in theutonica sed etiam in romana lingua, Lotharii regis ad aures usque perveniente, praefatus Mummolinus ad pastoralis regiminis curam subrogatus est episcopus*; BANNIARD, Viva Voce, 271–275, a cherché à montrer que le terme de *romana lingua* désignait encore le latin et non la langue romane dans ce texte qu'il juge mérovingien (271, n. 65); en fait la datation de la Vie n'est pas assurée et c'est précisément cette expression de *romana lingua* qui permettrait de dire qu'elle s'appuie sur des traditions antérieures au IXe siècle quand le mot désignait encore sans ambiguïté la langue de Rome (voir sur ce point VERCAUTEREN, Le 'Romanus' des sources franques, 82–84).

[236] Vita Audomari, Bertini et Winnoci, éd. LEVISON, c. 12, 761–762 (pour l'élection de Mommelin); dans la deuxième moitié du IXe siècle, la section de la Vie tripartite consacrée à Bertin circule désormais seule: dans le passage qui nous intéresse, est introduite une interpolation évoquant la nomination d'Ébertram à Saint-Quentin; par ailleurs Ébertram, *abbas de basilica Sancti Quentini*, est mentionné dans une confirmation royale d'échange de biens entre Mommelin et Bertin (Diplomata belgica, éd. GYSSELING/KOCH, n° 2, 8–9; Die Urkunden der Merowinger, n° 101, 260–261); le diplôme, attribué à Clotaire III (663), est un faux mais il semble bien qu'il ait été forgé à partir d'un authentique acte d'échange.

[237] Vita Eligii, éd. KRUSCH, l. II, c. 6, 697–699; la Vie rapporte que seul Éloi fut digne de mettre au jour le tombeau et qu'un *quidam vir inprobus, vocabulo Maurinus, ut videbatur populis habitu religiosus, cantor etiam in regis palatio laudatus* périt misérablement pour avoir tenté de devancer l'évêque dans sa découverte; VIEILLARD-TROIEKOUROFF, Les monuments religieux de la Gaule, 272–273.

[238] Vita Eligii, éd. KRUSCH, l. II, c. 47, 726–727.

Des liens entre Jumièges et la Morinie sont aussi attestés par l'intermédiaire de sainte Austreberte. La Vie de Philibert présente en effet les multiples fondations de Philibert dont la communauté féminine de Pavilly à la tête de laquelle il nomma «une mère très prudente, d'une noble parentèle, appelée Austreberte»[239]; c'est tout ce qui est dit par la Vie. Il existe bien une *Vita Austrebertae* mais son témoignage doit être lu avec beaucoup de circonspection. Fille d'un comte du palais appelé Badefridus, Austreberte se vit remettre, contre la volonté paternelle et après une traversée miraculeuse de la Canche, le voile consacré par Omer[240]. Elle s'installa d'abord quelque temps chez ses parents, «dans le territoire de Thérouanne», avant de passer plus d'une dizaine d'années à Port-le-Grand en Ponthieu, puis de rejoindre Philibert[241]. Ces données appellent deux interprétations. Si on considère que la nomination d'Austreberte à Pavilly intervint avant le milieu des années 670, lorsque les relations entre Philibert et Ouen étaient bonnes, on peut l'interpréter comme une confirmation des liens étroits déjà observés entre Omer et les ecclésiastiques de la basse vallée de la Seine. En revanche, si les événements se sont produits à partir de cette date (mais bien entendu avant l'exil de Philibert, c'est-à-dire avant 677), l'interprétation est différente. Le départ d'Austreberte ressemble alors davantage à une fuite ou à un exil délibéré hors du diocèse de Thérouanne pour trouver auprès de Philibert un refuge. L'abbé de Jumièges a pu en effet cristalliser un court moment les forces d'opposition à Ébroïn dans le nord de la Neustrie et ses nombreuses fondations monastiques ont pu aussi être la manifestation religieuse d'une opposition politique encore larvée au maire du palais[242]. La famille d'Austreberte serait à ranger dans ce dernier cas de figure.

Il est difficile de se faire une idée des cercles politiques auxquels se rattachèrent les évêques de Cambrai. On a pu voir que le profil très austrasien de Géry ne l'avait pas empêché d'entretenir les meilleurs rapports avec Clotaire II. Dans le cas d'Aubert, les sources signalent les relations étroites entretenues avec des fondateurs d'établissements monastiques qui établirent ensuite ouvertement des liens avec les Pippinides (ainsi Aldegonde de Maubeuge dont on connaît les rapports avec Nivelles et avec Lobbes[243]) mais aussi avec des personnages qui eurent à souffrir de leur hégémonie (ainsi Landelin, chassé de Lobbes, et dont la Vie évoque, non sans exagération, les liens étroits avec Aubert). L'évêque de Cambrai semble aussi avoir été étroitement associé à la «politique religieuse» de la reine Bathilde dont il a été fait mention tout à l'heure[244]. Un

[239] Vita Philiberti prima, éd. LEVISON, c. 22, 595: *Cum igitur virorum increvisset in monasterium multitudo, alium construxit caenubium nomine Pauliaco, decem milibus a Gemedico sequestratum, ubi sanctarum congregavit multitudine feminarum, quas sub religionis norma pro viri Dei oboedientiam gubernabat mater prudentissima, orta nobile parentela, vocabulo Austroberta.*

[240] Vita Austrebertae, éd. MABILLON, c. 7, 31.

[241] Les sources évoquant la fondation de Pavilly, les Vies de Philibert et d'Austreberte, ne permettent pas une datation précise; la tradition retient cependant la date de 662/664; vues d'ensemble dans LAPORTE, Les origines du monachisme dans la province de Rouen, 26–27, et, plus récemment, LE MAHO, L'abbaye mérovingienne de Logium, 22.

[242] Vita Philiberti prima, éd. LEVISON, c. 22, 595: *Sed et multa monasteria per eius exempla sunt constructa in Neustria*; les démêlés avec Ébroïn sont ensuite évoqués à partir du c. 24; LAPORTE, Les monastères francs et l'avènement des Pippinides, 10, n. 6: «Il y a tout lieu de penser que dans les abbayes fondées par lui [Philibert], Pavilly et Montivilliers, on partageait ses idées.»

[243] HELVÉTIUS, Abbayes, évêques et laïques, 135–138.

[244] DUCHESNE, Fastes épiscopaux 3, 110–111 lit sa souscription sur les privilèges pour Sainte-Colombe de Sens (660), pour Saint-Bertin (663), pour Corbie (664) et pour Soissons (667); pour les trois derniers privilèges, on rencontre deux Aubert qu'on identifie avec les évêques de Cambrai et de Senlis (sur ce dernier: ibid., 117); en 660, un seul Aubert souscrivit, ce qui ne permet pas de trancher: voir DESCHAMPS, Critique du privilège épiscopal accordé par Emmon de Sens à l'abbaye de Sainte-Colombe, 163.

certain Aubert assista Éloi lors de la translation à Péronne des reliques de l'Irlandais Fursy à la demande d'Erchinoald, mais il pourrait très bien être question de l'évêque de Senlis du même nom[245]. Il est en définitive difficile de trancher sur les fidélités d'un homme sans doute représentatif de ces années 660, quand les antagonismes restaient encore très larvés au sein de l'aristocratie neustrienne. Les sources permettent de se faire une idée plus nette de l'attitude de son successeur Vindicien. Le témoignage tardif des *Gesta* des évêques de Cambrai insiste sur les relations privilégiées entre Vindicien et Éloi – le premier aurait été le disciple du second – même si, pour des raisons de chronologie, il est très improbable qu'ils siégèrent au même moment. Ce texte se fait l'écho d'une tradition selon laquelle l'évêque de Noyon/Tournai faisait régulièrement halte au lieu appelé pour cette raison le Mont-Saint-Éloi, où Vindicien demanda à être inhumé; l'auteur explique cela par l'intimité qui aurait lié les deux hommes. En fait, il semble bien que le Mont-Saint-Éloi ait fait partie du plus vaste domaine d'Écoivres – disposé autour de la voie romaine Arras-Thérouanne – dont les *Gesta* affirment qu'il s'agissait d'un bien de la famille de Vindicien[246]; ce qui ne rend pas pour autant invraisemblable le passage de l'évêque de Noyon lors de ses visites dans le diocèse de Tournai dont il avait aussi le gouvernement. En 674/675, Vindicien souscrivit le testament d'Amand (dont on a pu mettre en évidence les rapports privilégiés qu'il entretenait avec Éloi). L'évêque de Cambrai y appose son *signum*, «à la demande du seigneur Amand»: c'est un des seuls à avoir été ainsi sollicité[247]. Un autre élément rapproche Vindicien du cercle des Aquitains dont l'hostilité à l'égard des cercles dirigeants de la cour neustrienne s'affichait ouvertement dans les années 670: il s'agit de la volonté de l'évêque de conserver dans son diocèse les reliques de Léger d'Autun, assassiné sur ordre d'Ébroïn, à l'occasion d'une assemblée épiscopale réunie après la mort du maire du palais[248]. La mémoire du défunt était alors assurément encore porteuse d'une signification politique même si, depuis la chute d'Ébroïn, il était moins risqué de s'en réclamer. Enfin, le peu qu'on puisse savoir des circonstances de la fondation de Saint-Vaast d'Arras pourrait signaler une certaine proximité entre l'évêque et les nouveaux maîtres austrasiens du *regnum* neustrien[249].

La crise politique provoquée par la victoire de Pépin II en 687 et la mainmise austrasienne sur la Neustrie amenèrent le maire du palais à reprendre sévèrement en main le cœur de l'ancienne puissance neustrienne. Cela prit notamment la forme de l'expulsion brutale d'Ansbert, un fidèle d'Ouen (décédé en 684) qui lui avait succédé sur le siège métropolitain de Rouen après avoir dirigé la communauté de Fontenelle (à partir de 677/679). Ansbert avait en effet procédé à l'élévation des reliques de son prédécesseur, ce qui témoignait assurément d'un «patriotisme neustrien» affiché. En 689/690, il fut ainsi exilé à l'abbaye d'Hautmont. Pépin ne lui permit pas de revenir à Rouen de son vivant, et, à sa mort seulement (693/699), sa dépouille put être rapatriée à Fontenelle[250]. En 700/701, la crosse abbatiale de Fontenelle fut confiée à un certain

245 Virtutes Fursei, éd. KRUSCH, c. 10, 439; sur l'identification de cet *episcopus Audoperthus*, voir note précédente.

246 Gesta episcoporum Cameracensium, éd. BETHMANN, l. I, c. 28, 413.

247 Milon, Vita Amandi, éd. KRUSCH, 485: *Ego in Christi nomine Vindecianus acsi peccator episcopus hanc epistolam, rogante domno Amando, consensi et subscripsi;* se lisent également les souscriptions de Jean (que l'on peut identifier avec le premier abbé du Mont-Blandin) et du scribe, Baudemundus.

248 Ursin, Passio Leudegarii, éd. KRUSCH, c. 24, 346–348.

249 Voir dans ce sens HELVÉTIUS, Abbayes, évêques et laïques, 135, n. 50.

250 Vita Ansberti, éd. LEVISON, c. 20–35, 632–640; sur l'exil d'Ansbert, voir HELVÉTIUS, Abbayes, évêques et laïques, 88–90.

Bainus († 710), déjà évêque de Thérouanne: il cumula ainsi les deux charges[251]. Les *Gesta* du monastère signalent qu'il avait la confiance du maire du palais et de son épouse Plectrude et qu'il reçut du couple de multiples domaines, notamment dans le Beauvaisis et le Vexin, ainsi que le monastère de Fleury. Cette double nomination suggère que la reprise en main de la hiérarchie ecclésiastique entre la vallée de la Seine et la plaine maritime flamande participait d'une même mission au début du VIIIe siècle. C'était aussi reconnaître les liens étroits qui avaient été tissés entre ces deux régions dans la deuxième moitié du VIIe siècle.

Le caractère lacunaire des sources demande évidemment beaucoup de prudence dans la formulation des hypothèses lorsqu'il s'agit de définir les affinités politiques des évêques et abbés à la fin du VIIe siècle. Il semble néanmoins qu'au sein du groupe homogène des «collaborateurs» de Dagobert Ier se soient progressivement distingués deux cercles marqués par des fidélités plus ou moins affichées à l'égard du *regnum* neustrien ou de son rival austrasien. La force de ce dernier est sans doute d'avoir su rassembler tous ceux que le centralisme neustrien mécontentait, et en premier lieu ces grandes figures du règne de Dagobert que furent Éloi et Amand. Car la tentative de classement à laquelle nous nous sommes livrés ne doit pas faire oublier tout ce que ces positionnements devaient à des fidélités personnelles. À ce titre, le caractère trempé d'Amand et son extrême longévité ont sans doute fait beaucoup pour la cause austrasienne. On pressent donc déjà tout ce que l'organisation géographique de l'implantation ecclésiastique dut, elle aussi, aux aléas des nominations épiscopales.

CHAPITRE III
La physionomie des diocèses mérovingiens

À l'exception de la mention de Superior, évêque «des Nerviens», en 346 dans les actes du faux concile de Cologne[252], à laquelle on peut désormais ajouter une inscription signalant l'adhésion au christianisme d'un certain Lucinus, employé des bureaux impériaux, dont le tombeau a été mis au jour à Bavay au milieu du XVIIIe siècle[253], il ne subsiste aucun témoignage d'une implantation de l'Église dans les cités septentrionales au Bas Empire. La majorité des historiens pensent donc qu'un véritable processus de christianisation *ex nihilo* fut lancé à la suite du baptême de Clovis, qui permet d'expliquer le regroupement de plusieurs anciennes cités romaines sous l'autorité d'un seul évêque au VIe siècle[254]. D'autres chercheurs ont voulu déplacer le débat en rappelant que le problème était avant tout documentaire. Dom Dubois l'a excellemment montré en étudiant les maigres renseignements fournis par les listes épiscopales

[251] Gesta abbatum Fontanellensium, éd. PRADIÉ, c. II, § 1, 26: *Bainus episcopus de civitate Tyroanda;* Hans VAN WERVEKE, Bainus, Dictionnaire d'histoire et de géographie ecclésiastique 6 (1932), 272, suppose que Bainus se serait alors démis de sa charge épiscopale.

[252] Concilia Galliae, éd. MUNIER, 27; le document est bien un «faux manifeste», forgé de toute évidence à Trèves dans la deuxième moitié du VIIIe siècle, mais il semble que son faussaire se soit appuyé sur une liste authentique de souscripteurs: GAUTHIER, L'évangélisation des pays de la Moselle, 447–453 (reproduit les deux listes); la question de l'authenticité de la liste de Cologne reste néanmoins discutée, on verra un état de la question dans KAISER, Bistumsgründungen im Merowingerreich, 31–32, n. 136.

[253] Cette inscription a été injustement suspectée: voir DELMAIRE, Pour une réhabilitation de l'inscription bavaisienne *CIL XIII 395**.

[254] LESTOCQUOY, L'origine des évêchés, 49; PIETRI, Remarques sur la christianisation, 60; voir également dans ce sens KAISER, Bistumsgründungen im Merowingerreich, 31–33.

de la province de Reims qui ne peuvent, selon lui, être interprétées comme «une certitude d'évangélisation tardive», mais bien comme «le résultat de la transmission défectueuse d'une histoire probablement assez peu mouvementée»[255]. C'est aussi notre point de vue et nous avons tenté de montrer dans le premier chapitre que les sources hagiographiques ont volontiers exagéré la situation pour donner une coloration missionnaire à l'action des abbés et évêques du VIIe siècle.

On doit donc constater que les flottements de la géographie ecclésiastique mérovingienne sont moins le produit de l'histoire de la christianisation que celui d'un découpage administratif déjà incertain au Bas Empire. Au Ve siècle en effet, l'organisation administrative du nord de la Gaule est sensiblement différente de celle qui avait été mise en place sous Auguste. Au Ier siècle, la région était partagée entre les cités des Morins, des Ménapiens, des Atrébates et des Nerviens avec pour chefs-lieu respectifs Thérouanne (*Tarvenna*), Cassel (*Castellum Menapiorum*), Arras (*Nemetacum*) et Bavay (*Bagacum*). Au début du IVe siècle, Boulogne (*Bononia/Gesoriacum*) reçut en raison de son importance portuaire le titre de chef-lieu d'une cité indépendante, la *civitas Bononensium*, détachée de celle des Morins dont Thérouanne resta la capitale[256]. Un siècle plus tard, la *Notitia Galliarum* signale d'autres modifications: le chef-lieu de la cité des Nerviens a été déplacé de Bavay à Cambrai (*Cameracum*) et celui de la cité des Ménapiens transféré de Cassel à Tournai (*Tornacum*). En définitive, seule la cité des Atrébates ne semble pas avoir connu de transformations significatives.

Tous ces éléments expliquent la grande diversité que connut l'organisation géographique des diocèses septentrionaux à l'époque mérovingienne: le modèle classique de la cité épiscopale, lieu de résidence de l'évêque, rayonnant sur le territoire diocésain n'est guère représenté qu'à Cambrai. L'inscription durable des évêques dans leur cité annonce déjà la position d'autorité qui allait rester la leur au IXe siècle et surtout au Xe siècle. Dans le diocèse de Tournai, Amand, à la suite de sa nomination épiscopale, a ignoré l'ancienne cité épiscopale pour faire reposer son activité sur les communautés disposées le long de l'Escaut, surtout Elnone et les établissements gantois. En Morinie, tous les efforts se portèrent dès les origines sur la communauté de Sithiu: cette situation peut être considérée comme la solution à l'héritage administratif équivoque – l'existence de deux cités – légué par la Bas Empire. Pour la commodité de l'exposé nous envisagerons successivement le rôle de l'évêque dans sa cité épiscopale, le développement de communautés rurales privilégiées, puis l'activité que l'évêque a cherché à déployer dans les campagnes de son diocèse.

L'ÉVÊQUE ET SA CITÉ ÉPISCOPALE

On sait que les évêques de Gaule à la fin de l'Empire et encore au VIe siècle furent essentiellement présents et actifs dans leur cité épiscopale même si – à l'image d'un Martin de Tours ou d'un Césaire d'Arles – on connaît aussi les efforts qu'ils commencèrent à déployer à l'égard des campagnes[257] . C'est ce que nous observerons dans un premier temps à Cambrai. Ailleurs, en particulier à Tournai dont il sera ensuite question, force est de constater que, dès les origines, l'ancien chef-lieu de cité semble avoir été délibérément négligé au profit de nouveaux centres monastiques ruraux.

255 Dubois, Les listes épiscopales, 17–18; l'auteur peut écrire que Superior «eut certainement des successeurs».

256 Delmaire, Ciuitas Morinorum.

257 Voir à ce propos les contributions rassemblées dans: The Church in Town and Countryside, dir. Baker.

Arras (VIe-Xe siècles)

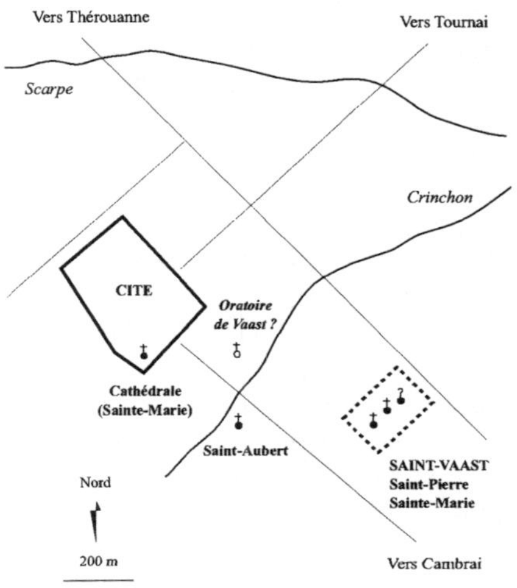

L'abbaye Saint-Vaast a été fortifiée, *Karolo imperatore* [le Gros ?] *consentiente*, d'après le diplôme d'Eudes de 890 pour le monastère.

Cambrai (VIe-Xe siècles)

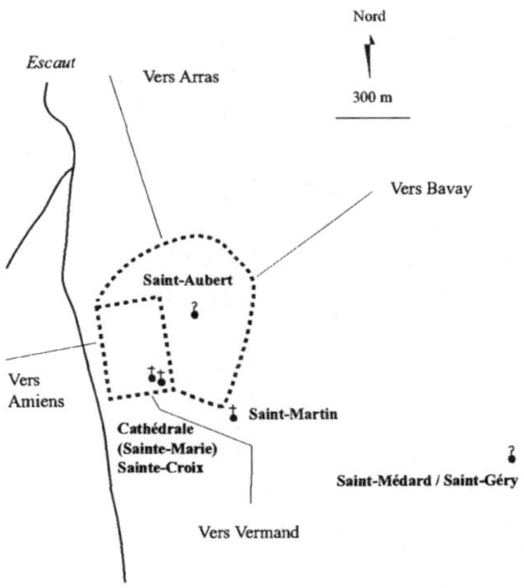

Ce plan reprend les cartes dressées par M. Rouche.
Il tente de concilier les données des sources écrites, mais reste largement hypothétique en l'absence de toute confirmation archéologique.

Tournai (VIe-Xe siècles)

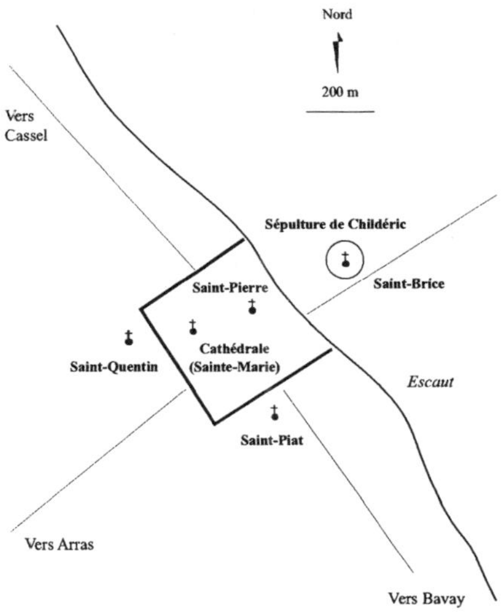

Gand (VIIe-Xe siècles)

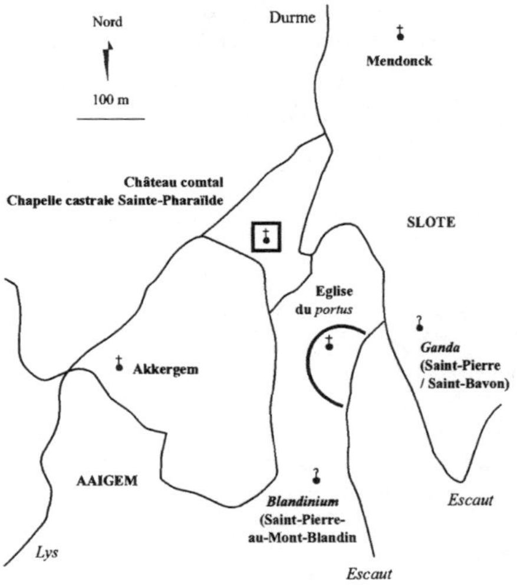

L'enceinte semi-circulaire du *portus* carolingien a été représentée.

Un modèle exceptionnel: Cambrai

Malgré son érection tardive en chef-lieu de la cité des Nerviens, Cambrai semble avoir acquis rapidement la physionomie d'un petit centre urbain. Même si elle n'a pas été fermement prouvée par les recherches archéologiques, l'existence d'un *castrum* est suggérée par Grégoire de Tours lorsqu'il évoque le refuge de Chilpéric Ier en 585, par la Passion de sainte Maxellende à propos de la localisation de l'église Saint-Martin, *constructa extra murum Cameracae civitatis*, ou encore par les *Gesta* qui signalent l'élargissement de l'enceinte (ce qui implique qu'elle existait déjà) par l'évêque Dodilon au tournant des IXe–Xe siècles[258].

Au tout début du VIIe siècle, notre connaissance de la cité est documentée par une source exceptionnelle, la Vie de l'évêque Géry. Celle-ci présente en pleine lumière une cité épiscopale dont les institutions et la topographie ne diffèrent guère des autres sièges épiscopaux gaulois. Géry a été désigné à la suite d'une procédure canonique (recommandation par le souverain, élection *ab clero et populo*, consécration par le métropolitain). Les miracles attribués à l'évêque de son vivant, notamment lors des Rogations, permettent de se faire une idée de l'héritage monumental dont Géry est alors le dépositaire ainsi que du nombre non négligeable de clercs qui l'entourent. À Cambrai au moins – mais peut-être aussi dans ses environs, au moins jusqu'à l'église de Famars que visitait l'évêque – le christianisme semble déjà fortement colorer la topographie chrétienne et les pratiques sociales depuis plusieurs générations[259].

Quelques lueurs sont jetées sur le groupe épiscopal. La Vie de Géry ne fait qu'une brève allusion à la cathédrale dans laquelle se retrouvèrent les douze prisonniers que l'évêque sortit de la prison du comte[260]. Plus loin, la Vie évoque l'existence d'une *domus* où le lit de l'évêque fut vénéré après sa mort[261]. Un autel fut aussi placé dans la chambre de Géry où des vœux étaient prononcés par les fidèles et des offices célébrés par les clercs de l'entourage épiscopal[262]. À la fin du Xe siècle, affirme l'auteur de la troisième Vie de l'évêque, cet édifice de très modestes dimensions adossé au mur septentrional de la cathédrale continuait à être considérablement fréquenté[263]. L'évêque Rotard († 995) dut se résoudre à le faire détruire lorsqu'il engagea les travaux de la crypte de la cathédrale[264]. Au XIe siècle, les *Gesta* font mention de l'église Sainte-

[258] Grégoire de Tours, Decem libri historiarum, éd. KRUSCH/LEVISON, l. VI, c. 41, 313; Passio Maxellendis prima, éd. BEVENOT, c. 14, 585; Gesta episcoporum Cameracensium, éd. BETHMANN, l. I, c. 65, 424: *Hic autem extructis muris, menia urbis in tantum ampliavit, ut monasterium sancti Autberti, quod extra erat, infra murorum ambitum cohiberet.*

[259] Vita Gaugerici prima, éd. KRUSCH, c. 8, 654–655 (Rogations); ibid., c. 12, 656–657 (visite à Famars).

[260] Ibid., c. 7, 654.

[261] Ibid., c. 14, 657; pour d'autres mentions de lits conservés pieusement après la mort du saint: Vita Eligii, éd. KRUSCH, l. II, c. 76, 737–738 (à Vitry-en-Artois); ibid.; l. II, c. 79, 739 (à Compiègne); De virtutibus Geretrudis, c. 4, éd. KRUSCH, 466 (lit de Gertrude à Nivelles); Miracula Austrebertae, éd. MABILLON, c. 1, 39–40 (les moniales de Pavilly furent punies pour s'être reposées sur le lit de sainte Austreberte).

[262] Vita Gaugerici prima, éd. KRUSCH, c. 14, 657: *ubi adsidue vota redduntur, et ministeria divina a clericis celebrantur*; ROUCHE, Vie de saint Géry, 287 traduit *votum* par mariage, ce qui est effectivement le sens donné par NIERMEYER, Lexicon minus, 1117, mais il ne faut pas oublier que le mot a aussi conservé son sens plus général de vœu ou de prière à Dieu (voir BLAISE, Dictionnaire latin-français des auteurs chrétiens, 860): ce sens semble mieux convenir dans le contexte mérovingien de la première Vie de Géry.

[263] Vita Gaugerici tertia, éd. VAN DEN BOSCH, c. 67, 689: *cellulam [...] beatae videlicet Mariae templo cohaerentem contra aquilonem parieti, parvo quidem et humili tecto, acclinem sed cleri ac populi celebri frequentatione sublimem.*

[264] Ibid., c. 68, 689–690.

Croix bâtie au sud de la cathédrale. L'évêque Jean († 878) y fut inhumé. Au tout début du XIe siècle, l'édifice menaçait de s'écrouler et fut détruit à la demande de l'évêque Gérard [265]. On connaît la diffusion du vocable de la sainte Croix dans la Gaule des IVe–VIe siècles, particulièrement pour les cathédrales (Orléans, Albi) et les autres églises des groupes épiscopaux (Tours, Lyon, Genève)[266]. L'hypothèse d'une fondation mérovingienne avancée par Michel Rouche mérite donc d'être examinée, mais elle ne peut acquérir la force d'une certitude comme a pu le souligner Charles Pietri[267]. La Vie de Géry fait enfin mention d'une basilique dédiée à saint Quentin, dont on ne peut savoir si elle se trouvait dans la cité ou dans ses environs immédiats[268]. Au XIe siècle, l'église n'est plus connue. L'auteur de la troisième Vie, remaniant cet épisode, néglige d'y faire référence[269]. Michel Rouche a donc préféré identifier cette basilique avec celle qui, près de Vermand, abritait le corps de ce martyr dont Éloi avait procédé à l'invention avant 660[270]. Mais il est probable que l'hagiographe aurait dans ce cas précisé son propos et on peut donc bien accepter Saint-Quentin comme l'une des églises existant à Cambrai au VIIe siècle[271].

Les sources signalent également l'existence de trois églises suburbaines: Saint-Géry, Saint-Aubert et Saint-Martin. À sa mort (623/629), l'évêque Géry fut inhumé dans une basilique dédiée à saint Médard, «qui avait été édifiée à sa demande de son vivant dans le lieu où il avait détruit des représentations païennes»[272]. Par la suite, cette église est mentionnée sous le seul nom de Saint-Géry. Au début du XIe siècle, l'auteur de la troisième Vie ajoute – mais il n'est pas question de le suivre – que l'évêque aurait fondé l'établissement sur «ses biens propres» puis que son frère, qu'il appelle Landon, aurait pris comme *abbas* la direction d'une communauté de *fratres*[273]. Dès le VIIe siècle néanmoins, le lieu de sa sépulture devint rapidement un but de pèlerinage: le gardien Baudegisilus qui sommeillait mit miraculeusement en échec une tentative de vol dans le sanctuaire[274]. Ceci signale une forme d'organisation ecclésiastique autour du tombeau, peut-être un embryon de communauté de basilique[275]. Saint-Géry aurait reçu à la fin du VIIe siècle une partie du domaine de *Pomeriolas* d'une riche veuve

[265] Gesta episcoporum Cameracensium, éd. BETHMANN, l. I, c. 51, 419 et c. 57, 421.

[266] EWIG, Die Kathedralpatrozinien im römischen und im fränkischen Gallien, 263–265; MOULIN, Les églises et chapelles Sainte-Croix en France.

[267] ROUCHE, Topographie historique de Cambrai, 342–343, rappelle que Radegonde fit venir des reliques de la Croix pour son monastère de Poitiers (Baudonivie, Vita Radegundis, c. 16–17, éd. KRUSCH, 387–390; Grégoire de Tours, In gloria martyrum, éd. KRUSCH, c. 5, 39–42), mais il n'existe pas de mentions suggérant des liens étroits entre la reine et l'évêque: voir à ce propos les objections de PIETRI, Remarques sur la christianisation, 61, n. 26; que l'on opte pour une fondation mérovingienne ou carolingienne, il n'y a en revanche pas de raison convaincante de placer Sainte-Croix hors des murs de la cité comme le font ROUCHE, Topographie historique de Cambrai, 343, n. 20 et HIRSCHMAN, Stadtplanung, Bauprojekte und Grossbaustellen, 129 (carte) et 130.

[268] Vita Gaugerici prima, éd. KRUSCH, c. 15, 658.

[269] Vita Gaugerici tertia, éd. VAN DEN BOSCH, c. 69, 690.

[270] ROUCHE, Vie de saint Géry, 287, n. 22.

[271] C'etait en définitive la position de PIETRI, Remarques sur la christianisation, 61.

[272] Vita Gaugerici prima, éd. KRUSCH, c. 13, 657: *sepultus est in basilica sancti Medardi, quem ipse vivens edificare iussit in loco, unde idola distruere procuravit, quae est in oppido Camaracinse civitate*; il faut comprendre le terme *oppidum* dans le sens général de *pagus* (voir NIERMEYER, Lexicon minus, 740); jusqu'à la Révolution, on pouvait voir dans l'église Saint-Vaast de Cambrai ce que l'on pensait être le tombeau de Géry rapporté de Saint-Géry au milieu du XVIe siècle après la destruction de cette basilique par Charles Quint (*sepulchrum antiquum*: simple sarcophage représenté dans le commentaire des AA SS Augusti 2, Anvers, 1735, 667).

[273] Vita Gaugerici tertia, éd. VAN DEN BOSCH, c. 57, 687.

[274] Vita Gaugerici prima, éd. KRUSCH, c. 14 et 15, 657–658.

[275] Sur ces communautés, voir désormais NOIZET, Les basiliques martyriales.

nommée Amaltrude[276]. Les traditions relatives à Saint-Aubert sont plus tardives: au XIe siècle, la Vie du saint évêque rapporte qu'à sa mort (entre 667 et 675), Aubert aurait été inhumé dans une église suburbaine dédiée à saint Pierre[277]. On notera que le rayonnement du culte d'Aubert est bien attesté dès la deuxième moitié du IXe siècle: par les litanies ajoutées au sacramentaire de l'évêque Hildoard[278], par le calendrier d'Héric d'Auxerre[279] et par le martyrologe d'Usuard[280]. La pérennité d'une communauté sur place entre le VIIe siècle et la fin du Xe siècle se déduit aussi de l'inhumation de l'évêque Rothade en 887[281]. Enfin, la Passion de sainte Maxellende évoque l'existence à la fin du VIIe siècle d'une église dédiée à saint Martin, située hors des murs de la cité[282]. La seconde Passion de la sainte mentionne une communauté féminine à Saint-Martin autour des reliques de Maxellende apportées à Cambrai pour des raisons mal connues[283]. Il est difficile de savoir si cette information vaut pour l'époque mérovingienne ou pour les siècles suivants.

Au total, ce sont donc au moins cinq églises (la cathédrale, Saint-Médard/Saint-Géry, Saint-Pierre/Saint-Aubert, Saint-Martin et Saint-Quentin), dont on peut accepter l'existence au VIIe siècle dans la cité ou ses environs immédiats. Cette situation distingue assurément Cambrai des cités épiscopales voisines.

La documentation archéologique apporte enfin un éclairage quant au rayonnement du christianisme dans les environs de la cité épiscopale. Quelques témoignages significatifs ont été mis au jour pour le VIe siècle: outre quelques objets marqués de la croix (une plaque-boucle à Avesnelles; une urne biconique de Bavay[284]), on ne peut passer sous silence l'inscription funéraire extrêmement fautive d'un certain Viufus, «de sainte et bonne mémoire», retrouvée à Les-Rues-des-Vignes. On remarquera avec attention cet indice de l'implantation précoce du christianisme à un endroit, qui, tout en étant favorablement situé à proximité de la cité épiscopale – les fouilles ont livré de riches témoignages d'une occupation gallo-romaine puis mérovingienne due au passage de la voie qui joignait Cambrai à Vermand –, n'en restait pas moins une bourgade rurale[285]. C'est en outre à la fin du VIe siècle que fut vraisemblablement édifiée l'église de la nécropole d'Hordain qui accueillit des sépultures privilégiées à l'intérieur et provoqua un nouvel alignement des inhumations à l'extérieur[286].

Le déclin de Tournai

Au Bas Empire, Tournai est une véritable cité romaine[287]. C'est également une cité septentrionale dans laquelle la présence chrétienne est bien attestée au VIe siècle[288]. La

[276] Passio Maxellendis prima, éd. Bevenot, c. 14, 585.

[277] Vita Autberti, éd. Ghesquière, l. IV, c. 29, 561–562; l'auteur rappelle que rien de certain n'est connu à propos de la date de la mort du saint et des circonstances dans lesquelles se déroulèrent ses funérailles.

[278] Coens, Recueil d'études bollandiennes, 280–281.

[279] Éd. Gaiffier, 424 (13 décembre).

[280] Éd. Dubois, 358 (13 décembre).

[281] Gesta episcoporum Cameracensium, éd. Bethmann, l. I, c. 61, 422.

[282] Passio Maxellendis prima, éd. Bevenot, c. 14, 585; ibid., c. 18, 587.

[283] Passio Maxellendis secunda, éd. Bevenot, 588, c. 27 (note k): *aliquibus causis existentibus, sive propter frequentem circumiacentis patriae bellis accidentibus perturbationem, vel potius ut celebrior sanctae martyris memoria in urbe nominatissima frequentaretur.*

[284] Le nord de la France de Théodose à Charles Martel, 140–141.

[285] Ibid., n° 39, 54 et 57; Carte archéologique de la Gaule 59, 375.

[286] Les fouilles d'Hordain, effectuées en 1973–1974, doivent être publiées très prochainement; en attendant, on se reportera à la Carte archéologique de la Gaule 59, 272–275.

[287] Verslype, La topographie du haut Moyen Âge à Tournai, 143–145.

[288] Vues d'ensemble sur Tournai avant le VIIe siècle dans Vercauteren, Étude sur les civitates de

mention fugitive d'Éleuthère, «donné comme pasteur à l'église de Tournai», dans la Vie de Médard de Noyon († vers 560) est solide: le texte a en effet été rédigé au tout début du VIIe siècle par un clerc se faisant passer pour Fortunat[289]. En revanche, la Vie tardive d'Éleuthère, sur laquelle nous aurons l'occasion de revenir, n'est d'aucune valeur pour notre propos, ce qui amène à tenir pour suspecte la mention d'un prédécesseur nommé Théodore que Mgr Duchesne préférait écarter de la liste épiscopale de Tournai[290]. Un autre évêque est connu, il s'agit d'Agrestius, représenté par le prêtre Vitalis au concile d'Orléans de 549[291] et présent personnellement à celui de Paris en 552[292]. Ajoutons, enfin, la mention par Grégoire de Tours du baptême du petit Samson à Tournai au moment où son père Chilpéric était assiégé par Sigebert (577?). Un évêque, qui n'était cependant peut-être pas l'ordinaire du lieu, fut le parrain de l'enfant qui mourut avant d'avoir atteint sa cinquième année[293]. Au total, on doit reconnaître que la présence épiscopale à Tournai ne fait aucun doute au VIe siècle jusqu'à ce que la souscription de l'évêque Achaire au concile de Clichy (626/627) signale ouvertement le rattachement à Noyon.

Les découvertes archéologiques suggèrent également une présence chrétienne au VIe siècle. Mentionnons d'abord le site de l'actuelle église Saint-Piat située au sud de la cité, à l'extérieur du *castrum*. À l'emplacement d'une nécropole du Bas Empire, fut édifiée au tout début du VIe siècle une basilique funéraire. L'édifice, fouillé en 1970–1971, était de plan carré (13,70 m x 13,30 m) et possédait trois nefs; on y a retrouvé plusieurs sépultures dont celle d'une riche jeune fille à en juger par le mobilier funéraire (boucles d'oreilles, collier). Il semble que cette basilique ait été édifiée sur une *memoria* du Bas Empire[294]. Le site de l'actuelle cathédrale vient de livrer des informations de première importance: les fouilles engagées depuis 1997 ont en effet dégagé une vaste salle quadrangulaire à hypocauste (20 m x 15 m) à laquelle les archéologues

Belgique seconde, 233–240 (pour les sources écrites), à lire désormais (pour les découvertes archéologiques) avec Verslype, Le paysage rural et urbain des bassins de l'Escaut et de la basse et moyenne Meuse à la période mérovingienne 2, 104–114.

289 Vita Medardi, éd. Krusch, c. 5, 68: *Dum adhuc esset in scolis vir sanctus [Medardus], parvus et innocens, dicit ad Eleutherium quendam puerulum conparem, quod publica in actione comitivam adsumeret, et cum triginta annorum vitae spatium caperet, ipsum dixit futurum summum Dei pontificem, qui in Tornaco civitate pastor est datus ecclesiae*; le passage du pseudo-Fortunat a été brutalement résumé dans la Vita Eleutherii, éd. Hensken, c. I, § 2, 190; l'auteur se contente de faire allusion par deux fois à Médard (qui aurait ensuite présidé les funérailles d'Éleuthère) sans évoquer son titre épiscopal, ce qui permet de passer sous silence la dépendance implicite de Tournai envers Noyon suggérée dans la Vie de Médard.

290 Vita Eleutherii, éd. Hensken, c. I, § 4, 191; Amand, Les débuts du christianisme à Tournai, 316; Duchesne, Fastes épiscopaux 3, 114–115.

291 Concilia Galliae, éd. De Clercq, 161: *Vitalis presbyter directus a domno meo Agrescio episcopo ecclesiae Toronnicae subscripsi.*

292 Ibid., 168: *Agrestius episcopus subscripsi;* Pontal, Histoire des conciles mérovingiens, 125, n. 2, fait d'Agrestius un métropolitain de Tours lors du concile d'Orléans alors qu'elle lui reconnaît le siège tournaisien lors de celui de Paris (ibid., 132, n. 2); Agrestius ne peut trouver sa place dans la liste épiscopale de Tours.

293 Grégoire de Tours, Historiae libri decem, éd. Krusch/Levison, l. V, c. 22, 229–230: *His ita gestis, Samson, filius Chilperici regis iunior, a desenteria et febre conprahensus, a rebus humanis excessit. Hic vero cum Chilpericus rex Tornacum a fratre obsederetur, natus est; quem mater ob metum mortis a se abiecit et perdere voluit. Sed cum non potuisset, obiurgata a rege, eum baptizare praecepit. Qui baptizatus et ab ipso episcopo susceptus, lustro uno nec perfuncto, defunctus est. Nam et mater eius Fredegundis in his diebus graviter egrotavit, sed convaluit*; Pycke, 'Urbs fuerat quondam', 217–218.

294 Childéric – Clovis, 149; Dumoulin/Pycke, Topographie chrétienne de Tournai, 19–21; Verslype, Le paysage rural et urbain des bassins de l'Escaut et de la basse et moyenne Meuse à la période mérovingienne 2, 106.

attribuent volontiers une vocation publique en raison de la qualité des décors exhumés. Dans le troisième quart du Ve siècle, le bâtiment fut arasé pour laisser la place à un autre édifice occupé pendant tout le VIe siècle et dont les techniques de construction plus grossières s'apparentent à de l'*opus africanum* qui a aussi été observé lors des fouilles du groupe épiscopal de Genève[295].

Les recherches archéologiques récentes témoignent cependant d'un certain abandon aux VIIe–VIIIe siècles[296] que l'on peut mettre en relation avec le rattachement à Noyon. Les sources écrites ne signalent pas la présence d'Éloi à Tournai. Les affirmations d'Hériman († après 1147) concernant la fondation de son abbaye, Saint-Martin de Tournai, par le saint évêque mérovingien ne méritent guère qu'on les prenne en considération car aucune tradition plus ancienne ne vient les étayer[297]. On ne lit qu'une seule mention précise de la cité sous la plume de l'auteur de la Vie d'Éloi. Avant de mourir, l'évêque aurait réuni ses proches pour leur confier ses dernières volontés. Parmi eux, se trouvait un certain Balderedus, *abbas ecclesiae Tornacensis*, auquel Éloi défendit de retourner prochainement dans la cité de l'Escaut. L'homme passa outre ce funeste avertissement et fut assassiné. Si l'on suit l'auteur, Balderedus aurait été pris à partie par la foule des habitants de Tournai[298]. Ce titre abbatial signale en tout cas que la ville n'avait pas été complètement désertée comme centre ecclésiastique au VIIe siècle et qu'il y subsistait au moins une communauté, peut-être autour de l'ancienne église cathédrale. On pourrait ainsi penser à une communauté de basilique rassemblée autour de la sépulture d'un saint, comme Grégoire de Tours en mentionne abondamment dans la Gaule du VIe siècle[299]. On ne dispose cependant pas d'attestation de cultes à Tournai à l'époque mérovingienne et il serait fragile de prétendre, par exemple, que les reliques de saint Nicaise aient pu être transportées si tôt à Tournai à l'instigation d'Éloi[300]. Nicaise, un des premiers évêques de Reims, est bien le premier saint dont le culte soit mentionné dans la cité de l'Escaut, mais les attestations dans la documentation ne sont pas antérieures au milieu du IXe siècle[301].

Force est de constater que Cambrai occupe une place à part, qui se rapproche le plus du modèle du chef-lieu de cité du VIIe siècle, devenu centre de pouvoir par la présence de l'évêque et de son activité de bâtisseur. À Tournai où le paysage urbain était sans doute le plus à même d'accueillir un évêque, la personnalité, l'autorité et l'action d'Amand ont privilégié, le long de l'Escaut, les communautés gantoises et le monastère d'Elnone, tout comme en Morinie l'évêque Omer favorisa la communauté naissante de Sithiu.

DES FONDATIONS MONASTIQUES PRIVILÉGIÉES

À Cambrai, les évêques se sont assurément souciés de leur cité épiscopale et de ses sanctuaires. Dans les diocèses de Boulogne/Thérouanne et de Tournai, il ne semble pas

[295] Verslype, La topographie du haut Moyen Âge à Tournai, 148–149; id., Le paysage rural et urbain des bassins de l'Escaut et de la basse et moyenne Meuse à la période mérovingienne 2, 106–107.

[296] Verslype, La topographie du haut Moyen Âge à Tournai, 150; id., Le paysage rural et urbain des bassins de l'Escaut et de la basse et moyenne Meuse à la période mérovingienne 2, 111.

[297] Liber de restauratione Sancti Martini, éd. Waitz, c. 43, 293; Dumoulin/Pycke, Topographie chrétienne de Tournai, 24–28.

[298] Vita Eligii, éd. Krusch, l. II, c. 34, 720: *inruente super se turba, vehementer caesus, ad ultimum interemptus est.*

[299] Pietri, Les abbés de basilique; Noizet, Les basiliques martyriales.

[300] Amand, Les reliques de saint Nicaise; id., Les débuts du christianisme à Tournai, 319–321 propose aussi de dater du règne de Clovis l'arrivée des reliques de Piat à Tournai.

[301] Milon, Vita Amandi metrica, éd. Traube, 589.

que les anciennes agglomérations romaines aient bénéficié d'autant d'attention: l'établissement des institutions ecclésiastiques s'est manifesté par le développement de communautés privilégiées, fondées avec l'appui du souverain sur de vastes domaines ruraux. Elles bénéficièrent très rapidement de privilèges de la part des autorités royale et épiscopale[302]. Examinons donc successivement les premiers temps des communautés scaldiennes, de Sithiu, puis de Saint-Vaast.

Dans la vallée de l'Escaut

À Elnone, d'importants moyens furent mis à la disposition d'Amand par Dagobert Ier. L'existence préalable d'un vaste domaine fiscal se déduit en effet du «testament» du saint dans lequel ce dernier rappelle que le monastère d'Elnone a été construit «sur une largesse royale» (*super largitate regia*)[303]. Des traditions rapportées par Milon († 872) – sur lesquelles se fondèrent ensuite les moines pour forger un faux diplôme de Dagobert Ier au début du Xe siècle – évoquent aussi une donation de la part de ce souverain mérovingien[304]. Ces renseignements ont tout lieu d'être pris en considération d'après ce que l'on sait des liens entre Amand et le roi. On peut donc admettre sans difficulté que la dotation primitive d'Elnone ait bien été un ensemble fiscal[305]. On devine ensuite une communauté nombreuse et organisée. La Vie d'Amand fait mention du prévôt Chrodobaldus alors que le saint était encore en vie[306]. Elnone bénéficia rapidement d'une certaine autonomie à l'égard de l'autorité épiscopale. Le diplôme donné par Charles le Simple à Elnone en 899 fait en effet état d'un *privilegium tempore beati Amandi a pontificibus illi loco collatum* dont les dispositions devaient être assez proches de celles qui ont été concédées à d'autres établissements voisins dans la deuxième moitié du VIIe siècle[307]. L'indépendance du monastère fut assurément facilitée par son implantation géographique à la frontière – mais on ignore si celle-ci était véritablement fixée et reconnue – des diocèses d'Arras et de Tournai.

À Gand, la rivalité entre Saint-Pierre et Saint-Bavon au Xe siècle a considérablement obscurci l'histoire des origines des deux établissements. La relecture critique que Georges Declercq a faite du fragment ancien du *Liber traditionum* blandinien a montré qu'Amand avait pu compter sur la donation d'un fisc royal à Aaigem qui aurait servi d'assise foncière primitive à la communauté du Mont-Blandin[308]. Pour ce qui est de la basilique de *Ganda*, le missionnaire aurait lui-même procédé à l'achat du domaine de Slote auprès d'un certain Rucho. La transaction aurait ensuite été confirmée par Clovis II. On sait évidemment très peu de choses sur les premiers temps de ces monastères[309]. Il ressort des dernières recherches de Georges Declercq qu'un véritable monastère fut bien édifié au Mont-Blandin dont un certain Jean prit la tête au milieu du VIIe siècle. Paradoxalement, c'est la seconde fondation d'Amand à *Ganda* – d'abord dirigée par Florbert – qui connut à la fin du VIIe siècle un essor rapide en raison de la présence des reliques de saint Bavon dont elle avait fait l'acquisition. Bavon était un

[302] Sur ce mouvement général, voir ROSENWEIN, Negotiating Space, 59–96.
[303] Milon, Vita Amandi, éd. KRUSCH, 484.
[304] Ibid., 471; pour l'acte faux de Dagobert qui reprend un passage du sermon de Milon, voir Die Urkunden der Merowinger 1, n° 45, 117–119.
[305] PLATELLE, Le temporel de l'abbaye de Saint-Amand, 35–37.
[306] Vita Amandi prima, éd. KRUSCH, c. 25, 48–49.
[307] Recueil des actes de Charles le Simple, n° 18, 30.
[308] Liber traditionum antiquus, Diplomata Belgica, éd. GYSSELING/KOCH, n° 49, c. 4, 135: *Ratio de villa Hatingem*, et *de alia terra que in circuitu adiecet monasterio quam ex largitione regis Dagoberti sanctus Amandus loco dedit.*
[309] Ce qui suit est tiré de DECLERCQ/VERHULST, Gand entre les abbayes et la fortification comtale, 37–44.

aristocrate «converti» par Amand à une vie érémitique. Si difficile d'interprétation soit-elle, la documentation gantoise fait bien état des deux communautés à l'orée du VIIIe siècle. Dans le cas du Mont-Blandin, se pose le problème de la mention d'une «abbesse» à cette date, nous y reviendrons.

En suivant les autres traditions les plus sûres se rapportant à Amand, on observe que l'évêque a aussi été particulièrement actif tout au long de la vallée de l'Escaut. Les autres communautés et églises dont il encouragea la fondation – Marchiennes, Leuze, Antoing, Renaix et Anvers – furent précisément établies le long du fleuve[310]. Mais les trois établissements dont on peut penser qu'Amand fut, avec le soutien de la monarchie mérovingienne, le seul et unique fondateur (Elnone, *Blandinium* et *Ganda*) étaient situés sur la rive gauche de l'Escaut et le temporel primitif de ces trois établissements s'étendait presque exclusivement sur cette même rive[311]. Ces éléments conduisent à penser que l'Escaut représentait une frontière au VIIe siècle (ce qu'elle fut bien au Moyen Âge) et que les communautés d'Elnone, *Ganda* et *Blandinium* furent fondées pour servir de centres religieux régionaux dans le diocèse de Tournai en délaissant délibérément la cité épiscopale.

En Morinie: deux cités, mais un monastère

Dès l'époque romaine, la Morinie connut une situation administrative un peu particulière qui a été récemment étudiée par Roland Delmaire[312]. L'implantation de Rome en Bretagne au Ier siècle ne tarda pas à faire du port de Boulogne le véritable centre de gravité de la *civitas Morinorum*, ce qui s'est même traduit administrativement par la création du *pagus Gesoriacus*. Rome tint cependant à maintenir l'unité de la Morinie autour de Thérouanne pour mieux contrôler ces *Cersiaci* dont l'enrichissement pouvait entretenir des volontés autonomistes. Celles-ci se concrétisèrent au IVe siècle. Boulogne et Thérouanne sont alors toutes deux mentionnées avec rang de chef-lieu de cité dans la *Notitia dignitatum*. Il n'est pas aberrant de penser que l'une et l'autre purent abriter à la fin de l'Empire des embryons d'institutions ecclésiastiques. Des arguments topographiques sont parfois invoqués pour appuyer la thèse de la création précoce d'un siège épiscopal à Boulogne: l'église Sainte-Marie était édifiée dans l'angle du *castrum* et des traditions attribuent à l'église Saint-Jean une fonction baptismale[313]. Pour trouver les premières mentions explicites de l'existence d'un siège épiscopal à Boulogne, il faut néanmoins attendre une lettre d'Hincmar de Reims au IXe siècle[314] et les traditions locales de l'église de Boulogne recueillies dans un acte de l'évêque Jean de Warneton de 1113 évoquant «l'église Sainte-Marie située à Boulogne, siège épiscopal et église cathédrale depuis les temps les plus anciens»[315].

[310] Moreau, La Vita Amandi prima et les fondations monastiques de saint Amand.

[311] Platelle, Le temporel de l'abbaye de Saint-Amand; Verhulst, De Sint-Baafsabdij te Gent en haar grondbezit; Declercq, Traditievorming en tekstmanipulatie in Vlaanderen in de tiende eeuw; Declercq/Verhulst, Gand entre les abbayes et la fortification comtale, 37–40.

[312] Delmaire, Ciuitas Morinorum.

[313] La meilleure présentation de ces traditions tardives se lit dans Héliot, Sur la topographie antique et les origines chrétiennes de Boulogne-sur-Mer.

[314] Il s'agit d'une lettre à Hincmar de Laon dans laquelle l'archevêque cherche à déprécier le siège de son neveu (de création récente) en s'appuyant de toute évidence sur la *Notitia Dignitatum*: *Nam Atrebatis, Viromandis, et Bononia, ex cujus territorio es nativus, antiquiores sedes cum episcopis propriis in Rhemorum provincia exstiterunt, quam castrum Montis Lauduni inter sedes computaretur, in quo es ordinatus episcopus* (PL 126, 294; cf. Bled, Boulogne a-t-il été évêché avant le XVIe siècle?, 36); sur la création du siège de Laon au VIe siècle, voir Kaiser, Bistumsgründungen im Merowingerreich, 10–18.

[315] Cartulaire [factice] de l'église abbatiale Notre-Dame, éd. Haigneré, n° 3, 96–97; éd. Gallia

En fait, les rares indices de la christianisation antérieurs à l'épiscopat d'Omer ne permettent guère d'apprécier l'importance respective des deux chefs-lieux de cité. Tous deux apparaissent dans les sources. Dès le milieu du VIe siècle, il est fait mention d'un monastère dans les environs (*in suburbano*) de Thérouanne qu'aurait dirigé un certain Trivier. Les traditions relatives à cette fondation sont données par la Vie du saint[316]. Elles posent d'indéniables problèmes, mais, dans l'état actuel des recherches, il est difficile de les rejeter sans discussion. Une église est aussi atttestée à Boulogne quelques décennies plus tard. Bède le Vénérable évoque le décès tragique de Pierre, compagnon d'Augustin et premier abbé de Cantorbéry, à l'occasion d'un naufrage dans la rade d'Ambleteuse au tout début du VIIe siècle. Le malheureux fut inhumé sur place avant que sa dépouille ne soit transportée dans l'église de Boulogne[317]. Au XIe siècle, c'est bien dans l'église Notre-Dame que ses reliques étaient conservées et honorées[318].

C'est en leur attribuant un rang égal (celui d'*oppidum*) que Jonas de Bobbio cite Boulogne et Thérouanne comme sièges de l'autorité épiscopale d'Omer en 639/642, mais – on l'aura remarqué – en plaçant au premier chef la cité portuaire[319]. Ensuite, les actes des VIIe et VIIIe siècles, essentiellement copiés par Folcuin, ne précisent jamais le siège des évêques souscripteurs[320]. À l'époque carolingienne, il est en revanche bien établi que Thérouanne seule est citée comme chef-lieu du diocèse dans la documentation et, en premier lieu, dans la Vie d'Omer qui présente la nomination de l'évêque *ad docendum atque gubernandum Terwanensis urbis populum*[321]. Mais tout cela ne permet guère de savoir quand Thérouanne s'est réellement imposée comme véritable siège épiscopal au détriment de Boulogne. Rédigée à Sithiu un peu avant 820, la Vie d'Omer ne consacre aucun développement à la cité de Thérouanne en particulier. Tout au plus peut-on penser que c'est là que se trouvait l'*ecclesia* dans laquelle le saint célébra sa dernière messe. En revanche, la présence de l'évêque à Boulogne est bien mentionnée[322]. Dans l'état actuel des recherches, les fouilles archéologiques n'ont pas mis au jour, à Thérouanne, de structures pouvant franchement s'apparenter à celles d'un groupe épiscopal mérovingien[323]. Dans ce domaine, rien de significatif n'a pu être retrouvé à Boulogne.

Faute de sources, la discussion sur le rôle respectif de Boulogne et de Thérouanne risque de rester longtemps stérile. Contentons-nous de constater que rien ne permet de conclure à la prééminence de l'une ou l'autre cité au VIIe siècle. Or à cette date le lieu

christiana 10, Intrumenta, 398–399: *notum fieri volo quod ecclesia Beatae Mariae, quae in urbe Bononia sita est, sedes episcopali et cathedralis ab antiquitis temporibus posita est*; le siège épiscopal de Boulogne, créé en 1556, disparut à la Révolution et la question des origines fut alors un des éléments mis en avant par les partisans d'une restauration dans la deuxième moitié du XIXe siècle; le chanoine Bled (cité note précédente) semble avoir eu le dernier mot, mais le mémoire de l'abbé Haigneré, Étude historique sur l'existence d'un siège épiscopal, garde toute sa valeur.

316 Vita Treverii, éd. Chifflet, c. 22, 33; Mériaux, Thérouanne et son diocèse, 386.

317 Bède, Historia ecclesiastica gentis Anglorum, l. I, c. 33, éd. Colgrave/Mynors; Mériaux, Thérouanne et son diocèse, 387.

318 Eadmer, Vita Petri, éd. Wilmart, 357–359.

319 Jonas, Vita Columbani, éd. Krusch, l. II, c. 8, 245.

320 Une exception concerne néanmoins l'adresse du privilège d'Omer (663) qui évoque par deux fois l'*ecclesia Taruanninsa* (Diplomata belgica, éd. Gysseling/Koch, n° 3, 10), mais la tradition de cet acte pose beaucoup de problèmes.

321 Vita Audomari, Bertini et Winnoci, éd. Levison, c. 4, 755.

322 Ibid., c. 8, 757.

323 Honoré Bernard a proposé la reconstitution d'un groupe épiscopal à Thérouanne pendant le haut Moyen Âge: voir par exemple Bernard, L'hypothèse du groupe épiscopal de Thérouanne; ces hypothèses n'ont pas convaincu Roland Delmaire et Noël Duval: voir Les premiers monuments chrétiens de la France 3, 274–277.

qui s'impose comme véritable centre du diocèse est en fait la jeune fondation monastique de Sithiu qui bénéficia dès les origines de moyens considérables. Souhaitée et encouragée par l'évêque Omer, cette fondation fut confiée à trois de ses proches, Mommelin, Bertin et Ébertram[324]. Telle qu'elle nous a été transmise par le moine Folcuin au Xe siècle, la donation du *vir potens* Adroald le 6 septembre 649 suggère aussi l'intervention de plusieurs agents du roi: le comte Chunebertus, six *sacebarones* (chargés de la perception des amendes judiciaires) et le *cassaruus* (trésorier?) Thiodobaldus[325]. L'acte fut donné en outre à Aix-en-Issart, mentionné comme domaine royal (*villa dominica*)[326], ce qui pourrait signifier qu'Adroald était lui-même un agent du souverain. La documentation diplomatique indique aussi l'accroissement rapide du temporel et l'importance prise par la communauté. Son indépendance fut garantie par l'évêque Omer lui-même qui concéda au monastère un privilège de «petite liberté» en 663[327]. La particularité de l'établissement réside enfin dans le développement, sans doute très précoce, de deux groupes de clercs. Les uns étaient rassemblés autour de la basilique primitive du domaine, dédiée à la Vierge; les autres autour de l'église Saint-Pierre, fondée par Mommelin, Bertin et Ébertram.

Arras: de la cité au monastère

On peut distinguer deux temps dans l'histoire d'Arras à l'époque mérovingienne: celui de l'existence vraisemblable d'une administration épiscopale (certes réduite); celui de la fondation puis de la croissance de la communauté monastique de Saint-Vaast.

Ce que l'on peut savoir de plus sûr au sujet d'Arras au VIe siècle provient de la Vie de l'évêque Vaast, envoyé dans la cité par Remi de Reims après le baptême de Clovis. Le récit est certes rapide, imprécis et parfois négligent. Il n'en reste pas moins que son dernier éditeur, Bruno Krusch, en a attribué la paternité à Jonas de Bobbio[328], ce qui fait du texte un des documents hagiographiques les plus anciens dont nous disposons pour écrire l'histoire du nord de la Gaule mérovingienne. On ne possède cependant aucun élément permettant de préciser le contexte de sa rédaction. Il nous faut admettre que Jonas écrivit pour une première communauté, sans doute rassemblée autour de la sépulture du saint dans l'église de la cité. S'il accumule certains clichés (ainsi l'état d'abandon d'Arras au début du VIe siècle lorsque Vaast arrive de Reims), cette Vie n'en révèle pas moins certaines précisions en mentionnant une petite résidence épiscopale (*domus*), flanquée d'une *cellola*, épargnée par un incendie peu après la mort du saint. Le texte évoque par ailleurs l'activité de l'archiprêtre (*arcepresbiter*) Scupilio qui présida la cérémonie de funérailles[329]. Les recherches archéologiques récentes semblent apporter une petite confirmation aux dires du moine italien. L'existence

[324] Mériaux, Thérouanne et son diocèse, 388–399.

[325] Diplomata Belgica, éd. Gysseling/Koch, n° 2, 6–7; voir à ce propos Ebling, Prosopographie der Amtsträger des Merowingerreiches, n° 138, 122–123 et les remarques de Le Jan, Prosopographica neustrica, 232.

[326] C'est le premier sens de l'adjectif *dominicalis* donné par Niermeyer, Lexicon minus, 349–350.

[327] Diplomata belgica, éd. Gysseling/Koch, n° 3, 10–13.

[328] Krusch, Zwei Heiligenleben des Jonas von Susa, 427–448; Krusch se fonde d'une part sur des ressemblances thématiques et stylistiques avec la Vie de saint Colomban, et d'autre part, sur ce séjour de trois années que Jonas lui-même, dans le prologue de la *Vita Columbani*, affirme avoir passé à Elnone aux côtés d'Amand, ce qui expliquerait l'intérêt du moine de Bobbio pour Vaast.

[329] Pietri, Remarques sur la christianisation, 62–63; l'auteur pensait tenir la preuve décisive de l'absence d'évêque résidant et du statut itinérant de Vaast car le terme d'archiprêtre est généralement employé pour désigner le responsable des églises d'un district rural; force est néanmoins de constater qu'il peut aussi désigner un membre du clergé urbain (Godding, Prêtres en Gaule mérovingienne, 220).

d'une enceinte ne fait plus aucun doute[330]. En outre, les fouilles d'Alain Jacques ont mis au jour sur le site de la cathédrale gothique (au nord du massif occidental), à l'emplacement du *caldarium* des thermes du Bas Empire, un petit édifice à abside (12 m x 6 m), strictement aligné sur les constructions postérieures de la cathédrale médiévale, occupé du IIIe jusqu'au VIIIe siècle, date à laquelle furent effectués des travaux d'agrandissement[331]. Si la vocation cultuelle de l'édifice n'est pas absolument prouvée, il n'empêche qu'il témoigne d'une continuité de l'occupation dans la cité, sur le site de la future cathédrale, dans l'Antiquité tardive et le très haut Moyen Âge.

Au début du XIe siècle, le *Chronicon Vedastinum* et les *Gesta* des évêques de Cambrai prétendirent que Vaast gouvernait simultanément Arras et Cambrai et que son deuxième successeur nommé Vedulfus transféra le siège de ce double évêché à Cambrai[332]. En réalité, il faut attendre la deuxième moitié du VIIIe siècle pour disposer d'une attestation de ce double gouvernement. Il s'agit de la double titulature revendiquée par l'évêque Albéric (attesté entre 763 et 798) lorsqu'il fit copier le manuscrit qui est aujourd'hui le plus ancien témoin de la *Collectio canonum Hibernensis*[333]. L'existence de deux diocèses sous le gouvernement de l'évêque de Cambrai est donc bien attestée précocement. Mais cette distinction vaut-elle déjà pour les VIe–VIIe siècles? Rien n'est moins sûr. On remarquera en effet que la Vie de Vaast n'évoque jamais un hypothétique gouvernement de cet évêque sur le siège de Cambrai et que, de son côté, la Vie de l'évêque Géry ne fait en aucun cas allusion à l'autorité que ce dernier aurait pu avoir sur Arras. Ce qui est pour le moins curieux de la part d'un auteur très bien renseigné sur son modèle. Il convient donc d'être très prudent quand on évoque le thème du déplacement de la cité épiscopale d'Arras à Cambrai. Contentons-nous dans un premier temps de constater qu'il n'est pas du tout exclu qu'Arras ait encore été considérée comme une cité épiscopale indépendante au début du VIIe siècle.

L'histoire des origines de Saint-Vaast d'Arras pose des problèmes insolubles, provoqués par la destruction d'une grande partie des archives au IXe siècle[334]. Les informations relatives aux premiers temps de l'établissement ont été rassemblées au tournant des Xe–XIe siècles et il est difficile de démêler ce qui provient de documents encore conservés sur place à cette date du souci des moines de reconstruire leur passé[335]. On l'a dit, la rédaction de la Vie de saint Vaast par Jonas de Bobbio vers 640 témoigne de l'existence d'un culte rendu au saint évêque, mais on sait rien d'une éventuelle communauté rassemblée autour du corps du saint dont Jonas précise seule-

[330] Van Uytfanghe, La vallée de l'Escaut et de ses affluents à l'époque mérovingienne, 38; Leman, Topographie chrétienne d'Arras.

[331] En attendant la notice de la Topographie chrétienne, voir Carte archéologique de la Gaule 62–1, 129–130; Alain Jacques, Arras, Palais médiévaux, dir. Renoux, 128–129; Jacques, Arras, ville antique, 81–83; Verslype, Le paysage rural et urbain des bassins de l'Escaut et de la basse et moyenne Meuse à la période mérovingienne 2, 94–99.

[332] Chronicon Vedastinum, éd. Waitz, 684: *Civitates igitur Atrebata atque Cameracus renovatae gratiae in Christo sorores fuere, tali antiste [Vedasto] decoratae atque desponsatae*; Gesta episcoporum Cameracensium, éd. Bethmann, l. I, c. 7, 406; c. 12, 407: *Camaracensis aecclesia specialem principatus aulam accepit;* exposé fourni de ce problème dans Kéry, Die Errichtung des Bistums Arras, 211–226.

[333] Cambrai, Médiathèque, ms 679, fol. 75v: *Albericus episcopus urbis Camaracinsium et Adrabatinsium*; Muzerelle et al., Cambrai, 87; par la suite les évêques n'ont jamais adopté la double titulature, sauf pour les actes en faveur du diocèse d'Arras dont on ne conserve aucun exemplaire avant le XIe siècle (Delmaire, Le diocèse d'Arras 1, 53); sur Albéric, voir Duchesne, Fastes épiscopaux 3, 112.

[334] Annales Vedastini, éd. von Simson, a° 879, 46; a° 886, 62: *in quo incendio omnis ornatus monasterii sancti Vedasti in thesauro et sacris vestibus et libris et kartis deperiit*; ibid., a° 892, 71.

[335] L'historiographie à Saint-Vaast jusqu'au XIe siècle est présentée dans Ugé, Politics of Narrative Production 2, 258–298 et Krüger, Königsgrabkirchen, 194–205.

ment qu'il avait été déposé dans la cathédrale au cœur du *castrum* antique[336]. Il faut donc attendre le tournant des VIIIe–IXe siècles pour disposer d'informations concernant le monastère de Saint-Vaast grâce aux écrits d'Alcuin. On possède ensuite toute une série de textes hagiographiques au IXe siècle ainsi que des précieuses *Annales Vedastini*. Il apparaît ainsi clairement qu'à l'époque carolingienne, l'établissement se trouvait établi non pas dans la cité, mais dans son *suburbium*, ce qui était en contradiction avec le texte de Jonas. Au milieu des années 870, le moine Ulmar prétendit donc que le corps de saint Vaast aurait été transporté sur le site de la future abbaye à l'occasion d'une cérémonie de translation présidée par les évêques Aubert de Cambrai et Omer de Thérouanne à la fin des années 650[337]. Cette version des faits se lit également dans une interpolation de la seconde Vie de Vaast (rédigée par Alcuin) afin d'expliquer le départ des reliques de la cathédrale[338]. À la suite de Bruno Krusch et de Léon van der Essen[339], les historiens ont estimé que cette translation avait été inventée de toute pièce pour rendre intelligible l'histoire des premiers temps de Saint-Vaast. Rien ne permet cependant d'écarter complètement la possibilité d'une translation sous l'épiscopat d'Aubert et la fondation d'une première communauté à cette date autour des reliques de Vaast. L'intervention conjointe d'Omer et Aubert, évêques ordinaires des deux diocèses voisins, pourrait signaler certes qu'il n'y avait pas d'évêque à Arras à cette époque, mais aussi que l'évêque de Cambrai n'avait pas encore nécessairement une autorité exclusive sur la cité.

Les choses changent sous l'épiscopat de son successeur Vindicien. Composé autour de l'an mil, le *Chronicon Vedastinum* donne en effet à lire un privilège de liberté accordé par cet évêque. Le document est un faux et le contexte de sa forgerie vers 994–995 a été lumineusement précisé par Jean-François Lemarignier[340]. Cependant plusieurs éléments de cette charte apocryphe de Vindicien (la liste des souscriptions, la mention des règles de Basile, Colomban et Benoît[341]) sonnent juste pour un document qui se présente comme ayant été donné un 1er mai en 679/680 ou 684/685 (septième ou douzième année du règne de Thierry III). Ils invitent donc à considérer qu'il devait exister un privilège plus ancien[342], ce qui revient à reconnaître une participation active de Vindicien dans la réorganisation du monastère. Toujours au début du XIe siècle, une série d'informations rappelle le rôle du roi Thierry III. D'après les *Gesta*, Vindicien lui-même aurait «donné l'abbatiat au roi Thierry» en conservant néanmoins l'autorité

336 Jonas, Vita Vedasti, éd. KRUSCH, c. 9, 412; pour la topographie médiévale d'Arras, voir VERCAUTEREN, Étude sur les civitates de la Belgique seconde, 181–204; LESTOCQUOY, Les étapes du développement urbain d'Arras; BRÜHL, Palatium und civitas 1, 91–99.

337 Ulmar, Miracula Vedasti, éd. HOLDER-EGGER, c. 1, 399: *iacuit beatum cadaver in aecclesia beatae Dei genitricis Mariae annos circiter 118; dehinc translatum est a beatis Autberto et Audomaro in locum ubi nunc servantur illius pignera*; la mort de Vaast est traditionnellement datée de 540.

338 Il s'agit des manuscrits de la classe *C* dans l'édition de Bruno Krusch (BHL 8508).

339 Voir la préface de Bruno Krusch aux éditions des deux Vies de Vaast, 402–403; VAN DER ESSEN, Étude critique et littéraire, 217–219.

340 Il existe deux versions du privilège, insérées l'une dans le *Chronicon Vedastinum* (éd. WAITZ, 696–698), l'autre dans le cartulaire de Guimann (Cartulaire de l'abbaye de Saint-Vaast, éd. VAN DRIVAL, 18–22); voir surtout LEMARIGNIER, L'exemption monastique et les origines de la réforme grégorienne, 332–340 et KÉRY, Die Errichtung des Bistums Arras, 256–257.

341 Chronicon Vedastinum, éd. WAITZ, 697; MOYSE, Les origines du monachisme dans le diocèse de Besançon, 419 accepte un noyau authentique du privilège: les règles de Benoît et Colomban sont effectivement fréquemment citées ensemble (voir les mentions rassemblées 418–420) et celle de Basile fut, parmi d'autres, enseignée à Philibert, futur abbé de Jumièges, à l'occasion de son voyage initiatique dans les monastères de Gaule et d'Italie (Vita Filiberti, éd. LEVISON, c. 5, 587).

342 FOURNIER, Sur quelques-uns des plus anciens documents de l'histoire d'Arras, 208; LEMARIGNIER, L'exemption monastique et les origines de la réforme grégorienne, 332.

spirituelle sur Saint-Vaast[343]. Tout cela demande à être pris avec beaucoup de prudence. On est cependant frappé par les références incessantes à Thierry III. Son souvenir était très vivant à Saint-Vaast à la fin du Xe siècle car le monastère abritait son tombeau (ainsi que celui de son épouse Doda)[344] et la présence de ces sépulcres excita par la suite l'imagination des moines. Au XIIe siècle, Guimann prétendit que le meurtre de Léger d'Autun avait indigné les évêques du royaume et qu'ils s'étaient réunis pour exiger du roi une pénitence publique. Sur les conseils de Vindicien, celle-ci avait pris la forme de larges faveurs faites à Saint-Vaast[345].

En somme, les informations abondantes mais confuses apportées autour de l'an mil au sujet des premiers temps de Saint-Vaast suggèrent que le destin de l'établissement à l'époque mérovingienne fut sans doute très proche de celui de Sithiu ou d'Elnone: on y trouve à l'origine une initiative épiscopale, mais aussi assez vite la reconnaissance d'une grande liberté à l'égard de la juridiction de l'ordinaire et également le soutien de la royauté. L'originalité d'Arras réside dans la chronologie que l'on a pu tenter de dégager: Saint-Vaast bénéficie d'un privilège important au moment même où l'absence d'évêque sur place apparaît clairement dans la documentation. Vindicien est en effet le premier évêque de Cambrai dont on peut raisonnablement penser qu'il gouverna aussi le diocèse d'Arras car on le voit intervenir dans ce ressort[346]. Cette nouvelle définition des pouvoirs ecclésiastiques locaux – qui associait le gouvernement lointain de l'évêque de Cambrai sur Arras avec la montée en puissance, localement, de l'abbaye Saint-Vaast – dut sans doute beaucoup au déplacement des équilibres politiques dans le royaume, lié à la sourde rivalité qui opposait alors Neustriens et Austrasiens et qui aboutit en 687 à la mainmise définitive des seconds emmenés par Pépin II. Mais les lacunes de la documentation empêchent malheureusement de préciser davantage les circonstances de ces changements.

PRÉSENCE DE L'ÉVÊQUE DANS SON DIOCÈSE

Les sources évoquent en plusieurs occasions la manière avec laquelle les institutions ecclésiastiques – et en premier lieu l'évêque – imposèrent leur présence sur le territoire: en mentionnant les déplacements des prélats et en précisant ponctuellement leur participation à certaines cérémonies dans le diocèse. L'évêque se rencontre donc assurément hors de sa cité épiscopale à l'époque mérovingienne, même si les marges de son diocèse restent encore moins bien contrôlées.

[343] Gesta episcoporum Cameracensium, éd. Bethmann, l. I, c. 20, 409: *Beatus Vindicianus, qui ei [Autberto] successit in episcopium, existentibus causis abbatiam Theoderico regi donavit, retento sibi pastoralis privilegio regiminis.*

[344] Chronicon Vedastinum, éd. Waitz, 698; les sources plus contemporaines (continuations du Pseudo-Frédégaire, *Liber historiae Francorum*) ne précisent pas le lieu de sépulture de Thierry mais il ne semble pas devoir être mis en doute; la sépulture de Doda est mentionnée pour la première fois par Guimann au XIIe siècle; sur tout ceci, voir Erlande-Brandenburg, Le roi est mort, 56–57, et toujours Krüger, Königsgrabkirchen, 194–205.

[345] Cartulaire de l'abbaye de Saint-Vaast, éd. Van Drival, 15–16.

[346] Ursin de Ligugé, Passio Leudegarii, éd. Krusch, c. 24, 346–348 (Vindicien s'oppose à la translation du corps de saint Léger assassiné en 678/679 aux confins des diocèses d'Arras et d'Amiens); Gesta episcoporum Cameracensium, éd. Bethmann, l. I, c. 21–28, 409–413 (Vindicien inhumé à Écoivres, près d'Arras, dans son domaine).

L'évêque en voyage

On a sans doute un peu exagéré l'utilisation de la voie d'eau aux VIIe–VIIIe siècles au détriment du réseau routier hérité de Rome[347]. Dans le nord de la Gaule, l'évêque emprunte l'une et l'autre en fonction des destinations.

On l'a dit, Amand a privilégié l'Escaut pour ses déplacements. Dans la préface de la Vie de Colomban, Jonas se félicite ainsi d'avoir pu mener à terme son ouvrage. «Et cela, malgré les voyages que depuis trois ans, j'accomplis dans les régions de l'Océan, fendant sur un canot (*lintris*) les flots de la Scarpe, et sur une barque (*asco*) ceux de l'Escaut, où je m'ouvre de doux chemins, mouillant aussi mes pieds aux lagunes paresseuses de l'Elnon pour apporter mon aide au vénérable évêque Amand, établi en ces lieux où il combat avec le glaive de l'Évangile les vieilles erreurs des Sicambres»[348]. La Vie d'Amand se fait l'écho de cette situation en rapportant l'histoire du prévôt Chrodobaldus. Jeune moine, il avait désobéi à Amand et fut subitement paralysé. Les frères durent alors le porter en barque (*navis*) auprès du saint[349]. On pourrait également citer la Vie de saint Bavon qui évoque l'épisode de ce maçon du monastère de *Ganda* (plus tard Saint-Bavon) qui fut victime d'un accident malheureux en édifiant la cellule du saint (située à Mendonck si l'on suit l'interprétation de Georges Declercq). Le corps de l'ouvrier devait être transporté en barque (*in navi*) sur la Durme jusqu'au *castrum* de Gand pour y être enterré. Bavon ordonna cependant qu'on le lui apportât et le malheureux retrouva alors la vie[350]. On citera également la Vie d'Omer tout en recommandant une certaine prudence devant un texte qui décrit peut-être surtout la réalité du début du IXe siècle. Elle signale une visite du prélat à Boulogne et la messe qu'il célébra sur place puis s'étend bien davantage sur la désobéissance d'un des clercs de son entourage qui s'embarqua sur la Liane et fut, malgré lui, emmené en pleine mer[351]. À la recherche d'un *topos* hagiographique crédible pour exprimer le désir de *peregrinatio* des fondateurs de Sithiu, l'auteur carolingien de la Vie d'Omer rappelle aussi leur embarquement (*in navem ascendentes*) sur l'Aa. Au Xe siècle, la Vie de Josse signale également l'usage de barques (*naviculae*) halées sur l'Authie du vivant du saint[352].

Il existe des attestations de l'usage du réseau routier hérité de Rome. La présence de l'évêque Géry de Cambrai à Famars n'exclut pas complètement un déplacement sur l'Escaut, mais le prélat a tout aussi bien pu emprunter la chaussée Cambrai-Bavay, puis un *diverticulum* à la hauteur de Bermerain[353]. On citera aussi le témoignage de la Vie de Vulmer qui fait état du voyage du saint *recto tramite*. Or, on sait effectivement qu'il y avait moyen d'emprunter la voie romaine sur la majeure partie du parcours qui de Boulogne menait à Hautmont[354]. Le choix de la sépulture de l'évêque Vindicien au Mont-Saint-Éloi n'est sans doute pas étranger au fait que le domaine d'Écoivres était traversé par la chaussée Arras-Thérouanne. Au IXe siècle encore, quelques textes suggèrent l'importance qu'avait conservé le réseau routier romain. En témoigne ce

[347] On lira un état de la question pour le haut Moyen Âge dans LEBECQ, Entre Antiquité tardive et très haut Moyen Âge: permanence et mutations des systèmes de communications.

[348] Jonas de Bobbio, Vita Columbani, éd. KRUSCH, 145–146; trad. DE VOGÜE, 94, revue avec VAN UYTFANGHE, La vallée de l'Escaut, 29, n. 34.

[349] Vita Amandi prima, éd. KRUSCH, c. 25, 448.

[350] Vita Bavonis, éd. KRUSCH, c. 7, 540–541; DECLERCQ/VERHULST, Gand entre les abbayes et la fortification comtale, 40–42.

[351] Vita Audomari, Bertini et Winnoci, éd. LEVISON, c. 8, 757–758.

[352] Vita Judoci, éd. LE BOURDELLÈS, c. VIII, § 1, 921.

[353] Vita Gaugerici prima, éd. KRUSCH, c. 12, 656.

[354] Vita Vulmari, éd. MABILLON, c. 2, 234.

miracle opéré en 836 par les reliques de saint Liboire du Mans en route pour Paderborn à un endroit nommé *Bavacas* et qu'il est raisonnable d'identifier avec le carrefour routier de Bavay[355]. De la même façon, il semble que si Cassel put conserver jusqu'à l'époque carolingienne la fonction de chef-lieu du *pagus* du Mempisque, elle le devait à sa position privilégiée au cœur du réseau routier septentrional[356].

Si on a pu rappeler en introduction les contraintes du milieu physique – et en premier lieu la présence de vastes étendues marécageuses – on ne doit pas non plus sous-estimer les facilités que cela représentait pour la mobilité des uns et des autres. Ce qui ne pouvait assurément nuire à l'activité pastorale.

Les interventions de l'évêque hors de sa cité épiscopale

Les raisons qui motivent les déplacements de l'évêque sont bien souvent mal connues. On voit cependant l'évêque intervenir à plusieurs reprises hors de la cité épiscopale pour appuyer les fondations religieuses rurales.

Au début du Xe siècle, la Vie de Landelin insiste sur les rapports étroits qui unissaient l'évêque Aubert à Landelin, son filleul. Ayant mené une existence de brigand avant de faire pénitence auprès de l'évêque, Landelin aurait fait par deux fois le pèlerinage à Rome. Avec l'autorisation et la bénédiction d'Aubert, il aurait alors fondé des *monasterioles habitationes* à Lobbes ainsi que deux communautés à Aulne et à Wallers[357]. La Vie passe rapidement sur le départ de Landelin. Alain Dierkens l'a interprété comme une véritable expulsion dans le contexte de la reprise en main de Lobbes sous la houlette des Pippinides après la victoire de Tertry en 687[358]. Les successeurs de Landelin, Ursmer et Ermin, très liés aux Pippinides, adoptèrent alors la titulature d'abbé-évêque, ce qui signale assurément l'indépendance dont ils entendaient désormais jouir par rapport à l'autorité de l'évêque ordinaire de Cambrai[359]. Landelin se serait alors retiré à Crespin en compagnie de deux disciples, vraisemblablement avec l'appui d'Aubert, même si cela n'est pas explicitement mentionné. De manière générale, doit-on penser que la Vie exagère le rôle de l'évêque? C'est ce que l'on a longtemps pensé en rappelant que le texte pouvait avoir été écrit juste après 920, date à laquelle Charles le Simple aurait cédé le monastère de Crespin à l'évêque de Cambrai[360]. Dans cette perspective, l'intimité d'Aubert et de Landelin au VIIe siècle fondait en quelque sorte les droits des évêques du Xe siècle sur le monastère. À ce titre, elle pouvait paraître suspecte. Anne-Marie Helvétius s'est néanmoins interrogée sur la sincérité de cet acte de 920 et propose plutôt d'y reconnaître un faux forgé à la fin du siècle. L'hypothèse a le mérite de résoudre en partie le problème que posait ce diplôme. Nulle part ailleurs, en effet, on ne voit que l'abbaye ait appartenu aux évêques de Cambrai[361]. Dès lors, il n'y aurait plus de raison de soupçonner les affirmations de l'hagiographe de Landelin. Il y aurait même lieu de prendre au sérieux les traditions relatives à la participation de l'évêque Aubert dans ses fondations. L'information n'est pas négligeable car – comme on l'a vu – ce sont surtout les hagiographes tardifs qui insistent sur la participation de l'évêque diocésain aux fondations de monastères

[355] Röckelein, Reliquientranslationen nach Sachsen im 9. Jahrhundert, 301–302.

[356] Miraculum Bertini, éd. Levison, 779–780 (un voleur surpris en flagrant délit à Saint-Bertin est emmené devant le comte à Cassel).

[357] Vita Landelini, éd. Levison, c. 5, 441–442.

[358] Dierkens, Abbayes et chapitres, 321–325.

[359] Ibid., 297–299; Frank, Die Klosterbischöfe des Frankenreiches, 97–103.

[360] Recueil des actes de Charles le Simple, n° 106, 252–255; Duvosquel, La cession de l'abbaye de Maroilles en Hainaut.

[361] Helvétius, Abbayes, évêques et laïques, 260–263 et 269–271.

mérovingiens. Quelques exemples pourraient être ajoutés. Pensons à la souscription de l'évêque Vindicien sur la charte de donation d'Humbert à l'abbaye de Maroilles, datée du 18 mars 674[362]. Tout cela montre en définitive une réelle activité de la part des évêques de Cambrai du VIIe siècle, non seulement – on l'a vu – dans leur propre cité épiscopale, mais également dans les campagnes assez éloignées, jusqu'en lisière de la forêt Charbonnière. Autant d'éléments que l'on commençait déjà à soupçonner au début du VIe siècle à la lecture de la Vie de Géry et que confirme la Passion de sainte Maxellende.

Le texte présente la fondation par une veuve nommée Amaltrude d'une basilique, «pour l'amour et le respect des bienheureux apôtres Pierre et Paul ainsi que du saint confesseur Sulpice», à *Pomeriolas*, non loin de Cambrai. On a rappelé que le saint évêque de Bourges incarnait au plus au point la figure du saint évêque mérovingien et qu'il était particulièrement vénéré par Amand et Éloi dont Vindicien semble avoir été très proche. Ceci pourrait indiquer que l'évêque de Cambrai avait activement encouragé la fondation de la basilique. Le texte est néanmoins plus explicite à propos de la fondation de la basilique de Caudry sur le domaine appartenant aux parents de Maxellende. «Il y avait là une basilique construite avec l'autorisation et même sur l'ordre de ce même évêque (*per licentiam immo et jussionem ipius episcopi*) en l'honneur de saint Vaast, confesseur, qui, institué par saint Remi, archevêque de Reims, fut le premier à gouverner le siège d'Arras et de Cambrai et à y prêcher»[363]. Il faut, une nouvelle fois, relever le vocable, qui met à l'honneur un modèle de sainteté épiscopale, ce que souligne explicitement la Passion. On pourrait objecter que l'insistance du texte sur le rôle de Vindicien nous renseigne sans doute davantage sur le *scriptorium* qui l'a produit, peut-être bien d'ailleurs le *scriptorium* de la cathédrale. Il n'empêche que subsiste un ensemble de traditions précises (et notamment les vocables) qui invitent à accepter prudemment ce témoignage, attestant un certain contrôle épiscopal sur des églises rurales du diocèse. Mais on s'empressera d'ajouter que ces églises étaient situées à proximité de la cité épiscopale (une trentaine de kilomètres pour le domaine de *Pomeriolas*).

On sera néanmoins attentif à ne pas exagérer cette image du prélat actif dans son diocèse. Les récits de consécration mettant en scène un évêque mérovingien restent assez rares et sont le plus souvent tardifs. On trouve un tel épisode dans une interpolation introduite au milieu du XIe siècle dans la Vie de saint Omer (l'épisode n'apparaît pas encore dans le *Codex argenteus* du chapitre de Saint-Omer du début du XIe siècle[364]; il se lit en revanche dans un manuscrit de la fin du siècle[365]). On voit l'évêque de Thérouanne sollicité par un riche propriétaire de Quernes. Ce dernier avait édifié une église dans son domaine et souhaitait qu'elle fût consacrée[366]. De la même manière, il faut attendre le XIIe siècle pour voir un clerc introduire une figure épiscopale dans la Vie de Vulmer († après 688) en prétendant que ce dernier, après avoir quitté le monastère d'Hautmont où il avait vécu quelques années, aurait reçu l'accord et la

362 Duvosquel, La charte de donation de saint Humbert pour l'abbaye de Maroilles, 177.

363 Passio Maxellendis prima, éd. Bevenot, c. 17, 586.

364 Aujourd'hui disparu, il est décrit dans Linas, Notice sur la reliure d'une vie manuscrite de Saint-Omer, 65–66.

365 Saint-Omer, Bibl. mun., ms 698, fol. 21v–22v; Deremble, L'illustration romane de la Vie de saint Omer.

366 Vita Audomari tertia, éd. Stilting, c. 17, 409: *Quodam vero tempore, dum beatus Audomarus episcopii sui ecclesias circuiret, ut oves sibi commissas a rabidi hostis faucibus eriperet, contigit ut ad villam, nomine Kernas veniret. Erat autem ibi vir quidam valde dives, qui in eadem possessionis suae villa ecclesiam aedificaverat, quam nullus adhuc episcopus consecrarat.*

bénédiction de l'évêque des Morins, Folcuin (*assensu tamen et benedictione venerandi viri, tunc temporis Morinorum urbis episcopi, Fulcuini*) pour fonder une église dans le Mempisque[367]. On goûtera au passage la saveur de cet anachronisme (Folcuin est mort en 855!) sous la plume d'un clerc de Lobbes dont le monastère fut gouverné de 965 à 990 par l'arrière-petit-neveu dudit évêque. D'une intervention épiscopale, il n'est naturellement pas question dans la première Vie[368], pas plus que l'ancienne Vie d'Omer ne faisait référence à la consécration d'un autel à Quernes.

Des marges moins contrôlées

Les interventions épiscopales se font plus rares dans la documentation dès lors que l'on s'éloigne de la cité. Dans le cas des évêques de Cambrai, il semble qu'ils ne se soient guère aventurés au-delà de la forêt Charbonnière, que parcourait au même moment l'évêque de Maastricht[369]. Ce n'est également pas un hasard si les fondations aristocratiques – dont il sera question plus longuement dans la deuxième partie – sont plus abondantes dans les marges des diocèses. Cela est vrai de la vallée de la Canche (Auchy, Blangy) à la frontière des cités d'Amiens et de Thérouanne, de la vallée de la Lys (Merville) entre les cités de Thérouanne et d'Arras, de la vallée de la Scarpe (Marchiennes, Hamage) entre Arras, Cambrai et Tournai, et de la haute vallée de l'Escaut (Honnecourt) entre Cambrai, Noyon et Arras. Quelques cas mieux documentés permettent d'observer que l'évêque diocésain était loin d'avoir une autorité exclusive dans les marges de son diocèse.

Au VIIIe siècle, la Vie de sainte Aldegonde rappelle la présence de l'évêque Aubert lors de la prise de voile de sainte Waudru et fait allusion un peu plus loin à l'*amicitia* et à la *spiritualis familiaritas* qui pouvaient unir la fondatrice de Maubeuge à saint Amand, évêque *ad predicandum* sur l'Escaut[370]. On connaît également les bons rapports d'Aldegonde avec l'évêque-abbé de Lobbes, Ursmer, qui se rendit à Maubeuge pour un exorcisme[371]. En fait d'autorité épiscopale, on voit que la famille de la fondatrice de Maubeuge pouvait disposer d'un large réseau de relations qui ne se réduisait assurément pas au seul évêque diocésain. Dans la seconde moitié du IXe siècle néanmoins, la Vie de sainte Waudru donne une image différente des origines de Mons. Anne-Marie Helvétius a pu souligner tout ce que le texte révélait de la méfiance – pour ne pas dire l'obsession – des clercs à l'égard de la fragilité féminine[372]. Waudru est en effet constamment guidée dans sa démarche de conversion par deux hommes, l'ermite Ghislain, le *vir illuster* Hidulphe (qui met à sa disposition le domaine de Mons) et l'évêque de Cambrai, Aubert. Mais le biographe entend aussi spécialement rattacher la vocation de Waudru au siège épiscopal de Cambrai. Elle eut en effet une vision de saint Géry qui lui présenta, en songe, un calice, en lui demandant de le boire. «Enivrée par le vin de la grâce divine», elle aurait alors entrepris les démarches préalables à la fondation d'un monastère[373].

Les traditions de Marchiennes offrent un exemple similaire. On évoquera plus loin l'action qu'au début du Xe siècle, Hucbald (lui-même moine à Elnone) prête à Amand

[367] Vita Vulmari (BHL 8752), 453; Cat. Brux. 2, 414–419 pour une description du légendier lobbain du XIIe siècle dans lequel la Vie a été copie.

[368] Vita Vulmari prima, éd. Mabillon, c. 5, 235: *Ibi vir Dei ecclesiam construxit, et plurimos in eodem convertens ad Dei cultum instruxit per multa bona exempla.*

[369] Voir dans ce sens la Vie d'Hubert de Maastricht († 727), citée par Van Uytfanghe, La vallée de l'Escaut et de ses affluents à l'époque mérovingienne, 55-56.

[370] Vita Aldegundis prima, éd. Mabillon, c. 4, 808 (Aubert); c. 14, 811 (Amand).

[371] Vita Ursmari, éd. Levison, c. 4, 458; c. 6, 459.

[372] Helvétius, Abbayes, évêques et laïques, 52; ead, Virgo et virago, 203.

[373] Vita Waldetrudis, éd. Daris, 222–225.

dans la fondation de Marchiennes. Il s'agit simplement de rappeler ici qu'Hucbald ne cache pas la connotation fortement familiale de cette fondation dès avant l'arrivée d'Amand. Les origines de Marchiennes remontent en fait à la grand-mère du mari de Rictrude, nommée Gertrude, qui s'était installée à Hamage. Hucbald se borne à mentionner l'influence d'Amand sur Rictrude. Au tournant de l'an mil, la Vie d'Eusébie signale que la consécration de la nouvelle église d'Hamage fut présidée par Hatta, abbé de Saint-Vaast et de Saint-Bavon[374]. Ce n'est qu'au début du XIIe siècle que les clercs de Marchiennes introduisirent des précisions en évoquant la présence d'Aubert d'Arras/Cambrai lors de la fondation de leur monastère et celle de Vindicien lors de la consécration d'Hamage[375]. Si les décisions conciliaires – en particulier le concile d'Orléans de 541 – rappellent inlassablement les droits de l'ordinaire sur les églises fondées par les grands propriétaires ainsi que sur leurs desservants[376], on observe que les textes hagiographiques ne sont pas toujours aussi soucieux de mettre en avant la figure de l'évêque diocésain. La Passion de Saulve, rédigée à la charnière des VIIIe–IXe siècles, signale ainsi que les meurtriers de cet évêque auraient pris le prétexte d'une église à consacrer dans le fisc de Valenciennes pour l'attirer à eux, le dépouiller de ses biens, et l'assassiner[377]. Or, dans le chef du biographe, il est bien évident que Saulve, tout évêque qu'il fût, n'était pas l'ordinaire du lieu puisqu'il est dit venir d'Auvergne[378]. À Valenciennes, c'est naturellement l'évêque d'Arras/Cambrai qui était censé intervenir, dont il n'est nullement question. De la même façon, à l'occasion de la translation du corps du martyr sous Charles Martel, est évoquée la présence d'évêques sans aucune autre précision[379]. Dans l'ensemble, on est assez surpris de voir l'auteur ne faire aucun cas de l'ordinaire du lieu, ce qui semble signifier qu'à la fin du VIIIe siècle, le contrôle qu'il pouvait exercer était encore assez lâche.

La présence de Bretons sur le littoral au VIIe siècle va dans le même sens. La mention la plus assurée est de toute évidence celle de ces quatre compagnons – Winnoc, Quadanoc, Ingenoc et Madoc –, «venus de la lointaine terre des Bretons» à Sithiu pour recevoir un enseignement monastique sous la direction de l'abbé Bertin. Ce dernier les envoya fonder une *cella* dans la plaine maritime, à Wormhout, pour y accueillir «des pauvres et des pèlerins». L'épisode se place dans les années 660 ou peu après[380]. S'agissait-il alors de Bretons insulaires? Il est difficile d'être affirmatif. En tout cas, un demi-siècle auparavant, un Breton du continent nommé Josse se serait installé en Ponthieu. Josse (*Judocus*) avait remis son royaume dans les mains de son frère, Judicaël, rejoint le monastère de Lan-Mailmon – aujourd'hui Saint-Malon-sur-Mel selon le dernier éditeur du texte – et pris le chemin de Rome en compagnie de onze pèlerins. Après être passé à Paris, il aurait renoncé momentanément à son projet et abandonné ses compagnons pour rejoindre la *familia* du *dux* Haymon, possessionné sur les bords de l'Authie[381]. À ses côtés, on sait que se trouvaient ses deux neveux, Arnoc

[374] Vita Eusebiae, éd. Henskèn, c. 13, 449–450.

[375] L'histoire-polyptyque de l'abbaye de Marchiennes, éd. Delmaire, c. 3, 68; c. 5, 69–70; c. 9, 72–73.

[376] Concilia Galliae, éd. De Clercq, 133-134 (c. 7) : *Ut in oratoriis domini praediorum contra votum episcopi, ad quem territorii ipsius privilegium nuscitur pertinere, peregrinus clericos intromittant, nisi forsitan quos probatus ibidem districtio pontificis observare praeciperit.*

[377] Passio Salvii, éd. Coens, c. 4, 168–169.

[378] Ibid., c. 9, 175.

[379] Ibid., c. 15, 181.

[380] Vita Audomari, Bertini et Winnoci, éd. Levison, c. 22–24, 769–771.

[381] Vita Judoci, éd. Le Bourdellès, c. II–V, 917–919; la date traditionnellement retenue pour la mort du saint (654) est acceptée par l'éditeur.

et Winnoc (qui lui succédèrent à la tête de la fondation de *Locus*), et un disciple, Vurmer[382]. Les deux premiers sont assurément des Bretons. La large diffusion du nom de Winnoc aux VIe–VIIe siècles[383] rend peu probable une identification entre le neveu de Josse et le fondateur de Wormhout que l'on pourrait néanmoins défendre pour des raisons chronologiques. Naturellement, les sources tardives – pensons à cette généalogie placée au XIIIe siècle en tête de la seconde Vie du fondateur de Wormhout par les moines de Bergues[384] – ne se privèrent pas de faire l'amalgame. Sans que la Vie ne le dise expressément, il est bien évident que l'installation de Josse au sud de la Canche s'explique par l'essor du port de Quentovic au début du VIIe siècle et le réveil des échanges maritimes à la fois le long du littoral franc mais également au-delà. Au même moment, la Vie de Riquier – autour duquel se développa ensuite la fameuse communauté de Centule – évoque la conversion de son héros par deux Irlandais nommés Fichor et Chaidoc mais l'onomastique assignerait beaucoup plus volontiers au second une origine bretonne[385].

L'organisation interne des diocèses du nord de la Neustrie à la fin de l'époque mérovingienne se présente en définitive sous un jour très varié. À Cambrai, il existe sans aucun doute une véritable cité épiscopale avec plusieurs basiliques suburbaines. L'évêque est actif dans les environs proches, où il semble contrôler en partie la construction d'oratoires et le développement du culte des saints. À Tournai en revanche, l'action itinérante d'Amand fait de l'Escaut le véritable axe du diocèse, avec de part et d'autres deux grands centres, dont on pressent qu'ils vont en partie polariser les dévotions dans la région: Elnone au sud, avec la sépulture d'Amand; Gand au nord avec la sépulture de Bavon. Tout cela n'est évidemment pas exclusif d'autres foyers. Force est néanmoins de constater que Tournai connaît une indéniable éclipse. Dans le diocèse de Thérouanne enfin, les moyens mis à la disposition de Sithiu se présentent finalement comme une solution à un héritage bicéphale (Boulogne/Thérouanne). Cela annonce assurément le retrait que connut la cité épiscopale pendant le reste du haut Moyen Âge au regard du monastère.

Conclusion de la première partie

Dans cette première partie, nous nous sommes proposés de préciser ce qu'avait pu représenter le processus de christianisation dans le nord de la Neustrie à l'époque mérovingienne. Résumons donc brièvement nos conclusions.

Même si la documentation se présente de manière extrêmement pulvérisée, il semble bien que le phénomène ait été plus ancien qu'on ne l'a habituellement présenté. Évêques, «missionnaires» et abbés du VIIe siècle ont été confrontés à une société, certes sommairement christianisée, mais non pas radicalement étrangère et hostile au message qu'ils apportaient. On est naturellement bien en peine de préciser les circonstances dans lesquelles les anciennes cités d'Arras, Cambrai, Tournai et Thérouanne

382 Vita Judoci, éd. Le Bourdellès, c. VII, 920 (Vurmarius) et c. XV, 926–927 (Winnoc et Arnoc).

383 Références dans Kerlouégan, Présence et culte de clercs irlandais et bretons entre Loire et Monts Jura, 192.

384 BHL 8955; elle a été éditée en dernier lieu par le Père de Smedt dans AA SS Novembris 3, Bruxelles 1910, 267–268; dans le courant du XIe siècle déjà, la Vie interpolée de l'abbé Rumold de Bergues († 1068) avait introduit le thème de l'origine royale de Winnoc sans néanmoins faire référence à Josse (éd. Levison en note de la Vita Audomari, Bertini et Winnoci, 773).

385 Vita Richarii primigenia, éd. Krusch, c. 2, 445; Le Bourdellès, Vie de saint Josse, 939, n. 126.

virent s'implanter durablement les institutions chrétiennes au VIe siècle. À ce titre, l'archéologie pourra à l'avenir préciser notre connaissance de cette période en particulier à Tournai.

Reste néanmoins que le VIIe siècle est bien celui de l'intégration des Églises du Nord au sein des structures religieuses et politiques du *regnum Francorum*. La royauté neustrienne du début du VIIe siècle redécouvre véritablement les confins septentrionaux de sa *pars regni*. C'est ainsi, nous semble-t-il, qu'il faut comprendre les nominations épiscopales de figures aussi différentes qu'Éloi, Amand, Omer, ou encore Mommelin. La fin du VIIe siècle, en revanche, est dominée par le souci des Pippinides de s'assurer des fidélités dans la région. En témoigne leur mainmise sur Lobbes. En définitive, il nous semble que les grands traits de la géographie ecclésiastique mérovingienne – et en particulier les unions systématiques de deux anciennes cités romaines – doivent beaucoup aux circonstances précises de la réorganisation du VIIe siècle et à la personnalité de ceux qui furent chargés de la mener à bien. L'union de Noyon et de Tournai doit ainsi être replacée dans le cadre plus général de la mission d'Amand dans la vallée de l'Escaut. Les orientations personnelles du saint aquitain – son goût pour la vie monastique – l'auraient conduit à négliger la cité épiscopale pour certaines fondations privilégiées, Elnone et les établissements gantois. L'union d'Arras et de Cambrai n'apparaît clairement dans les sources que sous l'épiscopat de Vindicien, ce qui suggère qu'il présida également à la fondation de Saint-Vaast à Arras. Tout indique que la reprise en main des Pippinides après 687 a conduit à un premier achèvement dans la définition des ressorts ecclésiastiques. Enfin, le succès rapide de Sithiu en Morinie, dans une région où deux agglomérations pouvaient prétendre au titre de cité épiscopale, doit être mis au crédit de cette équipe monastique soudée autour de l'évêque Omer.

DEUXIÈME PARTIE

L'élaboration du paysage religieux

Un des objectifs que nous nous étions fixés en engageant cette recherche était de saisir la mise en place d'un véritable paysage religieux dans les campagnes septentrionales. Force est cependant de constater que la documentation ne permet guère de mener une étude chronologiquement fine. Il faut se résoudre à appréhender ce thème sur l'ensemble du haut Moyen Âge. La nature de la documentation nous conduira d'abord à privilégier la manière dont les établissements monastiques et canoniaux ont contribué à la densification du maillage pré-paroissial en fondant ou en faisant l'acquisition de sanctuaires. Cela concerne aussi bien les grandes communautés septentrionales, comme Sithiu, que des monastères plus lointains, comme Fontenelle (chapitre IV). Nous proposons ensuite d'évoquer le rôle qu'on peut prêter à la royauté et à l'aristocratie dans ce processus (chapitre V). Il s'agira enfin d'étudier la manière dont l'autorité épiscopale a organisé et prit progressivement le contrôle de l'espace diocésain aux IXe et Xe siècles (chapitre VI).

→ also striking what a small-scale local history this is + can be. It's not necessary to mention hardly any place outside immediate area. such a local struggle of small-scale potentates over a territory the size of ___? So utterly not plugged in to "big" macro-hist or 'world historical' devs – think what's happening in Arabia / E. Medit in 7c! "Islam" story goes from China to Spain but here it's local struggles.

CHAPITRE IV

Les sanctuaires dépendant d'établissements monastiques

On a mis depuis longtemps l'accent sur la part déterminante des monastères dans ce que l'on appelle rapidement la christianisation des campagnes, particulièrement par la fondation de nombreuses dépendances, églises ou *cellae*, dont la terminologie reste encore très floue pendant le haut Moyen Âge[1]. Comme le rappelle Anne-Marie Bautier, il s'agit là «d'un phénomène qui a largement contribué à donner à l'Église de l'Europe occidentale une partie de sa densité géographique»[2]. En 1980, des remarques très suggestives ont été développées à Spolète par Jean-François Lemarignier. L'historien prenait précisément appui sur les exemples de Corbie et de Sithiu[3]. Aucune enquête plus systématique n'a néanmoins été poursuivie dans ce sens pour notre région. Nous nous proposons de la réaliser dans le cadre de notre étude.

Jusqu'à la fin du Xe siècle, la documentation signale plus de cent-vingt sanctuaires dans la dépendance d'établissements monastiques. Tiennent une place de choix les monastères gantois de Saint-Bavon (42) et Saint-Pierre-au-Mont-Blandin (33) ainsi que Sithiu (23)[4]. Des églises en plus petit nombre sont aussi attestées dans la dépendance d'autres établissements. Il s'agit alors de communautés d'importance plus modeste: Wormhout (1) et Maubeuge (3); soit moins favorisées par la transmission de la documentation: Lobbes (9), Elnone (7); soit moins implantées, car extérieures à la région: Fontenelle/Saint-Wandrille (3), Centule/Saint-Riquier (3), Saint-Denis (2), Saint-Germain-des-Prés (1), Jumièges (1). Faute de sources, aucune église n'est signalée dans la dépendance de Marchiennes et de Saint-Vaast. On n'attachera qu'une importance très relative à ces chiffres qui reflètent avant tout l'état des fonds monastiques. De la sorte, on favorisera plutôt l'étude ponctuelle des cas les mieux documentés, et en premier lieu celui des établissements très implantés en Morinie, Sithiu mais également Fontenelle. Avant cela, il convient néanmoins de proposer quelques vues d'ensemble de ce qu'on a rapidement appelé les sanctuaires dépendant d'établissements monastiques.

VUES D'ENSEMBLE

Quelques remarques de méthode

Seuls les établissements de Sithiu et de Lobbes offrent une documentation suffisamment variée pour permettre d'appréhender à grands traits leur implantation en termes de dépendances religieuses. Subsistent en effet dans les deux cas de riches dossiers hagiographiques, des fragments de polyptyques ainsi que les fameux *Gesta* rédigés par Folcuin pour les deux établissements. Mais son travail concernant Sithiu est considéra-

[1] CONSTABLE, Monasteries, rural churches and the cura animarum; AMOS, Monks and pastoral care in the early Middle Ages.

[2] BAUTIER, De 'prepositus' à 'prior', de 'cella' à 'prioratus', 1.

[3] LEMARIGNIER, Quelques remarques sur l'organisation ecclésiastique de la Gaule du VIIe à la fin du IXe siècle, 467–470.

[4] Ces chiffres ne sont pas indignes au regard de ceux connus pour d'autres établissements carolingiens: 41 églises pour Montier-en-Der, 36 pour Saint-Germain-des-Prés, 30 pour l'abbaye de Beaulieu en Limousin, 11 pour Saint-Remi de Reims (RENARD, Autour d'un faux diplôme de Clovis, 12) et 44 pour Saint-Gall (OBERHOLZER, Vom Eigenkirchenwesen zum Patronatsrecht, 280); nous sommes cependant bien loin des 140 sanctuaires possédés par le chapitre de Freising aux VIIIe–IXe siècles (STÖRMER, Adelige Eigenkirchen und Adelsgräber, 1151–1158).

blement plus riche, puisque sont insérés, en grand nombre, des actes privés, documentant quelques donations d'églises. Des circonstances politiques particulières dans lesquelles Lobbes a établi une petite constellation de dépendances à l'époque mérovingienne, il a été question précédemment. Il n'y a donc pas de raison d'y revenir ici.

On ne peut malheureusement croiser autant d'informations pour les autres fonds monastiques, ce qui ne permet guère de dépasser le niveau d'une simple description. On a pu, en effet, rappeler en introduction que les descriptions carolingiennes des biens de Saint-Bavon et d'Elnone ne subsistaient plus qu'à l'état de fragments. Leur examen peut cependant nous convaincre de la masse d'informations aujourd'hui perdue. Pour s'en tenir au fragment palimpseste du polyptyque de Saint-Bavon, on rappellera que sept églises y sont citées dont deux seulement peuvent être identifiées[5]. À Saint-Vaast, une telle description aurait aussi été dressée sur l'ordre de Charles le Chauve en 866[6], dont rien n'a été conservé avant le travail de Guimann à la fin du XIIe siècle. De manière générale, il faut attendre le Xe siècle pour voir le tableau s'éclairer. On sait en effet que le comte Arnoul Ier procéda en 941 à la réforme du Mont-Blandin. Cinq ans plus tard, les injonctions répétées de l'évêque Transmar de Noyon/Tournai le convainquirent de restaurer également Saint-Bavon. Ainsi, dans la Flandre de la deuxième moitié du Xe siècle, les restitutions de biens – et d'églises – se multiplièrent. Il convient maintenant de faire quelques observations à leur propos.

Les diplômes carolingiens pour Saint-Bertin évoquent des domaines sans jamais faire mention des églises qui pouvaient être édifiées, alors même que leur existence est parfois attestée ailleurs, notamment par le polyptyque de l'abbé Adalard (844/859). Il n'en va pas de même de la documentation gantoise et des diplômes de restitution ou de confirmation de biens donnés par le comte, le roi de France ou l'empereur (essentiellement pour Saint-Bavon). Dans ces documents, des églises sont explicitement mentionnées sur certains domaines, mais pas sur d'autres. Dans ce dernier cas de figure, cela signifiait-il qu'elles n'existaient pas encore? Ou alors qu'elles avaient été écartées de la donation pour être données en bénéfice à d'autres personnes ou à d'autres institutions? Il y a là un réel problème quant à la manière dont il convient d'interpréter les listes des quarante-et-une et trente-six églises dressées respectivement pour le Mont-Blandin et Saint-Bavon sur lesquelles on reviendra, à la lumière de leurs vocables.

Quelques mots enfin concernant le vocabulaire[7]. De prime abord, il pourrait être simple de distinguer les simples églises rurales des petites dépendances monastiques que l'on appelle prieurés à partir du XIe siècle[8]. On fera rentrer dans le premier cas de figure tout sanctuaire que les sources désignent comme *ecclesia* (c'est l'immense majorité des cas), ou parfois *oratorium* (Croix). *Capella* (Aardenbourg, Estevelles) et *ecclesiola* (Boëseghem) peuvent désigner la dépendance d'une église plus importante, sans pour autant que cette distinction soit stricte: les *capellae* de Bousignies et de Brillon mentionnées dans le fragment de polyptyque d'Elnone semblent tout simplement correspondre aux églises (indépendantes) de ces deux domaines, distraits du temporel et cédés en bénéfice. Ce même terme de *capella* désigne également l'oratoire du fisc de Somain au IXe siècle. Tout indique qu'il était alors le seul édifice de ce genre.

On pourrait penser que le terme unique de *cella* vient s'appliquer aux dépendances abritant une petite communauté. Le meilleur exemple en est assurément la *cella* de Saint-Josse près de Quentovic à l'embouchure de la Canche, abondamment citée dans

[5] Verhulst, Das Besitzverzeichnis der Genter Sankt-Bavo-Abtei, 233–234.

[6] Cartulaire de l'abbaye de Saint-Vaast, éd. Van Drival, 5.

[7] Pour les références aux sources, nous nous contentons ici de renvoyer le lecteur aux notices du catalogue qui se trouve en annexe du présent travail.

[8] Bautier, De 'prepositus' à 'prior', de 'cella' à 'prioratus', 14–18.

la correspondance de Loup, abbé de Ferrières en Gâtinais. Le sens – encore un peu anachronique – de prieuré se rencontre aussi à Wormhout et *Stenetland* (Sithiu), Moustier-en-Fagne (Lobbes), Haspres (Jumièges) et Bourecq (Centule: avec une petite nuance puisque le terme utilisé est celui de *cellula* mais l'on sait par ailleurs que dix chanoines étaient présents). Pour ces établissements, on est effectivement documenté sur l'existence de petites communautés. À Croix, où se trouvait l'oratoire du domaine fiscal de Solesmes, dont il sera question bientôt, il est très vraisemblable que la transformation de l'*oratorium* (attesté encore en 750) en une *cella* (mentionnée dès 751) impliqua un changement de statut et l'installation d'une petite communauté de moines sandionysiens. Ailleurs, il convient d'être plus prudent. On aura l'occasion de revenir sur les *cellae* de Beveren et Roksem dépendant de Sithiu pour rappeler qu'on y voit pas d'autres desservants qu'un prévôt (*prepositus*). On peut ainsi se demander si le terme de *cella* ne désigne pas tout simplement une église. La dépendance d'Elnone à Espain est mentionnée comme *cella* en 847 puis comme *ecclesia* en 899. Par ailleurs, un acte de Louis IV pour Elnone, donné en 937, fait bien la différence entre la *cella* de Lecelles et l'église qui en faisait partie (*cella que antiquitus Gonsiniacas est dicta, et habetur ibi ecclesia in onore sancti Dionisii*)[9]. Par *cella*, il faut ici entendre l'ensemble des biens possédés par un monastère à un endroit donné. C'est d'ailleurs le sens que l'on trouve dans les descriptions des biens de Lobbes de la fin du IXe siècle[10].

Le terme de *basilica* n'est guère utilisé pour désigner une dépendance monastique. On rencontre néanmoins le mot sous la plume de Folcuin pour désigner l'église d'Arques qui représente un cas un peu particulier. Les dix clercs de Sithiu qui étaient chargés de la desservir quotidiennement ne résidaient pas sur place. En revanche, on rencontre abondamment le terme dans les sources narratives pour désigner toutes sortes de sanctuaires desservis ou non par une communauté (dans la Passion de saint Saulve pour les églises du domaine fiscal de Valenciennes; dans les *Gesta* des évêques de Cambrai pour Lucheux, Pas, etc.; dans la Passion de sainte Maxellende pour l'église de *Pomeriolas* et la communauté de Caudry).

L'apport de l'hagiotoponymie

Les vocables des églises (*patrocinia* en latin; *Patrozinien* en allemand) ont souvent été utilisés pour tenter d'apprécier la date de fondation de ces sanctuaires; dès lors que l'essor de certaines dévotions peut parfois être replacé dans un contexte historique précis. C'est le cas notamment de saint Nicolas, évêque de Myre, dont le culte s'est diffusé en Orient dès le VIe siècle mais ne se répandit véritablement en Occident qu'après 1087, date à laquelle les marins de Bari rapportèrent ses reliques dans leur cité portuaire[11]. Il est dès lors évident que les églises consacrées en son honneur ont de très fortes chances d'avoir été fondées (ou reconsacrées) au plus tôt au tout début du XIIe siècle. On aura l'occasion de souligner ce que la dévotion à l'archange Michel ou encore au Sauveur devait à l'époque carolingienne. En étendant de telles observations, certains historiens – et en premier lieu des historiens allemands[12] – ont abondamment et systématiquement utilisé les vocables des églises pour tenter de cerner les circonstances de leur fondation en attribuant des dévotions privilégiées à certaines époques et à

[9] Recueil des actes de Louis IV, n° 6, 16.

[10] Le polyptyque de l'abbaye Saint-Pierre de Lobbes, éd. Devroey, 4 et 24.

[11] Présentation commode de Klaus Guth, Nikolaus, Biographisch-bibliographisches Kirchenlexikon 6 (1993), 915–920.

[12] À ce propos, on pourra se reporter à Flachenecker, Patrozinienforschung in Deutschland et Mériaux, Patrozinienforschung et hagiotoponymie.

certains acteurs comme l'évêque, le roi, les grands propriétaires ou encore les monastères[13].

Il faut cependant rappeler que, dans la plupart des cas, les vocables des églises ne sont pas fournis par les sources médiévales elles-mêmes – les pouillés du bas Moyen Âge les ignorent – mais par des listes dressées à l'époque moderne. On sait cependant qu'en la matière, on peut observer une grande permanence, car les églises abandonnent rarement leur vocable primitif. Les basiliques abritant le tombeau d'un défunt rapidement considéré comme saint font néanmoins exception (Saint-Martin/Saint-Bertin, Sainte-Marie/Saint-Omer, Saint-Médard/Saint-Géry, Saint-Étienne/Saint-Amand, etc.). L'hypothèse d'une continuité et d'une permanence du vocable depuis la fondation et la consécration de l'église est acceptée par un bon nombre d'historiens du peuplement[14]. Ceci se vérifie effectivement dans les rares cas suffisamment documentés. Ainsi, à Hornu en Hainaut où la dédicace à saint Martin, attestée au début du Xe siècle, est bien celle que conserve l'église paroissiale de nos jours[15]. Il en va de même à Lecelles où le vocable de Denis est mentionné dès 937 comme on vient de le rappeler[16]. Ces éléments étant posés, on pourrait donc penser que les vocables apparaissent d'une grande utilité dans la recherche des églises spécifiquement fondées par des établissements monastiques, chacun pouvant avoir à cœur de diffuser plus particulièrement le culte de son saint patron. L'enquête est en fait plus complexe qu'elle ne paraît au premier abord.

Dans le cadre de cette recherche, il ne nous a pas paru possible ni utile d'embrasser l'ensemble du temporel des grands établissements monastiques pour essayer d'apprécier, dans telle ou telle localité, la part des moines dans l'établissement d'un oratoire primitif. Outre le fait que les possessions de certains grands établissements n'ont pas encore fait l'objet d'études satisfaisantes, il nous a semblé qu'une telle méthode ne permettrait guère de déboucher sur des conclusions assurées, tant les imprécisions chronologiques restent importantes. Un seul exemple éclairera notre propos, qui concerne l'église de Ronchin dans le Mélantois[17]. La *villa* de Ronchin est attestée en 877 dans le temporel de l'abbaye de Marchiennes. Au XVIIIe siècle, l'église paroissiale était consacrée en l'honneur de sainte Rictrude. On peut donc raisonnablement penser que les moniales (ou les moines) de Marchiennes ont édifié l'oratoire primitif, ce qui est d'autant plus vraisemblable que le patronage de l'église au Moyen Âge appartenait au chapitre Saint-Pierre de Lille qui n'avait aucune raison de développer le culte de cette sainte mérovingienne. Se pose alors un problème de chronologie. L'église existe-t-elle déjà en 877? C'est possible car les confirmations royales des Carolingiens – ici un diplôme de Charles le Chauve – ne prennent pas le soin de décrire précisément les domaines. A-t-elle été édifiée plus tard? Rien ne s'y oppose, même si l'on peut raisonnablement penser que l'église existait bien au XIe siècle. Étendue aux biens d'un établissement monastique, cette méthode débouche sur une chronologie trop floue au regard des objectifs que nous nous sommes fixés. Il a donc paru préférable de prendre en compte, comme «marqueurs» de l'influence monastique, les seules églises explicitement mentionnées dans la documentation avant l'an mil.

[13] Pour la France, on citera surtout AUBRUN, L'ancien diocèse de Limoges, 223–407; ses conclusions concernant l'utilisation des vocables ont été résumées dans AUBRUN, La paroisse en France; pour une étude systématique d'une partie du diocèse de Liège, voir VAN REY, Die Lütticher Gaue Condroz und Ardennen im Frühmittelalter, 321–327, et VAN REY, Les saints patrons des églises paroissiales du pagus de Lomme; pour la vallée de l'Escaut: BERINGS, Een onderzoek van de patrocinia van parochiekerken in het scheldebekken, 3–25 et BERINGS, Le patronage des saints dans la vallée de l'Escaut.

[14] Voir à ce propos les orientations données dans DUBOIS/LEMAÎTRE, Sources et méthodes, 191–210.

[15] Inventio et miracula Gisleni, éd. DE BUE, c. 9–10, 1037.

[16] Recueil des actes de Louis IV, n° 6, 16.

[17] Dép. Nord, arr. et cant. Lille; les données concernant l'église paroissiale de Ronchin au Moyen Âge ont été rassemblées dans PLATELLE, Les paroisses du décanat de Lille au Moyen Âge, 135–136.

En ce qui concerne les églises édifiées sur des possessions monastiques, le vocable pourrait se présenter comme l'indice de l'action directe des moines dès lors qu'il se rattache étroitement à celui du saint patron de la communauté. Parmi les dix églises mentionnées dans le polyptyque de Sithiu, trois sont aujourd'hui dédiées à saint Pierre (Coyecques, Guines et Quelmes), connu comme étant le principal patron du monastère. Mais ce genre d'exercice se heurte vite à de grosses difficultés. L'église de Wizernes est mentionnée en 844/859 comme bien de Sithiu. À l'époque moderne, elle était consacrée en l'honneur de l'évêque Folcuin, dont le culte ne se développa que dans le courant du Xe siècle. L'église possédait de toute évidence un autre vocable au milieu du IXe siècle. En 799, l'abbaye de Saint-Denis reçut de Gisèle, sœur de Charlemagne, le domaine de Puisieux en Artois dont l'église était dédiée à saint Vaast: elle est aujourd'hui consacrée en l'honneur de saint Denis. À la vue de ces deux exemples, il semble bien que les changements de vocables n'aient pas été chose rare. Revenons un instant sur l'église Saint-Denis de Lecelles. On remarque qu'elle apparaît dans la documentation amandinoise en 937. Il n'est donc pas question de mettre sa fondation en rapport avec l'abbaye parisienne du même nom. Mieux, le diplôme de Charles le Chauve pour Elnone du 4 février 872 signale que la fête du martyr était solennellement célébrée à l'abbaye: le souverain eut le souci d'affecter des biens pour la préparation du repas donné aux moines ce jour-là[18]. Connaissant les liens étroits d'Elnone avec la dynastie carolingienne, il est probable que l'abbaye ait pu se faire le relais des cultes dynastiques. Cet exemple rappelle toute la prudence dont il convient de faire preuve dans l'interprétation des vocables.

En définitive, il nous paraît assez problématique d'utiliser *a priori* le vocable des églises comme marqueur du processus de christianisation lorsqu'on ne peut le croiser avec un dossier plus substantiel de documents. Cela n'est pas sans poser de problèmes quant à l'interprétation qu'il convient de donner aux églises dépendant des abbayes gantoises.

Les églises des établissements gantois

S'il a été si longuement question de méthodologie, c'est qu'il convient d'aborder avec beaucoup de précaution le dossier des églises dépendant des abbayes gantoises. Comme nous l'avons rappelé plus haut, elles apparaissent dans un contexte documentaire très particulier, celui des donations et confirmations de biens de la deuxième moitié du Xe siècle. Mais certaines sources ne se privent pas de rappeler qu'il est en fait question de restitutions de biens usurpés. La lettre d'Othelbold de Saint-Bavon adressée à la comtesse Otgive (1019/1030) est explicite à cet égard. «Comme [les reliques des saints bavoniens] demeurèrent longtemps là [à Laon] par crainte des Danois et de leur occupation, leurs biens passèrent dans d'autres mains; ils furent accaparés par des familiers et des étrangers (*hereditas eorum versa est ad alienos, et domestici atque extranei diripuerunt eam*).»[19] Le premier de ces «usurpateurs», le comte Arnoul Ier lui-même, n'aurait ensuite procédé qu'à une partie des restitutions. La documentation fournit ainsi le nom de trente-huit églises qui, au total, furent restituées au monastère à cette époque. Parmi celles-ci, figure l'église de Zierikzee (mentionnée en 976), dédiée à saint Liévin à l'époque moderne. Or, on sait que le culte de ce saint fut inventé de toute pièce par les Bavoniens dans le courant du XIe siècle. Comme l'a noté Cornelis Dekker[20], l'église primitive avait donc un autre vocable, ce qui ne permet guère de

[18] Recueil des actes de Charles le Chauve 2, n° 357, 295–296.
[19] De brief van abt Othelbold aan gravin Otgiva, éd. Voet, 233.
[20] Dekker, Saint-Bavon en Zélande, 386–390.

savoir s'il s'agissait d'une fondation des moines ou non. Un cas assez similaire se présente avec l'église de Lebbeke. La lettre de l'abbé Othelbold prétend que cette église appartenait à l'abbaye au Xe siècle. Elle est connue par la suite sous le nom de Saint-Pancrace. Or les traditions de l'abbaye font remonter au voyage de l'abbé Erembold à Rome (en 985) l'arrivée des reliques de ce martyr romain du IIIe siècle et l'introduction de son culte à Saint-Bavon[21]. Faut-il alors suspecter le témoignage d'Othelbold et considérer que Lebbeke est une fondation récente, ou doit-on considérer qu'elle existait depuis longtemps et qu'elle a ensuite changé de vocable? Rien ne permet véritablement de trancher. Il en va de même pour une dizaine d'églises dédiées à saint Bavon et attestées dès avant l'an mil. Au total cependant, on doit reconnaître l'étendue du réseau des églises rurales contrôlées par Saint-Bavon au seuil du second millénaire, même si seules subsistent quelques rares attestations de son ancienneté (l'église de Mendonck[22]; le *monasterium* de Torhout, peut-être une simple église au VIIe siècle, car on ne le voit desservi que par un seul prêtre[23]; et surtout les églises non identifiées du fragment de polyptyque des environs de 800).

Dans le cas de Saint-Pierre-au-Mont-Blandin, les sources signalent l'existence de trente-trois églises dépendant du monastère avant l'an mil, dans un contexte documentaire assez similaire. Pour dix d'entre elles, il s'agit de restitutions comtales ou de confirmations royales. Dans seize cas, il est question de donations de la part de grands laïcs qui peuvent tout aussi bien correspondre à des restitutions de bénéfices, notamment les églises cédées à la fin du Xe siècle par Eilbodon, comte de Courtrai[24] (Flers-en-Escrébieux, Helchin et Vladslo[25]); Arnoul, marquis de Valenciennes (Carvin, Estevelles et Mater) et par Godefroid, comte de Verdun (Hollain et Rumegies). Malheureusement, rien ne permet d'en être assuré. On notera cependant que le vocable de Pierre est bien représenté (dans huit cas), ce qui pourrait signifier que l'abbaye avait joué un rôle dans leur fondation. Les églises lui auraient ensuite été retirées à la fin du IXe siècle. Il en existe un exemple pour le Xe siècle mais il concerne une église dédiée à saint Martin, celle de Noyelles-sur-Selles. En 941, Arnoul Ier restitue aux moines du Mont-Blandin le domaine de Douchy[26]. Neuf ans plus tard, la confirmation de Louis IV (950) cite Noyelles comme *villula* avec son église[27]. En 964, une confirmation de Lothaire évoque désormais les deux domaines sur un pied d'égalité sans prendre la peine de citer leurs églises[28]. En vingt ans, il semble bien que l'on ait assisté au démembrement d'un vaste domaine autour de deux oratoires.

Les monastères et la christianisation du paysage

Dans un article au titre très suggestif – «La conversion du monde physique et la création d'un paysage chrétien» –, John Howe a récemment rappelé que l'inscription du sacré dans l'espace ne s'est pas simplement manifestée sous la forme de fondations et de constructions d'églises ou de basiliques, aussi diverses que furent leurs fonctions[29]. On a pu rappeler plus haut qu'une géographie chrétienne a pu se superposer à

[21] Coens, Translations et miracles de saint Bavon au XIe siècle, 47.
[22] Liber traditionum antiquus, Diplomata belgica, éd. Gysseling/Koch, n° 49, c. 44, 135–136.
[23] Vita Bavonis, éd. Krusch, c. 14, 544–545.
[24] Sur ce personnage voir Huyghebaert, Examen de la charte de Radbod Ier, 22–25.
[25] Dans ce dernier cas, il est précisé que l'église était une propriété familiale.
[26] Diplomata belgica, éd. Gysseling/Koch, n° 53, 145.
[27] Recueil des actes de Louis IV, n° 36, 85; Verhulst, Sur un diplôme de Louis IV pour Saint-Pierre de Gand, 434.
[28] Diplomata belgica, éd. Gysseling/Koch, n° 60, 156.
[29] Howe, The conversion of the physical world.

une géographie païenne préexistante. La documentation monastique signale çà et là d'autres marques d'appropriation de l'espace en des lieux qui n'étaient pas porteurs de connotations proprement païennes mais sur lesquels s'inscrivit le souvenir d'événements fondateurs, réels ou imaginés. Quelques exemples préciseront notre pensée.

Tournons-nous dans un premier temps vers l'auteur des Miracles de saint Wandrille. Le 9 janvier 858, une partie de la communauté de Fontenelle quitta le monastère en emportant les reliques des saints Wandrille et Ansbert pour venir s'établir dans le domaine de Bloville situé au sud de l'embouchure de la Canche. «Alors qu'ils [les moines] s'approchaient en portant les corps très saints, les sacristains de l'église vinrent à leur rencontre accompagnés d'une partie des frères [déjà installés à Bloville] ainsi que de tout le peuple [...]. Ils reçurent alors les reliques au milieu de louanges à la gloire du Seigneur au lieu-dit *Mittispons* sur le fleuve de l'Authie. Le pont ayant été franchi avec les corps très saints, les fidèles plantèrent une croix de bois (*crux lignea*) à l'endroit où ils avaient été déposés.»[30] Dans le cas présent, le témoignage concernant les origines de cette croix semble assez digne de foi[31]. Ailleurs, on peut néanmoins penser que la légende s'est emparée tôt de ces petits signes distinctifs que l'on imagine donc nombreux dans le paysage rural. Au début du IXe siècle, la Vie d'Omer rapporte ainsi l'existence d'une croix de bois à Journy où des malades venaient rechercher la guérison. Aux dires de l'auteur, elle aurait été faite des mains même de l'évêque de Thérouanne et fixée sur un arbre à l'ombre duquel il se serait reposé (*ligneam statim dolavit crucem et eam in predicta sub qua iacuit arbore fixit*)[32]. Au Xe siècle, la Vie de saint Josse fait état d'une tradition similaire. Non loin de son ermitage, le Breton aurait guéri une jeune fille aveugle et une croix de bois (*crux lignea* à nouveau) aurait alors été fixée à cet endroit. L'auteur précise ensuite que le lieu prit le nom de Croix mais que l'objet avait été apporté au monastère où il était désormais conservé (*Quae crux adhuc hodie in alieno permanet loco, in monasterio scilicet ipsius sancti. Locus tamen isdem in quo prius posita erat, usque in praesens Crux dicitur*)[33]. Un lieu-dit La Croix Coupée existe toujours sur l'actuelle commune de Saint-Josse, à cinq-cent mètres environ de l'ancienne abbatiale. Dans la Vie de Liphard, une croix vient également rappeler les miracles opérés par le saint à Honnecourt. Auparavant l'auteur avait précisé que le saint avait été inhumé sous un arbre à Trescault[34]. On voit que d'autres éléments du paysage pouvaient être associés au souvenir d'un saint.

À l'extrême fin du IXe siècle, l'auteur des Miracles de saint Bertin rapporte que le sommet de la petite colline située entre Saint-Omer et Saint-Bertin avait été transformé en verger par les moines. Des anciens (*seniores*) rapportaient qu'un poirier – dont les fruits étaient particulièrement savoureux – avait été planté par Bertin lui-même. Pour cette raison, la procession solennelle des moines se rendait tous les ans sur place, le lundi de Pâques, avec les reliques du saint abbé[35]. On observe donc un réel souci d'ancrer dans le paysage le souvenir des origines. Peu importe au demeurant qu'elles aient un fondement historique solide (sur les bords de l'Authie), ou qu'il s'agisse de

[30] Miracula Wandregisili, éd. VAN DEN BOSCH, c. 10, 283; LOT, Études critiques sur l'abbaye de Saint-Wandrille, XXXI–XXXII identifie *Mittispons* avec Ponches, dép. Somme, arr. Abbeville, cant. Crécy-en-Ponthieu.

[31] À rapprocher de ces petites croix (*cruciculae*) plantées dans les années 740 autour de Soissons par l'«hérétique» Aldebert; Boniface s'employa alors à les faire brûler (Concilia aevi Karclini 1, éd. WERMINGHOFF, 35 et 39).

[32] Vita Audomari, Bertini et Winnoci, éd. W. LEVISON, c. 17, 764.

[33] Vita Judoci, éd. LE BOURDELLÈS, c. XIII, § 2–3, 925–926.

[34] Vita Lietphardi, éd. HENSKEN, c. 3 et 8, 496.

[35] Liber miraculorum Bertini, éd. HOLDER-EGGER, c. 11, 516.

traditions visiblement plus légendaires (à Saint-Bertin et à Saint-Josse). Dans notre optique, on soulignera le fait que la liturgie monastique a ensuite contribué à pérenniser cette appropriation de l'espace par le christianisme, comme le signale la procession annuelle auprès du poirier de Bertin. On peut en trouver d'autres mentions. Ainsi les moines de Bergues revenaient chaque année, le jour de la fête de saint Jean-Baptiste, à Wormhout où la communauté avait été installée du VIIe à la fin du IXe siècle[36]. Mieux, ils s'efforcèrent – dans leurs écrits – de christianiser *a posteriori* le site de leur nouvel établissement en imaginant que Winnoc s'y serait d'abord installé avec ses compagnons, comme l'affirme à la fin du XIe siècle l'auteur de la seconde Vie du saint[37].

On est mal renseigné sur ce qu'il advint de la communauté de Hamage après 877, date à laquelle elle est encore mentionnée dans le diplôme de Charles le Chauve pour Marchiennes[38]. Hucbald ne rapporte rien qui puisse nous renseigner sur l'état de celle-ci au moment où il écrit la Vie de Rictrude. En 1024/1025, il subsistait sur place un petit chapitre[39]. D'après les fouilles d'Étienne Louis, le cloître carolingien aurait été rasé au Xe siècle et le site mis en culture. Mais cela ne s'est pas accompagné d'un abandon de l'église Sainte-Marie, qui a «continué à bénéficier de soins attentifs»[40]. On ne sait donc pas quand les reliques de sainte Eusébie finirent par être ramenées à Marchiennes. Toujours est-il qu'avant le début du XIIe siècle – dans un passé (proche ou lointain?) où régnaient «davantage la paix et la prospérité» –, une partie des moines de Marchiennes les rapportait chaque année solennellement à l'église Sainte-Marie de Hamage, la veille de la fête de la dédicace de l'édifice. Le lendemain, le reste de la communauté se rendait sur place pour y célébrer une messe solennelle[41]. Il est bien évident que la liturgie conservait ainsi le souvenir de l'antique dépendance entre les deux établissements dont Hucbald se fit le premier l'écho au Xe siècle: *duo monasteria vicina sibi, et commoda sub una lege*[42]. Ce type de cérémonie peut aussi être rapproché des processions de «croix banales» qui apparaissent dans notre documentation à la fin du Xe siècle à propos des 72 églises dont les fidèles étaient tenus de se rendre à l'abbaye de Lobbes le 25 avril[43].

La naissance d'un paysage religieux dans les campagnes ne se réduit donc pas aux seules fondations d'églises ou de monastères. La documentation monastique ne manque pas de signaler ce qui fut assurément un mouvement plus général visant à inscrire précisément le sacré dans la topographie en multipliant de petits «lieux de mémoire». Les cérémonies liturgiques contribuaient ensuite à entretenir ce souvenir. Force est néanmoins de reconnaître que la documentation – si suggestive qu'elle soit – est particulièrement mince. Il en va autrement si l'on cherche à mesurer le rayonnement de certains monastères à l'aune de leurs dépendances, et particulièrement de Sithiu dans le diocèse de Thérouanne.

landscape previous based on sacred spots

[36] Miracula Winnoci, éd. LEVISON, c. 7, 783.
[37] Vita Winnoci secunda, éd. DE SMEDT, c. 2, 268.
[38] Recueil des actes de Charles le Chauve 2, n° 435, 474.
[39] Gesta episcoporum Cameracensium, éd. BETHMANN, l. II, c. 27, 461.
[40] Voir en dernier lieu LOUIS, 'Sorores ac fratres in Hamatico degentes', 38–43.
[41] L'histoire-polyptyque de l'abbaye de Marchiennes, éd. DELMAIRE, c. 14, 77.
[42] Hucbald, Vita Amati, éd. Cat. Brux. 2, c. 22, 52.
[43] BERLIÈRE, Les processions de croix banales, 436–437; DIERKENS, Abbayes et chapitres, 123.
[44] Vita Audomari, Bertini et Winnoci, éd. LEVISON, c. 23, 770.

LE RÉSEAU DE SITHIU DANS LE DIOCÈSE DE THÉROUANNE

Si on ajoute les cas un peu particuliers de Wormhout, Honnecourt et Auchy, la documentation a conservé la trace de vingt-trois sanctuaires qui, à un moment ou à un autre entre le VIIe et le Xe siècle, relevèrent de Sithiu. Pour certains d'entre eux – et en particulier les dix églises documentées par le polyptyque d'Adalard de 844/859 – on ne possède qu'une mention d'église. En revanche dans d'autres cas, les circonstances de fondation ou de donation sont brièvement rappelées et permettent d'en savoir davantage sur la nature des liens avec Sithiu.

Un mouvement précoce

Un peu avant 820, le moine de Sithiu qui rédige la Vie des grandes figures fondatrices du diocèse – Omer, Bertin et Winnoc – rappelle la volonté de l'abbé Bertin de «multiplier les demeures pour les serviteurs du Seigneur et les lieux d'accueil pour les pauvres du Christ qui à cette époque étaient encore rares dans la région» (*Dei famulis multiplicare habitacula et Christi pauperibus hospitia preparare, quae eo tempore rara in predicto fuerunt pago*)[44]. L'expression est précieuse. Elle montre, d'une part, que les moines de Sithiu avaient bien conscience au début du IXe siècle de ce que Jean-François Lemarignier nomme très justement la «vocation fédératrice» de leur établissement au regard du réseau des églises rurales du diocèse[45]. D'autre part, elle prête après coup aux pères fondateurs ce qu'on pourrait appeler une «politique missionnaire» qui peut être acceptée avec une certaine vraisemblance. On a pu rappeler précédemment la formation colombanienne que connut Omer, sans doute autour de Potentin, disciple de l'illustre Irlandais dans le Cotentin, puis à Luxeuil sous l'abbé Eustaise et dont ses compagnons, Mommelin, Bertin et Ébertram, étaient vraisemblablement aussi imprégnés. Il s'agit naturellement de ne pas exagérer la portée de cette influence. Mais une certaine conception de l'engagement des moines dans la vie religieuse des campagnes animait le monachisme irlandais. Or, dans le diocèse de Thérouanne, la présence de Sithiu apparaît avec une telle force qu'elle ne semble pas devoir être considérée comme le simple produit d'une illusion documentaire.

À la fin du VIIe siècle – en tout cas après 660 – l'abbé Bertin accueillit à Sithiu quatre Bretons nommés Quadanoc, Ingenoc, Madoc et Winnoc qui recherchaient des enseignements sur la vie monastique. Comme il avait alors reçu le domaine de Wormhout des mains du *vir dives* Heremarus, il envoya les quatre Bretons y fonder une *cella* dont il est bien précisé par la Vie tripartite qu'elle devait être une communauté destinée à accueillir pauvres et pèlerins. C'est enfin ce même Bertin qui, à la mort des compatriotes de Winnoc, finit par placer ce dernier à la tête de ce *conventiculum servorum Dei*, sans pour autant que ne lui fût donné le titre d'abbé[46]. Wormhout semble donc bien être resté dans une certaine dépendance de Sithiu à ses débuts, même si l'on pourra toujours suspecter l'insistance de la Vie à mettre ainsi en avant le rôle de Bertin, car d'autres indices suggèrent des liens particulièrement étroits jusqu'au transfert de la communauté à Bergues au début du Xe siècle.

Au dossier des dépendances précoces de Sithiu, il convient également de verser ce que l'on sait de la communauté d'Honnecourt. Par un acte daté du 8 février 685, le

[45] Lemarignier, Quelques remarques sur l'organisation ecclésiastique de la Gaule du VIIe à la fin du IXe siècle, 465.

[46] Vita Audomari, Bertini et Winnoci, éd. Levison, c. 23–24, 770–771; la seconde Vie de Winnoc attribue au saint le titre d'abbé et fait explicitement mention de la règle de saint Benoît (éd. de Smedt, c. 2, 268).

Monastères, *cellae* et églises dépendant de Sithiu (Saint-Bertin/Saint-Omer) pendant le haut Moyen Âge

H. : Herbelles
Q. : Quelmes
W. : Wizernes

-------- Frontières du diocèse de Thérouanne au Moyen Âge

L'église d'Eperlecques était une dépendance de Wormhout.
N'ont pas été représentés les monastères d'Honnecourt (sur l'Escaut) et de *Stenetland* (dont l'identification reste incertaine).

fondateur Amalfrid donnait le monastère à Sithiu avec l'accord de sa fille Auriana qui en était alors l'abbesse. La famille du fondateur conservait toute autorité sur la fondation jusqu'au dernier vivant. À sa mort en revanche, il est donné toute liberté à l'abbé Bertin pour établir un prévôt venu de Sithiu. Il n'y pas de raison de soupçonner cet acte, même s'il existe par ailleurs une fausse confirmation de Thierry III, forgée par les moines au IXe siècle et destinée à étoffer le dossier soutenant leur prétention sur Honnecourt. Rien n'indique qu'ils purent en faire effectivement l'acquisition à un moment ou à un autre: la documentation bertinienne est muette à ce sujet et Honnecourt n'est plus évoqué jusqu'à sa mention comme établissement royal en 870 dans le traité de Meersen. Le fait que ces deux actes aient été soigneusement conservés semble aller dans ce sens et peut suggérer que les moines n'abandonnaient pas l'espoir d'en faire usage un jour ou l'autre[47]. Cette tentative malheureuse illustrerait néanmoins la volonté de Bertin d'étendre le temporel de son abbaye, mais également son influence spirituelle. Le fait est d'autant plus acceptable que l'acte a été donné à Vermand, c'est-à-dire dans le diocèse de Noyon dont l'évêque n'était autre que le fameux Mommelin († 686), compagnon d'Omer lui aussi, et premier abbé de Sithiu avant son élection épiscopale à la mort d'Éloi († 660)[48].

Un ensemble de *cellae* aux IXe–Xe siècles

Il est assez difficile d'estimer si les moines de Sithiu ont davantage fait construire des oratoires ou s'ils se sont plutôt contentés d'accroître le réseau de leurs dépendances grâce à des donations. Un exemple fourni par Folcuin est pourtant significatif. Il concerne l'abbatiat de l'abbé Odland († 805). Parallèlement à d'ingénieux travaux hydrauliques qui faisaient encore l'admiration de Folcuin au milieu du Xe siècle, cet abbé fut à l'origine de la construction d'une église dédiée à saint Martin sur le domaine d'Arques, à quelques kilomètres de l'abbaye en aval de l'Aa[49]. Ailleurs, on doit se contenter de soupçonner l'action directe des moines comme à Quelmes, mentionné en 723 comme simple dépendance (*adiacentium*) de Setques dans la donation/vente de Rigobert[50], et devenu un domaine à part entière en 844/859, sur lequel était édifiée une église[51]. Une constatation similaire peut être faite à Guines. Sithiu y reçut des biens substantiels de la veuve Lebtrude et de ses trois enfants dès 808[52], mais l'église n'apparaît dans le polyptyque qu'un demi-siècle plus tard[53]. À l'époque moderne, ces deux églises étaient d'ailleurs consacrées en l'honneur de l'apôtre Pierre, dont on sait qu'il était aussi le patron principal de Sithiu[54].

Une bonne partie des églises dépendant du monastère étaient des églises cédées ou vendues par leur propriétaire. En 745, le prêtre Félix fait ainsi don à Sithiu de l'église de Roksem qu'il avait lui-même fait construire[55]. En 800, le clerc Déodat cède l'église

[47] Diplomata belgica, éd. GYSSELING/KOCH, n° 5, 15–17 (donation d'Amalfrid); pour la fausse confirmation royale forgée à l'époque carolingienne, voir désormais: Die Urkunden der Merowinger 1, n° 130, 331.

[48] Mommelin serait mort après vingt-six ans d'épiscopat, en 686 (en raison de la mort d'Éloi le 1er décembre 660, il convient de dater sa nomination du début de l'année 661): Vita Audomari, Bertini et Winnoci, éd. LEVISON, c. 12, 761.

[49] Folcuin, Gesta abbatum Sithiensium, éd. HOLDER-EGGER, c. 38, 613.

[50] Diplomata belgica, éd. GYSSELING/KOCH, n° 13, 28.

[51] Le polyptyque de l'abbaye de Saint-Bertin, éd. GANSHOF, 13.

[52] Diplomata belgica, éd. GYSSELING/KOCH, n° 23, 44.

[53] Le polyptyque de l'abbaye de Saint-Bertin, éd. GANSHOF, 21.

[54] Voir à ce propos le tableau des vocables du monastère mentionnés dans la documentation diplomatique.

[55] Diplomata belgica, éd. GYSSELING/KOCH, n° 15, 31–34.

Saint-Martin de Sains-lès-Fressin ainsi que les autres sanctuaires qui en dépendaient[56]. On évoquera dans le chapitre suivant le dossier exceptionnel qui documente la *cella* de *Stenetland*, fondée par Goibert et administrée par son fils Guntbert, moine à Sithiu. Au Xe siècle, plusieurs églises rejoignent aussi le temporel du monastère: celle de Merck, donnée en 938 par le comte de Flandre Arnoul Ier avec l'ensemble du domaine fiscal dont elle dépendait[57]; celle de Grenay qu'un propriétaire nommé Waldo abandonne au monastère où son fils Riklinus est oblat[58]; celle du Wast, achetée cinq livres par l'abbé Regenold à un fidèle du comte de Flandre nommé Hugues[59]. Comme on aura l'occasion de le rappeler, le domaine est mentionné comme bien de Fontenelle au IXe siècle mais il n'est alors pas fait mention de l'église, ce qui pourrait suggérer qu'Hugues (ou son prédécesseur) en ait été le fondateur. L'église de *Petresse* (Calais) enfin, est cédée par Arnoul Ier en 961[60]. On rappellera aussi au passage que ces donations semblent avoir été plutôt le fait de clercs que de laïcs, le cas du comte de Flandre étant un peu particulier du fait de son statut d'abbé laïc de Sithiu au Xe siècle.

Venons-en aux desservants. En octobre 806, un certain Erlharius cède à Sithiu une série de biens sis dans le *pagus* de l'Yser. L'acte est important pour notre propos car il a été passé à Beveren où se trouvait une *cella* dépendant de Sithiu (on notera en passant que cette mention incidente dans un contrat de vente suggère qu'un nombre non négligeable d'églises ait pu nous échapper). L'abbé Nanthaire est qualifié dans l'acte d'*abbas de monasterio sive de cella que dicitur Bebrona*. L'église, est-il précisé, était alors desservie par un prévôt, nommé Ebrogerus[61]. C'est également un prévôt qui devait être nommé à Honnecourt. En 745, le prêtre Félix, fondateur de la *cella* de Roksem, laisse toute latitude à l'abbé Nanthaire – le premier du nom – pour y nommer un prévôt après sa mort, l'essentiel étant que le service liturgique continue à être assuré avec toute la régularité voulue. Ces prévôts étaient-il choisis parmi les moines ou s'agissait-il de prêtres recrutés à l'extérieur comme le voulait la législation monastique[62]? À Roksem, un second acte daté de 770 signale bien la présence d'un prêtre (*presbiter*) nommé Fulgislus, qui succéda de toute évidence à Félix, mais sans apporter davantage de précisions[63]. À Arques, l'abbé Odland ne ressentit pas le besoin d'installer à demeure une petite colonie monastique en raison de la proximité de Sithiu, distant d'à peine trois kilomètres. En revanche, dix moines des deux communautés (cinq venus de Saint-Bertin et cinq de Saint-Omer) étaient envoyés chaque jour sur place *ad serviendum Domino*, comme le précise Folcuin. Au Xe siècle, on peut enfin penser que l'église du Wast était flanquée d'un petit prieuré car l'abbé Regenold, atteint d'éléphantiasis, y finit ses jours en 961[64]. Les exemples de Roksem et de Beveren indiquent en tout cas que le terme de *cella* doit davantage être traduit par église plutôt que par prieuré. Mais on remarquera également les liens étroits entre l'abbé de Sithiu et les desservants des églises, qui se posent en intermédiaires efficaces pour les transactions foncières passées au profit de la communauté. Au total, une certaine diversité a caractérisé la desserte des églises monastiques: moines (résidents ou non), prêtres extérieurs et communautés canoniales (il en sera question bientôt à propos des dépen-

[56] Ibid., n° 21, 40.
[57] Folcuin, Gesta abbatum Sithiensium, éd. Holder-Egger, c. 106, 627–628.
[58] Ibid., c. 109, 631.
[59] Ibid., c. 109, 630; Recueil des actes de Lothaire, n° 15, 35.
[60] Folcuin, Gesta abbatum Sithiensium, éd. Holder-Egger, c. 109, 630.
[61] Diplomata belgica, éd. Gysseling/Koch, n° 22, 42.
[62] Berlière, L'exercice du ministère paroissial par les moines.
[63] Diplomata belgica, éd. Gysseling/Koch, n° 17, 36.
[64] Folcuin, Gesta abbatum Sithiensium, éd. Holder-Egger, c. 110, 631.

dances de Centule/Saint-Riquier) ont pu être mis à contribution. Cela rejoint les observations faites récemment par Paul Oberholzer à propos du monastère de Saint-Gall à la même époque[65].

On ne possède finalement qu'un seul exemple de véritable communauté. Il s'agit des *custodes* de l'église de *Stenetland*[66], à propos desquels on soulignera une nouvelle fois les fonctions multiples, en particulier charitables et liturgiques, qu'ils étaient appelés à remplir. Dans le petit dossier administratif relatif à la *cella*, rassemblé par Guntbert en 867, figure précisément tout ce qui devait être distribué aux pauvres dans l'année. Par ailleurs, la bibliothèque de la *cella* conservait un *baptisterium*, preuve, si besoin est, des services spirituels que rendaient les frères à l'égard des laïcs alentour[67]. Ces témoignages indiquent finalement un réel souci d'indépendance de la *cella* à l'égard de Sithiu pour des raisons qui semblent ne pas tenir uniquement à la gestion de ses biens mais aussi à un encadrement spirituel des populations. Autant d'éléments qui peuvent nous rapprocher du modèle du *minster* développé pour le monde anglo-saxon et dont il a été fait mention en introduction.

Wormhout

Les *Gesta* des abbés de Sithiu rappellent la visite de l'évêque Folcuin à Wormhout en 843. À cette occasion, l'établissement est désigné comme *cella*[68]. Il est bien difficile de préciser la nature des rapports que celle-ci entretenait alors avec Sithiu mais on ne peut manquer de relever les indices d'une grande proximité, au moins jusqu'à la refondation de l'établissement à Bergues au tout début du Xe siècle sous l'égide du comte de Flandre.

On sait que le jeune Guntbert – dont il a été auparavant question – entra comme *tiruncultus* à Saint-Bertin et exerça ses talents de copiste en réalisant notamment trois somptueux antiphonaires. Le plus richement décoré rejoignit naturellement la bibliothèque de Saint-Bertin qui, aux dires de Folcuin, avait alors beaucoup souffert de la partition de la communauté en 820; le deuxième fut adressé à Saint-Omer; et le troisième à Saint-Winnoc[69]. Un peu avant 877, c'est à Saint-Bertin que la communauté de Wormhout – ou tout du moins les reliques de Winnoc – trouvèrent refuge devant la menace normande. En 899, le comte de Flandre restaura la communauté (canoniale désormais) à Bergues, ce qui contribua sans doute à relâcher les liens, au moins institutionnels, avec Sithiu. Mais, au début du XIe siècle, c'est bien à l'abbé Rodéric de Saint-Bertin que le comte de Flandre fit appel pour réformer l'établissement et imposer la discipline monastique[70]. À Saint-Bertin même, il semble qu'on ait eu le souci de conserver vivant le souvenir de Winnoc – au contraire de celui d'Omer, patron du chapitre rival. On trouve en effet la section de la Vie tripartite consacrée au saint dans le fameux *codex* copié au Xe siècle, qui rassemble les textes concernant les saints de Fontenelle ainsi que le *Libellus miraculorum Bertini*; elle se lit également, suivie des Miracles, dans le manuscrit particulièrement solennel composé à Saint-Bertin au début

[65] Oberholzer, Vom Eigenkirchenwesen zum Patronatsrecht, 78–79.
[66] Diplomata belgica, éd. Gysseling/Koch, n° 27, 48.
[67] Ibid., n° 37, 67.
[68] Folcuin, Gesta abbatum Sithiensium, éd. Holder-Egger, c. 57, 617.
[69] Ibid., c. 52, 615.
[70] Miracula Winnoci, éd. Levison, c. 5–6, 782–783; la fondation de Bergues par Baudouin II († 918) puis la restauration monastique de Baudouin IV († 1035) sont rappelées dans le diplôme de Baudouin V († 1067) pour Bergues du 27/30 mai 1067 (Chronique et cartulaire de Bergues, éd. Pruvost, 57–63).

du XIe siècle pour accueillir les textes relatifs aux grands saints de l'établissement (Bertin, Folcuin, Silvin)[71].

On présentera dans le chapitre suivant ce que le premier recueil des miracles de Winnoc dit de la fondation de l'église d'Éperlecques par le comte Gérard au milieu du IXe siècle. Le texte précise que ce dernier aurait alors confié aux moines la direction des travaux, puis le service liturgique du nouveau sanctuaire[72]. Quelques-uns s'installèrent sur place, sans doute dans un certain dénuement puisque le récit d'un miracle rapporte qu'un dimanche, ils ne purent retrouver un calice pour célébrer la messe. Un verre brisé fut miraculeusement réparé et put avantageusement le remplacer. Les traditions postérieures – pensons à la très «grégorienne» *Vita secunda Winnoci* – auront vite fait de réduire la participation du comte à la seule donation du domaine[73]. Pour autant, il n'y a pas lieu de soupçonner le témoignage des Miracles, qui suggère une réelle complémentarité entre l'action aristocratique et monastique.

Il faut enfin souligner qu'après la refondation du chapitre à Bergues autour des reliques de saint Winnoc au tout début du Xe siècle, les chanoines tinrent à maintenir un lien étroit avec l'église de Wormhout. Une procession solennelle, accompagnée d'une foule en liesse, rapportait tous les ans ces reliques la veille de la fête de saint Jean-Baptiste. Elles étaient ensuite exposées la nuit dans l'église et veillées par les chanoines, ce dont témoignent plusieurs miracles de guérison, consignés après la restauration monastique de 1022, mais qui se sont produits avant cette date. L'un concerne un membre de la *familia* du saint qui est dit dépendre de Wormhout (plus loin d'ailleurs il est fait mention de l'existence d'un *coenobium* sur place)[74]. Il semble donc bien qu'ait subsisté au Xe siècle un petit prieuré à Wormhout où résidaient des chanoines de Bergues. Dans ce cas précis, on entrevoit tout ce que l'existence d'un petit réseau de dépendances pouvait signifier quant à l'animation liturgique des campagnes du haut Moyen Âge.

Auchy

Restaurée en 1072 par les soins du comte Enguerrand de Hesdin, la communauté d'Auchy fut d'emblée placée dans un rapport d'étroite dépendance à l'égard de Saint-Bertin. C'est parmi les moines de Saint-Bertin que fut choisi l'abbé d'Auchy et cette disposition fait ensuite partie des privilèges régulièrement confirmés à l'abbaye, comme le rappelle la succession des actes copiés par Simon de Saint-Bertin, lui-même abbé d'Auchy en 1127. Il en va ainsi du privilège du pape Célestin II, adressé aux moines de Saint-Bertin en 1144: *In monasterio quoque sancti Silvini apud Alciacum, juxta antiquam consuetudinem, de vestro congregatione ydonea et religiosa persona semper in abbatem preponatur, eligatur*[75]. Cette sujétion ne sem-

[71] Saint-Omer, Bibl. mun., ms 764, fol. 91–96 (Cat. Aud., 288–289); Boulogne-sur-Mer, Bibl. mun., ms 107, fol. 107v–117r (van der Straeten, Les manuscrits d'Arras et de Boulogne, 129 et 137–138).

[72] Miracula Winnoci, éd. Levison, c. 2, 780–781.

[73] Ibid., c. 2, 781; la seconde Vie du saint rapporte que le verre était toujours conservé et utilisé à Bergues (éd. de Smedt, c. 12, 271); pour une autre mention d'un calice en verre, voir le testament d'Evrard de Frioul (863/864): Cartulaire de l'abbaye de Cysoing, éd. Coussemaker, n° 1, 3; au XIIIe siècle de vigoureuses interdictions se lèveront contre l'emploi de calices si fragiles: Frutieaux, Entre liturgie et sacralité. Enquête sur la nature et la fonction des calices, 231.

[74] Miracula Winnoci, éd. Levison, c. 7–9, 783–784; Huyghebaert, L'abbé Rumold de Bergues, 7–8.

[75] Simon, Gesta abbatum Sithiensium, éd. Guérard, l. II, c. 9, 219 (privilège de Pascal II du 25 mai 1107); ibid., l. II, c. 49, 262 (confirmation dans les mêmes termes de Calixte III du 30 mars 1123); ibid., l. III, c. 7, 312 (privilège d'Innocent II du 26 avril 1139); ibid., l. III, c. 10, 317 (privilège de

ble pas avoir été bien acceptée[76]. Elle était en tout cas symboliquement affirmée par le fait que les reliques de Silvin, patron de la communauté, restèrent à Sithiu. C'est en effet au milieu du Xe siècle qu'elles avaient été confiées au monastère par le comte Arnoul Ier de Flandre[77]. Folcuin évoque à ce propos un *monasterium* que l'on suppose être celui d'Auchy, ce qui suggère, dès le milieu du Xe siècle, un certain degré de dépendance sur lequel on aura l'occasion de revenir plus loin dans le cadre d'une présentation de la «politique des reliques» que l'on peut prêter aux moines de Sithiu pendant le haut Moyen Âge.

Au total ce sont donc quatre communautés qui apparaissent dans une dépendance plus ou moins formelle à l'égard de Sithiu pendant le haut Moyen Âge (peut-être Honnecourt un temps, Wormhout, *Stenetland*, qui disparut dans le courant du Xe siècle, et Auchy enfin). Dix églises sont mentionnées dans la description de la mense conventuelle dressée sur ordre de l'abbé Adalard en 844/859 – mais pour lesquelles il est difficile de savoir quand et dans quelles conditions elles furent incorporées au patrimoine de Sithiu –, auxquelles on ajoutera les églises fondées, cédées ou simplement mentionnées aux VIIIe–IXe siècles (Arques, Beveren, Roksem, Sains-lès-Fressin) et les trois acquisitions du Xe siècle (Grenay, Calais, Le Wast). C'est peu si l'on compare ces chiffres à celui des cent-quarante églises passées aux VIIIe–IXe siècles dans le patrimoine de l'église cathédrale de Freising, mais c'est déjà significatif de la participation des moines pour étoffer, depuis Sithiu, le réseau de sanctuaires du diocèse de Thérouanne.

LES DÉPENDANCES DES AUTRES ÉTABLISSEMENTS NEUSTRIENS

On s'est depuis longtemps interrogé sur les possessions «excentriques» des grandes abbayes du haut Moyen Âge[78], en rappelant qu'elles obéissaient à des objectifs économiques (c'est une évidence si on observe les nombreuses dépendances monastiques autour du port de de Quentovic aux VIIe–IXe siècles) et répondaient également à des logiques plus politiques. Mais il faut aussi reconnaître que les domaines monastiques contribuèrent à multiplier les sanctuaires dans les campagnes septentrionales.

L'implantation ancienne de Fontenelle en Morinie

On a déjà rappelé ce que les sources suggèrent de la proximité entre l'évêque Omer, Wandrille, *villicus* de Dagobert puis fondateur de Fontenelle en 649, et Ouen, le puissant métropolitain de Rouen à partir de 641. À la demande de ce dernier, c'est en effet l'évêque de Thérouanne qui conféra à Wandrille la dignité de sous-diacre[79]. Dans la deuxième moitié du VIIe siècle, des liens familiaux étroits existaient entre l'abbaye et

Célestin II du 19 janvier 1144); le continuateur de Simon évoque aussi la charge de prieur occupée par Godescalc († 1176) à Auchy avant son élection comme abbé de Saint-Bertin (Gesta abbatum Sithiensium. Continuatio, éd. Holder-Egger, 667).

[76] Les moines de Saint-Bertin, pour couper court à toute réclamation, auraient avancé qu'Auchy appartenait dès les origines au temporel de Saint-Bertin, le toponyme *Alciaco* apparaissant en effet dans la donation d'Adroald du 6 septembre 649 (Diplomata belgica, éd. Gysseling/Koch, n° 1, 6).

[77] Folcuin, Gesta abbatum Sithiensium, éd. Holder-Egger, c. 108, 630.

[78] Lebecq, The role of the monasteries in the systems of production and exchange.

[79] Vita Wandregisili prima, éd. Krusch, c. 13, 19; la meilleure introduction à l'histoire de Fontenelle reste la notice de Dom Laporte, Fontenelle, Dictionnaire d'histoire et de géographie ecclésiastique 17 (1971), 915–923, qui n'avait pas manqué de remarquer que «très vite, Fontenelle paraît avoir occupé une place notable dans le diocèse de Thérouanne».

le pays de Thérouanne dont étaient originaires deux frères, Robert et Erlebert: le premier était le père d'Angadrème, fiancée à Ansbert (référendaire de Clotaire III, futur abbé de Fontenelle puis métropolitain de Rouen); le second était le père de Lambert – successeur de Wandrille à Fontenelle (668), il fut élu métropolitain de Lyon en 679 – et entra d'ailleurs à l'abbaye sous l'abbatiat de son fils, en enrichissant ainsi l'établissement d'une série de domaines de la région[80]. Comme on connaît bien le souci du maire du palais Erchinoald d'accroître le temporel de Fontenelle[81], on peut raisonnablement se demander si l'acquisition de biens au nord de la Canche ne fut pas en outre délibérément encouragée par le pouvoir neustrien afin de mieux contrôler ces marges littorales de l'ancien duché de Dentelin, dont l'intérêt économique était désormais évident avec l'essor que connaissait le port de Quentovic.

Il est difficile de suivre pas à pas les acquisitions de Fontenelle en Ponthieu et dans le Ternois. Pour le premier tiers du IXe siècle, ce qu'on appelle communément la Constitution d'Anségise se contente d'énumérer les biens que l'abbaye faisait venir des domaines sis dans les *pagi Bononensis et Tarvanensis* dont des pièces de drap, du cuir pour les sandales, des fromages, des œufs et de quoi asssurer les besoins du luminaire de l'abbaye (cire et suif); le tout dans des proportions considérables[82]. Une partie seulement de ces domaines peut être identifiée avec suffisamment de sûreté dans le diplôme de Charles le Chauve, donné le 21 mars 853/854, et dans les Miracles de saint Wandrille. Il s'agit des biens situés dans la basse vallée de la Canche aux alentours du port de Quentovic (Bloville et sa dépendance de Marconne, ainsi que des manses à Quentovic, et l'église Saint-Pierre dont il sera question bientôt), du domaine d'Outreau (Walbodeghem dans les sources), à l'ouest de Boulogne, de l'autre côté de la Liane – avec ses dépendances de Turbodinghem et de Laom –, et enfin du domaine du Wast. Il faudrait sans doute compter d'autres possessions signalées dans les Miracles, mais dès lors que ces biens échappèrent à Fontenelle au Xe siècle et disparurent alors de la documentation, il paraît difficile d'aboutir à des identifications définitives à leur propos[83].

Le 9 janvier 858, la communauté de Fontenelle quitta l'abbaye devant la menace normande, en emportant les précieuses reliques des saints Wandrille et Ansbert. Ce qu'il advint alors des restes d'une autre figure prestigieuse de Fontenelle, saint Vulfran, un temps missionnaire en Frise puis installé sur le siège métropolitain de Sens avant de prendre définitivement l'habit monastique, appartient davantage aux querelles qui

[80] Vita Ansberti, éd. LEVISON, c. 3, 621 et c. 8, 625.

[81] Sur le témoignage des *Gesta abbatum Fontanellensium* dans ce sens, voir LOT, Études critiques sur l'abbaye de Saint-Wandrille, IV–XII.

[82] Gesta abbatum Fontanellensium, éd. PRADIÉ, c. XIII, § 8, 184; LOT, Études critiques sur l'abbaye de Saint-Wandrille, XVII–XVIII.

[83] Sur ces trois ensembles domaniaux, on verra les notices qui leur sont consacrées en annexe; le diplôme de Charles le Chauve (Recueil des actes de Charles le Chauve 1, n° 160, 424–426) fait bien mention de Bloville (avec Marconne et les manses sis à Quentovic) et d'Outreau (avec Turbodinghem et Laom); pour les autres biens, il faut interpréter les termes équivoques employés par l'auteur des Miracles pour désigner les lieux d'origine des miraculés: *patrimonium* semble désigner les biens appartenant à Fontenelle (puisqu'il désigne ainsi Outreau), ce qui a conduit LOT, Études critiques sur l'abbaye de Saint-Wandrille, XIX à retenir aussi le *patrimonium* du Wast (c. 19) mais en passant curieusement sur l'énigmatique *Luceium* (c. 15); le même historien écarte de la liste les localités mentionnées comme *villa* ou *praedium*, mais il n'est pas sûr du tout que cette distinction ait été si stricte dans le chef de l'auteur (Outreau est aussi signalé comme *praedium* au c. 18); on peut donc penser que faisaient aussi partie du temporel de Fontenelle d'autres localités citées dans les Miracles dont les identifications sont difficiles (les propositions de RICOUARD, Translation des reliques de Saint Wandrille, 36–46 sont parfois hasardeuses); ajoutons enfin, pour être complet sur les biens de Fontenelle au nord de la Canche, que Ferdinand Lot a identifié dans le diplôme de Charles le Chauve trois localités qu'il place dans le diocèse d'Arras.

mirent aux prises les moines de Fontenelle à ceux de Saint-Pierre de Gand au XIe siècle: il est assuré qu'elles ne connurent pas les tribulations des reliques de Wandrille et d'Ansbert[84]. Plus que la communauté de Fontenelle, ce sont d'ailleurs ces dernières qui sont au centre du récit particulièrement vivant et détaillé, rédigé par un moine contemporain. Le plus ancien témoin manuscrit est aujourd'hui une copie faite dans le *scriptorium* de Sithiu dans le courant du Xe siècle[85].

Déposées à Bloville puis transportées près de Quentovic le jour de l'Ascension, les reliques opérèrent quelques miracles (quatre) avant de gagner le domaine d'Outreau (huit miracles sont alors documentés). Tout laisse penser qu'elles regagnèrent ensuite Fontenelle jusqu'en 866, date à laquelle elles reprirent le chemin de ces domaines septentrionaux où pas moins de quinze miracles opérés à Quentovic jusqu'en juillet 868 furent consignés. On place traditionnellement à partir de cette date le séjour de vingt années à Blangy: les Miracles de sainte Berthe assurent en effet de manière assez vague – et l'on connaît les difficultés que pose cette source – que les moines furent accueillis par l'abbesse Hersende (*Venientes igitur ad monasterium Sanctae Bertae ubi veneranda Hersendis praesse abbatissa videbatur, cum omni charitatis humanitate ab ea suscepti sunt ibique viginti annis hospitabantur*)[86]. Peut-être n'est-ce qu'un argument commode pour justifier la présence de reliques des deux saints dans le trésor de Blangy. Le fait est cependant accepté par les historiens car le récit des Miracles de Wandrille ne reprend qu'à l'automne 885 avec l'arrivée des reliques de Fontenelle à Chartres, d'abord dans l'église Saint-Chéron puis à l'abri des murailles de la cité. Comme le recueil se clôt sur un miracle opéré à Boulogne, on pense généralement que la communauté regagna rapidement le Nord[87]. C'est en tout cas à Boulogne que le comte Arnoul en 944 vint s'emparer des reliques pour les faire déposer triomphalement au Mont-Blandin à Gand. Cet épisode sera exploité dans la dernière partie.

Les récits circonstanciés des miracles – on en compte au total vingt-huit dans la région qui nous occupe[88] – permettent de se faire une idée de la manière dont les grands établissements monastiques ont participé au processus de christianisation en profondeur des campagnes, à la fois en bâtissant des sanctuaires mais aussi en entretenant avec beaucoup de soin les dévotions à l'égard de leurs saints patrons.

Quelques aspects de l'influence de Fontenelle à l'époque carolingienne

Les Miracles signalent explicitement trois églises: l'une à Bloville, l'autre, dédiée à saint Pierre, près de Quentovic, et la dernière, dédiée à saint Quentin, à Outreau. Concernant la première église, l'auteur précise que les sacristains (*custodes*), accompagnés

[84] Huyghebaert, L'énigme des reliques de saint Vulfran; Van Houts, Historiography and hagiography at Saint-Wandrille; sur Vulfran, voir en dernier lieu Lebecq, Vulfran, Willibrord et la mission de Frise.

[85] Saint-Omer, Bibl. mun., ms 764; Deschamps, Notice sur un manuscrit de la bibliothèque de Saint-Omer; Cat. Aud., 288–289 et désormais Howe, The hagiography of Saint-Wandrille, 171–172 et 184–186.

[86] Miracula Bertae, éd. Du Sollier, l. I, c. 3, 55.

[87] Sur la pérégrination des moines de Fontenelle au nord de la Canche, voir Lot, Études critiques sur l'abbaye de Saint-Wandrille, xxx–xl; ce qu'il advint de la communauté au Xe siècle pose de nombreux problèmes, notamment en raison de l'existence à Saint-Pierre de Gand d'une *congregatio sancti Wandregisili* (Liber traditionum, éd. Fayen, n° 88, 87) dont Gérard de Brogne était abbé; voir à ce sujet Laporte, Gérard de Brogne à Saint-Wandrille et à Saint-Riquier et van Werveke, Saint-Wandrille et Saint-Pierre de Gand.

[88] Il s'agit déjà d'un chiffre supérieur au nombre moyen des miracles consignés dans les recueils du IXe siècle; pour une présentation quantitative de cette production hagiographique, voir désormais Goetz, Wunderberichte im 9. Jahrhundert.

d'une partie des frères de Fontenelle (*aliqua pars fratrum*) déjà réfugiés sur place, se portèrent au devant du convoi et l'accueillirent après la traversée du pont de l'Authie. Ils étaient accompagnés d'une foule nombreuse. Tout indique donc que Fontenelle avait pris en charge l'encadrement spirituel du domaine de Bloville. Il est difficile d'être aussi précis concernant Saint-Pierre (tant que les reliques y étaient déposées, il semble que les moines de Fontenelle aient célébré les offices, comme le suggère la guérison d'une vieille femme paralysée lorsque les moines chantaient les vêpres la veille de l'Ascension 858) et Saint-Quentin d'Outreau (un miracle se produisit à nouveau au moment où les moines célébraient la messe)[89]. Si l'on accepte le fait que Le Wast était bien une possession de Fontenelle, on remarquera que les moines n'ont pas ressenti le besoin d'exposer les reliques dans ce qui devait être pourtant un domaine de bonne taille (la documentation permet en effet de suivre son passage dans la main du comte de Flandre au Xe siècle puis de Boulogne au XIe siècle). C'est donc à Outreau que se sont rendus un dépendant du domaine et d'autres personnes de la partie la plus orientale du diocèse venues rechercher l'intercession des saints[90]. Peut-être faudrait-il en conclure que l'église Saint-Michel, dont l'importance est bien attestée au milieu du Xe siècle (on l'a rappelé), n'avait alors pas encore été édifiée.

Tel qu'il se présente, le récit des miracles opérés par le saint est particulièrement précieux pour appréhender le rôle qu'un grand monastère pouvait avoir dans la christianisation des campagnes à l'époque carolingienne. À ce propos on rappellera que, si l'auteur met en avant la fuite devant le danger que représentaient les incursions normandes dans la basse vallée de la Seine, il est frappant de constater que ce motif disparaît par la suite de son discours. L'impression que donne son récit est plutôt celui d'un voyage parfaitement organisé et planifié, jamais présenté comme la fuite éperdue d'une communauté aux abois. On peut donc se demander si les moines, sans doute inquiets devant la menace normande – il est d'ailleurs évident que certains moines étaient déjà installés à Bloville puisqu'ils accueillirent leurs frères à Ponches –, n'ont pas, en fait, pris ce prétexte pour organiser (et peut-être faire durer davantage) un voyage des reliques, même si on sait que de telles entreprises – qu'il faut se garder de confondre avec des translations définitives – ne furent pas pratiquées régulièrement par les grandes communautés religieuses avant le Xe siècle[91].

Ce qu'on peut tirer des récits de miracles va tout à fait dans le sens d'un projet mûri. Les reliques sont volontairement exposées dans des lieux fréquentés: on les voit ainsi quitter rapidement Bloville (pourtant le centre de l'ensemble domanial) pour l'église située près de Quentovic (et on imagine difficilement que tous les moines aient pu s'établir à cet endroit) car se pressait là, de toute évidence, une population nombreuse et cosmopolite. Il suffit de penser aux Anglo-Saxons qui traversaient la Manche pour de multiples raisons, dont celle de gagner ensuite Rome. Pour les pèlerins, toutes les occasions étaient mises à profit, et notamment celles de prier les saints locaux. Ainsi en allait-il de cette femme nommée Echitrade, *natione gentis Anglorum*, guérie par l'intervention des saints de Fontenelle le 22 septembre 867. À la fin du IXe siècle, ce furent à

[89] Miracula Wandregisili, éd. VAN DEN BOSCH, c. 10, 283 (Bloville); c. 14, 284 (Quentovic); c. 20, 285 (Outreau).

[90] Ibid., c. 19, 285; c. 37 et 41, 288 pour des miraculés venus du *pagus Taruennensis* auxquels on ajoutera cet homme nommé Raduinus, venu une première fois solliciter sans succès l'intervention des saints et qui fut finalement guéri en 868 à Saint-Pierre de Quentovic (c. 41, 288).

[91] Voir en dernier lieu KAISER, Quêtes itinérantes avec des reliques (avec bibliographie); cela permettrait d'expliquer en partie pourquoi les moines n'éprouvèrent pas le besoin de transporter également les reliques de saint Vulfran: celles de Wandrille et d'Ansbert étaient suffisamment prestigieuses.

Les biens de Fontenelle/Saint-Wandrille dans le diocèse de Thérouanne à l'époque carolingienne

Les biens dépendant de Fontenelle sont signalés en italique.

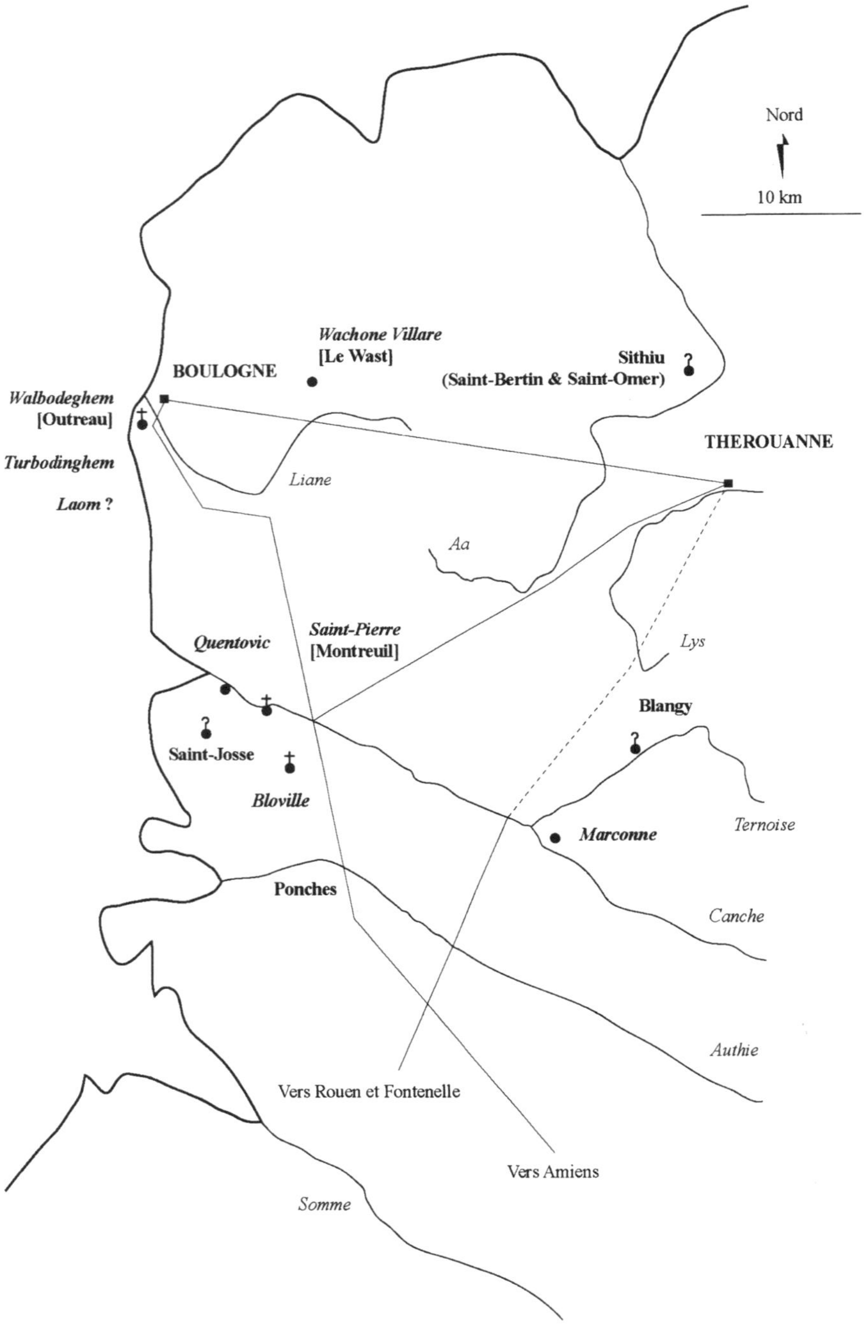

nouveau des *transmarini* qui accompagnèrent l'une des leurs à Boulogne pour obtenir la guérison de sa paralysie. Revenue saine et sauve dans son pays, cette dernière rassembla une communauté de *sanctimoniales* dans un monastère fondé en l'honneur de Wandrille[92]. On a donc bien l'impression que la présence des reliques à Quentovic (puis à Outreau et Boulogne) ne fut pas seulement une affaire de circonstances mais qu'elle obéissait aux intérêts légitimes de la communauté de Fontenelle. En exposant les précieuses reliques suffisamment longtemps devant de nombreux fidèles – de surcroît à l'occasion de fêtes particulièrement solennelles comme celle de l'Ascension en 858 et en 867 –, les moines favorisaient la venue des miracles et pouvaient ainsi recueillir les fruits de ces interventions des saints.

En examinant l'origine des miraculés, on entrevoit également ce qui semble être la volonté des moines de Fontenelle d'entretenir, chez leurs dépendants, la dévotion aux saints patrons du monastère. On a rappelé un peu plus haut qu'il était difficile de distinguer, parmi la vingtaine de toponymes cités dans les Miracles (correspondant aux lieux d'origine des miraculés), ceux qui désignaient effectivement des biens de l'abbaye. Néanmoins, parmi les personnes qui furent guéries à Quentovic en 858, on ne peut s'empêcher de relever ce *quidam puer de patrimonio Luceio*, puis, par la suite, à Outreau, cette *phrenetica* de Laom, cette jeune fille du Wast ou encore cette autre jeune femme de Turbodinghem, dont les mains étaient paralysées depuis des années. Autant de miraculés qui dépendaient directement de Fontenelle. Si donc le voyage des reliques avait sans doute principalement pour but l'opulent port de Quentovic – quatre miracles sur douze en 858 et quinze en 866–868 (les moines ne semblent pas s'être installés à Outreau ces années-là) –, nul doute que ce déplacement était une façon de remplir les devoirs spirituels que les moines avaient à l'égard de ceux qui travaillaient pour eux. Ce faisant, la communauté de Fontenelle contribuait indéniablement à construire, dans les campagnes, un réel sentiment d'appartenance à une même communauté religieuse autour de la dévotion aux saints – principalement au fondateur, Wandrille – dont la présence était rendue épisodiquement concrète par l'exposition de leurs reliques.

Ceci d'ailleurs pouvait entraîner des heurts car si on devine que les moines offraient, à leurs propres dépendants, un accès privilégié aux saintes reliques, ils accueillaient aussi volontiers d'autres pèlerins dont les prières n'avaient pas été exaucées ailleurs. Il en alla ainsi d'une femme possédée par le démon que ses proches amenèrent au monastère de Saint-Josse dans l'espoir de la voir retrouver toute sa raison. Il n'y eut aucun résultat. Le 15 juillet 868, après avoir passé une semaine dans la basilique Saint-Pierre de Quentovic où étaient exposées les reliques des saints Wandrille et Ansbert, la malheureuse retrouva la santé. L'auteur des Miracles ne se prive pas de rappeler également que les saints de Fontenelle permirent la guérison d'un sourd-muet qui avait auparavant sollicité saint Sébastien à Saint-Médard de Soissons. Il en alla de même avec un certain Wandalgaire et de sa sœur Gilberte qui venaient de possessions de Saint-Maurice d'Agaune sises à Bloville[93].

Les Miracles de saint Wandrille permettent ainsi de se faire une idée – forcément incomplète – de la vie religieuse des campagnes carolingiennes: déjà structurées physiquement autour d'un petit réseau d'oratoires ruraux et spirituellement autour de saints patrons particuliers (la plupart des miraculés sont effectivement des dépendants de Fontenelle). Mais, pour autant, force est de reconnaître que le réseau des oratoires ne se présente pas encore comme complet (l'existence d'une église au Wast est problématique).

[92] Miracula Wandregisili, éd. VAN DEN BOSCH, c. 32, 288 et c. 51–54, 290.

[93] Ibid., c. 23–24, 286–287 (Saint-Médard); c. 33, 288 (Saint-Maurice) et c. 43, 289 (Saint-Josse).

Les autres grandes abbayes neustriennes

Les autres grands établissements monastiques neustriens n'ont pas connu une implantation aussi dense que Fontenelle en Morinie. Ils n'ont donc pas participé à la même échelle au processus de fondation d'oratoires ruraux. On peut néanmoins relever la présence de quelques dépendances dès l'époque mérovingienne.

Ce fut sans doute le cas de Jumièges à Haspres, non loin de Cambrai, même si les traditions sont tardives à ce propos. En 1024/1025, les *Gesta* des évêques de Cambrai rapportent ainsi que la menace d'une attaque des Normands avait contraint les moines de Jumièges à venir trouver refuge à Haspres avec les reliques de saint Achard (ou Aycadre), deuxième abbé de l'établissement, et celles de saint Hugues († 730), petit-fils de Pépin II, évêque de Rouen, Paris et Bayeux mais aussi abbé de Fontenelle et Jumièges[94]. De cette époque daterait l'existence d'un véritable prieuré. L'auteur des *Gesta* fait preuve d'une grande honnêteté à ce propos, car il reconnaît ignorer si le domaine appartenait de longue date à Jumièges ou s'il s'agissait d'une donation récente[95]. Notre méconnaissance de l'état de la mense abbatiale au milieu du IXe siècle (alors que la mense conventuelle est décrite par un diplôme de Charles le Chauve[96]) ne permet pas d'apporter une réponse définitive à ce problème. Le témoignage des *Gesta* a été diversement interprété. Certains sont restés dubitatifs[97], d'autres ont cherché à dater l'exode des moines: en 866 pour Dom Laporte[98], au début du Xe siècle pour Lucien Musset[99]. Un examen des Vies des saints Achard et Hugues a récemment conduit le Père van der Straeten à postuler l'existence d'un seul auteur qui aurait travaillé loin des ressources de la bibliothèque de Jumièges dans la deuxième moitié du IXe siècle[100]. Cela va dans le sens du témoignage des *Gesta*, et donc de la réalité de l'exil de la communauté avec les reliques des saints. Tout cela plaide en faveur d'une installation des moines de Jumièges au IXe siècle, mais ne nous dit rien de l'éventuelle ancienneté de cette possession. La documentation liturgique fournit néanmoins un indice suggestif. On se souvient en effet que des litanies furent ajoutées au milieu du IXe siècle dans le sacramentaire qu'avait fait copier l'évêque Hildoard de Cambrai († 816)[101]. Au fol. 223v, on y lit non seulement le nom de Philibert mais également celui d'Achard. Le culte du fondateur de Jumièges a connu une large diffusion pendant le haut Moyen Âge, mais ce fut loin d'être le cas de celui de son successeur[102]. Cela pourrait donc signaler l'existence, dès avant le milieu du IXe siècle, d'une dépendance de Jumièges dans les environs de Cambrai. Ajoutons également qu'Haspres possède toutes les caractéristiques d'un domaine ancien, traversé par le cours de la Selle et un *diverticulum* de la voie romaine Cambrai-Bavay. L'exemple du domaine voisin de Solesmes appartenant à Saint-Denis montre que cette hypothèse peut tout à fait être prise au sérieux.

[94] Jacques Dubois, Hugues de Jumièges, Dictionnaire d'histoire et de géographie ecclésiastique 25 (1995), 238; Helvétius, Abbayes, évêques et laïques, 90–92.

[95] Gesta episcoporum Cameracensium, éd. Bethmann, l. II, c. 29, 461–462.

[96] Recueil des actes de Charles le Chauve 1, n° 111, 295–297; Musset, Les destins de la propriété monastique durant les invasions normandes, 51.

[97] D'Haenens, Les invasions normandes en Belgique, 234–235.

[98] Laporte, La date de l'exode de Jumièges, 47–48.

[99] Musset, Les destins de la propriété monastique durant les invasions normandes, 51.

[100] van der Straeten, Vie inédite de s. Hugues; id., L'auteur des Vies de s. Hugues et de s. Aycadre; des objections convaincantes ont néanmoins été apportées par Le Maho, La production éditoriale à Jumièges.

[101] Cambrai, Médiathèque, ms 164; Coens, Recueil d'études bollandiennes, 280–281; Orchard, The ninth and tenth-century additions, 292–295.

[102] van der Straeten, Vie inédite de s. Hugues, 226, n. 2; contrairement à Achard, Philibert est mentionné dans les martyrologes d'Usuard (éd. Dubois, 286–287), d'Adon (éd. Dubois/Renaud, 279) et dans le calendrier d'Héric d'Auxerre (éd. Gaiffier, 420).

Le domaine fiscal de Solesmes possédait au début du VIIIe siècle un petit oratoire (*oratorium*), desservi par un *custos* et dédié à saint Martin lorsqu'il fut cédé par Childebert III aux moines de Saint-Denis[103]. La possession du domaine a ensuite été revendiquée par les moines de Maroilles. En 750 néanmoins, Pépin rendit un jugement définitif en faveur de Saint-Denis. Les moines établirent alors sur place un petit prieuré (*cella*) dont l'existence est attestée dès l'année suivante[104]. Les motifs qui présidèrent à la fondation de cette petite communauté semblent avant tout d'ordre économique. Néanmoins on saisit ainsi comment un oratoire rural assez modeste a pu acquérir une dimension plus importante dans le courant du VIIIe siècle. Le service liturgique qu'il convenait d'assurer s'est assurément étoffé avec l'arrivée de quelques moines.

On est beaucoup moins renseigné sur les circonstances dans lesquelles l'église du domaine d'Obourg (au nord-est de Mons) fut effectivement restituée aux moines de Saint-Germain-des-Prés. C'est en tout cas ce que prévoyait un acte de précaire passé au IXe siècle (la mention de l'*imperator Karolus* ne permet guère à ses éditeurs de se montrer plus précis) entre l'abbé du monastère et un certain Guillaume qu'Anne-Marie Helvétius a récemment identifié avec un proche de Louis le Pieux, le comte de Blois du même nom mort en 834[105]. Concernant une éventuelle activité des moines en matière de fondation d'églises, Jean-Pierre Devroey rappelait l'existence dans les environs très proches d'une église dédiée à saint Denis (dont l'existence est suggérée dès avant 889 dans la liste courte des biens de l'abbaye de Lobbes[106]) ainsi que la «coïncidence troublante» que représente le vocable du futur chapitre de Mons (Saint-Germain), dont l'existence n'est attestée qu'au début du XIe siècle, mais qui resta jusqu'au XIIIe siècle le siège de la seule paroisse montoise[107]. Reconnaissons en définitive qu'il est difficile d'apprécier l'implantation – si implantation il y eut vraiment – des moines germanopratins à Obourg.

Pour être complet, il faudrait enfin évoquer le cas des dépendances de Centule sur lesquelles Hariulf apporte quelques renseignements. En 831, il y avait ainsi à Bourecq une petite communauté (*cella*) de dix chanoines dont les biens sont énumérés. Il s'agit, d'une part, d'ornements, de vases et de linges liturgiques, et d'autre part, d'un embryon de bibliothèque (missel, lectionnaire, antiphonaire, homéliaire, passionnaire et psautier). Il semble bien que ces chanoines aient été chargés non seulement de la gestion des biens de Centule en Artois mais également du service liturgique des églises de Nédon et de Thiennes[108]. Les deux communautés canoniales sont représentatives d'une forme sans doute très répandue de desserte des sanctuaires monastiques. Ces «chapitres séculiers dépendant d'abbayes bénédictines» (pour reprendre l'expression de Dom Misonne) sont ainsi connus dans notre région pour les monastères d'Inden (Renaix), Lobbes (Saint-Ursmer, Antoing, Zegelsem et peut-être Oudenbourg), Saint-Amand (Saint-André), Saint-Vaast (Sainte-Marie et Saint-Pierre) et Sithiu (*Stenetland*)[109].

103 Die Urkunden der Merowinger 1, n° 159, 397; pour tout ce qui suit, voir HELVÉTIUS, Abbayes, évêques et laïques, 115–118.

104 Die Urkunden der Arnulfinger, n° 21 et 23 (original conservé).

105 Recueil des chartes de l'abbaye de Saint-Germain-des-Prés 2, n° 38 bis, 228; DEVROEY, Note sur les biens de Saint-Germain-des-Prés en Belgique, 43–44; HELVÉTIUS, Avant la ville, la campagne, 373–380.

106 Le polyptyque de l'abbaye Saint-Pierre de Lobbes, éd. DEVROEY, 33 (*Sanctum Dionisium*).

107 Gesta abbatum Sithiensium, éd. BETHMANN, l. II, c. 39, 464; NAZET, Les chapitres de chanoines séculiers en Hainaut, 219-221.

108 Hariulf, Chronicon Centulense, éd. LOT, l. III, c. 3, 95; HAIGNERÉ, Les possessions de l'abbaye de Saint-Riquier dans le Pagus de Thérouanne; MEIJNS, Aken of Jeruzalem? 1, 245–247.

109 Outre les notices consacrées à ces communautés en annexe, voir MISONNE, Chapitres séculiers dépendant d'abbayes bénédictines; MEIJNS, Communautés de chanoines dépendant d'abbayes bénédictines; MÉRIAUX, Communautés de clercs et communautés de chanoines.

À l'exception peut-être de Centule, on observera donc qu'une série de monastères fondés dans le cœur de la Neustrie mérovingienne a possédé quelques biens dans les diocèses que nous avons pris pour étude et qu'ils ont pu y déléguer quelques moines. Dans les cas de Fontenelle, de Saint-Denis et très vraisemblablement de Jumièges, il semble que l'on puisse faire remonter cette implantation aux dernières décennies de l'époque mérovingienne. Il conviendrait peut-être de faire intervenir à ce propos des raisons politiques, comme on l'a fait pour Fontenelle.

Étudier la part prise par les grands monastères dans la densification du réseau des sanctuaires ruraux du très haut Moyen Âge se heurte naturellement au problème de la représentativité des sources. Dans leur immense majorité, les églises ne sont en fait documentées que dans les fonds monastiques. Il faut ainsi se garder de faire des moines les seuls agents du processus de christianisation de l'espace. On s'en rend déjà compte à la vue de la disparité des dossiers sur lesquels l'enquête a pu s'appuyer. Il nous semble cependant que l'illusion documentaire n'est pas un argument suffisant pour expliquer ce qui a pu être observé: la disproportion entre une forte implantation des établissements gantois dans la vallée de l'Escaut et de Saint-Bertin dans le diocèse de Thérouanne, d'une part, et de l'autre une présence monastique plus tempérée dans le diocèse de Cambrai.

LISTE DES ÉGLISES ET *CELLAE* DÉPENDANT DE GRANDS ÉTABLISSEMENTS MONASTIQUES

Entre crochets est donné le vocable connu à l'époque moderne.

Centule/Saint-Riquier			
Bourecq	*cellula*	831	Riquier
Nédon	*ecclesia*	831	[Marie/Éloi]
Thiennes	*ecclesia*	850	[Pierre]
Elnone/Saint-Amand			
Anvaing	*ecclesia*	952	[Amand]
Bousignies	*capela*	872	[Aldegonde]
Brillon	*cappela*	872	Amand
Espain	*cella*	847	[Aybert]
Hélesmes	*ecclesia*	969	[Léger]
Lecelles	*ecclesia*	937	Denis
Saméon	*ecclesia*	969	[Martin]
Fontenelle/Saint-Wandrille			
Bloville	*ecclesia*	854	
Outreau	*ecclesia*	858	Quentin [Wandrille]
Quentovic (Montreuil)	*ecclesia*	858	Pierre [Saulve]
Jumièges			
Haspres	*cella*	866	[Hugues et Achard]
Sainte-Aldegonde (Maubeuge)			
Colleret	*ecclesia*	850	[Amand]
Cousolre	–	700	Marie [Martin]
Sivry	*ecclesia*	850	[Marie]
Saint-Bavon (Gand)			
Aaigem	*ecclesia*	1030	[Nicolas]
Aardenburg	*ecclesia* et *capella*	966	
Adegem	*ecclesia*	1030	

Akkergem (Gand)	*ecclesia*	966	[Martin]
Asper	*ecclesia*	966	Martin
Baaigem	*ecclesia*	1030	[Bavon]
Boechout	*ecclesia*	1030	
Elisachia	*ecclesia*	1030	
Elsoia	*ecclesia*	966	
Evergem	*ecclesia*	966	[Christophe]
Gijzenzele/Gontrode	2 *ecclesiae*	864	[Bavon] [Bavon]
Houtave	*ecclesia*	1030	[?]
Sint-Lievens-Houtem	*ecclesia*	1030	[Michel]
Itegem	*ecclesia*	976	[Guibert]
Kanegem	*ecclesia*	966	
Kraainem	*ecclesia*	1003	[Pancrace]
Lebbeke	*ecclesia*	1030	[Marie]
Lede	*ecclesia*	1030	[Martin]
Massemen	*ecclesia*	1030	
Mendonck	*ecclesia*	700	
Merchtem	*ecclesia*	1030	
Mere	*ecclesia*	800	[Bavon]
Merendree	*ecclesia*	1030	
Milinia	*ecclesia*	1030	
Moortsele	*ecclesia*	1030	[Amand]
Noorderwijk	*ecclesia*	974	
Ostold	*ecclesia*	1030	
Papegem/Bavegem	*ecclesia*	976	
Schellebelle	*ecclesia*	1030	[Géry]
Schoonaarde	*ecclesia*	1030	[Marie]
Torhout?	*monasterium*	700	[Pierre]
Vinderhoute	*ecclesia*	966	[Bavon]
Vlierzele	*ecclesia*	976	[Frédéric]
Vremde	*ecclesia*	1003	
Wattrelos	*ecclesia*	1030	[Maclou]
Wilrijk	*ecclesia*	1003	[Bavon]
Wontergem	*ecclesia*	1030	[Étienne]
Wormene	2 *ecclesiae*	976	
Zellik	*ecclesia*	974	[Bavon]
Zierikzee	*ecclesia*	976	[Liévin]
Zingem	*ecclesia*	966	[Bavon]
Zwalm	*ecclesia*	1030	[Matthieu]
Saint-Denis (Paris)			
Croix-Caluyau	*oratorium* puis *cella*	710	Martin
Puisieux	*ecclesia*	799	Vaast [Denis]
Saint-Germain-des-Prés (Paris)			
Obourg	*ecclesia*	830	[Martin]
Saint-Pierre au Mont-Blandin (Gand)			
Afsnee	*ecclesia*	964	Marie
Annay-sous-Lens (Harnes)	*eclesia*	977	[Amé]
Anzegem	*ecclesia*	983	[Jean-Baptiste]
Beveren	*ecclesia*	965	[Pierre]
Boëseghem	*ecclesiola*	982	Léger
Bossuit	*basilica*	998	[Amelberge]
Carvin	*ecclesia*	994	[Martin]
Denderwindeke	*ecclesia*	941	Pierre
Desselgem	*ecclesia*	965	
Destelbergen	*ecclesia*	964	[Marie]
Dikkele	*ecclesia*	991	Pierre

Douchy	*ecclesia*	950	[Pierre]
Estevelles	*capella*	994	[Vaast à Pont-à-Vendin]
Flers-en-Escrébieux	2 *ecclesiae*	975	[Amand]
Gand	*ecclesia* du *portus*	964	Jean-Baptiste/Vaast/Bavon
Helchin?	*ecclesia*	1052	[Jean-Baptiste]
Hollain (fisc royal)	*ecclesia*	974	Martin
Idegem	*ecclesia*	964	[Pierre]
Loison-sous-Lens (Harnes)	*ecclesia*	977	[Vaast]
Mariakerke	*capella*	800	Marie
Mater	*ecclesia*	998	[Martin]
Melle	*ecclesia*	964	
Noyelles-sur-Selles (Douchy)	*ecclesia*	950	[Martin]
Ootegem	*ecclesia*	998	[Amand]
Outrijve	*ecclesia*	981	[Pierre]
Rumegies (Hollain)	*ecclesia*	974	[Brice]
Semmerzake	*ecclesia*	977	[Pierre]
Tamise	*ecclesia*	941	[Marie/Pierre]
Tatinghem?	*ecclesia*	981	[Martin]
Vendin-le-Vieil (Harnes)	*ecclesia*	977	[Léger]
Vladslo	*ecclesia*	982	[Martin]
Wakken	*ecclesia*	900	
Wortegem	*ecclesia*	964	
Saint-Pierre de Lobbes			
Antoing	*monasterium*	870	[Marie]
Haine	*cappella*	906	Martin
Hyon	*ecclesia*	889	[Martin]
Leernes	*ecclesia*	973	[Martin]
Moustier-en-Fagne	*cella*	700	Pierre
Oudenbourg?	2 *basilicae*	700	Pierre et Marie
Tielrode	*ecclesia*	868	[Pierre]
Virginal	*ecclesia*	868	
Zegelsem	*ecclesia/conventus*	869	Ursmer/Pierre
Sithiu (Saint-Bertin et Saint-Omer)			
Acquin	*ecclesia*	859	[Pétronille]
Arques	*basilica*	805	Martin
Auchy	*coenobium*	750	Marie
Audinghem	*ecclesia*	859	Médard
Bayenghem-lès-Éperlecques	*ecclesia*	859	[Wandrille]
Beveren	*cella*	806	[Omer]
Calais	*ecclesia*	961	[Pierre]
Coyecques	*ecclesia*	859	[Pierre]
Grenay	*ecclesia*	959	[Malo]
Guînes	*ecclesia*	859	[Pierre]
Honnecourt	*monasterium*	685	Pierre/Marie/Martin/Polline
Le Wast	*monasterium*	962	Michel
Locus ecclesiae	*ecclesia*	891	Victoric et Fuscien?
Merck-Saint-Liévin	*ecclesia*	938	[Omer]
Passendale	*ecclesia*	859	
Poperinge	*ecclesia*	859	[Bertin]
Quelmes	*ecclesia*	859	[Pierre]
Roksem	*cella*	745	Michel/Jean-Baptiste/Marie
Sains-lès-Fressin	*ecclesiae*	800	Martin
Stenetland	*cella*	826	Sauveur/Marie/Pierre
Tubersent	*ecclesia*	859	[Étienne]
Wizernes	*ecclesia*	859	[Folcuin]
Wormhout	*cella*	700	Martin/Winnoc

TABLEAU DES PRINCIPAUX VOCABLES DES ÉGLISES ATTESTÉES AVANT L'AN MIL

Entre crochets sont signalés les vocables connus à l'époque moderne.

Les apôtres		
Anvers	avant 674/675	Pierre et Paul
Arras	VIIe	Pierre
Beveren	965	[Pierre]
Blandain?	902	Pierre [Éleuthère]
Calais	961	[Pierre]
Cambrai (Saint-Aubert)	VIIe	Pierre
Cambrai (Saint-Géry)	IXe	Pierre selon des traditions tardives
Coyecques	859	[Pierre]
Crespin	VIIe	Pierre
Denderwindeke	941	Pierre
Dikkele	991	Pierre
Douchy-les-Mines	950	[Pierre]
Elnone	639	Pierre (pour une des églises)
Fucheau	?	Pierre
Gand (Saint-Bavon)	VIIe	Pierre
Gand (Mont-Blandin)	VIIe	Pierre
Guines	859	[Pierre]
Hamage	VIIe	Pierre et Paul (pour une des églises)
Hasnon	fin VIIe	Pierre
Hautmont	VIIe	Pierre et Paul
Honnecourt	685	Pierre, Marie, Martin et Polline
Leuze	VIIe?	Pierre
Lobbes	VIIe	Pierre et Paul (pour une des églises)
Marchiennes	VIIe	Pierre et Paul
Maroilles	VIIe	Pierre, Paul et Marie
Maubeuge	VIIe	Pierre
Merville	VIIe	Pierre
Mont-Saint-Éloi	début VIIIe	[Pierre et Paul]
Mons	VIIe	Pierre
Moustier-en-Fagne	VIIe	Pierre
Oudenbourg	VIIe (?)	Pierre
Outrijve	981	[Pierre]
Quelmes	859	[Pierre]
Quentovic	858	Pierre
Renaix	VIIe (?)	[Pierre et Paul]
Renty	VIIIe	Pierre
Saint-Ghislain	vers 930	Pierre et Paul
Saint-Josse	VIIe	Pierre
Saint-Souplet	VIIe	Pierre, Paul et Sulpice
Samer	VIIe	Pierre
Sithiu	VIIe	Marie, Pierre et Martin
Soignies	VIIe (?)	Pierre et Marie
Stenetland	826	Marie, Pierre et le Sauveur
Tamise	941	[Marie; Pierre]
Thiennes	IXe	[Pierre]
Tielrode	868	[Pierre]
Torhout	VIIe	[Pierre]
Zegelsem	869	Ursmer et Pierre
Martin		
Arques	avant 805	Martin
Asper	966	Martin
Bergues	fin IXe	Martin et Winnoc
Blangy	fin VIIe?	Martin (8 églises)

Cambrai	VIIe	Martin
Carvin	994	[Martin]
Crespin	VIIe	Martin
Croix-Caluyau	fin VIIe	Martin
Denain	VIIIe?	Martin
Écoivres	VIIe	Martin
Elnone	début VIIe	Martin
Haine	906	Martin
Hénin	fin X^e	Martin
Hollain	974	Martin
Honnecourt	685	Pierre, Marie, Martin et Polline
Hornu	936	Martin
Houdain	950	[Martin]
Hyon	889	[Martin]
Leernes	973	[Martin]
Mater	998	[Martin]
Mignault	950	[Martin]
Noyelles-sur-Selles	950	[Martin]
Obourg	830	[Martin]
Pas-en-Artois	fin X^e	[Martin]
Renty	VIIIe?	Martin
Sains-lès-Fressin	800	Martin
Saint-Josse	VIIe	Martin
Saméon	969	[Martin]
Samer	IXe	Martin
Sithiu	700	Marie, Pierre et Martin
Tatinghem?	981	[Martin]
Valenciennes	VIIIe	Martin
Vladslo	982	[Martin]
Wormhout	VIIe	Martin
Quentin		
Cambrai	VIIe	Quentin
Tournai	?	Quentin
Quaregnon	950	Quentin
Outreau	858	Quentin
Cateau-Cambrésis	fin X^e	Quentin
Sulpice		
Saint-Souplet	VIIe	Pierre, Paul et Sulpice
Aubigny	IXe?	Sulpice
Vaast		
Arras (Saint-Vaast)	fin VIIe	Vaast
Blangy	fin VIIe?	Vaast
Estevelles	994	[Vaast (Pont-à-Vendin)]
Loison-sous-Lens	977	[Vaast]
Gand (*portus*)	964	Jean-Baptiste, Vaast et Bavon
Renty	VIIIe?	Vaast
Valenciennes	VIIIe	Vaast
Caudry	fin VIIe	Vaast
Puisieux	799	Vaast
La Vierge		
Afsnee	964	Marie
Antoing	870	[Marie]
Arras	VIe?	Marie
Arras (Saint-Vaast)	892	Marie
Auchy	VIIIe?	Marie

Blangy	VIIIe?	Marie
Boulogne	VIIe?	Marie
Cambrai (cathédrale)	VIIe	Marie
Condé-sur-Escaut	IXe	[Marie]
Cousolre	VIIe?	Marie
Cysoing	810	Marie, le Sauveur et Calixte
Denain	VIIIe?	Marie, Ragenfrède et Martin?
Destelbergen	964	[Marie]
Douai	IXe?	Marie
Famars	VIIe	[Marie]
Furnes	Xe	Marie puis Walburge
Gand (Mont-Blandin)	Xe	Marie
Hamage	fin VIIe	Marie
Honnecourt	685	Pierre, Marie, Martin et Polline
Lebbeke	1030	[Marie]
Lobbes	fin VIIe	Marie
Marconne	fin VIIe?	Marie
Mariakerke	800	Marie
Maroilles	vers 660	Marie, Pierre et Paul
Maubeuge	VIIe	Pierre et Marie
Merville	début VIIIe?	Marie
Mons	VIIe	Pierre et Marie
Nédon	831	[Marie et Éloi]
Oudenbourg	début VIIIe?	Marie
Roksem	745	Michel, Jean-Baptiste et Marie
Salles	888	Marie
Samer	fin VIIe	Marie
Sithiu	VIIe	Marie, Pierre et Martin
Sivry	850	[Marie]
Soignies	VIIe?	Marie, Pierre et Jean
Stenetland	826	Marie, Pierre et le Sauveur
Tamise	941	[Marie et Pierre]
Thérouanne (cathédrale)	VIIe	[Marie]
Tournai (cathédrale)	VIe	Marie
Tronchiennes	Xe	Marie
Vitry-en-Artois	IXe	Marie

Chapitre V

Le roi, l'aristocratie et les sanctuaires ruraux

Dans un article désormais classique, Karl-Ferdinand Werner rappelait tout ce que le phénomène de christianisation devait à l'aristocratie laïque, tout en mettant en garde les historiens contre deux dangers: d'une part, celui qu'il y avait à la distinguer de l'aristocratie ecclésiastique (l'un et l'autre formant «les deux côtés d'une même médaille») et d'autre part, celui qui viserait à séparer l'action des aristocrates de celle des souverains[110]. En fait, ces distinctions proviennent des sources elles-mêmes, qui insistent sur la dimension spirituelle de l'action épiscopale ainsi que sur les rapports étroits entre l'évêque et le pouvoir royal. En revanche, les grands laïcs apparaissent davantage au détour des fondations monastiques et autres donations dont les communautés religieuses ont conservé le souvenir. L'action que l'on doit prêter à ces aristocrates se place

[110] Werner, Le rôle de l'aristocratie, 46.

néanmoins sous le signe d'une très grande diversité. C'est pourquoi nous avons jugé important de dresser une typologie des églises fondées. Deux remarques s'imposent ici. Il est, d'une part, difficile de dessiner une chronologie fiable tant il est malaisé de distinguer – particulièrement dans la documentation hagiographique –, ce qui vaut pour l'époque du récit de ce qui relève de la date de rédaction de la source. Nous avons donc pris prudemment le parti de présenter dans leur ensemble les interventions laïques pendant le haut Moyen Âge. D'autre part, le caractère très lacunaire de la documentation ne doit pas engager l'historien dans un travail de simplification abusive. Derrière les notions apparemment réductrices de monastère ou de communauté se profile en fait une très grande diversité de situations concrètes.

Nous proposons donc de présenter, dans un premier temps, une vue d'ensemble des églises édifiées par les aristocrates dans les campagnes du haut Moyen Âge; puis d'examiner plus précisément le cas des fondations féminines, privilégiées par les familles aristocratiques; et, enfin, de nous arrêter sur deux dossiers particulièrement documentés concernant l'action de l'aristocratie au milieu du IXe siècle. Il s'agit des fondations du marquis Évrard de Frioul et de son épouse Gisèle sur leurs domaines septentrionaux – en particulier celui de Cysoing – et de la *cella* de *Stenetland*, administrée par le moine Guntbert de Sithiu.

LES ÉGLISES RURALES

On distingue communément deux types d'églises rurales en Gaule mérovingienne: d'une part, celles qui avaient été anciennement fondées par l'évêque dans les petites agglomérations, les *vici*, et qui, de ce fait, restaient directement sous son contrôle puis sous celui de ses successeurs; d'autre part, celles qui furent édifiées par de grands propriétaires sur leurs domaines et faisaient partie intégrante du patrimoine familial. La législation conciliaire oppose en effet ces oratoires domaniaux – les *oratoria in villolis* du concile de Clermont (535), les *oraturia que per villas fiunt* de celui de Chalon-sur-Saône (647/653) – aux véritables *parrochiae* desservies par des clercs en relation étroite avec l'évêque[111]. Au début du XXe siècle, Ulrich Stutz a ainsi pu forger le concept d'*Eigenkirche* pour désigner ces églises rurales soumises à l'autorité de leurs fondateurs[112]. Dans le nord de la Gaule, c'est le cas de figure que l'on rencontre exclusivement, même si – il faut d'emblée le souligner – le fondateur ne fut pas toujours un laïc, mais put être aussi à l'occasion une institution ecclésiastique. À l'époque carolingienne, les canons des conciles et les capitulaires épiscopaux s'efforcèrent donc de corriger les abus qu'impliquait ce contrôle des grands laïcs en développant les prérogatives épiscopales en la matière[113]. La documentation conciliaire donne ainsi une vision très négative de ces églises patrimoniales. Avant de présenter les initiatives laïques à proprement parler, il convient toutefois d'évoquer rapidement l'action que l'on peut prêter au premier de ces aristocrates – entendons, le souverain lui-même – sur ses domaines.

[111] Concilia Galliae, éd. De Clercq, 109 et 306.

[112] Hartmann, Der rechtliche Zustand der Kirchen auf dem Land, 397–403; Pontal, Histoire des conciles mérovingiens, 262–263.

[113] Hartmann, Die Synoden der Karolingerzeit, 453–462.

Les églises des domaines fiscaux

Les domaines fiscaux sont souvent évoqués avec suffisamment de précision pour que l'on puisse discerner les basiliques qui y étaient édifiées. À ce propos, c'est assurément à Valenciennes que l'on peut tirer les conclusions les plus significatives, en sollicitant les riches informations de la Passion de saint Saulve.

À Valenciennes, il est possible de mettre en relation la présence de l'autorité publique et l'existence ancienne de lieux de culte. L'emprise fiscale sur le site de la future agglomération valenciennoise est en effet bien connue[114]: le domaine est cité comme *palatium* dès 694[115], puis plusieurs fois dans le courant du VIIIe siècle[116]. Rédigée au tournant des VIIIe–IXe siècles, la Passion de saint Saulve vient apporter quelques précisions supplémentaires sur ce fisc, sinon au temps de Charles Martel (période à laquelle se seraient produits les événements rapportés), du moins au moment où l'œuvre fut rédigée. Le texte évoque le passage de cet évêque *ad predicandum* venu d'Auvergne – mais cette précision est suspecte – à Valenciennes, l'accueil qu'il reçut de la part d'un certain Genardus, *procurator de rebus fisci illius* (et qui avait également en charge l'administration du domaine voisin de Beuvry) et enfin son assassinat sous les coups du fils de son hôte[117]. La Passion s'étend longuement sur l'église Saint-Martin du domaine fiscal. Saulve y aurait passé, en prière, la nuit de Pâques avant d'être reçu par Genardus[118]. Trois ans après sa mort, Charles Martel aurait diligenté une enquête sur les circonstances de l'assassinat, puni les coupables et permis la translation des corps depuis l'étable de Beuvrages, où ils avaient été furtivement ensevelis, jusqu'à Saint-Martin[119].

Si l'on accepte la démonstration récente d'Anne-Marie Helvétius, cette intervention de Charles Martel rappellerait en fait implicitement le souvenir d'une donation, par le maire du palais, d'une partie du fisc à Saint-Martin de Tours. L'abbaye aurait alors installé sur place un petit prieuré dont les membres auraient eu à cœur de développer le culte de ce saint local; la gestion de cet établissement lui aurait néanmoins très vite échappé (au IXe siècle, Saint-Saulve est plusieurs fois mentionnée comme abbaye royale, notamment à l'occasion du passage des reliques des saints Marcellin et Pierre en route vers les établissements gantois)[120]. Quoiqu'il en soit, cela ne remet pas en cause l'existence d'un oratoire dédié au saint évêque de Tours dès les premières décennies du VIIIe siècle. On sait, par ailleurs, que ce n'était pas le seul, car la Passion évoque deux autres basiliques dans lesquelles il fut un temps question de transporter le corps de l'évêque assassiné: l'une dédiée à saint Vaast (située sur la rive gauche de l'Escaut) et l'autre à sainte Pharaïlde (sur la commune actuelle de Bruay-sur-Escaut)[121]. En outre, l'auteur ne manque pas de rappeler la proximité du monastère de Condé ou encore de celui de Saint-Amand où le meurtrier de Saulve – émasculé et aveuglé sur ordre de Charles Martel – aurait vécu le restant de ses jours dans la pénitence[122]. On sera, en définitive, particulièrement attentif au fait que l'emprise

[114] DEISSER-NAGELS, Valenciennes, ville carolingienne; PLATELLE, Du 'domaine de Valentinus' au comté de Valenciennes.

[115] Die Urkunden der Merowinger 1, n° 141, 356–357 (jugement de Clovis III; original conservé).

[116] DEISSER-NAGELS, Valenciennes, ville carolingienne, 57–69.

[117] Passio Salvii, éd. COENS, c. 3–9, 166–176.

[118] Ibid., c. 3, 166–168.

[119] Ibid., c. 10–16, 176–183.

[120] HELVÉTIUS, Abbayes, évêques et laïques, 179–190.

[121] Passio Salvii, éd. COENS, c. 15, 182; sur l'église Saint-Vaast, voir DEISSER-NAGELS, Valenciennes, ville carolingienne, 65, n. 57.

[122] Passio Salvii, éd. COENS, c. 4, 168–169; c. 18, 186.

fiscale des VIIe–VIIIe siècles va de pair avec un équipement religieux relativement dense de la région, tel qu'on peut l'entrevoir à l'aube du IXe siècle.

Doit-on pour autant en conclure que la construction d'oratoires a été plus précoce et plus systématique sur les terres publiques? Des éléments recueillis dans d'autres sources plaident, en tout cas, dans ce sens même s'il est toujours possible d'objecter que la documentation fut mieux conservée pour les domaines fiscaux[123]. L'implantation fiscale s'accompagne en effet de la présence d'une ou plusieurs églises, parfois à une date très précoce, comme le suggère le cas de la dotation primitive de l'abbaye d'Elnone. L'existence préalable d'un vaste domaine fiscal se déduit du «testament» d'Amand qui rappelle la «largesse royale» dont aurait été gratifié le missionnaire[124]. Par ailleurs, une des inscriptions rédigées par Alcuin († 804) pour les églises du monastère est particulièrement précieuse pour notre propos, car elle signale l'antériorité de l'église Saint-Martin par rapport à toutes les autres[125]. On en concluera prudemment qu'un lieu de culte dédié à l'apôtre de la Gaule existait dès avant 639 sur le domaine fiscal d'Elnone.

La donation du domaine fiscal de Solesmes (en Hainaut) par Childebert III à Saint-Denis effectuée le 12 mars 710 est beaucoup plus explicite. Elle fait, en effet, mention de «cet oratoire de Croix, situé à la lisière du domaine de Solesmes, édifié en l'honneur de saint Martin [...] et que dessert notre *servus* Madalgiselus» (*ubi Madalgiselus servus noster custus praeesse videtur*)[126]. En 799, Gisèle, sœur de Charlemagne, cède à Saint-Denis son domaine de Puisieux en Artois et, à cette occasion, sont effectivement mentionnées «les églises édifiées en l'honneur de saint Vaast et d'autres saints»[127]. Dans le courant du IXe siècle, une précaire conservée dans les archives de Saint-Germain-des-Prés évoque le domaine d'Obourg, autrefois royal, ainsi que son église[128]. En 938, le *fiscus Merki*, aujourd'hui Merck-Saint-Liévin à une vingtaine de kilomètres de Sithiu en amont de l'Aa, est restitué aux moines avec son église par le comte Arnoul Ier – ces derniers ayant (de mauvaise grâce) permis à la comtesse Adèle de pénétrer à l'intérieur du monastère pour venir prier saint Bertin[129]. En 972/979, c'est le fisc de Harnes (dans l'agglomération actuelle de Lens) qui apparaît dans un acte de Lothaire pour le Mont-Blandin. Ses trois dépendances (Annay, Loison et Vendin) sont alors mentionnées avec leurs églises[130]. En 974, les moines du Mont-Blandin reçurent de Godefroid – alors comte de Verdun et d'Ename – et de son épouse Mathilde, le fisc royal (*regius fiscus*) d'Hollain, le domaine de Rumegies ainsi que leurs églises respectives[131].

[123] On peut aussi relever des exceptions: les tentatives pour faire remonter à la prédication d'Éloi au VIIe siècle (Dekkers/Noterdaeme, Sint Eligius in de Pagus Flandrensis) la fondation de l'église du fisc de Snellegem en Flandre (au sud-ouest de Bruges) ne peuvent s'appuyer sur aucune attestation médiévale, et il est pour le moins troublant de ne pas trouver de mention d'une basilique dans les actes donnés pour le Mont-Blandin (qui ne manquent pas d'apporter une telle précision le cas échéant: voir par exemple le dispositif du diplôme de Lothaire de 964 dans Diplomata belgica, éd. Gysseling/Koch, n° 60, 156); on aura aussi l'occasion de rappeler un peu plus loin que le fisc de Somain ne semble pas avoir abrité d'église avant 868.

[124] Milon, Vita Amandi, éd. Krusch, 483–484; Platelle, Le temporel de l'abbaye de Saint-Amand, 35–37.

[125] Alcuin, Carmina, éd. Dümmler, 307 (ix): *Haec domus alma Deo prima tonanti / ante alia et sacri septa monasterii*; Platelle, Le temporel de l'abbaye de Saint-Amand, 47.

[126] Die Urkunden der Merowinger 1, n° 159, 397.

[127] Die Urkunden Karls des Großen, n° 318, 484.

[128] Recueil des chartes de l'abbaye de Saint-Germain-des-Prés 2, n° 28 bis, 229.

[129] Folcuin, Gesta abbatum Sithiensium, éd. Holder-Egger, c. 106, 628.

[130] Recueil des actes de Lothaire, n° 40, 96.

[131] Liber traditionum, éd. Fayen, n° 86, 85–86.

La liste pourrait sans doute être allongée. Rien n'indique cependant que ces constructions aient été précoces et l'on voit encore, dans le courant du IXe siècle, des agents du souverain édifier des sanctuaires, comme le fait ce comte Gérard à Éperlecques, sur un domaine qu'il tenait en bénéfice[132] – de toute évidence de Charles le Chauve, si l'on en croit la mention de ce *comitatus Gerardi* que l'évêque Folcuin et d'autres furent chargés d'inspecter au nom du souverain en 853[133]. Mais en agissant ainsi, Gérard se comportait-il en agent du roi ou en grand propriétaire laïc? Les deux à la fois sans doute, car les aristocrates locaux n'ont pas peu contribué à étoffer le réseau des sanctuaires ruraux. Il convient donc désormais de les évoquer.

Les églises domaniales à l'époque mérovingienne

Les églises édifiées par de grands propriétaires apparaissent assez nombreuses dans la documentation, même si on peut parfois mettre en doute la qualité de leur témoignage pour les VIIe–VIIIe siècles et en faire des reflets de situations plus tardives.

Si l'on en croit la Vie carolingienne de saint Kilien d'Aubigny, un certain comte nommé Eulfus aurait fait construire sur son domaine un oratoire consacré en l'honneur de saint Sulpice[134]. La Vie de Bertulphe de Renty – certes tardive, mais s'appuyant sur un *libellus* plus ancien – évoque les quatre églises que Wambert et son épouse Homburge avaient édifiées sur leur domaine situé autour des actuelles communes de Renty et de Fauquembergues dans la haute vallée de l'Aa[135]. Les *Gesta* des évêques de Cambrai font mention de l'oratoire – dédié à saint Martin – édifié par l'évêque Vindicien dans son domaine (*in suo predio*) d'Écoivres, où il aimait parfois se retirer[136]. Traditions tardives? C'est possible mais ce que l'on sait de la sépulture de l'évêque au Mont-Saint-Éloi et de son rôle à l'égard de Saint-Vaast rend extrêmement probable l'existence d'un vaste domaine patrimonial à la sortie d'Arras, sur la voie romaine qui mène à Thérouanne. Non loin de là, à Marœuil, la Vie de sainte Bertille a conservé le souvenir de cette veuve qui fit construire sur son domaine (*fundus*) une basilique dédiée à saint Amand[137]. Plus solides sont les témoignages des deux Passions de saint Léger qui signalent l'existence d'un oratoire (*parvulum oratorium* dit Ursin) sur le domaine de Lucheux appartenant au comte du palais Chrodobert (*domus propria* suivant l'anonyme de Saint-Symphorien) où fut assassiné l'évêque d'Autun sur ordre d'Ébroïn[138].

Bref, les exemples abondent dans la documentation hagiographique, et encore n'a-t-on pas sollicité des traditions plus tardives, comme par exemple celles qui circulaient à propos de saint Gommaire, *illustris laicus*, dont la Vie rappelle qu'il aurait fondé une église (devenue siège d'un chapitre au début du XIe siècle) dédiée à saint Pierre sur son domaine de Lierre, près d'Anvers[139]. Les textes diplomatiques sont assurément moins nombreux car les donations d'églises aux grands établissements monastiques rappellent rarement les circonstances de fondation de l'église cédée. On relèvera néanmoins la mention de la *cella* de Roksem fondée par le prêtre Félix dans la première moitié du VIIIe siècle et dont il sera question bientôt. Significatif est également le cas de cette

[132] Miracula Winnoci, éd. Levison, c. 2, 780–781.

[133] Capitularia regum Francorum 2, éd. Boretius, n° 260, 275 (capitulaire de Senlis).

[134] Vita Cilliani, éd. Poncelet, c. 8–9, 442–443.

[135] Vita Bertulfi, éd. Mabillon, c. 4, 46.

[136] Gesta episcoporum Cameracensium, éd. Bethmann, l. I, c. 27, 412.

[137] Vita Bertiliae, 9, éd. Bolland, 157.

[138] Passio Leudegarii prima, éd. Krusch, c. 33–36, 315–317 (une translation dans un autre oratoire est ensuite mentionnée); Ursin, Passio Leudegarii, éd. Krusch, c. 18–20, 341–343; sur Chrodobert, voir Ebling, Prosopographie der Amtsträger des Merowingerreiches, n° 123, 112–113.

[139] Gesta episcoporum Cameracensium, éd. Bethmann, l. II, c. 48, 465; Vita Gummari, éd. De Bue, c. 11, 684.

église située dans le *castrum* d'Anvers (dont on sait qu'il ne faut pas surestimer le caractère urbain[140]), donnée par Rauchingus et son épouse Bebelina à Willibrord, peut-être dès 692/693, sinon en 726. Trois notices du *Liber aureus* d'Echternach – auxquelles il faut ajouter le «testament» du saint anglo-saxon – rappellent qu'elle avait été construite (entendons plutôt consacrée) par saint Amand († après 674/675)[141]: on peut donc penser qu'elle avait été fondée par les donateurs eux-mêmes ou leurs parents.

Les desservants des oratoires ruraux sont naturellement évoqués dans les canons des conciles, mais dans un cadre très général[142]. La situation concrète de ces prêtres dans nos diocèses d'étude apparaît donc essentiellement dans des textes tardifs, qui peuvent aussi se faire le reflet des situations des IXe–Xe siècles. En tout cas, ils insistent tous sur la dépendance étroite qui liait le propriétaire au prêtre qu'il avait personnellement recruté et dont il avait même parfois assuré la formation. C'est, en tout cas, l'image qui se dégage de la Vie du Breton Josse ou encore des Irlandais Kilien et Etton.

Rédigée au tout début du Xe siècle, la Vie de Josse rapporte ainsi sa rencontre avec le duc Haymon au début du VIIe siècle. On pourrait identifier ce personnage avec le responsable de l'énigmatique duché de Dentelin dont parle à plusieurs reprises le Pseudo-Frédégaire. L'épisode aurait eu lieu après que Josse eut quitté son monastère de Lan-Mailmon pour prendre la route de Rome avec onze compagnons. Qu'ils aient, dans un premier temps, abandonné le but initial de leur voyage pour se rendre à Paris puis à Amiens pourrait signaler que, forts de leur savoir, ils cherchaient avant tout à se mettre au service d'un grand. C'est, en tout cas, ce qui arriva à Josse auprès d'Haymon. «Donc Haymon, voyant cette situation se confirmer, poussé par l'inspiration divine, retint chez lui le jeune Josse, et laissa partir les autres en les bénissant. Peu de jours après, il le fit élever dans les grades ecclésiastiques, jusqu'à ce qu'il fût ordonné dans sa chapelle. Pendant sept ans, il s'y acquitta de la fonction de prêtre»[14]. Le terme de *capella*, pour anachronique qu'il fût à propos du VIIe siècle, n'en révèle pas moins les multiples responsabilités que cela impliquait dans l'esprit du biographe: du service liturgique – la Vie le présente baptisant un enfant du comte[144] – jusqu'à des travaux intellectuels auxquels le prédisposait sa formation monastique.

Les traditions recueillies au IXe siècle sur le compte de l'Irlandais Kilien sont assez similaires. Arrivé en Gaule, il fut accueilli sur les rives de l'Aisne par un comte nommé Eulfus qui l'installa ensuite sur son domaine artésien d'Aubigny où était édifié l'oratoire évoqué précédemment. Malgré d'extravagants épisodes présentant la fuite du saint devant le peuple de Rome désireux de l'élever à la papauté, ou encore sa rencontre avec saint Vaast (alors que les données de la Vie de saint Faron par Hildegaire situent son existence dans la première moitié du VIIe siècle), on distingue assez clairement la figure d'un prêtre attaché à la desserte d'un oratoire édifié par un grand propriétaire[145].

Les quelques informations que l'on possède au sujet de saint Etton pourraient signaler un itinéraire assez semblable. Le culte de cet Irlandais est peut-être attesté dès

[140] VERHULST, The origins and early history of Antwerp; VERSLYPE, Le paysage rural et urbain des bassins de l'Escaut et de la basse et moyenne Meuse à la période mérovingienne 2, 129–131.

[141] Geschichte der Grundherrschaft Echternach 1–2, éd. WAMPACH, n° 1* (deperditum), 16; n° 34, 79–80; n° 35, 7; n° 39, 9; VERHULST, The origins and early history of Antwerp, 7–9.

[142] AUBRUN, Le clergé rural dans le royaume franc; DEVAILLY, La pastorale en Gaule au IXe siècle, 28–37; et désormais GODDING, Prêtres en Gaule mérovingienne.

[143] Vita Judoci, éd. LE BOURDELLÈS, c. IV, 919: *Atque eum non post multos dies aecclesiasticis gradibus sublimari fecit, quoadusque in eius capella presbiter ordinatus est, in qua septemannis sacerdotali functus est officio.*

[144] Ibid.; à ce propos, on rappellera que les *Virtutes* de saint Fursy (éd. KRUSCH, c. 6, 442) rapportent que cet Irlandais ressuscita le fils d'un duc Haymon en Ponthieu (le même que celui de la *Vita Judoci*?).

[145] Vita Cilliani, éd. A. PONCELET, c. 8–9, 441–444.

le milieu du IXe siècle dans le faux «testament» de sainte Aldegonde[146], ce qui ne permet pas pour autant de réhabiliter la Vie qui a été rédigée à son sujet dans le courant du XIe siècle. Ce texte évoque Etton comme un des frères de Fursy, Feuillen et Ultan, passé avec eux sur le continent avant de s'installer comme ermite en Thiérache, au lieu-dit de Fucheau. Il se fait, par ailleurs, l'écho d'un conflit qui aurait d'abord opposé Etton au propriétaire du lieu sur lequel le pèlerin irlandais s'était installé, un certain Jovinus. Brutalement paralysé, l'homme aurait été guéri par le saint et lui aurait donné toute liberté pour défricher le domaine sur lequel aurait été alors édifiée une église dédiée à saint Pierre[147]. Le biographe se livre à un pur plagiat de la Vie de saint Landelin[148]. Mais un examen un peu plus attentif du site de l'actuel hameau de Fucheau permet la reconstitution d'un ensemble domanial cohérent à l'endroit où la voie romaine Reims-Bavay traversait le cours de l'Helpe majeur. Il s'agit, en définitive, d'un site de fond de vallée typique des ensembles domaniaux du haut Moyen Âge de la région tels qu'Anne-Marie Helvétius les a récemment reconstitués[149]. Le site a, par ailleurs, livré des traces substantielles d'une occupation gallo-romaine et une importante nécropole franque a été fouillée jusqu'en 1870[150]. Cela ruine assurément le *topos* de l'ermite défricheur et de la fondation *ex nihilo*[151] mais ces indices – et en particulier la mention de ce propriétaire – pourraient inviter à faire d'Etton un de ces clercs insulaires qui, à l'image de Josse ou de Kilien, ont pu, aux VIIe–VIIIe siècles, se mettre au service d'un puissant et remplir la fonction de desservant d'un oratoire domanial. On connaît d'ailleurs suffisamment les mises en garde répétées des conciles – et notamment le septième canon du concile d'Orléans (dès 541) qui interdit à un propriétaire de recourir aux services de *peregrini clerici* dans son oratoire sans l'accord de l'évêque[152] – pour savoir que le cas de ces clercs vagants devait se présenter fréquemment.

Un dernier exemple est fourni par la Vie de saint Bertulphe qui présente l'arrivée du saint dans le pays de Thérouanne et son accueil par Wambert et son épouse Homburge. Ces derniers le firent baptiser puis élever à la cléricature. On pressent – même si la Vie ne le dit pas clairement – que ce Bertulphe avait en charge les oratoires du couple. Il était en outre *economicus* de ses domaines[153]. L'information ne manque pas d'intérêt sur les fonctions assez diverses que pouvait occuper un clerc dans la *familia* d'un grand.

Fondateurs, desservants et fidèles aux IXe–Xe siècles

Rapportant les péripéties de la translation à Gand des reliques des saints Bertulphe et Gudwal à partir d'un *libellus* perdu, la Vie de Bertulphe évoque leur arrivée dans le domaine comtal d'Harelbeke. L'épisode se passe au milieu du Xe siècle. À cette

[146] Helvétius, Abbayes, évêques et laïques, 167.

[147] Vita Ettonis, éd. Pien, c. 9–11, 61.

[148] Vita Landelini, éd. Levison, c. 6, 442.

[149] Helvétius, Abbayes, évêques et laïques, 56 (Mons); 66 (Maubeuge); 83 (Hautmont); 101 (Crespin) et 113 (Maroilles).

[150] Carte archéologique de la Gaule 59, 383–385; le nom même de *Fisciacum* pourrait traduire une implantation publique: voir Tribout de Morembert, Fescau, Dictionnaire d'histoire et de géographie ecclésiastique 16 (1967), 1314.

[151] Voir à ce propos von der Nahmer, Die Klostergründung "in solitudine" – ein unbrauchbarer hagiographischer Topos?

[152] Concilia Galliae, éd. De Clercq, 132–133; sur ce thème, voir Constable, Opposition to pilgrimage, 128–129.

[153] Vita Bertulfi, éd. Mabillon, c. 5–7, 46–47; sur le thème du fidèle économe (*Luc*, 12, 42), voir Huyghebaert, La 'vita secunda s. Winnoci' restituée à l'hagiographie gantoise, 237–238; qu'il soit ainsi décliné dans la Vita Bertulfi ne signifie nullement qu'il ait été absent du récit originel.

occasion, est mentionnée la figure du prêtre Théodrade attaché à cette église (*ejusdem ecclesiae sacerdos*) et qui, de surcroît, jouissait de la confiance du comte. Il put ainsi conserver une partie des reliques de Bertulphe. Quelques années plus tard, ces mêmes reliques furent sauvées de l'incendie de l'église d'Harelbeke par le successeur de Théodrade, un prêtre nommé Bugecin[154]. Tout cela est peut-être bien peu original; mais il faut quand même rappeler que de telles précisions concrètes (ne serait-ce que la connaissance du nom des desservants) ne se retrouvent pour aucune autre église rurale de la région. Reste à savoir si le statut de domaine comtal assurait un meilleur service liturgique qu'ailleurs. Cela n'est pas sûr comme on peut le voir à la lecture d'un passage de la Vie de saint Vulmer. Une bonne série de miracles *post mortem* sont attribués au saint de Samer. Ils manquent dans la version la plus ancienne du texte qui nous soit parvenue, mais il semble bien qu'ils aient été mis par écrit dès le courant du IXe siècle. On y lira avec beaucoup d'intérêt les déboires de ce *quidam clericus* nommé Marfrid qui desservait (*praeerat*) une église dédiée à saint Martin[155]. Il s'agit de toute évidence de la future église paroissiale de Samer. Un mille séparait l'église du monastère fondé par Vulmer. Pour autant, Marfrid interdit à «tous ceux qui dépendaient de son église» (*cuncti qui eidem ecclesiae subesse videbantur*) de chômer la fête du saint. C'était un 20 juillet (ou un 17 juin?)[156] et les fidèles furent donc «convoqués afin de couper le foin sur les rives du fleuve de la Liane». On le devine, un tel mépris ne resta pas impuni: la Liane déborda et entraîna vers la mer toutes les gerbes qui avaient été rassemblées. Derrière cette historiette édifiante, l'historien verra surtout la confirmation du travail d'encadrement des populations rurales mené par l'Église carolingienne et visant à attacher les fidèles à un sanctuaire bien précis et à son desservant[157].

Dans quelques cas, il apparaît assez clairement que le desservant de l'église en avait également été le fondateur. Le meilleur exemple est sans doute celui de la *cella* de Roksem en Flandre cédée à Sithiu le 25 juillet 745. Un acte a conservé le souvenir de cette donation sous la forme d'une double tradition. Une copie en a été faite par Folcuin dans ses *Gesta* mais il existe aussi un pseudo-original du Xe siècle aujourd'hui conservé à Gand. En 745 donc, un prêtre (*presbiter*) du nom de Félix donne en usufruit à l'abbaye de Sithiu le petit sanctuaire qu'il avait lui-même fait construire – mais de manière assez sommaire (*vili opere*), si l'on en croit le pseudo-original. Félix donne toute liberté aux moines de Sithiu pour désigner un prévôt (*prepositus*) à sa mort. Il insiste en tout cas pour que ces derniers «ne négligent ni les messes, ni la succession des offices, ni le luminaire et que, par charité, ils prennent le soin d'accueillir et de faire l'aumône aux pèlerins et aux hôtes de passage»[158]. On peut donc penser que le fondateur de l'église était lui-même responsable du service spirituel. Quelques décennies plus tard – le 3 août 800 pour être précis – c'est un clerc (*clericus*) nommé Déodat qui cède à Sithiu l'église Saint-Martin de Sains-lès-Fressin et quelques autres églises (*ecclesiae reliquae*) qui en dépendaient. Ces biens lui sont d'ailleurs retrocédés en

[154] Vita Bertulfi, éd. MABILLON, c. 31–32, 57; c. 37, 60–61.

[155] Vita Vulmari, éd. CUYPERS, c. 23–24, 88.

[156] Adon place la fête du saint au 17 juin (éd. DUBOIS/RENAUD, 197); dans la deuxième recension de son martyrologe, Usuard la rétablit au 20 juillet (éd. DUBOIS, 270), suivant en cela d'autres calendriers anciens, notamment celui d'Héric d'Auxerre (éd. GAIFFIER, 417).

[157] AVRIL, La 'paroisse' dans la France de l'an Mil, 206, n. 33 cite à ce propos plusieurs capitulaires épiscopaux du IXe siècle.

[158] Diplomata belgica, éd. GYSSELING/KOCH, n° 15, 32 (pseudo-original): *de missa, de cursu, de luminaria, honorabilem omni conatu exhibere studeat, necnon hospitibus peregrinisque ante omnia providendis, ut mercedem exinde aterne beatitatis mereantur consequi*; n° 15, 33 (copie de Folcuin): *de missis, de curso et de luminaria curam habere studeant et de hospites et peregrinos caritatem et mercedem exinde habere debeant;* sur cet acte, voir désormais MORELLE, Autour de Folcuin, 315–335.

bénéfice contre le versement d'un cens annuel de deux sous d'argent à la Saint-Martin[159]. Il s'agit à la fois de biens venant de ses parents mais également d'acquisitions plus récentes. On ne peut cependant savoir s'il avait fait lui-même construire ces églises et si – à un titre ou à un autre – il en assurait l'animation liturgique. C'est cependant ce que suggère une description sommaire du trésor et d'un embryon de bibliothèque (*fabricaturae ecclesiarum, auro argentoque, drappalia diversae faciei vel speciei, libri diversi*). En outre, l'acte a été donné à Sains même et il est donc probable que ce Déodat ait bien résidé sur place[160].

Le premier *Liber traditionum* de Saint-Pierre-au-Mont-Blandin a également conservé le souvenir, sous le titre de *memoratorium*, d'une série de donations faites à la mense conventuelle sous l'abbatiat d'Éginhard († 840). Cette attribution aux frères est problématique et doit se comprendre comme une manipulation intéressée, effectuée en 944/946 comme l'a montré Georges Declercq[161]. Ce qui va suivre peut néanmoins être accepté pour le IXe siècle. On relèvera ainsi la mention de ce prêtre nommé Humbert qui avait fait don à la communauté blandinienne d'une terre du domaine de *Meron*, aujourd'hui Mariakerke dans l'agglomération gantoise. La suite de la notice signale l'existence d'une *capella* sur place appartenant au monastère, à laquelle était attaché un prêtre. Il s'agit de toute évidence de cet Humbert qui, comme Déodat avant lui à l'égard de Sithiu, aurait cédé son église au Mont-Blandin tout en en conservant l'usufruit contre le paiement d'un cens annuel[162].

Au début du Xe siècle, le récit de l'invention des reliques de saint Ghislain évoque le prêtre Teutfrid qui avait reçu la charge pastorale (*sacerdotale debitum*) de l'église d'Hornu dont dépendait le lieu-dit d'Ursidungus, où fut ensuite fondé le monastère de Saint-Ghislain. Détail important, le texte précise que ce prêtre avait reçu sa charge *per successionem*[163]. Il n'en était pas le premier titulaire. Doit-on pour autant comprendre qu'il reçut la charge de son père ou d'un de ses parents? Il est difficile de le savoir. La transmission de père en fils et d'oncle en neveu est en tout cas bien attestée en Catalogne à la même époque[164]. On ajoutera enfin que si le cas de Félix évoqué plus haut est exceptionnel dans la documentation bertinienne, c'est peut-être précisément parce que, privé de descendance (même indirecte), celui-ci a remis son église dans les mains des moines alors que les autres propriétaires tenaient à conserver l'édifice et la charge au sein de la famille.

Une vocation funéraire

On a cherché à cerner les acteurs et les circonstances de fondation des oratoires ruraux, reste désormais à présenter ce qui semble avoir été une de leurs fonctions essentielles: abriter les sépultures des puissants, de leurs proches, et – si l'occasion pouvait se présenter – de personnalités exemplaires dont le souvenir méritait d'être entretenu pour le plus grand profit de l'oratoire. Une église domaniale apparaît rarement seule dans les sources. Dans bien des cas, la documentation précise sa vocation funéraire à l'égard d'un membre de la famille fondatrice et en premier lieu du fondateur lui-même[165].

[159] À ce propos, voir les remarques de LEMARIGNIER, Les actes de droit privé de Saint-Bertin au haut Moyen Âge, 57–58.

[160] Diplomata belgica, éd. GYSSELING/KOCH, n° 21, 40–41.

[161] DECLERCQ, Traditievorming en tekstmanipulatie in Vlaanderen in de tiende eeuw, 263.

[162] Diplomata belgica, éd. GYSSELING/KOCH, n° 49, c. 6, 129.

[163] Inventio et miracula Gisleni, éd. DE BUE, c. 2, 1035; HELVÉTIUS, Abbayes, évêques et laïques, 223–224, n. 71 et 72.

[164] BONNASSIE/ILLY, Le clergé paroissial aux IXe–Xe siècles dans les Pyrénées orientales et centrales, 162.

[165] LE JAN, Famille et pouvoir dans le monde franc, 47–48.

À Blangy, si l'on suit la Vie de Berthe, cette dernière aurait fait inhumer son époux dans l'oratoire domanial, bien avant d'y avoir fondé une communauté[166]. La Vie de Bertulphe de Renty précise également que les deux fondateurs, Wambert et Homburge, furent inhumés «dans l'oratoire qu'ils avaient jadis édifié»[167]. C'est également dans l'église Saint-Sulpice d'Aubigny que le comte Eulfus aurait été inhumé par saint Kilien. Peu importe que ces mentions aient ou non un fond de vérité historique. Il nous suffit de constater ce qui était alors la norme dans le chef des hagiographes des IXe–Xe siècles: la sépulture privilégiée du fondateur dans son église. On en trouve toujours un bel écho dans la documentation bertinienne peu de temps avant l'an mil. En 975, une veuve nommée Richilde fait don aux religieux de Sithiu de ses biens sis à Herbelles, dont l'église du domaine. En 986, son fils Gérard a complété l'acte en précisant qu'au décès de sa mère, celle-ci avait été inhumée dans cette même église[168]. Ces oratoires ont accueilli avant tout les fondateurs défunts et leur famille mais d'autres tombeaux ont pu également trouver leur place, dès lors que le défunt bénéficiait déjà de son vivant d'une réputation de sainteté. Dans le cas de Bertulphe, il serait tentant de le penser. Mais son rang d'intendant était peut-être aussi une raison suffisante pour justifier la présence de sa tombe à Renty, dans l'église Saint-Denis[169]. D'autres cas sont, en revanche, beaucoup plus suggestifs de cette volonté de développer un culte autour d'un petit oratoire patrimonial.

Deux textes évoquent les suites de l'assassinat de saint Léger (678/679) aux confins septentrionaux du diocèse d'Arras. L'anonyme de Saint-Symphorien d'Autun rapporte qu'une femme pieuse (*perfecta mulier*) prit soin de la dépouille de Léger et – contre la volonté d'Ébroïn qui avait tenu à ce qu'elle fût abandonnée au plus profond de la forêt – la fit ensevelir dans un premier oratoire. À la suite d'un miracle, elle fit construire un sanctuaire plus vaste sur le lieu du crime et y établit une petite communauté. Ursin de Ligugé apporte un écho légèrement différent. C'est l'épouse du geôlier de Léger, le comte Chrodobert, qui aurait elle-même ordonné les funérailles de l'évêque dans le petit oratoire du domaine. En tout cas, les deux auteurs s'accordent sur le développement très rapide du culte du saint autour de cette première sépulture et sur le rôle que joua une femme à cette occasion[170]. On comprend, en effet, tout le prestige spirituel (et matériel) que l'oratoire pouvait acquérir en abritant une telle sépulture, particulièrement après la chute d'Ébroïn († 680/681). La mémoire de Léger fut, en effet, rapidement réhabilitée par une assemblée d'évêques du royaume franc qui prit aussi la décision de faire porter ses restes à Saint-Maixent dont Léger avait été un temps abbé[171].

Tournons-nous désormais vers les environs de la cité épiscopale de Cambrai à la même époque. La jeune Maxellende n'avait assurément pas la même envergure que Léger. Néanmoins les circonstances de son assassinat à Caudry n'ont sans doute pas manqué d'entretenir rapidement autour de son tombeau une réputation de sainteté.

[166] Vita Bertae, éd. Du Sollier, c. 6, 50.

[167] Vita Bertulfi, éd. Holder-Egger, c. 16, 634.

[168] Les chartes de Saint-Bertin, éd. Haigneré, n° 64, 20–21; Dom Dewitte affirme avoir pris copie de cet acte sur l'original en parchemin.

[169] La Vie suggère toutefois que Bertulphe n'entretenait pas les meilleurs rapports avec les dépendants du domaine qui tentèrent de l'assassiner lorsque les propriétaires partirent en pèlerinage à Rome.

[170] Passio Leudegarii, éd. Krusch, c. 37, 318–320; Ursin, Passio Leudegarii, éd. Krusch, c. 21–22, 343–345; Ursin rappelle ainsi le vol de la sandalette du saint, ce qui n'était pas anodin quand on sait que Léger, entre autres tortures, avait été contraint par ses bourreaux de marcher pieds nus dans un bassin parsemé de pierres tranchantes (c. 14, 335).

[171] Ibid., c. 24, 346–348.

C'est ce qu'on peut deviner à la lecture de la Passion qui lui a été consacrée. Le texte n'est pas contemporain mais on peut montrer qu'il s'appuie sur des traditions solides. Ce que l'on y apprend des premiers développements du culte de cette jeune fille est particulièrement éclairant pour notre propos. À la fin du VIIe siècle (il est en effet question de l'épiscopat de Vindicien († 713?) sur le siège d'Arras/Cambrai), Maxellende résista à une tentative de rapt de la part d'un certain Harduin auquel elle était promise; elle fut tuée alors qu'elle demeurait seule chez ses parents[172]. Son corps fut porté dans la basilique du domaine de *Pomeriolas*, l'actuelle commune de Saint-Souplet (distant d'une quinzaine de kilomètres vers l'est). Est-ce à dire qu'il n'existait alors pas d'oratoire sur le domaine familial? On peut le penser car il est ensuite question de la construction d'une église à Caudry. La dépouille fut donc reçue par une veuve nommée Amaltrude qui, elle, avait fait édifier une basilique dédiée aux saints Pierre, Paul et Sulpice. Trois ans plus tard, l'évêque – sans doute sous la pression de la famille de la défunte – exigea le retour du corps à Caudry[173]. Outre cette indication intéressante sur la dispersion des lieux de culte jugés dignes d'accueillir une sépulture aristocratique à la fin du VIIe siècle, on retrouvera avec intérêt la figure d'une veuve orchestrant, autour de son oratoire, les premiers développements d'un culte en puissance dans le but d'étendre aux défunts qui y étaient inhumés les bénéfices de l'intercession de la sainte[174]. Susciter ainsi une nouvelle dévotion était aussi une façon de contourner le contrôle exercé par l'évêque sur la diffusion des reliques dans les oratoires ruraux, comme le rappellent les conciles depuis le début du VIe siècle[175]. En la matière, il y a une évidente continuité avec l'activité que déployaient déjà les *matronae* de l'Antiquité tardive autour des sépultures des saints martyrs[176]. La Vie de saint Silvin présente au Xe siècle les échos atténués d'un contexte similaire en évoquant les funérailles de cet ermite à Auchy en présence des moines de Centule/Saint-Riquier (venus mettre la main sur la dépouille?). Les aristocrates Adalsquarus et Aneglia servirent ensuite un repas à tous les participants. Ils firent édifier une église dédiée à la Vierge. Leur fille Siccidis, *Deo sacrata*, prit soin du tombeau du saint et de sa crosse (*baculum recurvum*) qu'elle fit recouvrir d'or et d'argent. On sait en effet par Usuard que Silvin était honoré avec le titre d'évêque au milieu du IXe siècle. Les quelques miracles opérés dans la basilique sont ensuite évoqués[177].

On le voit, la fondation d'une église et la fonction funéraire qui lui était attribuée allaient de pair avec la recherche de reliques. Mais toutes les églises ne possédaient pas le corps de leur patron céleste. Il convient désormais de dire quelques mots d'un patronage particulièrement représentatif des églises domaniales: il s'agit de celui de saint Martin.

Saint Martin, patron privilégié des oratoires aristocratiques?

Au milieu du VIe siècle, Grégoire de Tours mentionne un pèlerin de Cambrai rapportant de Tours des reliques de saint Martin. Il y a naturellement lieu de penser que Martin était au premier rang des modèles de sainteté que l'on cherchait à développer dans

172 Passio Maxellendis prima, éd. Bevenot, c. 11–12, 584–585.

173 Ibid., c. 13–14, 585.

174 Sur la prière des veuves et l'entretien de la *memoria* familiale, voir Santinelli, Des veuves éplorées ?, 281–322.

175 Concilia Galliae, éd. De Clercq, 30 (canon 30 du concile d'Épaone de 517).

176 Voir les exemples éloquents de Pompeiana à Carthage autour des reliques de Maximilien et d'Asclepia à Salone autour de celles d'Anastase dans Brown, Le culte des saints, 49; voir également Cooper, The widow as impresario.

177 Vita Silvini, éd. Bolland, c. 20–24, 32.

une région qui, à ce moment, en avait encore peu à proposer[178]. Il ne fait donc guère de doute que l'apôtre des Gaules fut très privilégié comme patron des églises rurales: c'est une évidence à la lecture des listes de vocables dressés à l'époque moderne. Dans la partie sud du diocèse de Cambrai (archidiaconés médiévaux de Cambrai, de Hainaut et de Valenciennes), la proportion d'églises dédiées à saint Martin se monte à une pour quatre[179]. Les chiffres sont un peu plus faibles dans le diocèse d'Arras (un peu plus qu'une pour six)[180]. En toute rigueur, il n'est cependant pas possible de faire remonter avec certitude l'ensemble de ces fondations au haut Moyen Âge. C'est pourquoi il convient de se limiter aux seules attestations antérieures à l'an mil.

On conserve plusieurs attestations précoces d'églises dédiées à Martin sur les domaines fiscaux. C'est le cas à Elnone et Solesmes au VIIe siècle, à Valenciennes au VIIIe siècle, et à Hollain au Xe siècle. Le vocable de Martin est également associé – mais jamais seul – à certaines fondations monastiques du VIIe siècle: Crespin[181], Sithiu[182], sans doute Wormhout (mais le vocable n'est connu qu'à Bergues, où la communauté fut installée au début du Xe siècle[183]) et Honnecourt[184]. De retour de Rome, Josse aurait édifié un oratoire en pierre à *Runiacus*, sur l'Authie, et l'aurait consacré en l'honneur de Martin[185]. Dans les campagnes, plusieurs indices confirment la diffusion de son culte. On a pu mentionner plus haut l'ancienneté de Saint-Martin hors des murs de Cambrai dès l'époque mérovingienne[186]. Les traditions recueillies au début du XIe siècle prétendent que l'oratoire, édifié à Écoivres sur le domaine familial de l'évêque Vindicien de Cambrai, était aussi dédié à Martin[187]. Au début du VIIIe siècle, une des trois églises du domaine de Renty aurait été consacrée en son honneur[188]. Le vocable est explicitement signalé au IXe siècle à Sains-lès-Fressin[189] et à Samer[190]; au Xe siècle à Haine[191] et à Hornu[192]. Tardif mais significatif est enfin le témoignage de la Vie de Berthe de Blangy rapportant que celle-ci fit édifier huit églises dédiées au saint tourangeau[193]. Martin ne cessa pas d'être une référence: au tout début du IXe siècle, c'est bien sous son *patrocinium* que fut fondée l'église d'Arques par l'abbé Odland de Sithiu[194].

En définitive, les quelques cas examinés confirment les liens entre l'emprise foncière royale et la diffusion du culte de Martin, dont la chape est attestée dans le trésor

[178] Grégoire de Tours, De virtutibus Martini, éd. KRUSCH, l. I, c. 10, 144; pour des vues d'ensemble du culte de Martin pendant le haut Moyen Âge, voir EWIG, Le culte de saint Martin à l'époque franque et SCHREINER, Schutzherr, Schlachtenhelfer, Friedensstifter.

[179] MÉRIAUX, La christianisation du Hainaut et du Cambrésis, 40 (110/413).

[180] DELMAIRE, Le diocèse d'Arras 2, 576 (77/430).

[181] Vita Landelini, éd. LEVISON, c. 6, 442; il s'agit de *l'oratoriolum* primitif de Crespin.

[182] Voir le tableau des vocables de Sithiu.

[183] Première mention dans la Vie interpolée de l'abbé Rumold de Bergues († 1068), éditée en note de la Vita Audomari, Bertini et Winnoci par Wilhelm Levison, 773.

[184] Diplomata belgica, éd. GYSSELING/KOCH, n° 5, 15.

[185] Vita Judoci, éd. LE BOURDELLÈS, c. XIV, 926.

[186] Passio Maxellendis prima, éd. BEVENOT, c. 14, 585.

[187] Gesta episcoporum Cameracensium, éd. BETHMANN, l. I, c. 27, 412.

[188] Vita Bertulfi, éd. MABILLON, c. 4, 46; les autres auraient été consacrées en l'honneur de saint Vaast et de saint Denis.

[189] Diplomata belgica, éd. GYSSELING/KOCH, n° 21, 40.

[190] Vita Vulmari, éd. CUYPERS, c. 23, 88.

[191] Die Urkunden Ludwigs des Kindes, n° 50, 174–175 (906).

[192] Inventio et miracula Gisleni, éd. DE BUE, c. 9–10, 1037.

[193] Vita Bertae, éd. DU SOLLIER, c. 19, 52; il est également fait mention d'une église Saint-Vaast et d'une église Saint-Omer.

[194] Folcuin, Gesta abbatum Sithiensium, éd. HOLDER-EGGER, c. 38, 613.

royal depuis le dernier quart du VIIe siècle[195]. Mais d'autres exemples suggèrent également une diffusion plus large de ce vocable au sein des églises rurales pendant tout le haut Moyen Âge, ce qui oblige à ne pas considérer systématiquement le *patrocinium* martinien comme l'indice d'une fondation royale[196].

LES COMMUNAUTÉS FÉMININES OU «DOUBLES», FONDATIONS PRIVILÉGIÉES DE L'ARISTOCRATIE

Notre propos n'est pas de montrer ce que les femmes ont apporté au long processus de christianisation de la société du haut Moyen Âge[197], mais plus modestement de rappeler que de nombreuses communautés féminines ont été fondées par les familles aristocratiques locales et que ces dernières tinrent à conserver le contrôle de ces établissements familiaux. Cet intérêt est aujourd'hui de mieux en mieux connu: dans nos régions comme ailleurs – et on vient de le voir à propos de l'intérêt des femmes de l'aristocratie pour les reliques – «les monastères familiaux féminins servaient à fonder dans le sacré le pouvoir familial»[198].

Les communautés féminines

Pour le VIIe siècle, l'exemple le plus documenté est celui de Maubeuge où la Vie d'Aldegonde mentionne effectivement des moniales rassemblées autour de la fondatrice[199]; un texte qui n'est guère plus tardif – la Vie de l'évêque-abbé Ursmer de Lobbes – évoque même de manière très suggestive la *turba non modica* des moniales de Maubeuge qu'aurait rejointe la nièce de l'abbé[200]. Si on suit la Vie de sainte Aldegonde, sa sœur Waudru aurait aussi fondé un *monasterium;* on sait d'ailleurs que son culte se développa ensuite à Mons[201]. La Vie d'Harlinde et Relinde rappelle la formation des deux sœurs auprès de l'abbesse de la communauté de *Valencina* au milieu du VIIIe siècle et il ne semble pas aberrant de la rapprocher du monastère de Condé-sur-Escaut (sommairement attesté au tout début du IXe siècle)[202]. Les *Gesta* des évêques de Cambrai prétendent, en effet, que ce monastère rassemblait des femmes[203]. Ailleurs les mentions sont plus tardives, comme à Auchy, où la Vie de Silvin suggère la fondation d'une communauté de *sanctae mulieres Deo sacratae* qu'aurait rejointe la fille des aristocrates fondateurs. Cela vient d'être évoqué. Au XIe siècle, la Vie de sainte Berthe de Blangy fait enfin mention d'une communauté féminine (*congregatio sanctimonialium*) fondée à la fin du VIIe siècle. Pour être complet, il faudrait enfin citer la *basilica puellarum* de Sains-lès-Marquion près de Cambrai, dont les *Gesta* des évêques attes-

[195] Henri LECLERCQ, Chape de saint Martin, Dictionnaire d'histoire et d'archéologie chrétienne 13 (1948), 381–390.

[196] METZ, Adelsforst, Martinskirche des Adels und Urgautheorie, 75–79.

[197] Voir à ce propos, dans une littérature abondante, NOLTE, Conversio und Christianitas.

[198] LE JAN, Monastères de femmes, violence et compétition pour le pouvoir, 107.

[199] Vita Aldegundis prima, éd. MABILLON, c. 4, 808; c. 12, 811; c. 19–20, 813; HELVÉTIUS, Sainte Aldegonde, 229–236; EAD., Abbayes, évêques et laïques, 69–71.

[200] Vita Ursmari, éd. LEVISON, c. 4, 458 (Ursmer se rend à Maubeuge pour procéder à l'exorcisme d'une moniale); c. 6, 459 (sa nièce, moniale à Maubeuge, est débarrassée du goitre qu'elle portait depuis sa naissance); HELVÉTIUS, Abbayes, évêques et laïques, 70–71.

[201] Vita Aldegundis prima, éd. MABILLON, c. 4, 808; HELVÉTIUS, Avant la ville, la campagne, 368–369; EAD., Abbayes, évêques et laïques, 52–53.

[202] Vita Harlindis et Reinulae, éd. MABILLON, c. 4–5, 656.

[203] Gesta episcoporum Cameracensium, éd. BETHMANN, l. II, c. 42, 464.

tent l'ancienneté au début du XIe siècle[204]; la communauté féminine établie à Saint-Martin de Cambrai, dont la seconde Passion de Maxellende évoque l'existence avant la fin du Xe siècle (mais il est difficile de savoir depuis quand elle existait)[205]; et enfin celle qui était rassemblée à Antoing, en Hainaut, avant la fin du Xe siècle, date à laquelle les moniales furent remplacées par des chanoines[206]. Au total, les sources évoquent donc l'existence d'une petite dizaine de communautés exclusivement féminines pendant le haut Moyen Âge. Le cas le plus curieux reste assurément celui de la communauté du Mont-Blandin, à Gand, au début du VIIIe siècle. À cette époque une abbesse (*abbatissa*), nommée Engelwara, et une communauté double (*congregatio servorum vel ancillarum Dei*) sont en effet attestées dont on ne trouve nul autre écho dans la documentation[207].

À l'exception de Maubeuge, les fondations que l'on interprète comme étant de véritables communautés féminines au VIIe siècle ne sont en fait connues que par l'intermédiaire de sources tardives, toujours postérieures aux réformes du début du IXe siècle, lorsque furent véritablement fixées les normes de la vie religieuse féminine[208]. À côté de ces fondations, présentées comme exclusivement féminines dans les sources, il faut également consacrer une présentation spéciale aux communautés que les traditions présentent comme «doubles», c'est-à-dire pour lesquelles l'élément masculin est mis sur le même plan que l'élément féminin.

Des communautés «doubles»?

L'historiographie a attribué une place de choix à un certain nombre de communautés dites «doubles» dont elle expliquait l'existence par une influence irlandaise[209]. Reprenons rapidement cette question dans l'espace qui nous intéresse. Signalons-le d'emblée, ce n'est souvent qu'au milieu du IXe siècle que l'on voit apparaître la mention de communautés alliant, dans une formulation indistincte, «des frères et des sœurs».

Un acte de Charles le Chauve, donné en 877, mentionne expressément cette situation pour les deux communautés voisines de Hamage (*sorores ac fratres in Hamatico*) et de Marchiennes (*sorores et fratres [...] in coenobio Marcianas*)[210]. En 907, ce furent à nouveau les *clerici et sanctimoniales* de Marchiennes qui sollicitèrent le grand Hucbald afin qu'il rédigeât une Vie de sainte Rictrude[211]. Dans le texte, Hucbald revient plus précisément sur les circonstances de fondation des deux communautés. Il rappelle qu'Hamage avait été fondé comme *monasterium* par Gertrude, la grand-mère d'Adalbaud, lui-même époux de Rictrude[212]. À la mort de ce dernier en Aquitaine (avant 639), Rictrude aurait d'abord vécu dans le siècle avant de recevoir le voile consacré des mains d'Amand, au beau milieu d'un banquet auquel prenaient part le souverain et ses leudes. Elle choisit alors de rentrer à Marchiennes où Amand avait fondé une communauté masculine. Celle-ci avait été confiée au gouvernement d'un

[204] Ibid., l. II, c. 12, 459.

[205] Passio Maxellendis secunda, éd. Bevenot, note k, 588.

[206] Folcuin, Gesta abbatum Lobbiensium, éd. Pertz, c. 15, 61.

[207] Liber traditionum, éd. Fayen, n° 58, 50; Declercq, Traditievorming en tekstmanipulatie in Vlaanderen in de tiende eeuw, 97–102 et 264.

[208] Voir en dernier lieu, Schilp, Norm und Wirklichkeit religiöser Frauengemeinschaften im Frühmittelalter.

[209] Hilpisch, Die Doppelklöster, 25–44; voir également Moreau, Histoire de l'Église en Belgique 1, 179; approche plus nuancée dans Doppelklöster und andere Formen der Symbiose männlicher und weiblicher Religiosen im Mittelalter, dir. Elm/Parisse.

[210] Recueil des actes de Charles le Chauve 2, n° 435, 474.

[211] Hucbald, Vita Rictrudis, éd. Papebroch, c. 1, 81.

[212] Ibid., c. 9, 82; c. 25, 86.

certain Jonat. Hucbald affirme que cet abbé aurait pris l'initiative de rassembler aussi une communauté féminine (*monachorum ordinem beatus Amandus haberi voluit: sed jam dictus abbas sanctimoniales, pro ut sibi visum fuerat, aggregavit*)[213]; il suggère néanmoins que Rictrude prit ensuite la direction de la communauté comme *rectrix*, et que sa fille Clotsende hérita de cette fonction[214].

À Hasnon, situé à quelques kilomètres de là, en aval de la Scarpe, un acte de Charles le Chauve, donné le même jour que celui de Marchiennes, emploie la même formulation pour désigner la communauté qui était alors réunie[215]. Ce diplôme fait partie des traditions de l'abbaye, consignées à la fin du XIe siècle dans une œuvre longtemps attribuée au moine Tomellus. Comme l'a malicieusement démontré Louis Serbat, l'ambiguïté grammaticale des premiers mots du prologue (*incipit prologus tomelli de fundatione Hasnoniensis coenobii*) a entraîné une durable confusion entre l'auteur et le titre[216]. L'*Opuscule sur la fondation du monastère d'Hasnon* – puisque c'est ainsi qu'il convient désormais de le citer – fait remonter la fondation de l'établissement à un certain Jean et à sa sœur Eulalie. Elle serait intervenue au tournant des VIIe–VIIIe siècles car il est question d'une consécration par l'évêque Vindicien († 713?). La direction du monastère aurait été ensuite successivement confiée à des *rectores* – hommes et femmes – choisis dans la famille des fondateurs; seuls leurs noms sont connus, ce qui pourrait suggérer que l'auteur ait eu connaissance d'une liste commémorative ou d'une inscription[217].

Un cas similaire se présente à Denain. Les traditions rapportées au XIVe siècle par Jacques de Guise sous la forme d'un faux diplôme de Charles le Chauve font de Denain une communauté de *fratres sororesque* fondée par sainte Ragenfrède *ex suis propriis prediis*[218]. Pour autant Georges Tessier était d'avis «que le faussaire [avait] eu sous les yeux un diplôme sincère». Au début du XIe siècle, l'auteur des *Gesta* des évêques de Cambrai se contente de rappeler la fondation d'une communauté féminine[219]. On peut aussi deviner l'existence d'une telle communauté double à Caudry près de Cambrai où, à la demande de l'évêque Vindicien, fut établie à la fin du VIIe siècle une communauté d'hommes et de femmes (*ordo ministrorum ex utroque sexu, clerici scilicet ac foeminae Deo devotae*) autour des reliques de sainte Maxellende. Il en a déjà été abondamment question plus haut. À Honnecourt (sur l'Escaut), un couple d'aristocrates, Amalfrid et Childeberte, ont établi comme *abbatissa* et *rectrix* leur fille Auriana, comme en témoigne un acte copié au Xe siècle par Folcuin dans les *Gesta* des abbés de Sithiu[220]. Au début du XIe siècle, l'auteur des *Gesta* des évêques de Cambrai prétend qu'il s'agissait d'une communauté de *clerici et sanctimoniales* et attribue aux évêques Vindicien (de Cambrai) et Lambert (de Maastricht) la consécration de l'édifice[221].

À Samer enfin, l'auteur (carolingien) de la Vie de Vulmer rapporte que le saint avait réuni une *congregatio utriusque sexus*[222]. La communauté féminine possédait sa

[213] Ibid., c. 16, 84.

[214] Ibid., c. 10, 83.

[215] Recueil des actes de Charles le Chauve 2, n° 436, 476; Georges Tessier refuse toutefois de mettre en doute l'authenticité de l'acte.

[216] Serbat, Un historien imaginaire du XIe siècle, retrace méticuleusement l'itinéraire de l'erreur qui, depuis le XIIIe siècle, a fait de Tomellus le «secrétaire» de Baudouin VI, comte de Flandre et de Hainaut († 1071).

[217] Tomellus de fundatione coenobii Hasnoniensis, éd. Holder-Egger, 149–151.

[218] Recueil des actes de Charles le Chauve 2, n° 501, 660.

[219] Gesta episcoporum Cameracensium, éd. Bethmann, l. II, c. 28, 461.

[220] Diplomata belgica, éd. Gysseling/Koch, n° 5, 16.

[221] Gesta episcoporum Cameracensium, éd. Bethmann, l. II, c. 10, 485.

[222] Vita Vulmari, éd. Mabillon, c. 9, 236.

propre abbesse en la personne de la nièce du fondateur nommée Bertana, même si Vulmer semble avoir conservé un certain magistère moral sur les deux fondations. La Vie de celui-ci rapporte en effet qu'«il avait coutume de rendre fréquemment visite à ses moniales et de les réconforter». Les deux communautés étaient de surcroît établies à une certaine distance l'une de l'autre (*semota tamen fuit habitatio virorum a sexu fragili*)[223]. On acceptera avec prudence un témoignage carolingien qui se veut très insistant – en vertu des conceptions de l'époque – sur la séparation que doivent observer hommes et femmes dans la vie religieuse.

Au total, ce sont donc huit communautés qui sont documentées comme communautés «doubles». Mais peut-on essayer d'en savoir davantage sur les rapports qu'entretenaient les uns et les autres au sein de ces communautés? À Marchiennes, l'acte de 877 signale que la mense conventuelle n'était pas partagée et un diplôme de Lothaire de 975 (?) pour le même monastère fait état d'une abbesse Judith ayant autorité sur l'ensemble de la communauté[224]. En s'appuyant sur ce dernier cas, on peut se demander si les mentions de *fratres et sorores* ne signalent pas tout simplement des communautés féminines avec les clercs qui étaient affectés au service divin. On sait que tel était le cas de Maubeuge dès le VIIe siècle: la Vie d'Aldegonde évoque en effet le témoignage de ce *quidam presbyter boni testimonii, a pueritia in monasterio desserviens*[225]. Dans le cas de Blangy, le témoignage tardif de la Vie de Berthe évoque aussi l'existence, hors du cloître, d'une communauté de clercs autour d'une église dédiée à saint Martin[226]. Pourtant, ces deux établissements n'ont jamais été considérés comme «doubles» mais bien comme de véritables communautés féminines.

Communautés «doubles» ou communautés féminines? Le débat semble en définitive un peu artificiel. Le premier terme semble toutefois impropre à caractériser des communautés de femmes desservies par un collège de clercs. Mais l'essentiel est ailleurs: la singularité de ces établissements réside en effet davantage dans leur caractère familial très prononcé.

Des communautés familiales

Les traditions qui circulaient à Elnone au IXe siècle attribuaient à Amand la fondation de Marchiennes[227]. C'est également ce qu'assure Hucbald de Saint-Amand dans sa Vie de sainte Rictrude en précisant que des femmes ne furent en fait introduites à Marchiennes que sous l'abbatiat de Jonat. Rictrude elle-même aurait ensuite pris la direction de la communauté. Par la suite, les traditions développées à Marchiennes reléguèrent Amand au second plan en faisant de Rictrude la fondatrice de l'établissement. Cette distorsion au regard de ce que dit Hucbald a pu être à bon droit soulignée. Néanmoins, il nous semble que, si tardives qu'elles soient, ces traditions en disent long sur le contexte de la fondation de Marchiennes. Hucbald lui-même rappelle qu'existait déjà une communauté à Hamage, réunie autour de la grand-mère d'Adalbaud (époux de Rictrude) nommée Gertrude. La proximité entre Hamage et Marchiennes suggère d'ailleurs que les deux communautés s'établirent sur un même ensemble domanial primitif, propriété de cette Gertrude dont nous venons de parler. Que Rictrude ait choisi de fonder sa propre communauté, et non de rejoindre celle de Hamage, demanderait à être expliqué. En revanche, il faut souligner la mainmise étroite de la famille sur les deux

223 Ibid., c. 9, 236; c. 11, 237.
224 Recueil des actes de Lothaire, n° 39, 94.
225 Vita Aldegundis, éd. MABILLON, c. 25, 814.
226 Vita Bertae, éd. DU SOLLIER, c. 19, 53.
227 Nous avons délibérément allégé l'apparat critique des pages qui suivent: le lecteur est renvoyé aux notices du catalogue d'églises et de monastères.

établissements. À Hamage, succédèrent à Gertrude, son arrière-petite-fille Eusébie (fille de Rictrude) puis une autre Gertrude, veuve d'une certain Ingomar[228]. Le nom de Gertrude suggère qu'elle faisait, elle aussi, partie de la famille. À la mort de Rictrude, c'est sa fille Clotsende qui prit la tête de la communauté de Marchiennes comme *rectrix*. Dans la Vie d'Amé, Hucbald ne manque d'ailleurs pas de souligner la proximité très étroite qui devait alors régner entre ces *duo monasteria vicina sibi, et commoda sub una lege*. Sans vouloir nier l'intervention d'Amand dans les fondations successives de Hamage et de Marchiennes nous voudrions néanmoins rappeler que la marge de manœuvre du missionnaire ne fut assurément pas comparable à celle dont il semble avoir disposé à Elnone et peut-être aussi au Mont-Blandin, sur des domaines mis à sa disposition par la volonté royale. Il est tout à fait possible qu'Amand ait installé une première communauté à Marchiennes – à la tête de laquelle il aurait établi le fameux Jonat –, peut-être pour accompagner le développement de Hamage, mais on observera à ce propos une certaine prudence: Hucbald était lui-même un moine d'Elnone, et il avait intérêt à souligner le rôle du patron de sa propre communauté en évoquant l'existence d'une communauté masculine originelle. Pour autant, la suite de la succession abbatiale est claire: elle ne mentionne que des abbesses. Rictrude avait cependant bien un fils, Mauront, mais c'est à Merville qu'il fonda sa propre communauté dont il fut l'abbé par la suite. Le cas de Hamage et Marchiennes illustre en définitive le modèle d'une fondation familiale bien contrôlée par les femmes d'une même famille.

Ce schéma se présente de façon similaire à Maubeuge, où les deux filles de Waudru, Aldetrude puis Madelberte, succédèrent à leur tante Aldegonde (ce qui pourrait d'ailleurs conduire à relativiser l'importance de la communauté montoise à la même époque). Il en alla de même à Blangy où Berthe, de son vivant, céda la direction du monastère à sa fille Déotila; une autre fille, nommée Gertrude, l'avait également accompagnée à Blangy. À Honnecourt et à Blangy, le contexte familial est tout aussi explicite. En revanche, les traditions relatives aux premiers temps de Hasnon sont plus problématiques puisque le *Tomellus* affirme que les frères et sœurs de Jean et d'Eulalie leur succédèrent et qu'il est désormais difficile d'espérer obtenir des éléments nouveaux.

La législation mérovingienne signale les possibilités qu'avaient les femmes – et pas seulement les veuves – de vivre religieusement chez elles. En 549, les pères réunis au concile d'Orléans évoquent *illae [quae] in domibus propriis, tam puellae quam viduae, commutatis vestibus convertuntur*. En 614, l'Édit de Clotaire II rappelle l'existence des différentes catégories de femmes qui se sont consacrées à Dieu, et les place sous la protection royale: l'article dix-huit mentionne non seulement celles qui vivent en communutés, mais également celles qui demeurent «dans leur propre maison»[229]. Pour autant, on sait que, tout au long du VIIe siècle, les évêques tinrent à mieux canaliser et encadrer ces formes souples de vie religieuse féminine. En témoignent des interdictions successives. Dès 614, les évêques réunis à Paris affirmèrent ne plus tolérer le retour chez elles des moniales ayant d'abord choisi de vivre en communauté. Au concile de Losne, en 673/675, ils prétendirent interdire aux veuves ces prises de voile domestiques[230]. Tout cela témoigne néanmoins de la grande diversité des situations qui pouvaient encore exister tout au long du VIIe siècle et qui permettaient à des femmes de vivre religieusement tout en restant chez elles[231]. Le meilleur exemple de ce type de

228 Sur Ingomar: Mériaux, Thérouanne et son diocèse, 396–397.

229 Capitularia regum Francorum 1, éd. Boretius, 23: *De puellas et viduas relegiosas aut sanctaemunialis qui se Deo voverant, tam que in proprias domus resedent quam qui in monastyria posete sunt.*

230 Concilia Galliae, éd. De Clercq, 316 (canons 12 et 13).

231 Voir Muschiol, Famula Dei, 41–80 et surtout Santinelli, Des veuves éplorées?, 160–165.

situation nous est assurément fourni par la Passion de sainte Maxellende. On a déjà rappelé qu'à la fin du VIIe siècle, cette jeune fille s'était violemment opposée au mariage arrangé par ses parents – les dispositions prises à cette occasion sont d'ailleurs présentées de manière très précise dans le texte – et qu'elle avait été assassinée par son fiancé. Son corps fut alors porté à *Pomeriolas*, dans une basilique dédiée aux apôtres Pierre et Paul et à saint Sulpice. L'auteur précise alors que cette basilique avait été édifiée par une certaine Amaltrude après la mort de son mari. Le couple était fortuné et Amaltrude «avait voué son veuvage au service du Seigneur». La Passion ajoute ensuite qu'elle veillait le corps nuit et jour jusqu'au moment où une vision lui enjoignît de se séparer du précieux tombeau[232]. Rien n'est dit d'une éventuelle communauté religieuse même si l'on peut évidemment penser qu'Amaltrude ne vivait pas seule mais entourée de sa *familia*.

Dans bien des cas, notre connaissance des communautés féminines repose sur une unique et allusive mention. Pour Mons, il s'agit du *monasterium* évoqué par la Vie d'Aldegonde mais on connaît par ailleurs la très large polysémie d'un terme qui peut tout à fait désigner un simple ermitage ou encore une église[233]. La même remarque peut être faite à Honnecourt où il convient de surcroît d'interpréter précisément le terme de *rectrix* et d'*abbatissa* de la fille du fondateur. À Auchy, les traditions sont assurément tardives mais elles n'évoquent guère que l'existence d'une basilique construite par et pour la fille des propriétaires du domaine; peut-on pour autant penser qu'il s'agissait d'une véritable communauté dont la vie était organisée autour d'une règle? En fait l'exemple d'Amaltrude – et ce que nous dit la documentation conciliaire – indique que, derrière le terme de communauté féminine, se profile surtout l'adoption d'une forme de vie religieuse domestique, le plus souvent tournée autour de la célébration de la mémoire familiale, et en premier lieu de celle du mari ou du père défunt, ce qui donnait à ces établissements une place centrale au sein du patrimoine familial[234].

AUTOUR DE DEUX GRANDS ARISTOCRATES CAROLINGIENS

Les fondations de monastères, d'églises et d'oratoires qu'on peut attribuer à l'aristocratie sont le plus souvent connues de manière très elliptique. Cela donne d'autant plus de prix aux dossiers documentaires que l'on peut réunir autour de deux grandes familles d'aristocrates carolingiens. Évrard, marquis de Frioul († 864/866), et son épouse Gisèle († 874), fille de Louis le Pieux, ont œuvré dans ce sens sur leurs domaines septentrionaux. Goibert († 838) et son fils Guntbert († après 868) sont peut-être d'origine moins illustre – mais Folcuin rappelle que ce dernier aurait été tonsuré par le pape Eugène II en personne[235] –, il n'empêche qu'ils dotèrent abondamment leur *cella* de *Stenetland* dans le diocèse de Thérouanne.

[232] Passio Maxellendis prima, éd. Bevenot, c. 14, 585.

[233] Novum Glossarium, fasc. Miles-Mozytia, Copenhague 1963, 764–767; voir aussi les remarques de Dom Huyghebaert, Note sur l'origine de la pluralité des curés dans l'ancien comté de Flandre, 411.

[234] La documentation ne nous permet pas de distinguer les luttes d'influence qui purent se manifester autour de ces monastères: voir sur ce point Le Jan, Monastères de femmes, violence et compétition pour le pouvoir.

[235] Folcuin, Gesta abbatum Sithiensium, éd. Holder-Egger, c. 52, 615; Diplomata belgica, éd. Gysseling/Koch, n° 26, 47.

Les églises d'Évrard et de Gisèle

Le dossier des possessions d'Évrard de Frioul et de Gisèle entre Scarpe et Escaut permet de mesurer concrètement la densification du paysage religieux à l'époque carolingienne[236]. On peut en effet confronter ce qui est dit de leurs domaines entre 863/864 et 874 (par les pièces diplomatiques conservées dans le cartulaire de l'abbaye de Cysoing) avec la description qui en avait été faite au début du IXe siècle par les enquêteurs de Charlemagne. Dans une étude désormais classique, Philip Grierson a en effet identifié de manière convaincante une partie des domaines décrits dans ce que l'on nomme habituellement les *Brevium exempla ad describendas res ecclesiasticas et fiscales* (qui font suite au fameux capitulaire *de villis*) avec les biens qui formèrent par la suite la dot de Gisèle, fille de Louis le Pieux. Les conclusions de cette enquête sont d'autant plus solides que les *Brevium exempla* donnent explicitement le nom du premier fisc décrit (*Asnapio*/Annappes) et d'une de ses dépendances (*Grisione*/Gruson) et que l'on retrouve ces noms dans le testament d'Évrard de Frioul (863/864). Les trois fiscs successivement décrits à la suite de celui d'Annappes dans les *Brevium exempla* correspondraient ainsi aux autres domaines de Gisèle: les localités actuelles de Vitry-en-Artois, Cysoing et Somain. Quant au dernier fisc de *Treola*, sa localisation reste indécise. Sans doute faut-il aussi situer ce domaine dans les environs de Lille[237]. Dans cette enquête d'une extrême précision, les envoyés de l'empereur n'ont relevé qu'un oratoire: la *capella ex lapide bene constructa* du troisième fisc (Cysoing). Ne nous hâtons pas de conclure à l'absence d'église sur les autres domaines: il est en effet extrêmement improbable que Vitry – déjà mentionné comme bien fiscal au VIe siècle et qui, de surcroît, accueillit un moment la sépulture de Sigebert Ier après son assassinat – n'ait pas possédé un lieu de culte. Pour n'avoir alors pas retenu l'attention des enquêteurs, il s'agissait sans doute d'un oratoire en bois, de dimension assez modeste (notons cependant qu'un bâtiment de la réserve construit en bois – *casa infra curtem ex ligno facta* – a été systématiquement recensé dans les cinq fiscs). On sait à quel point il est difficile de déterminer la représentativité des inventaires carolingiens. Il est, néanmoins, intéressant de noter qu'un tel groupe cohérent de domaines fiscaux ne possédait qu'une église de pierre.

Un demi-siècle plus tard, l'intérêt que portèrent Évrard et Gisèle à la région – pour tenter notamment d'implanter un monastère chargé de perpétuer la *memoria* familiale – a beaucoup changé la situation. C'est en effet à Cysoing qu'Évrard et son épouse décidèrent de fonder un tel établissement. Cette entreprise est bien documentée par le récit de la translation des reliques du pape Calixte qu'Évrard de Frioul fit venir de Brescia en 854. Le texte évoque notamment le soin avec lequel furent effectués les travaux pour ne pas trop perturber la régularité des offices dans la *capella* primitive. Ceci suggère que cet oratoire devait déjà avoir une fonction liturgique à l'égard des dépendants du domaine. Pour cela, il ne pouvait être question d'une trop longue indisponibilité[238]. On sait par ailleurs qu'une petite communauté de desservants fut réunie sur place – *ecclesia cum eo ordine quo ego constitui*, dit Évrard dans son

[236] Sur Gisèle et Évrard, voir en dernier lieu La Rocca/Provero, The dead and their gifts.

[237] Brevium exempla, dans Capitularia regum Francorum 1, éd. Boretius, 254–256; le testament d'Évrard est édité dans Cartulaire de l'abbaye de Cysoing, éd. Coussemaker, n° 1, 1–6 (corriger 867 par 863/864); l'acte a été donné *imperante domino Ludovico Augusto, anno vero regni ejus, Christo propitio, XXIV*: il s'agit bien entendu de Louis II († 876), fils de Lothaire Ier, et non de son grand-père Louis le Pieux comme l'a soutenu Derville, Somain et les Brevium exempla, 7; sur tout ceci, voir Grierson, The identity of the unnamed fiscs in the 'Brevium exempla', 437–459 (dont les conclusions ne sont pas acceptées par Alain Derville).

[238] Translatio Calixti, éd. Holder-Egger, c. 9, 421–422.

Les environs de la cité épiscopale de Cambrai aux VIIe-VIIIe siècles

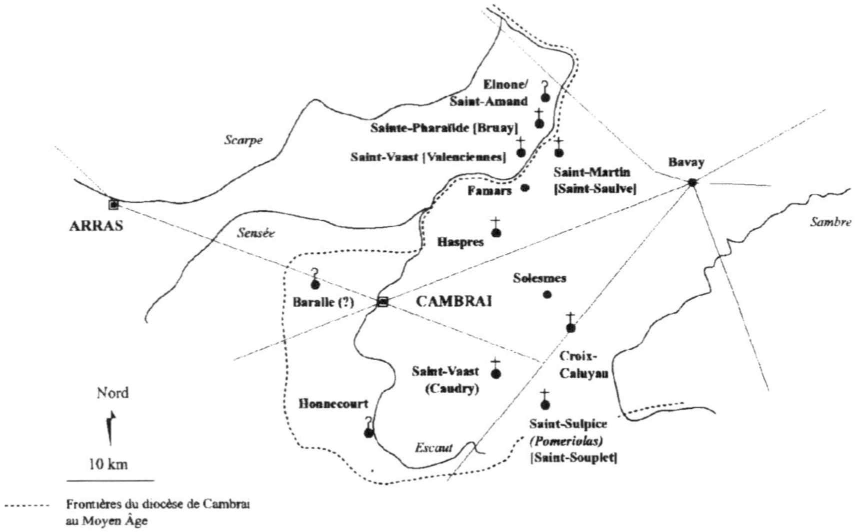

Les domaines et les églises d'Evrard de Frioul et de Gisèle dans le nord de la Francie au IXe siècle

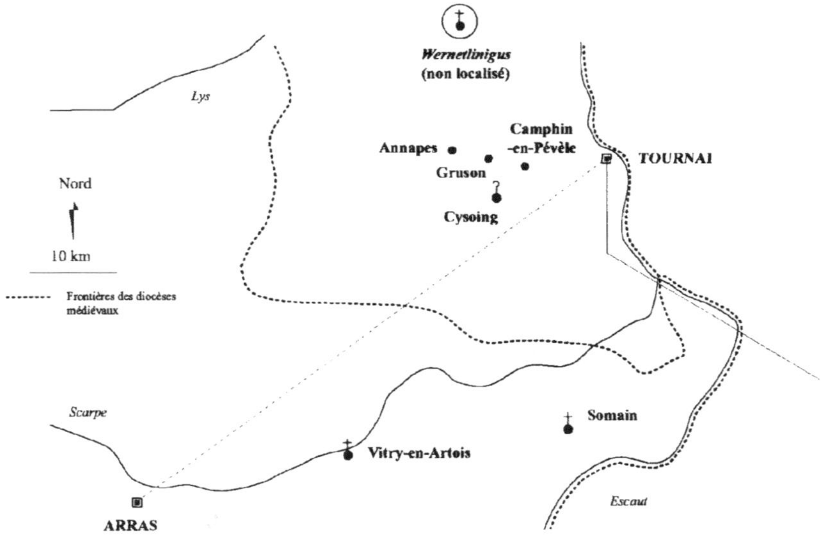

testament – et qu'elle conservait de toute évidence une bonne partie des objets sacrés que le marquis de Frioul répartit plus tard entre ses enfants. Évrard distingue en effet son propre trésor (*de paramento nostro*) de celui de sa chapelle (*de paramento vero capelle nostre*), rassemblé très vraisemblablement à Cysoing. Après la mort de son mari, Gisèle entreprit certains aménagements, comme la construction de cet oratoire dédié à la Trinité (dont l'autel était consacré en l'honneur de saint Apollinaire) qui vint flanquer la basilique principale (*oratorium ad frontem matris ecclesie*)[239]. Gisèle avait exigé que la dépouille d'Évrard fût rapportée d'Italie pour que son mari puisse être inhumé à Cysoing. En 870 et 874, elle faisait connaître son désir d'y reposer après sa mort[240].

En 863/864, il existait désormais une église à Vitry. Dans son testament, Évrard précise en effet que le *vicus* reviendra à son fils Raoul mais que l'église (*ecclesia*) et ses biens seront attribués au monastère de Cysoing. Rien n'est alors dit d'une éventuelle église à Somain[241]. Il faut attendre la donation de Gisèle en faveur de son fils Adalard, le 15 avril 868, pour voir apparaître l'église (*capella*) de ce domaine. Comme pour Vitry, l'église (et neuf manses) est distraite du domaine et cédée à Cysoing[242]. On pourrait donc penser que cet oratoire fut fondé et doté entre 863/864 et 868. Ajoutons à cela qu'une troisième église est mentionnée dans la dépendance de l'établissement. Avant la mort d'Évrard, son chapelain Walgarius avait en effet cédé à Cysoing l'église de *Wernetlinigus* sise dans le *pagus* de Tournai (il n'est pas possible d'en proposer aujourd'hui une localisation satisfaisante), son trésor, sa petite bibliothèque et ses dépendances[243].

Malgré l'échec de l'entreprise (Cysoing échappa à la famille et fut cédé à l'église de Reims à la mort de Raoul en 892)[244], il importe d'observer ici le souci d'Évrard, puis celui de son épouse, de maintenir intact – malgré la dispersion des biens du couple – le petit réseau d'églises qui s'était progressivement constitué autour du monastère de Cysoing.

La *cella* de *Stenetland*

Il faut faire une place au cas exceptionnel de la *cella* de *Stenetland*[245]. Il s'agit d'un établissement fondé dans le premier quart du IXe siècle par un grand laïc nommé Goibert, qui le céda à Sithiu à la condition que son fils Guntbert – entré à Saint-Bertin vraisemblablement peu de temps après avoir été tonsuré par le pape Eugène II en 826 – en assurât l'administration sa vie durant. Guntbert a laissé le souvenir d'un moine (il fut même prévôt) de très grande culture. L'établissement – à propos duquel il est difficile de proposer une identification géographique satisfaisante – recueillit progres-

239 Cartulaire de l'abbaye de Cysoing, éd. COUSSEMAKER, n° 4, 8–9 (donation de Gisèle à Cysoing le 2 avril 870).

240 Ibid., n° 4 et 5, 8–11.

241 Ibid., n° 1, 1: *Tertius Adalardus [...] et Summinium curtem nostram [...]. Quartus Rodulphus volumus ut habeat Vitrei vicum, Mestucha, cum omnibus que supradictis locis pertinent, preter ecclesiam Vitrei, quam ad ecclesiam nostram, cum omnibus que pertinent in Cisonio, pertinere censui.*

242 Ibid., n° 3, 7 (donation de Gisèle à Adalard le 15 avril 868); sur Somain, voir MACHUT, La formation des terroirs et l'évolution de l'habitat dans la région de Somain, 8–10 et surtout ROBTON, Le prieuré de Beaurepaire, 181–184.

243 Cartulaire de l'abbaye de Cysoing, n° 2, 5–6.

244 LE JAN, Famille et pouvoir dans le monde franc, 50; la tentative faite par le mari d'Heilwich, fille d'Évrard, pour conserver le contrôle du monastère sera évoquée dans le dernier chapitre.

245 MEIJNS, Aken of Jeruzalem? 1, 249–253; EAD., Communautés de chanoines dépendant d'abbayes bénédictines, 100–103; et surtout MORELLE, Autour de Folcuin, 138–155 et 363–384; on trouvera toutes les références utiles dans la notice consacrée à *Stenetland* en annexe.

sivement une bonne partie des biens patrimoniaux de Goibert. L'autre partie fut directement cédée à Saint-Bertin ou à Saint-Omer, comme en témoignent des actes de donation datés de 828 et 831, un fragment du testament de Goibert (838), une confirmation de l'abbé Adalard (857) et surtout une description très détaillée des biens de la *cella* établie par Guntbert lui-même en 867 pour protester contre le détournement de ces revenus au profit de la mense abbatiale. Ce petit dossier fut sans doute rassemblé par Guntbert pour plaider sa cause à Rome en compagnie de l'évêque de Thérouanne Hunfrid qui avait été privé de l'abbatiat de Sithiu confié à un certain Hilduin[246]. Bref, le temporel de *Stenetland* était considérable et constitué de biens répartis dans l'ensemble du diocèse de Thérouanne[247].

Les importants revenus qui en étaient tirés permettaient à la basilique de tenir un rang non négligeable, que l'on peut mesurer à l'aune des trois-cent-soixante-cinq pauvres qui étaient nourris le jour de sa dédicace, le 8 septembre[248]. Il est, par ailleurs, fait mention des sacristains (*custodes*) de l'église et, ailleurs, des *fratres* dont Guntbert avait prévu de temps à autre d'améliorer l'ordinaire des repas. Il existait donc bien une petite communauté. L'inventaire de 867 est particulièrement précis. Dans le vestiaire, on trouvait la dalmatique d'un diacre; en 868, Guntbert crut bon d'en ajouter une nouvelle à l'intention d'un sous-diacre. Dans le trésor, se trouvaient quatre châsses d'or et d'argent, trois crucifix, un calice et une patène en argent, un encensoir de cuivre, à nouveau trois calices et quatre cloches. On connaît également le détail des pièces de linge qui étaient utilisées à l'autel. Guntbert, dont Folcuin vantait les talents de copiste, n'avait pas négligé la bibliothèque. L'inventaire qu'il a dressé signale un missel, un lectionnaire, un antiphonaire, trois homéliaires, des textes de l'Ancien Testament (les livres de la Genèse, des Rois, des Prophètes), des sermons de Grégoire le Grand ou encore des Épîtres de Paul. Figure aussi un *baptisterium*, c'est-à-dire un *libellus* destiné à l'administration du baptême. Une telle description ne manque pas de soulever quelques interrogations. Plusieurs indices semblent indiquer que *Stenetland* était un établissement d'une importance remarquable: les biens qui lui étaient attachés, les devoirs à l'égard des pauvres, la personnalité de premier plan de son sacristain (*custos*, c'est ainsi que les sources désignent Guntbert). D'un autre côté, on est étonné devant l'inventaire des objets liturgiques et de la bibliothèque, à peine plus fourni que celui d'une simple église rurale des Pyrénées catalanes au siècle suivant (on y observe en effet une moyenne de sept *codices* par prêtre dans les legs faits à leur église)[249]. Tout ceci n'est donc pas sans poser de difficultés quant à l'idée, qu'en l'absence d'autres sources, il convient de se faire des moyens dont disposaient les églises de moindre importance disséminées dans les campagnes septentrionales.

Que conclure sur *Stenetland* et sur les moyens mis à la disposition de ses desservants pour assurer le service liturgique? La situation de la *cella* est assurément différente de celle du monastère de Cysoing. Les fondateurs ne semblent pas avoir voulu en faire une nécropole familiale car on sait que Goibert fut inhumé à Saint-Bertin et préféra bénéficier de la prière des moines. Mais il faut aussi souligner le souci de son

[246] Un acte donné au monastère de Prüm le 21 août 868 permet de suivre l'itinéraire des deux pèlerins, il s'agit d'une donation faite par Hunfrid (et son frère) à cet établissement et dont le scribe n'est autre que Guntbert lui-même: *In Dei nomine ego Gundbertus peccator pater iussu domini Hunfridi episcopi nostri, fratrisque eius Heririci inlustris viris rogatu hanc cartam traditionis sancte devotionis eorum Domno Salvatori facte scripsi* (Urkundenbuch zur Geschichte der [...] mittelrheinischen Territorien, éd. Beyer, Coblence 1860, n° 110, 116).

[247] La carte de ces biens est dressée dans Le Jan, Famille et pouvoir dans le monde franc, 75.

[248] Diplomata belgica, éd. Gysseling/Koch, n° 37, 67–69.

[249] Voir les éléments rassemblés dans Bonnassie/Illy, Le clergé paroissial aux IXe–Xe siècles dans les Pyrénées orientales et centrales, 160–161.

fils de conserver à la *cella* une certaine forme d'indépendance. *Stenetland* représente donc bien cette solution moyenne adoptée par l'aristocratie intermédiaire de l'époque carolingienne: à la fois soucieuse d'indépendance, mais également tentée par une intégration dans les structures religieuses protectrices déployées par les souverains et la très haute aristocratie. En somme, comme l'écrit Laurent Morelle, «à travers l'originalité du personnage et de la *cella*, on saisit comment une famille de l'aristocratie moyenne ca-rolingienne tenta de s'intégrer dans le vaste réseau de solidarité et de prière que représentait Saint-Bertin, tout en cherchant à préserver son identité grâce à une fondation propre mais statutairement insérée dans le temporel bertinien»[250].

Les dévotions privilégiées de l'aristocratie carolingienne

Même succinctes, les informations concernant les fondations religieuses des grands aristocrates omettent rarement de préciser le vocable des sanctuaires. On peut ainsi suivre la diffusion de modèles privilégiés de sainteté. À ce titre, il paraît évident que les dévotions encouragées par le souverain et son entourage se diffusèrent plus largement. C'est très net en ce qui concerne le culte du Sauveur et celui de l'archange Michel.

On n'aura pas manqué de remarquer que *Stenetland* et Cysoing avaient tous deux été consacrés en l'honneur du Sauveur. On sait, en effet, tout ce que le culte du Sauveur doit au règne de Charlemagne – les réalisations architecturales d'Angilbert à Centule en sont sans aucun doute l'exemple le plus représentatif –, puis à celui de son fils Louis le Pieux. À Sithiu d'ailleurs, il existait dans l'église Saint-Bertin un autel dédié au Sauveur à la droite duquel fut inhumé Goibert, le 6 novembre 836[251]. Pour expliquer ce rayonnement, on a non seulement invoqué le fait que le culte du Sauveur rejaillissait sur son représentant sur terre (l'empereur), mais également qu'il était une manière de réaffirmer l'unité fondamentale de la divinité, mise à mal par la querelle adoptianiste[252]. Dans l'optique de notre recherche, on se contentera d'observer que se manifeste ainsi l'influence concrète de la religiosité politique des carolingiens dans le paysage religieux des campagnes septentrionales, l'aristocratie développant les modèles théologico-politiques élaborés dans l'entourage impérial[253]. On notera à ce propos avec beaucoup d'intérêt que l'église d'Harelbeke – un domaine comtal de premier plan si l'on en juge par les informations fournies dans la Vie de Bertulphe – était précisément dédiée au Sauveur[254]. N'oublions pas que la dynastie comtale flamande, et en premier lieu Arnoul Ier, revendiquait ouvertement les modèles idéologiques de la dynastie carolingienne. Dans la deuxième moitié du Xe siècle, la cathédrale de Cambrai possédait aussi un autel dédié au Sauveur. L'évêque Tetdon († 979) y célébrait un jour la messe quand une hostie lui échappa miraculeusement des mains pour s'élever vers le ciel[255]. Il peut être intéressant de rappeler à ce propos tout ce que l'Église d'Empire – dont faisait partie le siège épiscopal cambrésien – perpétuait comme traditions carolingiennes.

À la fin du VIIIe siècle, les grands établissements monastiques carolingiens firent une large place à l'archange Michel dans leurs dévotions. Il était ainsi exalté à la cour,

[250] Morelle, Autour de Folcuin, 383.

[251] Folcuin, Gesta abbatum Sithiensium, éd. Holder-Egger, c. 117, 634.

[252] Vues d'ensemble dans Albert, Le pèlerinage à l'époque carolingienne, 165–169; Le Maître, Image du Christ, image de l'empereur.

[253] Voir à ce sujet Ostendorf, Das Salvator-Patrocinium, 365–369.

[254] Ce vocable est mentionné en 1063 dans l'acte de Philippe Ier pour le chapitre fondé entre 1035 et 1042 (Recueil des actes de Philippe Ier, n° 15, 434 d'après l'original); par la suite il entre en concurrence avec celui de Bertulphe (Vita Bertulfi, éd. Mabillon, c. 37, 60).

[255] Gesta episcoporum Cameracensium, éd. Bethmann, l. I, c. 100, 442.

notamment sous la plume d'Alcuin. Les portes de l'*atrium* de Centule étaient dédiées aux trois archanges, Michel, Raphaël et Gabriel; à Saint-Gall les deux tours de l'abside occidentale possédaient chacune un autel dédié à Michel et à Gabriel; enfin, l'abbatiale de Fulda était, elle aussi, en partie, dédiée à l'archange[256]. Les attestations de son culte dans nos diocèses restent peu nombreuses, mais le contexte documentaire dans lequel elles apparaissent suggère toujours une dévotion proprement aristocratique et monastique. Dans nos régions, c'est à Elnone/Saint-Amand, dans un établissement particulièrement lié aux Carolingiens, que l'on trouve la première mention du culte de Michel. On peut ainsi lire, sous la plume de Milon d'Elnone († 872), le récit des travaux effectués par le sacristain Lothaire en 809, non seulement pour agrandir l'église Saint-Étienne où avait été inhumé le fondateur, mais également pour aménager une crypte dont Alcuin indique qu'elle fut dédiée à l'archange. L'abbé Arn l'avait en effet sollicité de composer deux inscriptions à cette occasion, dont l'une était vraisemblablement destinée à un autel[257]. On sait aussi qu'Alcuin avait composé une inscription pour un autel de Saint-Vaast dédié à l'archange et à saint Quentin[258]. En ce qui concerne la diffusion du culte de Michel au sein de l'aristocratie, on rappellera le vocable de la *cella* de Roksem. Fondée bien avant 745 (date à laquelle le prêtre Félix en fit don à Sithiu), cette église était consacrée «en l'honneur de saint Michel archange, de saint Jean-Baptiste, de sainte Marie, mère de notre Seigneur Jésus Christ et d'autres saints»[259]. Enfin, on sait par Folcuin que l'abbé Regenold de Sithiu († 961) acheta l'église Saint-Michel du Wast à un *vir illuster* nommé Hugues, qui était un fidèle du comte de Flandre[260]. On peut penser qu'Hugues était le fondateur de l'église, comme cela a été évoqué précédemment. Comme pour le culte du Sauveur, on retrouve ici les éléments d'une dévotion très politique de la part de l'entourage du comte de Flandre.

On peut assurément se plaindre de la minceur de la documentation, mais en embrassant d'un seul regard les VIIe–Xe siècles, force est de constater que l'on peut se faire une bonne idée de l'activité des grands laïcs dans la formation du réseau des sanctuaires ruraux. Il y a d'abord beaucoup à attribuer à la royauté et à ses représentants, ainsi qu'en témoignent les églises rencontrées sur les domaines fiscaux. Force est aussi de constater que l'existence d'églises domaniales fut une réalité courante. Comme nécropoles, elles servaient en effet les ambitions familiales en perpétuant le souvenir des ancêtres. À ce titre, il faut souligner l'existence d'une vaste gamme: depuis la petite basilique domaniale (à Marœuil) jusqu'à la véritable communauté, organisant un réseau de dépendances spirituelles et matérielles (Cysoing). Certains ont fait plus, en cherchant à y développer de véritables cultes. Là encore tous les cas de figure se rencontrent: depuis les reliques venues de la lointaine Italie jusqu'au culte local développé par la veuve Amaltrude à *Pomeriolas* autour du corps de sainte Maxellende, ensuite officialisé par l'évêque diocésain. L'autorité épiscopale a été quelque peu absente de notre propos, essentiellement intéressé par l'entreprise des moines et des laïques. Tournons-nous donc désormais vers l'activité de l'évêque dans son diocèse aux IXe–Xe siècles.

[256] Sur le culte de saint Michel, on verra LAMY-LASSALLE, Sanctuaires consacrés à saint Michel en France des origines à la fin du IXe siècle, 113–126; présentation commode du culte de l'archange à l'époque carolingienne dans ALBERT, Le pèlerinage à l'époque carolingienne, 169–176.

[257] Milon, Vita Amandi, éd. KRUSCH, 477; Alcuin, Carmina, éd. DÜMMLER, 306 (IV) et 307 (XII); sur ces travaux, voir HÉLIOT, Textes relatifs à l'architecture du haut Moyen Âge dans le nord de la France, 14–15.

[258] Alcuin, Carmina, éd. DÜMMLER, 312 (XXV).

[259] Diplomata belgica, éd. GYSSELING/KOCH, n° 15, 31 et 33.

[260] Folcuin, Gesta abbatum Sithiensium, éd. HOLDER-EGGER, c. 109, 630.

Chapitre VI
La cité et son diocèse aux IXe–Xe siècles

Les chapitres précédents ont cherché à dresser un tableau de la topographie chrétienne des campagnes septentrionales. Pour ce faire, ont été privilégiés les acteurs dont la documentation a conservé le souvenir, c'est-à-dire essentiellement les grands établissements monastiques mais aussi les aristocrates, qui ont ensuite cédé leurs fondations à certains monastères (ce qui explique que ces églises soient documentées). On est, en définitive, moins renseigné sur l'activité concrète des évêques dans leurs diocèses. La situation est un peu paradoxale. Pour les IXe–Xe siècles, on conserve, en effet, une abondante documentation normative à l'échelle du monde franc[261]. Mais il n'est pas toujours possible de la rattacher précisément à l'activité de tel ou tel prélat. À l'exception d'Halitgaire – qui rédigea un pénitentiel à la demande d'Ebbon de Reims –, on ne sait donc rien des dispositions canoniques prises concrètement par les évêques d'Arras/Cambrai, Noyon/Tournai et Thérouanne dans l'administration de leurs diocèses respectifs. Quatre capitulaires, qui avaient été attribués à Halitgaire par Wilfried Hartmann en 1979[262], ont été édités en 1995 sous le titre prudent de «capitulaires neustriens»[263]. En sollicitant les sources narratives et diplomatiques, il est néanmoins possible de se faire une idée de l'activité épiscopale et des moyens dont l'évêque disposait pour accomplir sa tâche.

Disons-le d'emblée, les quelques mentions permettent de distinguer deux profils très différents de prélats. À Cambrai, s'est très fortement enracinée une tradition faisant de l'évêque un représentant privilégié de l'empereur. À Thérouanne au contraire, les origines semblent expliquer la difficulté que l'évêque eut à affirmer son autorité sur l'ensemble du diocèse. Les raids normands – en privant momentanément le siège de ses titulaires – contribuèrent aussi à laisser le champ libre à l'influence prépondérante de Sithiu et de ses abbés. Au Xe siècle, alors que les droits de l'évêque de Cambrai ne cessaient de croître, successivement confirmés par les souverains ottoniens, son collègue de Thérouanne peinait à se présenter autrement que dans l'ombre de l'abbé de Sithiu ou du comte de Flandre. Ces aspects seront développés en trois temps. Il s'agira d'abord d'évoquer les auxiliaires sur lesquels l'évêque pouvait s'appuyer puis de présenter l'activité qu'il menait personnellement dans son diocèse. Une dernière partie sera consacrée aux retombées que cela impliquait quant au développement et au rayonnement de sa cité épiscopale.

L'ÉVÊQUE ET SON CLERGÉ

On se souvient de cet archiprêtre Scupilio qui présida les funérailles de Vaast, à Arras, au milieu du VIe siècle[264]. Les *Gesta* des évêques de Cambrai prétendent qu'un certain Honoré, archidiacre de l'évêque Vindicien († 713?) aurait été inhumé à ses côtés sur le Mont-Saint-Éloi[265]. En 663, le privilège d'Omer pour Sithiu défend à l'évêque, à ses successeurs et à l'archidiacre d'intervenir à Sithiu si l'abbé n'en a pas fait la deman-

261 Ces capitulaires épiscopaux ont été récemment édités: Capitula episcoporum, éd. Brommer/Pokorny/Stratmann; Devailly, La pastorale en Gaule au IXe siècle.

262 Hartmann, Neue Texte zur bischöflichen Reformgesetzgebung.

263 Capitula episcoporum 3, éd. Pokorny, 48–73.

264 Jonas de Bobbio, Vita Vedasti, éd. Krusch, c. 9, 412.

265 Gesta episcoporum Cameracensium, éd. Bethmann, l. I, c. 30, 414.

de[266]. Ailleurs, on devine plus qu'on observe véritablement l'existence d'un clergé autour de l'évêque à l'époque mérovingienne. Les choses changent assurément dès le début du IXe siècle. Apparaissent alors dans la documentation les chapitres cathédraux, le clergé épiscopal (chorévêques et archidiacres) et les premiers titulaires de responsabilités locales (doyens). Quant aux prêtres ruraux, on ne sait rien de leurs rapports avec l'évêque dans nos régions[267].

Les chapitres cathédraux

On devine, dès l'époque mérovingienne, l'existence d'un collège de clercs autour des évêques de Cambrai[268] et de Thérouanne[269]. À Tournai, l'absence de l'autorité épiscopale ne permet guère de savoir quand fut rassemblée une véritable communauté autour de la cathédrale. La mention, avant 660, de Balderedus, *abbas ecclesiae Tornacensis*, pourrait naturellement plaider en faveur de l'existence d'un tel collège de clercs dès l'époque mérovingienne[270]. Il faut néanmoins attendre le courant du IXe siècle pour que les sources se fassent plus explicites, à la suite des réformes de Louis le Pieux instituant, à l'échelle de l'Empire, la vie commune des clercs du clergé cathédral[271].

Paradoxalement, c'est à Tournai que la documentation atteste la première fois l'existence d'un chapitre. En 817, sollicité par l'évêque Wendilmar, Louis le Pieux prévoit la cession d'une partie du fisc de la cité *in amplificanda et dilatanda claustra canonicorum*[272]. Par cloître, il faut comprendre l'ensemble de l'enclos canonial et pas encore le véritable cloître à galerie[273]. En tout cas, on reconnaît bien là «une application directe des décisions prises au concile d'Aix-la Chapelle en 816»[274]. On peut aussi penser que l'instauration se fit dans la continuité d'une communauté déjà existante. Donné le 25 juillet 855, un acte de Charles le Chauve confirme une série de biens au chapitre et limite à trente le nombre de chanoines. C'est à cette occasion, d'ailleurs, qu'apparaît pour la première fois dans la documentation la dédicace de la cathédrale à la Vierge (*congregatio fratrum predicte sancte Dei genitricis Marie ecclesie*)[275]. À Cambrai, l'existence du chapitre cathédral (*fratres inibi Deo famulantes*) est attestée dans un acte de Charles le Simple, donné le 20 décembre 911, confirmant le précédent précepte de Zwentibold de Lotharingie (895 † 900), détruit dans un incendie. Les chanoines se voient confirmés dans la libre jouissance de certains biens situés à la fois dans et hors de la cité[276]. Par la suite, il n'est plus fait précisément mention du chapitre et de ses membres, à l'exception, peut-être, de ce prévôt (mais est-il vraiment à la tête

[266] Diplomata belgica, éd. GYSSELING/KOCH, n° 3, 11.

[267] C'est pour cette raison qu'ils ont été présentés au chapitre V; on notera simplement que, dans une lettre adressée à Hédénulphe de Laon, Hincmar de Reims estime obligatoire la présence des «prêtres des paroisses rurales» (*de rusticanarum parochiarum presbyteris*) du diocèse de Cambrai pour l'élection du successeur de l'évêque Jean († 878) (PL 126, 269); sur cet épisode, voir BECK, The selection of bishops suffragan, 298–299.

[268] Vita Gaugerici prima, éd. KRUSCH, c. 8, 655 (*clerus*); c. 14, 657 (*clerici*); DEREINE, Chanoines, 362.

[269] Vita Audomari, Bertini et Winnoci, éd. LEVISON, c. 8, 757 (*ministri*).

[270] Vita Eligii, éd. KRUSCH, 1. II, c. 34, 720.

[271] SCHIEFFER, Die Entstehung von Domkapiteln in Deutschland; MEIJNS, Aken of Jeruzalem? 1, 197–207.

[272] Recueil des historiens des Gaules et de la France 6, éd. BOUQUET, n° 74, 509.

[273] SAPIN, Le problème du cloître à galerie dans l'architecture canoniale.

[274] VERCAUTEREN, Étude sur les civitates de la Belgique seconde, 241.

[275] Recueil des actes de Charles le Chauve 1, n° 173, 458; PYCKE, 'Urbs fuerat quondam', 223–226.

[276] Recueil des actes de Charles le Simple, n° 68, 153 (original aux Archives départementales du Nord).

du chapitre cathédral?) nommé Godelin qui fit édifier un autel dédié aux saints Siméon, Jude et Séverin sur le tombeau de l'évêque Rotard († 995) dont il était particulièrement proche. L'auteur des *Gesta* le qualifie en effet de *familiaris praepositus*[277]. Il ne subsiste aucune mention du chapitre de Thérouanne pendant le haut Moyen Âge[278].

Les chanoines étaient avant tout préposés au service liturgique de la cathédrale. Leur présence se faisait sentir dans la cité mais également dans les campagnes où le chapitre possédait des biens. Cela renforçait naturellement les liens de dépendance du diocèse à l'égard de la cité épiscopale. C'est néanmoins à d'autres clercs – archiprêtre, archidiacre, doyen – qu'était confiée la charge d'encadrer la vie religieuse des campagnes. Il convient désormais de les évoquer.

L'entourage de l'évêque

L'évêque mérovingien se reposait sur un auxiliaire principal, l'archidiacre. Dans les diocèses où l'implantation ecclésiastique était plus récente, la présence de chorévêques s'est avérée particulièrement utile; mais l'on connaît les conflits qui en découlèrent dès lors que ces derniers disposaient des mêmes prérogatives que celles de l'évêque diocésain. Cela explique en définitive l'importance progressive que prit l'archidiacre, relayé à la fin du Xe siècle dans les campagnes par le doyen[279].

On doit dire un mot de la fonction chorépiscopale[280] même si la documentation concernant cette fonction est des plus minces. Elle se réduit en effet à deux mentions d'un certain Vitaus (ou Vuitaus) aux côtés de l'évêque Thierry de Cambrai, une première fois au concile d'Ingelheim (840), lorsqu'Ebbon fut rétabli à l'instigation de Lothaire Ier sur le siège de Reims, et une seconde fois au concile de Quierzy (849) à l'occasion de la condamnation de Gottschalk. La rareté de ces attestations signifie-t-elle que l'institution chorépiscopale n'était pas développée dans nos diocèses? Si l'institution remonte aux premiers temps du christianisme – le chorévêque est, étymologiquement, l'évêque préposé à la campagne (chôra) et dispose donc de l'ensemble des prérogatives épiscopales –, on sait aussi que les conciles carolingiens, et en premier lieu celui de Meaux, tenu en 845, eurent le souci de définir de plus en plus strictement les attributions de ce personnage, afin de le soumettre étroitement à l'autorité de l'évêque diocésain. À ce titre, les évêques carolingiens cherchèrent de plus en plus à se reposer sur leurs archidiacres, qui leur étaient institutionnellement mieux subordonnés puisqu'ils n'avaient pas le pouvoir d'ordre. L'institution chorépiscopale put néanmoins se maintenir tout au long des IXe et Xe siècles. Ce fut le cas dans les régions de christianisation récente, où l'implantation moins forte des institutions ecclésiastiques réclamait une certaine souplesse institutionnelle (Bavière)[281], mais également dans les diocèses situés au cœur de l'Empire (Liège)[282]. Pour autant, le caractère épisodique des attestations signale aussi que le recours à cette institution est allé de pair avec des

[277] Gesta episcoporum Cameracensium, éd. Bethmann, l. I, c. 109, 448.

[278] Van Werveke, Het bisdom Terwaan van de oorsprong tot het begin der veertiende eeuw, 62–63; en 1254, le chapitre cathédral rassemblait trente-six chanoines.

[279] On lira toujours avec profit les pages consacrées à ce sujet dans Moreau, Histoire de l'Église en Belgique 1, 304–312.

[280] Sur ce point, voir surtout Gottlob, Der abendländische Chorepiskopat, 74 (pour le chorévêque Vitaus de Cambrai).

[281] Bührer-Thierry, Les chorévêques en Bavière, 487 rappelle que «cette survivance a été largement favorisée par l'attitude des grands laïques qui avaient intérêt à ce que le pouvoir ecclésiastique soit morcelé au maximum dans les églises épiscopales.»

[282] Dierkens, La création des doyennés et des archidiaconés dans l'ancien diocèse de Liège, 347–349.

situations exceptionnelles, comme la vacance d'un siège épiscopal ou encore l'empêchement de l'évêque ordinaire[283].

À ce titre, on peut se demander si Folcuin ne fait pas précisément référence à un chorévêque dans un passage de ses *Gesta* des abbés de Sithiu. L'information qu'il rapporte se présente comme tout à fait digne de foi, car il la tient de l'évêque Wicfrid lui-même (*quod recolo me agnovisse Wicfrido pontifice narrante*). Elle concerne l'aïeul du chroniqueur, Folcuin, évêque de Thérouanne († 855). Le prélat était arrivé à un âge avancé et ne pouvait plus célébrer la messe en public. Le roi – Charles le Chauve, mais Folcuin ne le nomme pas – lui aurait alors désigné un successeur, ce qui était contraire aux canons (*illo adhuc vivente , quod contra canones erat, successorem ei episcopium destinavit*). Folcuin trouva la force de célébrer une messe, à l'issue de laquelle il lança une malédiction contre ce rival. L'homme prit la fuite à cheval et fit une chute mortelle[284]. Cette désignation d'un évêque du vivant même de son successeur est difficilement recevable. En revanche, la situation (un évêque vieillissant) justifiait très bien la nomination d'un chorévêque[285]. Concernant les raisons de la fureur de Folcuin l'Ancien, on peut penser que son arrière-petit-neveu se fait confusément l'écho de rivalités aristocratiques autour de la succession de son aïeul, qui n'étaient plus guère intelligibles au milieu du Xe siècle. Le passage des *Gesta* signale qu'il ne faut pas nécessairement écarter l'existence ponctuelle de chorévêques à Thérouanne. Était-ce aussi le cas à Tournai? Les sources sont muettes à ce propos, alors même que la situation se prêtait parfaitement à l'instauration d'une telle charge. Peut-être est-ce justement pour éviter de voir un chorévêque se transformer *de facto* en évêque diocésain que le siège de Noyon aurait soigneusement écarté ce genre de nomination? Il s'agit certes d'hypothèses et le silence des sources est un argument qu'il faut manier avec précaution. Au IXe siècle, en tout cas, il y a de multiples raisons de soupçonner l'existence de ces chorévêques, notamment à l'occasion de longues vacances, comme celle que connut le siège de Cambrai après la mort de Thierry, de 863 à 866[286]. Mais à cette date les sources mentionnent aussi de manière substantielle les archidiacres comme premiers auxiliaires de l'évêque dans le gouvernement de son diocèse.

Il existait un archidiacre par diocèse à l'époque mérovingienne. Ce clerc était le premier collaborateur de l'évêque[287]. Les canons des conciles attestent, dès le début du IXe siècle, la présence de plusieurs archidiacres autour de l'évêque carolingien[288]. À Reims, Hincmar s'entoura ainsi de deux archidiacres alors qu'un seul est mentionné sous l'épiscopat de son prédécesseur Ebbon[289]. Il semble néanmoins que la multiplication de ces agents de l'évêque ait beaucoup tardé dans les diocèses septentrionaux. On signalera d'emblée l'absence de documentation pour le diocèse de Thérouanne pendant le haut Moyen Âge[290]. Dans le diocèse de Tournai, un seul archidiacre représentait

283 GOTTLOB, Der abendländische Chorepiskopat, 75–101.

284 Folcuin, Gesta abbatum Sithiensium, éd. HOLDER-EGGER, c. 61, 618.

285 GOTTLOB, Der abendländische Chorepiskopat, 83–90.

286 Gesta episcoporum Cameracensium, éd. BETHMANN, l. I, c. 50, 418–419; avant la nomination de Jean, Hincmar avait refusé par trois fois les candidats proposés par Lothaire.

287 PONTAL, Histoire des conciles mérovingiens, 260.

288 LEMARIGNIER, Quelques remarques sur l'organisation ecclésiastique de la Gaule, 472.

289 STRATMANN, Hinkmar von Reims als Verwalter von Bistum und Kirchenprovinz, 24–30.

290 VAN WERVEKE, Het bisdom Terwaan van de oorsprong tot het begin der veertiende eeuw, 63 signale la mention de l'archidiacre Maximus en 839, mais les deux actes en question sont les fameux faux visant à soumettre les chanoines de Saint-Omer aux moines de Saint-Bertin (voir UGÉ, Creating a usable past, 895–896 et PÜCKERT, Aniane und Gellone, 259–292).

l'évêque de Noyon. La chose est bien documentée à partir du XIe siècle[291]. On trouve mention de ce personnage dès la fin du IXe siècle dans un manuscrit du monastère gantois de Saint-Pierre-au-Mont-Blandin. Celui-ci contient en effet une liste impressionnante des produits que la communauté était censée fournir lors des visites de l'évêque ou de l'archidiacre (*De servitio domini episcopi et archidiaconi*) au titre du droit de procuration[292]. Au Xe siècle, c'est un certain Bernacre qui est abondamment cité en raison de sa familiarité avec le comte de Flandre. En 941, il souscrivit la grande charte de restitution d'Arnoul Ier pour le Mont-Blandin[293]. En 944, il aurait été guéri d'une forte fièvre en se présentant devant les reliques des saints Wandrille et Ansbert déposées à Saint-Donatien de Bruges avant de reprendre la route du Mont-Blandin. À cette occasion, l'auteur du texte précise qu'un seul archidiacre avait en charge l'ensemble du diocèse (*Qui archydiaconatus functus officio in omni episcopio*)[294]. Un archidiacre nommé Gelbertus apparaît à nouveau en 994 dans la charte de l'évêque Radbod pour le Mont-Blandin[295].

La première attestation d'un archidiacre à Cambrai date de la fin du IXe siècle. On connait les efforts que l'archevêque Foulques de Reims déploya pour contrer les vues du comte de Flandre Baudouin II sur les abbatiats de Saint-Bertin et de Saint-Vaast, tous deux vacants depuis la mort de Raoul (892). Flodoard a ainsi conservé la teneur de la lettre que l'archevêque adressa à Dodilon de Cambrai lui enjoignant de porter au comte une lettre que des évêques réunis en concile à Reims avaient rédigée à son intention. Si Dodilon ne peut remplir lui-même cette mission, précise Foulques, qu'il envoie son archidiacre (*suum archidiaconum*) le faire à sa place et que celui-ci en explique la teneur à Baudouin[296]. La Vie de Dodon de Wallers, dont il sera question très bientôt, évoque, quant à elle, «les archidiacres» de Dodilon. Mais ce texte a été rédigé près d'un siècle après les événements. Dans la première moitié du Xe siècle, un archidiacre nommé Gilbaldus fut envoyé par l'évêque Étienne († 934) pour procéder à l'élévation solennelle des reliques de Ghislain, qui avaient été découvertes à Celle, en Hainaut[297]. Il s'agit peut-être du même personnage qui, le 27 avril 941, souscrivit, sous le nom de *Gilbaldus archidiaconus*, une notice réaffirmant la condition libre d'une certaine Orevia et de ses enfants, en compagnie de l'évêque Fulbert et d'un archiprêtre nommé Jean[298]. Les *Gesta* nous apprennent par ailleurs qu'Ansbert avait été «archidiacre de l'Église de Cambrai», avant son élévation à l'épiscopat, peu après 965[299]. La Vie d'Aubert mentionne enfin deux archidiacres sous l'épiscopat d'Erluin († 1012), avec, pour chacun, deux attributions très différentes. Le premier, nommé Ansfrid, avait des talents d'orfèvre qu'il mettait au service des sanctuaires de la région. Il réalisa notamment une nouvelle châsse pour accueillir les reliques de saint Géry[300]. Erluin confia au

[291] Simon, Gesta abbatum Sithiensium, éd. Guérard, l. I, c. 8, 176–177; Huyghebaert, Examen d'une charte non datée de l'évêque Hardouin de Tournai pour l'abbaye de Saint-Bertin, 276.

[292] Voisin, Notice sur les archidiacres, 9–11 et 68–69.

[293] Diplomata belgica, éd. Gysseling/Koch, n° 53, 146.

[294] Sermo de adventu, éd. Huyghebaert, c. 42, 47.

[295] Diplomata belgica, éd. Gysseling/Koch, n° 76, 183; Huyghebaert, Examen de la charte de Radbod Ier.

[296] Flodoard, Historia Remensis ecclesiae, éd. Stratmann, l. IV, c. 6, 391.

[297] Inventio et miracula Gisleni, éd. De Bue, c. 4, 1035; Helvétius, Abbayes, évêques et laïques, 66.

[298] Cambrai, Médiathèque, ms 485, fol. 1v; voir Muzerelle et al., Cambrai, 71; la charte est éditée dans Thelliez, Une 'charte d'affranchissement' de l'évêque de Cambrai, 5–6 et dans Despy, Serfs ou libres?, 1142–1143.

[299] Gesta episcoporum Cameracensium, éd. Bethmann, l. I, c. 88, 433; au c. 89, l'auteur emploie la même expression pour rappeler que l'évêque Wibald († 972) avait été archidiacre de Noyon.

[300] Vita Autberti, éd. Ghesquière, l. IV, c. 32, 563: *Nam nostris temporibus contigit quendam vite*

même moment à «son archidiacre», nommé Godefroid, le soin de reconstruire le monastère de Saint-Aubert, d'en restaurer le temporel et d'y installer une nouvelle communauté[301].

Revenons un instant au diplôme d'Arnoul Ier. Le *signum* de l'archidiacre Bern-acre suit ceux des évêques Transmar (de Noyon/Tournai) et Fulbert (de Cambrai). Le diplôme comtal est aussi souscrit par deux autres archidiacres nommés *[O]dilbaldus* et *Uulfardus*. Comme on l'a fait remarquer plus haut, il ne peut être question d'archidiacres de Tournai. Par ailleurs, le *Liber memorialis* de Reichenau a conservé les noms de Fulbert et Transmar, ainsi que de ceux de *Uodolboldus* et de *Pernacrus* à la suite de ceux de la famille comtale (dont Arnoul Ier et son épouse Adèle)[302]. À ce propos, Karl Schmid émet l'hypothèse d'une visite faite au monastère par le comte et ses fidèles lors d'un pèlerinage à Rome effectué au cours de l'année 938. Pour cet historien, il ressort clairement que *Uodolboldus* est à Fulbert ce que Bernacre est à Transmar – c'est-à-dire son archidiacre –, le *Uodolboldus* de Reichenau et le *[O]dilbaldus* de la charte comtale du 8 juillet 941 ne formant en définitive qu'une seule et même personne[303]. Comme Gilbald est attesté le 27 avril 941, il faudrait en conclure qu'il y avait au moins deux archidiacres à Cambrai au milieu du Xe siècle, à moins qu'il ne s'agisse en fait d'une seule et même personne[304]. Quant au Uulfardus de la charte comtale de 941, il y a tout lieu de reconnaître en lui l'archidiacre de Noyon.

Il est temps de conclure. On observe la persistance d'un seul archidiacre à Tournai. On peut se demander si une même situation ne perdura pas à Cambrai jusqu'à la fin du Xe siècle. Tout dépend en fait de l'interprétation que l'on retient du dossier Gilbaldus/Odilbaldus. Quant à savoir si l'archidiacre avait alors acquis une autorité sur une portion de territoire du diocèse (l'archidiaconé), rien ne permet de l'affirmer avec la documentation dont on dispose. On sait cependant que c'était déjà le cas dans le diocèse voisin de Liège, dans le premier tiers du Xe siècle[305]. Dans la deuxième moitié du Xe siècle, on voit en tout cas apparaître un nouvel échelon dans la hiérarchie ecclésiastique, celui du doyenné.

La création des doyennés

La création des doyennés représente l'ultime étape de la densification progressive de la hiérarchie diocésaine[306]. Elle peut remonter au IXe siècle dans certains cas comme celui de Reims. Dans nos diocèses cependant, il n'est pas question du doyen dans les

venerabilis urbis ipsius archidiaconum, nomine Ansfridum, inter multa, quae per loca sanctorum distribuerat, beato Gaugerico scrinium unum auro vel argento manu artificis decoratum fabricasse, in quo confessoris menbra nobilius reconderentur.

301 Ibid., l. IV, c. 33, 563: *Hic [Erluinus] procurante Godefrido, quodam suo archidiacono et ex censu proprio sumptus operis suppeditante monasterium ipsum maiori ambitu edificii nobilitare studuit et ministros qui ibi cotidiano officio deservirent deputavit plurimaque rebus ecclesie in usus famulantium ipse superaddidit.*

302 Libri confraternitatum Sancti Galli, Augiensis, Fabariensis, éd. Piper, 221.

303 Schmid, Neue Quellen zum Verständnis des Adels im 10. Jahrhundert, 208–210.

304 On soulignera le fait que *[O]dilbaldus* est une restitution des éditeurs de la charte d'Arnoul. Par ailleurs, Despy, Serfs ou libres?, 1129, n. 2 fait remarquer que le *Gilbaldus* de la notice cambrésienne de 941 pourrait aussi se lire *Oilbaldus*: dans ce cas, les quatre documents feraient en fait mention d'un seul et même archidiacre.

305 Dierkens, La création des doyennés et des archidiaconés dans l'ancien diocèse de Liège, 350–351 qui s'appuie sur le récit de la translation des reliques de saint Eugène de Saint-Denis à Brogne.

306 Sur ce point, on pourra voir Dierkens, La création des doyennés et des archidiaconés dans l'ancien diocèse de Liège; et, plus récemment, Deblon, Les origines des doyennés ruraux dans le diocèse de Liège.

sources avant le milieu du Xe siècle. À ce titre, on se méfiera des doyens rencontrés dans la documentation diplomatique dès le milieu du IXe siècle et qui correspondent assurément à une dignité monastique[307]. La documentation concernant la petite *cella* de Wallers est suffisamment abondante pour donner un bon aperçu de la répartition progressive des attributions qui s'est opérée au sein du clergé diocésain dans le courant du Xe siècle[308]. Au milieu du IXe siècle, l'évêque Thierry de Cambrai présida en personne la dédicace du monastère de Wallers à la demande de l'abbé de Lobbes, qui conservait un droit de regard sur cette autre fondation de saint Landelin[309]. Par la suite néanmoins, les évêques de Cambrai déléguèrent leurs représentants. La Vie de Dodon – premier abbé du lieu à la fin du VIIe siècle – rappelle ainsi que, de son propre chef, Dodilon († 903) «ayant pris conseil auprès de ses archidiacres et des autres assistants de son siège» (*cum suis archidiaconibus caeterisque suae sedis commanupularibus consilio initio*), envoya des «prêtres âgés et sages» (*seniores sapientesque sacerdotes)* lever le corps du saint qui, lui avait-on assuré, opérait depuis quelques temps d'innombrables miracles[310]. Il semble donc qu'il n'existait pas encore de personne particulièrement désignée pour assurer le relais entre les églises rurales (ou les petites communautés) et l'évêque. Il n'est question ni d'un archidiacre, ni d'un archiprêtre, ni encore d'un doyen spécialement en charge de cette affaire, comme le montre le recours, ponctuel, à des prêtres d'expérience. Il apparaît aussi que la fonction d'archidiacre n'était pas encore «territorialisée», c'est-à-dire que ses titulaires n'étaient pas véritablement installés dans un ressort géographiquement circonscrit, mais demeuraient essentiellement dans la cité épiscopale. Un demi-siècle plus tard, sous l'épiscopat de l'évêque Fulbert († 956), c'est le doyen (*decanus*) Trésuguin qui se fit, en effet, l'interprète du *provisor* de Wallers, nommé Leutbertus, qui avait été gratifié d'une vision. Le doyen reçut alors pour mission de l'évêque de présider une nouvelle translation des reliques de Dodon en compagnie des prêtres de son doyenné (*Pergue quantocius ad monasterium prelibatum; et ascitis presbyteris, tuae decaniae subditis tecum fideliter diligenterque adimple negotium tibi injunctum*, lui aurait dit Fulbert)[311]. On a donc bien l'impression que le milieu du Xe siècle fut un tournant en terme de réorganisation de la hiérarchie diocésaine, jusque là assez flottante (en témoigne l'apparition épisodique de l'archiprêtre dans les sources), autour des doyens ruraux et des archidiacres.

Inspirée par des exemples plus prestigieux, comme l'inlassable activité d'Hincmar à Reims, l'historiographie a surtout retenu l'importance du IXe siècle en fait d'encadrement du clergé rural. C'est évidemment ce qui se dégage à la lecture de la documentation normative. Pour autant, les quelques cas concrets que l'on a pu observer tendent plutôt à placer au siècle suivant le processus de hiérarchisation du clergé diocésain autour des deux institutions de l'archidiaconat et du décanat, le tout – on le sait bien – au détriment de la fonction chorépiscopale.

307 Diplomata belgica, éd. GYSSELING/KOCH, n° 32, 55 (mention du doyen Amalbert en 853 à Sithiu); voir aussi ibid., n° 73, 179 pour une mention explicite du doyen du Mont-Blandin en 989.

308 Voir à ce propos DIERKENS, Abbayes et chapitres, 101–102 , ID., La création des doyennés et des archidiaconés dans l'ancien diocèse de Liège, 355, n. 60.

309 Gesta episcoporum Cameracensium, éd. BETHMANN, l. c. 43, 417.

310 Vita Dodonis, éd. DE BUCK, c. 9, 363.

311 Ibid., c. 10–11, 363–637: *Quapropter, cogente corporis dolore praevalido, [Leutbertus, loci provisor] perrexit festine Tresuguino dicere decano, quod illi revelatum fuerat jam tertia visione de sancto viro. At ille citatim nuntiavit episcopo, Fulberto, qui illis diebus auctus erat infule praesulatus Cameracensis ecclesiae, ditatusque honoribus opinionis egregiae. Ille vero, haec audiens, vultu laetissimo infit Tresuguino: Pergue quantocius ad monasterium prelibatum; et ascitis presbyteris, tuae decaniae subditis tecum fideliter diligenterque adimple negotium tibi injunctum.*

L'ÉVÊQUE ET LES CAMPAGNES DE SON DIOCÈSE

Les évêques ne dirigeaient pas uniquement leurs diocèses par l'intermédiaire de leur clergé. Les sources signalent l'investissement de quelques-uns dans le travail pastoral. On évoquera ainsi d'abord les visites qu'ils ne manquaient pas de faire dans les campagnes, puis les outils intellectuels qui ont été rassemblés pour mener à bien la christianisation en profondeur de la société. Une dernière partie s'attachera aux difficultés auxquelles ils se heurtèrent parfois. Il convient auparavant de dire quelques mots sur un indicateur parfois utilisé par les historiens pour apprécier le rayonnement de la cité épiscopale sur son diocèse.

Peut-on mesurer le rayonnement de la cité épiscopale sur le diocèse?

On peut se demander si, pour répondre à une telle question, il n'est pas possible de s'appuyer sur la diffusion du vocable des cathédrales. Or celles-ci étaient exclusivement placées sous le patronage de la Vierge. Si ces églises sont documentées dès l'époque mérovingienne, la mention de leur vocable est souvent plus tardive. À Cambrai, elle figure dans le diplôme de Louis le Pieux (816)[312]; à Tournai, dans un acte de Charles le Chauve (855)[313]; à Thérouanne enfin, dans un accord passé en 872/873 entre le *custos* de *Stenetland* et l'avoué de la cathédrale nommé Odbert[314]. On ajoutera également le cas particulier de la cité d'Arras dont l'église, dédiée à la Vierge, apparaît explicitement dans la documentation en 883, lors de son incendie par les Normands[315]; et celui de Notre-Dame de Boulogne, puisque – comme on a pu le rappeler dans la première partie – on lui prêtait, au début du XIe siècle, une existence très ancienne (*sedes episcopali et ecclesia cathedralis ab antiquis temporibus*)[316]. Les églises-mères des cités épiscopales du nord de la Gaule ne se distinguent guère des autres cathédrales gauloises. Pour l'ensemble de la Gaule de l'Antiquité tardive et du très haut Moyen Âge, Eugen Ewig a en effet pu recenser vingt-et-une cathédrales dédiées à la Vierge (sur un total de cent-douze)[317]. On observera le fait que les sièges épiscopaux n'ont pas, aux origines, développé leur identité autour de saints particuliers. Au début du XIe siècle encore, malgré l'essor du culte de saints évêques privilégiés, on conservait à Cambrai une dévotion particulière à la Vierge. Le chanoine Platelle a ainsi attiré l'attention sur un passage des *Gesta* qui se fait subtilement l'écho de cette distinction. La protection céleste que saint Géry assurait à la cité n'empêchait pas l'auteur de reconnaître à la Vierge une autorité supérieure: *ut cuius [Gaugerici] patrocinio sub prelatione Matris Dominicae civitas Kameracensis sustentatur*[318].

Faut-il voir dans la diffusion du vocable de la Vierge dans les campagnes la marque de fondations encouragées par l'épiscopat, en lien avec le *patrocinium* de la cathédrale? Il est naturellement difficile de l'affirmer. Certes, plus d'une quarantaine d'églises attestées avant l'an mil portent (ou portèrent) ce vocable et la documentation signale parfois explicitement l'existence d'une église rurale dédiée à la Vierge: ainsi à Ma-

312 Chartes originales, éd. Courtois, 33.

313 Recueil des actes de Charles le Chauve 1, n° 173, 458.

314 Diplomata belgica, éd. Gysseling/Koch, n° 42, 75.

315 Annales Vedastini, éd. von Simson, a° 883, 53.

316 Gallia christiana 10, Instrumenta, 698 (acte de Jean de Warneton).

317 Ewig, Die Kathedralpatrozinien im römischen und im fränkischen Gallien, 265–274; ce chiffre est à accepter avec prudence, étant données les méthodes de l'auteur (que nous avons fait nôtres ici) qui consistent à partir d'attestations tardives; sur ce point précis, voir les avertissements de Gauthier, L'évangélisation des pays de la Moselle, 1–6 et Beaujard, Le culte des saints, 13–14.

318 Gesta episcoporum Cameracensium, éd. Bethmann, l. II, c. 4, 456: voir sur ce point Platelle, La cathédrale et le diocèse, 635.

roilles avant la fondation de la communauté par le *vir illuster* Robert dans le troisième quart du VIIe siècle[319], ou encore à Mariakerke au tout début du IXe siècle. Mais bien des communautés monastiques, en particulier féminines, possédèrent un tel patronage. Il est donc difficile d'être affirmatif sur ce point.

Les visites pastorales

On a pu rappeler plus haut ce que les moines du Mont-Blandin devaient fournir à l'évêque de Noyon/Tournai, lors de ses visites à Gand, à la fin du IXe siècle, en vertu du droit de procuration. Folcuin évoque aussi à deux reprises les visites de son arrière-grand-oncle dans le diocèse de Thérouanne dans le deuxième quart du IXe siècle. «Folcuin, lit-on dans les *Gesta* des abbés de Sithiu, visitait les paroisses de son diocèse comme un évêque a coutume de le faire. Ce pasteur zélé cherchait à prendre connaissance de ce qui était contraire aux statuts des saints canons. Une telle application et une pieuse curiosité le menèrent à la *cella* de Wormhout»[320]. C'était le 8 juin 843. Douze ans plus tard, c'est un Folcuin vieillissant et malade qui prenait encore la route du Mempisque. Il fit halte à Esquelbecq pour en visiter l'église, mû par la même «pieuse curiosité», tomba subitement malade et mourut dans la soirée du 14 décembre 855[321]. Les *Gesta* des évêques de Cambrai se font l'écho de l'activité similaire de l'évêque Thierry (830 † 863). Appelé à prononcer une sanction ecclésiastique dans son diocèse (*pro sanctione ecclesiastica*), l'évêque aurait eu la prescience de l'accident qui allait lui arriver en route (c'est évidemment cela qui retient l'attention du chroniqueur). Un mendiant l'ayant salué, sa mule prit peur et s'emballa. L'évêque eut la jambe cassée dans la chute[322]. Cela explique en définitive que le thème de la monture épiscopale soit assez fréquemment documenté, notamment dans les miracles *post mortem* des saints évêques. On a pu rappeler plus haut l'enjeu qu'avait représenté le cheval d'Éloi entre Mommelin, son successeur sur le siège de Noyon, et l'abbé de la basilique qui abritait la sépulture de l'évêque défunt. Dans le «dossier hagiographique» implicite que Folcuin rassemble au sujet de son arrière-grand-oncle, figure aussi un épisode concernant sa monture. À la mort du cheval, son cadavre fut donné aux chiens qui ne purent s'en nourrir. Il fut alors exceptionnellement inhumé *humano more*, rapporte Folcuin[323].

Il n'est pas inintéressant de noter que les deux prélats au sujet desquels circulèrent de telles traditions – Folcuin de Thérouanne et Thierry de Cambrai – sont précisément ceux dont la présence est la plus souvent attestée lors des conciles du milieu du IXe siècle. Il n'est pas évident que tous les prélats eurent le même souci de leurs devoirs pastoraux (le cas des évêques de Thérouanne à la fin du IXe siècle le démontrera amplement). Il convient désormais de développer ce que l'on sait des instruments de la pastorale et en premier lieu des instruments intellectuels: les livres. Tournons-nous donc vers ce que l'on peut savoir des bibliothèques épiscopales: en fait, surtout de la bibliothèque épiscopale de Cambrai.

Les instruments de l'activité pastorale

On en sait beaucoup plus sur les *scriptoria* et les bibliothèques monastiques que sur ceux des églises cathédrales[324]. À Thérouanne, rien n'a subsisté. Un seul manuscrit

[319] Duvosquel, La charte de donation de saint Humbert, 175.
[320] Folcuin, Gesta abbatum Sithiensium, éd. Holder-Egger, c. 57, 617.
[321] Ibid., c. 62, 618–619.
[322] Gesta episcoporum Cameracensium, éd. Bethmann, l. I, c. 47, 417.
[323] Folcuin, Gesta abbatum Sithiensium, éd. Holder-Egger, c. 62, 619.
[324] La meilleure vue d'ensemble se lit encore dans Lesne, Histoire de la propriété ecclésiastique 4,

peut être attribué à la bibliothèque capitulaire de Tournai pendant le haut Moyen Âge[325]: il s'agit d'un sacramentaire copié à Elnone au IXe siècle, qui sera exploité dans la troisième partie. À quelques exceptions près, les fonds des bibliothèques monastiques ne documentent guère les efforts entrepris pour christianiser en profondeur les campagnes. On possède quelques rares informations sur les bibliothèques des petits établissements ruraux. Mais c'est au sujet de la bibliothèque épiscopale de Cambrai que l'on dispose de la documentation la plus substantielle, concernant notamment les possibilités qu'elle offrait pour l'action pastorale[326].

Les quelques informations dont on dispose montrent que des manuscrits y étaient rassemblés dès la deuxième moitié du VIIIe siècle[327]. L'évêque Albéric (attesté en 763) fit en effet copier une collection de canons irlandais qui est aujourd'hui encore conservée à la bibliothèque municipale de Cambrai[328]. Autre *codex* insigne, le sacramentaire d'Hildoard fut réalisé à la demande de l'évêque en 812. C'est aujourd'hui la plus ancienne copie du manuscrit liturgique que le pape Hadrien fit parvenir à Charlemagne peu de temps après la collection canonique connue sous le nom de *Dionysio-Hadriana*[329]. Qu'Ebbon de Reims ait ensuite cru bon de solliciter l'évêque Halitgaire pour la rédaction d'un pénitentiel destiné à remplacer les livres médiocres et contradictoires qui circulaient alors (*quoniam ita confusa sunt iuditia poenitentium in presbiterorum nostrorum opusculis atque diversa et inter se discrepantia et nullius auctoritate suffulta, ut vix propter dissonantiam posint discerni*), signale non seulement la réputation du canoniste, mais également l'étendue de son expérience pastorale et la qualité de sa bibliothèque[330]. Quelques années plus tard, Hincmar lui-même demanda à Jean de Cambrai († 878) des copies d'un sermon d'Augustin et de l'*Exposition sur les proverbes de Salomon* de Bède[331]. On doit également à l'évêque Rothade († 887) la copie de l'*Histoire ecclésiastique* d'Eusèbe de Césarée, exécutée par le diacre Foulques[332]. On possède par ailleurs un catalogue de soixante-six volumes dressé à la fin du Xe siècle (par Engran? Rotard?) et qui suggère l'appétit bibliophile des évêques de l'époque et de leurs prédécesseurs[333]. À ce propos, Donatella Nebbiai-Dalla Guarda a fait remarquer que les livres liturgiques – absents de la liste – n'étaient vraisemblablement pas con-

232–257 (Saint-Vaast, Saint-Bertin, Saint-Amand, Marchiennes, Cambrai) et 271–273 (Lobbes); pour Saint-Amand, voir l'état des lieux dressé dans DION, Le scriptorium et la bibliothèque de l'abbaye de Saint-Amand; on se reportera également avec profit aux sources rassemblées dans DEHAISNES, Documents et extraits divers concernant l'histoire de l'art.

[325] PYCKE, Matériaux pour l'histoire de la bibliothèque capitulaire de Tournai.

[326] Sur le rôle de l'écrit dans le processus de christianisation, voir les remarques développées dans MOSTERT, Les livres de la christianisation.

[327] Sur la bibliothèque de la cathédrale, voir désormais MUZERELLE et al., Cambrai.

[328] Cambrai, Médiathèque, ms 679; PICARD, L'Homélie de Cambrai.

[329] Cambrai, Médiathèque, ms 164; LEROQUAIS, Les sacramentaires et les missels manuscrits 1, n° 4, 9–13.

[330] Flodoard, Historia Remensis ecclesiae, éd. STRATMANN, l. II, c. 19, 177–178 pour la lettre d'Ebbon et la réponse d'Halitgaire, reprises dans les Gesta episcoporum Cameracensium, éd. BETHMANN, l. I, c. 40, 416; tr. française dans VOGEL, Le pécheur et la pénitence au Moyen Âge, 193–194; sur ce pénitentiel, ses manuscrits, ses éditions (PL 105, 651–710), ses sources, etc., voir KOTTJE, Die Bussbücher Halitgars von Cambrai und des Hrabanus Maurus.

[331] Flodoard, Historia Remensis ecclesiae, éd. STRATMANN, l. III, c. 23, 312, repris dans les Gesta episcoporum Cameracensium, éd. BETHMANN, l. I, c. 53, 419: *petens, ut requirat sermonem sancti Augustini de lapsu monachi et viduae, ac sibi transscribendum mitta, vel transscribi faciat et ad proximam sinodum sibi afferat; expositionem quoque Bedae in proverbiis Salomonis ad eandem sinodum sibi deferri petens.*

[332] Cambrai, Médiathèque, ms 691, fol. 174v pour la souscription du diacre Foulques.

[333] Cambrai, Médiathèque, ms 685, feuillet de garde; ce catalogue (édité une première fois par MOLINIER, Cambrai, VII–VIII) a fait l'objet d'une étude plus approfondie (avec édition et fac-similé) dans NEBBIAI-DALLA GUARDA, Les outils de la culture chrétienne et de la liturgie, 119–127.

servés au même endroit[334]. Il n'est évidemment pas question de poursuivre infiniment cette énumération mais seulement de rappeler la vitalité intellectuelle de la cité épiscopale dont semblent avoir été particulièrement soucieux les évêques dès l'époque carolingienne. Les *Gesta* le soulignent aussi incidemment en rapportant que, de retour d'Italie, Wibald († 972) confia à la cathédrale un luxueux évangéliaire ainsi que plusieurs autres manuscrits[335]. Récemment, Bruno Judic a aussi pu mettre en évidence la richesse du fonds de la bibliothèque épiscopale en montrant la bonne connaissance du *Liber pastoralis* de Grégoire le Grand chez les clercs proches de l'évêque Gérard Ier[336]. Dans l'ensemble donc, on sera sensible au fait que la constitution et l'enrichissement de la bibliothèque épiscopale signalent un réel sens pastoral de la part des prélats cambrésiens du IXe siècle. Malgré leur expérience, ils purent parfois se heurter à des problèmes disciplinaires ardus. Flodoard, à ce propos, rapporte plusieurs cas soumis aux archevêques de Reims – et à Hincmar en premier lieu – par leurs suffragants de Cambrai. On citera notamment un cas qui laissa l'évêque Jean († 878) perplexe, concernant un prêtre qui s'était castré à la suite d'une vision[337].

C'est néanmoins à propos des funérailles que l'on saisit l'élaboration progressive et pragmatique de certaines dispositions pastorales. Au milieu du IXe siècle, en butte aux tracasseries d'un puissant laïc, l'évêque Thierry l'aurait excommunié sans résultat. Les *Gesta* des évêques de Cambrai rapportent donc qu'«il expira ainsi frappé de la main de Dieu. On l'enterra loin de la ville, sur les bords de la voie publique, où il se trouvait ainsi séparé de la sépulture des fidèles» (*sepultusque est procul ab urbe iuxta viam publicam, ubi nec mortuus partem cum fidelibus habere meruisset*). Pour manifester à quel point cette sépulture était infamante, l'herbe refusa d'y pousser trois ans durant. Thierry mit finalement à contribution un *servus* du défunt qui acquitta la pénitence en échange d'un retour à la liberté. L'herbe reverdit alors sur la tombe[338]. Cet épisode semble montrer *a contrario* à quel point une inhumation selon des critères antiques, à l'extérieur de la ville et le long d'une route, sanctionnait désormais un comportement irréligieux et sacrilège. Néanmoins, un élément laisse penser que le châtiment infligé par Thierry appartenait encore à une réflexion théologique avancée et récemment élaborée. On trouve justement la trace, dans l'abondante correspondance d'Hincmar, d'une réponse adressée à Thierry de Cambrai qui avait sollicité «l'aide et le conseil» de son métropolitain «à propos d'une personne désobéissante qui ne craignait pas Dieu et manquait de respect vis-à-vis du ministère ecclésiastique»[339]. Il est alors tentant de rapprocher ces deux témoignages pour en faire les deux facettes d'un même épisode. Dans ce cas précis, il s'agit d'un sujet qui intéressait particulièrement l'archevêque de Reims et auquel il a d'ailleurs consacré son opuscule *De ecclesiis et capellis*[340]. Il y insiste fortement sur les liens qui doivent unir la communauté des vivants et les sépultures des défunts, qui tous ensemble représentent l'Église du Christ. Il s'oppo-

[334] Ibid., 125 qui rappelle aussi qu'une estimation de l'importance de la bibliothèque au regard de celle d'autres cathédrales (55 volumes à Clermont; 120 à Nevers) s'avère difficile à mener en raison du caractère lacunaire des catalogues conservés.

[335] Gesta episcoporum Cameracensium, éd. Bethmann, l. I, c. 91, 438: *Textum vero euangelicum auro et lapidibus pulchre insignitum, sed et multos codices, quos secum attulit, aecclesiae Dei matris concessit.*

[336] Judic, La diffusion de la Regula pastoralis de Grégoire le Grand dans l'Église de Cambrai.

[337] Flodoard, Historia Remensis ecclesiae, éd. Stratmann, l. III, c. 23, 312.

[338] Gesta episcoporum Cameracensium, éd. Bethmann, l. I, c. 48, 418.

[339] Flodoard, Historia Remensis ecclesiae, éd. Stratmann, l. III, c. 21, 281: *Item pro consilio et auxilio dando Theoderico Cameracensi presuli super quodam inobediente, qui Deum non timebat et ecclesiasticum ministerium non reverbatur.*

[340] Treffort, L'Église carolingienne et la mort. 166–167.

se avec virulence au démembrement des communautés – que l'on appellera «paroissiales» avec prudence – et leur reconstitution autour de nouveaux oratoires même si plusieurs de ses suffragants procédèrent ainsi afin de retirer aux puissants laïcs le patronage qu'ils exerçaient sur les églises en vertu du rôle joué par leurs ancêtres lors de la fondation. Il ne serait donc pas étonnant de voir derrière l'épisode des *Gesta* l'influence de la réflexion pionnière d'Hincmar que son suffragant, particulièrement embarrassé, avait consulté[341].

Les difficultés pastorales chroniques des évêques de Thérouanne

Si l'on doit souligner les efforts déployés en matière pastorale par les évêques des IXe–Xe siècles, il faut également mentionner les difficultés que ceux-ci rencontrèrent dans l'exercice de leur fonction. On a vu que la documentation pouvait renvoyer une image assez idéale du prélat cambrésien au IXe siècle. Or, l'écho que l'on peut avoir de l'activité des évêques de Thérouanne à la fin du siècle est bien différente et contraste avec ce que l'on peut savoir du long épiscopat de Folcuin (816 † 855).

À la mort de Folcuin, c'est un ancien moine de Prüm nommé Hunfrid qui monta sur le siège épiscopal au début de l'année 856[342]. Le Décret de Gratien a conservé deux fragments d'une réponse de Nicolas Ier (858 † 867) à Hunfrid, qui avait sollicité la permission de se retirer dans un monastère en raison de la menace normande. Il n'est pas possible de dater précisément cette lettre entre 858 et 867; cela même si Ferdinand Lot mettait cette requête en relation avec les incursions des Normands en Morinie, particulièrement celle de 860, documentée par les Miracles de saint Bertin, et celle de 861, évoquée par les Annales de Saint-Bertin sous la plume d'Hincmar[343]. Or ces mêmes Annales de Saint-Bertin rapportent le miracle qui eut lieu l'année suivante dans la cité épiscopale, à la suite duquel Hunfrid instaura solennellement la fête de l'Assomption dans son diocèse[344]. Il y a donc lieu de relativiser les destructions des Normands mais également l'«affolement» d'Hunfrid (pour reprendre le mot de Ferdinand Lot). En revanche, on peut penser que ce dernier ne fut pas pleinement satisfait de sa charge épiscopale. On sait qu'en 864, il avait également reçu l'abbatiat de Saint-Bertin mais que, deux ans plus tard, la charge lui fut retirée pour être confiée à un fidèle de Lothaire, Hilduin, candidat malheureux sur le siège épiscopal de Cambrai, mais dont le ralliement à Charles le Chauve méritait d'être récompensé[345]. Le 27 juillet 868, on voit d'ailleurs le prélat se reposer sur le *solarium* de la *villa* épiscopale de Wavrans (sur l'Aa) en compagnie d'une autre victime du nouvel abbé de Sithiu, le fameux Guntbert, auquel avait été retiré le gouvernement de sa *cella* de *Stenetland*. Les deux hommes s'apprêtaient à prendre ensemble la route de Rome[346]. On peut donc penser que les Normands ne représentaient jamais qu'un des motifs de la déception d'Hunfrid, dont on

[341] Si la réflexion théologique et ecclésiologique sur la place à réserver aux défunts a considérablement évolué au IXe siècle, elle ne s'est sans doute pas encore concrétisée de manière systématique pour rapprocher l'espace des morts de celui des vivants: c'est ce qui ressort de recherches récentes sur les transformations très progressives de l'espace réservé aux défunts dont le terme (l'institution du cimetière) est finalement très tardif (XIIe–XIIIe siècles) malgré une précoce et intense réflexion ecclésiologique sur ce sujet (Lauwers, Le cimetière dans le Moyen Âge latin).

[342] Beck, The selection of bishops suffragan, 278–279.

[343] Lot, La grande invasion normande de 586–862, 43–45; D'Haenens, Les invasions normandes en Belgique, 205–206.

[344] Annales de Saint-Bertin, éd. Grat/Vieillard/Clémencet, a° 862, 92.

[345] Folcuin, Gesta abbatum Sithiensium, éd. Holder-Egger, c. 67–69, 620–621; [Le Jan-] Hennebicque, Structures familiales et politiques au IXe siècle, 324–325.

[346] Diplomata belgica, éd. Gysseling/Koch, n° 40, 72.

sait par ailleurs que la famille n'était guère implantée dans la région[347]. D'après ce que l'on sait de ses successeurs Adalbert et Hériland, il n'est pas exclu qu'il se fût aussi heurté à certaines difficultés pastorales.

En 870, à la mort d'Hunfrid, les candidats ne se pressèrent guère pour venir occuper le siège vacant. L'évêque Actard de Nantes fut ainsi installé en 870/871 sur le siège de Thérouanne en raison des luttes entre Francs et Bretons qui rendaient difficile le gouvernement de son diocèse, et des incursions normandes. Quelques mois plus tard, après avoir plaidé sa cause auprès du pape, il fut placé sur le siège métropolitain de Tours[348]. Hincmar eut de la peine à l'admettre en raison de l'attachement indissoluble qui, selon lui, devait lier l'évêque et son diocèse. Il s'explique à ce sujet dans une longue lettre[349]. Soit dit en passant, cela permet de relativiser quelque peu la gravité de la menace normande dans le diocèse de Thérouanne.

Les difficultés pastorales que l'on soupçonne dans le cas d'Hunfrid sont suggérées aussi à propos d'Adalbert (après 871 † avant 892). Flodoard signale ainsi la lettre qu'aurait reçue Hincmar de la part d'un prêtre du diocèse de Thérouanne, qui s'était vraisemblablement plaint de son évêque, et la réponse qu'il adressa à Adalbert, «lui montrant comment les évêques doivent disposer et gouverner les églises des paroisses rurales; l'engageant à lire très souvent l'homélie sur l'Évangile de Grégoire le Grand: *Le Seigneur désigna soixante-douze autres [disciples]*[350]; et à relire très fréquemment la Règle pastorale du même Grégoire avec les canons sacrés»[351].

C'est néanmoins avec Hériland que les difficultés des évêques de Thérouanne apparaissent le plus clairement. On conserve ainsi l'analyse de la lettre que Foulques de Reims adressa au pape Formose pour plaider la cause d'Hériland qui, vers 890, avait fui son siège épiscopal, s'était réfugié à Reims et avait été momentanément installé sur le siège de Châlons alors vacant. Foulques souhaitait alors savoir s'il pouvait procéder à une nouvelle élection sur le siège de Thérouanne et tenir pour définitive la présence d'Hériland à Châlons. La lettre rappelle la «nécessité» dans laquelle s'était trouvé l'évêque de fuir son diocèse «ravagé par les Normands». Il est possible que l'évêque ait aussi été découragé par les attaques qui visèrent le diocèse et particulièrement Sithiu en 891. Mais en s'interrogeant sur le choix du successeur qu'il convenait de donner à Hériland, Foulques indique que l'essentiel n'était pas là. «Les habitants du diocèse de Thérouanne sont des gens de mœurs et de langue barbare» affirme-t-il, et il serait donc bienvenu de nommer sur ce siège épiscopal «un homme qui, par sa famille et la connaissance de la langue, pût leur être agréable»[352]. On entrevoit donc la double difficulté

[347] [Le Jan-] Hennebicque, Structures familiales et politiques au IXe siècle, 294–299.

[348] Duchesne, Fastes épiscopaux 2, 369–370; Van Werveke, Het bisdom Terwaan van de oorsprong tot het begin der veertiende eeuw 34–36; Beck, The selection of bishops suffragan, 290–293.

[349] PL 126, 210–230, surtout 218: *Postea autem a Salomone tyranno eumdem Actardum a civitate sua expulsum, in vacante Morinensi ecclesia concilii consensu concessit aliquandiu immorari, donec petentibus clero ac plebe provinciae Turonensis, et conhibentibus episcopis, ad provinciam suam rediit, et a pontifice apostolicae sedis in vacante metropoli fuit incardinatus*; sur l'attitude intransigeante du canoniste Hincmar à l'égard d'Actard, voir Devisse, Hincmar, archevêque de Reims 2, 788–790.

[350] *Luc*, 10, 1–9; *Homelia in Evangelia*, 17, éd. PL 76, 1138–1149.

[351] Flodoard, Historia Remensis ecclesiae, éd. Stratmann, l. III, c. 23, 318: *Item pro querimonia et proclamatione cuiusdam presbiteri eius parrochiae, ostendens, qualiter episcopi rusticanarum parrochiarum ecclesias disponere debeant et gubernare, monens, ut legat saepius omeliam beati Gregorii ex Evangelio:* Designavit Iesus et alios septuaginta duos*; regula quoque pastoralis eiusdem beati Gregorii cum canonibus frequentius relegatur*; on sait à quel point la pastorale carolingienne était nourrie des œuvres de Grégoire: Judic, La tradition de Grégoire le Grand dans l'idéologie politique carolingienne, 39–56 (avec références).

[352] Flodoard, Historia Remensis ecclesiae, éd. Stratmann, l. IV, c. 3, 377: *Item pro Herilando Tarwanensi episcopo, cuius episcopio a Normannis depopulato, eum necessitate cogente ad se venien-*

à laquelle se heurtèrent les évêques nommés à Thérouanne. Sans assise familiale, ils peinaient à imposer leur autorité dans leur diocèse, ce qui se manifestait très concrètement par un contact linguistique difficile avec le clergé et la population locale. À ce propos, il n'est pas inutile de rappeler qu'au début du XIIe siècle, Jean de Warneton fut précisément élu évêque de Thérouanne car il possédait, entre autres qualités, celle d'être «savant entre tous en ce qui concerne les langues latine, romane et thioise»[353].

Il semble donc bien que Folcuin († 855) n'ait pas eu pour successeurs des hommes de sa trempe à la tête du siège épiscopal de Thérouanne. La tâche n'était certes pas aisée car les sociétés du littoral ne devaient sans doute pas manquer de manifester de forts particularismes locaux. On ne voit pas en effet que les évêques de Cambrai se fussent heurtés à de telles difficultés dans leurs diocèses alors même qu'ils n'étaient sans doute pas toujours natifs de la région (à vrai dire, on ignore tout de l'origine des prélats du IXe siècle). Au Xe siècle néanmoins, on retrouve à Cambrai ce type de décalage culturel (au sens large) qui pouvait séparer la population et les évêques d'Empire, venus pour certains de Germanie. Tetdon († 979), *linguae regionis ignarus*, est assurément celui qui en fit la plus amère expérience[354].

Le rayonnement personnel de l'évêque et les moyens qu'il se donnait dans l'exercice de ses fonctions ne se traduisirent pas seulement en terme d'affirmation ou d'affaiblissement de son autorité; mais cela joua aussi sur les équilibres géographiques internes du diocèse et sur le rôle éminent auquel pouvait naturellement prétendre la cité épiscopale.

L'ÉVÊQUE ET SA CITÉ ÉPISCOPALE

Ce que l'on a pu dire de l'activité des évêques de Cambrai et Thérouanne dans leurs diocèses annonce déjà les profils très différents de leurs cités épiscopales respectives. La première se présente indubitablement comme le véritable centre de la vie religieuse de son diocèse. En revanche, à Thérouanne, les aléas des nominations épiscopales dans la seconde moitié du IXe siècle n'ont pas contribué à renforcer la position d'une cité épiscopale dont on sait qu'elle ne s'était pas véritablement affirmée à l'époque mérovingienne.

Cambrai, cité épiscopale et impériale

L'essor de Cambrai tient évidemment à son destin de cité épiscopale lotharingienne dès le début du Xe siècle. L'évêque reçut progressivement l'ensemble des droits publics sur la cité. C'est lui qui fut le véritable architecte du renouveau urbain du Xe siècle. En cela, il poursuivit une œuvre entreprise par ses prédécesseurs du IXe siècle. En témoigne la construction, par Dodilon († 901/911), d'une nouvelle enceinte, englobant désormais la basilique Saint-Aubert[355]. Si Cambrai put s'affirmer au Xe siècle comme le véritable centre de son diocèse, c'est d'abord en raison du rôle politique que furent

tem, sicut oportebat, susceperat, quemque visitatorem cuidam viduatae ecclesiae constituerat, ut visitando sustentationem interim, dum episcopus ibi ordinaretur, ex illa caperet. At quia homines praefatae Tarwanensis parrochiae barbaricae videbantur esse feritatis et linguae, supplicat, ut responso papae mereatur certificari, si hunc viduatae debeat preponere plebi, et alterum ei liceret in prememorata ipsius ecclesia subrogare, qui acceptior propter parentelam et linguam in eodem loco posset existere; sur cet épisode, voir D'Haenens, Les invasions normandes en Belgique, 209.

[353] Simon, Gesta abbatum Sithiensium, éd. Holder-Egger, l. II, c. 56, 646; c. 108, 657.

[354] Gesta episcoporum Cameracensium, éd. Bethmann, l. I, c. 99, 441.

[355] Ibid., l. I, c. 65, 424.

amenés à jouer ses évêques, intégrés dans l'Église d'Empire ottonienne. On verra ensuite comment sa cathédrale et ses sanctuaires urbains, Saint-Géry et Saint-Aubert, contribuèrent à en faire une cité de premier ordre, tant d'un point de vue monumental que symbolique.

La première moitié du Xe siècle permit à l'évêque de Cambrai d'affermir son autorité sur la cité épiscopale et ses environs en acquérant progressivement des éléments de l'autorité publique. Il s'agit là d'une évolution qui trouva son achèvement le 22 octobre 1007 lorsqu'Henri II accorda à l'évêque l'ensemble des droits sur le comté de Cambrésis. Entre-temps, l'évêque avait déjà vu plusieurs fois se renouveler son immunité sur les domaines ecclésiastiques (en 816, 894, 941 et 1003), et avait acquis une partie du tonlieu et la monnaie de la cité (941), puis tous les droits sur Saint-Géry (948), ce qui l'avait alors rendu maître de l'ensemble du territoire urbain. Il faut dire que les évêques de Cambrai avaient pu profiter de la situation particulière de leur diocèse, à la fois dépendant de la métropole ecclésiastique de Reims mais également sis en Lotharingie. Cambrai (et l'ensemble du diocèse) appartint au royaume de Lothaire Ier puis de Lothaire II († 869). Elle revint finalement au royaume de Francie orientale. Cela n'empêcha pas les rois de Francie occidentale de manifester régulièrement leurs ambitions sur Cambrai, et il fallut attendre 925 pour voir Henri Ier l'Oiseleur rattacher définitivement la cité à à l'espace politique ottonien[356].

Au Xe siècle, la documentation devient plus substantielle au sujet de la cathédrale. L'évêque Dodilon procéda à une nouvelle consécration du sanctuaire un 1er août[357]. En avril 953, l'attaque hongroise épargna miraculeusement la cathédrale. Un clerc nommé Seraldus put en effet gagner le toit de l'édifice, s'accrocher au clocher (*clangorium*) et mettre en échec l'incendie qui se propageait. Pour Jacques Thiébault, cela suggère d'une part la proximité entre la cathédrale et la muraille, et d'autre part la position centrale du clocher, ou plutôt de ce qu'il appelle modestement «un simple campanile en charpente»[358]. Engran fit ensuite procéder à des agrandissements à l'ouest du bâtiment[359], que voulut poursuivre plus tard l'évêque Tetdon. Ses démêlés avec le châtelain Jean se traduisirent néanmoins par le vol d'une partie des matériaux rassemblés à cet effet[360]. Aux dires des *Gesta*, Rotard acheva les travaux d'Engran (à l'ouest) et fit élever une tour (*turris*) pour abriter les deux cloches qui avaient été fondues à ses frais[361]. Le texte des *Gesta* penche plutôt en faveur de la construction d'un second clocher et non d'une restauration du campanile primitif[362]; ce qui inscrit cette réalisation dans le droit fil des massifs occidentés (*Westwerke*), si représentatifs des modèles architecturaux développés depuis plusieurs décennies à l'est du Rhin. Des évêques qui étaient précisément originaires de ces régions pouvaient avoir à cœur d'encourager une telle construction. On ne sait si c'était le cas de Rotard car les *Gesta* se contentent de préciser qu'il fut, à Gorze, condisciple d'Adalbéron de Reims et qu'il dut sa nomination à Notger de Liège[363]. Néanmoins la dédicace à saint Séverin de l'autel construit sur

[356] VERCAUTEREN, Étude sur les civitates de la Belgique seconde, 214–225 (avec les références précises des actes).

[357] Gesta episcoporum Cameracensium, éd. BETHMANN, l. I, c. 65, 424.

[358] Ibid., l. I, c. 74, 428; THIÉBAUT, Les cathédrales préromanes de Cambrai, 65; l'usage voulait que les évêques nouvellement nommés fissent sonner la cloche le jour de leur prise de fonction: Gesta episcoporum Cameracensium, éd. BETHMANN, l. I, c. 91, 438 (à propos de Wibald).

[359] Ibid., l. I, c. 87, 433.

[360] Ibid., l. I, c. 93, 438–439.

[361] Ibid., l. I, c. 103, 444.

[362] C'est l'hypothèse de THIÉBAUT, les cathédrales préromanes de Cambrai, 66 qui s'appuie sur le fait que les *Gesta* ne font plus mention par la suite de cette tour occidentée.

[363] Gesta episcoporum Cameracensium, éd. BETHMANN, l. I, c. 102, 443.

son tombeau peut être rapprochée de celle de la grande abbaye de Cologne, dont son prédécesseur Tetdon avait été prévôt et où il fut inhumé[364]. Rotard transforma également la disposition du chœur, comme on a eu l'occasion de le préciser, puisque ces travaux provoquèrent la destruction d'une partie de la résidence épiscopale primitive. Erluin fit enfin apporter quelques réparations à l'édifice, notamment au clocher originel, d'où un maçon nommé Helfridus – le rédacteur des *Gesta* se demande toutefois s'il n'était pas plutôt charpentier – fit une chute, mortelle pour tout autre, mais dont il se releva miraculeusement indemne[365]. On admettra donc volontiers que la cathédrale prit, au Xe siècle, l'aspect d'un chantier permanent mais que les travaux engagés n'atteignirent jamais des proportions considérables. Ils se sont surtout présentés comme une succession d'ajustements. Les *Gesta* témoignent en outre des enrichissements successifs du trésor liturgique, à partir de la fin du IXe siècle. Après avoir consacré la cathédrale, Dodilon fit placer un plateau d'argent sur l'autel et exécuter une coupe forgée dans le même métal – à présent portée par les sous-diacres les jours de fête, dit l'auteur. Il fit également don de deux calices ainsi que d'autres ornements[366]. Sur l'autel de la Vierge, Rotard remplaça le plateau de Dodilon par un revêtement d'or et de pierres précieuses et ordonna l'exécution d'un grand calice et d'une patène, tous deux en or[367].

À côté de la cathédrale, c'est Saint-Géry qui s'impose comme un pôle essentiel du développement urbain. On ne sait pas grand chose du devenir de Saint-Géry au VIIIe siècle, de son statut exact au début du IXe siècle, ainsi que de l'impact qu'eurent sur la communauté les réformes de Louis le Pieux. En tout cas le sanctuaire est bien mentionné dans le testament de l'abbé de Fontenelle Anségise († 20 juillet 833), qui lui attribua la somme d'une livre (l'évêché de Cambrai de son côté en reçut deux)[368]. Le 16 juin 863, l'évêque Thierry engagea la reconstruction de la basilique qui fut achevée bien après sa mort survenue le 5 août de la même année[369]. On trouve ensuite une nouvelle mention de la communauté – sans davantage de précisions quant à son statut – dans les dispositions du traité de Meersen (8 août 870) qui prévoient son passage dans la main de Charles le Chauve[370]. Saint-Géry semble donc bien avoir été, comme l'affirme l'auteur des *Gesta* au début du XIe siècle, une *regalis abbatia*[371]. Un acte de Jean VIII pour Saint-Géry, daté du 28 septembre 878, n'est connu que par une seule copie du XVIIIe siècle et, à ce titre, est assez douteux[372]. Deux éléments y sont rappelés; d'abord la présence d'un abbé laïc, le «glorieux comte Boson», de toute évidence le beau-frère de Charles, et d'autre part celle d'une communauté canoniale[373]. L'acte confirme ensuite toute une série de biens qui aurait été donnée au chapitre par

[364] Ibid., l. I, c. 92, 438; c. 100, 442.
[365] Ibid., l. II, c. 1, 455.
[366] Ibid., l. I, c. 65, 424.
[367] Ibid., l. I, c. 103, 444.
[368] Gesta abbatum Fontanellensium, éd. PRADIÉ, c. XIII, § 7, 180.
[369] Gesta episcoporum Cameracensium, éd. BETHMANN, l. I, c. 49, 418.
[370] Annales de Saint-Bertin, éd. GRAT/VIEILLARD/CLÉMENCET, a° 870, 174.
[371] Gesta episcoporum Cameracensium, éd. BETHMANN, l. II, c. 4, 456.
[372] L'acte a été édité (sous la date erronée du 27 septembre) dans DUVIVIER, Recherches sur le Hainaut, n° 17, 317–322; il est conservé dans Cambrai, Médiathèque, ms 987, fol. 110 qui est l'un des dossiers compilés par le chanoine Mutte pour défendre les droits de l'archevêque face au Magistrat de la ville; voir RAMACKERS, Papsturkunden in den Niederlanden (Belgien, Luxemburg, Holland und Französisch-Flandern), 81.
[373] Éd. DUVIVIER, Recherches sur le Hainaut, n° 17, 318: *Johannes episcopus, servus servorum dei, dilecto filio Bosoni, glorioso comiti, et abbatibus coenobii sancti Gaugerici, qui per tempora sunt successuri, salutem*; la suite de l'acte adresse la confirmation *fratribus cunctis canonicis servientibus prefati sancti Gaugerici caenobio*.

Lothaire Ier, Charles le Chauve ayant ensuite, entre 875 et 877, complété et confirmé cette première donation[374]. C'est évidemment la précision de cette liste qui semble surtout suspecte.

Les éléments présentés plus haut s'inscrivent dans un contexte général assez vraisemblable auquel une tradition, lointaine et assez confuse, recueillie à Saint-Géry à la fin du XIIe siècle, vient donner un peu de crédit. À cette date (en tout cas après 1180), c'est en effet un chanoine de l'établissement qui prend la plume pour rédiger la troisième continuation des *Gesta* des évêques de Cambrai – traitant de la lutte entre les évêques Manassès et Gaucher – mais seul le début de son travail a été conservé. Après une brève comparaison entre Cambrai et Jérusalem qui vient flatter le patriotisme local[375], l'auteur rappelle assez longuement les origines de Saint-Géry et, sans plus de précisions, sa destruction par les Normands. Il précise aussi que la restauration fut accompagnée d'une réforme, car dans la basilique, qui aurait été desservie par des moines avant les destructions, Charles installa cent chanoines, les plaça sous le patronage de saint Pierre et se préoccupa de leur subsistance. Ces derniers célébrèrent ainsi tous les ans sa mémoire, le jour de sa mort, le 6 octobre. Néanmoins, comme la basilique possédait le tombeau de saint Géry, c'est sous son nom qu'elle est désormais connue, le principal autel du sanctuaire restant toutefois consacré au prince des apôtres[376]. De cet ensemble de traditions tardives et peu sûres, on peut tirer l'idée d'une intervention appuyée de Charles le Chauve dans la vie de la communauté et une certaine confirmation de l'importance de la communauté dans la deuxième moitié du IXe siècle[377]. Si l'on considère les autres mentions (testament d'Anségise, traité de Meersen), rien n'empêche de faire remonter l'instauration de l'abbatiat laïc à la première moitié du IXe siècle. En revanche, l'idée d'une transformation de l'abbaye en chapitre semble être davantage née de l'imagination du chroniqueur; il est plus convaincant d'imaginer que Saint-Géry était aux VIIe–VIIIe siècles desservi par une communauté dite «de basilique», ou encore «pré-canoniale», et qu'à la suite des réformes de Benoît d'Aniane, le choix s'est tout naturellement porté sur la vie canoniale.

À partir de la fin du IXe siècle – et malgré l'incendie par les Normands le 28 décembre 880 –, Saint-Géry devint un actif centre économique et monétaire[378] dont l'abbatiat laïc semble être alors passé dans les mains du comte. C'est une situation dont

[374] Ibid.: *firmaremus omnes res, quas piae recordationis dominus Lotharius, quondam imperator augustus, ad usum eorum ibi servientium imperiali praecepto, donaverat, coeterum etiam quae et desideratae memoriae dominus Carolus, olim imperator augustus, simili modo superadjungens adhuc necessaria, et haec confirmans imperiali scripto sanciverat*; les derniers éditeurs des actes de Charles le Chauve et de Lothaire Ier ont accepté la teneur de l'acte pontifical et pris en compte ces deux deperdita: Die Urkunden Lothars I., n° 189, 349–350 (entre 833 et 834 ou 840 et 855) et Recueil des actes de Charles le Chauve 2, n° 454, 508–509 (entre 875 et 877).

[375] Gesta episcoporum Cameracensium. Continuationes, éd. BETHMANN, c. 4, 501; ce passage a été traduit et commenté dans PLATELLE, L'éloge des villes au Moyen Âge, 15–16.

[376] Gesta episcoporum Cameracensium. Continuationes, éd. BETHMANN, c. 5 et 6, 501–502: *Hanc ergo rex Karolus restaurans, nomini et honori beati Petri apostoli intitulavit centum quoque canonicos ibidem posuit, et eis centum prebendas delegavit. Iccirco anniversarium eiusdem regis per annos singulos in eadem ecclesia 2. Non. Oct. Sollempniter agitur. Hoc igitur modo isdem locus ab ordine monastico ad clericalem devenit, et a nomine sancti Medardi ad nomen beati Petri transivit. Quod autem nunc beati Gaugerici nomine vocitatur, ideao fit utique, quia isdem beatus confessor in eadem basilica sepultus fuerat […]. Veruntamen honor atque dignitas principalis altaris necnon etiam totius aecclesiae beato Petro apostolo remansit et permanet usque in hodiernum diem.*

[377] HELVÉTIUS, L'abbatiat laïque comme relais du pouvoir royal, 292, n. 25.

[378] VERCAUTEREN, Étude sur les civitates de la Belgique seconde, 216–217; des foires sont évoquées dans la *Vita Gaugerici secunda* (éd. VAN DEN BOSCH, c. 14, 675) dont le plus ancien manuscrit est justement daté de la deuxième moitié du IXe siècle ou du début du siècle suivant.

se plaint amèrement le rédacteur des *Gesta*[379]. Les étapes en ont été retracées par Fernand Vercauteren et on se contentera ici de les rappeler brièvement[380]. Parmi les comtes de Cambrai, se distingue surtout, au moins depuis 916, la figure d'un certain Isaac qui jouit d'une réelle indépendance en raison des rivalités qui se prolongèrent entre les souverains de Francie occidentale et de Germanie quant à la maîtrise de la cité. En 948, néanmoins, Otton Ier concéda l'abbatiat de Saint-Géry à l'évêque Fulbert. À partir du milieu du Xe siècle, l'histoire du sanctuaire et de son chapitre est donc fortement liée à celle des évêques de Cambrai.

On se souvient des quelques indices suggérant la pérennité d'une communauté à Saint-Aubert jusqu'à la fin du IXe siècle. L'établissement est à nouveau mentionné à la fin du Xe siècle puisque le sanctuaire reçut la sépulture de l'évêque Ansbert († 971) qui, de son vivant, y avait établi huit chanoines sur ses biens propres. Cela permet de penser qu'il n'y avait alors plus de communauté dans la basilique[381]. Chaque évêque apporta ensuite sa contribution à la restauration de la communauté et il se dégage de la Vie d'Aubert et des *Gesta* l'impression que l'entreprise fut particulièrement laborieuse. L'évêque Erluin en avait dans un premier temps chargé son archidiacre Godefroid, qui mit en route une reconstruction du sanctuaire tout en rétablissant une communauté et en fournissant les conditions matérielles de sa subsistance. Les difficultés de l'évêque à la fin de son épiscopat – la lutte avec le châtelain, Gautier Ier puis son fils Gautier II, épuisa Erluin dans ses dernières années[382] – semblent avoir ralenti ce travail qui resta inachevé[383]. C'est néanmoins là qu'il fut inhumé en 1012[384]. Gérard mena les travaux à terme, consacra l'édifice le 1er octobre 1015 et, le même jour, procéda à la translation des reliques du saint, qui n'avaient sans doute pas quitté la cathédrale depuis 888.

À Cambrai, l'évêque est ainsi devenu, dans le courant du Xe siècle, le véritable maître de la cité dont il a provoqué l'essor, notamment sous la forme d'initiatives architecturales. On notera également toute l'activité déployée par Fulbert lors du siège de la cité par les Hongrois, du 5 au 7 avril 953. Le prélat tantôt exhortait les combattants, tantôt se recueillait dans sa cathédrale. Celle-ci résista vaillamment mais Saint-Géry, qui n'était protégé que par des fossés, fut détruit et plusieurs chanoines tués[385]. C'est autour de l'évêque, en définitive, que se cristallisa la résistance matérielle et spirituelle de la cité. Cette image offre un contraste saisissant avec celle que l'on peut avoir des évêques de Thérouanne au tournant des IXe–Xe siècles, dont certains cherchèrent par tous les moyens à abandonner leur diocèse au milieu des difficultés.

L'éclipse de Thérouanne dans son diocèse

Urbs quondam opulentissima, sed modo diruta et pene exinanita: c'est en ces termes terribles que Folcuin, désormais abbé de Lobbes, évoque Thérouanne dans le dernier quart du Xe siècle[386]. S'il n'est pas question de les prendre au pied de la lettre, ils suggèrent cependant le bien faible rayonnement de la cité au Xe siècle. Les causes en

379 Gesta episcoporum Cameracensium, éd. Bethmann, l. II, c. 4, 456.

380 Vercauteren, Étude sur les civitates de la Belgique seconde, 217–223; mise à jour concernant l'activité monétaire de la cité dans Lafaurie, Les monnaies émises à Cambrai aux VIe–IXe siècles.

381 Gesta episcoporum Cameracensium, éd. Bethmann, l. I, c. 88, 433.

382 Ibid., l. I, c. 118–119, 453–454; au sujet des rapports conflictuels entre l'évêque et le châtelain au Xe siècle, voir Platelle, Le mouvement communal de Cambrai de 1077, 139–145.

383 Vita Autberti, éd. Ghesquière, l. IV, c. 33, 563.

384 Gesta episcoporum Cameracensium, éd. Bethmann, l. I, c. 119, 454; Gautier II avait en effet violemment interrompu la cérémonie des funérailles dans la cathédrale.

385 Ibid., l. I, c. 75, 428–429.

386 Vita Folcuini, éd. Holder-Egger, c. 5, 427.

sont multiples. On a déjà évoqué plus haut les indéniables difficultés pastorales auxquelles se heurtèrent les évêques. Mais on peut tenter d'en dégager d'autres, parmi lesquelles l'impact des raids normands puis la «concurrence» du grand centre monastique de Sithiu. On se demandera enfin s'il n'y eut pas, même temporairement, un déplacement de la résidence épiscopale à Boulogne au début du Xe siècle.

Les incursions des Normands ne furent pas étrangères à cette situation, même si, comme on l'a rappelé, il n'est pas question d'en exagérer la portée. Un raid – d'ampleur sans doute assez limitée – est mentionné en 850[387]. En 860, la «grande invasion normande» touche de plein fouet le diocèse. Au mois de juin, les Normands attaquent Saint-Bertin, comme le rappellent longuement les Miracles de saint Bertin. Aux dires d'Hincmar, Thérouanne fut incendiée en 861[388]. En juillet 879, elle fut une nouvelle fois dévastée. Les Normands partirent alors hiverner à Saint-Bavon de Gand; l'année suivante ils pillèrent Tournai et les monastères de l'Escaut avant de s'installer à Courtrai. Pendant l'hiver 880–881, ils dévastèrent Arras, Cambrai et les établissements de la Scarpe avant de se diriger vers le littoral en passant par Thérouanne (il n'est néanmoins pas fait mention de destruction cette fois-ci)[389]. En 884, après avoir hiverné à Amiens, ils semblent avoir à nouveau vécu sur le pays avant de se séparer à Boulogne en deux groupes, l'un traversant la Manche, l'autre partant s'établir à Louvain[390]. Le diocèse fut une nouvelle fois visé au printemps 891. C'est à nouveau le *Libellus* des miracles de saint Bertin qui rapporte l'information mais en précisant que les dépendants de Sithiu résistèrent victorieusement. Une deuxième attaque donna néanmoins l'occasion aux Normands de saccager Saint-Bertin, qui, contrairement à Saint-Omer, n'avait pas été fortifié[391]. Le diocèse de Thérouanne ne fut certes pas épargné par les destructions mais il ne semble pas qu'il ait été une cible privilégiée par les Normands. Il souffrit sans doute à peine davantage que ses voisins d'Arras et Cambrai et assurément moins que celui de Tournai.

Quelques indices invitent à ne pas peindre un tableau trop sombre de la situation du diocèse dans la seconde moitié du IXe siècle. Il s'agit d'une part du récit vivant qu'Hincmar fait de l'instauration de la fête de l'Assomption par Hunfrid en 862, très peu de temps après l'incendie signalé par le même auteur dans les Annales de Saint-Bertin. Le miracle qui se produisit à Thérouanne et dont il a été question précédemment, ne permet guère de penser que la cité était désertée[392]. D'autre part, on expliquerait bien mal la présence des moines de Fontenelle – bien attestée à Quentovic puis à Walbodeghem du printemps jusqu'à Noël 858, et à Walbodeghem de l'automne 866 jusqu'à l'été 867 – si la région n'avait pas été considérée comme relativement sûre, davantage en tout cas que la basse vallée de la Seine.

Il semble en fait que l'importance de Sithiu ait pu faire de l'ombre au rayonnement de la cité épiscopale même si cette impression peut être faussée par la nature même de la documentation, issue avant tout du *scriptorium* bertinien. Dès les origines, la cathédrale ne put développer le culte de son fondateur. L'évêque Omer, on le sait, avait été inhumé à Sithiu à sa propre demande, dans la basilique dédiée à la Vierge. En 720,

387 Annales de Saint-Bertin, éd. Grat/Vieillard/Clémencet, a° 850, 59.

388 Libellus miraculorum Bertini, éd. Holder-Egger, c. 1–2, 509–510; Annales de Saint-Bertin, éd. Grat/Vieillard/Clémencet, a° 861, 84–85: voir Lot, La grande invasion normande de 856–862, 42–45; D'Haenens, Les invasions normandes en Belgique, 45.

389 Annales Vedastini, éd. von Simson, a° 879 et a° 881, 44–49; D'Haenens, Les invasions normandes en Belgique, 45-49.

390 Annales Vedastini, éd. B. von Simson, a° 884, 55.

391 Libellus miraculorum Bertini, éd. Holder-Egger, c. 7–10, 512–516.

392 Annales de Saint-Bertin, éd. Grat/Vieillard/Clémencet, a° 862, 92.

c'est l'abbé de Sithiu, Erkembode, qui fut élevé à l'épiscopat[393]. À sa mort, il fut d'ailleurs inhumé aux côtés d'Omer. On a pu se demander si l'évêque Folcuin n'avait pas été lui-même moine à Sithiu avant son élection. En tout cas, à sa mort, le 14 décembre 855, il fut inhumé à Sithiu, dans la basilique Saint-Bertin. Les moines étaient venus chercher sa dépouille à Esquelbecq et, en raison du gel, la procession put traverser sans difficulté les marais qui entouraient le monastère[394]. On a pu rappeler plus haut que l'évêque Hunfrid avait reçu un temps l'abbatiat de Saint-Bertin entre 864 et 866. En 868, c'est d'ailleurs aux côtés de Guntbert que s'affichait l'évêque, non pas dans la cité épiscopale, mais à mi-chemin entre Thérouanne et Sithiu, dans le *solarium* du domaine épiscopal de Wavrans[395]. Un siècle plus tard, on a connaissance de l'évêque Wicfrid, ordonné le 20 juin 935, et qui avait été auparavant prévôt de Sithiu[396]. Très peu de temps avant sa mort, en 959, il y avait emmené ses ouailles en procession pour implorer la protection de saint Omer et de saint Bertin à l'occasion de calamités qui s'étaient abattues sur le diocèse[397]. On peut, par ailleurs, penser que Wicfrid était souvent présent à Saint-Bertin: Folcuin, en tout cas, assure tenir de lui quelques renseignements[398].

Au Xe siècle, l'évêque de Thérouanne apparaît rarement seul dans les sources. Il se contente souvent d'appuyer des initiatives venues du comte de Flandre. En 938, c'est un Wicfrid terrorisé – *non sine tremore maximo* dit Folcuin – qui, avec Fulbert de Cambrai, se soumet à la volonté d'Arnoul Ier, désormais abbé laïc de Sithiu depuis la mort de son frère Adalolphe (933), et autorise son épouse Adèle à pénétrer dans le monastère pour y prier saint Bertin. En 918, un tel privilège avait été refusé à la comtesse Elftrude qui recherchait alors l'endroit le plus convenable pour abriter le tombeau de son époux Baudouin II[399]. Il est également fait mention de Wicfrid lorsqu'Arnoul Ier intervint pour récupérer les reliques de saint Bertulphe, qui étaient sur le point d'être vendues en Angleterre[400]. En 944, l'évêque était aussi présent aux côtés du comte pour calmer la colère des Boulonnais, indignés de voir le prince s'emparer des reliques des saints de Fontenelle (Wandrille, Ansbert et d'autres encore, avec au passage une partie du corps de saint Vulmer), qu'il fit ensuite transporter à l'abbaye gantoise du Mont-Blandin[401].

Dans le voisinage de Sithiu, qui concentrait une bonne partie des richesses matérielles – particulièrement foncières – et spirituelles du diocèse, et qui de surcroît était favorisé par le comte de Flandre (comme point d'ancrage de son pouvoir au sud de la principauté flamande), la cité épiscopale de Thérouanne avait le plus grand mal à tenir la place centrale qui était institutionnellement la sienne; au point que les historiens ont parfois prétendu que l'évêque s'était momentanément installé à l'abri des remparts de

[393] Folcuin, Gesta abbatum Sithiensium, éd. Holder-Egger, c. 22, 611.

[394] Ibid., c. 62, 618–619.

[395] Diplomata belgica, éd. Gysseling/Koch, n° 40, 72.

[396] Folcuin, Gesta abbatum Sithiensium, éd. Holder-Egger, c. 101, 626; Wicfrid aurait été prévôt de Saint-Bertin (*nostrum monasterium Sithiu* dit Folcuin); à cette date en effet il semble que l'abbé laïc (le comte Arnoul Ier) avait établi deux prévôts (pour chacune des deux communautés), qui furent convoqués lors de la translation des reliques de saint Bertulphe à Harelbeke (Vita Bertulfi, éd. Mabillon, c. 31, 57).

[397] Folcuin, Gesta abbatum Sithiensium, éd. Holder-Egger, c. 109, 631.

[398] Ibid., c. 61, 618; il s'agit de la mort accidentelle du «coadjuteur» de l'évêque Folcuin, *quod recolo me agnovisse Wicfrido pontifice narrante*.

[399] Folcuin, Gesta abbatum Sithiensium, éd. Holder-Egger, c. 103 et 106, 627.

[400] Vita Bertulfi, éd. Mabillon, c. 28, 55–56; c'est Wicfrid lui-même qui sollicite l'intervention du comte autour de laquelle se focalise ensuite toute l'attention de l'auteur, un moine du Mont-Blandin; l'établissement, on le sait, doit tout à Arnoul Ier.

[401] Sermo de adventu, éd. Huyghebaert, c. 24–28, 26–30.

Boulogne. Doit-on pour autant conclure à l'abandon du siège épiscopal? La Vie de Bertulphe de Renty dit de Boulogne qu'elle était une *sedes episcopalis*. Plus loin, il est bien fait mention de Wicfrid, *episcopus memoratae civitatis* [402]; la même expression revient dans le *Sermo* blandinien qui rapporte la translation des reliques de Fontenelle[403]. Mais, dans les deux cas, il s'agit de remaniements tardifs qui demanderaient, pour être interprétés à la lettre, le renfort d'indices plus sûrs. Or, on est bien en peine de les trouver. Il est possible que l'évêque Étienne ait été inhumé à Boulogne, même si le silence de Folcuin – qui donne pourtant la date de sa mort[404] – est pour le moins étrange. En tout cas, des traditions circulaient dans ce sens dès la fin du XIe siècle de l'autre côte de la Manche. Les moines de Cantorbéry rapportaient en effet que les reliques de leur premier abbé, Pierre – il s'était noyé à Ambleteuse au tout début du VIIe siècle –, étaient conservées à Boulogne avec celles d'un *magnus vir* nommé Étienne[405]. Au XVIe siècle, les protestants auraient mis au jour un sarcophage de plomb avec une inscription évoquant Étienne, «évêque de Boulogne et Thérouanne»[406]. Ce renseignement n'est évidemment pas des plus assurés. Les sources elles-mêmes forcent le trait entre Thérouanne, *modo diruta et pene exinanita*, chez Folcuin, et Boulogne, *mercibus marinis praecipua*, chez l'anonyme gantois. Mais rien n'indique en définitive que les «évêques des Morins»[407], comme ils s'appelaient alors, aient été plus présents à Boulogne qu'à Thérouanne au début du Xe siècle. En tout cas cette évolution sémantique – qui est aussi la marque d'un archaïsme qu'affectionnait la renaissance carolingienne – ne semble pas anodine quant au rayonnement de la cité épiscopale sur son diocèse. On ne voit pas en effet qu'au même moment les évêques de Cambrai se fussent nommés «évêques des Nerviens».

Rien ne permet en définitive d'évoquer un quelconque déplacement de la résidence épiscopale à Boulogne au début du Xe siècle[408]. Mais il paraît cependant évident que les évêques de Thérouanne n'ont jamais soigné leur cité épiscopale comme pouvaient le faire au même moment leurs collègues de Cambrai. Il semble, en effet, qu'entre l'abbé de Sithiu et le comte de Flandre (une seule et même personne sous le principat d'Arnoul Ier), l'évêque de Thérouanne n'ait jamais été qu'un brillant second.

Ce chapitre a surtout été l'occasion de mener une comparaison sur la place respective qu'ont occupée les cités épiscopales de Thérouanne et de Cambrai au sein de leurs diocèses. À ce titre, il est assez frappant de constater que les circonstances politiques de la fin du IXe siècle – l'intégration progressive de Cambrai dans l'Église de Germanie, héritière des structures et du fonctionnement de l'Église carolingienne, mais aussi l'impact des raids normands – n'ont pas fondamentalement modifié des tendances lourdes, observées dès l'époque mérovingienne, accordant, à Cambrai seulement, la physionomie d'une importante cité épiscopale.

402 Vita Bertulfi, éd. Mabillon, c. 25, 54; c. 28, 55.

403 Sermo de adventu, éd. Huyghebaert, c. 24, 26.

404 Folcuin, Gesta abbatum Sithiensium, éd. Holder-Egger, c. 101, 626.

405 Vita Petri, éd. Wilmart, 357.

406 Haigneré, Étude historique sur l'existence d'un siège épiscopal dans la ville de Boulogne, 342–343.

407 Cette titulature est donnée dans l'inscription que Folcuin a composée dans sa jeunesse pour le tombeau de son arrière-grand-oncle: Folcuin, Vita Folcuini, éd. Holder-Egger, c. 12, 430; voir également la souscription de Wicfrid au concile de Trosly réuni en 909 (PL 132, 716); cette titulature figure également dans plusieurs faux privilèges attribués au IXe siècle: faux privilèges d'Hincmar pour Saint-Vaast et de Folcuin pour Saint-Bertin.

408 C'était de surcroît contraire à la législation carolingienne: voir sur ce point le c. 41 de l'Admonitio generalis (789) qui reprend le canon d'un concile africain.

Conclusion de la deuxième partie

Cette deuxième partie avait pour objet d'examiner les lignes de force de l'élaboration du paysage religieux: d'une part en observant concrètement les conditions de fondation et éventuellement de fonctionnement des sanctuaires ruraux pendant le haut Moyen Âge; d'autre part en tentant de saisir la manière dont s'organisait l'espace autour de ce réseau de sanctuaires, et particulièrement autour du premier d'entre eux, la cathédrale. En raison de la dispersion des sources, il n'était guère envisageable de mener l'étude par tranches chronologiques.

La nature même de la documentation nous a beaucoup appris au sujet des oratoires fondés par le souverain et ses agents (oratoires des domaines fiscaux) et par les grands laïcs. À ce titre, les cas les mieux documentés sont fournis par les aristocrates qui desservaient eux-mêmes leurs églises. À propos de ces derniers, on a pu observer que leur activité fut double. D'une part, ils fondèrent et dotèrent des églises rurales sur leurs domaines. D'autre part, ils rassemblèrent des communautés plus spécifiquement tournées autour de la célébration de la mémoire familiale. Il s'agissait de monastères féminins, que des sources tardives ont eu parfois tendance à appeler «doubles». Mais ce furent surtout les grands établissements monastiques masculins – passés dans la main du souverain au IXe siècle – qui ont conservé l'essentiel de la documentation concernant les églises rurales. Doit-on pour autant dénoncer le miroir trompeur de la documentation et refuser de les désigner comme les acteurs privilégiés des fondations d'églises rurales? En la matière, il semble qu'il faille introduire des nuances régionales. Sithiu a, de toute évidence, précocement fédéré le réseau du diocèse de Thérouanne. Dans la vallée de l'Escaut, le Mont-Blandin semble avoir joué un rôle similaire. Le rôle de Saint-Vaast nous échappe car la documentation de cet établissement pour le haut Moyen Âge a particulièrement souffert. Quoiqu'il en soit, les sources suggèrent, dans les alentours de Cambrai, une activité plus intense de l'évêque en la matière, et on ne distingue pas, dans ce dernier diocèse, un établissement monastique qui ait rempli le rôle de Sithiu en Morinie.

Il a aussi été possible de dessiner les équilibres géographiques internes des diocèses. Dans le diocèse de Cambrai, la cité épiscopale s'impose au Xe siècle. Les conditions politiques ont naturellement fait beaucoup puisque la région a basculé dans l'Empire et a ainsi vu se maintenir avec force les institutions carolingiennes. Le roi de Germanie, puis l'empereur, a été soucieux de renforcer l'autorité épiscopale. À Thérouanne en revanche, Sithiu apparaît comme le véritable lieu de centralité, sans doute parce que le comte de Flandre en a fait le point d'ancrage de son autorité au sud de la principauté; mais également parce que les défections des évêques du IXe siècle ont contribué à affaiblir le rayonnement de la cité épiscopale. Dans le diocèse de Tournai, des conditions politiques similaires (l'appartenance au comté de Flandre) s'ajoutent au problème de la non-résidence de l'évêque pour expliquer un certain retrait de la cité épiscopale. Si Tournai n'a pas été évoquée dans cette partie, c'est parce que l'essentiel de la documentation est de nature liturgique et hagiographique. Or, étant donnée son importance pour notre propos, le culte des saints – et son impact sur la formation des diocèses – méritait, à lui seul, de faire l'objet d'une partie.

TROISIÈME PARTIE

Le culte des saints

«Irradiée par les précieuses reliques des saints»: on l'a dit en introduction, le regard porté par un clerc de Saint-Vaast d'Arras sur les origines chrétiennes de la Gaule rappelle toute la force que le culte des saints fondateurs a atteinte à l'aube du XIe siècle[1]. L'élaboration progressive d'un espace chrétien lui doit beaucoup[2]. Il convient donc de se consacrer désormais à l'étude de ces modèles de sainteté, de leurs promoteurs et des lieux à partir desquels ces dévotions se diffusèrent.

Les trois chapitres qui suivent chercheront à distinguer la manière dont s'est développé le culte des saints dans les diocèses de Thérouanne (chapitre VII), Cambrai/Arras (chapitre VIII) et Tournai (chapitre IX). Dans le premier cas, les dévotions rendues aux saints patrons primitifs, Omer et Bertin, se développèrent essentiellement autour de Sithiu, où moines et chanoines surent aussi encourager de nouveaux modèles de sainteté dans la seconde moitié du Xe siècle. Ce mouvement ne s'est pas fait sans l'accord de l'évêque, mais il n'a pas profité à la cité épiscopale. Force est de constater que Thérouanne connut une évolution difficilement comparable à celle de Cambrai, où, au même moment, l'évêque faisait de sa cathédrale et des basiliques suburbaines des lieux de culte privilégiés à l'échelle de l'ensemble du diocèse. Par ailleurs, les évêques de Cambrai semblent avoir déployé une active «politique de reliques»[3] en maintenant un certain équilibre entre plusieurs modèles de sainteté (saints abbés, saintes abbesses et saints évêques) et les sanctuaires où était célébrée leur mémoire. Rien donc qui ne corresponde à la place de Sithiu dans le diocèse de Thérouanne. Reste évidemment le cas particulier du diocèse de Tournai. Les circonstances expliquent aisément le développement du culte des saints autour de la personnalité de grands laïcs[4] – au premier rang desquels le comte de Flandre – et des grands établissements monastiques. Dans un premier temps, faute de saints et de reliques locales, le comte et les clercs de son entourage durent se résoudre à recourir abondamment aux translations (les saints de Fontenelle, sainte Walburge, saint Donatien) ou à de véritables «inventions» dont celle de saint Liévin au Mont-Blandin reste assurément le modèle le plus achevé. En fait de culte des saints, la Flandre, par bien des aspects, peut être rapprochée de la Saxe carolingienne.

[1] Chronicon Vedastinum, éd. WAITZ, 695: *Enimvero Gallia, pretiosis sanctorum corporum irradiata*.

[2] Ces vues ont été récemment développées pour la Saxe carolingienne, mais selon des modalités très différentes, par RÖCKELEIN, Reliquientranslationen nach Sachsen im 9. Jahrhundert; brève présentation de cette problématique dans EAD., Miracles und horizontal mobility.

[3] Cette expression est empruntée à BOZÓKY, La politique des reliques des premiers comtes de Flandre.

[4] Sur les dévotions des puissants laïcs à l'égard des saints, voir les dossiers commodément rassemblés par SWINARSKI, Herrschen mit den Heiligen.

Chapitre VII
Sithiu et les saints du diocèse de Thérouanne

On a pu mettre en évidence le rôle primordial de Sithiu – c'est ainsi que nous désignerons plus commodément les deux composantes (rassemblées autour des basiliques Sainte-Marie/Saint-Omer et de Saint-Martin/Saint-Bertin) de ce que les sources diplomatiques désignent unanimement comme une même communauté – dans le diocèse de Thérouanne. Cette prépondérance trouve son origine dès le milieu du VIIe siècle dans les circonstances même de la fondation du monastère et la personnalité des fondateurs. Aux VIIIe–IXe siècles, Sithiu organise un véritable réseau de sanctuaires dans le diocèse de Thérouanne. En définitive, tout cela éclipse quelque peu l'évêque et sa cité épiscopale du paysage religieux. Nous voudrions désormais montrer qu'un autre facteur permet d'appréhender les voies de la christianisation en profondeur: il s'agit de la diffusion du culte des saints. En la matière, Sithiu a assurément nourri les dévotions dans le diocèse. Folcuin le reconnaît à la fin du Xe siècle: *Sithiu est virorum Dei coenobium, et in eo memoria multa sanctorum*[5].

Seront donc examinées ici les constructions successives des figures de sainteté des fondateurs (Omer et Bertin), de l'évêque carolingien Folcuin, aïeul du chroniqueur, et de l'ermite Silvin. Une dernière partie portera sur les développements de ces cultes dans le diocèse de Thérouanne au Xe siècle.

LES SAINTS FONDATEURS

Avant de rentrer dans le vif de cette présentation du riche développement du culte des saints de Sithiu, il convient de rappeler que ce dernier prit son essor sur un terrain vierge ou presque. Le seul culte dont on peut penser qu'il fut antérieur au leur est celui des saints Victoric et Fuscien. Ces derniers apparaissent dans le cycle dit de Rictiovare qui mêle un ensemble complexe de traditions hagiographiques, dont les différents éléments littéraires tournent autour de l'activité persécutrice d'un préfet de l'empereur Maximien (286 † 310). Rictiovare aurait persécuté et massacré plusieurs chrétiens venus de Rome. Parmi eux, il est question des saints Fuscien et Victoric, massacrés à Amiens après avoir prêché à Thérouanne. En l'absence d'une étude approfondie de l'ensemble du cycle[6], il est très difficile de savoir quels sont les éléments historiquement fiables que l'on peut tirer de leur Passion, datée communément du VIe siècle[7]. La recension auxerroise du martyrologe hiéronymien les évoque dès le VIe siècle mais sans mentionner Thérouanne (au 11 décembre: *in Gallia Ambianis, Victorici et Fusciani martyrum*)[8].

Il faut cependant attendre l'époque carolingienne pour être assuré de la vénération dont ces martyrs jouissaient entre la Canche et l'Aa. Au tout début du IXe siècle, la Vie

[5] Folcuin, Vita Folcuini, éd. Holder-Egger, c. 6, 428.

[6] Duchesne, Fastes épiscopaux 3, 141–152; Jullian, Le cycle de Rictiovare; commode présentation dans Henri Leclercq, Rictiovare, Dictionnaire d'archéologie chrétienne et de liturgie 14–2 (1948), 2419–2422; Floriane Guignet (Université de Zürich) prépare actuellement une thèse de doctorat sur ce cycle hagiographique.

[7] Duchesne, Fastes épiscopaux 3, 143: il s'agit de Paris, Bibl. nat. de France, ms lat. 12598 (aux fol. 32v –35r); longtemps conservé à l'abbaye de Corbie, ce *codex* remonte, pour ses parties les plus anciennes, à l'extrême fin du VIIIe siècle; on lira la Passio (BHL 3226) dans AA SS Belgii selecta 1, Bruxelles 1783, 166–169 et Salmon, Actes inédits des saints martyrs Fuscien, Victoric et Gentien.

[8] Duchesne, Fastes épiscopaux 3, 142.

d'Omer mentionne leur prédication dans le diocèse[9]. Particulièrement intéressante pour notre propos est aussi cette précision de l'auteur des Miracles de saint Bertin rappelant que, le 18 avril 891, les Normands attaquèrent Sithiu par l'ouest, descendant «la pente du village de *Locus ecclesiae*, juché sur une hauteur, village ainsi appelé parce que, dit-on, les saints martyrs Fuscien et Victoric y avaient construit la première église lors des prémices du christianisme parmi cette population»[10]. Le sanctoral morin était assurément bien mince aux VIIe–VIIIe siècles, ce qui ouvrait largement la voie au développement du culte des saints fondateurs, Omer et Bertin.

Les premiers témoignages du culte d'Omer et Bertin

Omer et Bertin ont mené une action «missionnaire» de grande envergure de leur vivant. À leur mort, il était logique qu'ils la poursuivissent en accédant au statut de patrons célestes du diocèse. Car c'est bien en un lieu précis – là où reposaient leurs dépouilles – que les saints étaient, en général, susceptibles d'agir le plus efficacement en faveur des vivants. Et l'on sait que les deux hommes furent inhumés à Sithiu: Omer à Sainte-Marie et Bertin à Saint-Martin[11]. Les moines, dès le début du VIIIe siècle, s'empressèrent d'encadrer leur culte naissant. La célébration de leur mémoire éclipsa inéluctablement celle du souvenir de Mommelin – pourtant premier abbé de Sithiu – et d'Ébertram. Il suffit, pour s'en convaincre, de lire les premiers chapitres des *Gesta* de Folcuin. Les deux hommes avaient, en effet, été appelés dans le diocèse de Noyon en 661; le premier comme évêque diocésain et le second comme abbé de Saint-Quentin. Sithiu ne pouvait donc s'enorgueillir de posséder leurs tombeaux et donc de reliques en puissance[12].

Au début du IXe siècle, la Vie tripartite se fait l'écho du culte très rapidement rendu aux fondateurs de Sithiu. Du vivant même de Bertin, le comte Walbert dont il a été précédemment question se serait habituellement rendu auprès du tombeau d'Omer afin d'y prier[13]. On pourrait évidemment penser à une reconstitution anachronique de la part de l'auteur carolingien. Mais le témoignage des chartes est formel. Dès 723, un certain Rigobert effectue une donation à Sithiu dont les noms des saints patrons sont précisés: Pierre et Paul, Martin et Omer, *sanctus confessoris atque pontifex*. La sainteté de Bertin n'est pas encore signalée expressément – la charte le qualifie de *dominus* – mais l'on précise néanmoins que son corps reposait sur place. Vingt ans plus tard, en revanche, la donation du prêtre Félix passe curieusement sous silence Omer pour ne retenir que saint Bertin à la suite des saints apôtres et de Martin[14]. Par la suite, le formulaire alterne les expressions privilégiant l'un ou l'autre des saints patrons ou les associant[15]. En tout cas, il est important de souligner que leur culte est déjà bien établi dans la première moitié du VIIIe siècle.

[9] Vita Audomari, Bertini et Winnoci, éd. LEVISON, c. 5, 756.

[10] Libellus miraculorum Bertini, éd. HOLDER-EGGER, c. 7, 512.

[11] Diplomata belgica, éd. GYSSELING/KOCH, n° 3, 11 (privilège d'Omer de 663); Vita Audomari, Bertini et Winnoci, éd. LEVISON, c. 10, 759–760 (Omer) et c. 21, 768–769 (Bertin); Folcuin, Gesta abbatum Sithiensium, éd. HOLDER-EGGER, c. 3, 609 (Omer) et c. 16, 611 (Bertin).

[12] On ne sait rien du lieu d'inhumation d'Ébertram; Mommelin fut enseveli dans la basilique suburbaine des Saints-Apôtres à Noyon: Vita Mummolini, éd. GHESQUIÈRE, c. 31, 410 et Radbod de Noyon († 1098), Vita Godebertae, éd. BOLLAND, c. 12, 34; mais le développement de son culte à Noyon pâtit alors certainement du rayonnement de ceux de sainte Godeberte (dont le corps reposait au même endroit) et surtout d'Éloi.

[13] Vita Audomari, Bertini et Winnoci, éd. LEVISON, c. 19, 765–767.

[14] Diplomata belgica, éd. GYSSELING/KOCH, n° 13, 28 (donation de Rigobert, le 29 aout 723); n° 15, 31 et 32–33 (deux versions de la donation de Félix, le 25 juillet 745).

[15] On trouvera une liste de ces *patrocinia* à la fin du chapitre.

C'est aussi dans ce sens que l'on peut relever la mention de ces pêcheurs de Saint-Maurice d'Agaune dont la Vie tripartite affirme qu'ayant relevé leurs filets une nuit de Pâques (ils étaient seuls et, pour cette raison, la pêche fut abondante), ils se retrouvèrent subitement paralysés une fois rentrés au port, privés de l'usage de leurs pieds: l'un ayant de surcroît perdu l'ouïe et les deux autres l'usage de leurs mains. Le premier demanda alors à se faire porter auprès de *loca sancta*. Il fut guéri à Saint-Bertin au moment de la lecture de l'Évangile[16]. La Vie prétend que ces hommes étaient en train de pêcher sur le Rhône. Le pèlerin serait-il donc venu de si loin pour rechercher sa guérison? Voilà qui en dirait long sur la réputation et le prestige de saint Bertin.

On sait que Saint-Maurice possédait des biens dans la basse vallée de la Canche dans le courant du Xe siècle: à Brimeux, à l'endroit où la voie romaine Amiens-Boulogne traverse la Canche, et à Verton, dans les bas-champs du littoral[17], mais on sait moins que la présence des moines d'Agaune est attestée dès 866 par les Miracles de saint Wandrille. L'auteur, en effet, ne se prive pas de rappeler que les saints de Fontenelle ont permis la guérison d'un frère et d'une sœur dépendant de l'abbaye valaisienne (*de Pago Pontivo et fundo Bladulfi villa, pertinens ad monasterium Sancti Mauritii*)[18]. On peut donc raisonnablement penser que les moines d'Agaune entrenaient aussi sur place (ou faisaient ponctuellement travailler) une petite flottille de pêche. Les Miracles de saint Vaast signalent d'ailleurs la rude concurrence que pouvaient se livrer au IXe siècle les embarcations affrétées – à Quentovic de toute évidence – par les grands monastères possessionnés dans les environs[19] (ce qui, soit-dit en passant, donne un ton tout à fait réaliste au récit de la Vie tripartite: les hommes ayant profité de la fête chômée par leurs collègues). Il est en définitive beaucoup plus convaincant de supposer que les pêcheurs de Saint-Maurice étaient établis dans la basse vallée de la Canche. Contrairement à ce que veut laisser croire la Vie tripartite, cela restreint quelque peu le rayonnement géographique que l'on doit prêter au culte du saint au début du IXe siècle.

Le culte d'Omer après la séparation de la communauté

Les *Gesta* de Folcuin développent abondamment la manière avec laquelle ont été introduites à Sithiu les idées réformatrices de Louis le Pieux. C'est, en effet, le chancelier Fridugise qui reçut la charge abbatiale en 820 et qui procéda à la partition de la communauté de Sithiu en distinguant d'un côté les moines rassemblés autour de Saint-Bertin et de l'autre les chanoines autour de Saint-Omer. Aux dires de Folcuin, cette séparation fut particulièrement dramatique, non seulement parce qu'elle amoindrissait les deux communautés – au total les effectifs auraient été divisés par deux! – mais également parce qu'elle aboutissait à la «destruction de la charité fraternelle des deux

[16] Vita Audomari, Bertini et Winnoci, éd. Levison, c. 21, 768–769.

[17] Par des fausses bulles d'Eugène Ier, Hadrien Ier et Eugène II, toutes forgées dans le courant du Xe siècle: voir Zufferey, Die Abtei Saint-Maurice, 34 et 39 ainsi que la carte hors-texte n° 2; pour les possessions monastiques autour de Quentovic à l'époque carolingienne: Ferrières, Saint-Bertin, Saint-Vaast (mais l'acte est un faux forgé autour de l'an mil), voir Lebecq, Quentovic, 80 et la carte dressée dans id., La Neustrie et la mer, 425.

[18] Miracula Wandregisili, éd. van den Bosch, c. 33, 288; ce passage n'avait pas échappé à Ricouard, Translation, 55; Bloville (dont le toponyme subsiste aujourd'hui sur la commune de Boisjean) était au centre d'un très vaste domaine appartenant à Fontenelle dont dépendait Marconne; Brimeux et Verton sont situés en périphérie et on comprend donc que l'auteur ait trouvé plus commode de faire référence au domaine de sa communauté.

[19] Ulmar, Miracula Vedasti, éd. Holder-Egger, c. 6, 400; ce miracle a été commenté et traduit dans Lebecq, Scènes de chasse aux mammifères marins, 251–252.

monastères»[20]. On doit évidemment se méfier du témoignage de Folcuin qui interprète sans doute trop la partition de Fridugise en fonction de la réforme qui, à l'instigation du comte Arnoul Ier secondé par Gérard de Brogne alors abbé du Mont-Blandin à Gand, a profondément divisé et durablement marqué la communauté bertinienne en 944: une partie des moines, après s'être installée quelques temps à Longuenesse, traversa la Manche et fut reçue par le roi Aethelstan[21]. Mais il semble que Folcuin ait surtout été scandalisé de voir un chanoine – Fridugise l'était – à la tête de la communauté monastique. Folcuin exagère sans nul doute les effets de la réforme de Fridugise qui s'est borné à séparer la mense abbatiale de la mense conventuelle et à affecter les biens à l'usage de chacune des communautés, dans des proportions qui n'étaient en rien scandaleuses (deux tiers pour les moines et un tiers pour les chanoines). Mais il est évident que des tensions ne pouvaient manquer d'apparaître dans un établissement si particulier où coexistaient deux communautés institutionnellement très dépendantes l'une de l'autre[22]. Folcuin assure néanmoins que le successeur de Fridugise, Hugues, inversa les rapports de force à Sithiu au profit désormais de la communauté monastique. Ceci se traduisit par la nomination d'un moine comme *custos* à Saint-Omer[23], une situation encore attestée en 891 où l'on voit saint Omer apparaître en vision au moine Héric, *aedituus* de la collégiale[24]. C'est dans ce contexte que se place l'étrange épisode de la tentative de vol des reliques de saint Omer.

Hugues, on le sait, était le demi-frère de Louis le Pieux, son archichancelier et placé par lui à la tête de plusieurs établissements ecclésiastiques, dont Sithiu et Saint-Quentin en Vermandois. Ce dernier établissement semble lui avoir été particulièrement cher. Il fit construire un nouveau mausolée pour abriter les reliques du saint martyr; en 838, on le voit inviter son frère à venir passer solennellement les fêtes de Noël[25]. Cela permet peut-être de comprendre pourquoi il eut l'idée d'y faire transférer le corps de

[20] Folcuin, Gesta abbatum Sithiensium, éd. HOLDER-EGGER, c. 47, 614–615: Fridugise est qualifié de *fraternae karitatis utriusque monasterii destructor*.

[21] Ibid., c. 107, 628–629; la réforme est replacée dans le cadre plus général des interventions de Gérard de Brogne par DIERKENS, Abbayes et chapitres, 238–239; l'influence des événements de 944 dans l'œuvre de Folcuin a été bien mise en évidence par UGÉ, Politics of Narrative Production 1, 114–131, EAD., Creating a usable past, 896–899 et MEIJNS, Chanoines et moines à Saint-Omer; on trouvera des éléments concernant les cultes d'Omer et de Bertin à cette époque dans BLED, Abbatiale et collégiale, 5–34.

[22] On se contentera de rappeler qu'un seul abbé était nommé à la tête de la communauté, représenté par un seul prévôt élu par les frères avec l'accord de l'abbé (Recueil des actes de Charles le Chauve 2, n° 430, 462) et Folcuin nous dit que Guntbert occupa cette charge; la gestion du temporel semble avoir été centralisée (même si des affectations spécifiques sont parfois signalées comme dans les donations de Goibert et Guntbert); il y avait en revanche deux bibliothèques (auxquelles Guntbert destina deux antiphonaires) et deux *scholae* (il est fait mention de la *scola canonicorum* dans le Libellus miraculorum Bertini, éd. HOLDER-EGGER, c. 4, 511); voir dans ce sens les remarques de UGÉ, Politics of Narrative Production 1, 109–112 et de MEIJNS, Chanoines et moines à Saint-Omer, passim.

[23] Folcuin, Gesta abbatum Sithiensium, éd. HOLDER-EGGER, c. 57, 617: *Igitur Hugo abbas iam memoratus, excepta causa quam refero vir per cuncta laudabilis, postquam locum hunc sua constitutione laudabiliter stabilivit, qua et canonicos Sancti Audomari monachis Sancti Bertini etiam per describtionem capitularem iuste subiugavit monachumque ab inferius monasterium ad Sancti Audomari custodiam deputavit* (il s'agit du *custos* Morus qui favorisa la tentative de vol des reliques d'Omer); dans le manuscrit de Boulogne (XIIe siècle), furent insérés deux faux privilèges en date du 20 juin 839 (l'un attribué à l'évêque Folcuin, l'autre à l'abbé Hugues) confiant à nouveau Sainte-Marie/Saint-Omer aux moines pour qu'ils y célèbrent la messe quatre fois par an: éd. GUÉRARD, 85–87 et 87–88; sur ces forgeries, voir PÜCKERT, Aniane und Gellone, 259–292 et surtout MORELLE, Autour de Folcuin, 336–362.

[24] Libellus miraculorum Bertini, éd. HOLDER-EGGER, c. 8, 513.

[25] DEPREUX, Prosopographie, n° 165, 266.

Saint-Omer – c'est ce qu'affirme Folcuin mais n'est-il pas plus raisonnable de penser qu'il ne s'agissait que d'une partie des reliques? Il est probable que les moines de Saint-Quentin n'avaient pas manqué d'encourager cette initiative. On a pu rappeler que, dans la seconde moitié du VIIe siècle, Ébertram avait été nommé abbé de Saint-Quentin au moment où Mommelin s'installait sur le siège épiscopal de Noyon. Bref, plusieurs indices inscrivent dans un contexte cohérent ce projet de translation que Folcuin fustige trop rapidement en prétendant qu'Hugues – dont il avait auparavant loué l'œuvre à Saint-Bertin – avait été «atteint d'un trait diabolique». Avec la complicité du sacristain de Saint-Omer, un moine nommé Morus, Hugues fit porter les précieuses reliques à Lisbourg. Il ne put heureusement aller plus loin car les reliques elles-mêmes s'opposèrent à cette translation forcée. La châsse refusa miraculeusement d'être soulevée (le *topos* est bien connu) et l'évêque Folcuin de Thérouanne arriva à temps en compagnie d'une foule rassemblée à la hâte pour récupérer le précieux trésor, ramené triomphalement au lieu d'où il avait été enlevé. Le retour fut marqué par de nombreux prodiges et, on s'en doute, par la juste punition du sacristain coupable. La mort d'Hugues, au combat en Aquitaine aux côtés des troupes de Charles le Chauve engagées contre Pépin II (le 14 juin 844), est ensuite rapportée par Folcuin, qui introduit de la sorte une implicite relation de cause à effet. Hugues aussi aurait donc été puni par le saint[26].

Folcuin replace l'épisode dans le cadre de la rivalité entre les deux communautés: c'est, en effet, un moine qui favorisa le projet visant à déposséder les chanoines de leur saint patron. Il est possible que l'entreprise d'Hugues ait été soutenue par d'autres moines comme en témoigne la halte au domaine de Lisbourg dont on peut penser qu'avant 877 il était affecté à la mense conventuelle[27]. Mais quels furent donc les motifs qui purent alors pousser Folcuin à développer si longuement (au regard des autres passages narratifs des *Gesta*, sensiblement plus courts) un épisode qui nuisait à l'image de la communauté monastique? Le chroniqueur le rappelle rapidement au début de l'épisode. Il s'agit d'expliquer pourquoi les *decennovenales* de Saint-Bertin conservaient le souvenir d'une *translatio*, fêtée tous les ans au mois de juin. Folcuin ne précise pas le quantième mais il est possible de l'établir à la lecture d'une charte du prévôt de Saint-Omer, Helecinus, donnée en 1018, «le 6 des ides de juin, c'est-à-dire le jour de la translation de saint Omer»; il s'agit donc du 8 du mois[28]. Derrière l'amplification hagiographique, le récit de Folcuin vient justifier l'instauration d'une nouvelle fête liturgique en l'honneur d'Omer. Elle suggère donc la vitalité de son culte. Dans le contexte de la rivalité entre les deux établissements, l'évêque Folcuin eut aussi l'habilité de ne pas en rester là. Trois ans plus tard, le 16 juillet 846, il procéda à l'élévation du corps de Bertin[29]. On a pu mettre cette cérémonie en rapport avec le passage

[26] Folcuin, Gesta abbatum Sithiensium, éd. Holder-Egger, c. 57, 617–618; l'épisode est résumé très succinctement dans la Vita Folcuini, éd. Holder-Egger, c. 7, 428 avec ce détail: pour éviter qu'un tel épisode ne se renouvelle, les reliques auraient été enfouies avant d'être redécouvertes.

[27] Recueil des actes de Charles le Chauve 2, n° 430, 462 (20 juin 877); comme l'a montré Van Caenegem, Le diplôme de Charles le Chauve du 20 juin 877, 409 et 412, Lisbourg fait partie de ces biens qui sont réaffectés par l'empereur *ad victum fratrum;* comme le domaine n'apparaît pas dans le polyptyque dressé par l'abbé Adalard (844/859), il pourrait s'agir d'un bien de la mense abbatiale restitué aux moines.

[28] La charte d'Helecinus est commentée dans Tock, Les mutations du vocabulaire latin des chartes, 142–148 et rééditée à partir de l'édition procurée dans le Gallia Christiana 3 (1725), Instrumenta, 111–112, *ex manuscripto ecclesiae S. Audomari*: ce manuscrit correspond sans nul doute au *Codex argenteus* du chapitre puis de la cathédrale aujourd'hui disparu (de Linas, Notice sur la reliure, 65–66 en donne une description).

[29] Folcuin, Gesta abbatum Sithiensium, éd. Holder-Egger, c. 58, 618; Folcuin, Vita Folcuini, éd. Holder-Egger, c. 7, 428.

des Normands[30]. Il nous paraît plus convaincant de la placer dans le cadre d'une certaine surenchère qui avait gagné les deux communautés au sujet de leurs saints respectifs. Mais cette surenchère se faisait à l'avantage de Sithiu dans son ensemble qui récupérait les fruits de ce rayonnement spirituel sur le diocèse, ce qui relativise assurément la rivalité présentée par Folcuin.

Tout indique que l'on voulait donner le meilleur éclat aux célébrations en l'honneur des deux saints. Au début du IXe siècle, la *depositio* d'Omer fut déplacée du 1er novembre au 9 septembre, très vraisemblablement pour éviter de se trouver en concurrence avec la fête de la Toussaint qu'Alcuin – dont Fridugise était le disciple[31] – avait cherché à diffuser dans l'Empire[32]. Au début du XIe siècle, l'abbé Bovon prétendit que les deux fêtes de juin et de juillet avaient été instaurées pour assurer aux saints les célébrations solennelles qu'il n'était pas possible de leur consacrer au mois de septembre à la date de leur *depositio* (le 5 pour Bertin[33]) car à ce moment les récoltes accaparaient les fidèles[34]. Le témoignage, si tardif soit-il, est significatif de l'importance exclusive que moines et chanoines voulaient donner aux célébrations en l'honneur de leurs saints patrons qui avaient vocation à protéger l'ensemble du diocèse comme le rappelle précisément Folcuin: «Omer, de concert avec son compagnon Bertin, gouvernait le peuple du Ternois»[35].

Il ne fait pas de doute que moines et chanoines se sont au IXe siècle très fortement identifiés aux figures tutélaires de leurs établissements respectifs, encourageant ainsi l'essor de leurs cultes. L'évêque de Thérouanne tenta tant bien que mal d'établir un certain équilibre entre ces deux cultes. La surenchère renforçait en définitive le prestige collectif des deux patrons de Sithiu au détriment de la cité épiscopale. Elle put aussi se traduire par la recherche de nouveaux modèles de sainteté. Cela invitait les moines à mettre l'évêque Folcuin lui-même à l'honneur.

UN NOUVEAU MODÈLE DE SAINTETÉ: L'ÉVÊQUE FOLCUIN

Au début du Xe siècle, Saint-Bertin s'enrichissait d'un nouveau modèle de sainteté en la personne de l'évêque de Thérouanne, Folcuin († 855). L'intérêt du dossier hagiogra-

[30] GAIFFIER, Le calendrier d'Héric, 416, n. 16; en fait, ce n'est qu'à la fin du Xe siècle qu'un copiste de Saint-Bertin a ajouté en marge des Annales de Saint-Bertin la mention *Sithdiu nomine* pour identifier le *quidam monasterium direptum incensumque* par les Normands en 845 (Annales de Saint-Bertin, éd. GRAT/VIEILLARD/CLÉMENCET, a° 845, 50); LOT, Le monastère inconnu pillé par les Normands, a montré que le monastère pillé était en fait celui de Saint-Germain-des-Prés.

[31] DEPREUX, Prosopographie, n° 104, 199.

[32] En 808, la *depositio* d'Omer était encore fêtée le 1er novembre comme en témoigne la donation de la veuve Lebtrude (Diplomata belgica, éd. GYSSELING/KOCH, n° 23, 44: *festivitas sancti Audomari kalendis novembris*); voir sur ce point le commentaire de Levison dans son introduction à l'édition de la Vie d'Omer (730); Usuard (éd. DUBOIS, 300) et Héric d'Auxerre (GAIFFIER, Le calendrier d'Héric, 421) ont déplacé la *depositio* au 9 septembre.

[33] Le martyrologe d'Usuard, éd. DUBOIS, 297.

[34] Relatio de inventione Bertini, éd. HOLDER-EGGER, c. 4, 530: *Quorum etiam sanctas translationes distinctis temporum diebus a cuncto populo diocesis suae magnificentius celebrandas sancivit, ut, quidquid in eorum depositionibus sanctis mense septembri concurrentibus, urgente messis necessitate, minus digne celebrarent, his sanctarum translationum sollempnitatibus liberius exsolvere possent*; voir GAIFFIER, Études critiques, 491; Bertin est effectivement inscrit au 16 juillet dans plusieurs calendriers, dont celui d'Héric d'Auxerre (GAIFFIER, Le calendrier d'Héric, 416, n. 16); pour Omer, en revanche, Héric ne donne pas la date du 8 juin mais inscrit celles du 19 janvier et du 24 août (ibid., 408 et 420).

[35] Folcuin, Gesta abbatum Sithiensium, éd. HOLDER-EGGER, c. 57, 617: *sancti Audomari corpus, cuius ope et ausilio una cum sodali suo Bertino Taruennicus gubernatur populus.*

phique de ce personnage réside évidemment dans le fait que les éléments littéraires ont été composés par son arrière-petit-neveu. On met ainsi en lumière un modèle de sainteté répondant à de multiples exigences: celles d'une famille, d'une communauté monastique, mais aussi d'un diocèse dans son ensemble.

Le développement du culte de Folcuin

Plusieurs passages des *Gesta* de Folcuin mettent en scène cet évêque carolingien. Quelques années après sa nomination comme abbé de Lobbes (965), le même auteur consacra ensuite une Vie à son aïeul[36]. Le texte est dédicacé à l'abbé Gautier[37]. On en conserve deux témoins manuscrits, qui furent copiés sous l'abbatiat de l'abbé Odbert au tournant de l'an mil: l'un par les soins d'un collaborateur de l'abbé, un certain Dodelin, que l'on voit compléter en 993 la charte de donation du domaine d'Herbelles (975)[38]; l'autre, particulièrement solennel, qui regroupe les saints les plus éminents du monastère et dont il sera question plus loin[39].

On s'en souvient, la mort surprit l'évêque Folcuin lors de la visite pastorale qu'il effectuait dans le Mempisque le 14 décembre 855. Son corps fut, sans retard, transporté à Sithiu et enseveli dans l'antique basilique Saint-Martin. Son tombeau prit place à la droite de celui de Bertin. Le 13 novembre 928, eut lieu à Sithiu l'élévation solennelle des reliques de l'illustre évêque (peut-être par l'évêque Étienne), en présence du comte et abbé Adalolphe, fils de Baudouin II et frère d'Arnoul Ier. À cette occasion, un nouveau mausolée fut édifié dans la partie droite de l'église[40]. L'arrière-petit-neveu de l'évêque, qu'un mal tenace empêchait de se déplacer autrement qu'avec une canne, se rendit un jour dans la basilique pour implorer saint Bertin mais, en raison de la configuration des lieux, prit d'abord le temps de prier auprès du sépulcre de son ancêtre. Il y fut miraculeusement guéri et, reconnaissant, composa l'épitaphe qui y fut inscrite[41].

Dans ses *Gesta*, Folcuin le jeune ne se prive donc pas d'associer son grand-oncle aux saints fondateurs de Sithiu, quitte à corriger ses sources. Le *Libellus* des miracles de saint Bertin faisait, en effet, état de la victoire des *castellani* du monastère contre les Normands en 891 et l'attribuait à Dieu, *intercurrentibus electorum suorum Audomari atque Bertini meritis*. Qu'à cela ne tienne, le chroniqueur corrige le passage dans son propre texte et prétend que la victoire revint aux «mérites des saints Omer, Bertin et Folcuin»[42]. Il ne semble pourtant pas que l'évêque ait fait l'objet d'un culte spontané avant l'élévation (trop) organisée par les membres de sa famille.

Folcuin fut assurément l'impresario zélé – pour reprendre l'expression chère à Peter Brown – du culte de son arrière-grand-oncle. On peut ainsi lire d'un œil neuf ses

[36] Les emprunts à la *Vita Brunonis* de Ruotger signalent que le texte a été écrit après 968/969; Folcuin meurt en 990.

[37] Mentionné dans une charte datée du règne d'Hugues Capet (987 † 996) et copiée à la suite des *Gesta* de Folcuin (éd. Holder-Egger, 634–635; éd. Guérard, 168); c'est tout ce que Jean le Long savait de cet abbé (qu'il présente comme le trente-deuxième) au XIVe siècle: cf. Jean le Long, Chronica, éd. Holder-Egger, c. 32, 779.

[38] Saint-Omer, Bibl. mun., ms 342bis, qui ne conserve plus que des fragments de la Vie (fol. 104–104v): voir à ce propos Wilmart, Les livres de l'abbé Odbert, 173–174; sur Dodelin, voir Les chartes de Saint-Bertin, éd. Haigneré, n° 64, 21, et Lobrichon, Psautier glosé d'Otbert de Saint-Bertin, 266.

[39] Boulogne-sur-Mer, Bibl. mun., ms 107, fol. 78–97v.

[40] Folcuin, Gesta abbatum Sithiensium, éd. Holder-Egger, c. 104, 627 et Folcuin, Vita Folcuini, éd. Holder-Egger, c. 13, 430; ibid., c. 66, 620 pour la mention de la *festivitas translationis sancti Folcwini* le 13 novembre.

[41] Ibid., c. 12, 429–430.

[42] Folcuin, Gesta abbatum Sithiensium, éd. Holder-Egger, c. 96, 623.

Gesta. Les passages narratifs consacrés à l'évêque de Thérouanne sont en effet considérablement développés. Sous prétexte d'éclairer le lecteur sur le sens de telle fête instaurée en l'honneur d'Omer, Folcuin, comme on l'a vu, écrit un long paragraphe à la gloire de son ancêtre, qui aurait mis en échec la translation des reliques d'Omer organisée par l'abbé Hugues. Pour rétablir la concorde entre les deux communautés, il aurait procédé à l'élévation du corps de Bertin. Pour cela, on sent que le chroniqueur a mené une véritable enquête en interrogeant des gens qui, par leur fonction, pouvaient avoir des informations qu'il ne pouvait obtenir dans sa famille (au sein de laquelle il s'informa naturellement, par exemple pour évoquer la cérémonie de 928 à laquelle son père avait assisté). Ainsi en va-t-il de l'épisode concernant la nomination d'un chôrévêque que Folcuin assure tenir de la bouche même de l'évêque Wicfrid[43]. En définitive, le chroniqueur profite de l'occasion que lui donne la rédaction des *Gesta* pour dresser un premier dossier hagiographique de l'évêque, qu'il remania ensuite sous la forme d'une Vie (sans néanmoins en reprendre tous les éléments). Dans la préface de ce texte, Folcuin déplorait que seule la *rumor popularis* ait jusqu'à présent entretenu le souvenir du prélat[44]. Il n'est évidemment pas question de prendre cette affirmation au pied de la lettre car on peut appliquer une nouvelle grille de lecture à ses propres *Gesta*. Leur rédaction ne témoigne pas seulement du souci d'assurer une meilleure gestion des biens du monastère ni d'élaborer une mémoire commune fédérée par la sainteté collective reconnue aux abbés de Sithiu – des traits que l'on peut retrouver ailleurs dans ce genre narratif[45] – mais elle permet à leur auteur de développer subrepticement, en filigrane de son entreprise avouée, un nouveau modèle familial de sainteté.

Les caractères de la sainteté de Folcuin

D'après son arrière-petit-neveu, le prélat aurait lui-même demandé à être inhumé à Sithiu. Est-ce à dire qu'il avait été lié à la communauté de Sithiu avant son épiscopat et, comme on peut le lire parfois, qu'il y avait été moine avant 817?[46] On pourrait émettre une sérieuse objection en rappelant que rien, ni dans les *Gesta*, ni dans la Vie, ne va dans ce sens. Or, il aurait été étonnant que l'auteur, lui-même moine de Saint-Bertin, n'en ait rien su; à moins de considérer que la chose était tellement évidente qu'elle ne méritait pas d'être rappelée[47]. En 806, un certain Folcuin souscrit un acte de vente pour Sithiu donné en la *cella* de Beveren sur l'Yser[48]. En 821/823, une donation faite à la mense conventuelle du Mont-Blandin à Gand par Hartfrid et sa sœur Ruodgara associe un Folcuin à propos de biens situés dans la moyenne vallée de la Lys[49]. C'est précisément dans cette partie du Mempisque que le prélat vécut ses derniers instants. Pourrait-on en conclure que la famille de l'évêque était alors installée dans la région? Le succès que son activité pastorale semble avoir rencontré, au regard des échecs de ses successeurs, étrangers au diocèse, pourrait le laisser penser. Tout ceci rendrait vraisemblable son passage à Saint-Bertin pour y acquérir sa formation intellectuelle et spirituelle et

[43] Ibid., c. 61, 618.

[44] Folcuin, Vita Folcuini, éd. Holder-Egger, prologue, 425.

[45] Sot, Gesta episcoporum, 17–19.

[46] Voir dans ce sens, van der Straeten, Les manuscrits d'Arras et de Boulogne, 129; les traditions modernes sont pourtant muettes à cet égard, cf. Bled, Regestes des évêques de Thérouanne 1, 50–54.

[47] Il est en effet difficile d'interpréter strictement dans le sens d'une formation monastique ce que la Vie dit de son instruction: *cum sacras litteras didicesset divinamque legem, sacrorum graduum perfectionem indeptus est per ordinem* (éd. Holder-Egger, c. 4, 427).

[48] Diplomata belgica, éd. Gysseling/Koch, n° 22, 43.

[49] Liber traditionum antiquus, Diplomata belgica, éd. Gysseling/Koch, n° 49, c. 8 (14), 131.

expliquerait le souci qu'eurent les moines de Saint-Bertin, aux Xe–XIe siècles, de développer le culte de l'un des leurs. Une charte de l'évêque Drogon signale à ce propos que l'église de Gravelines lui était dédiée en 1040[50].

Selon Folcuin le jeune, son propre père (Folcuin) ainsi que son oncle (Regenwala), *beati viri carnali consanguinitate proximi*, manifestèrent leur désir de faire «élever» les restes de leur aïeul[51] – entendons que sa sainteté soit publiquement reconnue – et vinrent de Lotharingie à cet effet. Ils sollicitèrent ensuite l'«autorisation» d'Adalolphe, comte et abbé de Saint-Bertin (le comte de Flandre Baudouin II avait confié à son fils Adalolphe le Ternois et le Boulonnais ainsi que l'abbatiat laïc de Sithiu tandis que le reste de la principauté revenait à Arnoul Ier qui, à la mort de son frère en 933, récupéra l'ensemble de l'héritage paternel)[52]. Seule la Vie précise qu'ils «consultèrent» l'évêque Étienne de Thérouanne dont les *Gesta* ignorent la présence. À toutes les étapes, c'est donc bien la famille qui eut l'initiative. Folcuin laisse aussi entendre qu'ils organisèrent la cérémonie jusque dans ses moindres détails, ayant apporté avec eux tout ce qui était nécessaire au déroulement solennel d'une telle célébration ainsi qu'au banquet qui suivit[53]. Il n'est pas inutile de noter que la Vie corrige quelque peu cette première version en rendant le texte plus adapté à une utilisation monastique, ce qui éclaire en partie les mécanismes de stylisation hagiographique. Les noms des parents de l'auteur sont désormais passés sous silence – Folcuin évoque deux *spectabiles personae* – tandis que leur présence à Sithiu est expliquée par les visions dont ils furent gratifiés, leur enjoignant de faire procéder à l'élévation du corps de l'évêque. En réécrivant ainsi les origines de la cérémonie, Folcuin révèle d'autant mieux le caractère familial originel sur lequel il ne convient plus désormais d'insister dans un texte à l'usage de la communauté.

On pourrait se demander pourquoi la famille éprouva ainsi le besoin de développer le culte d'un ancêtre dont les reliques n'étaient pas conservées autour des possessions familiales, désormais établies en Lotharingie au Xe siècle. Les *Gesta* signalent cette implantation; on sait, par ailleurs, qu'un rameau de la famille était très lié à l'Église de Trèves dans le premier tiers du Xe siècle[54]. La nomination de Folcuin comme abbé de Lobbes participe de cette implantation lotharingienne de la famille (c'est d'ailleurs à Cologne qu'il fut ordonné à Noël 965 et non à Cambrai, même si l'évêque Engran présida effectivement la cérémonie)[55]. En procédant à cette élévation, les membres de la famille savaient que le monastère entretiendrait désormais la *memoria* familiale dont on rappelait de la même façon à quel point elle était liée aux Carolingiens – ce que Folcuin ne se priva pas de dire aux moines[56]. Les circonstances politiques peuvent

[50] Les chartes de Saint-Bertin, éd. Haigneré, n° 70, 24; à l'époque moderne cependant l'église était placée sous le patronage de saint Willibrord: Carnier, Parochies en bidplaasten in het bisdom Terwaan, 320; Thiofrid d'Echternach († 1110) prétend que l'apôtre des Frisons aurait débarqué à cet endroit: pour Philip Grierson (qui ignore l'attestation de 1040), il s'agirait d'une interprétation abusive du vocable de l'église de Gravelines, mais on peut aussi se demander dans quelle mesure la Vie de Thiofrid n'aurait pas contribué au changement dudit vocable (Grierson, The relations, 62).

[51] Folcuin affirme que les deux hommes étaient les fils d'Odwin, lui-même fils d'un autre Odwin; ce dernier et Folcuin étaient les fils d'Ermentrude et de Jérôme (fils de Charles Martel, précise la Vie); voir le tableau donné dans Le Jan, Famille et pouvoir dans le monde franc, 454 qui introduit un degré supplémentaire entre les deux Odwin.

[52] Dhondt, Recherches sur l'histoire du Boulonnais et de l'Artois, 99–102.

[53] Folcuin, Gesta abbatum Sithiensium, éd. Holder-Egger, c. 104, 627.

[54] Le Jan, Famille et pouvoir dans le monde franc, 260; ead., L'aristocratie lotharingienne, 87.

[55] Folcuin, Gesta abbatum Lobbiensium, éd. Pertz, c. 28, 69; Dierkens, Abbayes et chapitres, 120.

[56] Folcuin, Vita Folcuini, éd. Holder-Egger, c. 3, 427.

expliquer que la famille ait jugé opportun d'ancrer aussi en Francie occidentale une partie de son prestige. En écrivant la Vie de son arrière-grand-oncle un demi-siècle plus tard, Folcuin le jeune faisait bénéficier la famille de la considération qu'avait alors en Lotharingie la charge d'évêque d'Empire: ce n'est certainement pas un hasard si, parmi les emprunts de l'auteur, on relève exclusivement des passages de la Vie de Brunon de Cologne († 965) – sans doute le meilleur représentant de l'Église impériale ottonienne –, écrite peu d'années auparavant par Ruotger, un moine de Saint-Pantaléon de Cologne, à la demande de son successeur Folcmar.

Les moines de Sithiu n'ont pas été à l'origine du culte de Folcuin, mais ils le développèrent au tournant de l'an mil. En ce sens, le saint évêque de Thérouanne peut être rapproché d'une autre figure de sainteté célébrée à Sithiu, celle de Silvin d'Auchy, honoré comme évêque dès le IXe siècle et dont les reliques furent confiées aux moines bertiniens par le comte de Flandre au milieu du Xe siècle.

LE CULTE DE SILVIN D'AUCHY

L'insertion de saint Silvin d'Auchy au sein du sanctoral bertinien témoigne tout autant de cette captation du culte des reliques qui s'opère en faveur de Sithiu dans le courant du Xe siècle. Auchy est situé au sud du diocèse de Thérouanne, dans la vallée de la Ternoise, près de l'actuelle ville d'Hesdin. Autour de son tombeau – on s'en souvient – aurait été rassemblée une communauté féminine au VIIe siècle.

Les reliques déposées par le comte de Flandre

L'arrivée des reliques de Silvin à Saint-Bertin n'est pas un événement isolé mais a été précédée de celle des corps de Valéry (de Leuconay) et de Riquier (de Centule). On aura l'occasion de rappeler plus loin que le comte Arnoul Ier de Flandre eut à cœur de mener une véritable «politique de reliques» – pour reprendre l'expression de Edina Bozóky[57] – dont l'abbaye du Mont-Blandin à Gand fut le principal bénéficiaire. En la matière, les moines de Saint-Bertin ne furent pas négligés par le puissant marquis qui, en concentrant ainsi les trésors spirituels de sa principauté en quelques établissements soigneusement choisis (il était abbé laïc du Mont-Blandin et de Sithiu), associait le prestige et l'efficacité des reliques à sa propre autorité. Les translations de reliques sont aussi à replacer dans le contexte particulier de l'extension territoriale du comté de Flandre vers le sud.

Sous Arnoul Ier, la Flandre connaît une expansion territoriale qui porte ses frontières très au sud de la principauté, vers le Ponthieu. Dès les années 930, les Flamands manifestent leur intérêt pour la basse vallée de la Canche. En 939, le comte s'empare momentanément de Montreuil. En 947 il menace une nouvelle fois la ville dont il se rend maître en 951[58]. Ce changement de souveraineté dans la région s'accompagne ensuite du rapt des reliques des saints Valéry et Riquier, apportées à Saint-Bertin les 24 et 29 août 952[59]. Folcuin ne consacre qu'une mention assez furtive à cette *adventus* forcé des saints de Leuconay et de Centule. Hariulf développe davantage cet épisode en

[57] Bozóky, La politique des reliques, 272; à propos d'Arnoul Ier et de Gérard de Brogne, voir ibid., 276–278.

[58] Flodoard, Annales, éd. Lauer, a° 939, 72; ibid., a° 947, 105; ibid., a° 951, 131; sur tout ceci, voir désormais Bauduin, La première Normandie, 154–161.

[59] Folcuin, Gesta abbatum Sithiensium, éd. Holder-Egger, c. 108, 630.

rappelant qu'Arnoul fit d'abord porter à Montreuil les reliques de Riquier et de Valéry avant de les confier à Saint-Bertin – qu'il qualifie de *locus fidentior*[60]. En tout cas, les deux saints ne manquèrent pas d'être mis à l'honneur par la communauté et participèrent en 959 aux cérémonies célébrées à Sithiu pour conjurer les inquiétants présages qui se multipliaient dans le diocèse[61]. Néanmoins la bonne fortune des Bertiniens n'eut qu'un temps. La mort d'Arnoul Ier en 965 affaiblit la puissance flamande et permit au duc des Francs, Hugues Capet, de s'imposer en Ponthieu. Cette nouvelle domination s'est traduite par le retour des reliques des deux saints dans leurs monastères respectifs en 981[62]. La perte de ces corps saints incita assurément les moines à développer le culte d'une troisième figure dont les reliques avaient été apportées à Sithiu, en même temps que celles de Valéry et de Riquier, mais qui était jusque-là resté dans l'ombre: saint Silvin.

Folcuin avait tout aussi discrètement signalé l'arrivée de ces nouvelles reliques à Sithiu le 15 février 951. Cette discrétion est d'autant plus compréhensible qu'il s'agissait ouvertement d'un vol commis par le comte. Le chroniqueur ne donne aucune information sur l'endroit où le larcin fut perpétré mais précise qu'il s'agissait d'un *monasterium*. On suppose bien entendu qu'il est question d'Auchy où Silvin avait été inhumé[63].

Ces circonstances embarrassèrent les moines au XIIe siècle qui grattèrent sans ménagement la copie du cartulaire de Folcuin[64]. Au XIVe siècle, la Chronique de Jean le Long s'étend davantage sur cet épisode et rapporte qu'à la suite du vol des reliques, un ultimatum avait été lancé aux habitants d'Auchy, exigeant à une date fixée, avant les matines, le versement d'une certaine somme d'argent en échange du retour du corps: une véritable rançon en somme. Les habitants d'Auchy ayant traîné en chemin, la cloche sonna l'office avant leur arrivée; on accusa alors les moines de Saint-Bertin d'avoir à dessein avancé l'heure de l'office mais on ne trouva pas de sonneur dans la tour. Il fallut donc se rendre à l'évidence: le saint avait lui-même signifié son désir de rester à Sithiu. La réécriture de l'épisode vient légitimer de façon très honorable la présence des reliques puisque le saint lui-même aurait ainsi donné son assentiment[65].

Malgré la modestie du sanctuaire où il était honoré, Silvin n'était pas pour autant un inconnu.

Le culte de Silvin à Auchy

Dans le manuscrit autographe du martyrologe d'Usuard, composé à Saint-Germain-des-Prés entre 850 et 865 environ, puis corrigé par ses soins jusqu'à sa mort en 877 ou peu après, on peut lire au 17 février la mention de la fête de Silvin, *Tarvenensis episcopus*. Un autre éloge a ensuite été ajouté, qui corrige la titulature du saint (*In pago Tarvenensi, sancti Silvini, Tolosanae episcopi*, le génitif signifiant ainsi que l'évêque était originaire de Toulouse et non titulaire de ce siège). Malheureusement, le feuillet

[60] Hariulf, Chronicon Centulense, éd. Lot, l. III, c. 22, 150–152, qui fait aussi état de la tentative réussie de l'abbé Fulchericus de Centule pour récupérer les saintes reliques après avoir soudoyé le *custos* de Montreuil; Arnoul serait cependant venu les récupérer.

[61] Folcuin, Gesta abbatum Sithiensium, éd. Holder-Egger, c. 109, 631.

[62] Folcuin naturellement n'en dit rien; Hariulf, Chronicon Centulense, éd. Lot, l. III, c. 24, 155–157; sur ces translations successives, voir Bozóky, Le recouvrement des reliques des saints Valéry et Riquier.

[63] Folcuin, Gesta abbatum Sithiensium, éd. Holder-Egger, c. 108, 630.

[64] Il est tout à fait significatif de constater que la mention *furtim ablatum* du récit de Folcuin a été grattée dans la copie du XIIe siècle qui fut faite des *Gesta* (Boulogne-sur-Mer, Bibl. mun., ms 146, fol. 51v, l. 31), ce qu'ignore l'édition de Guérard (147).

[65] Jean le Long, Chronica, éd. Holder-Egger, c. 26, 774–775.

original contenant l'éloge de Silvin a disparu et a été remplacé par une copie du XIe siècle; on ne peut donc avoir la preuve matérielle (grattage) qu'Usuard a modifié lui-même son texte mais cela reste très vraisemblable au regard des méthodes de travail du moine mises en évidence par Dom Dubois en observant l'ensemble du manuscrit[66]. L'éloge d'Usuard et la correction qu'il ajouta semblent montrer qu'après une première rédaction de son travail, ce dernier a eu connaissance de la Vie et a corrigé en conséquence son manuscrit. Par la suite, lorsqu'Adon de Vienne composa la deuxième recension de son propre martyrologe[67], il l'enrichit de notices trouvées chez Usuard (avant correction) et inscrivit donc à la date fautive du 15 février le *natale sancti Silvini Tarvanensis episcopi*. Mieux, il compléta le premier éloge d'Usuard par les mots suivants: *et confessoris cuius gesta habentur*, ce qui montre, certes, qu'il n'avait pas lu la Vie du saint (en tout cas, celle que nous connaissons aujourd'hui) mais qu'il savait qu'elle circulait.

Dans la deuxième moitié du IXe siècle, le culte de Silvin est donc suffisamment connu pour que le saint soit mentionné dans les martyrologes, et les confusions concernant son titre épiscopal trouvent là leur explication.

La Chronique de Bèze – rédigée au XIIe siècle – évoque la fuite des moines de Saint-Prudent devant les Normands à l'extrême fin du IXe siècle et le refuge qu'ils trouvèrent dans la cathédrale Saint-Étienne de Dijon[68]. Les remparts du *castrum* pouvaient donc offrir une excellente protection (déjà louée par Grégoire de Tours à la fin du VIe siècle[69]) au saint martyr dont le corps avait été volé dans des conditions rocambolesques en Aquitaine en 881 par l'évêque de Langres, Geilon[70]. L'auteur de la Chronique, un moine nommé Jean, précise également que d'autres reliques furent ensuite déposées là, notamment celles de saint Médard (de Soissons) et de Silvin où elles restèrent plusieurs années. La paix étant revenue, le corps de saint Prudent revint à Bèze accompagné désormais de ceux de Silvin et d'Anglia, *ejus familiarissima*[71], sous l'épiscopat de Guarnerius, le 23 septembre 921[72].

Les Actes de saint Prudent, rédigés aussi au XIIe siècle par le moine Thibaud, développent quelque peu ce sobre récit. Sous la protection du duc Richard, plusieurs corps saints se seraient retrouvés à Dijon et en particulier celui de Prudent qui y resta trente ans. Sous l'épiscopat de l'évêque Guarnerius, les moines de Bèze – réinstallés dans leur monastère d'origine – finirent par demander la restitution de leur saint patron mais, connaissant les miracles effectués par ce dernier, les habitants de Dijon – en fait les clercs de Saint-Étienne – imaginèrent un habile subterfuge pour tromper à la fois l'évêque et la communauté monastique. Sous le nom de Prudent, ils rendirent en fait d'autres reliques, précisément celles de Silvin, qui n'avaient assurément pas le même éclat. Quelques jours plus tard, Prudent lui-même apparut à l'évêque et, par un long discours, dénonça la mystification. Son corps fut finalement rapporté en triomphe à

[66] Le martyrologe d'Usuard, éd. DUBOIS, 182–183; l'origine toulousaine de Silvin évoquée par Usuard a été exploitée par ROUCHE, L'Aquitaine des Wisigoths aux Arabes, 435.

[67] Le martyrologe d'Adon, éd. DUBOIS/RENAUD, 87.

[68] Sur cet édifice du haut Moyen Âge qui recut par la suite le vocable de Saint-Médard, voir Jean-Charles PICARD, Dijon, Topographie chrétienne des cités de la Gaule 4 (1986), 60–61.

[69] Grégoire de Tours, Historiarum libri decem, éd. KRUSCH/LEVISON, l. III, c. 19, 120.

[70] Paul VIARD, Prudenzio, Bibliotheca sanctorum 10 (1968), 1129–1230; Jacques PYCKE, Geilon, Dictionnaire d'histoire et de géographie ecclésiastique 20 (1984), 256–258; GEARY, Le vol des reliques au Moyen Âge, 13–14.

[71] Chronicon Besuense, éd. PL 162, 888; Silvin est à nouveau présenté à tort comme évêque de Thérouanne, voir à ce propos VAN DER ESSEN, Étude critique et littéraire, 415, n. 2 qui admet cependant la réalité de la translation du IXe siècle.

[72] Chronicon Besuense, éd. PL 162, 891.

Bèze le 23 septembre 921[73] et la communauté put aussi conserver les reliques de Silvin «ayant circulé sous un faux nom»[74]. Comme le conclut cet hagiographe, peut-être trop enclin à suivre les débordements de son imagination, «ainsi grâce à saint Prudent, Bèze eut le mérite de recevoir Silvin, remarquable confesseur du Christ»[75].

Ces épisodes peuvent trouver une explication satisfaisante. Il n'est, en effet, jamais fait mention d'une quelconque communauté accompagnant les reliques et l'on peut donc penser que seuls quelques fragments du corps saint se sont retrouvés à Dijon, vraisemblablement rapportés d'Auchy dans des circonstances habituelles, c'est-à-dire à la suite d'un pèlerinage. C'est en tout cas ce que pourrait laisser penser le chapitre vingt-quatre de la Vie qui fait justement mention de cette femme aveugle, *Burgundisensibus orta finibus*, avertie en songe de se rendre à Auchy et guérie auprès du tombeau de Silvin. Nul doute qu'elle ait repris la route avec des reliques – peut-être de simples objets mis en contact avec le sépulcre – qui ont pu être ensuite déposées à Bèze à une date indéterminée, dans tous les cas avant la rédaction des deux récits au XIIe siècle. Ceux-ci ont donc interprété la présence insolite des reliques dans le trésor du monastère pour imaginer une improbable translation sous la menace normande, le motif étant abondamment utilisé par les hagiographes en quête de vraisemblance historique. En tout cas, si cet épisode bourguignon ne peut rien nous apprendre sur le sanctuaire et la communauté d'Auchy, il témoigne, au plus tard au Xe siècle, du rayonnement du culte de Silvin et des échos que l'on peut encore déceler au XIIe siècle. Au culte du saint d'Auchy semble d'ailleurs avoir été associé, si l'on suit la Chronique, celui de la fondatrice du monastère appelée Anglia.

Saint-Bertin et le culte de Silvin

En 961–962, Folcuin ne se contente pas de rappeler fugitivement l'arrivée des reliques de Silvin à Sithiu, il insère un court développement sur le saint en indiquant au début de ses *Gesta* que son corps repose à Saint-Bertin. Il assure en même temps que Silvin fut bien évêque de Thérouanne – cette titulature erronée vient d'Usuard, on l'a vu, et dans le cas présent, permettait de rehausser le prestige des reliques acquises par Saint-Bertin – mais reconnaît implicitement l'erreur en l'excluant quelques lignes plus loin de la succession épiscopale depuis l'évêque Omer[76].

Si les moines de Saint-Bertin ne purent s'opposer au retour des reliques des saints Riquier et Valéry dans leurs monastères respectifs, en revanche, on sait qu'ils ne se séparèrent pas de celles de Silvin, même après la restauration de l'abbaye d'Auchy, dont l'abbé continuait à être élu parmi les moines de Sithiu[77].

À partir de la fin du Xe siècle, le développement du culte de Silvin peut se mesurer à l'utilisation que les faussaires firent du personnage. Silvin connut en effet un certain succès auprès des clercs en quête d'autorité pour des récits et des documents récemment forgés. Lorsque dans le premier tiers du XIe siècle, les chanoines de Notre-Dame d'Arras cherchent à protéger leurs possessions foncières, ils imaginèrent un aberrant privilège sollicité en leur nom par l'évêque de Cambrai, Vindicien, auprès d'un énig-

[73] Acta, translationes et miracula Prudentii, éd. DE BUE, l. III, c. 38–43, 361–362.

[74] Pour citer l'étude du chanoine PLATELLE, Reliques circulant sous un faux nom, qui fait mention de plusieurs autres cas similaires (mais non de celui des reliques de Silvin).

[75] Acta, translationes et miracula Prudentii, l. III, c. 43, 362.

[76] Folcuin, Gesta abbatum Sithiensium, éd. HOLDER-EGGER, c. 19 et c. 22, 611; voir DUCHESNE, Fastes épiscopaux 3, 134, n. 8; à l'époque de Folcuin, Silvin était fêté le 15 février (et non le 17), suivant en cela le martyrologe d'Adon et non celui d'Usuard.

[77] Voir par exemple le privilège de Pascal II du 25 mai 1107 (plusieurs fois renouvelé par la suite) dans Simon, Gesta abbatum Sithiensium, éd. GUÉRARD, l. II, c. 9, 219.

matique pape Jean[78]. Pour ce faire, ils s'inspirèrent du faux privilège forgé par les moines de Saint-Vaast vers 994–995 à l'occasion du conflit ouvert entre l'abbé Fulrad et les évêques de Cambrai, Rotard puis Erluin[79]. Les souscriptions du document produit par les chanoines sont plus étoffées et l'on y trouve pêle-mêle d'influents prélats du VIIe siècle comme Ouen de Rouen et Outrille de Bourges ainsi que des évêques imaginaires nommés entre autres André, Bonibert et Nautor. Et dans cette liste, les faussaires ont cru bon d'introduire le *signum* de Silvin entre ceux de Ravengarius de Thérouanne et de Léger d'Autun, tous deux bien attestés.

Dans le courant du XIe siècle, le clerc anonyme qui composait la Vie de sainte Berthe de Blangy n'hésita pas à étoffer les maigres informations qu'il possédait sur cette riche veuve de la fin du VIIe siècle en introduisant des éléments bien peu dignes de foi, dont un invraisemblable récit de consécration du monastère. La sainte femme ayant convoqué plusieurs évêques illustres, ceux-ci ne purent officier car l'hysope n'avait pas été préparé. Parmi les prélats qui auraient entouré l'évêque consécrateur, Ravengarius de Thérouanne, se seraient pressés Ansbert de Rouen, Germain de Paris (!), Léger d'Autun, Éloi de Noyon/Tournai, Aubert de Cambrai et enfin, *sanctus Silvinus advena episcopus, de Tolosa veniens*[80]. Dans les deux cas évoqués, l'association de Ravengarius et de Silvin semble indiquer que les auteurs ont puisé leur inspiration dans une même source. Cette utilisation de Silvin par les faussaires témoigne en tout cas de la réputation qu'il avait pu acquérir au début du XIe siècle.

LES SAINTS DE SITHIU DANS LA DEUXIÈME MOITIÉ DU Xe SIÈCLE

On a pu évoquer la situation d'unanimité autour du retour des reliques d'Omer en 843. Il est vrai que notre informateur, Folcuin, tient la plume un siècle plus tard. Peut-être évoque-t-il la procession de 843 à l'aune d'une autre cérémonie à laquelle il a pu assister en 959. Celle-ci est hautement révélatrice des rapports que les fidèles du diocèse et la hiérarchie ecclésiastique entretenaient avec les saints de Sithiu au Xe siècle.

Les saints de Sithiu, protecteurs privilégiés du diocèse

Au début de l'année 959, des croix tachaient mystérieusement les vêtements des habitants de la région. Le phénomène inquiétait de jour en jour davantage la population et l'évêque Wicfrid prit finalement l'initiative d'un pèlerinage. C'est donc bien à Sithiu qu'une foule nombreuse – venue d'un peu partout dans le diocèse – se retrouva le 22 janvier pour implorer la protection des saints Omer et Bertin. Un jeûne avait été imposé. La procession des pèlerins se rendit à Saint-Omer et les clercs vinrent prendre la châsse contenant les reliques du saint évêque. Il en alla ensuite de même à Saint-Bertin avec la châsse de Bertin et les reliques des saints Riquier et Valéry furent éga-

[78] Il fut inséré en 1024/1025 dans les *Gesta episcoporum Cameracensium* (éd. BETHMANN, l. I, c. 26, 410–412); voir FOURNIER, Sur quelques-uns des plus anciens documents de l'histoire d'Arras, 211–212.

[79] Sur ce faux, voir LEMARIGNIER, L'exemption monastique, qui corrige ainsi la date de 1030 proposée par FOURNIER, Sur quelques-uns des plus anciens documents de l'histoire d'Arras.

[80] Vita Bertae, éd. DU SOLLIER, c. 10–14, 51–52; l'épisode est commenté dans HELVÉTIUS, Le saint et la sacralisation de l'espace, 151–152; VAN DER ESSEN, Étude critique et littéraire, 420–421 n'avait pas remarqué que ce récit avait été introduit dans la copie des *Gesta* de Folcuin faite au XIIe siècle (éd. GUÉRARD, l. I, c. 12, 33–34), mais qu'il ne figurait pas dans l'œuvre originelle du chroniqueur.

lement emportées. C'est à mi-chemin entre les deux sanctuaires que l'évêque prononça son homélie et qu'eut lieu la spectaculaire promesse du châtelain Rodulfus et de son épouse. Le premier s'engagea à donner une terre à saint Bertin; la seconde céda immédiatement des bijoux en or (le couple complétait ainsi une donation faite auparavant en remerciement de la guérison de leur fils Gautier, atteint de la variole, qui fit d'ailleurs profession à Saint-Bertin). Mais ce n'est pas tout. Les reliques furent portées à Saint-Omer et la foule entra dans l'église en passant sous les châsses. Le procédé était assez courant: on considérait que les saints donnaient ainsi leur bénédiction[81]. La foule se pressa dans la collégiale, jugée plus apte à accueillir des laïcs, et particulièrement des femmes (quelques décennies auparavant, les moines de Saint-Bertin s'étaient en effet inclinés de très mauvaise grâce devant le souhait de la comtesse Adèle de venir prier saint Bertin dans l'abbatiale). Il ne semble pas qu'un tel succès ait été prévu. L'abbé prit finalement le parti de prolonger la cérémonie sous la forme d'une longue veillée. Au petit matin les corps saints furent reconduits dans leurs sanctuaires respectifs[82].

La cérémonie en dit long sur la ferveur des dévotions à l'égard des saints de Sithiu et sur le souci vigilant de l'évêque et de l'abbé d'entretenir un strict équilibre quant aux honneurs rendus aux deux patrons. On a dit que les reliques des saints Valéry et Riquier étaient présentes. Comme Bertin et Omer, ces deux saints étaient des représentants éminents de la sainteté mérovingienne et les patrons principaux de leurs communautés respectives. Est-ce à dire que Folcuin et Silvin furent délibérément négligés lors de la cérémonie de 959? Au XIVe siècle, Jean le Long n'hésita pas à ajouter leurs reliques au nombre des corps saints présents[83]. Il est tout à fait possible qu'ils n'aient pas été étroitement associés à cette journée même si, assurément, les moines de Saint-Bertin avaient fait beaucoup pour promouvoir leur culte et les associer aux saints fondateurs.

Le sanctoral de Saint-Bertin désormais plus étoffé

Il suffit de se tourner vers la documentation codicologique, diplomatique et liturgique pour se convaincre de l'intégration des saints Silvin et Folcuin dans le sanctoral bertinien.

Au XIe siècle, le *scriptorium* de Saint-Bertin produisit un superbe *codex* contenant une partie des dossiers hagiographiques de Bertin, Silvin et Folcuin auxquels a été associé Winnoc, le fondateur de Wormhout[84]. L'absence d'Omer est évidemment délibérée. Dom Wilmart propose de voir dans ce manuscrit une composition exécutée par ou pour l'abbé Odbert (987 † 1023), ce qui le daterait des toutes premières années du XIe siècle[85]. Ce manuscrit solennel contient notamment deux Vies de Bertin, le *Libellus miraculorum* rédigé à la suite des raids normands à Sithiu ainsi que les Vies de Folcuin et de Silvin. Particulièrement significative est la superbe représentation de Bertin entouré de Folcuin et Silvin (fol. 6v). Qu'un tel travail ait été réalisé au tournant

[81] SIGAL, Miracles in vita et miracles posthumes, 43.

[82] Folcuin, Gesta abbatum Sithiensium, éd. HOLDER-EGGER, c. 109, 631; Rodulfus est mentionné comme *castelli pretor urbanus* (ibid., c. 106, 628).

[83] Jean le Long, Chronica, éd. MARTÈNE/DURANDC. 27, 559: *cum deportatione sanctorum Audomari, Bertini, Folquini, Silvini, Wallarici atque Richarii;* les affirmations de l'abbé Bovon qui prétendit découvrir en 1050 le corps de saint Bertin tel qu'il avait été caché par l'évêque Folcuin (Relatio de inventione, éd. HOLDER-EGGER, c. 5, 530) sont discutées par UGÉ, Relics as tools of power, 66.

[84] Boulogne-sur-Mer, Bibl. mun., ms 107; VAN DER STRAETEN, Les manuscrits d'Arras et de Boulogne, 129 et 137–138.

[85] WILMART, Les livres de l'abbé Otbert, 180–181.

de l'an mil en dit long sur la place qu'occupaient désormait Silvin et Folcuin dans les dévotions des moines.

Il s'agit ensuite de la titulature du monastère telle qu'on peut la lire dans les chartes. Autour de 1026, un acte de l'évêque Hardouin de Noyon en faveur de Saint-Bertin est effectué *causa Dei amoris sanctique Petri et sancti Bertini, Folquini, Silvini quoque, qui in eodem coenobio requiescunt*[86]. Le 13 mai 1057, l'immunité est concédée par le pape Victor au monastère dirigé par l'abbé Bovon, *ubi eciam preclarus Christi confessor Bertinus, ipsius loci primus fundator ac abbas, cum Folquino ac Silvino, beatis confessoribus, corpore quiescit.*[87] Le 17 octobre 1075, une charte de l'évêque de Thérouanne, Drogon, mentionne à nouveau les saints Pierre, Martin, Bertin, Folcuin et Silvin[88]. Par un acte de 1112, l'évêque de Thérouanne, Jean de Warneton, assure enfin avoir consacré l'abbatiale et le cimetière et, pour ce faire, avoir convoqué les reliques des saints Omer, Bertin, Folcuin et Silvin, portées en procession puis en barque sur l'Aa afin de faire plus commodément le tour du monastère[89]. Certes, saint Bertin est plus volontiers invoqué seul dans la documentation diplomatique du monastère, néanmoins les quelques mentions relevées ci-dessus semblent être suffisamment significatives de la place – seconde mais non secondaire – consacrée à Folcuin et à Silvin à l'abbaye.

Une étroite association lie également les saints de Sithiu (et non plus uniquement ceux de Saint-Bertin) dans les sanctuaires voisins: un psautier-hymnaire de Marchiennes du début du XIe siècle signale ainsi dans l'ordre l'invocation *Audomare, Bertine, Folquine, Silvine*. Un sacramentaire du XIe siècle ayant servi à Manassès, abbé de Bergues-Saint-Winnoc (1078–1081), mentionne aussi les quatre saints[90], un manuscrit en provenance de Saint-Bavon de Gand (fin du XIIe siècle) associe de son côté Omer, Folcuin et Silvin[91], auxquels enfin est joint Bertin dans un psautier flamand du début du XIVe siècle, aujourd'hui conservé à la British Library[92].

Les chanoines et leur saint patron

Les moines de Sithiu n'ont pas hésité, au tournant de l'an mil, à étoffer leur sanctoral. On peut aussi déceler une entreprise similaire chez les chanoines de Saint-Omer mais à une époque un peu plus tardive.

En 956, moines et chanoines de Sithiu décidèrent de présenter les reliques de leur saint patron au roi de Germanie Otton Ier afin de récupérer des biens qu'ils possédaient sur la rive droite du Rhin, mais dont la gestion leur avait été abusivement retirée[93]. Parvenus à Tiel (non loin de Nimègue), les chanoines se virent refuser l'entrée de l'église pour y déposer les précieuses reliques. Mais la mort subite du prêtre local, qui avait négligé le saint pour se rendre aux bains, et le concours des habitants du *vicus*

[86] Simon, Gesta abbatum Sithiensium, éd. Guérard, l. I, c. 8, 177; l'authenticité de l'acte a été défendue par Dom Huyghebaert, Examen d'une charte non datée de l'évêque Hardouin.

[87] Simon, Gesta abbatum Sithiensium, éd. Guérard, l. I, c. 12, 181.

[88] Ibid., l. I, c. 19, 193.

[89] Ibid., l. II, c. 13A, 224–225.

[90] Coens, Litanies de Bergues-Saint-Winnoc, 299, n. 3 (Paris, Bibl. nat. de France, ms lat. 819).

[91] Coens, Recueil d'études bollandiennes, 265 (Gand, Bibl. de l'Université, ms 488, en provenance de Saint-Bavon) et 275 (Douai, Bibl. mun., ms 170, en provenance de Marchiennes).

[92] Coens, Litanies de Bergues-Saint-Winnoc, 296–297 (Londres, British Library, Add. 24 683).

[93] Sur les voyages de reliques: Bozóky, Voyage de reliques et démonstration du pouvoir, Kaiser, Quêtes itinérantes avec des reliques, Sigal, Les voyages de reliques aux XIe et XIIe siècles; pour cet episode, voir Bougard, La relique en procès, 44–45 (l'auteur a réuni un grand nombre de récits mentionnant le recours aux reliques des saints pour régler les conflits auxquels étaient confrontées les communautés monastiques des Xe–XIe siècles).

permirent finalement aux reliques d'être honorées dignement[94]. Arrivés à Nimègue, les chanoines témoignèrent de leur bonne foi devant Otton qui exigea la restitution de leurs biens et établit sur place deux avoués chargés de défendre désormais les intérêts de la communauté. Ces informations sont fournies par Folcuin en 961–962 dans ses *Gesta*[95]. La troisième Vie d'Omer se démarque néanmoins du chroniqueur en rapportant le projet de l'archevêque Brunon de Cologne; ce dernier aurait eu l'intention de profiter de la présence des reliques à Nimègue pour se les approprier. Une nuit, il fut frappé de douleurs intenses et de violents saignements de nez; il crut voir venir l'heure de sa mort jusqu'à ce qu'il comprît que le Seigneur punissait ainsi son entreprise à laquelle il renonça. Mieux, il se montra un excellent avocat auprès de son frère et favorisa désormais sans réserve les droits des chanoines. Les reliques d'Omer furent finalement rapportées en triomphe en Flandre[96].

Le voyage à Nimègue intervint dans le contexte de la réforme monastique de 944 et des restitutions de biens opérées par Arnoul Ier. Dans le cas présent, le comte encouragea la communauté dans ses démarches visant à récupérer des biens qui n'étaient pas situés dans sa propre principauté: *consentiente, immo compellente glorioso comite Arnulfo*, précise Folcuin en évoquant le voyage des moines et des chanoines. Bien qu'aucun document ne vienne confirmer la présence d'Otton à Nimègue en 956[97], il n'y a guère de raison de douter de sa réalité[98]. À cette époque, plusieurs autres monastères de Francie occidentale possédaient des biens en Germanie et furent ainsi confirmés dans leurs possessions par le roi saxon[99]. Folcuin ne dit rien de la tentative de Brunon à l'égard des reliques d'Omer. Faut-il pour autant rejeter cet épisode? Rien évidemment ne permet de le confirmer si ce n'est l'intérêt – partagé par beaucoup à l'époque – que portait l'archevêque de Cologne à l'égard des reliques des saints et que souligne son biographe Ruotger[100]. On peut toujours rejeter l'historicité de l'épisode[101], mais il ne faut pas pour autant renoncer à comprendre pourquoi il a pu être developpé de la sorte dans la troisième Vie du saint.

L'interpolation concernant la tentative de vol des reliques d'Omer attribuée à Brunon de Cologne peut être plus précisément datée. Folcuin n'en dit mot. En revanche, elle a été insérée dans la Vie copiée à la fin du XIe siècle dans le manuscrit 698 de la Bibliothèque de Saint-Omer[102]; l'épisode est aussi rapidement résumé par Lambert, chanoine de Saint-Omer, lorsque celui-ci, en 1119–1120, achève la fameuse encyclo-

[94] Sur le portus de Tiel, voir LEBECQ, Marchands et navigateurs 1, 146–147.

[95] Folcuin, Gesta abbatum Sithiensium, éd. HOLDER-EGGER, c. 109, 630–631 mentionne même le nom du lieu (il s'agit de l'église de Frechen) alors que la Vie le passe sous silence; COOLEN, Frechen et les possessions audomaroises en Rhénanie; ID., Les vignobles de Sithiu en Rhénanie.

[96] Vita Audomari tertia, éd. STILTING, c. 35–40, 414–415 (BHL 769).

[97] Deux séjours d'Otton à Nimègue sont connus par les diplômes qu'il y fit rédiger en juin 949 et en février 966; or Folcuin prétend que l'épisode s'est déroulé sous l'abbatiat de Regenold, donc après 954. Brunon meurt en 965.

[98] Caractéristique est par exemple le mauvais accueil du prêtre de Tiel qui prend ombrage de l'arrivée des reliques; l'hostilité des clercs locaux est fréquente lors de tels voyages: SIGAL, Les voyages de reliques aux XIe et XIIe siècles, 86–89 et KAISER, Quêtes itinérantes avec des reliques, 218–220.

[99] Dans le courant du Xe siècle, plusieurs évêques de Cambrai avaient auparavant administré les biens de leurs abbayes en Germanie comme Engran († 965) pour Corbie ou Ansbert († 971) pour Saint-Vaast d'Arras (Gesta episcoporum Cameracensium, éd. BETHMANN, l. I, c. 85 et 88, 432–433).

[100] Ruotger, Vita Brunonis, éd. OTT, c. 31, 31.

[101] L'historiographie médiévale a en effet beaucoup prêté à Brunon de Cologne sans qu'il soit toujours possible aujourd'hui de vérifier ces assertions, voir ainsi en Lotharingie, DUVOSQUEL/NAZET/VAN OVERSTRAETEN, Un problème d'historiographie médiévale.

[102] VAN DER ESSEN, Étude critique et littéraire, 408–409 avait remarqué que le manuscrit contenait la troisième Vie.

pédie du *Liber Floridus* en introduisant textes et miniatures relatifs à saint Omer[103]. En revanche, il semble qu'un manuscrit solennel copié pour le chapitre au début du XIe et connu à partir du XVIe siècle sous le nom de *Codex argenteus* n'ait pas encore présenté le récit du vol. Le manuscrit a disparu dans un incendie en 1871 mais la description qu'en a faite Charles de Linas permet d'être formel sur ce point[104].

On ne voit pas que les chanoines aient cherché à tout prix à étoffer leur sanctoral au tournant de l'an mil au moment où celui de Saint-Bertin prenait davantage d'ampleur[105]. Il semble donc qu'il faille relativiser la situation de «concurrence» entre les deux communautés de Sithiu. Au début du XIIe siècle néanmoins, lorsque les chanoines jugèrent utile de développer un nouveau modèle de sainteté, c'est vers Erkembode qu'ils se tournèrent: une personnalité dont ils possédaient les reliques[106], qui fut abbé de Sithiu et évêque de Thérouanne dans la première moitié du VIIIe siècle. Une Vie lui fut alors consacrée par l'abbé Jean de Saint-Bertin (1186 † 1230)[107].

On doit naturellement garder à l'esprit qu'Omer, Bertin, Folcuin, Silvin et Erkembode ne furent par les seuls saints honorés dans le diocèse de Thérouanne. D'autres le furent, qui n'ont jamais été en rapport avec Sithiu, comme Berthe à Blangy. Cela est moins vrai de Winnoc. Ils sont au demeurant assez peu nombreux. Il nous semble donc que cette image de Sithiu comme «fabrique de saints», si l'on pardonne le détournement de cette belle expression de Jean-Claude Schmitt[108], peut être mise en relation avec le relatif effacement de la cité épiscopale. Dans le diocèse de Thérouanne, Sithiu a effectivement capté à son profit le culte des saints en imposant certains de ses modèles. Dans le diocèse de Cambrai, c'est à la cité épiscopale que cette phrase s'appliquerait avec le plus de justesse. Il convient désormais de s'y intéresser.

[103] Fol. 270r, éd. Derolez, 541; Van Caenegem, The source of flemish history in the Liber Floridus, 74–75.

[104] de Linas, Notice sur la reliure, 65–66.

[105] Gaiffier, L'hagiographe et son public au XIe siècle, 506, suggère que «c'est au moment où les deux abbayes rivales se disputent au sujet de la suprématie, que sont composés tant à Saint-Bertin qu'à Saint-Omer, ces beaux volumes»: il s'agit, on l'a compris, de Boulogne-sur-Mer, Bibl. mun., ms 107 et de Saint-Omer, Bibl. mun., ms 698 dont la composition semble pourtant décalée de plus d'un demi-siècle.

[106] Folcuin, Gesta abbatum Sithiensium, éd. Holder-Egger, c. 24, 611–612.

[107] Pour une époque postérieure, on conserve une liste des reliques contenues dans la châsse de sainte Austreberte du chapitre, copiée au XIIIe siècle sur le fol. 1 de Saint-Omer, Bibl. mun., ms 698: éd. Boinet, Un manuscrit à peinture, 415–416 ou encore par Ernst Sackur dans Neues Archiv 15 (1890), 472–473; édition d'un inventaire des reliques de Saint-Bertin du milieu du XVe siècle dans Archives historiques et littéraires du nord de la France et du midi de la Belgique, n.s. 4 (1842), 127–136.

[108] Schmitt, La fabrique des saints; l'auteur y rend compte, entre autres travaux, des recherches de Peter Brown et d'Andrez Vauchez.

how thorough – it's incredible.

LES PATRONS DU MONASTÈRE DE SITHIU DANS LA DOCUMENTATION DIPLOMATIQUE

DB : Diplomata belgica, éd. GYSSELING/KOCH.
GUÉRARD : Cartulaire de l'abbaye de Saint-Bertin, éd. GUÉRARD.

Donation d'Adroald (649)	DB, n° 1, 6.	*ut ibi monasterium in honorem sancti* ***Petri*** *principis apostolorum construere debeatis*
Fausse confirmation de Clotaire III (663)	DB, n° 2, 8.	*de monasterio Sitdiu […] in honore sancte* ***Marie*** *genetricis Domini nostri Iesu Xristi, necnon et sancti* ***Petri*** *et* ***Pauli*** *apostolorum uel ceterorum domnorum sanctorum constructus*
Privilège d'Omer (663)	DB, n° 3, 10–12.	*basilicam […] in honorem sanctae* ***Mariae*** *genitricis Domini nostri Iesu Xristi […] pro ruerentia sancte* ***Marie*** *in cuius honore ipsa basilica uel reliquiorum sanctorum constructa esse uidetur […] pro reuerentia sancte* ***Marie*** *uel* ***Petri*** *et* ***Pauli*** *apostolorum*
Donation d'Amalfrid (685)	DB, n° 5, 15.	*ad monasterium Sitdiu quod est in honore sancti* ***Petri*** *et sancti* ***Pauli*** *seu et ceterorum sanctorum constructus*
Fausse confirmation de Thierry III (686/687)	DB, n° 6, 17.	*de monasterio Sithiu, quod est constructum in pago Taruuaninse in honorem sancti* ***Petri*** *vel ceterorum sanctorum*
Privilège (faux?) de Clovis III (690/691)	DB, n° 7, 19.	*de monasterio Sithiu quod est in pago Taruanninse in honore sancte* ***Marie*** *genetricis Domini nostri Iesu Xristi necnon et sancti* ***Petri*** *et* ***Pauli*** *apostolorum uel ceterorum domnorum sancturum constructum*
Privilège (faux?) de Chilpéric II (717/719)	DB, n° 10, 23.	Cf. privilège précédent.
Privilège (faux?) de Thierry IV (721/722)	DB, n° 12, 26.	Cf. privilèges précédents.
Donation de Rigobert (723)	DB, n° 13, 28.	*monasterii uestri Sitdiu, qui est constructus in honore sancti* ***Petri*** *et sancti* ***Pauli*** *apostolorum, seu et sancti* ***Martini*** *et sancti* ***Audomari*** *confessoris atque pontificis, ubi ipse et domnus* ***Bertinus*** *abbas requiescit in corpore*
Donation du prêtre Félix (745)	DB, n° 15, 31 (pseudo-original) et 32–33.	*ad monasterium Sitdiu quod est in honore sancti* ***Petri*** *et sancti* ***Pauli*** *apostolorum et sancti* ***Martini*** *sanctique* ***Bertini*** *confessoris, ubi ipse domnus in corpore requiescit*
Privilège de Charlemagne (769)	DB, n° 16, 34–35.	Cf. privilèges précédents.
Droit de chasse concédé par Charlemagne (800)	DB, n° 20, 39–40.	*ex monasterio Sithiu quod est constructum in honore Dei omnipotentis et sancti* ***Petri*** *principis apostolorum uel ceterorum sanctorum, ubi sancti* ***Audomarus*** *et* ***Bertinus****, Xristi confessores, corpore requiescunt […]. Actum […] in atrio sancti* ***Bertini***
Donation de la veuve Lebdrude (808)	DB, n° 23, 44.	*de monasterio Sithiu […] in honore beatorum apostolorum* ***Petri*** *et* ***Pauli***

So much careful work.

		*atque **Andree** seu sancti **Martini** et sancti **Bertini** uel plurimorum sanctorum martyrum et confessorum*
Donation de Folbert (810/812)	DB, n° 24, 45	*de monasterio Sithiu, ubi duo agi **Audomarus** scilicet et beatus **Bertinus** pausant in corpore*
Privilège de Louis le Pieux (820)	DB, n° 25, 46.	*monasterium Sithiu quod est constructum in honore Dei omnipotentis et sancti **Petri** principis apostolorum uel ceterorum sanctorum, uel etiam sanctus **Autmarus** confessor Xristi corpore requiescit*
«Testament» de Goibert avant son départ à Rome	DB, n° 26, 47.	*ad Sanctum **Audomarum** [...] ad Sanctum **Bertinum***
Privilège de Louis le Pieux (830)	DB, n° 28, 50.	*monachi ex coenobio monasterii Sithiu [...] in honore sancte dei genetricis semperque uirginis **Marie** et beatorum apostolorum **Petri** et **Pauli**, in quo corpora beatorum confessorum Xristi **Audomari** et **Bertini** requiescunt [...]. Possessiones predicti monasterii sancte **Marie** et sancti **Petri** et **Pauli** atque beatorum Xristi confessorum **Audomari** et **Bertini***
Donation de Goibert (831)	DB, n° 29, 51.	*ad sepulchrum sancti **Bertini** legaliter coram testibus tradimus*
Privilège de Louis le Pieux (835)	DB, n° 30, 53.	*monasterii Sithiu [...] in honorem beate semper uirginis genetricis Domini nostri Iesu Xristi **Marie** ac beatorum apostolorum **Petri** et **Pauli**, in quo etiam corpora Xristi confessorum **Audomari** atque **Bertini** tumulata noscuntur*
Faux privilège de Folcuin (839)	GUÉRARD, 85	*abbatis Sithiensis coenobii [...] in honore beati **Petri** principis apostolorum, ubi beatus **Bertinus** corpore quiescit [...]. Basilicam in honore sanctae **Mariae***
Faux privilège d'Hugues (839)	GUÉRARD, 87–88.	*abbas hujus Sithiensis coenobii [...] in honore sancti **Petri** principis apostolorum, ubi beatus **Bertinus** corpore quiescit [...]. Actum in basilica sancti **Petri***
Confirmation du testament d'Odwin (853)	DB, n° 32, 55.	*ad custodiam Sancti **Petri** et sancti **Bertini**, specialiterque ad altare coram quo corpus genitoris nostri requiescit*
Donation de Ruadwald (865/866)	DB, n° 35, 64-65.	*monasterii sancti **Petri** uocabulo Sithiu, sanctorumque confessorum **Audomari** atque **Bertini** [...]. Ad prefatum monasterium sancti **Petri** [...]. Actum [...] in ecclesia beati **Petri** apostoli*
Donation d'Héribert (867)	DB, n° 38, 69.	*monasterii sancti **Petri** uocabulo Sit diu, ubi corpora Xristi Domini confessorum **Audomari** atque **Bertini** requiescunt [...]. Actum in monasterio sancti **Petri** quod Sithiu uocatur*

Donation de Liodric (867)	DB, n° 39, 71.	*de monasterio sancti* ***Petri*** *sanctorumque Xristi confessorum* ***Audomari*** *atque* ***Bertini*** *uocabulo Sithiu [...]. Actum [...] in ecclesia sancti* ***Petri***
Échange entre Rodfrid et l'abbé Hilduin (875)	DB, n° 43, 75.	*monasterii Sithiu sancti* ***Petri****, ubi sanctorum* ***Audomari*** *atque* ***Bertini*** *corpora pausant*
Privilège de Charles le Chauve (877)	DB, n° 44, 77.	*coenobii sancti* ***Petri*** *quod uocatur Sithiu, ubi confessorum Xristi* ***Audomari*** *atque* ***Bertini*** *corpora beata quiete fruuntur*
Privilège de Charles le Chauve (877)	DB, n° 45, 79.	*concedimus Sancto* ***Bertino*** *et fratribus ibidem Domino militantibus [...] fratribus Sancti* ***Bertini***
Donation de Rodin (885)	DB, n° 46, 80–81.	*de monasterio sancti* ***Petri*** *sanctorumque confessorum Xristi* ***Audomari*** *atque* ***Bertini*** *[...]. Actum [...] in ecclesia sancti* ***Petri***
Confirmation de la donation d'Odgrim (888)	DB, n° 47, 81–82.	*de monasterio sancti* ***Petri*** *uocabulo Sithiu, ubi corpora Xristi confessorum* ***Audomari*** *atque* ***Bertini*** *requiescunt [...]. Actum [...] in basilica sancti* ***Petri***
Précaire en faveur d'Hucbald (28 mars 890)	DB, n° 48, 82.	*omnes nos fratres congregationis monasterii sancti* ***Petri*** *et beati* ***Martini*** *confessoris Xristi, ubi etiam sanctus* ***Bertinus*** *uenerabilis Xristi confessor corpore quiescit [...]. Actum monasterio Sithiu*
Acte de Louis IV (937)	Actes de Louis IV, n° 6, 16	*Actum monasterio sancti* ***Audomari***
Confirmation de biens d'Henri II (1015)	Die Urkunden Heinrichs II., n° 339, 431	*duabus monasteriis in loco Sithiu dicto constructis, quorum unum est canonicorum, alterum vero monachorum, sub nomine et veneratione sanctorum Christi confessorum* ***Audomari*** *episcopi et sancti* ***Bertini*** *abbatis*
Charte du prévôt de Saint-Omer (1016)	Tock, «Les mutations du vocabulaire latin», 147–148.	*sancto tradidit* ***Audomaro*** *[...]. Actum est in monasterio sancti* ***Audomari*** *[...].[...] iram et maledictionem omnipotentis Dei sanctaeque Dei genitricis* ***Mariae*** *et sancti* ***Audomari*** *et omnium sanctorum incurrat*
Acte de l'évêque Hardouin de Noyon (1021/1030)	Huyghebaert, «Examen d'une charte», 290.	*ex famoso coenobio Sithiensi [...] causa Dei amoris sanctique* ***Petri*** *et sanctorum* ***Bertini****,* ***Folquini****,* ***Silvini*** *quoque in eodem coenobii requies cunt*
Privilège du pape Victor (1057)	Guérard, 181.	*Sithiense cenobium [...] ubi eciam praeclarus Christi confessor* ***Bertinus****, ipsius loci primus fundator ac abbas, cum* ***Folquino*** *ac* ***Silvino****, beatis confessoribus, corpore quiescit [...].[...] potestate beati* ***Petri****, apostolorum principis, ac sanctorum confessorum* ***Audomari*** *atque* ***Bertini***
Donation d'autel de l'évêque Drogon (1075)	Guérard, 193	*sanctorum perpetue mancipationi* ***Petri*** *scilicet,* ***Martini****,* ***Bertini****,* ***Folquini****,* ***Silvini***

CHAPITRE VIII
Les saints évêques de Cambrai

Tel qu'il est formulé, le titre du chapitre est un peu trompeur. Les grandes figures épiscopales ne furent pas les seules à être honorées dans le diocèse durant le haut Moyen Âge et les évêques des IXe–Xe siècles manifestèrent une grande activité en encourageant les cultes locaux, répondant parfois aux invitations des communautés religieuses, sans oublier d'enrichir au passage le trésor de leur propre cathédrale. Dans l'ensemble, on est donc frappé par l'absence de cultes étrangers, de reliques prestigieuses venues de loin – ce que l'on observera davantage dans le diocèse de Tournai. Il ne fait guère de doute que les cultes rendus aux saints évêques gagnèrent une place prépondérante. C'était, pour leurs lointains successeurs, une manière de célébrer la fonction autant que les hommes et ainsi de contribuer au renforcement de leur propre autorité. Tout cela, en somme, participait de la formation d'une certaine conscience diocésaine autour des évêques défunts dont le rédacteur de la Vie d'Aubert se fait ouvertement l'écho au début du XIe siècle, en évoquant les saints Géry et Aubert, «grâce auxquels la cité de Cambrai avait produit d'heureuses et d'abondantes lignées, connaissait la prospérité dans le monde d'ici-bas et espérait la béatitude céleste.»[109]

On s'attachera, dans un premier temps, à l'activité des évêques à l'égard des saints de l'ensemble du diocèse (inventions, élévations, translations de reliques) puis au soin particulier qu'ils mirent à célébrer la mémoire de leurs saints prédécesseurs – en premier lieu Géry et Aubert – dans leur cité épiscopale. Il sera enfin question du développement du culte des saints à Saint-Vaast d'Arras et à Lobbes, deux établissements plus indépendants vis-à-vis de l'évêque de Cambrai.

L'ÉVÊQUE DE CAMBRAI ET LES SAINTS DE SON DIOCÈSE

Il convient tout d'abord de rappeler l'activité que les évêques de Cambrai déployèrent dans leur diocèse pour développer et encadrer le culte des saints. Avant de présenter l'action des évêques carolingiens et ottoniens, il n'est pas inutile de rappeler que cette «politique» d'encouragement des cultes locaux semble être allée de pair avec un intérêt assez limité pour les modèles de sainteté extérieurs au diocèse.

Le culte des saints aux VIe–VIIe siècles

Quels étaient les modèles de sainteté revendiqués par les évêques mérovingiens de Cambrai? La documentation insiste çà et là sur le choix de saints évêques lors de la dédicace d'églises dans le diocèse. La basilique fondée par l'évêque Géry dans le *suburbium* de Cambrai fut ainsi placée sous le *patrocinium* de saint Médard[110]. Ce choix n'est pas isolé: Éloi fit aussi édifier à Noyon une basilique en l'honneur de son célèbre prédécesseur[111]. On a pu en effet rappeler, dans la première partie, que Médard, évêque de Noyon, était un proche de Clotaire Ier et de la reine Radegonde. À sa mort (avant 561), une basilique fut édifiée à Soissons par le souverain pour abriter sa dépouille[112]. Des miracles se manifestèrent rapidement comme en témoigne Grégoire de Tours et

[109] Vita Autberti, éd. GHESQUIÈRE, l. IV, c. 31, 563: *sancti confessores […] per quos Cameracensis civitas felix in propagine, fertilis in germine, et temporalem meruerat salutem et supernam sperabat beatitudinem.*

[110] Vita Gaugerici prima, éd. KRUSCH, c. 13, 657.

[111] Vita Eligii, éd. KRUSCH, l. II, c. 34, 719.

[112] Voir en dernier lieu, Saint-Médard, dir. DEFENTE.

Médard jouit ainsi dès avant la fin du VIe siècle d'une réputation de sainteté. Pour les prélats du VIIe siècle, Médard se présentait donc comme un des rares modèles de saint évêque auquel ils pouvaient aisément s'identifier: aristocrate franc élevé à l'épiscopat sans avoir eu d'expérience monastique, il avait entretenu de bons rapports avec le souverain et son entourage. Des traditions du début du XIe siècle affirment en outre que la basilique de Cambrai fut aussi dédiée à saint Loup[113]. Il est difficile d'apprécier la valeur d'une telle information mais on observera que l'auteur de la troisième Vie de Géry avait parfaitement interprété le choix du vocable de Médard en lui associant celui de ce neveu de Remi de Reims, élevé sur le siège épiscopal de Soissons dans le premier tiers du VIe siècle[114].

Des réflexions similaires peuvent être faites à propos du vocable de Sulpice († 646/647). On a pu rappeler que le métropolitain de Bourges fut en quelque sorte la figure tutélaire du groupe des jeunes *nutriti* de la cour de Clotaire II qui briguèrent ensuite un grand nombre de charges épiscopales. Or Sulpice est mentionné par la Passion de sainte Maxellende comme patron de la basilique de *Pomeriolas*, près de Cambrai (aujourd'hui Saint-Souplet); il est aussi attesté comme patron d'une église d'Aubigny-en-Artois par la Vie de saint Kilien.

La multiplication des cultes locaux

Les témoignages qui viennent d'être cités sont rares et ponctuels. Il faut attendre la fin du IXe siècle pour disposer d'une liste de saints cambrésiens sous la forme de litanies. Celles-ci ont été copiées en tête d'un *ordo* pour la visite des malades qui a été ajouté à la suite d'un manuscrit célèbre, le sacramentaire copié sur ordre de l'évêque Hildoard en 812. Il s'agit du plus ancien témoin manuscrit du *codex* adressé par le pape Hadrien Ier à Charlemagne à la fin des années 780 afin de réformer la liturgie franque sur le modèle romain[115]. Parmi les nombreux noms inscrits, on retiendra ceux des saints évêques Vaast, Géry et Aubert, accompagnés des saintes abbesses Rictrude (de Marchiennes) et Eusébie (de Hamage). Particulièrement intéressante pour notre propos est la mention de saints beaucoup plus locaux: Wasnulphe (honoré à Condé-sur-Escaut) et Ragenfrède (honorée à Denain). Ce document n'est assurément pas représentatif de l'ensemble du sanctoral cambrésien et arrageois, mais, au regard de la situation dans le diocèse de Thérouanne, il donne déjà une idée du nombre et de la variété des saints honorés dans ces diocèses. On doit en outre citer d'autres saints dont on sait qu'ils étaient intégrés depuis longtemps dans le sanctoral franc et dont le nom figure dans les grands martyrologes historiques du IXe siècle: les saints Ursmer et Ermin de Lobbes, sainte Aldegonde de Maubeuge, sainte Waudru de Mons. D'autres sources permettent de compléter ponctuellement la liste. Ainsi dès la fin du VIIe siècle, la petite communauté d'Honnecourt possédait les reliques d'une énigmatique sainte Polline[116]. On a pu évoquer précédemment le cas des saints auxquels on attribue au début du XIe siècle une origine irlandaise mais dont les cultes sont attestés dès le IXe siècle (Rombaut à Malines, Kilien à Aubigny-en-Artois) ou le Xe siècle (Etton à Fucheau).

113 Vita Gaugerici tertia, éd. van den Bosch, c. 57, 687.

114 Kaiser, Untersuchungen zur Geschichte der Civitas und Diözese Soissons, 226–227.

115 Cambrai, Médiathèque, ms 164; pour les litanies, voir Coens, Recueil d'études bollandiennes, 280–281 et surtout Orchard, The ninth and tenth-century additions, 292–295 (édition de l'*ordo*).

116 Diplomata belgica, éd. Gysseling/Koch, n° 5, 16: *monasterium nostrum cuius vocabulum est Hunulfocurtis in pago Kambrincense super fluvio Scald quem ego in proprietate nostra in honore sancta Marie vel sancti Petri seu sancti Martini seu sancte Polline, ubi ipsa preciosa gemma requiescit in corpore*; rien ne permet d'affirmer aujourd'hui que cet acte de donation d'Honnecourt à l'abbé de Sithiu (685) est un faux.

Quelques cas permettent d'appréhender le rôle de l'évêque de Cambrai dans la promotion à la sainteté. Il sera donc question dans un premier temps du rôle des évêques Jean († 878) et Étienne († 937), qui annonce l'activité beaucoup plus considérable qui fut celle de leur successeur Fulbert († 956).

Compilées au tout début du XIIIe siècle, aussi bien à Saint-Vaast d'Arras (dans le *Chronicon Vedastinum*) qu'à Saint-Amé de Douai (dans le fameux *Liber argenteus* du chapitre, dont il ne subsiste plus aujourd'hui que quelques fragments), des traditions rapportent que les reliques de saint Amé – qui avait été inhumé à Breuil à la fin du VIIe siècle –, furent mises à l'abri à Sainte-Marie de Douai sur ordre de Charles le Chauve et du comte de Flandre Arnoul Ier (?)[117]. La décision aurait été prise en 870 devant la menace normande. Plusieurs évêques auraient été convoqués pour l'occasion. Il revint néanmoins à Jean de Cambrai, dit le Bel, de procéder à l'installation solennelle des reliques dans ce nouveau sanctuaire. L'évêque aurait, en outre, délivré aux frères de l'établissement un diplôme confirmant leurs biens et leurs privilèges. La mention d'Arnoul Ier est assurément une incohérence chronologique: Jan Dhondt proposait de la résoudre en rappelant que cet Arnoul pouvait très bien désigner un comte d'Ostrevant, dont le souvenir aurait été perdu par la suite, ce qui expliquerait la confusion des sources[118]. L'argumentation de Jan Dhondt a, en tout cas, le mérite de revenir sur l'historicité de cette translation, dont Félix Brassart estimait qu'elle avait été purement et simplement inventée après 1206, date à laquelle on crut retrouver un sceau de Jean lors de l'ouverture de la châsse de saint Amé[119]. On notera cependant que les traditions les plus anciennes concernant la fondation de Saint-Amé ne disent rien d'une participation de l'évêque de Cambrai. Il s'agit en particulier d'un acte de Philippe Ier de 1076, qui signale que les reliques auraient été d'abord mises en sécurité à Soissons avant d'être ramenées par l'intervention du comte de Flandre, Arnoul Ier[120]. Il est bien évident que l'on ne peut guère obtenir de certitudes absolues à propos de l'installation des reliques d'Amé à Douai. Néanmoins, cette intervention épiscopale, à la demande d'un prince laïc, signale que les évêques de Cambrai eurent aussi à composer avec les exigences des aristocrates en matière de reliques et de cultes.

Anne-Marie Hélvétius a récemment proposé une relecture extrêmement convaincante des sources concernant les origines de l'abbaye de Saint-Ghislain en Hainaut, fondée au début du Xe siècle par le duc Gislebert de Lotharingie. Cette fondation est allée de pair avec la promotion d'un nouveau modèle de sainteté, l'ermite Ghislain. À cette occasion, deux interventions de l'évêque Étienne de Cambrai sont documentées. Il s'agissait d'une part d'établir à proprement parler la sainteté de Ghislain dont les reliques commençaient à faire des miracles. Pour ce faire, Étienne délégua sur place l'archidiacre Gilbaldus qui aurait procédé à l'élévation puis à la translation des reliques, comme on a pu le rappeler. Il fallut, d'autre part, rappeler à l'ordre les religieuses de Mons et Maubeuge qui – avec l'aide des chanoines qui étaient attachés à leur service – avaient ravi les reliques de Ghislain[121]. Dans cette affaire Anne-Marie Helvétius pense qu'Étienne se conforma aux volontés du duc en apportant très rapidement sa

[117] Chronicon Vedastinum, éd. Waitz, 708–709 (il s'agit d'un ajout tardif dans le manuscrit); Brassart, Mémoire sur un point important de l'histoire de Douai.

[118] Dhondt, Une dynastie inconnue de comtes d'Ostrevant, 178–180; commode résumé de ces hypothèses dans D'Haenens, Les invasions normandes en Belgique, 248–251.

[119] Brassart, Mémoire sur un point important de l'histoire de Douai, 46–47.

[120] Recueil des actes de Philippe Ier, n° 80, 439; Jan Dhondt suggère qu'il y aurait déjà eu méprise sur l'identité de cet Arnoul.

[121] Inventio et miracula Gisleni, éd. De Bue, c. 4–5, 1035–1036; Helvétius, Abbayes, évêques et laïques; 228–230.

caution au développement du culte de Ghislain. Mais la conduite du prélat pouvait aussi être dictée par ses propres intérêts, et notamment un désir de développer un culte sur lequel il pensait pouvoir avoir davantage de prise. La région, en effet, ne manquait pas de cultes bien contrôlés par des communautés religieuses anciennes (Aldegonde à Maubeuge, Waudru à Mons, Vincent à Soignies). On n'y comptait pas d'abbayes épiscopales au début du Xe siècle: à ce titre il n'est sans doute pas anodin que le souvenir de la consécration de l'église primitive de Celle/Saint-Ghislain par l'évêque Halitgaire ait été conservé[122].

Au début du XIe siècle enfin, l'abbé Olbert de Gembloux entreprit la rédaction du dossier hagiographique de saint Véron, dont les reliques avaient été apportées de Lambeek à Mons. François de Vriendt lui attribue également la composition d'un remaniement de la Vie de sainte Waudru. Le nom des commanditaires est resté anonyme, mais l'on peut relever plusieurs indices attribuant ces textes à la volonté des comtes de Hainaut d'attacher à leur pouvoir terrestre la protection spirituelle de saints privilégiés dont ils contrôlaient le sanctuaire: l'église Sainte-Waudru de Mons[123].

Amé à Douai, Véron et Waudru à Mons: il faudra nous souvenir de ces cultes, afin de ne pas trop forcer le trait lorsque l'on comparera l'autorité respective des évêques de Noyon/Tournai et de Cambrai dans la promotion du culte des saints de leurs diocèses.

Un tournant: l'épiscopat de Fulbert (933/934 † 956)

Qu'il agisse de son propre chef, sollicité par les communautés religieuses ou à la demande de grands laïcs, l'évêque de Cambrai a manifesté un grand intérêt pour le culte des saints dans son diocèse, en privilégiant ouvertement les modèles locaux de sainteté. Ce constat vaut surtout à partir de l'épiscopat de Fulbert[124]. On a eu l'occasion de rappeler précédemment le rôle joué par l'évêque à Wallers pour autoriser la translation des reliques de saint Dodon. Contentons-nous également d'annoncer – car il en sera question plus loin – que le nom de Fulbert est attaché à la fondation des communautés du Mont-Saint-Éloi et de Marœuil (et à la promotion des cultes de saint Vindicien et de sainte Bertille) ainsi qu'à un curieux épisode de l'histoire du culte des saints Géry et Aubert. Mais ce n'est pas tout.

En 1024/1025, le rédacteur des *Gesta* des évêques de Cambrai rappelle que le chapitre de Renaix conservait les reliques de saint Hermès[125]. Ce *patrocinium* remplaçait avantageusement celui du fondateur présumé de l'établissement, Amand, dont les reliques étaient jalousement conservées à Elnone. Les *Gesta* évoquent les circonstances dans lesquelles la communauté de Renaix avait pu reprendre possession des reliques de ce saint romain, martyrisé au début du IIe siècle (?)[126]. Lors des invasions normandes, celles-ci avaient été rapportées au monastère d'Inden, dont dépendait Renaix depuis la donation de Louis le Pieux[127], puis un temps à Cologne. Il fallut toute

[122] Vita Gisleni, éd. DE BUE, c. 17, 1034; il s'agit d'un ajout au texte original de la Vie, mais qui pourrait s'inspirer d'une inscription plus ancienne (HELVÉTIUS, Abbayes, évêques et laïques, 217 et 226–227).

[123] DE VRIENDT, Le dossier hagiographique de sainte Waudru, 30–34.

[124] Cet aspect est plus longuement développé dans MÉRIAUX, Fulbert, évêque de Cambrai et d'Arras.

[125] Gesta episcoporum Cameracensium, éd. BETHMANN, l. II, c. 44, 464--465; sur Renaix, voir désormais MEIJNS, Aken of Jeruzalem? 1, 256–265 et EAD., Communautés de chanoines dépendant d'abbayes bénédictines, 103–111.

[126] On trouve une présentation commode du culte d'Hermès, attesté dès le IVe siècle, dans Roger AUBERT, Hermès, Dictionnaire d'histoire et de géographie ecclésiastique 24 (1993), 97–98.

[127] Dom BOUQUET, Recueil des historiens des Gaules et de la France 6, 593–594; sur cet acte

l'autorité de l'évêque Fulbert – et les excellentes relations qu'il entretenait avec Otton Ier – pour obtenir des moines d'Inden qu'ils restituent les reliques[128]. Est-il possible de savoir quand, précisément, celles-ci furent apportées pour la première fois à Renaix? Un manuscrit perdu de l'abbaye du Rouge-Cloître, connu par des copies d'érudits, a complété les informations données par les *Gesta* en précisant que Lothaire Ier aurait ordonné la translation du corps d'Hermès de Rome à Inden. Les travaux n'ayant pas été achevés à Renaix, il revint à son fils Louis II de les faire porter en Brabant, le 6 juillet 860[129]. Le récit est tardif et on ne voit pas ce que vient faire ici la mention d'une conversion monastique de Lothaire juste avant sa mort – on peut en effet lire que l'empereur, *monachus effectus est et cito post obiit* –; mais il suggère que le culte de saint Hermès est bien arrivé à Renaix par l'intermédiaire d'Inden. On sait par ailleurs que d'autres reliques du saint furent envoyées en Germanie. Éginhard mentionne un morceau du doigt d'Hermès, envoyé de Rome par son «fournisseur» habituel, le diacre Deusdona[130], à Seligenstadt en 830[131]; on a par ailleurs conservé le récit d'une translation à Salzbourg en 851.

Le souvenir d'une intervention du même Fulbert est mentionné dans la Vie de saint Liphard de Honnecourt. La communauté est attestée dès la fin du VIIe siècle: à cette date, son fondateur avait pris des dispositions pour la céder à Sithiu après sa mort et celle de sa fille qui en était l'abbesse. L'établissement est à nouveau mentionné en 870. Depuis 684, on l'a vu, le monastère conservait les reliques d'une certaine sainte Polline, encore attestée en 1024/1025. D'autres traditions rapportent néanmoins qu'au milieu du Xe siècle, une moniale aveugle eut un jour une révélation, lui enjoignant de retrouver le corps d'un énigmatique évêque anglo-saxon, inhumé non loin de là, dans l'église de Trescault, et de le transporter à Honnecourt. Non content d'avoir donné son autorisation à la demande de la communauté, l'évêque Fulbert tenta de s'approprier la précieuse dépouille et de la transporter à Cambrai. Une pluie très dense assombrit brutalement le paysage, éteignant les cierges de la procession. L'entreprise fut ainsi miraculeusement mise en échec. Respectueux de la volonté divine, Fulbert n'osa s'entêter[132]. Derrière le *topos* hagiographique de l'invention de nouvelles reliques[133], on sera surtout sensible à la mention d'une intervention de l'évêque de Cambrai – peut-être la seule qui ait un réel fondement historique, car l'auteur a pu avoir sous les yeux une courte inscription[134]. Le miracle de la pluie très dense peut naturellement suggérer une certaine tension autour de l'appropriation des reliques de Liphard. Dans le cas d'une petite communauté comme celle d'Honnecourt, il semble que la main de l'évêque n'a pas été forcée (ce qui pouvait davantage être le cas pour de puissantes communautés comme Lobbes ou encore Saint-Vaast), mais qu'il a bien volontiers officié.

Qu'il s'agisse de Fulbert ou de ses prédécesseurs, les sources signalent donc bien peu de translations de reliques lointaines et le cas de saint Hermès semble être une exception en la matière. Mais cette question appelle une présentation plus approfondie.

interpolé, voir Dierkens, Saint Anschaire, l'abbaye de Torhout et les missions carolingiennes en Scandinavie, 302–303; sur Renaix, dépendance d'Inden, voir Kühn, Die Reichsabtei Kornelimünster im Mittelalter, 74–76.

[128] Gesta episcoporum Cameracensium, éd. Bethmann, l. I, c. 76, 429.

[129] Coens, Un manuscrit perdu de Rouge-Cloître, 59–60.

[130] Sur le personnage, voir Geary, Le vol des reliques au Moyen Âge, 75–80.

[131] Éginhard, Translatio Marcellini et Petri, éd. Waitz, l. IV, c. 17, 263–264.

[132] Vita Lietphardi, éd. Hensken, c. 5–7, 496.

[133] Helvétius, Les inventions de reliques en Gaule du Nord.

[134] La prudence est néanmoins de mise car en 1024/1025 les *Gesta* ne disent rien du culte de Liphard, attesté seulement en 1064: Relatio de sanctis ecclesiae Cameracensis, éd. Hofmeister, 868 (liste des reliques présentes lors de la consécration du Saint-Sépulcre de Cambrai).

Le faible nombre des saints étrangers

Mesurer la part des modèles de sainteté étrangers au diocèse n'est pas chose aisée. Les établissements du diocèse – et en premier lieu la cathédrale – n'ont pas livré de catalogue ancien de reliques, comme on en a conservé pour Centule/Saint-Riquier au début du IXe siècle, la communauté de Fontenelle au milieu du Xe siècle ou encore Saint-Bavon au tout début du XIe siècle. Mais l'ensemble des sources hagiographiques signalent peu de translations venues de régions lointaines et de cultes de saints étrangers au diocèse. Trois établissements se distinguent toutefois: Renaix, dont il vient d'être question, Hasnon et Hautmont.

Les *Gesta* des évêques de Cambrai signalent donc qu'outre Renaix, un autre établissement se faisait gloire de posséder des reliques étrangères: il s'agissait des corps de Marcellin et Pierre conservés à Hasnon[135]. Dans ce cas précis, il est naturellement bien difficile de savoir à quand remonte l'arrivée des corps saints sur place. On se souvient qu'Éginhard avait acquis, à Rome, en 827, les reliques des saints Marcellin et Pierre, dans des conditions rocambolesques; elles étaient destinées à sa nouvelle fondation de Seligenstadt. Il eut aussi à cœur de faire bénéficier de la *virtus* des saints les monastères dont il avait le gouvernement, Saint-Bavon et Saint-Pierre-au-Mont-Blandin à Gand ainsi que Saint-Servais à Maastricht[136]. C'est ainsi que les reliques furent déposées quelques temps à Saint-Saulve en juin-juillet 828 et opérèrent plusieurs miracles que le prêtre Georges, *rector* de l'établissement, consigna en un *libellus*, ensuite ajouté par Éginard dans son œuvre[137]. Il n'est donc pas exclu que Hasnon, en raison de l'identité moins assurée de ses fondateurs, ait profité de l'occasion pour mettre la main sur des saints dont l'efficacité protectrice n'était plus à démontrer. Mais il faut rester prudent. Le seul souvenir du passage des reliques de Marcellin et Pierre a pu, tout simplement, inspirer un hagiographe tardif, désireux de développer un nouveau culte à Hasnon.

On doit aussi mentionner l'exception que représente Hautmont. Le nom du fondateur n'a pas été conservé[138]. En revanche, Vincent-Madelgaire y fut admis comme moine lorsque son épouse Waudru prit la décision de s'établir à Mons. Mais il quitta ensuite l'établissement pour fonder celui de Soignies[139]. Vers 1070, l'abbé Ursion d'Hautmont «inventa» donc fort à propos les reliques d'un mystérieux pape du début du IVe siècle, nommé Marcel, pour apporter une réponse définitive à cette irritante situation en assurant son abbaye dans la possession de reliques qui ne lui seraient plus contestées[140].

Ajoutons aussi que toutes les grandes abbayes possessionnées dans le diocèse de Cambrai ne tinrent pas à encourager de cultes spécifiques au sein de leurs dépendances: Saint-Denis ne semble pas avoir pris le parti d'entretenir un culte dans la *cella* de Solesmes. À Haspres en revanche, il est possible que les moines aient laissé sur place une partie des reliques des saints Achard et Hugues malgré le retour définitif de la communauté à Jumièges et que cela ait contribué à diffuser leur culte. Achard est ainsi cité dans les litanies du sacramentaire de Cambrai évoqué plus haut alors que son culte est resté confidentiel hors des environs de Jumièges pendant le haut Moyen Âge[141].

135 Gesta episcoporum Cameracensium, éd. BETHMANN, l. II, c. 25, 460–461.

136 HEINZELMANN, Einhards 'Translatio Marcellini et Petri'.

137 Éginhard, Translatio Marcellini et Petri, éd. WAITZ, l. IV, c. 8–11, 258–260.

138 HELVÉTIUS, Abbayes, évêques et laïques, 76–92.

139 NAZET, La transformation d'abbayes en chapitres; la querelle entre les deux établissements a été étudiée dernièrement par HELVÉTIUS, Le culte de saint Vincent de Soignies.

140 HELVÉTIUS, Abbayes, évêques et laïque, 85–86; EAD., Le culte de saint Vincent de Soignies, 54–55.

141 ORCHARD, The ninth and tenth-century additions, 293; l'église de Mecquignies (dép. Nord, arr.

Non seulement la documentation livre peu de renseignements sur le culte de saints étrangers au diocèse, mais elle semble même faire état d'un désintérêt volontaire de l'épiscopat dans ce domaine. Parti en mission à Constantinople en 828 pour le compte de Louis le Pieux (et non de Charlemagne, comme l'écrit le rédacteur des *Gesta* des évêques de Cambrai), l'évêque Halitgaire aurait certes ramené un nombre non négligeable de reliques (les reliques des saints Étienne, Côme, Anthime de Nicomédie et Théodore le martyr)[142] et la même source signale le bras de saint Étienne que Gérard Ier reçut de l'évêque de Metz. Mais, entre les deux, on ignore tout d'un éventuel rassemblement de reliques à Cambrai. Or on connaît toutes les occasions qu'eurent les évêques de se rendre en Italie, et singulièrement à Rome. Cela a été rappelé à propos de l'évêque Jean († 878) dans le précédent chapitre. Au Xe siècle, les prélats – intégrés dans le système d'Église impériale – étaient suffisamment proches de la cour impériale pour pouvoir profiter de ses incessants déplacements en Italie et en rapporter de précieuses reliques. Les *Gesta* évoquent ainsi le voyage de Wibald († 972) – au cours duquel le malheureux contracta une maladie mortelle – et se contentent de mentionner les divers manuscrits qu'il ramena, dont un évangéliaire richement décoré[143]. Si véritablement un trafic de reliques avait pu exister entre Cambrai et l'Italie au Xe siècle, il est difficile de concevoir que le rédacteur ait pu le passer sous silence. On connaît trop les impressionnantes collections que se constituèrent alors d'autres évêques d'Empire – comme celle que rassembla le célèbre Thierry de Metz en Italie en 970–972[144] – pour ne pas conclure à une certaine singularité des évêques de Cambrai à ce propos.

Dans l'ensemble, les communautés n'ont guère éprouvé le besoin d'aller chercher ailleurs des reliques illustres. Elles disposaient sur place de modèles de sainteté. Il convient d'évoquer désormais la manière dont les évêques de Cambrai les ont encouragés ou parfois véritablement créés.

LA CITÉ ET SES SAINTS AU Xe SIÈCLE

On sait peu de choses sur les cultes honorés dans la cité épiscopale avant le Xe siècle. Il ne fait cependant pas de doute que le tombeau de l'évêque Géry devint rapidement un lieu de pèlerinage dès l'épiscopat de son successeur Bertoald. Un miracle consigné à la fin de sa première Vie rappelle en effet que le sacristain de l'église Saint-Médard où il était inhumé put miraculeusement mettre en échec une tentative de vol[145]. Géry est ensuite abondamment cité dans la documentation liturgique de l'époque carolingienne (litanies, martyrologes, calendriers, inscriptions d'Alcuin pour le monastère Saint-Vaast)[146]. Le culte de l'évêque Aubert est aussi attesté à cette époque[147] même si la documentation relative au sanctuaire qui abritait son tombeau (une basilique primitivement dédiée à saint Pierre) n'est pas antérieure au début du XIe siècle.

Avesnes-sur-Helpe, cant. Bavay) et celle de sa succursale au Moyen Âge, Obies, étaient dédiées à saint Achard: voir HAUTCOEUR, Tableau des patrons des lieux, 20 et 22.

[142] Gesta episcoporum Cameracensium, éd. BETHMANN, l. I, c. 42, 416; contrairement à ce que laisse penser l'éditeur, Les Annales regni francorum, éd. KURZE, a° 828, 174 ne font pas mention de cette liste de reliques et se contentent d'indiquer la date de l'ambassade.

[143] Gesta episcoporum Cameracensium, éd. BETHMANN, l. I, c. 91, 438.

[144] DUPRÉ THESEIDER, La 'grande rapina dei corpi santi'; WAGNER, Collection de reliques et pouvoir épiscopal.

[145] Vita Gaugerici prima, éd. KRUSCH, c. 15, 657–658.

[146] Le martyrologe d'Usuard, éd. DUBOIS, 281; COENS, Recueil d'études bollandiennes, passim; MARTENS, Le culte de saint Géry à Bruxelles.

[147] Le martyrologe d'Usuard, éd. DUBOIS, 358–359; GAIFFIER, Le calendrier d'Héric d'Auxerre, 424; COENS, Recueil d'études bollandiennes, passim.

À partir du début du Xe siècle, les sources permettent de suivre avec davantage de netteté les efforts des évêques de Cambrai pour faire de leur cité un lieu important pour la dévotion aux saints. Les évêques veillèrent ainsi à mettre en valeur leur trésor de reliques et à célébrer la mémoire de leurs saints prédécesseurs. Une curieuse demande de l'empereur Otton à l'évêque Fulbert mérite dans un premier temps d'être présentée: elle témoigne du rayonnement prêté aux deux protecteurs privilégiés de la cité épiscopale, les saints Géry et Aubert.

Une demande d'Otton Ier

Le quatrième et dernier chapitre de la Vie d'Aubert se fait longuement l'écho d'une demande d'Otton Ier à l'évêque Fulbert[148]. Le roi de Germanie ne désirait rien de moins que les reliques des saints Aubert et Géry pour la métropole de Magdebourg. Le souverain cherchait ainsi à être remercié de la faveur qu'il fit à l'évêque en 948 en lui cédant le monastère Saint-Géry, tenu auparavant par le comte Isaac[149]. Privé de ce bénéfice, ce dernier voyait donc sa position considérablement affaiblie, celle de l'évêque s'en trouvait réhaussée d'autant. La Vie d'Aubert commet ensuite une petite imprécision chronologique en affirmant que les reliques étaient destinées au siège métropolitain de Magdebourg, alors récemment fondé[150]. En fait, la fondation de l'archevêché date de 968, c'est-à-dire douze ans après la mort de l'évêque Fulbert. Depuis 938, Otton se montrait particulièrement attentif au monastère Saint-Maurice, aussi bien en ce qui concernait ses possessions temporelles que son trésor de reliques. C'est donc à l'intention de cet établissement, devenu chapitre cathédral en 968, que furent demandés les précieux corps saints[151]. De la part de l'auteur de la Vie d'Aubert qui écrit au début du XIe siècle l'erreur n'est en rien scandaleuse.

Fulbert était dans l'impossibilité d'opposer un refus ferme au souverain mais il lui adressa d'autres reliques (dont celles de l'évêque Thierry) sous les noms des évêques mérovingiens, en complétant toutefois ce précieux envoi par quelques parcelles du corps d'Aubert[152]. Cette translation de reliques «sous un faux nom» semble bel et bien avoir eu lieu. On peut aujourd'hui encore lire les noms des saints Géry et Aubert inscrits dans le calendrier-nécrologe du chapitre cathédral de Magdebourg en usage au tout début du XIe siècle, puis passé à l'abbaye de Stavelot[153]. Une liste des reliques de

148 L'épisode a été plusieurs fois exploité: Delehaye, Sanctus, 203–204 et surtout Platelle, Erreur sur la personne, 133–134 et id., Reliques circulant sous un faux nom, 96.

149 Die Urkunden Ottos des I., n° 100, 182–183; Vita Autberti, éd. Ghesquière, l. IV, c. 31, 562: *ipse domnus imperator inter multa alia, que eia regia liberalitate dona concesserat, abbatiam beati Gaugerici, que ante consularis potentie dominatu male tenebatur, liberam episcopo habendam donaverat*; sur les relations étroites nouées entre Otton et Fulbert dans le contexte de l'intégration de la Lotharingie au royaume de Germanie, voir Mériaux, Fulbert, évêque de Cambrai et d'Arras.

150 Vita Autberti, éd. Ghesquière, l. IV, c. 30, 562: *inter quas [sedes] urbem quandam metropolim condidit, que usitato vocabulo Magadaburc nuncupatur.*

151 Claude, Geschichte des Erzbistums Magdeburg, 17–135; Swinarski, Herrschen mit den Heiligen, 141–152, 409–410 et 417; Otton s'était aussi procuré les reliques des saints Timothée et Apollinaire auprès de l'archevêque de Reims Artaud en 948 ou peu après (Flodoard, Historia Remensis ecclesiae, éd. Stratmann, l. I, c. 4, 71).

152 Vita Autberti, l. IV, c. 32, éd. Ghesquière, 562–563: *Itaque inter amorem regis et timorem divinae offensionis anxius episcopus paucos, quos secretioris consilii adjutores elegerat, sibi adhibuit, et ceteris ignorantibus, duorum corpora sacerdotum Theoderici videlicet venerabilis urbis ipsius episcopi, et alterius cujus nomen memoriae non occurrit, detectis sepulchris accepit, quae regi donanda aestimavit, cum quibus et aliquos articulos de corpore beati Auberti pretiosas reliquias ei concessit, provida consilii ratione, ne et civitas Cameracensis suis patronis viduaretur, neve episcopus mendacii culpam in se transfudisse videretur.*

153 Bruxelles, Bibl. royale, ms 1814–1816, fol. 11r et 17r; Die Totenbücher von Merseburg, Magdeburg und Lüneburg, éd. Althoff/Wollasch, 35–68.

la cathédrale du XIIe siècle mentionne effectivement le corps de saint Géry[154]. Les sources narratives et hagiographiques saxonnes sont remarquablement muettes, tout comme, à Cambrai, les traditions hagiographiques relatives à saint Géry. Mais les premières comme les secondes n'avaient pas intérêt à évoquer l'affaire. En revanche, il était essentiel pour l'auteur de la Vie d'Aubert de défendre l'authenticité des reliques conservées à Cambrai et d'opposer à l'*opinio* des gens de Magdebourg (qui prétendaient posséder les précieux corps saints), la *veritas* concernant cette affaire[155]. On sait en effet que la rédaction de la Vie accompagna, peu après 1015, la restauration définitive de Saint-Aubert à Cambrai et qu'elle avait donc pour propos de donner à cette communauté un récit clair de son histoire et de celle de son saint patron.

Ce passage de la Vie d'Aubert permet donc aussi d'apprécier l'intérêt que les évêques du Xe siècle témoignèrent à l'égard du sanctuaire où reposait le corps d'Aubert. Cet intérêt remontait à l'époque carolingienne. Aux dires des *Gesta* des évêques de Cambrai, les évêques Thierry († 863) et Rothade († 887) y avaient été inhumés[156]. Est ensuite connue la restauration entreprise par l'évêque Ansbert qui établit huit chanoines sur ses propres biens et y trouva lui aussi sa sépulture en 971[157]. Erluin engagea les travaux de construction d'une nouvelle église, achevée par son successeur Gérard Ier. Celui-ci procéda à la consécration solennelle de l'édifice le 1er octobre 1015 et au transfert des reliques (provisoirement conservées dans la cathédrale)[158]. En 1034, le même Gérard procéda à l'élévation des reliques du saint quarante jours durant, ce qui provoqua quelques miracles[159]. En 1066, l'évêque Liébert entreprit une nouvelle réforme de la communauté[160].

Gérard Ier et le culte des saints cambrésiens

Mais le souci des évêques de Cambrai pour le culte de leurs saints prédécesseurs n'a pas seulement bénéficié matériellement aux deux sanctuaires qui posssédaient leurs reliques. L'entreprise a eu aussi un important volet historiographique et hagiographique sous l'épiscopat de Gérard Ier (1012 † 1051). Grâce aux travaux d'Erik van Mingroot, on connaît bien les circonstances de rédactions des *Gesta* des évêques de Cambrai: l'œuvre fut composée par le propre chapelain de l'évêque en 1024/1025. Les raisons qui présidèrent à sa rédaction furent multiples mais il convient de préciser d'emblée que le texte met en avant la sainteté collective de l'épiscopat cambrésien, dont Gérard est alors le dépositaire, pour mieux servir l'autorité de l'évêque engagé dans une importante entreprise de réforme des communautés de ses diocèses[161]. L'évêque

[154] Voir ainsi la liste des reliques dont l'évêque Wichmann demanda en 1166 qu'elles fussent adressées aux cisterciennes d'Ichtershausen (Thuringe): Urkundenbuch des Erzstifts Magdeburg 1, éd. ISRAËL/MÖLLENBERG, n° 315 A et B, 398–406; sur les reliques de Magdebourg, voir les informations rassemblées dans SCHWINEKÖPER/WENTZ, Das Erzbistum Magdeburg 1–1, Das Domstift St. Moritz, 216–236.

[155] Vita Autberti, éd. GHESQUIÈRE, l. IV, c. 32, 563: *Iam vero fama huiusmodi tocius Germanie fines occupaverat, que sanctos confessores a finibus Gallicis evectos adeo affirmabat, ut nulli incredibile videretur, quod tam celeberrime opinionis nuntia testabantur. Sed illis aliud opinio favebat, nobis aliud veritas servabat.*

[156] Gesta episcoporum Cameracensium, éd. BETHMANN, l. I, c. 49, 418; ibid., l. I, c. 61, 422.

[157] Ibid., l. I, c. 88, 433.

[158] Vita Autberti, éd. GHESQUIÈRE, l. IV, c. 33, 563–564.

[159] Miracula Autberti, éd. PONCELET, c. 1, 201–202.

[160] Gesta Lietberti, éd. BETHMANN, c. 24, 497.

[161] Erik VAN MINGROOT, Gérard Ier, Dictionnaire d'histoire et de géographie ecclésiastique 20 (1983), 741–751; HELVÉTIUS, Abbayes, évêques et laïques, 286–290; voir aussi JÉGOU, L'évêque entre autorité sacrée et exercice du pouvoir, 51–52.

commanda ensuite – peut-être au même auteur – la rédaction d'une troisième Vie de saint Géry[162] ainsi que celle de la première Vie de saint Aubert.

La date de rédaction de la Vie d'Aubert ne semble guère poser de difficultés: elle rapporte en effet la translation des reliques du saint présidée en 1015 par Gérard Ier[163]. L'œuvre est destinée à être lue à Saint-Aubert[164]. En 1024/1025, le chanoine qui rédige les *Gesta* assure s'appuyer sur ce texte, dont il précise qu'il fut commandé par Gérard lui-même à un certain Fulbert, *doctor karissimus*, et auquel il renvoie son lecteur[165]. La Vie qu'il composa est «une œuvre très littéraire, intéressante comme récapitulation des traditions»[166] à l'aube du XIe siècle, dans laquelle Fulbert a mis, à tort ou à raison, son héros en relation avec un grand nombre de fondateurs de monastères mérovingiens du diocèse de Cambrai: il s'agissait particulièrement des établissements dont Gérard Ier entreprenait la réforme au même moment[167]. Au XVIIIe siècle, le Père Ghesquière a proposé d'identifier l'auteur Fulbert avec le célèbre évêque de Chartres († 1028), suivi en cela par plusieurs historiens qui mettent en avant la formation des deux hommes à Reims à la charnière des Xe–XIe siècles[168]. Au premier abord, la mention des *Gesta* et la qualité littéraire de l'œuvre plaident en faveur de cette ingénieuse solution. On a cependant eu tendance à oublier que la proximité entre Gérard et Fulbert est le fruit de conjectures. La présence de Gérard à Reims est bien attestée: il y fut instruit par son oncle Adalbéron qui l'installa comme chanoine[169]. En revanche, rien ne permet d'affirmer que Fulbert résida bien dans la cité métropolitaine. L'évêque de Chartres n'y fait jamais allusion dans sa correspondance. Seule la Chronique de Saint-Maixent affirme, dans le deuxième quart du XIIe siècle, que «Gerbert fut le maître de Fulbert» sans par ailleurs évoquer Reims[170]. Ajoutons qu'on ne relève pas, dans l'œuvre de Fulbert, de grands textes strictement hagiographiques comparables à la Vie d'Aubert. Une lettre de l'évêque de Chartres a certes été adressée à un évêque G. en 1021, de toute évidence un suffragant de Reims car elle évoque la consécration de l'archevêque Ebalus. Mais cette lettre pouvait très bien être adressée à Guido de Senlis[171]. Ces quelques remarques permettent de comprendre pourquoi plusieurs auteurs dont Max Manitius[172], le Père de Gaiffier (qui avait étudié ce dossier dans sa thèse d'École des chartes en 1926)[173], ou

[162] Van der Essen, Étude critique et littéraire, 209–211; il paraît cependant difficile d'accepter les conclusions de cet historien sur l'antériorité de la Vie par rapport aux *Gesta*.

[163] Vita Autberti, éd. Ghesquière, l. IV, c. 33, 563–564.

[164] Ibid., prologue, 539.

[165] Gesta episcoporum Cameracensium, éd. Bethmann, l. I, c. 78, 430: *Quod si quis latius scire desiderat, librum quem Fulbertus doctor karissimus de vita sancti Autberti iubente domno episcopo Gerardo inscripserit, legat.*

[166] Platelle, Elle était belle et bonne, 147.

[167] Liste détaillée des emprunts de Fulbert dans van der Essen, Étude critique et littéraire, 275 et François Baix, Aubert, Dictionnaire d'histoire et de géographie ecclésiastique 5 (1931), 222–225 à préciser désormais par Helvétius, Abbayes, évêques et laïques, 333.

[168] Voir ainsi son introduction à l'édition de la Vie (533); van der Essen, Étude critique et littéraire, 274; Helvétius, Abbayes, évêques et laïques, 332.

[169] Gesta episcoporum Cameracensium, éd. Bethmann, l. III, c. 1, 465; à ce propos, voir Jean-Marie Duvosquel, Gérard Ier, Bibliographie nationale de Belgique 35 (1970), 287–289.

[170] La chronique de Saint-Maixent, éd. Verdon, 103.

[171] The Letters and Poems of Fulbert of Chartres, éd. Behrends, n° 56, 96–99.

[172] Manitius, Geschichte der lateinischen Literatur des Mittelalters 2, 341: «daß er [l'auteur de la Vie d'Aubert] der berühmte Fulbert von Chartres war, glaube ich nicht, da sonst das Prädikat domnus und ein Hinweis auf seinen Tod nicht fehlen dürften»; ce dernier argument ne tient plus depuis que l'on sait que les *Gesta* furent rédigés en 1024/1025 (Fulbert meurt en 1028).

[173] Gaiffier, Études critiques d'hagiographie et d'iconologie, 417, 458 et 480; voir aussi Propylaeum ad AA SS decembris, 581.

encore Frederick Behrends[174] n'ont pas accepté l'identification de l'auteur de la *Vita Autberti* avec Fulbert de Chartres. Reconnaissons-le, cet examen ne change pas considérablement le sens de notre propos, mais il donne désormais une interprétation plus homogène de la production hagiographique et historiographique cambrésienne: rédigée à la demande de Gérard par des clercs locaux pour servir le culte des saints évêques locaux et donc l'autorité de celui qui au début du XIe siècle est leur lointain mais fidèle successeur.

La cathédrale, la cité et le culte des saints

On vient de le voir, les évêques ne négligèrent pas les sanctuaires de leur cité épiscopale, mais c'est assurément leur cathédrale qui fut au centre de leurs préoccupations. Les années troublées de la fin du IXe siècle et de la première moitié du Xe siècle fournirent des occasions commodes pour justifier des translations de reliques. En 888, Dodilon fit ainsi porter le corps d'Aubert à la cathédrale[175]. D'après le rédacteur des *Gesta*, Dodilon prit prétexte de l'insécurité ambiante pour attirer à Cambrai la communauté des chanoines de Baralle. Ceux-ci voulurent regagner rapidement leur chapitre malgré les avertissements de l'évêque qui accepta de les laisser partir, mais sans leur relique la plus précieuse, un bras de saint Georges[176]. En 953, devant la menace hongroise, Fulbert reçut aussi dans la cathédrale le corps de Géry car la basilique qui l'abritait était particulièrement exposée[177]. Comme elle n'était pas protégée par les remparts qu'avait fait édifier Dodilon au début du siècle, elle fut effectivement détruite par les pillards. On peut donc penser que le corps du saint patron resta quelques temps à la cathédrale. À la fin du Xe siècle, Rotard présida la translation des reliques de sainte Maxellende de Saint-Martin vers l'église-mère du diocèse[178].

La cathédrale s'imposa aussi comme lieu privilégié de la célébration de la sainteté épiscopale. Au tout début du XIe siècle, l'évêque Gérard Ier entreprit une restauration considérable que l'on a eu l'occasion d'évoquer rapidement. Les travaux provoquèrent la destruction de la basilique Sainte-Croix, déjà largement ruinée. Le tombeau de l'évêque Jean fut transféré dans le nouvel édifice. C'est vraisemblablement à cette occasion que l'on put prendre connaissance, sur son tombeau, de la seule inscription qui ait été conservée dans les *Gesta*. Plusieurs miracles se manifestèrent signifiant ainsi que Gérard venait de créer une nouvelle figure efficace de sainteté épiscopale[179]. La cérémonie de consécration de la nouvelle cathédrale de Cambrai, le 18 octobre 1030, présidée par Gérard Ier et Richard de Saint-Vanne, proposa une véritable «mise en scène» de la sainteté épiscopale: les reliques des saints évêques Vaast, Aubert, Vindicien et Hadulphe avaient été disposées de part et d'autre de l'autel autour des célébrants. La châsse de l'évêque Géry était particulièrement mise à l'honneur. À en croire le continuateur des *Gesta*, cette célébration fit grande impression: «quiconque avait le sentiment des choses spirituelles, crût qu'ils [les saints] participaient de tout leur zèle à cette sainte

[174] The Letters and Poems of Fulbert of Chartres, éd. Behrends, xvii et xxiii, n. 21; id., Fulbert, évêque de Chartres, Dictionnaire d'histoire et de géographie ecclésiastique 19 (1981), 333–336. – On lira bientôt une démonstration plus développée de l'attribution de la Vie d'Aubert à un chanoine de la cathédrale de Cambrai dans Mériaux, L'auteur de la Vita Autberti.

[175] Vita Autberti, éd. Ghesquière, l. IV, c. 29, 561.

[176] Gesta episcoporum Cameracensium, éd. Bethmann, l. II, c. 11, 458–459; sur cet épisode, voir D'Haenens, Les invasions normandes en Belgique, 232–235 qui l'interprète comme une explication légendaire à la présence de cette relique dans le trésor de la cathédrale au début du XIe siècle.

[177] Gesta episcoporum Cameracensium, éd. Bethmann, l. I, c. 75, 428–429.

[178] Passio Maxellendis secunda, éd. Ghesquière, c. 27, 588 (note k).

[179] Gesta episcoporum Cameracensium, éd. Bethmann, l. I, c. 51, 419 et c. 57, 421.

consécration»[180]. D'autres cérémonies révèlent le même souci de «mise en scène». Il en alla ainsi lors de la dédicace de Saint-André du Cateau le 22 septembre 1025 où furent rassemblés non seulement les reliques (de sainte Maxellende et d'un énigmatique saint Sarre) données par Gérard à la nouvelle communauté, mais également les corps saints les plus illustres du diocèse, en tête desquels on ne sera pas surpris de trouver ceux de Géry et d'Aubert suivis de Saulve, Achard, Ghislain et Wasnulphe[181]. On pourrait aussi mentionner la dédicace du Saint-Sépulcre de Cambrai en 1064[182].

LES GRANDES COMMUNAUTÉS MONASTIQUES

Il serait faux d'imaginer que l'évêque de Cambrai avait seul l'initiative de la promotion à la sainteté et qu'elle était mise au service d'une politique exclusivement épiscopale. On l'a vu, de grands laïcs pouvaient être aussi à l'origine du développement d'un culte. Cela est tout aussi vrai des grandes communautés monastiques.

But

Le culte de saint Vaast à Arras

Les origines du culte de saint Vaast ne sont pas connues. On sait seulement qu'au début des années 640, ce saint évêque était vénéré à Arras par une communauté (?) qui jugea bon de solliciter Jonas de Bobbio et de lui demander de composer une Vie en son honneur. On ignore tout du développement du culte du saint à Arras avant l'extrême fin du VIIIe siècle, même si l'on a tenté de réhabiliter dans le chapitre III la réalité d'une translation des reliques sous l'épiscopat de l'évêque Aubert au milieu du VIIe siècle. En revanche la diffusion de son vocable pendant le haut Moyen Âge peut suggérer un succès précoce du culte. Le vocable est ainsi attesté dans le cas de l'église de Caudry[183]. La Passion de sainte Maxellende rapporte qu'un édifice y fut consacré sur ordre de l'évêque Vindicien à l'extrême fin du VIIe siècle. Vaast est aussi le patron d'une des églises du domaine fiscal de Valenciennes au VIIIe siècle. Il en va de même pour les églises de Blangy, Renty, Puisieux et celle du *portus* de Gand (attestée au milieu du Xe siècle, mais de fondation carolingienne selon Adriaan Verhulst). On devine donc une diffusion précoce du vocable. Au Moyen Âge, cinquante-six églises (sur un total de quatre-cent-trente) étaient consacrées en l'honneur de Vaast dans le diocèse d'Arras[184].

À l'extrême fin du VIIIe siècle, Alcuin fut sollicité pour enrichir le dossier hagiographique et liturgique du saint (et composer des inscriptions en l'honneur des autres saints honorés dans le monastère[185]). À partir du milieu du IXe siècle, la menace normande obligea les moines de Saint-Vaast à se soucier de la protection des reliques de Vaast. En 852, l'évêque Thierry procédait à leur invention. Elles furent ensuite transportées à Vaux sur la Somme en 879, puis à Beauvais à la veille de la destruction du monastère[186]. Un quart de siècle plus tard, il fallut toute l'autorité de l'évêque Dodilon – qui persuada son confrère Honorat de Beauvais – pour que les reliques puissent reprendre enfin le chemin d'Arras le 15 juillet 893. Sur cet épisode, on pos-

180 Ibid., l. III, c. 49, 483–484; PLATELLE, La cathédrale et le diocèse, 626; MÉRIAUX, Sépultures, reliques et mémoire.

181 Chronicon Sancti Andreae, éd. BETHMANN, l. I, c. 19, 530.

182 Relatio de sanctis ecclesiae Cameracensis, éd. HOFMEISTER.

183 Les références aux sources sont données dans les notices consacrées aux sanctuaires.

184 DELMAIRE, Le diocèse d'Arras 2, 577.

185 LESTOCQUOY, Les saints et les églises de l'abbaye de Saint-Vaast.

186 Annales Vedastini, éd. VON SIMSON, a° 879, 46.

sède le sermon rédigé à l'intention de la communauté par un moine de Saint-Vaast qui avait lui-même participé à la translation. Si Dodilon intervint avec tant de force, c'est, nous dit l'auteur, parce qu'il était «un autre Grégoire, sorti du monastère» (*velut alter Gregorius de monasterio expellitur*)[187] pour accéder à l'épiscopat. Il s'agit bien entendu d'une allusion au pape Grégoire le Grand, arraché en janvier 590 au monastère Saint-André qu'il avait fondé à Rome pour occuper la charge pontificale. Toujours d'après la même source, Dodilon aurait été moine puis prévôt de Saint-Vaast, et c'est à ce titre qu'il faut donc comprendre son intervention appuyée. En 1024/1025, l'auteur des *Gesta* ne s'y est pas trompé; il passe sous silence cet épisode lorsqu'il évoque l'épiscopat de Dodilon. Il en parle en revanche très brièvement à propos du grave différend qui opposa l'évêque Rotard et l'abbé Fulrad. Mais c'est pour montrer à quel point, dans le passé, les évêques de Cambrai purent favoriser le monastère arrageois et ainsi fustiger la désobéissance de ce même Fulrad[188]. On le voit, au tournant des Xe–XIe siècles, la mémoire de Vaast est devenue un enjeu supplémentaire dans la lutte qui opposait la puissante communauté monastique et l'évêque ordinaire. On connaît en effet toutes les difficultés que les évêques Rotard, Erluin puis Gérard eurent avec l'abbé Fulrad jusqu'à la nomination de Richard de Saint-Vanne en 1008[189].

Les *Gesta* rapportent ainsi un épisode bien curieux, il s'agit de l'invention, par Gérard Ier, de reliques du saint, non pas dans l'abbatiale du monastère, où le corps était sensé reposer au moins depuis son retour de Beauvais à la fin du IXe siècle, mais bien dans l'église de la cité dédiée à la Vierge[190]. Ce passage n'appartient plus au récit originel des *Gesta* qui avait bien mentionné une invention de reliques à Notre-Dame d'Arras sans toutefois nommer les saints découverts[191]. Il paraît donc exclu que Gérard lui-même ait ainsi relancé la querelle à propos de la sépulture de saint Vaast dans laquelle les droits des moines n'étaient pas si solides. Depuis 1008, Richard de Saint-Vanne était à la tête de la communauté et mettait tout en œuvre pour la réformer. Il eût donc été stupide de perturber ainsi les moines. En revanche, rien ne s'oppose à ce que Liébert ait pu par la suite trouver utile de se saisir de la découverte de reliques anonymes par son prédécesseur pour tenter de fragiliser les prétentions des moines, et aussi de réintégrer Vaast dans la continuité épiscopale. Mais l'opération pouvait tout aussi bien profiter aux chanoines de Notre-Dame d'Arras à la recherche d'arguments historiques pour légitimer la restauration de leur diocèse ou pour tenter de discréditer la puissante communauté voisine de Saint-Vaast.

Hadulphe et Ranulphe à Saint-Vaast

La documentation suggère aussi les efforts des moines pour enrichir leur sanctoral. Dans le cas de l'élévation des reliques de l'évêque Hadulphe, ancien abbé de Saint-Vaast au début du VIIIe siècle inhumé dans l'église Saint-Pierre du monastère, on peut penser que l'évêque de Cambrai Engran († 965) agit sous la pression des moines de Saint-Vaast. D'ailleurs, les *Gesta* ne détaillent guère les circonstances de cette invention[192].

187 Sermo de relatione corporis beati Vedasti, éd. Holder-Egger, 403; sur l'expression d'*alter Gregorius*, voir d'autres mentions dans Judic, L'influence de Grégoire le Grand, 114.

188 Gesta episcoporum Cameracensium, éd. Bethmann, l. I, c. 107, 446–447.

189 Ibid., l. I, c. 107, 446–447; ibid., l. I, c. 116, 452–453; Lemarignier, L'exemption monastique, 332–340; Dauphin, Le Bienheureux Richard, 176–182; Van Meter, Count Baldwin IV.

190 Gesta episcoporum Cameracensium, éd. Bethmann, l. III, c. 58, 488.

191 Ibid., l. II, c. 13, 459 et l. III, c. 4, 467.

192 Ibid., l. I, c. 35, 415.

Des traditions carolingiennes ont conservé le souvenir d'une translation des reliques d'un certain Ranulphe à Saint-Vaast d'Arras. Le dossier reste assurément mystérieux, mais il semble s'inscrire dans le processus de captation d'un culte local au profit de Saint-Vaast. L'un des grands sacramentaires réalisés à Elnone/Saint-Amand sous le règne de Charles le Chauve fut adressé à la cathédrale de Sens. Le calendrier mentionne au 27 mai la *translatio corporis Ragnulfi martyris*[193]. Cette date est par ailleurs également conservée dans les martyrologes d'Usuard et d'Adon, ce qui pourrait toutefois laisser penser qu'il s'agissait du jour de sa mort[194]. Il faut ensuite attendre le XIIe siècle pour voir les reliques du mystérieux martyr attestées dans le trésor de Saint-Vaast dont le moine Guimann fournit alors une description précise[195]. La mention liturgique précoce et précise du sacramentaire d'Elnone permet en tout cas de donner corps à certains aspects de la légende qui s'est développée autour de ce saint. L'auteur des *Gesta* des évêques de Cambrai rapporte que Ranulphe était le père de l'évêque de Cambrai Hadulphe et que de nombreux miracles étaient opérés autour de sa tombe[196]. Ce témoignage invite déjà à rechercher le lieu du culte primitif de Ranulphe autour de Saint-Vaast, dont Hadulphe fut abbé et où il fut inhumé. Reste désormais à savoir ce que signifie la *translatio* inscrite dans le sacramentaire d'Elnone. La tradition a retenu que les reliques venaient de Thélus dont l'église est effectivement consacrée en l'honneur de Ranulphe[197]. Le bien (*Teuludum*) est attesté dans le temporel de Saint-Vaast dès 867 puis à nouveau en 890; l'autel fut donné aux moines par Gérard Ier en 1030/1036[198]. De Ranulphe, il n'est cependant pas question. Rien ne prouve donc fermement que le corps de Ranulphe se trouvait à Thélus au IXe siècle. Le dossier réuni autour de saint Ranulphe signale donc le souci des moines védastins d'enrichir leur sanctoral dès l'époque carolingienne, même s'il reste bien difficile d'éclaircir les circonstances précises dans lesquelles ce culte s'est développé.

Une situation de concurrence autour d'Arras?

Par son ancienneté, l'étendue de son temporel et le rayonnement de ses saints, Saint-Vaast exerçait une influence profonde sur l'ensemble du diocèse d'Arras. L'évêque, installé à Cambrai, avait assurément plus de mal à exercer la sienne. La documentation relative à l'épiscopat de Fulbert invite cependant à penser que la promotion de nouveaux cultes put apparaître comme une réponse appropriée au dynamisme védastin dans ce domaine.

[193] Coens, Recueil d'études bollandiennes, 274 pour la mention de Ranulphe dans le sacramentaire d'Elnone à usage de Sens; sur ce manuscrit, voir Deshusses, Chronologie des grands sacramentaires, 7 et désormais Der karolingische Reichskalender 1, éd. Borst, 151.

[194] Le martyrologe d'Usuard, éd. Dubois, 235: *In territorio Adartensi, sancti Ragnulfi martyris*; Le martyrologe d'Adon, éd. Dubois/Renaud, 171: *In territorio Atrebatense natale sancti Ragnulfi episcopi, cuius gesta habentur*: la mention de ce texte semble être née de l'imagination d'Adon, car rien de tel n'a été conservé.

[195] Cartulaire de l'abbaye de Saint-Vaast, éd. van Drival, 106: *corpus beati Ranulphi martyris* cité parmi les reliques les plus insignes de l'abbaye, après le corps de Vaast, le chef de saint Jacques et le corps de saint Nicaise.

[196] Gesta episcoporum Cameracensium, éd. Bethmann, l. I, c. 34, 414: *Hadulfus eligitur, quem asserunt quidam filium fuisse sancti Ragnulfi martyris; de quo hi, qui nostris superfuere temporibus fideles, testati sunt, multa se ad sepulchrum eius vidisse miracula.*

[197] Dép. P.-de-C., arr. Arras, cant. Vimy (à sept kilomètres au nord d'Arras); Delmaire, Le diocèse d'Arras 2, 558; pour l'origine du culte de Ranulphe à Thélus, voir le commentaire de Godefroid Hensken dans AA SS Maii 6, Paris/Rome ^{3}1866, 709.

[198] Recueil des actes de Charles le Chauve 32, n° 304, 174 (30 octobre 867) repris dans: Recueil des actes d'Eudes, n° 20, 95 (21 mai 890); Cartulaire de l'abbaye de Saint-Vaast, éd. Van Drival, 63–64; van Mingroot, Liste provisoire des actes des évêques de Cambrai, 15.

But this is the study for this place + its details

Fulbert manifesta ainsi de l'intérêt pour la basilique du Mont-Saint-Éloi, située à la sortie d'Arras sur la chaussée menant à Thérouanne. Les *Gesta* rapportent que les évêques Vindicien, au début du VIIIe siècle, puis Halitgaire, au milieu du siècle suivant, y avaient été inhumés. Au milieu du Xe siècle, un jeune clerc errant dans cette église, alors en ruine, devint subitement aveugle. Fulbert y vit un signe. Il procéda à l'invention et à l'élévation du corps de Vindicien, retrouvé intact «dans un cercueil de pierre», aux côtés de son archidiacre Honoré. L'événement est à l'origine du développement du culte de cet évêque[199]. Les *Gesta* en suggèrent les succès spirituels (quelques miracles sont rapportés) et la richesse matérielle qu'il apporta à la basilique. Autour de l'an mil, la communauté des chanoines fit l'objet d'un pillage en règle par les troupes de Richard de Normandie venu apporter un soutien à l'empereur Henri II dans sa lutte contre le comte Baudouin IV de Flandre[200]. Si l'on accepte le témoignage des *Gesta*, le choix de l'inhumation de Vindicien dans les environs d'Arras au début du VIIIe siècle pouvait déjà correspondre au souci de son successeur de mieux marquer la présence épiscopale dans une région éloignée de la cité. Il n'est pas indifférent de constater qu'en procédant à l'invention des reliques de Vindicien au milieu du Xe siècle, l'évêque Fulbert mettait à l'honneur un modèle de sainteté épiscopale: c'était une manière habile de manifester le prestige de la charge et de renforcer du même coup sa propre autorité dans les environs immédiats d'Arras.

Un diplôme royal rappelle la fondation d'une communauté de chanoines à Marœuil par ce même Fulbert. Marœuil est situé dans la vallée de la Scarpe, à quelques kilomètres du Mont-Saint-Éloi, au sud de la voie romaine. En 977, le roi de France, Lothaire, à la demande de son épouse Emma, restituait aux chanoines une série de biens qui leur avaient été retirés par l'évêque Tetdon de Cambrai et c'est à cette occasion qu'il rappelle l'action de Fulbert et les donations successives des évêques Bérenger et Engran. Particulièrement intéressante pour notre propos est la mention de cette sainte Bertille dont se réclame la communauté, placée également sous le *patrocinium* d'Amand (*coenobium sancti Amandi et sancte Bertille*)[201]. Il y a donc tout lieu de penser que Fulbert procéda à Marœuil comme au Mont-Saint-Éloi: il accompagna la fondation d'une communauté canoniale de la promotion d'un culte local. La Vie de la sainte, rédigée à la fin du XIe siècle, n'apporte aucune précision à ce sujet et se contente d'évoquer très brièvement le pieux veuvage de cette Bertille. Nous avons déjà eu l'occasion d'en exploiter quelques éléments. Au début du XIe siècle, les *Gesta* tiennent cependant à rappeler que Bertille aurait cédé ses biens à la cathédrale de Cambrai[202]. Il importe donc de mettre ici en rapport le développement d'un culte local avec la fondation d'une communauté, directement dépendante de la cathédrale.

Rien ne permet de dire que Vindicien et Bertille étaient publiquement honorés avant le milieu du Xe siècle. On constate alors que l'évêque s'est précisément soucié de développer de nouveaux cultes dans la partie atrébate de son diocèse, où l'influence du monastère de Saint-Vaast était particulièrement forte. On peut donc se demander si les évêques du Xe siècle ne cherchèrent pas délibérément à disposer de leurs propres points d'appui dans la région. Le développement de nouveaux cultes peut alors être interprété comme la traduction spirituelle de ces ambitions.

199 Gesta episcoporum Cameracensium, éd. Bethmann, l. I, c. 29–30, 413–414; Meijns, Aken of Jeruzalem? 1, 418–424; ead., Des basiliques rurales, 320–323.

200 Gesta episcoporum Cameracensium, éd. Bethmann, l. I, c. 31–33, 413–414.

201 Recueil des actes de Lothaire, n° 41, 97; Meijns, Aken of Jeruzalem? 1, 114–120; ead., Des basiliques rurales, 323–328.

202 Gesta episcoporum Cameracensium, éd. Bethmann, l. II, c. 16, 459.

Lobbes

Outre Saint-Vaast, le monastère de Lobbes connut un certain dynamisme en ce qui concerne le culte des saints. Point n'est besoin d'insister sur le développement précoce du culte de saint Ursmer. Dès lors que Landelin, le fondateur, avait été écarté du monastère par les Pippinides, il était assez naturel que les dévotions se portassent sur son successeur dont le tombeau se trouvait sur place (mais hors de l'enceinte monastique à proprement parler). Son successeur, Ermin, eut aussi l'honneur d'un culte. La documentation liturgique carolingienne fait mention de l'un comme de l'autre dès le troisième quart du VIIIe siècle, date à laquelle Anson leur consacra une Vie[203]. En 823, l'évêque de Cambrai procéda à l'élévation des reliques de saint Ursmer. Cette cérémonie est souvent citée car on y reconnaît volontiers une des premières applications de la législation carolingienne concernant un contrôle plus strict, par l'autorité épiscopale, du culte des saints[204]. À la fin du Xe siècle, l'abbé Folcuin – qui, plus jeune, avait tant fait pour le culte des saints de Sithiu – mit sa plume au service du culte de saint Ursmer. Il fut aussi à l'origine de la fondation d'une communauté canoniale dans le sanctuaire qui abritait le tombeau du saint abbé[205]. Mais il convient aussi d'observer les efforts des moines pour développer d'autres modèles de sainteté.

Fondée par Landelin à la fin du VIIe siècle, la petite *cella* de Wallers était restée dans la dépendance de son puissant voisin. En 844 encore, à la demande de l'abbé de Lobbes Haribert, l'évêque Thierry avait procédé en personne à la dédicace du petit monastère de Wallers[206]. Dans le courant du Xe siècle, ses successeurs contribuèrent à développer et encadrer le culte local de saint Dodon. L'évêque Dodilon († 903) envoya «des prêtres âgés et sages» présider la cérémonie d'élévation du corps. Les restes furent lavés et enveloppés de linges. Une vieille femme dont les bras étaient paralysés recouvra la santé au contact de l'eau avec laquelle avaient été lavés les ossements du saint[207]. Un demi-siècle plus tard, Fulbert († 956) autorisa le doyen Trésuguin, en compagnie des prêtres de son doyenné, à procéder à une nouvelle translation de reliques[208].

Un cas se présente un peu différemment sur un domaine de l'abbaye de Lobbes situé dans la vallée de la Senne. Ce dernier couvrait l'ancienne commune de Saintes et le hameau de Quenestinnes (aujourd'hui situé au sud-ouest de Bruxelles). Seul le domaine de Quenestinnes (*villa Nachtinas*) est décrit dans la liste longue dressée en 868/869 sur l'ordre de l'évêque Jean de Cambrai. Dans la liste courte de 889, apparaît désormais la forme de *Nahtinas sive ad Sanctas*, et cette dernière dénomination l'emporte dans les descriptions des XIe et XIIe siècles[209]. Ces seules mentions pourraient déjà laisser supposer l'ancienneté d'un culte local. En effet au début du XIe siècle – entre 1015 et 1035 d'après l'analyse récente de François De Vriendt –, un moine de Lobbes consacra une biographie à une certaine sainte Renelde qui aurait vécu à Saintes. L'auteur s'attache à marquer la dépendance de Saintes à Lobbes en imaginant que le domaine aurait été cédé par Renelde elle-même avant son assassinat par les Huns (!)[210].

[203] Dierkens, Abbayes et chapitres, 91–104.

[204] Folcuin, Gesta abbatum Lobbiensium, éd. Pertz, c. 10, 60; Dierkens, Abbayes et chapitres, 108; Delehaye, Cinq leçons sur la méthode hagiographique, 184.

[205] Dierkens, Abbayes et chapitres, 122–125.

[206] Gesta episcoporum Cameracensium, éd. Bethmann, l. I, c. 43, 417; sur l'histoire de Wallers, voir Dierkens, Abbayes et chapitres, 100–102.

[207] Vita Dodonis, éd. De Buck, c. 8–9, 636.

[208] Ibid., c. 10–11, 636–637.

[209] Delporte, Sainte Renelde: à l'origine de la dénomination du village de Saintes?, 38–41.

[210] Vita Reineldis, éd. Du Sollier, c. 6, 177: *Nam caelistis regni clavigero Sanctas cum quinque villis, appendiciisque earum omnibus tradidit, ut ab eo ad caeli palatium mereretur introduci*: on sait en effet que Lobbes était placé sous le patronage de saint Pierre.

Le texte fournit cependant des informations qui semblent tout à fait acceptables, en particulier le récit d'une élévation des reliques dès 866[211], à laquelle des traditions postérieures feront nommément participer l'évêque Jean de Cambrai[212]. Un essor du culte dans le dernier tiers du IXe siècle correspond bien aux observations qui ont pu être faites sur la dénomination de ces possessions lobbaines. Comme dans le cas du culte de saint Ranulphe à Saint-Vaast, on devine les mécanismes du développement d'un culte local, progresssivement encadré et récupéré par les moines, comme le prouve la rédaction de la *Vita Reineldis* au début du XIe siècle. Contrairement à ce qui s'est passé à Arras, il n'y eut pas de translation de reliques vers Lobbes. Celles-ci restèrent à Saintes et furent placées dans une nouvelle châsse par un évêque Gérard de Cambrai (rien ne permet de privilégier Gérard II de Lessines († 1092) plutôt que son prédécesseur Gérard Ier) qui fixa son sceau sur les précieux restes[213]. En 1170, sous la surveillance vigilante des habitants, l'abbé de Lobbes et celui d'Ename purent toutefois prélever une petite partie des ossements pour leurs monastères respectifs[214].

Nous avons donc essayé de montrer l'activité multiforme déployée par les évêques de Cambrai, essentiellement au Xe siècle, pour encourager le culte des saints dans leurs diocèses. Il nous paraît significatif d'observer que ces dévotions concernent presque exclusivement des figures de sainteté locales et en premier lieu les évêques mérovingiens. Le rôle des évêques a été décisif, même si l'on a pu souligner que les grands établissements monastiques ainsi que certains princes territoriaux eurent aussi à cœur de se placer sous la protection de certains saints particuliers et d'encourager ces dévotions. En privilégiant ces grandes figures locales, les évêques de Cambrai ont assurément contribué à forger une identité diocésaine bien différente de celle du diocèse de Thérouanne dont le centre dynamique fut avant tout Sithiu. La comparaison mérite désormais d'être poursuivie en examinant le culte des saints dans le diocèse de Tournai.

Chapitre IX

Cultes importés, cultes inventés: les saints du diocèse de Tournai

Plusieurs éléments peuvent expliquer que le diocèse de Tournai ait souffert d'une certaine pénurie de saints et de reliques au regard de ce que l'on a pu observer dans les diocèses voisins. À partir du VIIe siècle, les évêques ont résidé à Noyon. Les plus prestigieux d'entre eux – pensons à Éloi (641 † 660) – furent inhumés dans les basiliques suburbaines de cette cité. La cité épiscopale de Tournai fut privée des tombeaux des saints évêques qui, à l'époque mérovingienne, représentent par excellence les modèles de sainteté développés dans les cités de Gaule. L'absence de l'évêque à Tournai signifiait également celle de l'autorité qui, ailleurs, encourageait le culte des saints[215]. La seule initiative épiscopale connue dans le diocèse est celle d'Éloi à Seclin.

211 Ibid., c. 13, 178: *Levata est autem sacratissima gleba corporis ejus de terra anno Dominicae Incarnationis octingentesimo sexagesimo sexto, et recondita est cum magnis populorum atque psallentium clericorum laudibus in theca argentea, praesentibus tribus diocesium episcopis.*

212 Translatio Reineldis, éd. van den Gheyn, c. 2, 443.

213 Ibid., c. 2, 444.

214 Ibid., c. 3, 444–445.

215 Beaujard, Cités, évêques et martyrs; ead., Le culte des saints en Gaule, 408–454; Dom Huyghebaert a aussi montré que les sources ignorent tout de l'activité des évêques de Noyon en matière de dédicaces et de consécrations d'églises dans le diocèse de Tournai avant le milieu du Xe siècle ('Dedicationes Tornacenses', 12–15).

L'évêque de Noyon/Tournai, on le sait, aurait procédé pendant son épiscopat à plusieurs inventions ou translations de reliques dans son propre diocèse et dans les diocèses voisins (Quentin à Vermand, Crépin et Crépinien à Soissons, Lucien à Beauvais). À Seclin, Éloi «inventa» les reliques du martyr Piat, fit édifier un *mausoleum*[216] et rassembla très probablement une première communauté sur place[217].

D'autre part, la plupart des fondations monastiques du VIIe siècle se rattachaient à l'action d'Amand, dont le tombeau était à Elnone, privant de la sorte les autres communautés des reliques d'un saint protecteur. La communauté gantoise de *Ganda* sut opérer assez tôt un glissement vers la mémoire de Bavon, un ermite disciple d'Amand dont elle possédait les reliques. La situation fut très différente au Mont-Blandin et dans toute une série d'autres communautés fondées entre le VIIe et le Xe siècle. Le culte des saints s'est ainsi développé essentiellement sous la forme d'inventions et de translations, les deux célébrations étant parfois intimement liées.

On soulignera dans un premier temps l'atonie surprenante du culte des saints dans la cité épiscopale pour mieux faire ressortir, dans un second temps, l'activité des grands laïcs dans le reste du diocèse avant d'envisager enfin les lieux où se développèrent les dévotions.

LES SAINTS DE LA CITÉ ÉPISCOPALE

À moins de solliciter la très tardive Vie de saint Éleuthère du XIIe siècle, il faut avouer que l'on est assez peu renseigné sur le culte des saints dans la cité de Tournai pendant le haut Moyen Âge. Il apparaît d'emblée que l'absence de l'évêque s'est accompagnée d'une moindre vitalité en matière de célébration de certains modèles de sainteté privilégiés. À ce titre, la comparaison avec Cambrai à la même époque est très éclairante. Cela tient aussi au fait que le comte de Flandre semble avoir mené, en matière de translation de reliques, une politique qui favorisa exclusivement les monastères gantois et ses propres chapelles castrales.

Il convient tout d'abord de dire quelques mots d'une source importante, un sacramentaire composé à Elnone sous le règne de Charles le Chauve, puis de présenter le seul culte qui soit explicitement attesté dans la cité dès l'époque carolingienne, celui de l'évêque Nicaise de Reims, avant de nous plonger dans l'embarrassant dossier hagiographique de saint Éleuthère.

La cité et ses cultes au miroir du sacramentaire d'Elnone

Tournai n'est pas très bien documentée pour les IXe–Xe siècles. Manquent surtout des informations précises concernant la topographie chrétienne de la cité[218]. En fait, les quelques indications que l'on possède sont de nature liturgique, ce qui explique qu'elles n'aient pas été exploitées dans le chapitre consacré à la physionomie des cités épiscopales. On rappellera l'existence, au Xe siècle, des églises Saint-Quentin et Saint-

216 Vita Eligii, éd. KRUSCH, l. II, c. 7, 699–700; GRICOURT, Le culte de saint Piat; on notera qu'il subsiste aujourd'hui dans la crypte de l'actuelle collégiale une cuve de sarcophage que l'on date prudemment des IIIe–IVe siècles (Les premiers monuments chrétiens de la France 3, 272–273); composée au IXe siècle, la Passion de Piat ignore curieusement l'intervention d'Éloi et contredit même la *Vita Eligii* en développant le thème de la céphalophorie (Passio Piati, éd. MORETUS PLANTIN, c. 9, 129–130).

217 MEIJNS, Des basiliques rurales, 309–315.

218 Sur ce point, voir VERCAUTEREN, Étude sur les civitates de la Belgique seconde, 233–253; PYCKE, 'Urbs fuerat quondam', 223–231; HIRSCHMANN, Stadtplanung, Bauprojekte und Grossbaustellen, 113–128.

Pierre, mentionnées par Hériman au début du XIIe siècle [219]; ce qui est assurément tardif. Quant à la première église Saint-Brice, sur la rive est de l'Escaut, elle pourrait être datée archéologiquement du courant du Xe siècle[220]. La cathédrale et le chapitre apparaissent çà et là dans la documentation diplomatique.

Particulièrement intéressantes pour notre propos sont les informations que l'on lit dans un des grands sacramentaires réalisés à Elnone vers 859[221]. La mention de saint Piat revient à plusieurs reprises, dans les litanies ainsi que dans le calendrier, et il est notamment question de la *congregatio beati Piatonis martyris*. Comme l'a suggéré Léopold Delisle, tous ces éléments indiquent clairement un usage dans le diocèse de Tournai, où était honoré Piat au IXe siècle (en témoigne l'inscription du saint dans le martyrologe d'Usuard[222]). Il est, par ailleurs, difficile de penser qu'un tel manuscrit fut copié à l'usage d'une autre communauté que le chapitre cathédral de Tournai: les autres «grands sacramentaires» de Saint-Amand furent, en effet, destinés, soit à des églises épiscopales (Le Mans, Sens), soit à d'importants établissements monastiques (Chelles, Saint-Denis, Saint-Thierry près de Reims et Saint-Germain-des-Prés)[223]. Ceci rend peu probable un usage à Seclin (malgré la mention de la *congregatio* du martyr), où reposaient les reliques de saint Piat, mais signifie que le saint avait bien gagné une place privilégiée au sein des dévotions du diocèse[224]. On lit aussi dans le calendrier, l'annonce de la dédicace d'une église Saint-Nicaise (*dedicatio ecclesiae Nicasii episcopi*) au 30 juillet.

Source for Tournai

Le culte de Nicaise

Travaillant à une Vie métrique de saint Amand entre 845 et 855, le moine Milon évoque ainsi l'«urne précieuse» dans laquelle reposait le corps de cet évêque de Reims, honoré comme martyr; il précise également que ses reliques étaient conservées non loin de la cathédrale[225]. Nicaise apparaît dans les litanies du sacramentaire d'Elnone et sa fête figure au 14 décembre[226]. Parmi les témoignages de son culte à Tournai à l'époque carolingienne, il faut aussi mentionner un diptyque d'ivoire, peut-être réalisé à Tournai dès le tournant des IXe–Xe siècles et aujourd'hui encore conservé dans le trésor de la cathédrale[227]. Enfin, si l'on suit l'analyse faite dans la liste des archives capitulaires

219 Dumoulin/Pycke, Topographie chrétienne, 16–18 et 22–24.

220 Verslype, Le paysage rural et urbain 2, 106.

221 Il s'agit du ms Q. v. I, 41 de Saint-Pétersbourg, dont Henri Leclercq, Pétersbourg (Saint), Dictionnaire d'archéologie chrétienne et de liturgie 14–1 (1939), 646–649 a donné une commode description à partir de Delisle, Mémoires sur d'anciens sacramentaires, et Staerk, Les manuscrits latins; voir aussi Pycke, Matériaux pour l'histoire de la bibliothèque capitulaire de Tournai, 77; Coens, Recueil d'études bollandiennes, 272–273 (litanies et calendrier) et, en dernier lieu, Der karolingische Reichskalender 1, éd. Borst, 151.

222 Le martyrologe d'Usuard, éd. Dubois, 312.

223 Deshusses, Chronologie.

224 Voir à ce propos la remarque de Leclercq, Tournai, 2550, qui exclut par ailleurs un usage à Saint-Piat de Tournai.

225 Milon, Vita Amandi metrica, éd. Traube, 589: *Nec longe remota / Nicasius recubat, pretiosa martyr in urna / Remorum praesul felix cui vita coronam / Praebuit et rutilam fuso pro sanguine palmam.*

226 Coens, Recueil d'études bollandiennes, 273; Der karolingische Reichskalender 3, éd. Borst, 1586; sur saint Nicaise et son culte, voir Vies des saints et des bienheureux 12 (1956), 439–445 [Dom Dubois]; Henri Platelle, Nicasio, Bibliotheca sanctorum 9 (1967), 853–857; Dumoulin, L'organisation paroissiale de Tournai, 32–33.

227 Steenbock, Das Nicasius-Diptychon, 1008; Leclercq, Tournai, 2552–2555 opte cependant pour une réalisation hors de Tournai au début du XIe siècle.

dressée à l'extrême fin du Moyen Âge, un acte aujourd'hui perdu de Louis IV d'Outre-Mer aurait mentionné Nicaise comme second patron de la cathédrale après la Vierge[228].

Mais depuis quand Nicaise était-il honoré à Tournai? Il faut attendre le Xe siècle pour trouver une mention explicite d'une translation de reliques de Reims, formulée de manière bien vague par Flodoard. «Quelques reliques du bienheureux pontife et martyr furent obtenues par un évêque de Noyon qui les porta dans sa ville épiscopale. Elles furent illustrées par de grands et nombreux miracles, tant à Noyon qu'à Tournai, où l'on dit qu'on les conserve encore». Flodoard rapporte ensuite la translation du reste des reliques de la basilique Saint-Nicaise de Reims vers la cathédrale de Reims, où elles furent déposées à côté de celles de Calixte (qui venaient d'être ramenées de Cysoing). Cette dernière cérémonie eut lieu sous l'épiscopat de Foulques († 900). Le chanoine de Reims fournit aussi les premiers éléments littéraires du dossier hagiographique de cet évêque rémois. On y apprend ainsi que Nicaise aurait été victime de la persécution des Vandales au début du Ve siècle[229]. Il est donc difficile de savoir quand les reliques furent apportées à Tournai. Marcel Amand a émis successivement les hypothèses d'une translation dès la fin du Ve siècle[230], ou encore sous l'épiscopat d'Éloi[231]. Mais l'on a rappelé que l'activité de ce dernier ne semble pas avoir été très grande dans le diocèse de Tournai au milieu VIIe siècle.

On vient, par ailleurs, d'évoquer la mention de la dédicace, inscrite au 30 juillet dans le calendrier du sacramentaire d'Elnone, de l'«église Saint-Nicaise». S'agit-il d'une église de Tournai? Si Milon ne fait pas mention d'une église dédiée au martyr rémois, il précise que ses reliques étaient conservées non loin de la cathédrale. On pourrait donc imaginer l'existence de cette église. Les sources n'ont pas conservé le souvenir d'une telle basilique à Tournai ou dans son *suburbium* et l'on peut d'autre part se demander si cette date ne serait pas celle de la dédicace de l'église Saint-Nicaise de Reims, bien attestée depuis l'époque mérovingienne[232], dont les copistes amandinois auraient pris connaissance à partir de documents rémois concernant Nicaise[233].

Nous conclurons prudemment en rappelant ces quelques certitudes. Au milieu du IXe siècle, seul le culte de Nicaise est formellement attesté à Tournai. Les martyrologes d'Adon et Usuard ne signalent aucun culte dans la cité épiscopale; dans le diocèse de Tournai, il n'est question que de Piat à Seclin, d'Amand à Elnone et de Bavon à Gand. Ce déséquilibre mérite assurément d'être noté.

Il nous semble que les dossiers hagiographiques de Piat et de Nicaise méritent désormais d'être confrontés à celui d'un autre saint tournaisien, l'évêque Éleuthère du VIe siècle, dont la tradition prétend que ses reliques furent «inventées» par l'évêque Heidilon à l'extrême fin du IXe siècle.

Les problèmes posés par la Vie d'Éleuthère

Le dossier hagiographique d'Éleuthère forme un ensemble peu homogène de traditions, au sein desquelles il est difficile de discerner différentes strates de rédaction. L'exercice

[228] Leclercq, Tournai, 2553–2554; Pycke, 'Urbs fuerat quondam', 224 et 231; sur le Grand Répertoire de 1422–1533, voir Pycke, Le chapitre cathédral Notre-Dame de Tournai, 5–6.

[229] Flodoard, Historia Remensis ecclesiae, éd. Stratmann, l. I, c. 6–7, 72–78; Sot, Un historien et son Église, 372–375, 637 et 697–698.

[230] Amand, Les reliques de saint Nicaise.

[231] Amand, Les débuts du christianisme, 319–321.

[232] Luce Pietri, Reims, Topographie chrétienne des cités de la Gaule, à paraître.

[233] Der karolingische Reichskalender 1, éd. Borst, 145–146; ibid. 3, 1586; un calendrier copié à Reims ou à Laon vers 840 (Trèves, Stadtbibl., ms 2500, fol. 10r–15v) donne au 29 juillet la *dedicatio ecclesiae Nicasii episcopi* (fol. 13r).

mérite néanmoins d'être tenté car il intéresse notre propos au plus haut point. La Vie d'Éleuthère signale en effet une intervention de l'évêque de Noyon, à la fin du IXe siècle, précisément en 897, dans le développement d'un nouveau culte. Qui plus est, le nouveau modèle proposé à la dévotion des fidèles est un saint évêque. Or, les sources ne signalent, par ailleurs, aucune activité de l'évêque de Noyon dans sa seconde cité épiscopale en matière de culte des saints.

Le dossier hagiographique d'Éleuthère a été édité en 1658 par Godefroid Hensken. Le Bollandiste distinguait alors deux Vies du saint. Le premier texte, en trois chapitres, aurait été rédigé peu de temps avant les invasions normandes. La seconde Vie amplifie la première et ajoute plusieurs épisodes, dont le récit de l'invention des reliques du saint à *Blandinium* par l'évêque Heidilon († après 902). Cette mention conduisait à penser qu'il s'agissait d'une composition légèrement postérieure. En 1902, cependant, Joseph Warichez est venu ruiner ce schéma en rappelant que ces textes s'inscrivaient trop bien dans la production littéraire tournaisienne du XIIe siècle, qui revendiquait avec force la séparation de Noyon et le rétablissement d'un diocèse autonome[234]. On conserve ainsi le récit d'une révélation faite à un chanoine nommé Henri qui aurait, par deux fois, été gratifié de visions. Il aurait, de la sorte, pris connaissance des deux Vies d'Éleuthère. Pour le chanoine Warichez, la cause était entendue, les deux Vies sortent tout droit de l'imagination d'un clerc du XIIe siècle. En 1925, Paul Rolland en a accepté certaines conclusions tout en cherchant à reconstituer une hypothétique Vie rédigée à la fin du IXe siècle[235], mais, dans l'ensemble, l'historiographie tournaisienne répugne à accepter l'idée d'une forgerie hagiographique au XIIe siècle. On a pu ainsi reprocher à cette démonstration son caractère systématique[236]. Aujourd'hui encore, on continue donc de prendre pour argent comptant tout ce que ces Vies (ou cette Vie) disent de Tournai au VIe siècle et à la fin du IXe siècle[237]. Il est évidemment difficile de reprendre un dossier dont une partie importante de la tradition manuscrite a désormais disparu[238]. Cela ne doit pas nous empêcher de proposer quelques hypothèses.

On remarquera d'abord, à l'appui de la démonstration de Joseph Warichez, que les incohérences chronologiques abondent. Les premiers chapitres de la «première Vie» rappellent que le père de l'évêque, nommé Serenus, aurait en effet été converti par Piat, lui-même venu de Rome au temps de la grande persécution de Dioclétien (fin du IIIe siècle). Ceci n'est évidemment pas compatible avec la mention de saint Médard (milieu du VIe siècle) au chapitre suivant. La «seconde Vie» est particulièrement prolixe sur les liens qui unissaient Tournai et Rome au VIe siècle. Après avoir évoqué le concile rassemblé à Tournai avec l'assentiment du pape pour combattre l'hérésie arienne – entreprise qui fut un plein succès –, la deuxième Vie évoque le *Sermo de divinitate Christi unigeniti Domini nostri* que l'évêque avait rédigé afin de lutter contre l'arianisme et qu'il porta à Rome au pape Symmaque. Onze ans plus tard, il aurait composé un nouveau *Sermo de incarnatione Christi adversus haereticos* soumis au pape Hormisdas; à cette occasion, il serait revenu de Rome avec les reliques de Marie l'Égyptienne et le bras (*humerus*) du protomartyr Étienne[239]. Au moment de mourir, il aurait exhorté

234 WARICHEZ, Les origines, 10–16; VAN DER ESSEN, Étude critique et littéraire, 394–397.

235 ROLLAND, Les Monumenta Historiae Tornacensis, 253–313, surtout 294.

236 Jacques PYCKE, Henri, chanoine de Tournai, Dictionnaire d'histoire et de géographie ecclésiastique 23 (1990), 1238–1239.

237 DUMOULIN/PYCKE, Topographie chrétienne; PYCKE, 'Urbs fuerat quondam'.

238 Sur ce manuscrit, voir ROLLAND, Les Monumenta Historiae Tornacensis, 278–279.

239 Vita Eleutherii, éd. HENSKEN, c. IV, § 16–18, 193–194; le sermon qu'Éleuthère aurait prononcé lors du concile est donné au § 20 (194); sur ce pseudo-concile, voir WARICHEZ, Les origines, 13; ce

son disciple Andoneus à se rendre à Rome auprès du pape Boniface pour porter une nouvelle fois le sermon qui avait confondu les hérétiques[240]. La seule mention des reliques de Marie l'Égyptienne permet de douter de ces informations puisque le culte de cette anachorète du VIe siècle (?) se répandit à Rome au début du VIIe siècle avec l'arrivée des moines palestiniens chassés par les victoires perses.

Beaucoup plus grave nous semble être l'absence d'attestations anciennes du culte d'Éleuthère. Le haut Moyen Âge n'en signale aucune, même si l'épiscopat d'Éleuthère au VIe siècle ne peut, lui, être mis en doute: on peut le déduire du passage de la Vie de Médard par le pseudo-Fortunat. Au IXe siècle, ni Adon, ni Usuard ne citent Éleuthère dans leurs martyrologes et il n'est mentionné ni dans les litanies, ni dans le calendrier du grand sacramentaire réalisé à Elnone pour Tournai vers 859. Une seule invocation a été relevée dans les litanies dépouillées par le Père Coens mais le manuscrit est bien tardif (XIIe–XIIIe siècles)[241]. Rédigée au milieu du XIIe siècle, la Vie est donc un des premiers témoignages du culte rendu à Tournai à cet évêque mérovingien. Nous insistons sur ce point car les attestations liturgiques du culte sont des données indispensables à l'appréciation de ce que le Père Delehaye appelle la «partie littéraire du dossier hagiographique». Dans le cas d'Éleuthère, force est de constater qu'aucune tradition solide n'est attestée avant la rédaction de la Vie. Ceci doit nous inviter à lire avec un œil particulièrement critique la Vie d'Éleuthère, et particulièrement le récit de l'invention de ses reliques à la fin du IXe siècle.

L'invention des reliques d'Éleuthère en 897

Le sixième chapitre de la Vie d'Éleuthère rapporte qu'une noble femme nommée Thecla eut un jour une vision lui ordonnant de rechercher tout un lot de reliques dans l'église Saint-Pierre de *Blandinium* dont celles d'Éleuthère qui se trouvaient à la droite de l'autel, puis d'avertir l'évêque Heidilon. Celui-ci convoqua ses confrères; ensemble, ils retrouvèrent le sarcophage du saint évêque et élevèrent les reliques, un 18 septembre (qui tomberait donc en 897). Des miracles suivirent immédiatement ainsi que d'autres un an plus tard. L'auteur prétend tenir toutes ces informations de la bouche d'Heidilon lui-même[242].

À bien considérer le texte, on observe que tout se rattache de près ou de loin au lieu où ont été découvertes les reliques, c'est-à-dire à l'église de *Blandinium*. Dans l'esprit de l'auteur (nous insistons sur ce point), *Blandinium* désigne bien la localité de Blandain, située à quelques kilomètres au sud de Tournai. La basilique aurait été fondée par les chrétiens de la cité, alors persécutés par le «tribun de l'Escaut». La propre mère d'Éleuthère portait le nom de Blanda et c'est là qu'elle aurait été inhumée. C'est dans le sanctuaire que reposait également la fille du tribun païen qui, convertie par Éleuthère, avait aussi pris le nom de Blanda. L'auteur affirme ouvertement que le nom du lieu provient de la localisation de ces deux sépultures. Un lien sémantique est ainsi établi entre *Blandinium* et Éleuthère par l'intermédiaire de ces deux femmes qui lui étaient

sermon est en fait un démarquage des traductions latines de trois lettres de Cyrille d'Alexandrie à Nestor (LUMPE, Die Quellen); quatre sermons (sur l'Incarnation, la Nativité, la Trinité et l'Annonciation) circulèrent sous le nom d'Éleuthère (éd. PL 65, 83–102).

[240] Vita Eleutherii, éd. HENSKEN, c. V, § 28, 195.

[241] Dans les litanies d'un psautier de Marchiennes (aujourd'hui Bruxelles, Bibl. royale, ms 14682); voir COENS, Recueil d'études bollandiennes, 271–274 et 277–278.

[242] Vita Eleutherii, éd. HENSKEN, c. VI–VII, 196–197; à propos des miracles (§ 41): *Hoc etiam silendum non arbitror, quod ab episcopo Tornacensi Heidilone mihi relatum est*; ce passage suffit à Paul Rolland pour affirmer l'existence d'une ancienne Vie, contemporaine de l'élévation de 897 (Les Monumenta Historiae Tornacensis, 294).

proches. À sa mort, toujours selon l'auteur du XIIe siècle, l'évêque de Tournai fut aussi inhumé dans cette église[243]. Le texte cherche par ailleurs à répondre à de possibles objections: des *raptores* auraient en effet dévasté l'église, faisant disparaître les *tituli* ainsi que toute trace de sépultures; ce qui explique qu'Éleuthère n'y ait plus été honoré[244]. L'historien, rendu méfiant par les multiples aberrations chronologiques du texte, n'aura pas de mal à conclure que les premiers chapitres sont nés de l'imagination de l'auteur. Ils viennent précisément justifier ce que dit le sixième chapitre de la découverte miraculeuse des reliques à Blandain à la fin du IXe siècle.

Peut-on être assuré de l'historicité de cette cérémonie? Les historiens l'ont toujours acceptée. Que l'auteur signale aussi précisément une cérémonie d'élévation de reliques – présidée par l'évêque Heidilon un 18 septembre (897) – peut assurément les mettre en confiance: c'est exactement le type d'information que l'auteur du XIIe siècle pouvait tirer de la consultation d'un calendrier plus ancien[245]. Heidilon est un des évêques de Noyon/Tournai les moins mal documentés au IXe siècle[246]. Pour autant, son intervention ne sert aucun intérêt: un auteur tardif n'avait pas de raison de le mentionner plutôt qu'un autre. La date, en revanche, pose problème. La suite du texte (à propos des miracles opérés à Blandain après l'élévation), évoque, en effet, la figure d'un *presbyter quidam nomine Feriolus*, venu de Vienne. Ce personnage est inspiré de toute évidence du saint tribun martyrisé à la fin du IIIe siècle (!), et honoré précisément le même jour qu'Éleuthère[247]. Dans quel sens s'est donc effectué l'emprunt? Une mention plus ancienne de la date explique-t-elle l'introduction de Ferréol dans le récit ou, désirant développer en même temps le culte de saint Ferréol (mais pourquoi?), l'auteur n'aurait-il pas trouvé judicieux de faire intervenir l'invention des reliques le jour de sa fête et de lier ainsi les deux cultes?

Reste enfin à considérer le lieu de l'invention. On l'a dit, l'auteur identifie *Blandinium* avec Blandain, situé à une petite dizaine de kilomètres de Tournai. Évidemment l'auteur s'est employé à justifier l'emplacement de ce lieu de sépulture, mais il n'en reste pas moins que cette localisation est curieuse. Elle ne correspond absolument pas à ce que l'on sait des lieux d'inhumation habituels des évêques des VIe–VIIe siècles dans les *suburbia* de leurs cités épiscopales. De plus il n'est jamais question de Blandain dans la documentation du haut Moyen Âge. Le lieu ne figure pas dans la liste des biens du chapitre cathédral dressés par les privilèges de Charles le Chauve (855) et de Charles le Simple (893/903)[248]. En 1108, le chapitre y levait la dîme[249]. Quelques

243 Vita Eleutherii, éd. HENSKEN, c. I, § 3–4, 190–191 (construction de l'église); c. II, § 6, 191: *Prius haec Pagana, nunc autem in nomine Christi christiana effecta est. Cui suum nomens addens mater episcopi, eam Blandam vocavit. Ab illa itaque Blandinium locus apellatus est*; c. III, § 12, 192 (sépulture d'Éleuthère).

244 Ibid., c. III, § 12, 192: *Sed postquam miseri raptores reliquias sancti Eleutherii invaserunt, et thesaurum suum eripuerunt, ne ab aliquibus sanctus videretur, titulum puellae [Blandae] deleverunt, et insuper opera ejusdem sancti ignis dederunt;* il est difficile d'interpréter ce passage dans le sens d'une destruction par les Normands comme le fait D'HAENENS, Les invasions normandes en Belgique, 193–194: l'auteur de la Vie cherche en fait à justifier l'oubli dans lequel serait tombée la sépulture d'Éleuthère.

245 Voir ainsi, à titre de comparaison, ce que l'on peut tirer des dossiers de sainte Amelberge ou de sainte Renelde; quant au nom de Thecla, l'auteur n'aurait pas eu de mal à l'emprunter aux nombreuses saintes homonymes.

246 Jacques PYCKE, Heidilon, Dictionnaire d'histoire et de géographie ecclésiastique 23 (1990), 789–793.

247 Ce martyr est cité dans le *De virtutibus Juliani* de Grégoire de Tours qui évoque aussi un autre Ferréol, évêque de Limoges, fêté le même jour; voir les notices que leur consacre Michel ROUCHE dans: Dictionnaire d'histoire et de géographie ecclésiastique 16 (1967), 1242–1244.

248 Recueil des actes de Charles le Chauve 1, n° 173, 457–459; Recueil des actes de Charles le

années plus tard, l'évêque Simon de Vermandois – élu en 1123, il abandonna le siège de Tournai à Anselme en 1146 lors de la séparation des deux diocèses – fit don de l'autel de Blandain aux chanoines de la cathédrale[250], ce qui ne signifie pas nécessairement qu'il fît auparavant partie du patrimoine familial de l'évêque ou de la mense épiscopale: Jean-Marie Duvosquel a bien montré qu'à Cambrai, dans un esprit tout grégorien, l'évêque servait très souvent d'intermédiaire lors de la «restitution» des églises par leurs propriétaires laïcs[251]. Dans le cadre de notre démonstration, il convient surtout d'observer qu'au début du XIIe siècle, l'église de Blandain venait d'entrer dans le patrimoine du chapitre. Or l'on connaît la tendance des hagiographes, surtout tardifs, à insérer dans leurs récits des éléments imaginaires qui se rapportent au patrimoine actuel de leur communauté dont il s'agit de recouvrer ou de garantir certains biens[252].

Que doit-on conclure de cet examen ? Des informations que donne l'auteur de la Vie, aucune n'est confirmée par des traditions plus anciennes. Au moment où l'auteur écrit, le corps d'Éleuthère est à Tournai. Il existe un très vague récit de translation non daté qui semble avoir été écrit également au XIIe siècle[253]. On peut alors se demander si les récits de l'invention puis de la translation n'ont pas été, eux aussi, imaginés de toute pièce au milieu du XIIe siècle. Reste néanmoins un noyau d'informations que l'on a considéré comme historiquement solide (le nom du prélat, la mention de l'élévation et du lieu de la cérémonie, et peut-être la date).

L'identification de *Blandinium*

Le récit de l'élévation des reliques précise que Thecla fut invitée à rechercher «plusieurs corps de saints reposant dans le Christ», parmi lesquels se trouvait celui d'Éleuthère[254]. Est-il trop téméraire de supposer que notre auteur du XIIe siècle n'avait finalement sous les yeux qu'une mention, faisant état d'une élévation de reliques anonymes par Heidilon; et qu'il a, de son propre chef, ajouté celles d'Éleuthère? La chose se concevrait d'autant mieux qu'il existe bien dans le diocèse de Tournai un lieu nommé *Blandinium* et une *ecclesia Sancti Petri Blandinensis*, où était conservé un certain nombre de reliques, et que les évêques de Noyon/Tournai étaient appelés à visiter régulièrement[255]. Il s'agit bien entendu du monastère de Saint-Pierre-au-Mont-Blandin à Gand[256]. Il n'est guère difficile d'imaginer que l'on ait pu conserver, à Tour-

Simple, n° 2, 2–4; sur le temporel du haut Moyen Âge: WARICHEZ, Les origines de l'église de Tournai, 129–144.

[249] Comme cela apparaît dans la confirmation du pape Pascal II: Confirmations papales, éd. VOISIN, 267–270 (*decima de Blandinio*).

[250] On ne dispose que de l'édition électronique de cet acte (non daté) dans le Thesaurus Diplomaticus sous le n° D4289; l'autel de Blandain figure ensuite dans la confirmation du pape Clément III (1190): Confirmations papales, éd. VOISIN, 270–272 (*altare de Blandain cum decima et hospitibus*); voir aussi Communes de Belgiques 1, dir. HASQUIN, 184–185.

[251] DUVOSQUEL, Les chartes de donation d'autels.

[252] GAIFFIER, Les revendications de biens.

[253] Édité à la suite de la Vie dans AA SS Februarii 3 (3e éd.), 198; il est daté de 1064 (pour remplacer les reliques de Nicaise qui auraient été volées): ROLLAND, Les Monumenta Historiae Tornacensis, 296.

[254] Vita Eleutherii, éd. HENSKEN, c. VI, § 33, 196: *Thecla, vade in locum, qui nunc Blandinium appellatur, ibique invenies multa corpora sanctorum in Christo quiescentium: inter quos invenies a dextra parte altaris B. Petri Apostoli corpus sancti Eleutherii.*

[255] On rappellera à ce propos que la liste des biens devant être fournis à l'évêque lors de sa visite au Mont-Blandin daterait de la fin du IXe siècle: WARICHEZ, Les origines, 115; VOISIN, Notice sur les archidiacres de Tournai, 9–11.

[256] Sur les mentions de *Blandinium* ou de *monasterium Blandiniense* pour désigner l'abbaye gantoise, voir Monasticon belge 7–1 (1988), *69; voir également GYSSELING, Toponymisch woordenboek 1, 149.

nai, le souvenir d'une élévation de reliques présidée par Heidilon à Gand, car les prélats – venus de Noyon, rappelons-le – ne pouvaient manquer de s'arrêter à Tournai sur le chemin et au retour de Gand. Heidilon est attesté entre 880 et 902. On considère généralement que les chanoines du Mont-Blandin quittèrent Gand en 879/880 au moment où les Normands hivernèrent à Saint-Bavon mais qu'ils ne tardèrent pas à revenir dans leur monastère, comme en témoignent les notices de donation inscrites à partir de 888/891 dans le *Liber traditionum* de l'abbaye[257]. Ils purent donc avoir à cœur de solenniser le retour de leurs reliques en faisant procéder à une cérémonie d'élévation de reliques, notamment de celles qu'Amand avait ramenées de Rome au VIIe siècle et qu'il avait confiées à l'abbé Jean.

Au XIIe siècle, l'auteur – de bonne ou mauvaise foi – put alors identifier *Blandinium* avec l'église qui venait d'être incorporée au patrimoine du chapitre de Tournai. Dès lors peut prendre corps une légende. Quelles reliques serait donc venu élever Heidilon dans une localité des bords de l'Escaut, sinon celles de cet évêque qu'on ne connaissait que par une mention fugitive dans la Vie de Médard? La chose était d'autant plus intéressante qu'elle permettait d'apporter la preuve de l'indépendance de Tournai au VIe siècle. En fallait-il davantage pour exciter l'imagination des chanoines désireux de recevoir leur propre évêque?

Reconnaissons-le, il y a là un enchaînement d'hypothèses qui peut finir par donner le vertige. Le point de départ de notre démonstration est pourtant simple. Alors que le culte de saint Nicaise est bien attesté dans la cité de Tournai à l'époque carolingienne, il n'existe aucun témoignage comparable pour Éleuthère avant le XIIe siècle, lorsque sa Vie est mise par écrit. À cette date la promotion d'un évêque de Tournai (et non du siège double de Noyon/Tournai) à la sainteté servait avantageusement les revendications d'autonomie tournaisienne. Comme le texte est par ailleurs truffé d'incohérences chronologiques, nous en concluons volontiers que l'auteur ne savait absolument rien d'Éleuthère, mais qu'il a cherché à réunir quelques traditions éparses, dont la moins suspecte est peut-être celle d'une intervention d'Heidilon.

Et Nicaise dira-t-on? Des traditions rapportées par Dom Marlot au XVIIe siècle prétendent que les reliques furent volées dans la cathédrale de Tournai en 1060 par un clerc de Reims. L'épisode risque fort d'être légendaire, mais sa diffusion montre le souci de proposer une explication plausible à la disparition du culte de Nicaise à Tournai (qui en fait pâtit assurément du succès de celui d'Éleuthère), ainsi qu'à la dévotion nouvelle dont le martyr fit au même moment l'objet à Reims à l'occasion de la transformation de l'ancienne église Saint-Nicaise en abbaye bénédictine par l'archevêque Gervais (1007–1067)[258].

L'ACTIVITÉ DES GRANDS LAÏCS

L'intervention des aristocrates laïcs n'est pas caractéristique du seul diocèse de Tournai. L'évêque de Cambrai semble avoir ainsi agi en faveur du comte Arnoul à Douai à la fin du IXe siècle et du duc Gislebert en Hainaut quelques décennies plus tard. On sait par ailleurs que le concile de Mayence de 813 accordait au prince (*princeps*) un droit de regard sur les translations de reliques[259]. Nombreuses sont les études qui s'intéressent

[257] Liber traditionum antiquus, Diplomata belgica, éd. GYSSELING/KOCH, n° 49, c. 7 (132), 137; DECLERCQ/VERHULST, Gand entre les abbayes et la fortification comtale, 53.

[258] AMAND, Les débuts du christianisme, 326–327; DEMOUY, Les reliques de saint Nicaise, 117–118.

[259] HERRMANN-MASCARD, Les reliques des saints, 84–85.

aujourd'hui à la dévotion que les princes ont témoignée aux saints en général et les initiatives qu'ils ont prises pour encourager les translations de leurs reliques[260]. On sait bien ce que celles-ci doivent à la volonté des grands laïques et ecclésiastiques[261]: elles furent rarement le produit du hasard (vols, découvertes fortuites, etc.[262]) ou de circonstances malheureuses (la menace des Normands[263]) comme les sources veulent souvent le faire croire.

Il apparaît clairement que, dans le diocèse de Tournai, l'absence de l'évêque a donné une marge de manœuvre plus large aux grands pour mener leur propre «politique de reliques». La documentation signale un précurseur, au milieu du IXe siècle, en la personne du marquis Évrard de Frioul. Il nous retiendra dans une première partie. Il conviendra ensuite de revenir sur l'activité des premiers comtes de Flandre, Baudouin II (879 † 918) et Arnoul Ier (918 † 965) qui a récemment retenu l'attention d'Edina Bozóky[264].

Les reliques de Calixte à Cysoing

Les archives du monastère de Cysoing, fondé par le gendre de Louis le Pieux, Évrard, et son épouse Gisèle, ont pu être utilement exploitées pour éclairer la densification progressive du réseau des sanctuaires ruraux. Il convient désormais d'examiner ce qu'elles nous disent de la dévotion du couple aux reliques, singulièrement à celles de saint Calixte, transportées de Brescia à Cysoing en 854.

Le récit de la translation des reliques de saint Calixte, de Brescia à Cysoing, est attribué avec beaucoup de vraisemblance au grand Hucbald de Saint-Amand. Ce dernier était sans doute parent du comte d'Ostrevant, Hucbald, époux d'Heilwich, la première fille d'Evrard de Frioul et de Gisèle. On verra que ce comte s'opposa violemment à la translation des reliques de Calixte de Cysoing à Reims, peu après la mort de l'abbé Raoul, frère d'Heilwich, en 892. Comme le texte ne dit rien de cette seconde translation, on peut penser que l'œuvre fut rédigée un peu auparavant. Un acte daté de 890 rappelle d'ailleurs qu'Hucbald avait été le maître de ce même Raoul, abbé de Saint-Bertin et de Cysoing[265].

Le récit de cette translation permet de saisir les étapes de la reconstruction d'un sanctuaire de taille modeste – ce que nous avons déjà rapidement évoqué –, ainsi que le développement d'un nouveau culte, intimement lié à l'histoire de la famille d'Évrard. Il s'agit de celui du pape Calixte († 222?), dont le nom est associé au grand cimetière romain qu'il administra sous le pontificat de Zéphyrin. Calixte fut inhumé sur la voie aurélienne. Sur son tombeau fut ensuite édifiée l'église Sainte-Marie du Trastevere. Au IVe siècle, c'est dans cette basilique que Grégoire IV (828 † 844) remit son culte à l'honneur[266]. En 844, l'évêque Notingus de Brescia obtint du pape Serge II († 847) une

[260] HEINZELMANN, Translationsberichte und andere Quellen des Reliquienkultes, 31–42; SWINARSKI, Herrschen mit den Heiligen (pour des études de cas); BOZÓKY, L'initiative et la participation du pouvoir laïc.

[261] Récente vue d'ensemble sur ce point dans CAROLI, Bringing saints to cities and monasteries.

[262] GEARY, Le vol des reliques au Moyen Âge; HELVÉTIUS, Les inventions de reliques en Gaule du Nord.

[263] LIFSHITZ, The migration of Neustrian relics in the Viking Age.

[264] BOZÓKY, La politique des reliques des premiers comtes de Flandre.

[265] Diplomata belgica, éd. GYSSELING/KOCH, n° 48, 82; sur Raoul, voir GRIERSON, La maison d'Évrard de Frioul, 251–255.

[266] Gustave BARDY, Calliste Ier, Dictionnaire d'histoire et de géographie ecclésiastique 11 (1949), 421–424; les développements du culte de Calixte jusqu'à la réforme grégorienne ont été étudiés par LORENZ, Papst Calixt I., 222–225 (pour le culte à Cysoing); on trouve mention des reliques de Calixte à Saint-Mihiel au début du XIe siècle, voir GOULLET/WAGNER, Reliques et pouvoirs dans le diocèse de Verdun, 81–86.

partie des reliques de Calixte pour son monastère de *Cella aurea*[267]. Un jour vint où l'évêque désira transporter les reliques dans sa cathédrale, mais il ne fut alors pas possible de les déplacer au-delà de l'*atrium* du monastère. On le devine, ce récit vient surtout légitimer la démarche d'Évrard, qui, un peu plus tard, se soumit au même jugement divin. Les précieuses reliques furent alors enlevées sans résistance, et transportées à Cysoing après avoir opéré quelques miracles en chemin, dont un à Saint-Quentin[268].

La première translation de Calixte à Brescia confère au saint un rayonnement particulier, qui le distingue de l'ensemble, que l'on sait considérable, des reliques romaines apportées en Francie à l'époque carolingienne[269]. Dès avant son arrivée à Cysoing, les reliques du pape étaient ainsi intimement liées à la personne d'Évrard et à l'exercice de son pouvoir en Italie du Nord. De même que la diffusion des cultes romains contribuait à assurer l'unité spirituelle de l'empire, le choix des reliques de Calixte signifiait la volonté de préserver le patrimoine familial des Unrochides, écarté entre le Frioul et le Tournaisis.

Pour autant, le gendre de Louis le Pieux ne s'est pas contenté de ces reliques insignes. On devine qu'il fit aussi l'acquisition d'autres corps saints, comme en témoignent les nombreux reliquaires et phylactères cités dans son testament (863/864). Certaines reliques avaient une signification politique évidente. On relèvera ici les reliques de saint Remi – dont le culte est familier à la famille carolingienne[270] –, léguées à son fils Adalard (*phylacterium I, in quo sunt reliquie sancti Remigii*)[271]. En 870, un acte de Gisèle signale que l'église principale du monastère est désormais flanquée d'un *oratorium*. À l'intérieur, se trouve un autel dédié au saint martyr rémois Apollinaire[272]. Il y a là l'indice d'une relation privilégiée avec le siège métropolitain qu'il est intéressant de noter. On sait, en effet, que le monastère fut précisément cédé à l'église de Reims à la mort du fils des fondateurs, Raoul († 892).

Les reliques de Calixte et la difficile succession d'Évrard

Dans son testament, Évrard avait confié à son fils Adalard la direction de la communauté de Cysoing (*ecclesia cum eo ordine quo ego constitui*)[273]. À sa mort en 874, son frère Raoul lui succéda, qui fit don du monastère à l'Église de Reims. On devine, à la lecture de l'analyse que donne Flodoard de trois lettres adressées par l'archevêque Foulques ainsi que d'un privilège du pape Formose, que le comte d'Ostrevant, Hucbald, époux d'Heilwich et donc beau-frère de Raoul, avait mis la main sur le monastère à la mort de ce dernier en 892[274]. Il semble que l'éloignement de Cysoing n'ait pas permis à l'archevêque de s'opposer efficacement à cette usurpation de la part d'un

[267] Translatio Calixti, éd. HOLDER-EGGER, c. 1, 418–419; COENS, Un légendier de Cysoing, 17–20; HERBERS, Papstregesten 800–911, 10.

[268] Translatio Calixti, éd. HOLDER-EGGER, c. 5–7, 420–421.

[269] SMITH, Old saints, new cults, 335–339 (commode récapitulatif des 35 translations fermement attestées entre 751/777 et 896); HERBERS, Rom im Frankenreich, propose une présentation exhaustive des translations contemporaines de celle de Calixte.

[270] DEPREUX, Saint Remi et la royauté carolingienne; ID., Imbuendis ad fidem prefugidum surrexit lumen gentibus.

[271] Cartulaire de l'abbaye de Cysoing, éd. COUSSEMAKER, n° 1, 3.

[272] Ibid., n° 4, 9; pour l'importance d'Apollinaire dans le sanctoral rémois, voir SOT, Un historien et son Église, 367–370 et 636–637.

[273] Cartulaire de l'abbaye de Cysoing, éd. COUSSEMAKER, n° 1, 1.

[274] Flodoard, Historia Remensis ecclesiae, éd. STRATMANN, l. IV, c. 1, 370–371 (Foulques à Formose), c. 2, 372 (mention du privilège de Formose pour Cysoing), c. 6, 391–392 (deux lettres de Foulques à Heidilon).

grand possessionné dans les environs. Le conflit se cristallisa alors autour des reliques. Pour manifester clairement ses droits, Foulques en avait ordonné la translation à Reims; mais il apparaît clairement qu'Hucbald a alors bénéficié de la complicité de l'évêque de Cambrai, Dodilon, et de son confrère de Noyon/Tournai, Heidilon, qui mirent beaucoup de mauvaise volonté à exécuter les ordres de l'archevêque. Le convoi fut donc bloqué à Saint-Vaast d'Arras dont l'abbé laïque était le comte de Flandre Baudouin II depuis la mort du même Raoul. Flodoard signale néanmoins que les reliques purent gagner Reims du vivant même de Foulques († 900)[275]. On notera, par ailleurs, que Cysoing honora Évrard d'un véritable culte. Sa fête était célébrée le 16 décembre: ses reliques furent apportées à Hasnon en 1070 à l'occasion de la dédicace de l'abbatiale[276] et son culte est ensuite attesté à Cysoing à partir de la fin du XIIe siècle[277].

Les reliques de saint Calixte se présentent comme les enjeux spirituels de conflits qui les dépassent. Leur *virtus* est d'abord venue donner un surcroît de prestige au monastère de Cysoing, dont Évrard et Gisèle entendaient bien faire le lieu de célébration de la *memoria* familiale. À la fin du IXe siècle, les reliques furent convoitées quand les enfants du couple se disputèrent l'héritage familial. La rédaction de la *Translatio Calixti*, très vraisemblablement par Hucbald d'Elnone, est bien la preuve de l'importance que revêtait le saint pour la famille.

La politique de reliques de Baudouin II

Comme Philip Grierson l'a bien montré, la «maison» d'Évrard de Frioul est à l'origine du rassemblement des charges publiques et ecclésiastiques autour desquelles prit progressivement corps le comté de Flandre[278]. Tout invitait donc les descendants d'Évrard et de Gisèle à devenir les bâtisseurs de cette principauté territoriale septentrionale. Le décès précoce du fils aîné du couple, Unroch, dont les charges en Italie du Nord furent alors occupées par son frère Bérenger – ainsi promis au brillant avenir que l'on connaît: roi d'Italie en 888, il fut couronné empereur en 915 – priva assurément la famille d'un membre capable d'assurer le relais en Flandre. Mais ce n'est pas tout. Il faut en effet rappeler l'ambition d'un aristocrate d'envergure plus modeste, Baudouin Ier, que son rocambolesque mariage (864) avec Gisèle, fille de Charles le Chauve, avait hissé au sein l'aristocratie impériale. Baudouin Ier († 879) et surtout Baudouin II (879 † 918), carolingien par sa mère, purent prétendre, en terme de prestige familial, concurrencer la descendance d'Évrard. Ébauché par les Unrochides, le comté de Flandre fut en fait l'œuvre des Baudouins dès les années 870. Mais bien des caractères développés au début du IXe siècle furent poursuivis et amplifiés. Plus encore qu'Évrard, Baudouin Ier puis Baudouin II manifestèrent une dévotion spéciale à l'égard des saints et de leurs reliques, parallèlement à la fondation de nouvelles forteresses (contre la menace normande) accompagnée de celle de collégiales[279]. Trois saints ont d'abord été sollicités dans cette entreprise: Donatien à Bruges, Walburge à Furnes et Winnoc à Bergues.

[275] Flodoard, Historia Remensis ecclesiae, éd. STRATMANN, l. IV, c. 8, 399.

[276] Tomellus de fundatione coenobii Hasnoniensis, éd. HOLDER-EGGER, 157 (*Sancti Everardi de Cisonio*); Auctarium Hasnoniense, éd. BETHMANN, 441 (*sanctus Everardus*).

[277] Cartulaire de l'abbaye de Cysoing, éd. COUSSEMAKER, n° 7, 77 (*in die sancti Evrardi*); Vies des saints et des bienheureux 12 (1956) 479–482 [Dom DUBOIS]; LA ROCCA/PROVERO, The dead and their gifts, 270–271.

[278] GRIERSON, La maison d'Évrard de Frioul.

[279] DHONDT, Développement urbain et initiative comtale; MEIJNS, Les fondations de chapitres dans le comté de Flandre.

Si Arnoul Ier fut de toute évidence le fondateur de l'église Saint-Donatien de Bruges, on peut néanmoins penser que les reliques de cet obscur évêque de Reims furent bien données par l'archevêque Ebbon pour Torhout, alors base arrière des missions de Scandinavie, puis déposées à Bruges (*ad Bruggas portum*) par Baudouin Ier, dans une église primitive. C'est ce qui ressort d'une lettre du comte Arnoul Ier à l'archevêque de Reims Hugues de Vermandois[280] – dont Alain Dierkens a défendu récemment la véracité[281] –, ainsi que du plus vague témoignage de Flodoard qui évoque les *pignera maritimas in partes episcopii Noviomagensis vel Tornacensis perlata*[282]. Quant au contenu de la lettre (Arnoul demande des informations sur ce saint Donatien), il faudrait le mettre en rapport avec la fondation du chapitre et les besoins d'un texte liturgique que cela supposait. Hugues de Vermanois eut bien de la peine à satisfaire la demande du comte mais lui adressa néanmoins le sermon composé pour la fête du saint par Rathier de Vérone[283].

Les traditions les plus solides concernent assurément la translation des reliques de saint Winnoc. Après avoir dirigé la *cella* de Wormhout pour le compte de Bertin, Winnoc fut inhumé dans cette basilique, agrandie après sa mort. La communauté semble être restée dans l'orbite de Sithiu et les reliques trouvèrent refuge dans le monastère à la fin du IXe siècle. Les Miracles du saint évoquent ensuite l'action du *princeps prefati pagi* qui ordonna leur translation à Bergues où il avait établi une place forte. Cette source donne une date: le 30 décembre 899. Un privilège royal serait, par ailleurs, venu confirmer ces dispositions[284]. L'identification avec Baudouin ne fait aucun doute. Dans ce cas précis, on sera attentif à la récupération dont un culte local a fait l'objet de la part du comte, car cette situation ne semble pas avoir été la règle. À Furnes et à Bruges, il est en effet question de reliques étrangères.

Les origines du chapitre Sainte-Walburge de Furnes sont plus obscures mais elles méritent une attention toute particulière du fait du *patrocinium* original de l'établissement. Ce n'est pas avant le milieu du XIe siècle que l'importance de la localité et de son chapitre est attestée dans la documentation. Comme l'auteur du *Libellus miraculorum Bertini* évoque les *castella recens facta* du littoral, on suppose qu'un *castrum* comtal fut édifié à Furnes dès les premières années du Xe siècle et, à l'intérieur, une chapelle castrale[285]. Ces hypothèses concordent avec ce que l'on sait du culte de sainte Walburge. Les reliques de cette abbesse d'Heidenheim, dans le diocèse d'Eichstätt, avaient été élevées en 893. Son culte s'est très vite répandu. En 916, Charles le Simple fonda en son honneur une chapelle dans le palais d'Attigny[286]. Il est dès lors tentant d'imaginer, avec Dom Huyghebaert, que le souverain de Francie occidentale aurait cédé une partie des reliques à son cousin Baudouin II (plutôt qu'à Arnoul Ier, dont on rappellera bientôt que sa «politique de reliques» favorisa davantage les grands centres monastiques du comté que les chapelles castrales).

On peut donc raisonnablement penser que Baudouin II manifesta un intérêt certain pour le culte des saints. En raison du nombre finalement assez limité de modèles de

[280] Éd. AA SS Octobris 6, Anvers 1794, 496.

[281] Dierkens, Saint Anschaire, 309–313.

[282] Flodoard, Historia Remensis ecclesiae, éd. Stratmann, l. I, c. 5, 72.

[283] Dolbeau, Un sermon inédit de Rathier.

[284] Miracula Winnoci, éd. Levison, c. 5–6, 782; Meijns, Aken of Jeruzalem? 1, 326–332.

[285] Nicolas Huyghebaert, Furnes, Dictionnaire d'histoire et de géographie ecclésiastique 19 (1981), 444–468; Meijns, Aken of Jeruzalem? 1, 332–341.

[286] Recueil des actes de Charles le Simple, n° 86, 192–196; voir Barbier, Palais et fisc à l'époque carolingienne, 145–157; sur le culte de Walburge, Coens, Le séjour de sainte Walburge à Anvers, 349–351 et surtout Holzbauer, Mittelalterliche Heiligenverehrung – Heilige Walpurgis, 444–446.

sainteté locaux, il ne négligea pas les occasions de se procurer des reliques à l'extérieur. Évidemment les translations prenaient place dans de plus vastes stratégies de renforcement d'alliances dans le nord de la Francie. Elles suggèrent en tout cas les possibilités assez limitées de la Flandre en matière de saints locaux.

Il convient désormais de montrer qu'Arnoul Ier (918 ÷ 965) a considérablement développé la «politique de reliques» de ses parents.

DES SANCTUAIRES PRIVILÉGIÉS

Si l'on a pu souligner l'intérêt que les premiers princes flamands ont porté aux reliques des saints, force est cependant de reconnaître l'importance fondamentale de l'activité déployée par Arnoul Ier[287]. L'«avidité de reliques» du personnage[288] et de son entourage – Arnoul fut en effet brillamment secondé par le réformateur Gérard de Brogne dont on connaît toute la dévotion qu'il pouvait porter aux corps saints[289] – a puissamment contribué à dessiner la géographie sacrée de la Flandre autour de ces centres privilégiés que furent, non pas la cité épiscopale de Tournai, mais les monastères du comté, en particulier les établissements gantois.

Si l'hagiographie blandinienne du XIIe siècle a célébré Arnoul comme *Ecclesia Dei fortissimus propugnator*, c'est bien parce que le comte privilégia avant tout le monastère du Mont-Blandin[290]. Il s'ensuivit une situation de concurrence avec la communauté de Saint-Bavon à la fin du Xe siècle. Comme cette communauté n'avait pas bénéficié des largesses du marquis, elle mena sa propre politique d'acquisitions, d'inventions et de translations de reliques dont on peut dresser un tableau à l'aube du XIe siècle. À cette date, en effet, l'abbé Othelbold fit savoir à la comtesse Otgive quelles reliques étaient susceptibles de participer au rassemblement de la Paix d'Audenarde. En définitive, on voit Gand s'imposer clairement comme le *locus sanctorum* du comté, au détriment de la cité épiscopale.

Le sanctoral de Saint-Pierre-au-Mont-Blandin avant la restauration de 941

Les moines de Saint-Bertin n'avaient pas répondu favorablement à la requête de la comtesse Elftrude, la femme de Baudouin II, qui recherchait un lieu de sépulture familial, où sa dépouille, le jour venu, pourrait reposer à côté de celle de son époux. Les chanoines blandiniens accueillirent alors volontiers la sépulture du comte[291]. Son fils, Arnoul Ier, privilégia ensuite les religieux du Mont-Blandin. On voit le marquis confier à l'établissement la plupart des reliques des saints sur lesquelles il avait eu l'occasion de mettre la main.

On rappellera d'abord que le Mont-Blandin souffrait de ne pas posséder de reliques privilégiées. Quelques reliques romaines étaient certes conservées par la communauté. En 941, le grand diplôme de restitution d'Arnoul Ier pour le Mont-Blandin évoque les reliques de saint Pierre ramenées par Amand lors de son second voyage à Rome (*reliquiae beati Petri apostolorum principis multorumque sanctorum, quas a Roma secundo rediens secum detulit*)[292]; ce que soulignent aussi d'autres traditions locales. Com-

[287] Bozóky, La politique des reliques des premiers comtes de Flandre, 276–279.

[288] Folcuin, Gesta abbatum Sithiensium, éd. Holder-Egger, c. 108, 630: *comes Arnulfus, sanctarum reliquiarum avidus*.

[289] Misonne, Gérard de Brogne et sa dévotion aux reliques.

[290] Vita Bertulfi, éd. Mabillon, c. 28, 55.

[291] Folcuin, Gesta abbatum Sithiensium, éd. Holder-Egger, c. 103, 627.

[292] Diplomata belgica, éd. Gysseling/Koch, n° 53, 144.

posée en 944/946, l'histoire des origines du Mont-Blandin – il s'agit de la fameuse *Ratio fundationis* du fragment ancien du *Liber traditionum* – rapporte de son côté qu'Amand aurait confié à l'abbé Jean «sa tunique et sa croix» ainsi que le phylactère reçu du pape Martin Ier (*Cum tanto denique viro dedit pro benedictione tunicam suam et crociam, filacterium quoque quod a Martino papa impetraverat, que in sepefato adhuc servantur monasterio*)[293].

Les Vies d'Amand évoquent par deux fois le voyage du saint à Rome[294]. C'est d'ailleurs au retour de son second pèlerinage qu'il se serait lancé dans son action missionnaire le long de l'Escaut. Dans la première moitié du XXe siècle, les historiens soupçonnaient volontiers ces voyages d'être des lieux communs, sans consistance historique, ou encore des «rhabillages» de la deuxième moitié du VIIIe siècle, à un moment où les missionnaires anglo-saxons avaient rendu courante la pratique du pèlerinage à Rome[295]. La mention des deux voyages dans le fragment ancien de la Vie (du VIIIe siècle) dissipe tous les doutes à ce sujet. Il y est, par ailleurs, précisé qu'Amand revint en Gaule avec des reliques (*sanctorum patrocinia*) la première fois et avec des manuscrits de la Bible (*codices divini utriusque Testamenti*) la seconde fois[296]. Indiscutables sont les informations fournies par la lettre que Martin Ier adressa à Amand à la fin de l'année 650 pour encourager le prélat, alors en butte à l'hostilité du clergé du diocèse de Maastricht[297]. Amand est également tenu informé des péripéties qui ont amené le pape à réunir le concile du Latran dont les actes devaient lui être envoyés prochainement. Surtout, le pape demande à Amand de réunir «l'épiscopat de ces régions» – entendons d'Austrasie – en un concile qui doit approuver les décisions prises au Latran. Enfin, le fondateur d'Elnone est prié d'intervenir auprès de Sigebert III pour convaincre le souverain d'envoyer à Rome quelques évêques destinés à renforcer une légation qui partira à Constantinople. Il n'est guère possible de savoir comment furent reçues ces demandes. Le retour d'Amand à Elnone, l'exil de Martin Ier et sa mort à Chersonè en Crimée (655) peuvent laisser penser qu'elles restèrent lettre morte. En revanche, le document vient apporter un sérieux écho au témoignage des différentes versions de la Vie du saint. La lettre rapporte aussi que le messager s'en revint en Gaule avec un lot de reliques, mais sans les précieux *codices* demandés par Amand. Il fut, en effet, impossible de les copier dans un temps relativement bref[298].

Précisons enfin qu'à Saint-Bavon, dans le premier tiers du siècle suivant, l'abbé Othelbold affirmait aussi que son monastère possèdait des reliques de saint Pierre depuis la fondation par Amand[299].

293 Ibid., n° 49, 124.

294 Vita Amandi prima, éd. KRUSCH, c. 6, 433–434; c. 10, 435; Vita Amandi altera, éd. HENSKEN, c. 3 et 5, 854.

295 Voir ainsi le commentaire de l'édition de Bruno Krusch (403); ou encore la recension du livre du Père de Moreau par Fernand Vercauteren, dans Le Moyen Âge 37 (1927), 328; sur le thème du voyage à Rome, et en particulier celui d'Amand, voir VOGEL, Vom Werden eines Heiligen, 308–314.

296 RIEDMANN, Unbekannte frühkarolingische Handschriftenfragmente, 282 et 286 (édition du fragment); voir aussi les reliques et les *volumina diversa sanctarum Scripturarum veteris ac novi Testamenti maximeque ingenii beatissimi atque apostolici gloriosissimi papae Gregorii* dont les *Gesta* de Fontenelle assurent qu'ils furent ramenés par Gond, le neveu de Wandrille (Gesta abbatum Fontanellensium, éd. PRADIÉ, c. I, § 6, 18).

297 Milon, Vita Amandi, éd. KRUSCH, c. 2, 456; sur ce document, voir DIERKENS, Saint Amand et la fondation de l'abbaye de Nivelles, 327–329 et SCHEIBELREITER, Griechisches-lateinisches-fränkisches Christentum.

298 Milon, Vita Amandi, éd. KRUSCH, c. 2, 456: *Reliquias vero sanctorum, de quibus praesentium lator nobis ammonuit, dare praecipimus, nam codices iam exinaniti sunt a nostra bybliotheca, et unde dare ei nullatenus habuimus. Transscribere autem non potuit, quoniam festinanter de hac civitate regredi properavit.*

299 De brief van abt Othelbold aan gravin Otgiva, éd. VOET, 233.

Il n'empêche que le fondateur, Amand, reposait à Elnone. Personne ne pouvait le contester: le moine Milon, au milieu du IXe siècle, avait produit le «testament» du saint qui était formel sur ce point. Peut-être trop, d'ailleurs, si l'on suit Mgr Lesne qui soupçonnait une interpolation sur ce point précis[300]. Du premier abbé Jean, on ne savait absolument rien. Cette situation était d'autant plus difficile que la communauté voisine de Saint-Bavon possédait, elle, les reliques de son saint patron, un reclus d'origine aristocratique, entré dans la familiarité d'Amand, et elle n'avait pas manqué de les emporter en exil à Laon. Ce qui restait de la communauté revint à Gand en 940 et fut alors accueilli dans la chapelle castrale[301]. Dans un premier temps, Arnoul Ier ne manifesta pas le souhait de restaurer Saint-Bavon, qui avait cependant connu une prospérité matérielle plus notable au IXe siècle. Les moines blandiniens profitèrent de cette disposition du comte, non seulement pour tenter de récupérer une partie du temporel de leur puissant voisin (une liste de biens de Saint-Bavon fut ainsi copiée dans le *Liber traditionum* blandinien), mais également pour chercher à préciser le récit de leurs origines en annexant à leur profit les figures des abbés Florbert et Hatta, qui avaient en fait gouverné *Ganda* (Saint-Bavon)[302]. Il ne semble pas que ces abbés aient véritablement bénéficié de culte. Il ne s'agissait donc pas de modèles suffisamment prestigieux pour que la communauté blandinienne puisse les reconnaître comme patrons exclusifs.

En 941, le diplôme d'Arnoul Ier pour le Mont-Blandin établit un rapport évident entre le culte qui était rendu à sainte Amelberge dans le monastère et le domaine de Tamise qui était restitué au même moment aux moines blandiniens[303]. Au début du Xe siècle, ce domaine fut à nouveau usurpé et un des meilleurs arguments développé à Saint-Pierre fut de lier à nouveau le culte rendu à Amelberge et la légitime possession de son domaine par les moines, notamment en rappelant le souvenir d'une translation en 870 dans deux pièces forgées au début du XIe siècle: une notice du *Liber traditionum* et un (faux) diplôme de Charles le Chauve. Dom Huyghebaert, qui a cherché à démêler cet épineux dossier, conclut à la réalité de cette cérémonie qu'il place entre 863 et 879. Le domaine appartenait-il alors déjà aux chanoines de Saint-Pierre de Gand? Cela reste, malgré les objections de Dom Huyghebaert, l'hypothèse la plus vraisemblable[304]. Dans le cas très particulier de Saint-Pierre de Gand, qui ne possédait ni les reliques de son fondateur, ni celles d'un illustre abbé – chose exceptionnelle parmi les communautés étudiées –, il n'est pas inintéressant de constater que c'est vers un modèle de sainteté local, développé sur leur temporel, que se tournèrent les chanoines, avant que les faveurs d'Arnoul Ier ne leur permettent d'acquérir d'autres reliques et notamment celles des saints de Fontenelle, qui n'éclipsèrent pas totalement la sainte de Tamise[305].

[300] LESNE, Amand.

[301] Liber miraculorum Bavonis, éd. HOLDER-EGGER, l. I, c. 7, 593.

[302] Ratio fundationis, dans Diplomata belgica, éd. GYSSELING/KOCH, n° 49, 124–125; DECLERCQ, Traditievorming en tekstmanipulatie in Vlaanderen, 265.

[303] Diplomata belgica, éd. GYSSELING/KOCH, n° 53, 145: *In pago etiam Quasa super fluvio Scal-da villa nuncupante Temsisca, in qua diu corpus beatissimae virginis requievit Amalbergae, quam iure hereditario quo aduixit possidere visa, et ob id illis reddidi eam, qui die noctuque excubantes sacro corpori eius assistunt.*

[304] HUYGHEBAERT, La translation de sainte Amelberge à Gand, 453–454; on voit alors les chanoines de Tronchiennes, ceux de Saint-Bavon puis ceux de Saint-Pierre se lancer successivement à la recherche des reliques d'Amelberge; les Blandiniens seuls en firent la découverte et purent alors procéder à la translation; pour Dom Huyghebaert, cette compétition signalerait qu'ils n'étaient pas encore propriétaires du domaine.

[305] Diplomata belgica, éd. GYSSELING/KOCH, n° 76, 183.

Les translations de reliques vers Gand

On a eu l'occasion d'exploiter les riches informations fournies par les Miracles de saint Wandrille. La communauté de Fontenelle, on s'en souvient, s'était installée sur ses domaines situés au nord de la Canche. Elle a ensuite été accueillie à Chartres. Tel qu'il a été conservé dans un manuscrit copié au Xe siècle à Saint-Bertin, le recueil des *Miracula Wandregisili* se clôt sur le récit d'un miracle à Boulogne, ce qui permet de dire que les moines regagnèrent la cité portuaire assez vite[306]. C'est là qu'Arnoul Ier et Gérard de Brogne vinrent les chercher en 944. Le souvenir de cette translation qui évoque la résistance des Boulonnais, les nombreuses haltes du convoi et, finalement, son entrée solennelle au Mont-Blandin, a été conservé dans un sermon du XIIe siècle, remaniant le récit originel d'un témoin oculaire[307]. Pour notre propos, on retiendra que le trésor des reliques de Fontenelle, sur lequel le comte mit la main, ne se limitait pas aux seuls saints Wandrille et Ansbert[308] et que le comte ne manqua pas de poursuivre sa quête de reliques en chemin. Il s'empara ainsi de force de quelques reliques de saint Vulmer dont il est difficile de savoir si elle reposait toujours à Samer ou si elles avaient déjà été transportées dans une église de Boulogne. Il n'empêche que les saints de Fontenelle devinrent les patrons les plus précieux du Mont-Blandin. Lorsqu'en 977, Otton II adressa un privilège au monastère, la chancellerie impériale prit certes modèle sur un acte rédigé quelques mois auparavant en faveur de Saint-Bavon, mais elle ne négligea pas de préciser longuement ce qui faisait alors tout le prix de l'établissement: *Blandinense coenobium, propter fluenta Scaldis fluminis a sanctae recordationis pontifice Amando in primitus fundatum et in honore beatissimorum apostolorum Petri ac Pauli constructum et consecratum, in quo ad praesens incliti confessores Christi sanctus Wandregisilus abbas, gloriosi archypraesules Ansbertus et Vulframnus cum beata virgine Amalberga multisque sanctorum requiescunt pignoribus.*[309]

On est aussi documenté sur les reliques de deux autres saints, Bertulphe et Gudwal, dont se serait emparé le comte de Flandre Arnoul Ier au milieu du Xe siècle. Les curieuses circonstances de cette translation sont bien connues[310]: dans les années 940, Arnoul et l'évêque Wicfrid de Thérouanne auraient en effet mis en échec les projets d'un trafiquant de reliques, nommé Electus, qui avait rassemblé son butin à proximité du port de Boulogne, à Audinghem précisément, afin de le faire passer en Angleterre où il devait être écoulé à prix d'or. Parmi les clients du négociant, on trouvait ainsi le roi Aethelstan, particulièrement intéressé par les saints du continent. Dans le lot de reliques découvert, se trouvaient celles de Bertulphe de Renty, ainsi que le corps d'un certain *Gudwalus, confessor pariter et pontifex, alta Britonum prosapia ortus* dont il est précisé qu'il avait été dérobé à Montreuil. On sait en effet que les moines de Landévennec s'installèrent un temps à Montreuil au début du Xe siècle, à l'invitation du comte de Ponthieu, Helgaud, comme en témoigne un acte du cartulaire de l'abbaye, donné «dans le cloître de saint Guénolé» en présence du comte et de son fils[311]. Une église dédiée au saint patron du monastère breton est en effet connue à Montreuil sous

[306] Tout cela a été présenté au chapitre V.

[307] Sermo de adventu, éd. Huyghebaert, c. 24–28 (26–30) et 33–46 (37–52).

[308] Ibid., c. 29B-32B (31–37) pour le catalogue des reliques de Fontenelle.

[309] Diplomata belgica, éd. Gysseling/Koch, n° 66, 167; sur les reliques de Fontenelle au Mont-Blandin, voir Van Werveke, Saint-Wandrille et Saint-Pierre de Gand; Huyghebaert, L'énigme des reliques de saint Vulfran.

[310] Huyghebaert, La consécration de l'église abbatiale de Saint-Pierre de Gand (975), 135–136; Geary, Le vol des reliques au Moyen Âge, 82–83.

[311] Latouche, L'abbaye de Landevennec et la Cornouaille, 17–21 (avec références); vues d'ensemble dans Simon, L'abbaye de Landévennec, 67–72.

le nom de Saint-Walloy (aujourd'hui Saint-Saulve). Les traditions locales ont considérablement amplifié la présence bretonne à Montreuil, au point de faire de la cité ce que Ferdinand Lot a appelé «un véritable dépôt de reliques»[312]. Ceci demande à être nuancé car les traditions concernant la présence d'autres Bretons – autour des reliques de saint Malo notamment – sont beaucoup plus tardives[313]. Qu'il nous suffise cependant de constater ici que la présence des reliques de ce Gudwal, dont le culte est bien attesté au début du Xe siècle, est tout à fait vraisemblable, de même que leur translation à Gand, après un séjour dans l'église du domaine comtal d'Harelbeke, en même temps que celles de Bertulphe[314].

Les autres établissements monastiques du diocèse

Arnoul Ier privilégia ouvertement le Mont-Blandin mais il fit aussi bénéficier d'autres établissements de ses largesses en matière de reliques et notamment Saint-Bertin. Comme on l'a rappelé précédemment, les reliques des saints Riquier (de Centule), Valéry (de Leuconay, aujourd'hui sur la rive gauche de l'embouchure de la Somme) et Silvin (d'Auchy) furent déposées à Sithiu au début des années 950. Sous la pression d'Hugues Capet, les reliques des deux premiers saints durent être rendues un demi-siècle plus tard à leurs sanctuaires respectifs. Quant à celles de Silvin, elles ne quittèrent plus jamais Saint-Bertin.

Il resterait à dire un mot des reliques de Saint-Bavon, même si cela sort du cadre chronologique que nous nous étions fixé[315]. En outre, le trésor des moines bavoniens ne doit guère à Arnoul Ier, mais bien davantage aux empereurs qui, en outre, favorisèrent matériellement Saint-Bavon. Cet intérêt n'était pas fortuit. Comme l'a rappelé récemment Jean-Louis Kupper, il intervint dans un contexte de «rayonnement politique et culturel de l'Église impériale sur les marches de l'État ottonien»[316]. On notera ainsi l'arrivée à Gand, en 980, des reliques des saints Landoald, Amance, Vinciane et Adeltrude de Wintershoven, un domaine hesbignon qui avait été restitué à l'abbaye gantoise par Otton II quatre ans auparavant. L'évêque Notger de Liège a ainsi été mis à contribution pour authentifier les corps des saints dont on imaginait qu'ils avaient été des disciples de saint Amand au VIIe siècle et le fameux Hériger, alors écolâtre de Lobbes, mit par écrit le récit de cette glorieuse translation[317].

[312] Cité par LATOUCHE, L'abbaye de Landevennec et la Cornouaille, 18, n. 55.

[313] Sur les traditions locales concernant les reliques bretonnes, voir les éléments rassemblés dans RODIÈRE, Les corps saints de Montreuil, et plus récement, dans CASSARD, En marge des incursions vikings, 265–270.

[314] Vita Bertulfi, éd. HOLDER-EGGER, c. 27, 636; la Vie a été rédigée après 1073 mais elle assure à plusieurs reprises se fonder sur des écrits anciens (l'un concernant Bertulphe, l'autre la translation); plus importantes pour notre propos sont les attestations contemporaines (début du Xe siècle) du culte de saint Gudwal dans les litanies de Reims éditées par Mabillon (le manuscrit a été détruit en 1774) et celles d'un psautier de Salisbury (Cathedral Library, ms 180): voir Anglo-Saxon Litanies, éd. LAPIDGE, 261 (*sancte Guoidwale*) et 292 (*sancte Guidguale*) ainsi que Analecta Bollandiana 6 (1887), 206 pour la mention de cette translation dans un manuscrit copié à Saint-Bertin au Xe siècle, aujourd'hui conservé à La Haye; HUYGHEBAERT, Le Sermo de adventu ss. Gudwali et Bertulfi, donne un récit plus tardif de la même cérémonie (datée de 944/952).

[315] HOLDER-EGGER, Zu den Heiligengeschichten des Genter St. Bavosklosters; COENS, L'auteur de la Passio Livini.

[316] KUPPER, Les voies de la création hagiographique, 304.

[317] Hériger de Lobbes, Translatio Landoaldi, éd. HOLDER-EGGER; VAN DER ESSEN, Étude critique et littéraire, 357–368; WERNER, Der Lütticher Raum in frühkarolingischer Zeit, 67–72; KUPPER, Les voies de la création hagiographique.

En 1019/1030, l'abbaye possèdait donc déjà un riche trésor de reliques dont la liste est énumérée par l'abbé Othelbold dans la lettre qu'il adressa à la comtesse Otgive[318]. À côté d'un modèle de sainteté ancien (Bavon est déjà cité dans le martyrologe d'Usuard au milieu du IXe siècle), on y voit apparaître toute une série de saints dont le culte est très nouvellement attesté: outre les saints de Wintershoven qui viennent d'être cités, sainte Pharaïlde (dont on ne sait rien hormis le fait qu'elle était déjà honorée à Bruay-sur-Escaut au tournant des VIIIe–IXe siècles[319]) et saint Macaire, un évêque d'Antioche qui serait venu trouver refuge à Saint-Bavon (après avoir été chassé du Mont-Blandin!) et y mourir en 1012. Mais le plus célèbre d'entre eux est alors assurément saint Liévin.

Saint Liévin fut inventé de toutes pièces par les moines de Saint-Bavon de Gand dans le courant du Xe siècle. La lettre de l'abbé Othelbold signale, dans le trésor des reliques du monastère, celles de «saint Liévin, évêque venu d'Irlande (*Scottia*) en pèlerinage, assassiné par des malfaiteurs à proximité d'un domaine de Saint-Bavon»[320]. On pourrait penser à un simple fait de brigandage qui se serait produit dans les décennies précédentes. En fait, on voit les moines donner une toute autre consistance à la figure de Liévin. Dans le courant du XIe siècle, ils commandèrent une Vie du saint, développant abondamment ses prétendues origines royales irlandaises, son ordination par Augustin de Cantorbéry, puis le détail de son action missionnaire en Gaule avant son martyre[321]. Le texte se présente comme une œuvre d'un évêque Boniface (naturellement pour introduire une confusion avec l'archevêque anglo-saxon). On sait désormais tout ce qu'il doit en fait à la Passion d'un insulaire moins illustre, saint Lébuin de Deventer[322]. Liévin lui emprunta la date de sa fête et, on l'aura remarqué, une partie de son nom. En prétendant, à la fin du XIe siècle, que les restes du martyr avaient été ramenés un siècle plus tôt de Houtem (lieu de son assassinat), les moines bavoniens développèrent aussi un pèlerinage entre leur monastère et cette dernière localité; il connut un considérable succès si l'on en juge par les miracles qui étaient opérés à cette occasion[323].

Il importe en définitive de souligner la richesse du trésor de reliques des établissements gantois, qui bénéficièrent de translations voulues par le prince (pour Saint-Pierre-au-Mont-Blandin) ou procédèrent littéralement par inventions pour étoffer leur sanctoral. En tout cas, cette activité autour des reliques des saints contraste avec l'apathie que l'on peut observer autour de la cité épiscopale de Tournai, comme le montrent encore, au XIe siècle, les grands rassemblements de reliques. On peut penser à l'assemblée de paix d'Audenarde réunie en 1030 par le comte Baudouin IV[324], où semblent avoir été convoqués, pour le diocèse de Tournai, les seuls saints Wandrille, Bavon, Amand et Gérulphe (de Tronchiennes, que le comte eut le curieux souci de mettre à l'honneur)[325]; ou encore à la dédicace de l'abbatiale de Hasnon le 3 juin 1070

318 De brief van abt Othelbold aan gravin Otgiva, éd. Voet, 230–233; une bonne présentation commentée du sanctoral bavonien au XIIe siècle se lit dans Coens/van der Straeten, Un martyrologe du XIIe siècle à l'usage de Saint-Bavon.

319 Passio Salvii, éd. Coens, c. 15, 182.

320 De brief van abt Othelbold aan gravin Otgiva, éd. Voet, 232; Huyghebaert, Liévin, Catholicisme. Hier, aujourd'hui, demain, 7 (1975), 771–772.

321 Vita Livini, éd. Mabillon, c. 2–5, 451–452; analyse commode de cette Vie dans Snieders, L'influence de l'hagiographie irlandaise sur les vitae des saints irlandais de Belgique, 853–857.

322 Coens, L'auteur de la Passio Livini.

323 Id., Translations et miracles de saint Bavon au XIe siècle.

324 La meilleure présentation du contexte général de la paix d'Audenarde se lit dans Platelle, La violence et ses remèdes, 108–123.

325 Annales Elmarenses, éd. Grierson, a° 1030, 89–90; Bozóky, La politique des reliques des premiers comtes de Flandre, 271 et 280.

où la principauté flamande fut avant tout représentée par les saints Donatien (honoré à Bruges, on l'a vu), Amand, Wandrille et Bavon[326].

Le culte des saints a connu un indéniable dynamisme dans le diocèse de Tournai pendant le haut Moyen Âge. En raison de l'absence de l'évêque, il apparaît bien que les dévotions aux saints ont été encadrées de manière privilégiée par le comte de Flandre, qui favorisa en premier lieu la communauté du Mont-Blandin. Ceci s'est manifesté par de nombreuses translations de reliques. Un effet de concurrence a ensuite entraîné la communauté voisine de Saint-Bavon dans une certaine surenchère. Il s'ensuivit une série d'inventions successives, qui font aujourd'hui encore le délice des hagiologues. Tout ceci semble avoir nui à la cité épiscopale, qui dut attendre le XIIe siècle avant de promouvoir un évêque à la sainteté. Il faudrait naturellement entamer une étude plus approfondie du dossier d'Éleuthère. On peut néanmoins poser une première hypothèse en se demandant si les évêques de Noyon du haut Moyen Âge n'ont pas délibérément évité d'élever à la sainteté des évêques tournaisiens, afin de ne pas aviver d'éventuelles revendications autonomistes au sein du clergé local. En somme, les prélats de Noyon auraient tout fait pour ne pas encourager le développement d'une conscience ou d'un patriotisme diocésain comme on peut l'observer à Cambrai, au même moment, autour de la figure des saints évêques mérovingiens. Le contraste avec ce diocèse voisin est à ce propos saisissant.

Conclusion de la troisième partie

L'Antiquité tardive n'a pas proposé de modèles locaux de sainteté aux hommes du haut Moyen Âge, à l'exception des saints Piat, Victoric et Fuscien. Au VIIe siècle, les évêques se trouvèrent donc en face d'une société qui ne connaissait sans doute guère le culte des saints. Son développement fut indéniablement un élément essentiel de la christianisation en profondeur et les grandes figures du VIIe siècle en furent les modèles privilégiés. À la lecture des «testaments» d'Amand et d'Omer – qui précisent leur volonté à propos de leur lieu de sépulture (où devaient donc être conservées des reliques en puissance) –, on peut penser qu'ils étaient eux-mêmes très conscients de cette «pénurie», et que, de ce fait, ils accèderaient très rapidement à la sainteté après leur mort. Ils prenaient ainsi les devants pour protéger les droits de leurs communautés favorites. Pour autant les cultes ne se développèrent pas partout selon un schéma identique.

Dans le diocèse de Thérouanne, qu'il s'agisse de saints évêques ou de saints abbés, le culte des saints se laisse surtout définir par un lieu privilégié. Il s'agit naturellement de Sithiu où le culte rendu aux saints Omer et Bertin fut progressivement enrichi de nouvelles figures de sainteté, en particulier celles des saints Folcuin, Silvin puis Erkembode. Dans l'ensemble, on note une certaine appropriation comtale du culte des reliques, et il faut reconnaître que l'évêque eut une activité bien réduite en la matière. Il semble s'être contenté d'avaliser la promotion de nouveaux modèles de sainteté sans les avoir lui-même suscités.

Dans le diocèse de Cambrai, les grandes figures épiscopales furent privilégiées: Vaast, Géry, Aubert, Vindicien furent successivement mis à l'honneur par leurs succes-

[326] Tomellus de fundatione coenobii Hasnoniensis, éd. Holder-Egger, 157–158; la liste des reliques a été copiée sur l'Auctarium Hasnoniense de la Chronique de Sigebert de Gembloux (éd. Bethmann, 441–442); Serbat, Un historien imaginaire, 117–118; Bozóky, La politique des reliques des premiers comtes de Flandre, 282.

seurs, qui renforçaient du même coup le prestige de leur propre fonction. Le tout se fit au profit de la cité épiscopale et de ses basiliques (Saint-Géry et Saint-Aubert) mais aussi de Saint-Vaast à Arras. On n'oubliera pas de préciser que les évêques de Cambrai eurent aussi à cœur de multiplier les modèles locaux de sainteté et de répondre aux sollicitations des communautés de leur diocèse dans ce domaine.

Dans le diocèse de Tournai, enfin, l'élément déterminant est sans nul doute la recherche de reliques à l'extérieur du diocèse, particulièrement à Reims (Nicaise, Donatien). L'absence de modèles de sainteté épiscopale peut être interprétée comme une certaine prudence de la part de l'évêque de Noyon devant toute tentative d'autonomie du diocèse tournaisien. Cela s'explique aussi par le fait que les évêques n'avaient pas trouvé de sépulture dans le diocèse. Par ailleurs, l'intense activité d'Amand au VIIe siècle avait eu pour conséquence d'éclipser le souvenir d'autres personnalités susceptibles d'être élevées à la sainteté. Or, les reliques d'Amand n'étaient conservées que dans un seul établissement, Elnone. On comprend ainsi que la «politique des reliques» des comtes de Flandre ait pu véritablement s'appliquer dans un diocèse où la surveillance de l'ordinaire était assez lointaine. Il y eut, plus qu'ailleurs, un indéniable foisonnement au Xe siècle. À cette époque et à l'occasion de leur réforme, les établissements flamands – en premier lieu les communautés gantoises – élaborèrent alors un sanctoral où les grandes figures du VIIe siècle étaient assez peu représentées.

Conclusion générale

Nous avons présenté notre recherche en introduction comme une enquête sur le phénomène de christianisation, appliquée aux anciennes cités romaines d'Arras, Boulogne, Cambrai, Thérouanne et Tournai jusqu'au début du XIe siècle. Il nous semble avoir proposé quelques interprétations nouvelles dont il convient désormais de faire le bilan.

Les sources hagiographiques ont insisté à l'envi sur le caractère missionnaire *stricto sensu* du VIIe siècle. En 1969, un article de Wolfgang Fritze reprenait dans ce sens l'ensemble de la question, en présentant abbés et évêques dans un vaste réseau missionnaire, précurseur de ceux que formèrent les Anglo-Saxons sur le continent au VIIIe siècle. Dans cette optique, l'action d'Amand annonçait, d'une certaine façon, celle de Willibrord et Boniface. Cette perspective est évidemment pertinente par bien des aspects, notamment en ce qui concerne l'inspiration romaine. Néanmoins, cette vision a eu trop tendance à rejeter dans l'ombre les héritages des siècles précédents. Surtout il nous semble que le processus de christianisation tel qu'il a été décrit et interprété est resté très tributaire des schémas dessinés par une hagiographie missionnaire. Or, si le nord de la Gaule apparaît dans les sources à la fin du VIIe siècle, c'est sans doute moins pour des raisons proprement religieuses qu'à cause du contexte politique général que connaît le royaume franc au début au VIIe siècle. On doit ainsi rappeler le souci de la monarchie neustrienne, essentiellement sous le règne de Dagobert Ier, de mieux intégrer une région qui était restée en marge de la guerre civile et dont les fidélités – entre Neustrie et Austrasie – ne semblent guère avoir été fixées. La situation ne manque pas d'être paradoxale pour un ensemble géographique qui avait été le berceau de l'expansion franque un siècle plus tôt. Les nominations chronologiquement concordantes d'Amand, évêque *ad predicandum* le long de la vallée de l'Escaut, d'Omer sur les deux anciennes cités de Boulogne et de Thérouanne, et enfin d'Éloi à Noyon témoignent de cette volonté de Dagobert puis de son entourage d'associer plus fortement les cités du nord de la Gaule aux destinées de la *pars regni* neustrienne. Les années 620–630 voient donc bien apparaître un nouveau personnel ecclésiastique sur la scène septentrionale. C'est en cela qu'il y eut un changement au VIIe siècle. À cette occasion, la cité de Noyon semble s'être provisoirement imposée comme un siège stratégique, sans doute pour faire contrepoids à l'influence de la cité métropolitaine de Reims, sise en territoire austrasien. Mais la géographie ecclésiastique définie au VIIe siècle doit aussi beaucoup aux circonstances particulières des nominations épiscopales et abbatiales. On a ainsi pu développer le cas de la nomination d'Amand le long de l'Escaut. Cette zone d'activité correspondait à l'ancien diocèse de Tournai. Au VIe siècle, cette cité avait accueilli la résidence épiscopale. En toute logique, c'est là qu'Amand aurait dû s'installer. Mais cet établissement n'était guère compatible avec les préoccupations purement monastiques du saint. Dans l'ancienne Morinie romaine, il semble que l'on puisse faire intervenir la formation luxovienne d'Omer – qui fut peut-être aussi celle de ses proches compagnons – pour expliquer la manière dont fut reçu l'héritage équivoque légué par le découpage administratif du Bas Empire (l'existence de deux cités, Boulogne et Thérouanne, en Morinie). À partir de la seconde moitié du VIIe siècle, ce furent bien les communautés monastiques de Sithiu qui semblent avoir été délibérément choyées par les évêques de Thérouanne. Le choix de la sépulture d'Omer est tout à fait significatif à cet égard. Quant à l'union d'Arras et de Cambrai, qui se maintint jusqu'en 1093/1094, elle n'apparaît clairement qu'au VIIIe siècle. Le contexte était alors celui de la mainmise des Pippinides sur l'ensemble du royaume franc. Jusqu'à cette date, rien n'indique que des liens institutionnels ont véritablement attaché les deux cités l'une à l'autre.

Le phénomène de christianisation a pu aussi être appréhendé par une étude des premiers oratoires ruraux. Dans l'ensemble, on a pu saisir la manière dont l'équipement religieux des campagnes septentrionales s'est étoffé pendant le haut Moyen Âge, grâce à l'action conjointe de la royauté, des grands aristocrates et des grands monastères. Les domaines fiscaux ont connu des créations précoces d'églises. En ce qui concerne l'action de l'aristocratie, on a pu voir en quoi la fondation de communautés féminines répondait à des stratégies familiales. Pour autant, l'exemple de l'activité d'Évrard de Frioul et de Gisèle montre que le cercle étroit des intérêts familiaux a pu être dépassé; une partie des aristocrates du IXe siècle a activement participé au programme des souverains et des évêques carolingiens visant à encadrer plus étroitement les fidèles de l'Empire autour des oratoires ruraux. À ce titre, les *patrocinia* que l'on voit apparaître aux VIIIe–IXe siècles – et en particulier celui du Sauveur – sont révélateurs de l'écho que trouvèrent localement certaines réflexions théologiques élaborées à la cour. Les grands établissements monastiques jouèrent assurément un rôle fondamental en matière d'implantation du réseau des oratoires ruraux. On a reconnu chez certains ce que Jean-François Lemarignier appelait une «vocation fédératrice» à l'échelle de leur diocèse. Ce fut le cas de Sithiu dans le diocèse de Thérouanne. On le devine pour le Mont-Blandin et Saint-Bavon dans la vallée de l'Escaut. En revanche, dans le diocèse de Cambrai (au sens strict, c'est-à-dire sans le territoire de l'ancienne cité d'Arras), aucun établissement ne semble avoir joué un rôle comparable. À notre sens, ceci peut être mis en relation avec le fait que l'autorité de l'évêque n'a guère permis à l'un ou l'autre des établissements monastiques de s'affirmer au détriment des autres. On ne peut enfin passer sous silence le rôle de certains monastères étrangers à la région. L'étude des églises dépendant de Fontenelle/Saint-Wandrille est venue le montrer. Dans l'ensemble, il nous a donc été possible de mesurer la part prise par les différentes institutions ecclésiastiques dans l'organisation de l'espace diocésain. Plusieurs modèles ont été esquissés. Dans le diocèse de Cambrai, les conditions politiques ont fait beaucoup pour donner une place centrale à la cité épiscopale. Au Xe siècle, le diocèse a basculé dans l'Empire. Les institutions carolingiennes ont ainsi été préservées. Cambrai a pu s'imposer comme le centre de l'espace diocésain. Dans le diocèse de Thérouanne, en revanche, Sithiu apparaît comme le véritable centre religieux de la région. Au IXe siècle, le comte de Flandre en a fait le point d'ancrage de son autorité au sud de la principauté. Au même moment, les défections des évêques contribuaient à affaiblir le rayonnement de la cité épiscopale. Dans le diocèse de Tournai, il faut naturellement prendre en compte la non-résidence de l'évêque. Pour le reste, des conditions politiques semblables à celles que connaissait le diocèse de Thérouanne (l'appartenance au comté de Flandre) expliquent aussi un certain retrait de la cité épiscopale.

Du point de vue du culte des saints, la documentation rassemblée est plus abondante et les conclusions de l'étude se dessinent avec beaucoup de netteté. À Cambrai, ce sont assurément les grandes figures épiscopales qui furent mises à l'honneur par leurs successeurs, particulièrement les évêques d'Empire du Xe siècle. Cette politique renforçait avantageusement le prestige de leur propre fonction. Pour ne rappeler qu'un exemple, on se souviendra de l'inlassable activité de Fulbert († 956) à l'égard des modèles de sainteté de son diocèse et de l'embarrassante position dans laquelle le mit Otton Ier en réclamant précisément les reliques des saints Géry et Aubert. Ces évolutions se firent essentiellement au profit de la cité épiscopale et de ses basiliques (Saint-

Géry et Saint-Aubert) mais aussi de Saint-Vaast à Arras. Dans le diocèse de Thérouanne, c'est à Sithiu que fut orchestré le culte des saints privilégiés du diocèse. Les saints Omer et Bertin furent rejoints au Xe siècle par de nouvelles figures, celles des saints Folcuin, Silvin puis Erkembode. Les *impresarii* de ces cultes furent naturellement les moines et les chanoines qui possédaient les reliques des deux saints fondateurs. On note par ailleurs le rôle des grands laïcs, qu'il s'agisse de la famille de l'évêque Folcuin – et en premier lieu son propre arrière-petit-neveu –, ou encore du comte de Flandre, qui confia à Saint-Bertin les reliques de Silvin d'Auchy. Il faut ainsi reconnaître que l'évêque de Thérouanne eut une activité bien réduite en la matière. Ce dernier semble s'être contenté d'avaliser la promotion de nouveaux modèles de sainteté sans les avoir lui-même suscités. Le diocèse de Tournai, enfin, a souffert d'une «pénurie» de modèles de sainteté. Ceci s'explique par le fait que les évêques n'avaient pas trouvé de sépulture dans le diocèse mais bien à Noyon. Par ailleurs, l'intense activité d'Amand au VIIe siècle avait eu pour conséquence d'éclipser le souvenir d'autres personnalités susceptibles d'être élevées à la sainteté. Et Amand lui-même avait pris le soin de dé-fendre, de son vivant, les droits d'Elnone sur sa dépouille. De la sorte, la «politique des reliques» des comtes de Flandre put véritablement s'appliquer dans le diocèse de Tour-nai où la surveillance de l'ordinaire était assez lointaine. On observe ainsi la recherche de reliques – et donc de modèles de sainteté dignes d'être honorés – à l'extérieur du diocèse, particulièrement à Reims (Nicaise, Donatien). Dans d'autres cas, des affinités politiques ont pu jouer. Ainsi doit-on expliquer l'arrivée de sainte Walburge à Furnes. L'absence de modèles de sainteté épiscopale (puisque nous ne pensons pas retenir l'historicité de l'élévation des reliques d'Éleuthère par Heidilon à la fin du IXe siècle) peut enfin être interprétée comme le signe d'une certaine prudence de la part de l'évêque de Noyon devant toute tentative d'autonomie du diocèse tournaisien, qui aurait pu se cristalliser autour de la figure d'un saint évêque. Tout ceci explique, en définitive, le développement foisonnant du culte des saints au Xe siècle et les innombrables «inventions» de cette époque, particulièrement au sein des communautés gantoises.

À la fin du XIe siècle, Arras reçut son propre évêque; au milieu du XIIe siècle, ce fut au tour de Tournai d'obtenir le sien. Il faut néanmoins attendre le milieu du XVIe siècle pour voir une grande réorganisation des diocèses septentrionaux. À cette date, Thérouanne disparut dans les circonstances brutales que l'on connaît. Le diocèse fut démembré. Les villes de Boulogne, Ypres et Saint-Omer furent érigées en sièges épiscopaux. De la même façon, Tournai perdit une partie de son ressort au profit de Bruges et de Gand. Le grand diocèse de Cambrai fut lui aussi partagé, mais la ville accueillit désormais un archevêque. Des raisons multiples peuvent expliquer un tel bouleversement de la géographie ecclésiastique. Mais l'historien reconnaîtra volontiers que la promotion de Gand, de Saint-Omer – sur le site de l'antique domaine de Sithiu – et de Cambrai, ainsi que la disparition de Thérouanne s'inscrivent dans des évolutions longues dont certains traits sont déjà perceptibles au tout début du Moyen Âge.

Zusammenfassung

Übersetzt von Dr. Karin Hartleib-Monnet

Die Orts- und Personennamen entsprechen den im *Lexikon des Mittelalters* gebrauchten Namen. Dort wo diese von der französischen (und also in diesem Buch verwendeten) Form abweichen, wird letztere bei ihrer ersten Erwähnung in Klammern gesetzt. Zum Beispiel: Gent [Gand]; Sankt Bavo [Saint-Bavon] usw.

EINLEITUNG

Die vorliegende Forschungsarbeit untersucht den Prozess der Christianisierung in den römischen Städten Arras, Boulogne, Cambrai, Thérouanne und Tournai, die im Mittelalter zu Diözesen wurden. Abgesehen von Cambrai, das nach 843 Lothringen [Lotharingie] angeschlossen wurde und später zum Reich gehörte, lagen diese Diözesen im neustrischen Teil des Merowingerreiches und, nach 843, im westlichen Teil des Frankenreiches.

Die gesichtete Dokumentation ist vielfältig und sämtliches hagiographische Material der in den betroffenen Diözesen verehrten Heiligen (64) wurde ausgewertet; die umfassenden *Gesten* der Äbte von Sithiu/Saint-Bertin und Lobbes (beide wurden von Folcuin redigiert) und jene der Bischöfe von Cambrai (aufgezeichnet in den Jahren 1024 und 1025); die *Acta* der Dom- und Klosterarchive, die überwiegend in Regestenform vorlagen (die beiden *Libri Traditionum* von Sankt Peter auf dem Blandijnberg [Saint-Pierre-au-Mont-Blandin] in Gent [Gand]); schließlich Güterverzeichnisse (für Lobbes). Besondere Aufmerksamkeit widmeten wir liturgischem Material aus dem Frühmittelalter (Martyrologien, Kalendarien und Litaneien).

Die Christianisierung betrachten wir vorwiegend als einen Prozess, dessen Ergebnisse in einem zunehmend ausgestalteten und organisierten Rahmen erkennbar werden. Die Heiligenverehrung sehen wir als signifikantes Kennzeichen dieser Strukturierung einer «christlichen Landschaft» an.

ERSTER TEIL: DIE VERANKERUNG DES CHRISTENTUMS

Erstes Kapitel: Der historiographische Aufbau der Missionierung

Bezüglich der eigentlichen Missionstätigkeit ist es vonnöten, die zu kategorische Betrachtungsweise der Situation im nördlichen Gallien, die weitgehend auf der Einschätzung der späteren Hagiographen beruht, zu korrigieren. Die seit der Karolingerzeit entstandenen Niederschriften oder Neufassungen von Viten merowingischer Heiliger (Amandus [Amand] von Elnone/Saint-Amand, Gaugericus [Géry] von Cambrai, Eleutherius [Éleuthère] von Tournai sowie mehrere irische Missionare) hoben besonders hervor, dass ihre Helden als Erste das Christentum in dieser Gegend, die gleichwohl zum römischen Reich gehört hatte, verbreitet hätten. Letztere hätten einen wahrhaftigen Kampf gegen den von der Bevölkerung offen geförderten «Paganismus» geführt, den diese, nachdem sie ihre Predigten gehört hatte, plötztlich geleugnet und aufgegeben hätte. Eine nuanciertere Betrachtungsweise dieser Auseinandersetzungen ist hier geboten. Zeitgenössische Viten heben stärker die Seelsorge und die Verwaltungstätigkeit der heiligen Bischöfe hervor. Unter Paganismus ist eher eine Reihe von Sozialpraktiken, die der christlichen Botschaft mehr oder weniger fremd sind (besondere Formen des Mahls, etc.), zu verstehen, als eine ihr besonders feindlich gesinnte Lehre. Mit Sicherheit bestehen zwischen dem nördlichen Gallien des 7. Jahrhunderts und den echten Missionsgebieten Frieslands und Sachsens im 8. und 9. Jahrhundert erhebliche Unterschiede.

Die historiographische Konstruktion des Missionsthemas beruht auch auf vielen Darstellungen, die die Rolle irischer Heiliger betonten. Auch der legendenhafte Charakter dieser hagiographischen Unterlagen und ihr spätes Auftreten sind bekannt.

Es stellt sich also die Frage, ob die Stilisierung des hagiographischen Diskurses nicht eher eine – diesmal tatsächliche – Veränderung innerhalb der Organisation der kirchlichen Institutionen der Gegend enthüllt, die fortan besser in die Strukturen der Frankenkirche integriert und eng mit dem neustrischen *regnum* verbunden sind. Wenn es in den nördlichsten Regionen Galliens auch keine wirklichen Missionstätigkeiten gab, so beobachtet man dennoch eine starke Gründungswelle von Heiligenstätten jeder Art.

Zweites Kapitel: Der nördliche Episkopat im 7. Jahrhundert

Die Ernennungen von Bischöfen im Norden Galliens im 7. Jahrhundert müssen in ihrem politischen Zusammenhang betrachtet werden. Hierbei sei zunächst an das Anliegen des neustrischen Königtums, vor allem unter der Herrschaft Dagoberts I. von 629 bis 639, erinnert, eine Gegend zu integrieren, die in den inneren Kriegen der Teilreiche nur eine Randposition besetzte und deren Treue noch sehr zwischen Neustrien einerseits und Austrien andererseits schwankte. Die zeitlich übereinstimmenden Nominierungen von Amandus († nach 674/675), Bischof *ad predicandum* im Scheldetal [vallée de l'Escaut], von Audomarus [Omer] († nach 667) in den zwei ehemaligen *civitates* Boulogne und Thérouanne, und schließlich von Eligius [Éloi] († 660) in Noyon, bezeugen den Willen Dagoberts, die Bischofsstädte des nördlichen Galliens mit dem Schicksal der neustrischen *pars regni* stärker zu verknüpfen. Das Auftreten eines neuen geistlichen Personals in den nördlichen Gebieten geht unumstritten auf einen politischen Willen zurück. In diesem Zusammenhang scheint sich die Stadt Noyon vorübergehend als strategischer Standort hervorgetan zu haben, sicher als Gegenpol zum Einfluß der in austrischem Gebiet gelegenen Erzbischofsstadt Reims.

In der zweiten Hälfte des 7. Jahrhunderts beeinträchtigten die zunehmenden Spannungen zwischen Neustrien und Austrien den Episkopat. Ein Teil der Bischöfe scheint sich den Machtzirkeln des austrischen Königreichs angenähert zu haben (Amandus, Eligius und vielleicht auch der Bischof von Cambrai Vindicianus [Vindicien]), andere jedoch blieben treue Verbündete der neustrischen Herrschaft: Dies zeichnet sich in der engen Verbindung der Diözese Boulogne/Thérouanne mit der Abtei Fontenelle/Saint-Wandrille ab.

Drittes Kapitel: Die Prägung der merowingischen Diözesen

Die Verwaltungsaufteilung der Kirche im nördlichen Gallien vollzog sich nur langsam. Die (im römischen Reich allgemein sichtbare) Umwandlung der römischen *civitates* in Diözesen kam in dieser Region nicht automatisch zustande. Die Bischofsstädte (mit Ausnahme von Cambrai) litten unter dem schnellen Aufblühen der grossen Klöster.

Dies konnte am Beispiel der Ernennung Amandus im Scheldetal aufgezeigt werden, also in einer Gegend, die überwiegend mit dem Territorium der ehemaligen Diözese Tournai übereinstimmte. Im 6. Jahrhundert war die Stadt Bischofssitz und eigentlich hätte sich Amandus dort niederlassen müssen. Aber diese Residenz war mit den rein monastischen Anliegen des Heiligen nicht zu vereinbaren. Daraus ergab sich ab dem 7. Jahrhundert die besondere Bedeutung von Elnone und den beiden Genter Stiften (Sankt Peter und Sankt Bavo [Saint-Bavon]).

In der ehemaligen *civitas Morinorum* erklärt die Ausbildung Audomarus' im Kloster Luxeuil – die vielleicht auch seine engsten Glaubensbrüder genossen hatten – sicherlich die Art und Weise, in der das zwiespältige Erbe der Verwaltungsaufteilung des späten römischen Kaiserreichs (die *civitas Morinorum* wurde im 4. Jahrhundert zwischen Thérouanne und Boulogne aufgeteilt) aufgenommen wurde. Seit der Merowingerzeit haben die Bischöfe anscheinend beide *civitates* vernachlässigt, um die in der Mitte des 7. Jahrhunderts gegründete große Klostergemeinschaft von Sithiu besser fördern zu können. Das Privileg, das Audomarus dieser Gemeinschaft 663 zugestand, ist dafür bezeichnend, ebenso wie sein Wunsch, dort begraben zu werden.

Die Verbindung von Arras und Cambrai, die bis 1093/1094 hielt, trat deutlich erst am Ende des 7. Jahrhunderts während der Amtszeit Vindicianus' hervor, gleichzeitig mit der Gründung von Saint-Vaast als monastischer Einrichtung. Man kann diese beiden Ereignisse und die Konkurrenz zwischen Neustriern und Austriern am Ende der 680er Jahre, die nach der Schlacht von Tertry (687) mit der Beherrschung des gesamten *regnum Francorum* durch die Austrier endete, nur schwer voneinander trennen.

ZWEITER TEIL: DAS WERDEN DER RELIGIÖSEN LANDSCHAFT

Viertes Kapitel: Die von einem Kloster abhängigen Heiligenstätten

Die großen klösterlichen Einrichtungen spielten für den Aufbau eines flächendeckenden Netzes ländlicher Oratorien eine fundamentale Rolle. Innerhalb der Diözese besaßen einige dieser Einrichtungen eine «vocation fédératrice», um mit Jean-François Lemarignier zu sprechen. In der Diözese Thérouanne war dies der Fall für Sithiu, von dem zwischen dem 7. und 10. Jahrhundert annähernd 20 Heiligenstätten (Kirchen, *cellae*, Klöster) abhingen. Auch für Sankt Peter und Sankt Bavo im Scheldetal vermutet man dies. In der Diözese Cambrai (im engeren Sinn, das heißt ohne das Gebiet der ehemaligen *civitas* Arras) scheint dagegen keine Einrichtung eine vergleichbare Rolle gespielt zu haben. Vermutlich verhinderte die Macht des Bischofs hier, dass sich eine der klösterlichen Einrichtungen auf Kosten der anderen stärker hervorhob. Manchen Klöstern außerhalb dieser Region kam ebenfalls eine bedeutende Rolle zu. Dies ist der Fall für das Kloster Fontenelle/Saint-Wandrille, das Mitte des 7. Jahrhunderts nahe Rouen gegründet wurde und das bereits zu dieser Zeit in der Diözese Thérouanne, zwischen dem Authie-Tal und Boulogne, bedeutenden Landbesitz erhielt.
Die Rolle der großen klösterlichen Einrichtungen darf aber nicht nur im Lichte des von ihnen nach und nach errichteten Netzes von Heiligenstätten betrachtet werden. Die Quellen lassen hin und wieder eine bescheidenere räumliche Verankerung (kleine Holzkreuze) erkennen. Das allmähliche Entstehen christlicher «Erinnerungsorte» lässt sich hier gut beobachten.

Fünftes Kapitel: Könige, Laienadel und ländliche Heiligenstätten

Insgesamt gesehen, konnten wir die Ausbreitung von Sakralbauten in den nördlichen ländlichen Gebieten während des Frühmittelalters, dank der gemeinsamen Bemühungen des Königtums, der hochadeligen Geschlechter und der großen Klöster, beobachten. Fiskalgüter lenkten offenbar größere Aufmerksamkeit auf sich. Hinsichtlich des Wirkens der Adligen beobachtet man, dass die Gründung von Frauenklöstern (insbesondere in den Diözesen Cambrai und Arras) den Interessen der großen Familien der Merowingerzeit entsprachen. Für das 9. Jahrhundert kann man am Beispiel der Tätigkeit Eberhards von Friaul [Évrard de Frioul] und Giselas [Gisèle], der Tochter Ludwigs des Frommen, in ihren nördlichen Besitzgütern des Mélantois aufzeigen, dass der enge Rahmen der Familieninteressen überschritten werden konnte: Das Ehepaar und später seine Kinder unterstützten die Bemühungen der karolingischen Herrscher und Bischöfe, die eine bessere Seelsorge der Gläubigen des Reiches durch neu errichtete ländliche Oratorien verfolgte. Die im 8.–9. Jahrhundert auftauchenden *patrocinia* – insbesondere die des Salvators – sind in dieser Hinsicht aufschlußreich für das Echo, das bestimmte, am Hof entstandene theologische Denkansätze mancherorts fanden.

Sechstes Kapitel: Die Bischofsstadt und ihre Diözese in der Karolingerzeit

Es war uns im Allgemeinen also möglich, den Beitrag der verschiedenen kirchlichen Institutionen zur Organisation des Diözesangebiets einzuschätzen. Mehrere Modelle wurden umrissen und erlauben eine erste Typologisierung. Die politischen Bedingungen in der Diözese Cambrai ermöglichten, der Bischofsstadt einen zentralen Platz einzuräumen. Im 10. Jahrhundert fiel die Diözese ans Reich und auf diese Weise wurden die karolingischen Institutionen bewahrt. Cambrai konnte sich als Zentrum des Diözesangebietes durchsetzen und man kann die Etappen der fortschreitenden Stärkung der kirchlichen Hierarchie erkennen. In der Diözese Thérouanne dagegen scheint Sithiu der eigentlich zentrale Ort zu sein. Im 9. Jahrhundert richtete der Graf von Flandern dort den Stützpunkt seiner Macht über die südlichen Gebiete der Grafschaft ein. Gleichzeitig trugen aber die Abtrünnigkeit mancher Bischöfe (Hunfrid zwischen 856 und 870, dann Actard) und die seelsorgerischen Schwierigkeiten, mit denen manche andere fertig werden mußten (Adalbert zwischen 871 und 892, dann Heriland), dazu bei, den Wirkungskreis der Bischofsstadt zu schwächen. Was die Diözese Tournai betrifft, so muß man natürlich berücksichtigen, daß der Bischof dort nicht residierte. Im Übrigen erklären die politischen Bedingungen, die denen der Diözese Thérouanne ähneln (Zugehörigkeit zur Grafschaft Flandern, dessen «Herzstück» weiter stromabwärts an der Schelde gelegen ist), dass die Bischofsstadt keine bedeutenden Verwaltungsaufgaben übernahm.

DRITTER TEIL: DER HEILIGENKULT

Siebtes Kapitel: Sithiu und die Heiligen der Diözese Thérouanne

In der Diözese Thérouanne entwickelte sich der Kult der von der Diözese bevorzugten Heiligen in Sithiu. Die Verehrung der Heiligen Audomarus [Omer] und Bertinus [Bertin] ist seit dem Beginn des 8. Jahrhunderts gut belegt. In der Karolingerzeit wurde die Verehrung der Heiligen Audomarus und Bertinus von den jeweiligen Klostergemeinschaften von Sithiu gepflegt, die im Jahr 820 zwischen den Kanonikern von Saint-Omer und den Mönchen von Saint-Bertin aufgeteilt wurden.

Der Laienabbatiat von Saint-Bertin fiel im 10. Jahrhundert an den Grafen von Flandern und das Kloster wurde so zu einem Stützpunkt gräflicher Herrschaft im Süden der Grafschaft. Die Grafen, darunter vor allem Arnulf [Arnoul] I. († 965), bekräftigten ihre Machtstellung, indem sie den Schutz zahlreicher Heiliger, deren Reliquien sie sich aneignen konnten, anriefen. Diese Reliquien wurden teilweise Saint-Bertin anvertraut, wie die der Heiligen Silvinus [Silvin] (im Februar 951), Richarius [Riquier] und Walaricus [Valéry] (im August 952), die aus den jeweiligen benachbarten Klöstern Auchy, Centula/Saint-Riquier und Leuconay/Saint-Valéry gestohlen wurden. Im Lauf des 10. Jahrhunderts wurde Sithiu so zur eigentlichen Reliquienhochburg der Diözese.

Auch der Heilige Folcuin, Bischof von Thérouanne in der ersten Hälfte des 9. Jahrhunderts, dessen sterbliche Überreste aber in Sithiu ruhten, wurde von den Mönchen und einigen Adligen verehrt. Die Entwicklung seines Kults verbreitete sich besonders, nachdem sich der Großneffe des Heiligen, der Abt Folcuin von Lobbes, Verfasser der *Gesta* des Klosters, dafür eingesetzt hatte.

Im 10. Jahrhundert war Sithiu demnach unumstritten der wichtigste Heiligenort der Diözese. Während des ganzen Frühmittelalters blieb die Bischofsstadt Thérouanne im Schatten des großen Klosters und der Bischof war in seiner Handlungsfähigkeit eingeschränkt, musste er sich doch damit begnügen, die Förderung neuer Modelle der Heiligkeit zu befürworten, die er aber nicht selbst vorgeschlagen hatte.

Achtes Kapitel: Die heiligen Bischöfe von Cambrai

Hinsichtlich des Heiligenkultes sind Quellen und Urkunden aus Cambrai besonders ergiebig und aufschlussreich. Die Unterstützung, die die Bischöfe von Cambrai dem Heiligenkult merowingischer Bischöfe zuteil werden ließen, ermöglichte ihnen auf symbolische Weise ihre Funktion und also ihre eigene Position zu stärken.

Der Heilige Gaugericus wurde seit der Merowingerzeit verehrt. Der Kult des Heiligen Autbertus [Aubert] ist seit dem Ende des 8. Jahrhunderts belegt. Einen wirklichen Aufschwung aber erhielt der Heiligenkult vor allem im 10. Jahrhundert. Bischof Fulbert († 956) etablierte jenen des Bischofs Vindicianus († 713?). Auch Bischof Gerhard [Gérard] († 1051) zeigte sich am Anfang des 11. Jahrhunderts besonders aktiv, indem er den Heiligenkult der Bischöfe Hadulfus [Hadulphe] († 878) und Johann [Jean] (†728) förderte. Er initiierte vor allem eine intensive Schreibtätigkeit, die der *memoria* der Bischöfe gewidmet war, insbesondere jener, die als Heilige verehrt wurden. So wurden eine neue (die dritte) *Vita* des Heiligen Gaugericus und eine erste *Vita* des Bischofs Autbertus verfasst. Gerhard ließ seinen eigenen Kaplan die *Gesta episcoporum Cameracensium*, ein umfangreiches und kämpferisches Werk, verfassen.

Die in der Diözese Cambrai verehrten Heiligen waren nicht ausschließlich Bischöfe und den verschiedenen Klostergemeinschaften lag ebenso viel am Kult ihrer eigenen Heiligenpatrone. Besondere Aufmerksamkeit gebührt dem Fall des Heiligen Vedastus [Vaast]: Als heiliger Bischof war Vedastus auch Patron der mächtigen Klostergemeinschaft Saint-Vaast von Arras, dessen Unabhängigkeitsbestrebungen den Bischöfen von Cambrai um das Jahr 1000 erheblich zu schaffen machten. Aber die politischen Gegebenheiten verliehen den Bischöfen im 10. Jahrhundert eine bedeutende Rolle und sie konnten auf diese Weise vor allem den Kult ihrer heiligen Vorgänger in der Kathedrale und den vorstädtischen Basiliken der Bischofsstadt fördern. So setzte sich diese als eigentlich zentraler Ort der Diözese durch.

Neuntes Kapitel: *Translationes* et *inventiones*: Die Heiligen der Diözese Tournai

Die Diözese Tournai litt unter einem «Mangel» an lokalen Heiligenvorbildern. Die Erklärung hierfür liegt darin, dass die Bischöfe hier keine Grabstätten gefunden hatten, wohl aber in Noyon. Darüber hinaus hatte die rege Tätigkeit von Amandus im 7. Jahrhundert zur Folge, dass die Erinnerung an andere, zur Heiligsprechung geeignete Persönlichkeiten verblasste, mit Ausnahme des Heiligen Bavo [Bavon], einem Adligen, den er zum Eremitentum konvertiert hatte. Und Amandus selbst regelte noch zu seinen Lebzeiten die Rechte des Klosters Elnone/Saint-Amand an seinen sterblichen Überresten.

So konnte sich die «Reliquienpolitik» der flandrischen Grafen in dieser Diözese, die durch den ordentlichen Bischof nur aus der Distanz beaufsichtigt wurde, bestens entfalten. Diese Entwicklung geht auf Balduin [Baudouin] II. zurück, es war aber Arnulf I. (918 † 965) – laut Folcuin von Saint-Bertin besonders «begierig nach Reliquien» –, der Reliquientranslationen für die in seiner Grafschaft gelegenen Klöster, deren Reform Gerhard von Brogne zur gleichen Zeit durchführte, vornahm. Man beobachtet hier die Suche nach Reliquien – und also nach Heiligenvorbildern – außerhalb der Diözese, besonders in Reims (so wurden im 9. Jahrhundert Nicasius [Nicaise] in Tournai und Donatianus [Donatien] in Brügge [Bruges] verehrt). Bezeichnend ist auch die Aneignung des Reliquienschreins von Fontenelle/Saint-Wandrille, der im Jahr 944 das *Sanctorale* von Sankt Peter auf dem Blandijnberg in Gent bereicherte. In anderen Fällen spielten politische Affinitäten eine Rolle: So kann man auch erklären, dass am Anfang des 10. Jahrhunderts die Reliquien der Heiligen Walburga von der Kapelle der Königspfalz Attigny nach Furnes überführt wurden.

Das Fehlen bischöflicher Heiligenvorbilder (denn wir meinen, dass die hagiographischen Dokumente über den Heiligen Eleutherius von Tournai zu Beginn des 12. Jahrhunderts gänzlich erfunden wurden) kann als Zeichen einer gewissen Vorsicht des Bischofs von Noyon gegenüber jeglicher, an die Person eines heiligen Bischofs geknüpften Autonomiebestrebung der Diözese Tournai gedeutet werden. Den gräflichen Initiativen, ebenso wie den unzähligen «Erfindungen» aus dem 10. Jahrhundert (insbesondere innerhalb der Genter Klostergemeinschaften) und einer überbordenden Entwicklung des Heiligenkults zu dieser Zeit waren damit keine Schranken mehr gesetzt.

SCHLUSSWORT

Am Ende des 11. Jahrhunderts erhielt Arras seinen eigenen Bischof; ebenso geschah es in Tournai in der Mitte des 12. Jahrhunderts. Gleichwohl fand eine umfassende Neuorganisation der nördlichen Diözesen erst zur Mitte des 16. Jahrhunderts statt. Zu diesem Zeitpunkt ging Thérouanne unter den weithin bekannten brutalen Umständen unter und die Diözese wurde aufgeteilt. Die Städte Boulogne, Ypern [Ypres] und Saint-Omer wurden zu Bischofssitzen. Tournai verlor in der gleichen Weise einen Teil seines Bezirks zugunsten der Städte Brügge und Gent. Auch die große Diözese Cambrai wurde aufgeteilt, aber die Stadt selbst wurde Sitz des Erzbischofs. Eine derartige Umgestaltung der Kirchenlandschaft hat vielfältige Gründe. Die Historiker erkennen aber an, dass der Aufschwung der Städte Gent, Saint-Omer – an der Stelle des ehemaligen Gebiets von Sithiu – und Cambrai und das Verschwinden von Thérouanne einem langen Entwicklungsprozess folgen, dessen Vorboten schon am Beginn des Mittelalters wahrnehmbar waren.

Annexe I

Églises et communautés religieuses

Les notices sont classées par noms de lieu, dans leur terminologie administrative actuelle. On pardonnera, au nom d'une plus grande commodité, les quelques anachronismes que cela peut entraîner (Saint-Omer pour Sithiu; Saint-Amand-les-Eaux pour Elnone; Saint-Ghislain pour Celle; Merville pour Breuil); la forme onomastique latine est de toute manière fournie. En Belgique, les références administratives ont été précisées jusqu'aux actuelles communes fusionnées. Dans le domaine flamand, on a alternativement privilégié les appellations flamandes et les appellations françaises (par exemple Furnes pour Veurne) selon l'usage le plus courant dans l'historiographie française. Entre crochets ont été signalés les vocables des églises paroissiales ou, le cas échéant, des succursales tels qu'ils sont connus, au plus tôt dans le courant du Moyen Âge, dans la plupart des cas à l'époque moderne; les ouvrages suivants – qui se recoupent parfois – ont été utilisés et ne sont pas systématiquement cités dans les notices.

Pour le diocèse d'Arras: Delmaire, Le diocèse d'Arras 2, Annexe I: Notices paroissiales, 415–573.

Pour le diocèse concordataire de Cambrai: Hautcoeur, Tableau des patrons de lieux; à compléter par id., Mémoire sur les patrons des lieux, 62–63.

Pour le diocèse de Thérouanne: Carnier, Parochies en bidplaasten in het bisdom Terwaan, deel 2: Repertorium van de bidplaasten van het bisdom Terwaan, 285–380 (qui utilise aussi le répertoire Paroisses et communes, cité *infra*).

Pour le diocèse de Tournai avant 1559: Une description des paroisses de Tournai, éd. Jacques/Pasture; pour le décanat de Lille: Platelle, Les paroisses du décanat de Lille, 85–207.

Pour le diocèse moderne de Gand: Visitatieverslagen van Karel Maes, bisschop van Gent, éd. Weemaes.

Pour le Brabant: Verbesselt, Het parochiewezen in Brabant.

Pour l'actuelle Belgique: Communes de Belgique, dir. Hasquin; le tome complémentaire de l'Histoire de l'Église en Belgique du Père de Moreau donne une liste des paroisses (avec parfois une courte notice) et de tous les établissements religieux tels qu'ils existaient avant 1559 sur le territoire de l'actuelle Belgique, mais sans en donner les vocables.

Pour le département du Pas-de-Calais: Paroisses et communes 62, éd. Bellart/Bougard/Rollet.

1. Aaigem: église [Saint-Nicolas]

Aingem. – Cambrai. – B., prov. Fl. or., arr. Alost (fl. Aalst), c. fus. Erpe-Mere.

Dans la lettre qu'il adressa à la comtesse Otgive en 1019/1030, l'abbé Othelbold de Saint-Bavon rappelle que l'église (*ecclesia*) d'Aaigem a été usurpée par des *satellites* d'Arnoul Ier dans le courant du Xe siècle.

De brief van abt Othelbold aan gravin Otgiva, éd. Voet, 235.

2. Aardenburg: 2 églises

Rodenburg. – Tournai. – Pays-Bas, prov. Zeelande.

Le diplôme du roi de France Lothaire pour Saint-Bavon, donné le 5 mai 966, confirme l'abbaye dans la possession de l'église d'Aardenburg et de sa dépendance: *mater ecclesia cum capella* (*in insula Wlpa* précise un acte de 1096). En 1019/1030, les deux églises faisaient effectivement partie du temporel de Saint-Bavon comme le signale la lettre de l'abbé Othelbold à la comtesse Otgive (*in Rodenburg, due ecclesie, additis etiam inibi aliquantis terrarum partibus, fidelium postmodum devotione collatis*).

Recueil des actes de Lothaire, n° 26, 65; De brief van abt Othelbold aan gravin Otgiva, éd. VOET, 193 et 236.

3. Acquin: église [Sainte-Pétronille]

Atcona. – Thérouanne. – Dép. P.-de-C., arr. Saint-Omer, cant. Lumbres.

Les moines de Sithiu possédaient une église (*ecclesia*) à Acquin en 844/859.

Le polyptyque de l'abbaye de Saint-Bertin, éd. GANSHOF, 15 et 54–61.

4. Adegem: église

Addingem. – Tournai. – B., Fl. or., arr. Eeklo, c. fus. Maldegem.

L'église (*ecclesia*) d'Adegem faisait partie des biens usurpés par des *satellites* d'Arnoul Ier dans le courant du Xe siècle et réclamés par l'abbé Othelbold de Saint-Bavon dans la lettre qu'il adressa à la comtesse Otgive en 1019/1030.

De brief van abt Othelbold aan gravin Otgiva, éd. VOET, 236.

5. Afsnee: église Sainte-Marie

Afsna; fr. Afsné. – Tournai. – B., prov. Fl. or., arr. et c. fus. Gand.

La possession de l'église (*ecclesia*) d'Afsnee par les moines de Saint-Pierre de Gand est confirmée par deux diplômes de Lothaire de 964 et 966. Une notice du second *Liber traditionum* affirme que l'église, dédiée à la Vierge, fut donnée par Arnoul Ier à l'abbaye en même temps qu'une partie du fisc de Snellegem (les moines lui cédant en contrepartie la moitié des revenus de l'église de ce domaine); une autre notice fait état de la restitution de l'église par Baudouin Baldzo en 965.

Diplomata belgica, éd. GYSSELING/KOCH, n° 60 (22 février 964); n° 63 (5 mai 966); Liber traditionum, éd. FAYEN, n° 66, 73 (donation d'Arnoul Ier) et n° 75, 79 (donation de Baudouin Baldzo).

6. Akkergem: église [Saint-Martin]

Heccringehem; *Ekkerengem*. – Tournai. – Aujourd'hui à Gand, prov. Fl. or., ch.-l. prov.

Le diplôme de Lothaire pour l'abbaye gantoise de Saint-Bavon, donné le 5 mai 966, confirme l'établissement dans la possession de l'église (*ecclesia*) d'Akkergem. Il faut sans doute l'identifier avec celle située *inter Marca et Ekkerengem*, dont la lettre de l'abbé Othelbold de Saint-Bavon à la comtesse Otgive (1019/1030) assure qu'elle a bien été restituée au monastère.

Recueil des actes de Lothaire, n° 26, 64; De brief van abt Othelbold aan gravin Otgiva, éd. VOET, 238.

7. Anchin: église [Saint-Sauveur]

Aquicinctinum. – Arras. – Dép. Nord, arr. Douai, cant. Marchiennes, c. Pecquencourt.

Installés dans une île de la Scarpe vers 1076, les deux chevaliers Sicher et Gautier – ainsi que leurs *familiae* – furent à l'origine de la communauté d'Anchin, véritablement fondée en 1079 et dédiée au Sauveur. S'appuyant sur des témoignages oraux (*antiquorum relationes*), l'histoire de la fondation du monastère, rédigée au plus tôt en 1173, évoque à l'emplacement de cette future abbaye bénédictine, une petite église (*ecclesiola*) construite par un ermite nommé Gordaine qui y fut inhumé (son corps fut ensuite transporté à Douai sur ordre de Sicher et le culte de ce saint est alors attesté dans quelques livres liturgiques). L'église, dont les murs s'étaient écroulés (*vetustissima maceriaque depulsa*), avait fini par attirer les sépultures des défunts des environs. On trouve aussi la mention de cette église primitive dans les deux chartes de fondation de l'établissement (*ecclesiam inibi volentes restaurare qua a sancto Gordanio in eodem loco heremiticam vitam ducente audierant quondam edificatam fuisse*, selon les mots de la charte courte). Comme les historiens placent traditionnellement l'existence de Gordaine aux VIIIe–IXe siècles, nous avons cru bon de consacrer une notice à son oratoire mais il faut admettre qu'en la matière rien n'est vraiment assuré.

Fundatio Aquicinctini, éd. WAITZ, 581; les deux chartes de fondation sont éditées dans GERZAGUET, L'abbaye d'Anchin, 293–300.

DELMAIRE, Le diocèse d'Arras 1, 199–200; DEREINE, Ermites, reclus et recluses, 291–295; GERZAGUET, L'abbaye d'Anchin, 33–37 et 53–54; Daniel MISONNE, Gordaine, Dictionnaire d'histoire et de géographie ecclésiastique 21 (1986), 733.

8. Annay-sous-Lens: église [Saint-Amé]

Aldnais in pago Scarbiu. – Arras. – Dép. P.-de-C., arr. Lens, cant. Lens nord-est.

Cette église (*ecclesia*) dépendait, ainsi que celles de Loison et de Vendin-le-Vieil, du fisc de Harnes qui appartenait aux moines de Saint-Pierre de Gand. En 972/977, Lothaire étendit à cet ensemble domanial l'immunité concédée à l'abbaye.

Recueil des actes de Lothaire, n° 40, 96.

DELMAIRE, Le diocèse d'Arras 2, 422.

9. Antoing: communauté de moniales puis de chanoines [Sainte-Marie]

Antonium. – Cambrai. – B., prov. Hainaut, arr. Tournai, c. fus.

Établissement royal en 870, la communauté féminine d'Antoing fut, d'après Folcuin, acquise par l'abbé de Lobbes (alors évêque de Liège), Francon (avant 885 † 901), ce dont témoigne son inscription dans la liste courte des biens de l'abbaye de 889. Ces femmes furent remplacées dans le courant du Xe siècle par une communauté de chanoines (*monasterium Anthonium dictum, tunc puellarum, nunc canonicorum*). Au Moyen Âge, Antoing comptait deux églises: la collégiale Notre-Dame puis l'église paroissiale Saint-Pierre à partir du milieu du XVe siècle.

Annales de Saint-Bertin, a° 870, éd. GRAT/VIEILLARD/CLÉMENCET, 174; Le polyptyque de l'abbaye Saint-Pierre de Lobbes, éd. DEVROEY, 36 (liste courte établie avant 889: *cella in Antonio cum appendicibus suis*); Folcuin, Gesta abbatum Lobbiensium, éd. PERTZ, c. 15, 61.

Monasticon belge 1 (1890), 310–311 [Ursmer BERLIÈRE]; NAZET, Crises et réformes dans les abbayes hainuyères, 465–466; ID., Antoing et Leuze, 11–12.

10. Anvaing: église [Saint-Amand]

Anvinio. – Cambrai.– B., prov. Hainaut, arr. Ath, c. fus. Frasnes-lez-Anvaing.

En 950/952, Liétarde, la mère du prévôt (et futur abbé) Leudric de Saint-Amand cède toute une série de biens situés à Anvaing, dont l'église (*ecclesia*), au monastère d'Elnone à condition que son fils en conserve l'usufruit. Comme le fait remarquer le chanoine Platelle, l'ascension de Leudric au pouvoir suprême «avait facilité l'heureux acheminement des générosités de la pieuse veuve». Mais l'inverse est peut-être tout aussi vrai.

Recherches sur le Hainaut ancien 1, éd. DUVIVIER, n. 22bis, 335.

PLATELLE, Le temporel de l'abbaye de Saint-Amand, 84, 112 et 114–115.

11. Anvers: église Saints-Pierre-et-Paul

Antwerpis; fl. Antwerpen. – Cambrai. – B., ch.-l. prov. Anvers.

La Vie d'Éloi évoque la prédication de l'évêque de Noyon/Tournai aux *Andoverpenses* entre 641 et 660. De son côté, la Vie d'Amand se contente de généralités concernant l'action du missionnaire le long de l'Escaut (seule est évoquée l'île de *Chanelaus*). L'action de ce dernier est néanmoins précisée par des traditions recueillies à l'abbaye d'Echternach: une notice de donation à Willibrord d'une église (*aecclesia*), construite par Amand dans le *castrum* d'Anvers et dédiée principalement aux saints Pierre et Paul, appartenant à un certain Rauchingus et son épouse Bebelina ainsi que tous les biens qui en dépendaient (20 octobre 726); une autre notice confirmant cette donation; et enfin la donation (plus suspecte) de cette même église par Willibrord au monastère d'Echternach dans son fameux testament (726).

La donation de Rauchingus précise qu'un certain abbé Firmin de *Quortolodora* recevra, en échange de l'église qui lui est enlevée, le *locellum* de *Tumme*. Cette communauté a été identifiée avec la communauté Saint-Frédégand de Deurne mentionnée dans la Vie de saint Gommaire. Incendiée en 836 par les Normands, la *civitas* Anvers (c'est le terme employé par l'annaliste de Fulda) est présentée comme un *vicus* au tournant des IXe–Xe siècles. Son histoire est mal documentée jusqu'en 980 (ou un peu avant), quand Otton II y établit une fortification semi-circulaire le long de l'Escaut.

Chronicon Epternacense, éd. WEILAND, 63–64; Geschichte der Grundherrschaft Echternach, éd. WAMPACH, n° 1*, 15–16 (*deperditum* de la donation effectuée dès 692/693), n° 34, 78–80, n° 38, 80–81, n° 39, 83–97 (donation de Rochingus et testament de Willibrord); Vita Amandi prima, éd. KRUSCH; Vita Amandi altera, éd. HENSKEN; Vita Eligii, éd. KRUSCH, l. II, c. 2, 696, c. 8, 700; Annales Fuldenses, a° 836, éd. KURZE, 27.

FRITZE, Universalis gentium confessio, 99–102; OOST/VAN UYTVEN, Een historisch-archeologisch overzicht; VERHULST, The origins and early history of Antwerp; VERSLYPE, Le paysage rural et urbain des bassins de l'Escaut et de la basse et moyenne Meuse 2, 129–131.

12. Anzegem: église [Jean-Baptiste]

Ansoldingehem; *Ansoldengim*. – Tournai. – B., prov. Fl. occ., arr. et cant. Courtrai.

D'après une notice du *Liber traditionum* de Saint-Pierre de Gand datée du 2 octobre 983, les moines de l'abbaye auraient reçu d'un certain Rodgerus le domaine d'Anzegem, son église (*ecclesia*) et toutes ses dépendances.

Liber traditionum, éd. FAYEN, n° 92, 90–91; Diplomata Belgica, éd. GYSSELING/KOCH, n° 58, 152 (faux forgé vers 1035).

13. Arques: église Saint-Martin [Saint-Martin]

Arecas. – Thérouanne. - Dép. P.-de-C., arr. Saint-Omer, cant. Saint-Omer sud.

Sur le domaine d'Arques, l'abbé Odland († avant 805) fit édifier une église (*basilica*) dédiée à saint Martin et veilla à ce qu'elle fût desservie tous les jours par cinq moines de Saint-Bertin et cinq moines de Saint-Omer; à ce sujet, Folcuin assure se reposer sur les témoignages de descendants de tenanciers (*uti hi testantur quorum progenitores et avorum avi in suprascribta villa fuerant mansionarii*). L'abbé conçut également à cet endroit un ingénieux moulin sur l'Aa. À partir du Xe siècle, les moines de Sithu prétendirent que le domaine d'Arques avait été donné à l'abbé Bertin par le comte Walbert.

Folcuin, Gesta abbatum Sithiensium, éd. HOLDER-EGGER, c. 38, 613.
GANSHOF, Saint-Bertin et les origines du comté de Guines; LOHRMANN, Le moulin à eau, 389–390.

14. Arras/cité

Nemetacum; *Atrapatum*; *civitas Atrebatensis*. — Arras. — Dép. P.-de-C., pr.

Pour une question de commodité, nous avons consacré deux notices distinctes à l'ancienne cité romaine de *Nemetacum* et au monastère de Saint-Vaast, appelé aussi *Nobiliacus* à partir du début du IXe siècle. Comme on le sait, c'est un peu au détriment du centre urbain antique que l'abbaye attira dès avant 866 un *vicus* marchand autour duquel se développa la ville médiévale.

Orientation bibliographique: BRÜHL, Palatium und civitas 1, 91–99, VERSLYPE, Le paysage rural et urbain des bassins de l'Escaut et de la basse et moyenne Meuse 2, 94–99 (époque mérovingienne); Roger RODIÈRE, Arras, Dictionnaire d'histoire et de géographie ecclésiastique 4 (1930), 688–706, VERCAUTEREN, Étude sur les civitates de la Belgique seconde, 181–204; Histoire d'Arras, dir. BOUGARD/HILAIRE/NOLIBOS, 28–39.

14a. Église puis cathédrale Sainte-Marie

Jonas de Bobbio évoque, sans en indiquer le vocable, une église en ruine (*ecclesia inculta ac neglegentia civium paganorum praetermissa, veprium densitatem oppleta, stercorum ac bestiarum habitaculum polluta*) occupée par un ours, restaurée par Vaast pendant son épiscopat et dans laquelle ce dernier aurait été inhumé (540?). La cérémonie des funérailles aurait été organisée par l'archiprêtre Scupilio que l'évêque avait lui-même formé. Des fouilles récentes sur le site de la cathédrale gothique ont mis en évidence un petit édifice occupé du bas Empire au VIIIe siècle, strictement aligné sur les constructions postérieures. Cette continuité topographique invite, avec prudence, à postuler une identité de fonction et à y reconnaître un sanctuaire chrétien du très haut Moyen Âge. Au milieu du IXe siècle, les Miracles de saint Vaast rédigés par le moine Ulmar, ainsi que l'interpolation introduite dans la Vie de Vaast par Alcuin, évoquent l'église de la cité et sa dédicace à la Vierge. L'édifice est à nouveau mentionné dans la documentation en 883 (*aecclesia Dei genitricis in Atrebatis civitate*) lors de son incendie par les Normands. En 1024/1025, l'auteur des *Gesta episcoporum Cameracensium* prétend que le chapitre (*monasterium Sanctae Mariae*) de quarante chanoines est installé sur le site de l'ancienne cathédrale dont Vaast avait consacré l'autel à la Vierge. L'auteur insère un faux privilège de Vindicien en faveur de cette communauté, forgé quelques années auparavant sur le modèle de ceux de Saint-Vaast.

Jonas, Vita Vedasti, éd. Krusch, c. 6, 409–410; ibid., c. 9, 413; Ulmar, Libellus de virtutibus Vedasti, éd. Holder-Egger, c. 1, 399; Alcuin, Vita Vedasti (interpolation C: BHL 8508), éd. Krusch, 425–426; Annales Vedastini, a° 883, éd. von Simson, 53; Gesta episcoporum Cameracensium, éd. Bethmann, l. I, c. 20, 409 (récit de la translation de Vaast tiré de la Vita Autberti, l. III, c. 19–27); ibid. l. I, c. 206, 410–412 (privilège du pape Jean établi à la demande de Vindicien pour Sainte-Marie; cf. Fournier, Sur quelques-uns des plus anciens documents de l'histoire d'Arras, 211–212); ibid. l. II, c. 13, 459.

Delmaire, Le diocèse d'Arras 1, 193; ibid. 2, 425–426; Kéry, Die Errichtung des Bistums Arras, 255–273; Carte archéologique de la Gaule 62–2, 129–130; Alain Jacques, Arras, in: Palais médiévaux, dir. Renoux, 128–129; Leman, Topographie chrétienne d'Arras.

14b. Oratoire en planche

D'après Jonas, saint Vaast n'aurait pas souhaité être inhumé à l'intérieur de la cité mais dans un petit oratoire en planche situé sur la rive du Crinchon (*in oraturio, quem ipse vivens de ligneis tabulis super litus Criencio fluviolo aedificaverat*) et qui, pour d'obscures raisons, n'était pas prêt à recevoir sa dépouille. Le défunt fut alors quand même transporté dans l'église de la cité.

Jonas, Vita Vedasti, éd. Krusch, c. 9, 412.

Bonnet, Les églises en bois; Leman, Topographie chrétienne d'Arras, 176.

14c. Église Saint-Aubert

Au début du XIe siècle, on prétendait à Cambrai que la translation des reliques de saint Vaast de la cité vers le site du futur monastère, présidée par les évêques Omer de Thérouanne et Aubert de Cambrai, avait été marquée par un miracle: l'évêque Omer, aveugle, retrouva un instant la vue. À cet endroit, une église dédiée plus tard à saint Aubert fut construite. On ne sait que penser de cette tradition qui entend expliquer le vocable de l'une des églises paroissiales d'Arras au Moyen Âge. L'interpolateur de la Vie de Vaast par Alcuin qui, pour la première fois (au milieu du IXe siècle?), introduit le récit de cette translation, ne dit rien de cette église. On observe le même silence dans le *Chronicon Vedastinum*.

Alcuin, Vita Vedasti (interpolation C: BHL 8508), éd. Krusch, 425–426; Gesta episcoporum Cameracensium, éd. Bethmann, l. I, c. 20, 409 (récit de la translation de Vaast par Aubert, tiré de Vita Autberti, l. III, c. 19–27).

Delmaire, Le diocèse d'Arras 1, 427.

15. Arras/Saint-Vaast

Nobiliacus à partir de l'époque carolingienne.

L'histoire des origines de Saint-Vaast est sans doute l'une des plus complexes qui soit. La Vie du premier évêque d'Arras (vers 640) ne fournit aucune indication sur les circonstances qui ont amené sa rédaction et sur l'éventuelle communauté qui aurait déjà été réunie autour de ses reliques. Les quelques textes hagiographiques dont on dispose pour le IXe siècle peuvent apporter quelques éclaircissements, malheureusement obscurcis par une série d'interpolations. Pour le reste, la documentation sur les origines ne remonte pas en deçà du tournant des Xe–XIe siècles. Ceci s'explique en partie par de nombreuses destructions (et notamment l'incendie des archives en 886). Dans un contexte de rivalité tendue entre les évêques de Cambrai – Rotard († 995), Erluin († 1012) puis Gérard Ier – et l'abbé Fulrad, plusieurs privilèges furent falsifiés, dont on distingue mal s'ils s'inspirèrent (au moins en partie) d'actes sincères, aujourd'hui perdus. Enfin, les sources narratives du XIe siècle (surtout le *Chronicon Vedastinum*) demandent à être lues avec prudence. Dans le cadre de cette notice, on cherchera avant tout à présenter rapidement quelques certitudes concernant la prestigieuse abbaye et ses sanctuaires.

Si l'évêque Aubert est peut-être intervenu pour développer le culte de Vaast (en procédant à la translation de ses reliques), c'est en fait son successeur Vindicien qui rassembla une communauté monastique, placée sous les règles de Basile, Colomban et Benoît comme l'affirme un faux privilège épiscopal. Selon le *Chronicon Vedastinum*, Vindicien aurait fait passer l'établissement sous la protection du roi Thierry III dont on prétendit ensuite qu'il avait été inhumé dans le monastère. L'abbatiat d'un certain Hatta est bien attesté, soit entre 679 et 700, soit entre 682 et 703. La succession des abbés signale ensuite le rôle important du maire du palais, du roi, puis de l'empereur dans leur nomination. De 790 à 808, s'illustre particulièrement l'abbé Radon, chancelier de Charlemagne et correspondant d'Alcuin. En 866, la communauté était tenue à ne pas dépasser le nombre de cent-douze moines.

L'insécurité entretenue par les Normands est ensuite particulièrement bien documentée par les annales rédigées sur place. Avant 890, l'abbaye est fortifiée. Au Xe siècle, elle est un enjeu de pouvoir entre les princes et tombe finalement dans la main du comte de Flandre.

On se reportera à la présentation du dossier hagiographique de saint Vaast. — Die Urkunden der Merowinger 1, n° 114, 292–295 (faux de Thierry III du XIIe); Annales de Saint-Bertin, éd. Grat/Vieillard/Clémencet, 128 (Charles reçoit Saint-Vaast de Lothaire en 866), 132 (distribution de l'abbatiat), 137 (séjour de Charles en 867), 195 (séjour à Noël 874); Gesta abbatum Fontanellensium, éd. Pradié, c. VII, § 1, 90 (Guy, abbé de Saint-Vaast 738 † 742/745); c. XIII, § 7, 181 (testament d'Anségise); Recueil des actes de Charles le Chauve 2, n° 304, 170–177; ibid., n° 324, 213–214; Recueil des actes d'Eudes, n° 20, 85–98; Annales Vedastini, éd. von Simson, passim; Gesta episcoporum Cameracensium, éd. Bethmann, l. I, c. 20, 409 (récit de la translation de Vaast par Aubert, tiré de la Vita Autberti, l. III, c. 19–27); ibid., l. II, c. 14–15, 459 (Saint-Vaast et ses sanctuaires); Chronicon Vedastinum, éd. Waitz, 696–699 (fondation de Saint-Vaast; faux privilège de Vindicien dans une version différente de celle copiée par Guimann); Cartulaire de l'abbaye de Saint-Vaast, éd. van Drival, 18–22 (faux privilège de Vindicien); 22–25 (faux privilège d'Étienne II); 26–31 (privilège d'Hincmar); 35–38 (privilège de Jean VIII).

Delmaire, Le diocèse d'Arras 1, 197; Enluminures arrageoises; Kéry, Die Errichtung des Bistums Arras, 264–274; Krüger, Königsgrabkirchen, 194–205; Lemarignier, L'exemption monastique, 332–340 (sur l'abbatiat de Fulrad et les falsifications); Ugé, Politics of Narrative Production 2, 258–298.

Enfin, une source exceptionnelle pour l'histoire du monastère est la liste des inscriptions métriques composées par Alcuin à la demande de l'abbé Radon en l'honneur des saints auxquels étaient dédiés différents autels. L'abbatiale avait en effet été détruite en 793 par un incendie, ce qui avait exigé d'importants travaux de réfection. Certaines attributions au monastère de Saint-Vaast restant incertaines. Nous suivrons donc avec prudence la liste des *carmina* donnée par Jean Lestocquoy à partir du témoin suivant: Arras, Bibl. mun., ms 693 (Lestocquoy, Notes pour servir à l'histoire de l'art en Artois; id., Les saints et les églises de l'abbaye de Saint-Vaast). Ce dernier ne recoupe que partiellement les autres manuscrits (présentation de l'ensemble de la tradition manuscrite dans: Clavis des auteurs latins du Moyen Âge 2, dir. Jullien/Perelman, 365 et 393–409).

15a. Saint-Vaast.

15 autels: Saint-Vaast; Saint-Martin; Saint-Denis (*et socii*); Saint-Remi et Saint-Ouen; Saint-Lambert et Saint-Riquier; Saint-Grégoire et Saint-Jérôme; Saint-Benoît et Sainte-Scholastique; Saint-Côme et Saint-Damien; des saintes vierges (Cécile, Agathe, Agnès, Lucie); Sainte-Croix; Saint-Crépin et Saint-Crépinien; Sainte-Marie et Saint-Clément; Saint-Jean et Saint-Matthieu; Saint-Piat et Saint-Georges; Saint-Laurent, Saint-Jean et Saint-Paul.

15b. Saint-Pierre.

12 autels: Saint-Pierre; Saint-Paul; Saint-André; Sainte-Aldegonde; Saint-Jean-Baptiste; Saint-Germain; Saint-Amand; Saint-Quentin; Saint-Michel (parfois réuni au précédent); Saint-Géry et Saint-Éloi (dans Arras, Bibl. mun., ms 693); Saint-Aubert et Saint-Omer (*idem*); Sainte-Geneviève.

Les *Gesta episcoporum Cameracensium* rapportent qu'Hadulphe, évêque de Cambrai et abbé de Saint-Vaast († 728 ?) fut inhumé dans l'église Saint-Pierre du monastère (*aecclesia sancti Petri apostoli, quae intra muros castelli Atrebatensis est iuxta monasterium sancti Vedasti*). En 1024/1025, elle est occupée par des chanoines (*basilica canonicorum*), comme Sainte-Marie. Seuls douze chanoines desservant Saint-Pierre, *ex antiquiorum institutione*, sont mentionnés par Guimann en 1170.

Gesta episcoporum Cameracensium, éd. Bethmann, l. I, c. 35, 415; ibid., c. l. II, c. 15, 459; Chronicon Vedastinum, éd. Waitz, 701; Cartulaire de l'abbaye de Saint-Vaast, éd. van Drival, 142.

Delmaire, Le diocèse d'Arras 1, 197; ibid. 2, 426; Meijns, Aken of Jeruzalem? 2, 234–236.

15c. Église Sainte-Marie

4 autels: Sainte-Marie; Saint-Martin; Saint-Jean-Baptiste; Saint-Aignan.

L'attribution des *carmina* d'Alcuin à Sainte-Marie ne fait pas l'unanimité. Néanmoins, une église dédiée à la Vierge (*ecclesia in eodem monasterio sita*) est bien mentionnée dans le diplôme d'Eudes de 890. En 1024/1025, elle est occupée par des chanoines (*basilica canonicorum*), au même titre que Saint-Pierre.

Recueil des actes d'Eudes, n° 20, 96; Gesta episcoporum Cameracensium, éd. Bethmann, l. I, c. 35, 415; ibid., l. II, c. 15, 459.

Delmaire, Le diocèse d'Arras 1, 197; Meijns, Aken of Jeruzalem? 2, 234–236.

15d. Église Saint-Maurice?

3 autels: Saint-Maurice; Saint-Jean-Baptiste; Saint-Martin.

L'attribution de ces *carmina* d'Alcuin à une église d'Arras ne fait pas l'unanimité.

15e. Église Saint-Médard?

3 autels: Saint-Médard; Saint-Quentin et Saint-Denis; Saint-Saulve et Saint-Amand.

L'attribution de ces *carmina* d'Alcuin à une église d'Arras ne fait pas l'unanimité.

15f. Église Saint-Étienne?

Autel Saint-Étienne.

L'attribution de ces *carmina* d'Alcuin à une église d'Arras ne fait pas l'unanimité.

16. Asper: église [Saint-Martin]

Haspera. – Tournai – B., prov. Fl. or., arr. Gand, c. fus. Gavere.

La possession d'un quart des revenus de l'église (*ecclesia*) d'Asper est confirmée aux moines de Saint-Bavon de Gand par le roi Lothaire le 5 mai 966.

Recueil des actes de Lothaire, n° 26, 65.

17. Aubigny-en-Artois

Albiniacus. – Arras. – Dép. P.-de-C., arr. Arras, ch.-l. cant.

17a. Églises Saint-Sulpice et Saint-Brice

De retour de Rome qu'il fuyait parce que les habitants le réclamaient comme pape, l'Irlandais Kilien (*Cillianus*) aurait reçu d'un comte nommé Eulfus le domaine d'*Albiniacus* (et tous les *servi* qui y étaient attachés) où se trouvait une église (*oratorium*) dédiée à saint Sulpice. Les deux hommes vécurent là quelques années. À sa mort, le comte fut inhumé dans l'église. Après une rencontre avec saint Vaast (?), Kilien fit édifier une nouvelle église (*templum*) dédiée à saint Brice, située à côté de la précédente, au centre de laquelle il fut à son tour enterré. Son culte y était alors célébré, précise l'auteur, ce qui indique sans doute l'existence d'une petite communauté lorsque le texte fut mis par écrit, sans doute dans la deuxième moitié du IXe siècle.

Vita Killiani, c. 8–9, éd. Poncelet, 442–443.

17b. Chapitre Saint-Kilien

En 1025/1040, il existait à Aubigny une communauté de chanoines (*monasterium canonicorum*) dont le saint patron était l'Irlandais Kilien. L'établissement fut rattaché avant les années 1140 à l'abbaye du Mont-Saint-Éloi.

Gesta episcoporum Cameracensium, l. II, c. 17, éd. Bethmann, 459.

Delmaire, Le diocèse d'Arras 1, 197; ibid. 2, 433 et 582; Meijns, Aken of Jeruzalem? 1, 108–111; ibid. 2, 878–882; ead., Des basiliques rurales, 318–320.

18. Auchy-lès-Hesdin

Alciacum. – Thérouanne. – Dép. P.-de-C., arr. Arras, cant. Le Parcq.

18a. Deux églises domaniales

Originaire de Toulouse, Silvin se serait installé dans la région de Thérouanne au début du VIIIe siècle avant de partir en pèlerinage en Terre sainte. À son retour, il aurait édifié deux églises dans ses domaines (*in sua proprietatis jure:* mais on ne voit pas de quelle manière il aurait pu les acquérir) dont la localisation reste très problématique. Des traditions orales recueillies au XVIIe siècle les identifiaient avec des lieux-dits situés non loin d'Auchy, Maunice (*in loco nuncupato Mundini Cisterna*) et Saint-Remy Campaigne (*in loco nuncupato Remicensi Campania*) dont il n'est plus question aujourd'hui. Il mena là une existence ascétique, quarante années durant, avec, semble-t-il, quelques disciples, qui furent présents à ses côtés le jour de sa mort (*sui, qui praesentes aderant*).

Vita Silvini, éd. BOLLAND, c. 12, 31.

18b. Monastère Sainte-Marie (Saint-Silvin)

Si l'on suit la Vie, c'est vers 760 que mourut Silvin. Des prêtres, des clercs et de saintes femmes (*sanctae mulieres Deo sacratae*) célébrèrent alors ses funérailles en compagnie de moines venus de Centule/Saint-Riquier et l'inhumèrent dans le monastère (*coenobium*) d'Auchy en présence de ses fondateurs, un certain Adalsquarus et son épouse Aneglia. Ces derniers étaient en effet à l'origine d'une église (*basilica*) autour de laquelle ils avaient rassemblé une communauté (*coenobium*) en l'honneur de la Vierge et qu'avait rejointe leur fille Siccidis. Ceci se serait passé avant l'arrivée de Silvin (ce qui rend suspectes les quarante années passées par l'ermite à Auchy). Siccidis fit construire un tombeau splendide et y déposa la crosse de Silvin (les martyrologes et la Vie lui donnent en effet le titre d'évêque). Quelques miracles sont ensuite évoqués. L'existence d'une communauté (féminine?) n'est pas autrement documentée et seules quelques informations concernant les reliques du saint ont été conservées.

Au XIIe siècle, la chronique de Bèze se fait l'écho du refuge trouvé par les reliques de Silvin — et celle d'Anglia, *ejus familiarissima* — à Dijon lors des incursions normandes, avant de gagner le monastère Saint-Prudent en 921. L'exil de toute la communauté d'Auchy est néanmoins peu probable et les reliques en question sont peut-être tout simplement des fragments rapportés par cette *quaedam foemina caeca, Bergundisensibus orta finibus* guérie à Auchy aux dires de la Vie de Silvin. Des reliques du saint sont par ailleurs mentionnées dans le trésor des moines de Fontenelle dont la description est insérée dans le récit de la translation des saints Wandrille et Ansbert à Saint-Pierre de Gand en 944; ce qui pourrait s'expliquer par l'installation de cette communauté dans ses domaines du Ternois et du Boulonnais dans la deuxième moitié du IXe siècle. Folcuin évoque enfin le vol des reliques de Silvin *a monasterio proprio* au profit de Saint-Bertin sur l'ordre du comte Arnoul le 15 février 951. Le chroniqueur ne précise pas davantage d'où viennent les reliques. En imaginant logiquement qu'elles ont été dérobées à Auchy, on ne peut savoir quel type de communauté pouvait être rassemblé sur place à cette date.

Au XIVe siècle, Jean le Long rapporte plus longuement les circonstances de l'arrivée des reliques à Saint-Bertin mais se contente d'évoquer vaguement le dépit des *Alchiacenses*. Il faut en fait attendre 1072, pour voir l'établissement à nouveau mentionné dans la documentation, comme communauté monastique masculine, restaurée par le comte Enguerrand d'Hesdin en étroite relation avec la communauté bertinienne. Les moines d'Auchy furent alors dans l'obligation de choisir leur abbé parmi les moines de Saint-Bertin. Ces derniers ne se séparèrent pas pour autant des reliques de Silvin.

Vita Silvini, éd. BOLLAND, c. 19–24, 32; Chronicon Besuense, éd. PL 162, 888–891; Acta Prudentii, éd. DE BUE, c. III, § 38–43, 361–362; Sermo de adventu, éd. HUYGHEBAERT, c. 31A, 35; Folcuin, Gesta abbatum Sithiensium, éd. HOLDER-EGGER, c. 19 et 108, 611 et 630; Jean le Long, Chronica, éd. HOLDER-EGGER, c. 26, 774–775.

CARDEVACQUE, Histoire de l'abbaye d'Auchy-les-Moines, 15–43; HÉLIOT/RODIÈRE, L'église abbatiale d'Auchy-les-Moines.

19. Audinghem

Villa Otidigem. – Thérouanne. – Dép. P.-de-C., arr. Boulogne-sur-Mer, cant. Marquise.

Au milieu du Xe siècle, les reliques des saints Bertulphe et Gudwald furent cachées à Audinghem (dans l'église [Saint-Pierre]?) pour être vendues en Angleterre.

Vita Bertulfi, éd. MABILLON, c. 27, 55.

20. Audrehem: église [Saint-Médard]

Aldomhem. – Diocèse de Thérouanne. – Dép. P.-de-C., arr. Saint-Omer, cant. Ardres.

À Audrehem, les moines de Saint-Bertin possédaient la moitié des revenus de l'église (*ecclesia dimidia*) en 844/859.

Le polyptyque de l'abbaye de Saint-Bertin, éd. GANSHOF, 21 et 99.

21. Baaigem: église [Saint-Bavon]

Badengem. – Cambrai. – B., prov. Fl. or., arr. Gand, c. fus. Gavere.

L'église (*ecclesia*) de Baaigem avait été usurpée par des *satellites* du comte de Flandre Arnoul Ier. Elle était revendiquée par l'abbé Othelbold de Saint-Bavon dans la lettre qu'il adressa à la comtesse Otgive en 1019/1030.

De brief van abt Othelbold aan gravin Otgiva, éd. VOET, 236.

22. Baralle: chapitre (?) puis église Saint-Georges [Saint-Georges]

Barala. – Cambrai. – Dép. P.-de-C., arr. Arras, cant. Marquion.

En 1024/1025, existait à Baralle une petite église (*aecclesiola*) desservie par un prêtre (*sacerdos*). Mais l'on conservait le souvenir d'un chapitre (*monasterium canonicae congregationis*) fondé au temps de Clovis et consacré par l'évêque Vaast en l'honneur de saint Georges dont la communauté aurait acquis le bras. Selon la même source, le sanctuaire était particulièrement prospère car des vestiges importants (*columnae marmoreae et antiqua pulchra aedificia*) subsistaient au début du XIe siècle. Sans doute convient-il de les rapprocher des découvertes récentes de matériel gallo-romain et d'éléments de réemploi sous l'église.

Sous l'épiscopat de Dodilon († 901/911), les chanoines se réfugièrent à Cambrai en raison des raids normands et furent accueillis dans la cathédrale. Comme ils insistaient pour regagner Baralle malgré les avertissements répétés de l'évêque, ce dernier les laissa partir en conservant néanmoins la précieuse relique. À peine sortis de la ville, les chanoines furent tous massacrés et la communauté ne fut ensuite jamais restaurée.

Gesta episcoporum Cameracensium, éd. BETHMANN, l. II, c. 11, 458–459.

Carte archéologique de la Gaule 62–2, 409–411; D'HAENENS, Les invasions normandes en Belgique, 232–234 (l'auteur des *Gesta* chercherait en fait à justifier la présence de la relique dans le trésor de la cathédrale); MEIJNS, Aken of Jeruzalem? 1, 120–123; EAD., Des basiliques rurales, 328–331.

23. Bavay: église [Sainte-Marie]

Bavaca. – Cambrai. – Dép. Nord, arr. Avesnes-sur-Helpe, ch.-l. cant.

Qualifiée de *civitatula* et de *castellum* dans les différentes versions de la Translation de saint Liboire (les reliques du saint furent transportées du Mans vers Paderborn en 836), Bavay possédait une église (*basilica*) au IXe siècle où une femme fut guérie par l'intervention du saint. Elle suivit ensuite le convoi jusqu'à Paderborn.

RÖCKELEIN, Reliquientranslationen nach Sachsen, 37 et 301–302.

24. Bayenghem-lès-Éperlecques (?): Église [Saint-Wandrille]

Beinga. – Thérouanne. – Dép. P.-de-C., arr. Saint-Omer, cant. Ardres.

À Bayenghem, les moines de Sithiu possédaient une église (*ecclesia*) en 844/859.

Le polyptyque de l'abbaye de Saint-Bertin, éd. GANSHOF, 16 et 62–63.

25. Bergues: communauté canoniale (Saint-Martin et Saint-Winnoc)

Bergas; *burgus Bergensis* (1067). – Thérouanne. – Dép. Nord, arr. Dunkerque, ch.-l. cant.

D'après les versions successives des Miracles de Winnoc, le corps de ce saint (et toute la communauté qui était rassemblée à Wormhout?) gagna Sithiu – précisément l'église Saint-Omer des chanoines – sous le règne de Charles le Chauve († 877) devant la menace normande. Le *princeps prefati pagi* fit édifier une forteresse (*civitas ad munitionem et tuitionem populi*) à Bergues ainsi qu'une église (*ecclesia*) dédiée aux saints Martin et Winnoc et procéda à la translation des reliques de Winnoc le 30 décembre 899. Cette date permet d'identifier le prince en question avec Baudouin II (879 † 918), comte de Flandre. Tout ceci aurait été confirmé par un privilège royal obtenu sans doute de Charles le Simple. Aux dires d'un acte de Baudouin V donné en 1067, des chanoines furent alors installés à Bergues.

En 944, les reliques des saints Wandrille et Ansbert, alors en route vers le Mont-Blandin à Gand, furent déposées dans l'église Saint-Winnoc de Bergues (rien de plus n'est alors précisé). Enfin, c'est toujours par le diplôme de Baudouin V que l'on connaît la construction d'une nouvelle église *in superiori parte Bergensis burgi* et les circonstances pénibles du remplacement des chanoines de Bergues par des moines de Saint-Bertin en 1022.

Miracula Winnoci, éd. LEVISON, c. 5–11, 782–786 (rédigés après 1022); Vita Winnoci secunda, éd. MABILLON, c. 2, 304 (imagine un premier établissement des Bretons au VIIe siècle sur le *Mons Sancti Winnoci*, c'est-à-dire Bergues, avant l'installation à Wormhout); Sermo de adventu, éd. HUYGHEBAERT, c. 39, 43–44; Chronique et cartulaire de l'abbaye de Bergues-Saint-Winnoc, éd. PRUVOST, n° 57, 57–63 (acte de Baudouin V du 27/30 mai 1067).

HUYGHEBAERT, Le cas de Mirolfe; ID. De abdij te Sint-Winoksbergen (avec bibliographie complémentaire); MEIJNS, Aken of Jeruzalem? 1, 326–332; VAN WERVEKE, A-t-il existé des fortifications à Saint-Omer?, 1070–1071.

26. Bettegem (?): église [?]

Bettingem in pago Flandrense. – Cambrai. – Hameau de Zellik: B., prov. Brabant, arr. Hal-Vilvorde, c. fus. Asse.

L'église (*ecclesia*) de Bettegem avait été usurpée dans le courant du Xe siècle par des *satellites* du comte de Flandre Arnoul Ier; elle était revendiquée par l'abbé Othelbold de Saint-Bavon dans la lettre qu'il adressa à la comtesse Otgive en 1019/1030.

De brief van abt Othelbold aan gravin Otgiva, éd. VOET, 236.

27. Beugin: chapitre Saint-Remi

Vicus belgicus. – Arras. – Dép. P.-de-C., arr. Béthune, cant. Houdain.

En 1024/1025, était établie à Beugin une communauté de chanoines (*monasterium canonicorum*) dédiée à saint Remi. Néanmoins ce n'est que plus tard, en 1142, que l'église de Beugin fut cédée à Saint-Remi de Reims qui établit alors un prieuré à Houdain.

Gesta episcoporum Cameracensium, éd. BETHMANN, l. II, c. 24, 460.

DELMAIRE, Le diocèse d'Arras 1, 460; ibid. 2, 447 et 580; MEIJNS, Aken of Jeruzalem? 1, 123–125; EAD., Des basiliques rurales, 331–332.

28. Beveren: église [Saint-Pierre en 1690/1728]

Beuerna in pago Curtracinse super fluuium Legia, et alia Beuerna cum aecclesia. – Tournai. – B., prov. Fl. occ., arr. Courtrai, c. fus. Waregem.

L'étude des forgeries gantoises permet d'établir que l'église de Beveren, au même titre que celle d'Outrijve, a été acquise par les moines du Mont-Blandin de Gand entre 964 et 981. La mention de la donation de l'église par Baudouin Baldzo le 29 octobre 965, insérée dans le *Liber traditionum*, est bien recevable.

Diplomata belgica, éd. GYSSELING/KOCH, n° 63, 162; Liber traditionum, éd. FAYEN, n° 75, 79.

Voir les références rassemblées pour l'église d'Outrijve.

29. Beveren: église [Saint-Omer]

Bebrana. – Thérouanne. – B., prov. Fl. occ., arr. Furnes, c. fus. Stavele.

En octobre 806, un contrat de vente (ou de donation?) entre l'abbé Nanthaire et un certain Erlharius signale à Beveren l'existence d'une *cella* dépendant de Sithiu, que dessert alors un certain Ebrogerus, *prepositus*. Il n'est pas fait mention de la présence d'une petite communauté.

Diplomata belgica, éd. GYSSELING/KOCH, n° 22, 42.

CARNIER, Parochies en bidplaasten in het bisdom Terwaan, 23–24.

30. Blandain: église Saint-Pierre [Saint-Éleuthère]

Blandinium. – Tournai. – B., prov. Hainaut, arr. Tournai, c. fus. Tournai.

La Vie d'Éleuthère rapporte que l'église de Blandain aurait été édifiée par les chrétiens de Tournai chassés de la cité par le «tribun de l'Escaut» après le martyre de Piat (à la fin du IIIe siècle?). Elle aurait été consacrée par l'évêque Théodore en l'honneur de saint Pierre. Son successeur Éleuthère y aurait ensuite fait inhumer ses propres parents ainsi que Blanda, la fille du tribun qu'il avait convertie (et qui aurait ensuite donné son nom à la localité: *a qua Blandinium nuncupatum est* !). Lui-même y aurait été enterré même si la Vie rapporte le souhait manifesté par l'évêque Médard de Noyon (!) de célébrer ses funérailles dans la cathédrale. Le texte développe ensuite abondamment le récit de l'invention des reliques, retrouvées à la droite de l'autel, comme en avait été miraculeusement avertie une femme nommée Thecla. La cérémonie aurait été présidée par l'évêque Heidilon († après 902) un 18 septembre.

Comme nous avons essayé de le montrer au chapitre IX, ces informations ont été imaginées au début du XIIe siècle pour accompagner le développement du culte de saint Éleuthère. On ne possède donc aucune attestation de l'existence de l'église de Blandain pendant le haut Moyen Âge.

Vita Eleutherii, éd. HENSKEN, c. 3–4, 190–191; ibid., c. 12–14, 192; ibid., c. 33–37, 196.

31. Blangy-sur-Ternoise

Blangiacum. – Thérouanne. – Dép. P.-de-C., arr. Arras, cant. Le Parcq.

Les informations fournies par la Vie de Berthe sont d'autant plus douteuses qu'elles semblent avoir été compilées à l'occasion de la restauration (à moins qu'il ne s'agisse en fait de la fondation) de l'abbaye au début du XIe siècle en introduisant volontiers des données sans aucun rapport avec les traditions locales. La présentation qui suit demande donc à être lue avec beaucoup de prudence.

À la mort de son époux Sigefrid, cousin de Clovis II, inhumé dans l'église (*juxta ecclesiam*) du domaine de Blangy, Berthe se voua secrètement à Dieu avant de faire édifier au vu et au su de tous un véritable monastère (*monasterium*) consacré par une phalange d'évêques prestigieux en l'honneur de la Vierge un 9 janvier, la douzième année du règne de Thierry III (donc 684 et non 682) . Une communauté féminine (*congregatio sanctimonialium*) fut réunie autour de Berthe et de deux de ses filles. Après plusieurs démêlés avec le roi au sujet du mariage de son aînée (Geretrudis), Berthe fit édifier un cloître (*claustra*), une église hors de celui-ci (*ecclesia extra portam*) dédiée à saint Omer pour les religieux qui célébraient l'office ainsi que deux autres, dédiées respectivement aux saints Martin et Vaast. Sur les possessions du monastère, ce ne sont pas moins de sept églises qui furent consacrées en l'honneur de l'évêque de Tours. À Blangy même, Berthe céda le gouvernement de la communauté à sa fille cadette (Deotila) et vécut en recluse dans une cellule édifiée sur le côté droit de la basilique que fréquentaient les soixante moniales et où elle fut inhumée.

Les quelques miracles rapportés ensuite signalent l'existence d'une communauté à Blangy puisque les reliques des saints Wandrille et Ansbert y auraient été déposées vingt années durant – que les meilleurs historiens (Ferdinand Lot, Hans Van Werveke) ont volontiers placé entre 868 et 885 – sous l'abbatiat d'une certaine Hersende (dont le nom, curieusement, est le même que celui de cette femme gratifiée d'une vision au début du XIe siècle afin de préparer la restauration de la communauté). Suit alors le récit de la fuite de la communauté jusqu'à Erstein et de l'accueil qu'elle reçut de la part de l'abbesse Rotrude, fille de Lothaire Ier.

Vita Bertae, éd. Du Sollier, c. 6–9, 50–51; ibid., c. 10–14, 51–52; ibid., c. 19–20, 53; Miracula Bertae, éd. Du Sollier, c. 3–9, 54–56.

32. Bloville: église

Bladulfi villa. – Amiens. — Dép. P.-de-C., arr. Montreuil, cant Campagne-lès-Hesdin, c. Boisjean.

Bloville était situé dans le diocèse d'Amiens; il est néanmoins difficile de l'exclure d'une étude qui envisage la topographie religieuse de la vallée de la Canche et les environs du port de Quentovic. En 853/854, les moines de Fontenelle se virent confirmer par Charles le Chauve la possession de Bloville et de ses dépendances, dont plusieurs manses à Quentovic (*Bladulfi villa cum Marcona et omnibus appendiciis ad eam pertinentibus, cum mansis in portu Wiscus*). À la lecture des Miracles de Wandrille, on peut penser que des moines de Fontenelle résidaient sur place: les *custodes ecclesiae* accueillirent une partie de la communauté avec ses reliques en 858, lorsque celle-ci quitta la basse vallée de la Seine en raison de la menace normande. En 1038, Bloville et son église étaient passés dans le temporel des moines de Saint-Pierre-au-Mont-Blandin comme en témoigne la confirmation de biens du roi de France Henri Ier pour l'abbaye gantoise. Une nécropole des VIe et VIIe siècles a été récemment fouillée sur place.

Recueil des actes de Charles le Chauve 1, n° 160, 424; Miracula Wandregisili, éd. van den Bosch, c. 10, 283; Vercauteren, Étude critique sur un diplôme original d'Henri Ier, 209.

Lot, Étude critique sur l'abbaye de Saint-Wandrille, xxxi–xxxii, n. 5; Jean-Claude Routier et Freddy Thuillier, La nécropole mérovingienne de Bloville (Campagne-les-Hesdin, Pas-de-Calais): premiers résultats, Revue du Nord. Archéologie 77 (1995), 185–198.

33. Boechout: église [?]

Buocholt in pago Rien; *in comitatu Anduuerpensi.* – Cambrai. – B., prov. Anvers, arr. Anvers, c. fus.

En 974, l'église de Boechout fut restituée aux moines de Saint-Bavon de Gand par Otton II comme le rappelle également, en 1019/1030, la lettre de l'abbé Othelbold à la comtesse Otgive.

Die Urkunden Otto des II., n° 69, 83 (21 janvier 974); n° 126, 143 (19 janvier 976; nouvelle confirmation); Die Urkunden Heinrichs II., n° 36, 41 (5 février 1003; nouvelle confirmation); De brief van abt Othelbold aan gravin Otgiva, éd. Voet, 239.

34. Boekhoute: église [?]

Buokholt; *Bocholt.* – Tournai. – B., prov. Fl. orientale, arr. Dendermonde (fr. Termonde), c. fus. Waasmunster.

Selon Dom Huyghebaert, la mention de l'église de Boekhoute dès 870 ne doit pas être acceptée: c'est une invention intéressée de l'abbé Wichard (comme presque toute la notice 59 du *Liber traditionum* du Mont-Blandin, dont Philip Grierson et François-

Louis Ganshof avaient néanmoins accepté le contenu) en vue de récupérer le domaine de Tamise et ses dépendances. L'entreprise ne fut d'ailleurs pas un plein succès puisque les privilèges successifs (du roi Henri Ier puis de l'évêque Baudry), s'ils confirment effectivement la possession des biens situés à Tamise, ignorent en revanche l'église de Boekhoute. Il ressort de tout cela que rien n'atteste l'existence de l'église avant 1035.

Liber traditionum, éd. FAYEN, n° 59, 51 (*aecclesiola* dépendante de l'église de Tamise, donnée par Baudouin Ier en 870); Recueil des actes de Louis IV, n° 36, 85 (l'interpolation concernant l'église de Boekhoute a été introduite par l'auteur du *Liber traditionum*: voir VERHULST, Sur un diplôme de Louis IV pour Saint-Pierre de Gand, 429); Diplomata belgica, éd. GYSSELING/KOCH, n° 60, 156 (pas de mention de l'église dans la confirmation de Lothaire).

HUYGHEBAERT, L'usurpation du domaine de Tamise, 100–102; ID, La translation de sainte Amelberge.

35. Boëseghem: église Saint-Léger [Saint-Léger]

Busingim. – Thérouanne. – Dép. Nord, arr. Dunkerque, cant. Hazebrouck sud.

Située dans *pagus* de Thérouanne, l'église (*aecclesia*) de Boëseghem dédiée à saint Léger fut cédée, avec l'ensemble du domaine, aux moines de Saint-Pierre de Gand par un certain Sigard, *militaris cingulo laboris innexus*. La notice de donation conserve la date du 12 avril 982. À cet endroit, les moines de Sithiu possédaient aussi des biens en 877.

Liber traditionum, éd. FAYEN, n° 91, 90; Recueil des actes de Charles le Chauve 2, n° 420, 461.

VAN CAENEGEM, Le diplôme de Charles le Chauve du 20 juin 877 pour l'abbaye de Saint-Bertin, 406, n. 6.

36. Bossuit: église [Sainte-Amelberge]

Bussuth in pago Bracbantinse. – Tournai. – B., prov. Fl. occ., arr. Courtrai, c. fus. Avelgem.

En 998, un certain Hezelo céda aux moines de Saint-Pierre de Gand l'église (*ecclesia*) de Bossuit.

Liber traditionum, éd. FAYEN, n° 104, 98–99.

37. Boulogne-sur-Mer

Gesoriacum; *Bononia*. – Thérouanne. – Dép. P.-de-C., s.-pr.

Il est difficile de ne pas concevoir l'existence précoce (dès le IVe siècle) d'un ou de plusieurs sanctuaires à Boulogne. Néanmoins, les indications précises font défaut jusqu'à l'époque mérovingienne, ce qui rend particulièrement fragiles les reconstitutions proposées par plusieurs historiens à partir de sources postérieures au XIIe siècle.

Signalons d'emblée que le port connut assurément un déclin du fait de l'essor de Quentovic entre les VIIe et IXe siècles. La cité est néanmoins régulièrement attestée pendant le haut Moyen Âge. Les Anglo-Saxons continuaient à y débarquer en route vers Rome: au VIIe siècle, l'abbé Pierre de Cantorbéry fit naufrage à Ambleteuse et le roi du Wessex Caedwalla s'arrêta à Samer. Charlemagne fit restaurer le phare de la tour d'Odre en 811 auquel les navigateurs de Fontenelle durent leur salut un demi-siècle plus tard. Au Xe siècle, Boulogne a reconquis sa fonction portuaire, ce dont Folcuin se fait l'écho: *ex parte, quam Bononia urbs et Odrans occupat farus, facilis ad Brittanniam est transitus*. La Vie de Bertulphe évoque ses marchands. En 936, c'est à Boulogne que débarqua Louis d'Outre-Mer d'après Flodoard.

37a. Église (?) puis chapitre Sainte-Marie

L'existence d'une église à Boulogne au début du VIIe siècle peut se déduire d'un passage de Bède, rapportant l'inhumation de l'abbé Pierre de Cantorbéry, naufragé aux environs d'Ambleteuse, et de la première Vie d'Omer, évoquant une visite pastorale de l'évêque — à l'occasion de laquelle un jeune clerc désobéissant embarqua sur la Liane et se retrouva en pleine tempête dans la Manche. Dans la deuxième moitié du IXe siècle, les moines de Fontenelle trouvèrent refuge dans la ville et déposèrent les reliques de leurs saints patrons Wandrille et Ansbert, vraisemblablement dans la principale église du lieu. En 944, le comte Arnoul de Flandre vint s'en emparer pour les confier aux moines de Saint-Pierre de Gand. C'est à cette occasion qu'est mentionné un certain Étienne, sacristain (*capicerius*), qui se fit l'écho du mécontentement populaire.

Il faut ensuite attendre 1067 (?) pour retrouver la trace de l'église principale de la cité, devenue le siège d'un chapitre séculier (dépendant du comte de Boulogne) qui, aux dires de traditions hagiographiques recueillies à la même époque à Cantorbéry, possédait les reliques des saints Pierre (de Cantorbéry) et Étienne, évêque de Thérouanne († avant 935). La comtesse Ide entreprit la reconstruction du bâtiment au tout début du XIIe siècle. Enfin, un acte de l'évêque Jean de Warneton, daté de 1113, témoigne de l'ancienneté prêtée à cette église – dédiée à la Vierge – puisqu'il y reconnaît l'improbable siège épiscopal primitif. Le chapitre fut ensuite affilié à l'ordre d'Arrouaise.

Bède, Historia ecclesiastica gentis Anglorum, l. I, c. 33, éd. Colgrave/Mynors, 116; Vita Audomari, Bertini et Winnoci, éd. Levison, c. 8, 757; Miracula Wandregisili, éd. van den Bosch, c. 52–54, 290; Sermo de adventu, éd. Huyghebaert, c. 24–25, 26–28; Cartulaire de l'église abbatiale Notre-Dame de Boulogne-sur-Mer, éd. Haigneré, n° 1, 95 (mention du privilège d'Eustache II confirmé par l'évêque Drogon); ibid., n° 3, 96–97 (acte de Jean de Warneton, édité dans Gallia christiana 10, Instrumenta, 398); Eadmer, Vita Petri, éd. Wilmart, 357–359.

Haigneré, Étude historique sur l'existence d'un siège épiscopal dans la ville de Boulogne, 343 (un tombeau attribué à Étienne fut retrouvé en 1567 lors des destructions perpétrées par les huguenots); Héliot, Sur la topographie antique et les origines chrétiennes de Boulogne-sur-Mer, 48–61; Meijns, Aken of Jeruzalem? 2, 818–821; Milis, L'ordre des chanoines réguliers d'Arrouaise, 143–144; Rouche, L'âge des pirates et des saints, 36 et 43.

37b. Église (?) puis chapitre Saint-Vulmer

Lorsqu'en 944, Arnoul de Flandre vint à Boulogne mettre la main sur le trésor des reliques de Fontenelle, il profita de l'occasion pour se faire céder une partie du corps de saint Vulmer. À ce propos, sont évoqués le prévôt et le sacristain de la communauté (nommés respectivement Notger et Helger) qui possédait les reliques. Les historiens ont unanimement localisé celle-ci à l'intérieur des murs de Boulogne, imaginant une translation de Samer (ou le saint avait été inhumé à la fin du VIIe siècle) au moment des invasions normandes. Dans ce sens, on notera que la Vie de la comtesse Ide présente effectivement la fondation du chapitre Saint-Vulmer (après 1086/1088) autour d'une église préexistante. Mais on peut tout aussi bien penser qu'Arnoul vint réclamer le corps de Vulmer à Samer, distant de Boulogne d'une bonne dizaine de kilomètres, aisément parcourus en empruntant l'ancienne voie romaine.

Sermo de adventu, éd. Huyghebaert, c. 24–25, 26–28; Vita Idae, éd. Hensken, c. 6, 142.

Meijns, Aken of Jeruzalem? 2, 762–767; Rouche, L'âge des pirates et des saints, 36 et 43.

38. Bourecq: église [Saint-Riquier]

Botritium. – Thérouanne. – Dép. P.-de-C., arr. Béthune, cant. Norrent-Fontes.

Dans l'inventaire des biens et des dépendances de Centule/Saint-Riquier dressé sur ordre de Louis le Pieux en 831, figure la petite communauté (*cellula*) de Bourecq dans le *pagus* de Thérouanne. Elle comptait alors dix chanoines et possédait un trésor liturgique non négligeable (mobilier, vaisselle, vêtements) ainsi qu'une petite bibliothèque. Bourecq avait pour dépendances les deux domaines de Thiennes et Nédon, ainsi que leurs églises (*ecclesiae*). Comme en témoigne un acte de 977, l'abbé Ingelard put récupérer ces biens donnés en bénéfice à un laïc par son prédécesseur Helgaud.

Hariulf, Chronicon Centulense, éd. LOT, l. III, c. 3, 95; ibid., l. III, c. 6, 105 (acte de Lothaire); ibid., l. III, c. 26, 160; Recueil des actes de Lothaire, n° 36, 88–89.

HAIGNERÉ, Les possessions de l'abbaye de Saint-Riquier, 450–451 (*Botritium* identifié avec Bourecq et non Bouret-sur-Canche); MEIJNS, Aken of Jeruzalem? 1, 245–249; EAD., Communautés de chanoines dépendant d'abbayes bénédictines, 97–100.

39. Bousignies: église [Sainte-Aldegonde]

Businiacas. – Tournai. – Dép. Nord, arr. Valenciennes, cant. Saint-Amand-les-Eaux rive gauche.

Le fragment du polyptyque d'Elnone (décrivant la mense abbatiale avant 872) signale que le domaine de Bousignies, tenu en bénéfice par un homme dont le nom n'a pas été conservé, possédait une église (*capela*).

Das Polyptychon und die Notitia de areis von Saint-Maur-des-Fossés, éd. HÄGERMANN/HEDWIG, 103.

PLATELLE, Le temporel de l'abbaye de Saint-Amand, 99–100.

40. Boussu: église [Saint-Géry]

Buxutum. – Cambrai. – B., prov. Hainaut, arr. Mons, c. fus.

C'est à l'église de Boussu (*basilica quae sita est in villa, quam vulgus Buxutum nominat*) que sainte Waudru aurait été gratifiée d'une apparition de saint Géry, aux dires de l'auteur de sa première Vie. À Boussu, depuis 945 (?), les moines de Saint-Pierre-au-Mont-Blandin possédaient des biens, donnés par un certain Manno et son épouse Hildegarde, *quae conjacent inter confines sancti Petri de cella beati Gisleni et sancte Waldetrudis*.

Vita Waldetrudis, éd. DARIS, 222; Vita Gisleni prima, éd. DE BUE, c. 10, 1032; Liber traditionum, éd. FAYEN, n° 73, 78 (notice de la donation de Manno).

41. Brillon: église [Saint-Amand]

Millo. – Tournai. – Dép. Nord, arr. Valenciennes, cant. Saint-Amand-les-Eaux rive gauche.

Le fragment du polyptyque d'Elnone (décrivant la mense abbatiale avant 872) signale que le domaine de Brillon, tenu en bénéfice par un certain Salaco, possédait une église (*cappela*).

Das Polyptychon und die Notitia de areis von Saint-Maur-des-Fossés, éd. HÄGERMANN/HEDWIG, 105.
PLATELLE, Le temporel de l'abbaye de Saint-Amand, 99–100.

42. Bruay-sur-l'Escaut: église Sainte-Pharaïlde

Villa Brevetico. – Arras. – Dép. Nord, arr. Valenciennes, cant. Anzin.

L'église (*basilica*) Sainte-Pharaïlde est signalée dans la Passion de Saulve. Lorsque le corps de ce dernier fut découvert, on entreprit de le déposer dans un endroit convenable. Les bœufs qui tiraient le chariot refusèrent de se diriger vers le sanctuaire de Bruay pour finalement gagner l'église Saint-Martin du fisc de Valenciennes. Cet épisode se serait produit au temps de Charles Martel († 741). Il est au moins recevable pour la charnière des VIIIe–IXe siècles, date de rédaction du texte. Sainte-Pharaïlde réapparaît ensuite dans les deux versions de la précaire mentionnées à propos de Saint-Martin/ Saint-Saulve [Valenciennes] mais qui auraient tiré leurs informations d'une description remontant au VIIIe siècle. On verra donc sur ce point les informations rassemblées à propos de Valenciennes.

Passio Salvii, éd. COENS, c. 15, 182; Recueil des actes de Robert Ier, n° 48, 194 (B) et 196 (A).
Voir la bibliographie rassemblées à la notice Valenciennes. – DELMAIRE, Le diocèse d'Arras 2, 457 (la paroisse de Bruay comprenait la localité de Beuvrages, citée dans la Passion de Saulve comme *villa* dépendante du fisc de Valenciennes, qui n'a pas possédé d'église avant 1679).

43. Bruges: chapitre Saint-Donatien

Bruggas; Bruzzias; fl. Brugge. – Diocèse Tournai. – B., ch.-l. prov. Fl. occ.

La fonction militaire de Bruges est bien attestée dès le milieu du IXe siècle. En 851, les moines de Saint-Bavon y auraient trouvé refuge et égaré quelques pièces de leur trésor liturgique. Mais c'est de toute évidence Arnoul Ier qui fut le fondateur de l'église Saint-Donatien (*basilica Sancti Donatiani*) attestée en 944 dans le récit de la translation des reliques des saints de Fontenelle au Mont-Blandin.

Il faut aussi tenir compte du sort des reliques de saint Donatien que mentionne une lettre du comte Arnoul Ier à l'archevêque de Reims Hugues de Vermandois dont Alain Dierkens a défendu récemment la véracité. Ces reliques auraient été données par l'archevêque Ebbon pour Torhout, alors base arrière des missions de Scandinavie, puis déposées à Bruges (*ad Bruggas portum*) par Baudouin Ier dans une église primitive. Quant au contenu de la lettre – Arnoul demande des informations sur saint Donatien, un évêque métropolitain de Reims au IIIe siècle –, il faudrait le mettre en rapport avec la fondation du chapitre et les besoins d'un texte liturgique que cela supposait. Hugues de Vermanois eut bien de la peine à satisfaire la demande du comte mais lui adressa néanmoins le sermon composé pour la fête du saint par Rathier de Vérone.

Les fouilles archéologiques ont révélé une basilique octogonale (que l'on met évidemment en rapport avec le plan de la chapelle impériale d'Aix), dont la construction est datée du milieu du Xe siècle, ainsi qu'un cloître.

Breviarum de thesauro Sancti Bavonis, éd. WATTENBACH, 974 (*crux illa aurea que Bruggis fuit ad servandum missa, nec postea reversa*); Sermo de adventu, éd. HUYGHEBAERT, c. 41, 47; AA SS Octobris 6, Anvers 1794, 496–498 (lettre d'Arnoul Ier et réponse d'Hugues).
Hubert DE WITTE, Bruges, in: Palais médiévaux, dir. RENOUX, 98–99; DIERKENS, Saint Anschaire, 309–313; GRIERSON, The translation of the relics of st. Donatian; MEIJNS, Aken of Jeruzalem? 1, 303–325; RYCKAERT, Les origines et l'histoire ancienne de Bruges.

44. Calais: église [Saint-Pierre]

Petresse. – Thérouanne – À Calais: dép. P.-de-C., s.-pr.

Petresse est connue sous le nom de Saint-Pierre-lès-Calais au Moyen Âge. Elle se trouve actuellement sur le territoire de la ville de Calais.

Pour avoir abusivement puisé dans les celliers de Sithiu/Saint-Bertin, le comte Arnoul Ier fit don à la communauté de l'église (*ecclesia*) de *Petresse*. Le chroniqueur Folcuin donne la liste des témoins (lui-même en faisait partie) qui souscrivirent cet acte de donation le 30 novembre 961.

Folcuin, Gesta abbatum Sithiensium, éd. Holder-Egger, c. 110, 632; Recueil des actes de Lothaire, n° 15, 35 (confirmation du 7 janvier 962).

45. Cambrai

Cameracum. – Cambrai. – Dép. Nord, s.-pr.

Orientation bibliographique sur l'histoire de Cambrai pendant le haut Moyen Âge: pour la documentation narrative, on verra surtout les *Gesta episcoporum Cameracensium* (qui donnent une partie des actes des souverains) et les dossiers hagiographiques d'Aubert, Géry et Maxellende. Pour la documentation diplomatique: Rouche, Un acte privé carolingien de l'église de Cambrésis; Chartes originales, éd. Courtois, 33–34; Die Urkunden Arnolfs, n° 127, 189–190 (894); Die Urkunden Zwentibolds, n° 23, 60–61 (898); Recueil des actes de Charles le Simple, n° 67, 151–152 (911); ibid., n° 68, 153–154 (911); ibid., n° 106, 253–255 (920); Thelliez, Une 'charte d'affranchissement' et Despy, Serfs ou libres? (acte épiscopal de 941); Die Urkunden Otto I., n° 39, 125–126 (921); ibid., n° 100, 182–183 (948); ibid., n° 195, 275–276 (958); Die Urkunden Otto des II., n° 146, 164–165 (977); Die Urkunden Otto des III., n° 72, 479–480 (991); ibid., n° 164, 576–577 (995); ibid. n° 399, 832 (1001); Die Urkunden Heinrichs II. n° 49, 58–59 (1003); ibid., n° 142, 168–169 (1007).

Boeren, Contribution à l'histoire de Cambrai [l'auteur prétend renouveler de fond en comble l'histoire de Saint-Géry et de Cambrai à l'époque mérovingienne en se fondant sur un acte du XIe siècle, découvert dans le fonds de Saint-Pierre de Gand, que l'auteur interprète comme la copie de la charte de fondation de Saint-Géry en 679/686 (éd. de l'acte, 34–37). L'auteur n'a pas été suivi par la critique, mais son hypothèse n'a pas non plus été sérieusement discutée: cf. Revue belge de philologie et d'histoire 20 (1941), 707–719 et Revue du Nord 26 (1943), 125–127]; Bouly, Dictionnaire; Hirschmann, Stadtplanung, 128–144 (suit essentiellement les *Gesta* et les hypothèses posées par Michel Rouche); Machut, Recherches sur l'enceinte romaine du Bas-Empire à Cambrai; Platelle, L'éloge des villes au Moyen Âge; Rouche, Cambrai du comte mérovingien à l'évêque impérial; id., Topographie historique de Cambrai durant le haut Moyen Âge; Vercauteren, Étude sur les civitates de la Belgique seconde, 205–233.

45a. Cathédrale Sainte-Marie

On sait très peu de choses de la cathédrale avant le Xe siècle. La première Vie de Géry rapporte que ce dernier délivra (racheta?) les douze captifs du comte Wado et les amena dans une église que l'on peut sans beaucoup d'hésitation identifier avec la cathédrale; les *Gesta* signalent aussi le refuge qu'y trouvèrent les chanoines de Baralle sous l'épiscopat de Dodilon à l'extrême fin du IXe siècle. Le même Dodilon procéda d'ailleurs à une nouvelle consécration du sanctuaire un 1er août. Nos informations deviennent plus substantielles au milieu du Xe siècle. En avril 953, l'attaque hongroise épargne miraculeusement la cathédrale. L'évêque Engran († 965) fit procéder à des agrandissements à l'ouest du bâtiment que voulut poursuivre plus tard Tetdon († 979). Aux dires des *Gesta*, il revint finalement à Rothard († 995) d'achever les travaux d'Engran (à l'ouest) et de faire élever une tour pour abriter les deux cloches qu'il avait fait fondre à ses frais. Rothard transforma également la disposition du chœur puisque ces travaux provoquèrent la destruction d'une partie de la résidence épiscopale primitive. Erluin († 1012) fit enfin apporter quelques réparations à l'édifice, notamment au clocher. On admettra donc volontiers que la cathédrale prit autour de l'an mil l'aspect d'un chantier permanent, mais que les travaux engagés n'ont jamais atteint des proportions considérables et se sont surtout présentés comme une succession d'ajustements.

Dans les années 1020, Gérard Ier entreprit une restauration plus considérable que celles menées par ses prédécesseurs. Il agrandit l'ensemble de la cathédrale, ce qui provoqua la destruction de la basilique adjacente (au sud), dédiée à la sainte Croix et déjà largement ruinée aux dires du rédacteur des *Gesta*. Ces travaux ne furent pas aisés. Ils commencèrent en 1023 et durèrent sept années. Lors de l'agrandissement du chœur et de la crypte, aménagés peu de temps auparavant par Rotard, ils furent interrompus par de violents écroulements: le clocher d'origine menaçait de s'effondrer et d'entraîner le sonneur dans sa chute, ce qui fut évité de justesse. La cérémonie de consécration eut lieu le 18 octobre 1030.

Pour être complet, il faut enfin mentionner la présence d'au moins cinq autels dans la première moitié du XIe siècle: le maître-autel, dédié à la Vierge; un autel consacré au Sauveur et devant lequel l'évêque Tetdon, célébrant la messe, laissa échapper une hostie qui s'éleva miraculeusement vers le ciel; l'autel des apôtres Simon et Jude et de saint Séverin édifié par le prévôt Godelin sur la sépulture de l'évêque Rotard; l'autel Saint-Jean; et enfin l'autel Saint-Géry qui se trouvait primitivement dans la résidence épiscopale.

Les informations concernant la cathédrale sont essentiellement tirées des *Gesta episcoporum Cameracensium*; Vita Gaugerici prima, éd. Krusch, c. 7, 654; Vita Gaugerici tertia, éd. van den Bosch, c. 66, 689–690 (sur les travaux de Rothard et de Gérard).

Thiébaut, Les cathédrales préromanes de Cambrai; Mériaux, Sépultures, reliques et mémoire des évêques de Cambrai.

45b. Sainte-Croix

Cette église (*basilica*) jouxtait la cathédrale au sud quand l'évêque Jean y fut inhumé en 878. Le vocable pourrait indiquer que sa fondation était beaucoup plus ancienne et qu'elle faisait partie du groupe épiscopal primitif de la cité. Largement ruinée au début du XIe siècle, elle fut détruite lorsque Gérard Ier fit entreprendre les travaux d'agrandissement de la cathédrale. Le tombeau de Jean fut alors transporté dans cette dernière où plusieurs miracles se produisirent alors. À la fin du XIe siècle, un nouveau chapitre fut fondé sous ce nom (mais ailleurs) à Cambrai.

Gesta episcoporum Cameracensium, éd. Bethmann, l. I, c. 57, 421.

45c. Saint-Médard, puis Saint-Géry: communauté de chanoines

Située à l'extérieur de la cité de Cambrai, la basilique (*basilica*) Saint-Médard fut fondée par l'évêque Géry († 623/629) sur une colline où il avait détruit des *idola* païennes; il y fut ensuite inhumé. Au début du XIe siècle, la troisième Vie du saint rapporte qu'il aurait établi de son vivant une première communauté de *fratres* sous la direction de son frère Landon (*abbas*). On y apprend aussi que cette basilique était dédiée aux saints Médard et Loup. La *Vita prima* assure qu'il y avait bien au milieu du VIIe siècle un sacristain (*custos*) chargé de veiller sur le tombeau de Géry. Suivant la Passion de Maxellende, la basilique (alors appelée Saint-Géry) aurait reçu un demi siècle plus tard la moitié des biens d'une riche veuve nommée Amaltrude, établie à *Pomeriolas* dans le Cambrésis. On rappellera que la Vie de Landelin signale que celui-ci fit pénitence quelques temps dans un *monasterium* de Cambrai à l'instigation de l'évêque Aubert.

Mentionnée avant 833, la basilique fut reconstruite à partir de juin 863 par l'évêque Thierry et passa dans les mains de Charles le Chauve au traité de Meersen (870), ce qui signale à l'époque son statut d'abbaye royale. Deux éléments semblent confirmer ceci. D'une part un diplôme douteux du pape Jean VIII daté du 28 septembre 878, évoquant la présence d'un abbé laïc et de chanoines et rappelant deux précédents diplômes de Lothaire Ier puis de Charles le Chauve; d'autre part des traditions tardives recueillies à la fin du XIIe siècle à Saint-Géry et rapportant la transformation par les soins de Charles le Chauve de l'établissement (alors monastique) en une communauté de cent chanoines, consacrée à l'apôtre Pierre. Fin décembre 880, le monastère fut détruit par les Normands. Passé dans les mains du comte, source d'importants profits (atelier monétaire, foires), il fut donné à l'évêque Fulbert en 948 par Otton Ier et en partie détruit par les Hongrois en avril 953. En 1024/1025, les chanoines – dont le monastère avait échappé à l'incendie qui avait ravagé Cambrai en 1020 – étaient au nombre de cinquante et l'évêque Gérard venait de leur imposer le retour à la vie commune.

Le site a été considérablement bouleversé au XVIe siècle lors de la construction de la forteresse par Charles Quint. Des sondages menés en 1982–1983 ont néanmoins mis en évidence des aménagements légers (en bois) pour le VIIe siècle, un second niveau du VIIIe siècle (bâtiments en pierre) ainsi que les structures d'un édifice du milieu du IXe siècle (et d'un cloître?). Un dernier état est daté du dernier quart du Xe siècle.

Vita Gaugerici prima, éd. Krusch, c. 13–15, 657–658; Vita Gaugerici secunda, éd. van den Bosch, c. 14, 675 (foires); Vita Landelini, éd. Levison, c. 3, 440; Vita Gaugerici tertia, éd. van den Bosch, c. 56–57, 687; ibid., c. 61, 687 (Mont-Saint-Géry); Gesta abbatum Fontanellensium, éd. Pradié, c. 13, c. 7, 180 (testament d'Anségise); Annales de Saint-Bertin, a° 870, éd. Grat/Vieillard/Clémencet,174 (traité de Meersen); Recherches sur le Hainaut ancien, éd. Duvivier, n° 17, 317–322 (privilège de Jean VIII [Jaffé, n° 3188] qui mentionne deux *deperdita*, cf. Die Urkunden Lothar I., n° 189, 349–350 et Recueil des actes de Charles le Chauve 2, n° 454, 508–509); Annales Vedastini, éd. Simson, a° 881, 49; Gesta episcoporum Cameracensium, éd. Bethmann, l. I, c. 49, 418 (mort de Thierry); ibid., c. 73, 427 (diplôme d'Otton Ier: Die Urkunden Otto I., n° 100, 182–183); ibid., c. 75, 429 (destruction en 953); ibid., l. II, c. 4, 456; Gesta episcoporum Cameracensium. Continuationes: Gesta Manassis et Walcheri, éd. Bethmann, c. 5–6, 501–502.

Le paysage monumental de la France, dir. Barral i Altet, 545–546 et 552; Carte archéologique de la Gaule 59, 164–165; Florin, Les fouilles sur le Mont-des-Boeufs à Cambrai; id., Recherche archéologique sur le Mont-des-Bœufs.

45d. Saint-Pierre (Saint Paul), puis Saint-Aubert: communauté de chanoines

Les traditions concernant les premiers temps de Saint-Pierre/Saint-Aubert ne remontent pas en-deçà des premières années du XIe siècle, mais semblent de bon aloi. C'est dans cette église (*ecclesia*) dédiée à Saint-Pierre et située hors des murs de la cité que l'évêque Aubert fut inhumé en 667/674. Par la suite, Thierry († 863), Rothade († 887), Ansbert († 971) puis Erluin († 1012) y trouvèrent leur sépulture. On ne sait rien de la pérennité d'une éventuelle communauté sur place. Seules sont connues les restaurations (matérielles et spirituelles) entreprises par Ansbert – qui établit huit chanoines sur ses propres biens – et par Erluin (qui en avait chargé son archidiacre Godefroid). Les travaux n'étant pas achevés à la mort du prélat, c'est Gérard Ier qui procéda à la consécration solennelle de l'édifice (dédié à l'apôtre Paul) le 1er octobre 1015. Le même jour, il procéda à la translation des reliques d'Aubert. Celles-ci semblent ne pas avoir quitté la cathédrale depuis 888, date à laquelle l'évêque Dodilon les avait fait mettre en sécurité en raison de la menace normande (et alors même que l'enceinte qu'il avait fait – ou allait faire? – construire englobait désormais le sanctuaire). Cette absence des reliques peut signaler un état d'abandon pendant une bonne partie du Xe siècle. En 1024/1025, il ne subsistait qu'un petit nombre de chanoines dans l'établissement (*monasterium*), désormais connu sous le nom de Saint-Aubert.

Vita Autberti, éd. GHESQUIÈRE, l. IV, c. 29, 561–562 (repris dans Gesta episcoporum Cameracensium, éd. BETHMANN, l. I, c. 20, 409); ibid., c. 33, 563–564 (repris dans Gesta episcoporum Cameracensium, éd. BETHMANN, c. 113, 450); Gesta episcoporum Cameracensium, éd. BETHMANN, l. I, c. 49, 418 (sépulture de Thierry); ibid., c. 61, 422 (de Rothade); ibid., c. 88, 433 (d'Ansbert); ibid., c. 119, 454 (d'Erluin); ibid., l. II, c. 9, 453–454.

MÉRIAUX, Sépultures, reliques et mémoire des évêques de Cambrai.

45e. Saint-Martin

L'existence d'une église (*ecclesia*) Saint-Martin située hors des murs de la cité de Cambrai est mentionnée sous l'épiscopat de Vindicien († 713) par la Passion de sainte Maxellende. Le texte précise en effet que cette église reçut des biens d'une riche veuve, nommée Amaltrude. La seconde Passion vient ajouter que les reliques de la sainte furent transférées à Saint-Martin où était établie une communauté féminine (*sanctimonialibus ibi debita obsequia celebrantibus*) à une époque non précisée, à cause de l'insécurité ambiante. L'évêque Rotard († 995) fit ensuite porter les reliques à la cathédrale. Saint-Martin n'est pas mentionnée comme communauté par les *Gesta*, mais l'église existait bien au début du XIe siècle: elle est attestée en 1046 dans la dotation de l'abbaye Saint-André du Cateau (*aecclesia Sancti Martini in suburbio Cameracensi*). De retour de Flandre (peu après 1025), les moines de Maroilles y avaient déposé une nuit les reliques de leur saint patron Humbert. Il est probable qu'à cet édifice succéda ensuite l'église paroissiale Saint-Martin de Cambrai, connue à la fin du Moyen Âge et à l'époque moderne et dont ne subsiste aujourd'hui plus que le clocher. Mais cette continuité supposée a été contredite récemment par des fouilles archéologiques.

Passio Maxellendis prima, éd. BEVENOT, c. 14, 585; ibid., c. 18, 587; Passio Maxellendis secunda, éd. GHESQUIÈRE, c. 27, 588 (notes h et k); Chartes originales, éd. COURTOIS, 66–67 (dotation de Saint-André: cf. VAN MINGROOT, Liste provisoire des actes des évêques de Cambrai, n° 3, 15–16); Vita Humberti, éd. HENSKEN, c. 5, § 23, 566–567 (éd. HOLDER-EGGER, c. 23, 798).

BOULY, Dictionnaire historique de la ville de Cambrai, 361–362; Carte archéologique de la Gaule 59, 162–163; GEOFFROY et al., Cambrai antique, 152–155.

45f. Saint-Quentin

La Vie de l'évêque Géry signale un miracle qui se produisit sans doute au milieu du VIIe siècle. Grâce à une apparition du saint, un voleur fut pris en flagrant délit de vol dans la basilique Saint-Médard mais il fut autorisé à se réfugier dans une église dédiée à saint Quentin, située de toute évidence à Cambrai. L'identification avec le célèbre sanctuaire du Vermandois (proposée par Michel Rouche) ne semble pas devoir être retenue.

Vita Gaugerici prima, éd. KRUSCH, c. 15, 658.

ROUCHE, Vie de saint Géry, 287, n. 22.

46. Camphin-en-Carembault: église [Saint-Médard]

Cantfinium. – Tournai. – Dép. Nord, arr. Lille, cant. Seclin.

Malgré ce qu'un examen rapide pourrait laisser croire, l'église (*ecclesia*) de Camphin-en-Carembault n'est pas attestée solidement avant 1035 (date de la falsification du diplôme d'Arnoul Ier) et surtout 1038, date de la confirmation générale accordée par Henri Ier à Saint-Pierre de Gand. Les moines blandiniens possédaient néanmoins des biens à Camphin, au moins depuis 964.

Diplomata belgica, éd. GYSSELING/KOCH, n° 59, 154 (fausse donation d'Arnoul Ier datée du 17 juin 962, mais forgée vers 1035); ibid., n° 60 (confirmation de Lothaire de 964 sans mention de l'église); Liber traditionum, éd. FAYEN, n° 68 (notice de l'acte de 962).
PLATELLE, Les paroisses du décanat de Lille, 180–181.

47. Carvin: église [Saint-Martin]

Carvin in pago Karabentensi. – Tournai. – Dép. Nord, arr. Lille, cant. Seclin.

Une notice du *Liber traditionum* de Saint-Pierre de Gand rappelle la donation, effectuée le 1er janvier 994 par le comte de Valenciennes Arnoul, de l'église de Carvin ainsi que d'une autre église. Une interpolation introduite sans doute peu de temps après dans un diplôme du roi Lothaire identifie cette dernière avec la *capella* d'Estevelles.

Liber traditionum, éd. FAYEN, n° 101, 95–96; Diplomata belgica, éd. GYSSELING/KOCH, n° 60, 156, note b (interpolation de l'acte de Lothaire du 22 février 964).
PLATELLE, Les paroisses du décanat de Lille, 119.

48. Le Cateau-Cambrésis: église Saint-Quentin

Perona. – Cambrai. – Dép. Nord, arr. Cambrai, ch.-l. cant.

Les domaines de *Perona* et de *Vendelgeias* sont mentionnés comme propriétés des évêques de Cambrai depuis le début du Xe siècle par les *Gesta* qui ne les distinguent pas toujours clairement. Erluin fit d'abord bâtir sur ces domaines une forteresse avec l'autorisation d'Otton III; son successeur Gérard Ier y consacra en 1025 un monastère en l'honneur de Saint-André. Les traditions recueillies un peu plus tard dans cet établissement rapportent qu'une (petite) église dédiée à saint Quentin existait sur le domaine (*villula*) de *Perona* avant l'arrivée des moines.

Gesta episcoporum Cameracensium, éd. BETHMANN, l. I, c. 86, 432–433 (Engran s'adresse à Brunon de Cologne pour récupérer le domaine; en vain car son chancelier Widon avait oublié le titre de propriété); l. I, c. 112 (diplôme d'Otton III: Die Urkunden Otto des III., n° 399, 832); Passio Maxellendis secunda, éd. GHESQUIÈRE, note k, 588 (*ecclesiola*); Chronicon Sancti Andreae, éd. BETHMANN, l. I, c. 3, 527 (*ecclesia*); Chartes originales, éd. COURTOIS, 66–67 (1046: dotation de Saint-André par Gérard Ier).
BOULY, Dictionnaire historique de la ville de Cambrai, 61–63.

49. Caudry: église (monastère) Saint-Vaast

Caldericum. – Cambrai. – Dép. Nord, arr. Cambrai, cant. Clary.

D'après la première Passion de sainte Maxellende, celle-ci aurait été emmenée de force par son fiancé Harduin car elle retardait sans cesse le mariage établi par ses parents. Parvenu dans son domaine de Caudry, celui-ci la tua dans un mouvement de colère. Emporté dans la basilique de *Pommeriolas*, le corps fut rapporté trois ans plus tard à Caudry dans une église (*basilica*) édifiée sur l'ordre de l'évêque Vindicien de Cambrai par le meurtrier repentant, dédiée à tous les saints et principalement à saint Vaast. Une communauté (*ordo ministrorum ex utroque sexu, clerici scilicet ac fœminae Deo de-*

votae) fut alors établie qui reçut l'ensemble des biens d'Harduin. Le monastère fut ensuite cédé à l'église Saint-Martin de Cambrai.

Passio Maxellendis prima, éd. Bevenot, c. 11–18, 584–587; Passio Maxellendis secunda, éd. Ghesquière, note h, 589 (Maxellende aurait été assassinée chez ses parents: son père Humlin se voit donc ensuite attribuer le rôle joué par Harduin dans la première Passion).

50. Colleret: église [Saint-Amand]

Cauliricia. – Cambrai. – Dép. Nord, arr. Avesnes-sur-Helpe, cant. Maubeuge sud.

L'église (*ecclesia*) de Colleret est mentionnée dans le premier faux testament de sainte Aldegonde (daté du milieu du IXe siècle selon Anne-Marie Helvétius).

Charte de dotation de l'abbaye de Maubeuge, éd. Daris, 42.

51. Condé-sur-Escaut: monastère Sainte-Marie

Condatum. – Cambrai. – Dép. Nord, arr. Valenciennes, ch.-l. cant.

Au tournant des VIIIe–IXe siècles, la Passion de Saulve mentionne l'existence, un peu à l'écart (*non longe*) de l'*oppidum* de Condé, d'un *monasterium* dédié à la Vierge. En 870, l'établissement est une abbaye royale qui passe dans la main de Charles le Chauve au traité de Meersen. Cette situation n'est pas ignorée du rédacteur des *Gesta* des évêques de Cambrai (1024/1025). Il précise en outre qu'il s'agissait d'une communauté féminine (*olim regalis et dives in honore sanctae Mariae abbatia fuerat puellarum*). Mais à cette époque, seuls quelques chanoines étaient rassemblés sur place, autour des reliques de saint Wasnulphe – un pèlerin d'origine irlandaise aux dires de l'auteur. Le culte de ce Wasnulphe est attesté par les litanies ajoutées au milieu du IXe siècle dans le sacramentaire de l'évêque de Cambrai Hildoard († 812). En 882/883, les Normands hivernèrent à Condé selon l'annaliste de Saint-Vaast.

On peut se demander dans quelle mesure la communauté de Condé ne serait pas celle dans laquelle furent envoyées Harlinde et Relinde au milieu du VIIIe siècle (voir à ce propos la notice consacrée à Valenciennes).

Passio Salvii, éd. Coens, c. 4, 168–169; Annales de Saint-Bertin, éd. Grat/Vieillard/Clémencet, a° 870, 174 (traité de Meersen); Annales Vedastini, a° 882, éd. von Simson, 52 (installation des Normands à Condé à l'automne 882); Gesta episcoporum Cameracensium, éd. Bethmann, l. II, c. 42, 464.

Coens, Recueil d'études bollandiennes, 280; id., Le lieu de naissance de sainte Renelde, 355; D'Haenens, Les invasions normandes en Belgique, 52–53; Helvétius, Abbayes, évêques et laïques, 120–122; Nazet, Crises et réformes dans les abbayes hainuyères, 473.

52. Cousolre: église Sainte-Marie [Saint-Martin]

Salra; *Curtisalra*. – Diocèse de Cambrai. – Dép. Nord, arr. Avesnes-sur-Helpe, cant. Solre-le-Château.

Forgé dans la deuxième moitié du IXe siècle, le faux testament d'Aldegonde fait état de la donation aux moniales de Maubeuge du domaine de Cousolre et de son église (*villa quae vocatur Curtisalra cum ecclesia et cunctis ad eam aspicientibus*) que l'on identifie généralement avec le domaine de *Salra* évoqué dans la seconde Vie (seconde moitié du IXe siècle) comme lieu de sépulture de Waudru, d'Aldegonde (dont le corps fut ensuite transféré à Maubeuge) et de leurs parents. Au XIe siècle (?), une amplification de la seconde Vie d'Aldegonde situe bien à Cousolre une église dédiée à la Vierge, qui accueillit successivement les tombeaux des membres de la famille, et où Aldegonde elle-même aurait institué une petite communauté de douze moniales. Ce renseignement est repris par la Vie erronément attribuée à Hucbald de Saint-Amand (*Vita quinta*). Anne-Marie Helvétius en a conclu à l'existence, au début du XIe siècle, d'un petit prieuré dépendant de Maubeuge à l'usage duquel le texte amplifié de la seconde Vie aurait précisément été rédigé.

Vita Aldegundis secunda, éd. Levison, c. 27, 90; Charte de dotation de l'abbaye de Maubeuge, éd. Daris, 42 (église de Cousolre); Vita Aldegundis secunda amplificata, éd. Cat. Brux. 2, 134; Vita Aldegundis quinta, éd. Bolland, c. 15, 659.

Helvétius, Abbayes, évêques et laïques, 73–75 et 253–254.

53. Coyecques: église [Saint-Pierre]

Coiacum. – Thérouanne. – Dép. P.-de-C., arr. Saint-Omer, cant. Fauquembergues.

À Coyecques, les moines de Sithiu possédaient une église (*ecclesia*) en 844/859.

Le polyptyque de l'abbaye de Saint-Bertin, éd. Ganshof, 17 et 70.

54. Crespin

Silva Amblidgis; *Crispinno*. – Cambrai. – Dép. Nord, arr. Valenciennes, cant. Condé-sur-l'Escaut.

54a. Saint-Martin
54b. Saint-Pierre

Le départ de Landelin de Lobbes dont il avait été le fondateur – ainsi que celui des deux communautés voisines de Wallers et d'Aulne – a été judicieusement mis en rapport avec l'influence grandissante des Pippinides sur l'établissement, peut-être après leur victoire sur les Neustriens à Tertry (687). On est en droit de supposer que Landelin fut à nouveau soutenu par l'évêque de Cambrai: en compagnie de deux disciples, Adelin et Domitien, il s'établit dans une forêt sur les rives de l'Hogneau que le propriétaire, non sans difficulté, lui céda pour moitié – une dotation initiale dont Anne-Marie Helvétius a récemment proposé une reconstitution. Landelin fit construire une première église dédiée à saint Martin jusqu'à ce que l'affluence de la foule le force à rechercher davantage de tranquilité et à bâtir une nouvelle église, dédiée cette fois-ci à l'apôtre Pierre: chacun de ses disciples mena alors de son côté une existence solitaire.

54c. Monastère Saint-Pierre (Saint-Landelin)

On ne sait presque rien de Crespin aux VIIIe–IXe siècles. Il est tout à fait probable que Crespin reçut des biens de Clotaire III sis en Hainaut et Toxandrie (Empel), cela servait en tout cas les intérêts de Pépin II qui, à l'époque, cherchait ainsi à mieux contrôler les marges septentrionales et frisonnes du *regnum Francorum*. Crespin apparaît ensuite dans un acte de Lothaire de 855 puis comme abbaye royale en 870. Anne-Marie Helvétius a récemment proposé de nouvelles hypothèses quant au destin de l'abbaye au Xe siècle dont on pensait jusque là, sur la foi d'un diplôme de Charles le Simple (920), qu'elle avait été donnée en même temps que Maroilles à l'évêque de Cambrai puis – cette fois-ci aux dires de l'auteur des *Gesta* – distraite du patrimoine cambrésien, *infestationibus gentium subripientibus, aut mutatione regni* et confiée en bénéfice *viris militaribus*. Mais il semble que le diplôme de 920 soit un faux et que Crespin n'ait en fait jamais cessé d'être dans les mains d'un abbé laïc, de toute évidence le duc Gislebert comme le montre un acte de 931, puis peut-être rapidement le comte de Hainaut. Cela explique les lignes pessimistes que consacre l'auteur des *Gesta* à l'établissement. L'hypothèse permet effectivement de résoudre bien des problèmes que posait la documentation crespinienne et notamment le fait que nulle part ailleurs le monastère n'est mentionné comme dépendant de l'évêque de Cambrai. Reste néanmoins encore à expliquer de manière convaincante les motifs qui auraient amené l'entourage de l'évêque à produire ce faux avant 1024/1025. Au milieu du Xe siècle, Gérard de Brogne se soucia d'obtenir une relique de saint Landelin. La restauration monastique ne fut introduite qu'à la fin du XIe siècle.

Die Urkunden der Merowinger 2, dep. 332, 636–637 (diplôme de Clovis III mentionné dans l'acte de Lothaire II); Die Urkunden Lothars II., n° 1, 383–384 (restitutions de Lothaire II en 855); Annales de Saint-Bertin, éd. GRAT/VIEILLARD/CLÉMENCET, a° 870, 174 (*Crispinno*); Vita Landelini, éd. LEVISON, c. 6–8, 442–444; Recueil des actes de Charles le Simple, n° 106, 252–255 (8 septembre 920: concession de Maroilles et Crespin à Étienne de Cambrai, insérée dans Gesta episcoporum Cameracensium, éd. BETHMANN, l. I, c. 68, 425); Die Urkunden Heinrichs I., n° 30, 65–66 (donation de 931 *canonicis*); Die Urkunden Otto I., n° 426, 579–580 (donation de 973); Gesta episcoporum Cameracensium, éd. BETHMANN, l. II, c. 41, 464.

DUVOSQUEL, La cession de l'abbaye de Maroilles; HELVÉTIUS, Abbayes, évêques et laïques, 93–105; 170–171; 260–267; EAD., Saint Landelin; EAD., Les sainteurs; MISONNE, Un écrit de saint Gérard de Brogne; NAZET, Crises et réformes dans les abbayes hainuyères, 473–475.

55. Croix-Caluyau (Solesmes): église puis prieuré Saint-Martin

Cruce. – Cambrai, – Dép. Nord, arr. Avesnes-sur-Helpe, cant. Landrecies.

L'église Saint-Martin de Croix est mentionnée dans un dossier de plusieurs actes donnés par les souverains mérovingiens puis les maires du palais pippinides et dont Anne-Marie Helvétius a fait récemment une excellente présentation. On retiendra surtout le diplôme de Childebert III (710) signalant l'existence de cet oratoire et de son desservant (*custus*) Madalgiselus, *servus* du souverain. Le 17 août 750, Pépin III rendit à Attigny un jugement définitif dans un litige qui opposait depuis un demi-siècle les abbayes de Saint-Denis et de Maroilles au sujet de la possession de l'église (*oratorium*) de Croix dédiée à Saint-Martin et située à la lisière du domaine fiscal de Solesmes, ainsi que de tous les biens qui en dépendaient. Chacune des deux parties s'était alors présentée au maire du palais avec son propre dossier de confirmation. Les droits des moines de Saint-Denis – plus anciens – ayant triomphé, ils établirent sur place un petit prieuré (*cella*) dont l'existence est attestée en 751 puis à nouveau par un acte de Charlemagne daté du 26 juin 775.

À la mort de l'archevêque de Rouen Ansbert (693?), exilé à Hautmont par la volonté de Pépin II, son corps fut rapporté à Rouen où il avait demandé à être inhumé. Le cortège fit alors une première étape à Solesmes, *ob prolixi itineris fatigationem et refocilationem* (vingt-six kilomètres à vol d'oiseau; un peu davantage en rejoignant la chaussée Bavay-Vermand); une jeune fille paralysée fut guérie à cette occasion. On peut penser que le corps fut alors déposé dans l'oratoire du domaine, à Croix, qui de surcroît était situé le long de la voie romaine.

Die Urkunden der Merowinger, n° 159, 397 (donation de Solesmes et de l'église de Croix par Childebert III à Saint-Denis le 12 mars 710); Die Urkunden der Arnulfinger, n° 21 (jugement d'Attigny rendu le 17 août 750 et rappelant la confirmation par Clotaire III de la donation de l'église de Croix à Maroilles par Robert [Die Urkunden der Merowinger, dep. 250, 605], la donation de cette même église à Saint-Denis par le même Clotaire III [Die Urkunden der Merowinger, dep. 253, 606] et enfin le jugement déjà rendu en faveur de ce dernier établissement par Dagobert III [Die Urkunden der Merowinger, dep. 365, 648], dont la sincérité est prudemment mise en doute); Die Urkunden der Arnulfinger, n° 23 (confirmation des biens de Saint-Denis en 751; original conservé); Die Urkunden Karls des Großen, n° 101, 144-145 (original conservé); Vita Ansberti, éd. Levison, c. 29, 637–638.

Helvétius, Abbayes, évêques et laïques, 115–118 et 120; Stoclet, Evindicatio et petitio. Le recouvrement de biens monastiques en Neustrie sous les premiers Carolingiens.

56. Cysoing

Cisonium. – Tournai. – Dép. Nord, arr. Lille, ch.-l. cant.

56a. Église

Le récit de la translation des reliques de saint Calixte évoque la reconstruction – en deux temps pour ne pas avoir à déplacer les reliques déjà en place – de la petite église du domaine de Cysoing en 854, sans doute celle que signale, autour de 810, la description des domaines fiscaux dont celui d'Annapes était le centre administratif (*cappela ex lapide bene constructa*).

Brevium exempla, éd. Boretius, c. 32, 255 (identification proposée par Grierson, The identity of the unnamed fiscs, 458–459); Translatio Calixti, éd. Holder-Egger, c. 9, 421–422.

56b. Monastère Saint-Sauveur et Sainte-Marie (Saint-Calixte)

Il est difficile de se faire une idée précise du monastère de Cysoing après l'arrivée des reliques de saint Calixte en 854. Le récit de translation évoque quelques miracles de guérison pour des membres de la *familia* du saint ou pour d'autres qui demandèrent ensuite à en faire partie mais il ne dit rien de l'éventuelle communauté qui était rassemblée. Le cartulaire de Cysoing précise un peu plus le sort du monastère dans la deuxième moitié du IXe siècle. Attribué à Adalard (comme *ecclesia*) dans le testament du marquis de Frioul (863/864), le sanctuaire avait auparavant reçu une série de biens des mains de Walgarius, le chapelain d'Évrard, puis la chapelle (*capella*) du fisc de Somain (en 869) des mains de Gisèle. Dans ces deux actes, Cysoing est désigné comme *monasterium*, dédié au Sauveur ainsi qu'à la Vierge et possédant les reliques de Calixte. Enfin, deux autres donations de Gisèle (de 870 et 874) précisent d'une part que des *fratres* résidaient à Cysoing, et d'autre part qu'elle avait fait construire une petite chapelle (dédiée à la Trinité et dont l'autel était consacré à saint Apollinaire) devant la basilique principale (*oratorium ad frontem matris ecclesiae*). L'édifice abritait la sépulture d'Évrard et Gisèle souhaitait vivement y être aussi inhumée.

Par l'analyse de trois lettres de Foulques, archevêque de Reims, et d'un privilège reçu du pape Formose, on sait qu'à la mort d'Adalard, son frère Raoul prit, *hereditario iure*, la tête de la communauté (connue désormais sous le nom de Saint-Calixte). Ce dernier fit ensuite don du monastère à l'église de Reims au grand dam d'un certain Hucbald, époux d'une fille d'Évrard, créant ainsi, à la fin du IXe siècle, une situation confuse dont furent otages les reliques de saint Calixte. Foulques exigeait qu'elles fussent apportées à Reims et s'impatientait devant la mauvaise volonté évidente que mettaient ses suffragants de Tournai (Heidilon) et de Cambrai (Dodilon) à le soutenir. Ces derniers étaient bien peu enclins à laisser partir les précieuses reliques qui, aux dires de Flodoard, gagnèrent finalement Reims.

Translatio Calixti, éd. Holder-Egger, c. 9–10, 421–422; Cartulaire de l'abbaye de Cysoing, éd. Coussemaker, n° 1, 1–3 (testament d'Évrard); ibid., n° 2, 5–7 (donation du chapelain d'Évrard); ibid., n° 3, 7–8 (donation de Gisèle à Adalard); ibid., n° 4 et 5, 8–9 et 10–11 (dernières donations de Gisèle à Cysoing); Flodoard, Historia Remensis ecclesiae, éd. Stratmann, l. IV, c. 1, 370–371 (Foulques à Formose); ibid., c. 2, 373 (privilège de Formose pour Cysoing); ibid., c. 6, 391–392 (deux lettres de Foulques à Heidilon; insérées aussi dans Gesta episcoporum Cameracensium, éd. Bethmann, l. I, c. 63, 422–423); ibid., c. 8 (reliques installées à Reims).

Meijns, Aken of Jeruzalem? 1, 290–297; ibid. 2, 809–813.

57. Denain: communauté de moniales puis de chanoines (Sainte-Marie et Sainte-Ragenfrède)

Duneng. – Diocèse d'Arras. – Dép. Nord, arr. Valenciennes, ch.-l. cant.

En 1024/1025, on disait des origines de Denain qu'elles remontaient à une *cella* fondée par sainte Ragenfrède pour une communuté de *sanctimoniales*, dont elle fut la première abbesse. L'établissement fut ensuite occupé par des chanoines jusqu'à ce que Baudouin IV, comte de Flandre, Gérard Ier, évêque de Cambrai, et Leduin, abbé de Saint-Vaast, y rétablissent la vie régulière d'une communauté de moniales dont une certaine Ermentrude fut alors abbesse. Signalons en tout cas que le culte de sainte Ragenfrède est bien attesté au milieu du IXe siècle dans les litanies ajoutées au sacramentaire d'Hildoard et dans celles d'un sacramentaire d'Elnone. La fondation aurait pu intervenir au VIIe ou au VIIIe siècle, mais il est difficile d'être assuré à ce sujet.

Les précisions apportées par la Vie, rédigée au milieu du XIe siècle, et par les Miracles de la mère de Ragenfrède, sainte Reine, insérés dans l'œuvre de Jacques de Guise, sont évidemment suspectes, voire ouvertement manipulées comme ce faux diplôme de Charles le Chauve restituant aux moniales une série de biens en 877. On peut cependant imaginer l'existence d'un acte sincère mais perdu, d'où proviendraient les mentions des *fratres sororesque inibi Deo militantes* et des vocables. D'après ces traditions tardives, les parents de la sainte – Audebert (qui a eu de son côté les honneurs d'une Vie très tardive copiée au XVe siècle dans un légendier de Böddeken) et Reine – auraient fondé le monastère avec une église dédiée à la Vierge. Une église (Saint-Martin) était réservée aux clercs desservant la communauté formée par les dix filles du couple. D'un pèlerinage à Rome et en Terre sainte, seule revint Ragenfrède pour prendre la tête de la communauté à la mort de ses parents, inhumés à Saint-Martin (mais le corps de sa mère fut ensuite porté à Sainte-Marie. Suit un récit de la destruction de l'établissement par les Normands et de la dispersion des clercs et des moniales.

Gesta episcoporum Cameracensium, éd. Bethmann, l. II, c. 28, 461; Recueil des actes de Charles le Chauve, n° 501, t. 2, 657–660 (faux); Jacques de Guise, Annales historiae illustrium principum Hononiae, l. XII, c. 26–29, éd. Fortia 8, 360–384 (Vie de Reine); c. 30–34; éd. Sackur, 148–154 (Miracles de Reine).

Coens, La légende de S. Audebert; id., Recueil d'études bollandiennes, 273 et 280; Delmaire, Le diocèse d'Arras 1, 200–201; ibid. 2, 469; Huyghebaert, L'abbesse Frisilde, 149–155; Nazet, Crises et réformes dans les abbayes hainuyères, 475–476.

58. Denderwindeke: église Saint-Pierre

Wenteka super fluvium Thenra in pago Bracbatensi. – Cambrai. – B., prov. Fl. or., arr. Alost (fl. Aalst), c. fus. Ninove.

Une notice du *Liber traditionum* de Saint-Pierre de Gand signale le 11 avril 941 la donation du domaine de Denderwindeke et de son église (*ecclesia*) dédiée à saint

Pierre, par une certaine Bertaida. Le *consanguineus* du donateur, nommé Isaac, doit bénéficier de l'usufruit de ces biens à condition qu'il donne trente livres d'argent pour l'autel de saint Pierre et le tombeau de sainte Amelberge ainsi que vingt autres *ad opus fratrum.*

Liber traditionum, éd. Fayen, n° 61, 53–54.

59. Desselgem: église [?]

Thrassaldingehem. – Tournai. – B., prov. Fl. occ., arr. Courtrai, c. fus. Waregem.

Forgé avant 981, le faux privilège de Lothaire daté du 5 mai 966 signale l'église de Desselgem dont le domaine était alors en la possession des moines de Saint-Pierre de Gand (en témoigne une notice du *Liber traditionum* de l'abbaye). Cette église (*ecclesia*) aurait été cédée aux moines en 965 par Baudouin Baldzo pour le salut de l'âme de son défunt oncle Arnoul Ier en même temps que toute une série d'autres biens.

Diplomata belgica, éd. Gysseling/Koch, n° 63, 162 (faux privilège de Lothaire: voir Verhulst, Note sur deux chartes de Lothaire, 17); Liber traditionum, éd. Fayen, n° 75, 79–80 (notice de donation du 29 octobre 965).

60. Destelbergen: église [Sainte-Marie]

Thisla; Thesla. – Tournai. – B., prov. Fl. or., arr. Gand, c. fus.

En 964, les moines de Saint-Pierre de Gand reçurent du roi Lothaire l'immunité pour ce domaine et son église. Cette dernière est aussi mentionnée dans un privilège donné le même jour par ce souverain. En 1007, les reliques de saint Liévin, inventées à Houtem par les moines de Saint-Bavon, y auraient été déposées lors de leur translation à Gand.

Recueil des actes de Lothaire, n° 21, 45; Diplomata belgica, éd. Gysseling/Koch, n° 60, 156; Translatio Livini, éd. Holder-Egger, c. 4, 613.

61. Deurne/*Quortolodora*

Turnium. – Cambrai. – B., prov., arr. et c. fus. Anvers.

Une notice de donation d'un certain Rauchingus et de son épouse Bebelina à Willibrord, datée du 20 octobre 726, fait mention d'une église Saint-Pierre-et-Paul construite par Amand dans le *castrum* d'Anvers. En guise de dédomagement, un certain abbé Firmin de *Quortolodora*, auquel l'église d'Anvers avait été précédemment donnée, recevra le *locellum* de *Tumme*. On suppose donc habituellement que *Quortolodora* était un établissement ecclésiastique. En raison de son nom (que l'on pourrait décomposer ainsi: *quod dicitur Dorna*), il a pu être identifié avec la *villa Turnium ubi erat monasterium Sancti Fredegandi confessoris* pillée par les Normands aux dires des traditions reprises dans la Vie tardive de saint Gommaire de Lierre. Cette dernière précise également que les reliques de ce Frédégand furent alors mises en sécurité ailleurs. Au XIIe siècle (ou dès le Xe siècle selon Alain Dierkens), on trouve leur trace à Moustier-sur-Sambre (dans le diocèse de Liège) où l'on imagine donc que la communauté avait pu se réfugier. Toujours au XIIe siècle, on prétendait que Moustier était une fondation d'Amand, ce qui permettrait de rattacher Deurne/*Quortolodora* à l'action du missionnaire aquitain.

Chronicon Epternacense, éd. WEILAND, 63–64 (charte de Rochingus); Vita Gummari, éd. DE BUE, c. 23, 688.

D'HAENENS, Les invasions normandes en Belgique, 267–270 et 323–324; DIERKENS, Abbayes et chapitres, 67–68; FRITZE, Universalis gentium confessio, 99 et 102; MOREAU, La Vita Amandi prima, 463–464; Rombaut VAN DOREN, Frédégand, Dictionnaire d'histoire et de géographie ecclésiastique 18 (1977), 1144–1145; VERHULST, The origins and early history of Antwerp, 11–12.

62. Dikkele: église Saint-Pierre

Dickla in comitatu Bracbentensi. – Cambrai. – B., prov. Fl. or., arr. Oudenaarde (fr. Audenarde), c. fus. Zwalm.

Le 26 juin 991, une certaine Oydala fit don aux moines de Saint-Pierre de Gand de son domaine de Dikkele en Brabant avec l'église (*aecclesia*) Saint-Pierre qui y était édifiée.

Liber traditionum, éd. FAYEN, n° 99, 94–95.

63. Dikkelvenne: monastère (Saint-Pierre)

Ticliuinni. – Cambrai. – B., prov. Fl. or., arr. Gand, c. fus. Gavere.

Dikkelvenne est peut-être l'établissement royal de *Ticliuinnum* passé dans la main de Charles le Chauve en 870. Les informations qui circulent au sujet du monastère de Dickkelvenne et de sa fondation par un certain Hilduard au VIIIe siècle (rejoint par une certaine Christine, fille d'un roi païen anglo-saxon) jusqu'au transfert de la communauté à Grammont (à l'extrême fin du XIe siècle) sont transmises par une copie faite au XVIIIe siècle sur des annales plus anciennes. Inutile de préciser qu'un tel état de la tradition ne nous retiendra pas plus longuement. Le culte de Christine est peut-être attesté au tournant des XIIe–XIIIe siècles [COENS, Recueil d'études bollandiennes, 278 (Bruxelles, Bibl. royal, ms 14682: psautier en provenance de Marchiennes)]; celui d'Hilduard pas avant la deuxième moitié du XVe siècle: Jean Gielemans leur consacre une courte Vie dans le second volume de son Hagiologium Brabantinorum [BHL 1745–1745a: éd. VAN DEN BOSCH, AA SS Julii 6, Anvers 1729, 314–315 et Analecta Bollandiana 14 (1895), 60].

C'est sous le vocable de Saint-Pierre que l'abbaye de Dikkelvenne est connue à la fin du XIIe siècle. En 1096, l'abbatiale de Grammont fut consacrée en l'honneur de saint Pierre et du Sauveur. En 1180, le vocable de Saint-André apparaît pour la première fois et s'impose ensuite.

Annales de Saint-Bertin, éd. GRAT/VIEILLARD/CLÉMENCET, a° 870, 174.

Monasticon belge 7–2 (1977), 53–128.

64. Douai: église Sainte-Marie puis chapitre Saint-Amé

Duacum. – Arras. – Dép. Nord, s.-pr.

Des fouilles récentes ont révélé quelques fonds de cabane sur le site de l'actuelle ville de Douai et une occupation assez lâche jusqu'à l'époque carolingienne. Il faut, en effet, attendre 930 pour voir cet *oppidum quoddam nomine Duagium* (Flodoard) devenir un enjeu dans la rivalité qui opposa les princes du nord de la Francie occidentale au Xe siècle. Plusieurs états de construction du château ont ainsi pu être mis en évidence à l'emplacement de la future fonderie de canons: on les rapproche des occupations successives du site par Arnoul (Arnoul Ier comte de Flandre? ou un comte d'Ostrevant du même nom comme le pense Jan Dhondt?), par le roi de France Lothaire puis par le comte de Flandre, Arnoul II et ses successeurs.

En 1024/1025, le rédacteur des *Gesta* des évêques de Cambrai se contente de mentionner l'existence dans le *castellum Duwaicum* d'un chapitre (*monasterium canonicorum*) autour des reliques des saints Mauront et Amé. Il faut attendre plusieurs actes datés de 1076 et notamment le long exposé d'un diplôme de Philippe Ier donné à Senlis le 28 février pour connaître l'idée que l'on se faisait à ce moment des origines de l'établissement. Devant la menace normande, les reliques des saints Amé et Mauront inhumés à Merville au tournant des VIIe–VIIIe siècles auraient été mises en sécurité à Soissons. Il revint à un comte Arnoul *senex* d'avoir permis la translation de ces précieux corps à Douai dans une église (*ecclesia*) dédiée à la Vierge (le *Chronicon Vedastinum* fait remonter cette première fondation au VIIe siècle: il l'attribue à Adalbaud, le père de Mauront, et au maire du palais Erchinoald qu'il présente comme deux frères). Arnoul céda des biens – et notamment le domaine de Breuil/Merville – pour l'entretien des *fratres* désormais installés dans ce sanctuaire. Les successeurs du comte ne manquèrent pas de manifester la même générosité. L'examen de l'ensemble des traditions relatives à Saint-Amé a néanmoins invité Jan Dhondt à postuler l'existence de plusieurs translations. La première, d'après le *Chronicon Vedastinum*, de Merville à Douai en 870, accompagnée d'une élévation solennelle des reliques par l'évêque Jean de Cambrai (en 874?), la suivante (en 881?) de Douai à Soissons et enfin le retour de Soissons à Douai.

Flodoard, Annales, éd. LAUER, a° 930, 46–47; Gesta episcoporum Cameracensium, éd. BETHMANN, l. II, c. 21, 460; Chronicon Vedastinum, éd. WAITZ, fol. 62v, 694 et fol. 89v, 708–709; Recueil des actes de Philippe Ier, n° 80, 202–203 et 438–441.

Le paysage monumental de la France, dir. BARRAL I ALTET 546–548 [Pierre DEMOLON]; BRASSART, Mémoire sur un point important de l'histoire de Douai; Palais médiévaux, dir. RENOUX n° 12, 43 [Pierre DEMOLON]; DELMAIRE, Le diocèse d'Arras 1, 197; ibid. 2, 470–471; DEMOLON/ROUCHE, Les origines rurales de Douai, La fondation de la ville de Douai; DHONDT, Une dynastie inconnue de comtes d'Ostrevant, 178–180 (sur la translation des reliques d'Amé à la fin du IXe siècle, avec références des traditions, toutes de la fin du XIe et du XIIe siècle); MEIJNS, Aken of Jeruzalem? 1, 362–382; UGÉ, Politics of Narrative Production 2, 229–255.

65. Douchy-les-Mines: église [Saint-Pierre]

Dulciaco in pago Hannau; *super fluviuo Savo*. – Cambrai. – Dép. Nord, arr. Valenciennes, cant. Denain.

Au milieu du Xe siècle, les moines de Saint-Pierre de Gand percevaient la dîme à Douchy. Quant à la mention de l'église (*aecclesia*), elle figure uniquement dans la confirmation de Louis IV et non dans la donation d'Arnoul Ier qui signale uniquement la *villa Dulciaca cum appendiciis suis* (mais il ne s'agit sans doute pas d'une interpolation d'après Adriaan Verhulst). On retiendra donc qu'en 950, les moines blandiniens possédaient bien une église sur place dont dépendait aussi celle de Noyelles-sur-Selle.

Diplomata belgica, éd. GYSSELING/KOCH, c. 5, 129 (dîme); ibid., n° 53, 145 (donation d'Arnoul Ier de 841); ibid., n° 60, 156 (confirmation de Lothaire de 964); Liber traditionum, éd. FAYEN, n° 5, 18; Recueil des actes de Louis IV, n° 36, 85.

VERHULST, Sur un diplôme de Louis IV pour Saint-Pierre de Gand, 434.

66. Écoivres: église Saint-Martin

Savia. – Arras. – Dép. P.-de-C., arr. Arras, cant. Dainville.

En 1024/1025, on avait conservé le souvenir à Cambrai de l'existence dès la fin du VIIe siècle d'une église (*oratorium*) dédiée à saint Martin dans le domaine (*villa*) d'Écoivres (hameau aujourd'hui situé à un kilomètre du Mont-Saint-Éloi, de l'autre côté de la voie romaine). Écoivres était alors une propriété de l'évêque Vindicien de Cambrai.

Gesta episcoporum Cameracensium, éd. Bethmann, l. I, c. 27, 412.

Delmaire, Le diocèse d'Arras 2, 474 (paroisse au Moyen Âge puis commune indépendante jusqu'en 1821).

67. Éecke?

Thérouanne. – Dép. Nord, arr. Dunkerque, cant. Steenvoorde.

Après quelques années passées au monastère d'Hautmont, saint Vulmer gagna le Mempisque et son immense forêt. Il reçut une partie d'un grand domaine des mains de son propriétaire. Il fit alors construire une église (*ecclesia*). La tradition identifie ce premier oratoire avec l'église paroissiale d'Éecke dédiée à saint Vulmer. L'affluence des habitants le pressa néanmoins à changer d'établissement.

Vita Vulmari, éd. Mabillon, c. 5–6, 235–236 (identification avec Éecke).

68. *Villa Elisachia*: église

In pago Curtracensi. – Tournai. – B., localisation inconnue.

L'église de la *villa Elisachia* est passée aux mains de *satellites* du comte de Flandre Arnoul Ier dans le courant du Xe siècle: elle est revendiquée par l'abbé Othelbold de Saint-Bavon dans la lettre qu'il adressa à la comtesse Otgive en 1019/1030.

De brief van abt Othelbold aan gravin Otgiva, éd. Voet, 234.

69. *Villa Elsoia*: église

In pago Minpisco. – Thérouanne? Tournai?

La possession de l'église (*ecclesia*) d'*Elsoia* est confirmée aux moines de Saint-Bavon de Gand par le roi Lothaire le 5 mai 966.

Recueil des actes de Charles le Chauve 2, n° 274, 116 (précepte du 11 octobre 864: *in pago Minpisco in villa Helsoia*); Recueil des actes de Lothaire, n° 26, 65.

70. Éperlecques: église Saint-Winnoc

Spirliacus. – Thérouanne. – Dép. P.-de-C., arr. Saint-Omer, cant. Ardres.

Rédigés aux Xe–XIe siècles, les Miracles de Winnoc évoquent la générosité du comte Gérard à l'égard du monastère de Wormhout dont il fit réédifier l'église, *sua ex cura*. Par la suite, il fit construire à Éperleques, qu'il tenait en bénéfice, une église (*ecclesia*) dédiée à saint Winnoc et confia la direction de l'ouvrage aux *fratres* de Wormhout dont certains s'installèrent sur place. Un dimanche, en quête d'un calice pour célébrer la messe, cette petite communauté fut témoin de la réparation miraculeuse d'un vase brisé. La deuxième Vie du saint (rédigée par Wéry de Saint-Pierre de Gand en 1064 selon Dom Huyghebaert) attribue la construction de cette église aux clercs de Wormhout après la donation du domaine par Gérard. Cette version des faits est ensuite reprise par une interpolation tardive du texte originel des Miracles dans le légendier de Clairmarais (Saint-Omer, Bibl. mun., ms 716).

Miracula Winnoci, éd. Levison, c. 2, 780–781; Vita Winnoci secunda, éd. Mabillon, c. 12, 309.

71. Espain: église [Saint-Aybert]

Spidinio. – Tournai. – B., prov. Hainaut, arr. Tournai, c. fus. Brunehaut.

En 847, Charles le Chauve confirme aux moines d'Elnone la possession d'une *cella* et d'un manse à Espain. En 899, Charles le Simple complète cet ensemble par quatre manses supplémentaires; il est alors question d'une *ecclesia* sur place. En raison des inondations de l'Escaut, l'église d'Espain fut déplacée au début du XVIIe siècle et démolie en 1768; Bléharies devint alors le centre paroissial (en 1690/1728, cette église était placée sous le patronage de saint Aybert, ermite à Crespin à la fin du XIe siècle).

Recueil des actes de Charles le Chauve 1, n° 92, 847; Recueil des actes de Charles le Simple, n° 18, 31.
Platelle, Le temporel de l'abbaye de Saint-Amand, 86.

72. Esquelbecq: église [Saint-Folcuin]

Hicclesbeke. – Thérouanne. – Dép. Nord, arr. Dunkerque, cant. Wormhout.

L'évêque de Thérouanne Folcuin tomba malade lors d'une visite pastorale rendue à l'église d'Esquelbecq, située dans le Mempisque. Il y mourut le 14 décembre 855 et sa dépouille fut alors portée à Sithiu. Il avait manifesté de son vivant le souhait d'y être inhumé.

Folcuin, Gesta abbatum Sithiensium, éd. Holder-Egger, c. 62, 618–619.

73. Estevelles: église

Steflas. – Tournai. – Dép. P.-de-C., arr. Béthune, cant. Lens.

Une notice du *Liber traditionum* de Saint-Pierre de Gand rappelle, outre la donation de l'église de Carvin par le comte Arnoul de Valenciennes en 994, celle d'une autre église (*alia aecclesia*) qu'une interpolation introduite sans doute peu de temps après dans un diplôme du roi Lothaire permet d'identifier avec la *capella* d'Estevelles. Au Moyen Âge néanmoins, Estevelles ne connut ni paroisse propre, ni secours mais était rattachée à Pont-à-Vendin [Saint-Vaast].

Liber traditionum, éd. Fayen, n° 101, 95–96; Diplomata belgica, éd. Gysseling/Koch, n° 60, 156, note b (interpolation de l'acte de Lothaire du 22 février 964).
Platelle, Les paroisses du décanat de Lille, 122.

74. Evergem: église [Saint-Christophe]

Evergehem. – Tournai. – B., prov. Fl. or., arr. Gand, c. fus.

La possession de l'église (*ecclesia*) et du domaine d'Evergem est confirmée aux moines de Saint-Bavon de Gand par le roi Lothaire le 5 mai 966.

Recueil des actes de Lothaire, n° 26, 64.

75. Famars: église [Sainte-Marie]

Castellum Fanomartensis. – Cambrai. – Dép. Nord, arr. et cant. Valenciennes.

Siège du préfet des Lètes nerviens au Bas-Empire, Famars fut un élément essentiel du dispositif défensif installé le long de la voie romaine Boulogne-Cologne à la fin du IIIe siècle. À l'emplacement d'un complexe thermal du haut Empire, fut ainsi établi un puissant *castellum*, fouillé en 1917–1918 puis à nouveau en 1957–1958 et en 1974. Au centre du *castellum* fut ainsi découvert en 1974 un ensemble de huit sépultures coffrées dont l'une a révélé un riche mobilier, indiquant une inhumation dans la deuxième moitié du VIe siècle; une autre signale une utilisation de cette toute petite nécropole au VIIe siècle. Mieux, ces tombes semblent avoir été établies autour d'un mur (mérovingien?) appartenant à une probable église primitive (la fouille ayant eu lieu sur le flanc sud de l'église paroissiale de Famars, reconstruite en 1927 sur l'emplacement de l'édifice médiéval).

Au début du VIIe siècle, la première Vie de l'évêque Géry présente l'évêque en visite à Famars (*territorium Fano-Martinse*) et la rencontre d'un marchand (*negotiator*) qui, malgré ses supplications, refusa de libérer les esclaves qui l'accompagnaient. Celui-ci ayant trouvé refuge pour la nuit dans une auberge, les captifs furent miraculeusement libérés et se réfugièrent dans une église (*ecclesia*) qu'il convient d'identifier avec celle de Famars. Fernand Vercauteren situait l'auberge à Cambrai, mais c'est assurément forcer le texte qui, dans ce cas, n'aurait pas manqué d'apporter cette précision.

Vita Gaugerici prima, éd. Krusch, c. 12, 656.

Beaussart, Patrimoine archéologique du Valenciennois, 48–75 et 83–90; Brulet, La militarisation de la Gaule du Nord, 63–66; Deisser-Nagels, Valenciennes, 55–56 et 59–62; Carte archéologique de la Gaule 59, 210–239; Vercauteren, Étude sur les civitates de la Belgique seconde, 212–214; Verslype, Le paysage rural et urbain des bassins de l'Escaut et de la basse et moyenne Meuse 1, 243–244 (sépulture).

76. Flers-en-Escrébieux: 2 églises [Saint-Amand]

Flers in pago Scrirbiu. – Arras. – Dép. Nord, arr. Douai, cant. Douai nord-est.

D'après une notice du *Liber traditionum* de Saint-Pierre de Gand et une charte datée du 6 octobre 975 (que ses derniers éditeurs tenaient en suspicion, mais en définitive sans raison convaincante selon Dom Huyghebaert), Eilbodon, maître du Courtraisis dans la deuxième moitié du Xe siècle, fit don aux moines blandiniens du domaine de Flers et de ses deux églises. Dans le même *pagus* furent cédées les localités de *Lanuuin* (Lauwin-Planque [Saint-Ranulphe]) et *Bellou* (non identifiée).

Diplomata belgica, éd. Gysseling/Koch, n° 64, 164; Liber traditionum, éd. Fayen, n° 82, 83 (notice datée de 972).

Delmaire, Le diocèse d'Arras 2, 483; Huyghebaert, Examen de la charte de Radbod, 23–24.

77. Fucheau: église Saint-Pierre

Fussiacum. – Cambrai. – Dép. Nord, arr. Avesnes-sur-Helpe, cant. Avesnes-sur-Helpe nord, c. Dompierre-sur-Helpe.

En 1024/1025, il y avait à Fucheau une petite communauté de chanoines (*monasterium*; *aliquot canonici*) autour des reliques de l'Irlandais Etton dont les miracles permirent de nombreuses donations. Il est difficile de savoir à quelle date cette communauté s'est rassemblée. Néanmoins, la mention d'Etton dans la fausse donation d'Aldegonde (forgée par les moniales de Maubeuge dans la seconde moitié du IXe siècle si l'on suit la démonstration d'Anne-Marie Helvétius) pourrait signaler qu'un culte lui était rendu sur place dès l'époque carolingienne. Sa Vie, rédigée au début du XIe siècle, n'offre guère d'informations solides: peut-être faut-il néanmoins retenir l'épisode de la donation du domaine par un certain Jovinus et la construction d'une église dédiée à saint Pierre.

Gesta episcoporum Cameracensium, éd. Bethmann, l. II, c. 34, 463; Vita Ettonis, éd. Pien, *passim*.
Helvétius, Abbayes, évêques et laïques, 122–123 et 167; Heuclin, Le pèlerinage à saint Etton.

78. Furnes: chapelle Sainte-Marie puis chapitre Sainte-Walburge

Furnae; fl. Veurne. – Thérouanne. – B., prov. Flandre occ., ch.-l. arr.

On se contentera ici d'un bref aperçu: d'une part, parce que les mises au point récentes ne manquent pas sur les origines de Furnes; d'autre part, parce que ces dernières sont fort obscures, surtout en ce qui concerne le chapitre Sainte-Walburge. Ce n'est en effet pas avant le milieu du XIe siècle que l'importance de la localité est attestée dans la documentation. On suppose cependant – suivant en cela l'auteur du *Libellus miraculorum Bertini* évoquant les *castella recens facta* du littoral – qu'un *castrum* comtal y fut édifié dès la fin du IXe siècle et, à l'intérieur, une chapelle castrale dédiée à la Vierge. C'est en tout cas le vocable donné au chapitre au Moyen Âge à côté de celui de Sainte-Walburge. À une date mal précisée par une inscription, mais qui doit remonter aux premières décennies du Xe siècle, on pense que les reliques de cette abbesse d'Heidenheim y furent déposées, de toute évidence données par Charles le Simple qui, en 916, avait construit à leur intention une chapelle dans le palais d'Attigny. Quant au chapitre, il n'en est pas question avant 1095. L'existence de la chapelle et la réalité de la translation reposent en définitive sur un faisceau assez sûr d'informations, mais comme le rappelle Dom Huyghebaert, «il manquera toujours une attestation contemporaine ou une relation recevable de cet événement».

Recueil des actes de Charles le Simple, n° 86, 192–196 (dotation de la chapelle Sainte-Walburge d'Attigny: voir Barbier, Palais et fisc à l'époque carolingienne: Attigny, 145–157).
Carnier, Parochies en bidplaatsen in het bisdom Terwaan, 217–222; Holzbauer, Mittelalterliche Heiligenverehrung, 444–446; Nicolas Huyghebaert, Furnes, Dictionnaire d'histoire et de géographie ecclésiastique 19 (1981), 444–468; Meijns, Aken of Jeruzalem? 1, 332–341.

79. Gand

Ganda; *portus Gandavensis*; fl. Gent. – Tournai. – B., prov. Fl. or., ch.-l. de prov.

79a. *Ganda*: Saint-Pierre (Saint-Bavon)
79b. *Blandinium*: Saint-Pierre-au-Mont-Blandin (Saints-Pierre-et-Paul)

L'histoire des deux abbayes gantoises pendant le haut Moyen Âge est particulièrement difficile à écrire. Leurs origines ont fait l'objet de violentes polémiques au Xe et au XIe siècle entre les deux communautés. Nous nous appuierons donc prudemment sur les résultats des recherches de plusieurs générations de médiévistes (essentiellement gantois) tels qu'ils ont été récemment exposés par Adriaan Verhulst et Georges Declercq (Declercq/Verhulst, Gand entre les abbayes et la fortification comtale; Verhulst, Saint-Bavon et les origines de Gand).

Dans la basse vallée de l'Escaut, la Vie d'Amand signale l'existence d'une *cellula* autour de laquelle étaient réunis des *fratres*. À la suite d'une condamnation à mort prononcée par le comte local, Amand fit transporter le corps du supplicié; l'intervention miraculeuse du saint permit sa résurrection (Vita Amandi prima, éd. Krusch, c. 14, 438–439). Cette communauté aurait été fondée grâce à la donation du domaine d'Aaigem (à l'ouest de Gand) par Dagobert dont le fragment ancien du *Liber traditionum* a conservé le souvenir (Diplomata Belgica, éd. Gysseling/Koch, 128). Un certain Jean aurait été à la tête de l'établissement. Une notice de ce même *Liber* permet également d'affirmer qu'au tout début du VIIIe siècle, la communauté était dirigée par une abbesse nommée Engelwara, ce qui laisse penser que l'établissement rassemblait aussi des femmes (ibid., c. 5, 130; Liber traditionum, éd. Fayen, c. 58, 50). À l'époque carolingienne, cette communauté est désignée sous le nom de *monasterium Blandinium*.

Dans ce même fragment copié au Mont-Blandin se trouve une liste de biens de Saint-Bavon. Le fragment ancien du *Liber* a en effet été établi au moment de la restauration du Mont-Blandin par le comte Arnoul Ier et, dans un premier temps, il semble qu'il n'ait pas eu l'intention de restaurer aussi Saint-Bavon. Ceci explique que les Blandiniens aient cherché à récupérer aussi les biens de cet établissement (Declercq, Traditievorming en tekstmanipulatie, 108–129). On peut ainsi lire dans cette liste une notice de vente d'un certain Rucho cédant à Amand son domaine de Slote (au nord-est de Gand). La transaction aurait ensuite été confirmée par Clovis II (Diplomata Belgica, éd. Gyssseling/Koch, 135). Le reste de cette liste permet de dire que cette seconde fondation était dirigée par un abbé nommé Florbert (que les Blandiniens revendiquèrent au milieu du Xe siècle comme l'un des leurs dans la *Ratio fundationis* introduisant le fragment ancien du *Liber*). Par la suite, cette église continua à recevoir une série de biens dans les environs. On peut très vraisemblablement identifier cette église avec la basilique Saint-Pierre du *castrum cuius vocabulum est Gandavum* dont il est question dans la Vie de Bavon (éd. Krusch, c. 4, 537). L'ermite Bavon, disciple d'Amand, avait été vraisemblablement inhumé dans la *cellula* qu'il avait fait édifier à Mendonck non loin de là. Ses reliques furent transportées à *Ganda* à la fin du VIIe siècle ou dans le courant du siècle suivant. La communauté prit alors progressivement son nom sans que le vocable primitif ne tombe complètement dans l'oubli: dans la deuxième moitié du XIe siècle, l'auteur de la seconde Vie de saint Macaire (éd. Holder-Egger, MGH, SS 15–2, 618) distingue ainsi le *cenobium sancti Petri quod Blandinium dicitur* (Saint-Pierre-au-Mont-Blandin) du *Sancti Petri, quod sanctus confessor Bavo meritis illustrabat, cenobium* (Saint-Bavon).

Les choses s'éclairent davantage dans la première moitié du IXe siècle. Éginhard reçut en effet l'abbatiat des deux établissements qui étaient donc passés dans la main du roi; il instaura à Saint-Pierre et Saint-Bavon, que les sources présentent désormais comme des communautés de chanoines, la séparation entre la mense abbatiale et la mense conventuelle. Les deux abbayes restaient tout à fait indépendantes l'une de l'autre même si Éginhard n'avait désigné sur place qu'une seule personne le représentant. De 840 jusqu'à la fin du IXe siècle, on peut penser que chaque établissement retrouva son propre abbé laïc jusqu'à ce que les comtes de Flandre réunissent à nouveau ces fonctions à leur profit. Devant le danger normand (851), les chanoines de Saint-Bavon, dont la communauté était assurément plus riche que celle de leurs voisins, trouvèrent un provisoire refuge à Laon. En 864 néanmoins ils avaient regagné Gand. En 879/880, les envahisseurs, qui s'installèrent à Saint-Bavon même, obligèrent à nouveau les chanoines à reprendre la route de Laon où ils s'établirent jusque dans la première moitié du Xe siècle.

Des donations conservées dans le *Liber traditionum* témoignent d'un retour plus précoce des religieux au Mont-Blandin. Les comtes de Flandre se soucièrent alors particulièrement de l'établissement. Baudouin II y fut inhumé en 918 puis son épouse Elftrude. Arnoul Ier procéda à la réforme de Saint-Pierre en 941. Une partie du temporel, usurpé par les comtes alors même qu'il s'agissait de biens de la mense conventuelle, fut restituée à la nouvelle communauté bénédictine à la tête de laquelle le comte établit Gérard de Brogne (jusqu'en 953). On connaît également l'active politique de reliques d'Arnoul Ier au profit du Mont-Blandin.

La restauration de Saint-Bavon fut plus tardive. D'abord accueillie dans la chapelle castrale de Gand (avant 937), la communauté ne fut installée dans son établissement originel et réformée qu'en 946/947 sur le même modèle que Saint-Pierre et sous la direction de Gérard de Brogne. Jusqu'en 982, elle resta d'ailleurs sous la tutelle de l'abbé du Mont-Blandin Womar. En fait, Saint-Bavon ne retrouva une certaine prospérité que dans le dernier quart du Xe siècle. L'empereur Otton II comprit en effet tout l'intérêt qu'il avait à s'assurer le soutien d'un établissement gantois dans la rivalité qui l'opposait au comte de Flandre (la rive droite de l'Escaut, on le sait, était lotharingienne). Il procéda ainsi à un bon nombre de restitutions de biens sis en terre d'Empire. Ses successeurs poursuivirent cette politique Commence alors une période de tensions entre Saint-Pierre et Saint-Bavon dont on trouve de très riches échos dans la production hagiographique des XIe–XIIe siècles.

Saint-Bavon. – Une bonne partie de la documentation diplomatique a été éditée dans les Diplomata belgica, éd. Gysseling/Koch; une liste complète des actes (avec renvoi aux éditions) est dressée dans: De oorkonden van de Sint-Baafsabdij, éd. Vleeschouwers; De brief van abt Othelbold aan gravin Otgiva, éd. Voet; Breviarium de thesauro, éd. Wattenbach; on verra ici même la présentation des dossiers hagiographiques des saints Bavon, Liévin, Marcellin et Pierre; Dierkens, Abbayes et chapitres, 232–238; Grierson, The early abbots of St. Bavo's; Monasticon belge 7–1 (1988), *11–*35 [Geert Berings]; Verhulst, Das Besitzverzeichnis der Genter Sankt-Bavo-Abtei (édition du fragment de polyptyque, 231–234); id., De Sint-Baafsabdij te Gent en haar gronbezit; Cyriel Vleeschouwers, Florbert, Dictionnaire d'histoire et de géographie ecclésiastique 17 (1971), 510–512.

Saint-Pierre. – Une bonne partie de la documentation diplomatique a été éditée dans les Diplomata belgica, éd. Gysseling/Koch, auxquels on ajoutera le *Liber traditionum* de 1035 (éd. Fayen); Declercq, Traditievorming en tekstmanipulatie; Dierkens, Abbayes et chapitres, 232–238; Grierson, The early abbots of St. Peters; Monasticon belge 7–1, 1988, *69–*104 [Geert Berings].

79c. Chapelle castrale

De retour de Laon, la communauté de Saint-Bavon et les reliques de son saint patron furent installées à Gand dans la chapelle castrale en attendant de retrouver son site originel: *Gandensis coenobii locus pene videbatur similior deserto vacuatus cultoribus, in novo edificata castello aecclesia, illo ea introduxerunt custodienda*. La translation définitive des reliques eut lieu le 30 septembre 946. Certains historiens ont sans doute à tort confondu cette église castrale avec celle du *portus*.

Miracula Bavonis, éd. Holder-Egger, l. I, c. 7, 593 et c. 10, 594.

Van Werveke, A-t-il existé des fortifications à Saint-Omer?, 1076–1080.

79d. Église du *portus:* Saint-Jean-Baptiste, Saint-Vaast et Saint-Bavon

Elle est mentionnée dans un acte du roi Lothaire pour Saint-Pierre-au-Mont-Blandin (*In ipso quoque portu omnes mansilioniles, cum ecclesia in eo sita).* Un acte de l'évêque Transmar, daté de 947, évoque la consécration de cette église, dédiée aux saints Jean-Baptiste, Vaast et Bavon: *sacravimus in portu Gandensi basilicam vulgo congruentem in sancti Johannis Baptiste honore atque beatorum confessorum Vedasti et Bavonis.* Ce renseignement (malgré des interpolations du XIe siècle contenues dans le diplôme) a été accepté par Adriaan Verhulst qui considère également que la cérémonie fut en fait la reconsécration d'une église déjà existante.

Diplomata belgica, éd. GYSSELING/KOCH, n° 60, 156 (acte de Lothaire du 22 février 964); Liber traditionum, éd. FAYEN, n° 62, 54–58 (charte interpolée de Transmar).

DECLERCQ/VERHULST, Gand entre les abbayes et la fortification comtale, 51; VERHULST, Saint-Bavon et les origines de Gand, 462–463.

80. Gijzenzele/Gontrode: 2 églises [Bavon pour les deux]

Gisingasela. – Cambrai. – B. , arr. Gand, c. fus. Melle, c. fus. Oosterzele.

Attesté dans le temporel de l'abbaye gantoise de Saint-Bavon dès 864, le domaine de Gijzenzele n'est mentionné avec son église (*ecclesia*) qu'en 976. En revanche, une église et demi (*inter Rothen et Gisensela [...] ecclesia et dimidia*) – entendons la moitié des revenus d'un second oratoire – avait été restituée en 1019/1030 aux moines de Saint-Bavon, comme le reconnut l'abbé Othelbold dans la lettre qu'il adressa alors à la comtesse Otgive.

Recueil des actes de Charles le Chauve 2, n° 274, 116 (11 octobre 864); Die Urkunden Otto des II., n° 126, 143 (19 janvier 976); De brief van abt Othelbold aan gravin Otgiva, éd. VOET, 239.

81. Grenay: église [Malo]

Granai. – Arras. – Dép. P.-de-C., arr. Lens, cant. Liévin nord.

Vers 959, Waldo, père d'un certain Riklinus, oblat à Sithiu, fit don de l'église (*ecclesia hereditatis suae*) de Granay en conservant l'usufruit pour lui-même et pour son fils.

Folcuin, Gesta abbatum Sithiensium, éd. HOLDER-EGGER, c. 109, 631.

DELMAIRE, Le diocèse d'Arras 2, 495.

82. Guines: église [Saint-Pierre]

Gisna. – Thérouanne. – Dép. P.-de-C., arr. Calais, ch.-l. cant.

Des biens sis à Guines ont été donnés à Sithiu en 808 par une certaine Letdrude. En 844/859, les moines de Sithiu possédaient également l'église (*ecclesia*) de cette localité.

Diplomata belgica, éd. GYSSELING/KOCH, n° 23, 44; Le polyptyque de l'abbaye de Saint-Bertin, éd. GANSHOF, 21 et 108.

83. Haine: église Saint-Martin

Hagna. – Cambrai. – B., prov. Hainaut, arr. Soignies, c. fus. La Louvière.

Un acte de Louis l'Enfant daté de 906 confirme un échange entre l'abbé de Lobbes (l'évêque de Liège) et un vassal de l'abbesse (laïque) de Nivelles et de Fosses. Celui-ci reçoit l'église (*capella*) de Haine, dédiée à saint Martin, ainsi que les biens qui lui étaient attachés, appartenant auparavant à l'église Sainte-Marie de Lobbes. Haine (mais sans église) est en effet bien attesté dans le temporel de Lobbes à la fin du IXe siècle. Il y avait au Moyen Âge deux paroisses distinctes: Haine-Saint-Paul et Haine-Saint-Pierre.

Le polyptyque de l'abbaye Saint-Pierre de Lobbes, éd. Devroey, 27–28 (Haine dans le fragment de description postérieure au partage de 889); ibid., 33 (liste courte, rédigée vers 889); ibid., 53 (liste longue rédigée avant 1038); Die Urkunden Ludwigs des Kindes, n° 50, 174–175.

Dierkens, Abbayes et chapitres, 114–115.

84. Hamage

Hamaticum. – Arras. – Dép. Nord, arr. Douai, cant. Marchiennes, c. Wandignies-Hamage.

84a. Monastère Saints-Pierre-et-Paul (Saint-Pierre)
84b. Église Sainte-Marie

L'histoire de Hamage (comme celle de Breuil/Merville) est indissociable de celle de Marchiennes et de la famille de Rictrude et d'Adalbaud au VIIe siècle. Dans l'acte de confirmation de la mense conventuelle de Marchiennes donné par Charles le Chauve le 11 juillet 877, un tiers du vin de Vregny (dans le Soissonnais) est attribué à la communauté de Hamage (*ad opus sororum ac fratrum in Hamatico degentium*). Rédigée en 907 à l'intention de la communauté de Marchiennes, la Vie de sainte Rictrude évoque ausssi les origines de Hamage. Fondé par la grand-mère d'Adalbaud nommée Gertrude, le monastère (double, dès les origines précisa au XIIe siècle l'histoire-polyptyque de Marchiennes) accueillit Eusébie, une fille d'Adalbaud et de Rictrude, afin qu'elle y fût élevée. À la mort de la fondatrice (qui fut inhumée sur place), Eusébie lui succéda, mais sa mère Rictrude exigea qu'elle revînt s'installer à Marchiennes et y rapportât le corps de son arrière-grand-mère. Eusébie se résigna à quitter Hamage mais y retourna secrètement toutes les nuits. Le stratagème ayant été découvert, elle fut violemment punie par son frère Mauront mais Rictrude, sur le conseil d'évêques et d'abbés, accepta de la laisser s'installer définitivement à Hamage. Bien que confus, cet épisode est précieux en ce qui concerne les rapports de dépendance entre les deux maisons: *duo monasteria vicina sibi, et commoda sub una lege*, comme l'écrit Hucbald dans la Vie d'Amé. Eusébie mourut un 16 mars.

Une Vie lui fut consacrée au tout début du XIe siècle, peut-être par Jean d'Elnone (selon Léon van der Essen). Elle s'inspire largement du travail d'Hucbald mais apporte quelques précisions jusque là inédite. Après un abbatiat de vingt-trois années (ce qui permettrait de dater la mort d'Eusébie au plus tôt de 664/671), elle fut inhumée dans l'église dédiée aux apôtres Pierre et Paul. Comme celle-ci était trop petite, une abbesse nommée Gertrude, veuve d'un *vir illuster* nommé Ingomar, fit édifier un autre *templum* dédié à la Vierge. Elle prépara la translation des reliques d'Eusébie et la cérémonie fut présidée par l'abbé Hatta de Saint-Vaast. L'histoire-polyptyque précise enfin que les défunts furent dès lors inhumés dans l'église Saint-Pierre tandis qu'une chapelle (*edicula*) de treize pieds de long et de sept de large était bâtie sur le flanc sud de Sainte-Marie, abritant le tombeau d'Eusébie recouvert d'or. En 1024/1025, on conservait à Cambrai le souvenir d'une église (*ecclesia*) édifiée par Eusébie pour une com-munauté féminine (*sanctimoniales*) mais où ne subsistaient plus que quelques chanoines. Dans la deuxième moitié des années 1020, à la suite de la réforme de Marchiennes, Hamage fut transformé en prieuré, rapidement abandonné par les moines (si l'on en croit les Miracles de sainte Rictrude) jusqu'à la restauration de l'abbé Amand († 1133). À une date indéterminée (avant le début du XIIe siècle) nous dit l'histoire-polyptyque, les reliques d'Eusébie furent rapportées à Hamage mais retournaient chaque année à Sainte-Marie la veille de la fête de la dédicace, jusqu'au lendemain.

Le site de Hamage fait l'objet de fouilles programmées depuis près de dix ans qui confirment l'occupation du site, principalement au VIIe et au IXe siècle (avec la construction d'un cloître?). Particulièrement significatives sont les découvertes de gobelets en céramique, dont les inscriptions confirment la présence d'une communauté féminine sur place à l'époque mérovingienne.

Recueil des actes de Charles le Chauve 2, n° 435, 473–475; Hucbald, Vita Rictrudis, éd. Papebroch, c. I, § 9, 82; ibid., c. III, § 25–27, 86–87; Hucbald, Vita Amati, éd. Cat. Brux. 2, c. 21–22, 51–52; Vita Eusebiae, éd. Hensken, c. II, c. 12–13, 449–450; Gesta episcoporum Cameracensium, éd. Bethmann, l. II, c. 27, 461; L'histoire-polyptyque, éd. Delmaire, c. 3–15, 67–79.

On se reportera aux références données dans la notice consacrée à Marchiennes. – Delmaire, Le diocèse d'Arras 1, 197–198; ibid. 2, 498 et 580; Dolbeau, Le dossier hagiographique de s. Amé; Louis, Sorores ac fratres in Hamatico degentes (et toutes les études précédentes de l'auteur); Nazet, Crises et réformes dans les abbayes hainuyères, 476–478; Henri Platelle, Hamage, Dictionnaire d'histoire et de géographie ecclésiastique 23 (1990), 199–200; van der Essen, Étude critique et littéraire, 265–268; Verslype, Le paysage rural et urbain des bassins de l'Escaut et de la basse et moyenne Meuse 1, 313–316.

85. Harelbeke: église Saint-Bertulphe (Saint-Sauveur)

Villa Harlebecensis; *Harlabeca*; fr. Harlebeke. – Tournai. – B., prov. Fl. occ., arr. Courtrai.

Après avoir rappelé l'existence exemplaire de Bertulphe à Renty dans la seconde moitié du XIIe siècle, l'auteur de sa Vie (un moine du Mont-Blandin écrivant à la fin du XIe siècle) consacre de substantiels développements au devenir de ses reliques. Elles furent d'abord transportées à Boulogne par le comte Erkanger à cause de l'insécurité entretenue par les Normands, puis volées par un certain Electus qui avait le projet de les vendre en Angleterre. À la demande de l'évêque Wicfrid, le comte Arnoul Ier récupéra les reliques à Audinghem où elles avaient été cachées avec celles d'un mystérieux évêque breton nommé Gudwal. Il les fit d'abord déposer dans l'église (*ecclesia*) du domaine d'Harelbeke avant d'ordonner leur translation à Saint-Pierre de Gand. Néanmoins, le prêtre (*sacerdos*) Théodrade obtint du comte une partie du corps saint. À la fin du Xe siècle, l'incendie de l'église fut cependant le prétexte à leur translation définitive au Mont-Blandin.

L'auteur développe plus loin les circonstances de cet incendie. À la mort du comte Arnoul II en 988, les troubles redoublèrent dans la principauté flamande et les gens de Courtrai (*Curtracenses*) profitèrent de la jeunesse de Baudouin IV, pour s'attaquer aux fidèles qui lui restaient à Harelbeke. Les habitations et l'église furent alors incendiées; le prêtre (*sacerdos*) Bugecin put néanmoins extraire *in extremis* les reliques de l'incendie. En raison du climat général d'hostilité, celles-ci furent déposées à la forteresse (*castellum munitissimum*) de Vijve (en aval de la Lys) avant de revenir, *post aliquan-*

tum vero temporis, à Harelbeke. La comtesse Rozala-Suzanne et son jeune fils exigèrent ensuite leur translation à Gand. Pour Dom Huyghebaert qui se fonde sur une étude serrée de la Vie de Bertulphe, l'affaire est entendue: l'intérêt des moines blandiniens pour le second lot de reliques s'explique par la nécessité de remplacer le premier lot qui aurait été cédé à Adalbéron de Reims à l'issue de la dédicace de l'abbatiale du Mont-Blandin le 30 septembre 975. Entre 1035 et 1042, fut établi à Harelbeke un chapitre dont seule la dédicace au Sauveur apparaît dans les actes. À la fin du XIe siècle, la Vie de Bertulphe ne cite cependant que ce dernier dans le vocable de l'église.

Il existe aujourd'hui un *codex* du Xe siècle contenant un paragraphe très succinct concernant Bertulphe (La Haye, Bibl. royale, ms 70 H 50; Analecta Bollandiana 6, 1887, 204–206). Ce résumé évoque la donation problématique de la *villa Herbecha* (Harelbeke?) à Bertulphe par son maître et le monastère qu'il y fonda ensuite. Il est ensuite question de la translation des reliques à Boulogne puis à Saint-Pierre de Gand. Rien n'est dit de Renty où le saint aurait vécu selon sa Vie.

Vita Bertulfi, éd. MABILLON, c. 25, 54; ibid., c. 27, 55; ibid., c. 30, 57; ibid., c. 31–32, 57; ibid., c. 37–39, 60–61; Recueil des actes de Philippe Ier, n° 15, 45–47 et 433–434 (avant le 4 août 1063: confirmation royale de la fondation par la comtesse Adèle).

Roger AUBERT, Harelbeke, Dictionnaire d'histoire et de géographie ecclésiastique 23 (1990), 365–367; DECLERCQ, Het kapittel van Harelbeke; FERRANT, Esquisse historique sur le culte et les reliques de saint Bertulphe; HUYGHEBAERT, La consécration de l'église abbatiale de Saint-Pierre de Gand (975), 135–137; HUYGHEBAERT, Examen de la charte de Radbod Ier, 24–25.

86. Hasnon: monastère Saint-Pierre

Coenobium Hasnoniensis. – Arras. – Dép. Nord, arr. Valenciennes, cant. Saint-Amand-les-Eaux rive droite.

Un acte de Charles le Chauve donné le 11 juillet 877 vient confirmer une série de possessions du monastère (*coenobium*) Saint-Pierre de Hasnon alors occupé par une communauté de *fratres et sorores*, dont la propre fille du souverain, Ermentrude, était abbesse. Ce diplôme, considéré en définitive comme sincère par ses derniers éditeurs, se présente comme la pièce la plus sûre d'un ensemble de traditions compilées en 1070 par un moine de Hasnon ou d'Elnone/Saint-Amand, quelques années après la restauration entreprise par les comtes de Hainaut et dont l'aboutissement avait été une solennelle et somptueuse cérémonie de dédicace (aux apôtres Pierre et Paul) de l'abbatiale le 3 juin 1070 (le lendemain de la fête des saints Marcellin et Pierre), présidée par l'évêque Liébert de Cambrai.

Aux dires du moine anonyme, l'établissement fut fondé en 670 par un certain Jean, *genere et virtute illuster*, et sa sœur Eulalie sur un domaine familial (*ampli patrimonii eius quaedam portio*). Les deux fondateurs avaient pour parents le comte d'Ostrevant Autbaldus et la comtesse Grimoara ainsi que plusieurs frères et sœurs: Aldo (époux d'Oedila qu'il quitta ensuite pour la vie religieuse), Autgangus, Adalboldus, Adalardus, Bertrudis et Adalwara. L'évêque Vindicien aurait consacré l'établissement en l'honneur de l'apôtre Pierre un 30 avril. La plus grande partie de ces données figuraient aussi sur une inscription douteuse découverte au XVIIe siècle. La communauté qui se développa fut d'abord gouvernée par Jean puis par des frères et sœurs des deux fondateurs. Une liste de noms des *rectores* (où alternent hommes et femmes) est ensuite fournie jusqu'à celui de la fille de Charles le Chauve et, ce qui est difficilement acceptable, de celui de la propre épouse du souverain. L'auteur a donc de toute évidence cherché à compléter et à interpréter une liste de noms qui, outre le diplôme de Charles, constituait son unique documentation car plus rien n'est dit de l'établissement jusqu'aux circonstances de la réforme des années 1060. En revanche, on sait qu'en 1024/1025, on gardait à Cambrai le souvenir d'une abbaye «autrefois royale et prospère», désormais desservie par quelques chanoines et où étaient encore conservées les reliques (*ex maxima parte*) des saints Marcellin et Pierre.

Recueil des actes de Charles le Chauve 2, n° 436, 76; Gesta episcoporum Cameracensium, l. II, c. 25, éd. Bethmann, 460; Tomellus de fundatione coenobii Hasnoniensis [suivant la suggestion de Louis Serbat], éd. Holder-Egger, 149–153 (pour les premiers temps de l'abbaye) et 156–158 (pour la dédicace de 1070).

Delmaire, Le diocèse d'Arras 1, 201; ibid. 2, 500 et 587 (l'église paroissiale de Hasnon était dédiée aux saints Marcellin et Pierre); Dolbeau, La bibliothèque de l'abbaye d'Hasnon; Nazet, Crises et réformes dans les abbayes hainuyères, 478–481; Henri Platelle, Hasnon, Dictionnaire d'histoire et de géographie ecclésiastique 23 (1990), 480–485; Serbat, Un historien imaginaire du IXe siècle; Ugé, Politics of Narrative Production 2, 341–355.

87. Haspres: dépendance de Jumièges (Saint-Hugues et Saint-Achard)

Hasprum. – Cambrai. – Dép. Nord, arr. Valenciennes, cant. Bouchain.

En 1024/1025, le rédacteur des *Gesta* des évêques de Cambrai décrit brièvement le petit «prieuré» d'Haspres (*cella* selon l'acte d'échange), auparavant dépendant de Jumièges mais qui venait d'être cédé à Saint-Vaast d'Arras. L'évêque Gérard Ier avait en effet cherché à mettre dans un meilleur chemin les moines du lieu, *inregulariter vivantes*, en raison de l'éloignement qui les séparait de leur communauté d'origine.

L'auteur des *Gesta* en vient donc à expliquer les origines de cet établissement: les destructions des Normands, emmenés par le *tyrannus* Rol, avaient forcé les moines de Jumièges à venir déposer les reliques des saints Achard et Hugues au domaine d'Haspres. Appartenait-il de longe date à Jumièges? Avait-il fait l'objet d'une donation récente par un *princeps* quelconque? Notre auteur reconnaît son ignorance à ce sujet et Albert D'Haenens a pu ainsi rejeter en bloc son témoignage. Notons néanmoins que le culte des premiers abbés de Jumièges, Philibert et Achard, est attesté à Cambrai dans les litanies ajoutées au milieu du IXe siècle dans le sacramentaire de l'évêque Hildoard († 812), ce qui pourrait nous mettre sur la piste d'une appartenance ancienne d'Haspres au temporel de Jumièges (à la mense abbatiale puisqu'au milieu du IXe siècle la mense conventuelle, décrite par un diplôme de Charles le Chauve, ignore ce domaine). Pour autant, il est difficile d'accepter l'idée d'une fondation par Pépin II après 687, suivie d'une donation à Jumièges, comme le prétend Jacques de Guise. Les historiens ont dans l'ensemble accepté la réalité de l'exil des moines de Jumièges, peut-être dès 866 selon Dom Laporte ou alors au début du Xe siècle (en rapprochant le «tyran Rol» de Rollon). L'auteur des *Gesta* précise qu'une partie de la communauté s'installa durablement (*his nimirium apud hanc villam posthac remanentibus, monasterio facto, monachis delegatis*) jusqu'au début du XIe siècle. Le Père van der Straeten a ainsi proposé d'attribuer à un moine réfugié à Haspres la rédaction des Vies des deux saints Achard et Hugues, mais ces conclusions ont été récemment rejetées par Jacques Le Maho.

L'occupation ancienne du site est attestée par une riche nécropole mérovingienne (occupée dès le Ve siècle?) fouillée à la fin du XIXe siècle. Précisons également la situation privilégiée de l'actuelle commune d'Haspres, autour de la vallée de la Selle, à proximité de la voie romaine Cambrai/Bavay et traversée par le probable *diverticulum* antique Villers-en-Cauchies/Famars.

Gesta episcoporum Cameracensium, éd. Bethmann, l. II, c. 29, 461–462; Coens, Recueil d'études bollandiennes, 280 (litanies de Cambrai); Les chartes de l'abbaye de Jumièges 1, éd. Vernier, n° 10, 25–26.

Carte archéologique de la Gaule 59, 263–264; D'Haenens, Les invasions normandes en Belgique, 233–235, Helvétius, Abbayes, évêques et laïques, 90–92 et 123–124; Le Maho, La production éditoriale à Jumièges; Lifshitz, The migration of neustrian relics, 187–189 (interprétation peu convaincante du passage des *Gesta*); Musset, Les destins de la propriété monastique, 51; Nazet, Crises et réformes dans les abbayes hainuyères, 481; Henri Platelle, Haspres, Dictionnaire d'histoire et de géographie ecclésiastique 23 (1990), 486–488; Van der Straeten, Vie inédite de s. Hugues, 224–226 (bibliographie sur l'exode de Jumièges); id., L'auteur des Vies de s. Hugues et de s. Aycadre.

88. Hautmont: monastère Saint-Pierre (Saint-Pierre et Saint-Paul)

Altomonte; *Altus Mons* (870). – Cambrai. – Dép. Nord, arr. Avesnes-sur-Helpe, ch.-l. cant.

Comme Anne-Marie Helvétius a pu l'établir récemment – et contre les témoignages fournis par la première Vie de Vincent-Madelgaire et les *Gesta* des évêques de Cambrai – le monastère d'Hautmont (*monasterium quod vocatur Altomonte*) existait dès avant 655/660, lorsque Vincent-Madelgaire y entra, son épouse Waudru ayant de son côté fondé une communauté féminine à Mons. Ce n'est qu'au début du XIe siècle qu'est mentionné le vocable du monastère: Saint-Pierre dans la Vie de Vincent, Saint-Pierre et Saint-Paul pour l'auteur des *Gesta*. L'existence de la communauté est bien attestée au VIIe siècle. Saint Vulmer, futur fondateur de Samer, y fut éduqué; l'évêque de Rouen Ansbert, mal disposé à l'égard de Pépin II, y fut exilé. Ceci peut fournir un indice des préférences politiques de l'établissement et de son abbé Aldulf à la fin du VIIe siècle. Attesté en 833 puis comme établissement royal en 870, Hautmont le resta sans doute tout au long du Xe siècle puisqu'il fut attribué (par Otton Ier de toute évidence) à Rathier de Vérone en 968. Aux dires de l'auteur des *Gesta*, cela ne semble pas avoir nui à sa prospérité dans un premier temps. Finirent par s'introduire des difficultés matérielles, un certain relâchement et donc le passage de l'*ordo monachalis ad canonicalem*. Passé dans la main du comte Herman d'Ename puis dans le patrimoine de la famille de Gérard Ier, Hautmont fut réformé par ses soins, et ceux de Richard de Saint-Vanne, vers 1015.

Vita Aldegundis prima, éd. Mabillon, c. 4, 808; Vita Vulmari, éd. Mabillon, c. 2–4, 234–235; Vita Ansberti, éd. Levison, c. 22–26, 634–636; Gesta abbatum Fontanellensium, éd. Pradié, c. XIII, § 7, 183; Annales de Saint-Bertin, éd. Clémencet/Grat/Vieillard, a° 870, 174; Folcuin, Gesta abbatum Lobbiensium, éd. Pertz, c. 28, 69; Vita Vincentii prima, éd. Poncelet; Gesta episcoporum Cameracensium, éd. Bethmann, l. II, c. 35, 463, l. III, c. 6, 468.

Helvétius, Abbayes, évêques et laïques, 76–92; 169; 255–260; Nazet, Crises et réformes dans les abbayes hainuyères, 482–483.

89. Hélesmes: église [Saint-Léger]

Halciacum; *ecclesia Helemensis*. – Arras. – Dép. Nord, arr. Valenciennes, cant. Denain.

Hélesmes est mentionné dès 847 comme bien de la mense conventuelle d'Elnone. En revanche l'église (*ecclesia*) du lieu n'apparaît dans la documentation qu'en 1071; mais l'on apprend alors qu'elle avait été distraite de la mense abbatiale par l'abbé Genulfus († 969), ce qui signale, selon le chanoine Platelle, une fondation vraisemblablement plus ancienne encore.

Recueil des actes de Charles le Chauve, n° 92, 249 (23 mars 847); PLATELLE, La justice seigneuriale de l'abbaye de Saint-Amand, pièce justificative n° 1, 417 (notice de 1071).
DELMAIRE, Le diocèse d'Arras 2, 502; PLATELLE, Le temporel de l'abbaye de Saint-Amand, 100.

90. Hénin: église Saint-Martin

Henim. – Arras. – Aujourd'hui c. d'Hénin-Beaumont, dép. P.-de-C., arr. Lens, ch.-l. cant.

Mentionné en 973 comme bien de Saint-Pierre de Gand, Hénin possède en 1024/1025 une église (*basilica*) dédiée à saint Martin dans laquelle un certain Robert d'Arras a installé douze chanoines au début de l'épiscopat de Gérard Ier.

Gesta episcoporum Cameracensium, éd. BETHMANN, l. II, c. 23, 460.
DELMAIRE, Le diocèse d'Arras 1, 198; ibid. 2, 503; MEIJNS, Aken of Jeruzalem? 2, 814–817.

91. Herbelles: église [Saint-Léger]

Hardbere. – Thérouanne. – Dép. Pas-de-Calais, arr. Saint-Omer, cant. Aire-sur-la-Lys.

Les archives de Saint-Bertin ont conservé jusqu'à la Révolution l'original de la charte de donation (mais avec réserve d'usufruit pour ses héritiers) du domaine et de l'église d'Herbelles par une veuve nommée Richilde (975). À la suite de l'acte, une mention manuscrite rapporte qu'elle y fut inhumée en 986 par les soins de son fils Gérard. Un autre ajout signale en 993 le rachat de l'ensemble du domaine et de ses dépendances par l'abbé Odbert contre la somme de vingt livres.

Les chartes de Saint-Bertin, éd. HAIGNERÉ, n° 64, 20–21.

92. Hollain: église Saint-Martin [Saint-Martin]

Holinium (*fiscus regius*). – Tournai. – B., prov. Hainaut, arr. Tournai, c. fus. Brunehaut.

Le 21 janvier 974, les moines de Saint-Pierre de Gand reçurent de Godefroid, comte de Verdun, le fisc royal d'Hollain, l'église Saint-Martin qui y était édifiée, et tous les biens qui en dépendaient, dont Rumegies et son église. Tout cela est signalé dans une notice du *Liber traditionum* de l'abbaye ainsi que dans un diplôme falsifié au nom du comte.

Liber traditionum, éd. FAYEN, n° 58, 50 (Engelwara, *Deo sacrata* et vraisemblablement abbesse de la communauté originelle de *Blandinium*, donne les biens qu'elle possède à Hollain en 702); ibid., n° 86, 85–86 (21 janvier 974; notice de la donation de Godefroid); Diplomata belgica, éd. GYSSELING/KOCH, n° 67, 169 (fausse donation de Godefroid forgée avant 1047).

93. Honnecourt-sur-Escaut: monastère Saint-Pierre (Marie, Martin et Polline) [Saint-Nicolas]

Hunolcurth; *Hunulfcurt* (870). – Cambrai. Dép. Nord, arr. Cambrai, cant. Marcoing.

En 1024/1025, on conservait à Cambrai le souvenir de la fondation d'un *monasterium* de *clerici et sanctimoniales* à Honnecourt par un *vir illuster* nommé Amalfrid et son épouse Childeberte qui confièrent le gouvernement de la communauté à leur fille Auriana. Étaient conservées à Honnecourt les reliques d'une mystérieuse sainte Polline (*Pollina*). L'évêque Vindicien aurait consacré l'église en l'honneur de saint Pierre en compagnie de son collègue Lambert de Maastricht. Au début du XIe siècle, l'établissement était tenu en bénéfice par des *viri militares* et ne rassemblait plus que quelques chanoines.

Ces données concordent donc avec ce que nous apprend un acte conservé dans le cartulaire de Sithiu, rappelant la donation d'Honnecourt le 8 février 685 par Amalfrid à l'abbé Bertin (alors qu'il n'est jamais fait mention ailleurs de traditions bertiniennes dans les *Gesta* cambrésiens). Après la mort du donateur et celle de sa fille Auriana, *rectrix* et *abbatissa*, ce *monasterium* (il n'est pas précisé s'il était double ou non), dédié à la Vierge, aux saints Pierre et Martin et à sainte Polline dont la communauté possédait les reliques, ainsi que tous ses biens, devaient passer dans le patrimoine de Sithiu. Bertin avait alors toute liberté pour y établir un prévôt, choisi parmi ses moines. L'existence de la communauté est aussi attestée en 870 lors du partage de Meersen puisqu'elle fut attribuée à Charles.

Un troisième ensemble de traditions est fourni par la Vie de Liphard. Si le texte est particulièrement confus sur les origines, la vie, et le prétendu martyre de cet évêque de Cantorbéry à Trescault au VIIe siècle, il précise néanmoins qu'au temps de l'évêque Fulbert de Cambrai († 956), une communauté féminine était établie à Honnecourt, entourée de quelques chanoines assurant le service divin. Une moniale aveugle nommée Restituta (parce qu'elle retrouva ensuite la vue?) eut une vision exigeant la translation des reliques de Liphard à Honnecourt. Fulbert procéda alors à la cérémonie, non sans avoir auparavant tenté de s'approprier le corps saint. Les reliques furent déposées dans une église dédiée à saint Laurent. L'auteur précise écrire après le remplacement des chanoines par des moines, sans mentionner de communauté féminine, donc pas avant la fin du XIe siècle. Ajoutons enfin que la restauration de 911 attribuée à un certain Odon, *castellanus Cameracensis*, sur la foi de traditions recueillies au XVIIe siècle par Jean Le Carpentier est plus que problématique.

Diplomata belgica, éd. Gysseling/Koch, n° 5, 15–17 (donation d'Amalfrid); ibid., n° 6, 17–18 et Die Urkunden der Merowinger 1, n° 130, 331 (fausse confirmation de Thierry III datée du 1er avril 686 ou 687; cf. Kölzer, Merowingerstudien I, 123–125); Annales de Saint-Bertin, éd. Grat/Vieillard/Clémencet, 174; Gesta episcoporum Cameracensium, éd. Bethmann, l. I, c. 27, 412; ibid., l. II, c. 10, 458; Vita Lietphardi, éd. Hensken, c. 3–9, 496–497.

Bulteau, Étude historique et archéologique, 2–8; Gallia christiana 3, 112–113.

94. Hordain: chapelle funéraire

Cambrai. – Dép. Nord, arr. Valenciennes, cant. Bouchain.

En 1973–1974, la fouille d'une partie d'une vaste nécropole des VIe–VIIIe siècles a mis au jour un bâtiment rectangulaire (13 m x 8 m) édifié à la fin du VIe siècle. À l'intérieur, l'emplacement d'une pierre d'autel et des sépultures privilégiées signalent une chapelle funéraire. Une partie des inhumations postérieures (mais pas toutes) furent ensuite alignées sur le bâtiment. L'actuelle église paroissiale de Hordain est dédiée à saint Géry.

Beaussart, Patrimoine archéologique du Valenciennois, 82; Carte archéologique de la Gaule 59, 272–275; Les premiers monuments chrétiens 3, 269–271; Verslype, Le paysage rural et urbain des bassins de l'Escaut et de la basse et moyenne Meuse 1, 135 et 263–264.

95. Hornu: église Saint-Martin

Hornutum. – Cambrai. – B., prov. Hainaut, arr. Mons, c. fus. Boussu.

Selon les Miracles de saint Ghislain, en 936 l'église du monastère de Celle/Saint-Ghislain fut dévastée par un incendie et les laudes furent donc célébrées *in proxima Sancti Martini basilica*. On peut identifier cette église avec celle de Hornu (dont le domaine est précisément désigné comme *villa proxima* au début du recueil) où résidait au début du Xe siècle le prêtre Teutfrid qui desservait l'église en ruine de Celle. Au Moyen Âge, Celle était une dépendance paroissiale d'Hornu dont l'église était bien dédiée à saint Martin.

Inventio et miracula Gisleni, éd. de Bue, c. 9–10, 1037.

Helvétius, Abbayes, évêques et laïques, 223–224, n. 71 et 72; Van Overstraeten, Les paroisses rurales en Hainaut, 503 et 506–507.

96. Houtave: église [?]

Holtauua. – Tournai. – B., prov. Fl. occ., arr. Bruges, c. fus. Zuienkerke.

L'église (*ecclesia*) de Houtave avait été usurpée dans le courant du Xe siècle par des *satellites* du comte de Flandre Arnoul Ier, ce dont se plaignait l'abbé Othelbold dans la lettre qu'il adressa à la comtesse Otgive en 1019/1030.

De brief van abt Othelbold aan gravin Otgiva, éd. Voet, 236.

97. Houtem: église [Saint-Michel]

Holtim; auj. Sint-Lievens-Houtem. – Cambrai. – B., prov. Fl. or., arr. Alost (fl. Aalst), c. fus.

En 976, les moines de Saint-Bavon firent l'acquisition du domaine et de l'église de Houtem, comme le rappelle, en 1019/1030, l'abbé Othelbold de Saint-Bavon dans la lettre qu'il adressa à la comtesse Otgive (*in pago bragbantinsi, uilla Holthem cum ecclesia et omnibus appendiciis*). À la fin du XIe siècle, les Bavoniens prétendirent que les reliques de saint Liévin avaient été transportées d'Houtem (où ce saint aurait été inhumé) à Gand au début du XIe siècle.

Die Urkunden Otto des II., n° 126, 143 (19 janvier 976); De brief van abt Othelbold aan gravin Otgiva, éd. Voet, 107–109 et 239; Liber traditionum, éd. Fayen, n° 124, 114; Translatio Livini, éd. Holder-Egger, passim.

Coens, L'auteur de la Passio Livini, 293.

98. Hyon: église [Martin]

Hionium. – Cambrai. – B., prov. Hainaut, arr. et c. fus. Mons.

Dès 889, les moines de Lobbes possédaient à Hyon, entre autres biens, l'église.

Le polyptyque de l'abbaye Saint-Pierre de Lobbes, éd. Devroey, 28 (fragment de la description établie vers 889); ibid., 32 (liste courte établie vers 889); ibid. 52 (liste longue établie avant 1038); ibid., 57 (*cella Hion* au XIIe siècle).

99. Idegem: église [Saint-Pierre]

In Bracbanto Idingehem. – Cambrai. – B., prov. Fl. or., arr. Alost (fl. Aalst), c. fus. Geraardsbergen (fr. Grammont).

En 964, le roi Lothaire reconnaît aux moines de Saint-Pierre de Gand la possession de l'église (*ecclesia*) d'Idegem en Brabant.

Diplomata belgica, éd. GYSSELING/KOCH, n° 60, 156 (22 février 964); ibid., n° 63, 162 (fausse confirmation de Lothaire du mai 966, forgée avant 981: voir VERHULST, Note sur deux chartes de Lothaire, 17).

100. Itegem: église [Saint-Guibert]

Northreuuic et Idingehem in pago Tessandrie. – Cambrai. – B., prov. Anvers, arr. Malines (fl. Mechelen), c. fus. Heist-op-den-Berg.

L'église (*ecclesia*) d'Itegem ainsi que celle de Noorderwijk (attestée, elle, deux ans plus tôt) furent cédées en 976 à un *vir nobilis* nommé Folgbert et son épouse contre le domaine d'Houtem, son église et ses dépendances.

Die Urkunden Otto des II., n° 126, 143.
COENS, L'auteur de la Passio Livini, 293.

101. Journy

Villa quae Eornacus vocatur. – Thérouanne. – Dép. P.-de-C., arr. Saint-Omer, cant. Ardres.

Avant 820, la première Vie d'Omer et de ses compagnons fait mention de Journy en précisant que, de son vivant, l'évêque Omer se serait reposé sous un arbre et y aurait laissé une croix de bois. Autour de celle-ci des miracles continuaient à se produire *usque ad presentem diem.* Au Moyen Âge, l'église paroissiale était dédiée à saint Omer.

Vita Audomari, Bertini et Winnoci, éd. LEVISON, c. 17, 764.

102. Kanegem: église [?]

Caningahem; *Canengem.* – Tournai. – B., prov. Fl. occ., arr. et c. fus. Tielt.

Le diplôme de Lothaire pour Saint-Bavon donné le 5 mai 966 confirme l'abbaye dans la possession de l'église de Kanegem. En 1019/1030, la lettre adressée par l'abbé Othelbold à la comtesse Otgive assure que cette église avait effectivement rejoint le temporel de Saint-Bavon.

Recueil des actes de Lothaire, n° 26, 65; De brief van abt Othelbold aan gravin Otgiva, éd. VOET, 193 et 236.

103. Kraainem: église [Saint-Pancrace]

Crainhem. – Cambrai. – B., prov. Brabant, arr. Hal-Vilvorde, c. fus.

L'église de Kraainem était revendiquée par l'abbé Othelbold de Saint-Bavon dans la lettre qu'il adressa à la comtesse Otgive en 1019/1030. Elle faisait en effet partie de ces biens usurpés dans le courant du Xe siècle par des *satellites* du comte Arnoul Ier de Flandre. Il semblerait donc que malgré l'intervention de l'empereur Henri II en 1003, les Bavoniens n'aient pu rentrer en possession de cette église.

Die Urkunden Heinrichs II., n° 36, 41 (5 février 1003); De brief van abt Othelbold aan gravin Otgiva, éd. VOET, 235.

VERBESSELT, Het parochiewezen in Brabant 12, 249–281.

104. Lambres-lès-Douai [Saint-Sarre]

Lambrus vicus; *Lambras*. – Arras. – Dép. Nord, arr. Douai, cant. Douai ouest.

En 575, Sigebert ayant été assassiné sur ordre de Frédégonde dans le domaine royal de Vitry, Chilpéric Ier put quitter Tournai où il était réfugié et procéder aux funérailles de son frère au *vicus* de Lambre. Ceci pourrait suggérer l'existence sur place d'un petit oratoire qui n'est cependant pas fermement attesté durant le haut Moyen Âge. Au début du Xe siècle, Le domaine (*villa*; *regius fiscus*; *portus*) de Lambres aurait été donné à l'évêque Étienne par Charles le Simple. Il est ensuite mentionné comme bien de l'évêque de Cambrai, promis (mais non donné) au comte Arnoul de Flandre par Bérenger († 962/963) puis concédé au châtelain Gautier par Tetdon († 979). Le vocable de Saint-Sarre doit être surtout rapproché du collateur, l'abbé de Saint-André du Cateau, depuis l'épiscopat de Liébert.

Grégoire de Tours, Historiarum libri decem, l. IV, c. 51, éd. KRUSCH/LEVISON, 189; Gesta episcoporum Cameracensium, éd. BETHMANN, l. I, c. 81–82, 431; ibid., l. I, c. 99, 442; ibid., l. II, c. 21, 460 (donation de Charles le Simple avec une intéressante déformation du récit des funérailles du roi Childebert); Chronicon Sancti Andreae, éd. BETHMANN, l. II, c. 34, 538–539.

DEMOLON/ROUCHE, Les origines rurales de Douai, 15–17; DELMAIRE, Le diocèse d'Arras 2, 511–512.

105. Lebbeke: église [Sainte-Marie]

Lietbeca. – Cambrai. – B., prov. Fl. or., arr. Dendermonde (fr. Termonde), c. fus.

L'église (*ecclesia*) de Lebbeke, usurpée par le comte Reinold de Soissons, était revendiquée par l'abbé Othelbold de Saint-Bavon dans la lettre qu'il adressa à la comtesse Otgive en 1019/1030. Malgré l'intervention de l'empereur Henri II en 1003, il semble donc que les Bavoniens n'avaient pas réussi à s'en rendre définitivement maître.

Die Urkunden Heinrichs II., n° 36, 41 (5 février 1003); De brief van abt Othelbold aan gravin Otgiva, éd. VOET, 237.

VERBESSELT, Het parochiewezen in Brabant 7, 77–99.

106. Lecelles: église Saint-Denis [Saint-Denis]

Cella que antiquitus Blangiacas est dicta. – Tournai. – Dép. Nord, arr. Valenciennes, cant. saint-Amand-les-Eaux, rive gauche.

En 937, les moines d'Elnone reçurent de Louis IV toute une série de biens dans la *cella* de Lecelles dont l'église (*ecclesia*) consacrée en l'honneur de saint Denis.

Recueil des actes de Louis IV, n° 6, 16.
PLATELLE, Le temporel de l'abbaye de Saint-Amand, 87.

107. Lede: église [Saint-Martin]

Letha. – Cambrai. – prov. Fl. or., arr. Alost (fl. Aalst). c. fus.

L'église (*ecclesia*) de Lede, usurpée par le comte Régnier IV de Hainaut, était revendiquée par l'abbé Othelbold dans la lettre qu'il adressa à la comtesse Otgive en 1019/1030.

De brief van abt Othelbold aan gravin Otgiva, éd. VOET, 236.

108. Leernes: église [Saint-Martin]

Villa Lederna. – Cambrai. – B., prov. Hainaut, arr. Charleroi, c. fus. Fontaine-l'Évêque.

L'église (*ecclesia*) de Leernes était affectée à l'entretien des douze chanoines de Sainte-Marie/Saint-Ursmer de Lobbes, comme cela est confirmé dans le privilège d'Otton II donné en 973. Le domaine appartenait depuis plus d'un siècle au monastère.

Le polyptyque de l'abbaye Saint-Pierre de Lobbes, éd. DEVROEY, 10–11 (description de la mense conventuelle de 868/869); ibid., 32 (liste courte composée avant 889); ibid., 52 (liste longue composée avant 1038); Die Urkunden Otto des II., n° 53, 64.

109. Lembeek: église [Saint-Véron]

Lembeca. – Cambrai. – B., prov. Brabant, arr. Hal-Vilvorde, c. fus. Halle.

En 1004, il y avait à Lembeek une église (*ecclesia*) et un prêtre. Ce dernier, nommé Humbert, eut une vision lui révélant l'emplacement de la tombe de saint Véron (mort à la fin du IXe siècle?). À la suite des miracles opérés par ces reliques, le comte Regnier V de Hainaut les fit porter à Mons.

Olbert de Gembloux, Inventio Veroni.
VERBESSELT, Het parochiewezen in Brabant 20, 395–475.

110. Lens: chapitre Saint-Vulgan

Castrum Lenensis. – Arras. – Dép. P.-de-C., s.-pr.

Mentionné comme *fiscus regius* en 973 et donné par Arnoul II à Saint-Pierre de Gand, Lens apparaît ensuite comme *castrum* dans les *Gesta* des évêques de Cambrai qui y mentionnent, en 1024/1025, un *monasterium canonicorum* autour des reliques de saint Vulgan, dont on pensait qu'il était d'origine irlandaise. Un acte du comte Eustache II de Boulogne donné en 1070 fait référence à une église (*ecclesia*) dotée par ses prédécesseurs qui pourrait être rapprochée du chapitre Saint-Vulgan.

En 1035, des reliques de saint Vulgan furent transférées en Normandie par le duc Robert. Une Vie du saint fut rédigée à Saint-Ouen de Rouen dans la deuxième moitié du XIe siècle qui ne dit rien de Lens.

On se reportera à la notice consacrée au dossier hagiographique de saint Vulgan. – Gesta episcoporum Cameracensium, éd. Bethmann, l. I, c. 94, 439 (difficultés de l'évêque Tetdon avec Gautier I, *vasallus* du *castrum* de Lens qui obtint de l'évêque la nomination de son fils Gautier II comme châtelain de Cambrai); ibid., l. II, c. 22, 460.

Delmaire, Le diocèse d'Arras 1, 198; ibid. 2, 513–514; Feuchère, Les origines urbaines de Lens; Meijns, Aken of Jeruzalem? 1, 390–396.

111. Leuze-en-Hainaut: chapitre Saint-Pierre (Saints-Pierre-et-Paul)

Lotosa; *Luttosa*. – Cambrai. – B., prov. Hainaut, arr. Tournai, c. fus.

Dans la *Suppletio* qu'il consacre aux fondations d'Amand et destinée à compléter la Vie du saint, le moine Milon d'Elnone († 872) introduit le nom de Leuze (*Lotosa*). La paternité de la fondation est à nouveau affirmée par le rédacteur des *Gesta* des évêques de Cambrai (1024/1025). Ce dernier prétend de surcroît que ce riche *monasterium canonicorum*, consacré aux apôtres Pierre et Paul, possède le corps de saint Badilon auquel est attribué la translation des reliques de sainte Marie-Madeleine de Jérusalem à Vézelay. À l'époque carolingienne, Leuze avait été un établissement royal, donné avec ses dépendances et ses églises à saint Liudger par Charlemagne (entre 787 et 805/809), mais revenu dans la main du souverain comme l'atteste ensuite sa mention dans les clauses du traité de Meersen (870).

Milon, Vita Amandi, éd. Krusch, 450; Vita Liudgeri, éd. Diekamp, c. 24 (*monasterium sancti Petri*); Annales de Saint-Bertin, éd. Grat/Vieillard/Clémencet, a° 870, 174; Gesta episcoporum Cameracensium, éd. Bethmann, l. II, c. 43, 464.

Monasticon belge 1 (1890), 311–312 [Ursmer Berlière]; Moreau, La Vita Amandi prima et les fondations monastiques de saint Amand, 463; Nazet, Antoing et Leuze, 13–18; Nazet, Crises et réformes dans les abbayes hainuyères, 466; Nazet, Saint Ba-dilon; Röckelein, «Pervenimus mirificum ad sancti Medardi oraculum», 151–153 (avec bibliographie).

112. Lierre: chapitre Saint-Gommaire (auparavant église Saint-Pierre?)

Ledi (870); fl. Lier. – Cambrai. – B., prov. Anvers, arr. Malines (fl. Mechelen), c. fus.

Lierre est peut-être mentionné comme établissement royal en 870 dans le traité de Meersen. En 1024/1025, le corps du premier propriétaire du lieu – un certain Gommaire, *laicus illustris* – reposait dans l'église d'un *monasterium canonicorum* qui n'est pas formellement identifié avec celui de Lierre, même si le texte précise bien qu'il se trouvait près de Malines. Rédigée sans doute à cette époque, la Vie du saint laisse entendre que, peu de temps après sa mort (fin du VIIIe?), ses reliques auraient été apportées à Lierre (*Ledo*), où il avait fait édifier un oratoire dédié à Saint Pierre non loin de ses possessions familiales. Une communauté (*monasterium*) aurait été fondée quarante années plus tard puis pillée par les Normands (les Annales de Fulda signalent l'incendie d'Anvers en 836). Un prêtre nommé Fredegerus aurait été tué alors qu'il célébrait la messe.

Annales de Saint-Bertin, éd. Grat/Vieillard/Clémencet, a° 870, 174; Gesta episcoporum Cameracensium, éd. Bethmann, l. II, c. 48, 465; Vita Gummari, éd. De Bue, c. 11, 684; ibid., c. 18–26, 687–688.

D'Haenens, Les invasions normandes en Belgique, 267–270; Moreau, Histoire de l'Église en Belgique 1, 320–322; Jacques Pycke, Gommaire, Dictionnaire d'histoire et de géographie ecclésiastique 21 (1986), 562–564; Verbreemen, L'ordre géographique suivi dans le traité de Meersen, 175–185 (identifie *Ledi* avec Liège).

113. Liessies: église Saint-Lambert?

Lescias; *Lethias*. – Cambrai. – Dép. Nord, arr. Avesnes-sur-Helpe, cant. Solre-le-Château.

Anne-Marie Helvétius a démontré de façon tout à fait convaincante qu'à Liessies, Thierry d'Avesnes († 1106) et son épouse Ade de Roucy († 1120) installèrent dans un premier temps un chapitre de chanoines avant de fonder un monastère et d'y introduire les usages clunisiens par l'intermédiaire de l'abbé Regnier de Crespin. Tout cela se laisse confusément deviner dans la Vie de sainte Hiltrude qui s'inspire essentiellement des circonstances de la fondation de l'abbaye pour composer un récit censé se dérouler au VIIIe siècle. En revanche, il n'y a pas raison de douter qu'au début du XIIe siècle existait déjà sur le domaine de Liessies une petite église ancienne, desservie par un prêtre et conservant les reliques d'une sainte appelée Hiltrude. Tout ce qui touche à l'histoire du père d'Hiltrude, Wibert, un comte originaire du Poitou à l'époque de Pépin III et inhumé à Liessies, pourrait avoir un fond de vérité et faire remonter la construction de cet oratoire au VIIIe siècle. La Vie déclare qu'il fut consacré un trois novembre par les évêques de Cambrai et de Tongres. Ce dernier ayant apporté de nombreuses reliques, l'église fut dédiée à saint Lambert. Au début du XXe siècle, saint Lambert était bien considéré, avec sainte Hiltrude, comme le patron de la paroisse, même si le titulaire de l'église était saint Jean l'Évangéliste.

Vita Hiltrudis, éd. Périer.

Helvétius, Abbayes, évêques et laïques, 192–196; Heuclin, Difficultés et enjeux d'une réforme en Hainaut; Nazet, Crises et réformes dans les abbayes hainuyères, 484–486.

114. Lisbourg?

Liegesborht; *Ligesburch*. – Thérouanne. – Dép. P.-de-C., arr. Saint-Pol, cant. Heuchin.

Folcuin de Saint-Bertin signale qu'en 843, à l'occasion d'une tentative de vol orchestrée par l'abbé Hugues, les reliques de saint Omer furent déposées dans le domaine de Lisbourg (dont l'église est aujourd'hui dédiée à ce saint) et y restèrent trois jours durant avant d'être récupérées par l'évêque Folcuin de Thérouanne. On peut donc se demander s'il n'y avait pas une église sur place où celles-ci purent être accueillies.

Folcuin, Gesta abbatum Sithiensium, éd. Holder-Egger, c. 57, 616–618.

115. Lobbes

Laubias. – Cambrai. – B., prov. Hainaut, arr. Thuin, c. fus.

Nos connaissances sur l'abbaye de Lobbes, de sa fondation au VIIe siècle jusqu'à la fin du Xe siècle, sont relativement abondantes, en raison de la vaste compilation historique que Folcuin – nommé abbé en 965 – rédigea à l'image des *Gesta* qu'il avait précédemment consacrés aux abbés de Sithiu. On doit à Alain Dierkens une mise au point récente, ce qui nous dispensera d'une étude exhaustive. Cette notice privilégiera donc la présentation de la constellation des églises et communautés dépendant de Lobbes pendant le haut Moyen Âge.

Lobbes est une fondation de saint Landelin (vers 660–670) qui en fut cependant assez vite chassé – vraisemblablement par l'intervention d'un duc Hidulphe, proche de Pépin II – pour laisser la place à Ursmer, un autre fidèle du maire du palais. Tout fut alors fait pour donner à Lobbes l'autonomie la plus large possible, notamment par l'institution de l'abbatiat-épiscopat qui écartait de fait l'autorité de l'évêque ordinaire de Cambrai sur le monastère. Comme Landelin partit alors fonder Crespin, des traditions le concernant furent conservées dans ce monastère, qui ne concordent guère avec celles de Lobbes où l'on chercha avant tout à mettre en avant la figure d'Ursmer. Le monastère bénéficia de ses liens très étroits avec les maires du palais pippinides – comme le rapportent les Vies d'Ursmer († 713?) et de son successeur Ermin († 737) – puis les souverains carolingiens qui, sitôt au pouvoir, eurent néanmoins à cœur de ne pas maintenir à Lobbes le statut singulier d'abbé-évêque. Intervinrent alors à nouveau les évêques de Cambrai, comme Halitgaire en 823 puis Thierry en 832. La liste des frères de Lobbes contenue dans le *Liber memorialis* de Remirement indique que vers 863 la communauté comptait soixante-dix-huit membres. L'institution brutale de l'abbatiat laïc en 864 au profit d'Hubert, frère de la reine Teutberge, et le partage de son patri-moine en deux menses, inaugurèrent un contrôle plus strict par les souverains (Lothaire Ier puis Lothaire II, Charles le Chauve après 870, etc.). Ceci provoqua, pour éviter les abus, la mise par écrit d'une description des revenus de la mense conventuelle sur l'ordre de l'évêque Jean de Cambrai. Comme le rappelle Alain Dierkens, «Lobbes pâtit désormais de ce qu'on appelle volontiers la 'politique de sécularisation' des Carolingiens; et, de façon paradoxale, elle paraît d'autant plus en souffrir qu'elle en avait été protégée préalablement.»

L'abbatiat de Lobbes ayant été confié à l'évêque de Liège Francon en 881, le monastère fut institutionnellement rattaché à cet évêché en 889, l'évêque de Cambrai conservant toutefois l'autorité spirituelle sur l'établissement. Lobbes connut des moments difficiles en raison, d'une part, de la nomination épiscopale de Rathier de Vérone (953) – un ancien moine de la communauté –, de sa déposition un an plus tard au profit de Baldéric, neveu du comte Régnier III de Hainaut, et, d'autre part, en raison de l'incursion des Hongrois en avril 955. L'exil de Regnier III en 958 et la mort de Baldéric (959) correspondirent à la fin de l'administration directe par les évêques de Liège et à un retour à la nomination d'abbés effectifs dont le plus illustre fut le moine Folcuin de Saint-Bertin en 965. Ce dernier rencontra d'ailleurs une certaine opposition de la part des moines qui souhaitaient le retour de Rathier à Lobbes et parvinrent à l'imposer en 968. Il revint à l'évêque Notger de Liège, nouvellement élu, de calmer la situation en 972. Folcuin retrouva sa charge, mais Rathier conserva l'abbatiat d'Aulne jusqu'à sa mort (974). À la mort de Folcuin (990), les moines de Lobbes prièrent Notger de Liège et Rotard de Cambrai de nommer Heriger à la tête de la communauté, ce qui fut fait.

On se reportera à la présentation des dossiers hagiographiques d'Ermin et d'Ursmer. – Die Urkunden Arnolfs, n° 64, 94–96 (acte de 889); Die Urkunden Ludwigs des Kindes, n° 50, 174–175 (*capella* de Haine échangée en 906); Die Urkunden Otto des II., n° 53, 63–64 (immunité concédée en 973); Folcuin, Gesta abbatum Lobbiensium, éd. PERTZ; Gesta episcoporum Cameracensium, éd. BETHMANN, l. I, c. 43, 417; ibid., l. I, c. 65, 424; ibid., l. I, c. 106, 445–446; ibid., l. II, c. 37–38, 463–464.

DIERKENS, Abbayes et chapitres, 91–136; DUVOSQUEL/NAZET/VAN OVERSTRAETEN, Un problème d'historiographie médiévale, 53–54; VOS, Lobbes, passim; WARICHEZ, L'abbaye de Lobbes, passim.

115a. Abbatiale Saints-Pierre-et-Paul

La Vie de Landelin se contente de mentionner la construction à Lobbes de *monasteriales habitationes*. La Vie d'Ursmer est muette à ce sujet et celle d'Ermin évoque simplement le *monasterium* de Lobbes. C'est donc Folcuin qui est le plus précis en rapportant la (nouvelle) consécration de l'église aux saints Pierre et Paul et à tous les apôtres le 26 août 697. L'abbatiale fut entièrement reconstruite au tout début du Xe siècle et consacrée par les évêques Étienne de Liège et Dodilon de Cambrai. Un autre édifice, commencé au début du XIe siècle, ne fut achevé que dans le troisième quart de ce siècle.

Anson, Vita Erminonis, éd. Levison, c. 2, 462; Vita Landelini, éd. Levison, c. 5, 441; Folcuin, Gesta abbatum Lobbiensium, éd. Pertz, c. 4, 57 (première consécration); ibid., c. 18, 62 (nouvel édifice du début du Xe siècle).

Dierkens, Abbayes et chapitres, 132–134.

115b. Oratoire Sainte-Marie, Saint-Jean et Saint-André

Mentionné uniquement dans la Vie d'Ermin: l'abbé aimait à s'y retirer pour prier et psalmodier. Un jour, le prévôt Martin voulut de toute force l'interrompre en raison d'une visite imminente de Charles Martel. Ermin refusa d'abandonner ses oraisons et Charles, finalement, ne se présenta pas à l'abbaye.

Anson, Vita Erminonis, éd. Levison, c. 8, 467.

115c. Église Sainte-Marie, puis chapitre Saint-Ursmer

À sa mort, l'abbé Ursmer fut inhumé dans une église dédiée à la Vierge, située sur une éminence et surplombant le monastère (*in ecclesia, quae sita est in cacumine montis, ad cuius radices situm est monasterium*). À la fin du Xe siècle, Folcuin apporte la précision suivante: Ursmer aurait fait construire Sainte-Marie pour que Saint-Pierre ne fût en aucun cas souillée par les sépultures. Elle devint rapidement l'église funéraire des laïcs (*cimiterium fidelium*). L'accès de Saint-Pierre était en outre interdit aux femmes. Les moines s'y réfugièrent en 954 devant l'attaque hongroise. L'acte de Louis l'Enfant (906) mentionne la donation de la *capela* de Haine à cette église. En 973, l'acte d'Otton II signale l'installation d'une communauté de douze chanoines autour des reliques d'Ursmer (*monasterium autem in montis eiusdem coenobii vertice positum, ubi requiescunt predictorum corpora sanctorum, ubi est etiam cimiterium fidelium, xii semper canonicis deputetur*) auquel Folcuin destina selon toute vraisemblance un recueil de miracles opérés par Ursmer, tiré de ses *Gesta*, puis complété. En 1024/1025, les *Gesta* des évêques de Cambrai font effectivement mention de cette église et de ses chanoines (*modernis temporibus monasterio facto, canonici mitterentur*).

Anson, Vita Ursmari, éd. Levison, c. 8, 460; Die Urkunden Otto des II., n° 53, 63–64; Folcuin, Gesta abbatum Lobbiensium, éd. Pertz, c. 4, 57; ibid., c. 26, 66 (attaque hongroise); Gesta episcoporum Cameracensium, éd. Bethmann, l. II, c. 38, 464.

Dierkens, Abbayes et chapitres, 127–128, 134–136 et 316–317; Misonne, Chapitres séculiers dépendant d'abbayes bénédictines, 416–419.

115d. Église Saint-Paul

Folcuin rapporte que l'église Saint-Paul fut brûlée par les Hongrois en 954, mais qu'il fit ensuite refaire la toiture et la flanqua d'une infirmerie (*domus infirmorum*).

Folcuin, Gesta abbatum Lobbiensium, éd. Pertz, c. 25, 67; ibid., c. 29, 70.

Dierkens, Abbayes et chapitres, 136.

115e. Église Saint-Jean

Édifiée elle aussi par Folcuin, sur la rive droite de la Sambre *in monte quem nos Sanctorum, vulgus Pulchrum vocat.*

Folcuin, Gesta abbatum Lobbiensium, éd. PERTZ, c. 30, 71; VOS, Lobbes 1, n° 11, 436–438 (acte de Jean XV).
DIERKENS, Abbayes et chapitres, 136.

116. *Locus ecclesiae*: église (Saints-Victoric-et-Fuscien?)

Thérouanne. – Un peu à l'ouest de Sithiu.

Sithiu a été pillé une première fois par les Normands en 861. En 891, ces derniers s'attaquèrent à nouveau par deux fois au monastère. Évoquant la première attaque du 18 avril, l'auteur des Miracles de saint Bertin rapporte que les Normands furent repérés à l'ouest, descendant de la colline sur laquelle était situé le domaine de *Locus aecclesiae*. On disait à l'époque que son église avait été la première (*primaria aecclesia*), édifiée par les saints martyrs Fuscien et Victoric lors de leur passage dans la région. L'issue de l'assaut fut en définitive très défavorable aux Normands.

Libellus miraculorum Bertini, éd. HOLDER-EGGER, c. 7, 512.

117. Loison-sous-Lens: église [Saint-Vaast]

Loyson. – Arras. – Dép. P.-de-C., arr. Lens, cant. Lens nord-est.

Cette église (*ecclesia*) dépendait, ainsi que celles d'Annay et de Vendin-le-Vieil, du fisc de Harnes, propriété des moines de Saint-Pierre de Gand à laquelle le roi Lothaire accorda l'immunité en 972/977.

Recueil des actes de Lothaire, n° 40, 96.
DELMAIRE, Le diocèse d'Arras 2, 517–518.

118. Lucheux: basilique

Sercin; *Lucau*. – Arras. – Dép. Somme, arr. Amiens, cant. Doulens.

La Première Passion de saint Léger est imprécise quant au lieu du martyre de l'évêque d'Autun (679?). Retenu prisonnier chez un certain Chrodobert, Léger fut mis à mort sur ordre du maire du palais Ebroïn qui exigea également que le corps fût caché dans la forêt. Une sainte femme – Ursin, l'auteur de la seconde Passion, dit qu'il s'agissait de l'épouse de Chrodobert – retrouva la dépouille, la fit porter dans une église (*oratorium*) desservie par un prêtre où un prodige ne tarda pas à se manifester. À suivre le texte, on a bien l'impression que cette femme fit édifier une autre église (*oratorium*) sur le lieu précis où le corps avait été retrouvé et qu'elle y installa des moines (*monachorum offitium iuge psallentium institutum*). Ursin précise que le meurtre eut lieu dans la *villa Sarcingo* – tradition reprise par les *Gesta* des évêques de Cambrai au XIe siècle – et que Léger fut immédiatement inhumé dans une petite église (*parvulo oraturio*) dans laquelle son corps reposa deux ans et demi. Le prêtre du lieu (*sacerdus*, *custus* logé dans une *cellola*) ayant été gratifié d'une vision et la foule se pressant au sanctuaire, une assemblée d'évêques et de grands se réunit après la mort d'Ebroïn (681?) pour décider des honneurs à rendre à la dépouille de Léger. Celle-ci était revendiquée par les évêques Ansoald de Poitiers, Hermanachaire d'Autun et Vindicien d'Arras/Cambrai. Le tirage au sort fut finalement favorable à Ansoald, parent du martyr, et les reliques furent alors transférées à Saint-Maixent dont Léger avait été un temps abbé.

Il est ensuite difficile d'établir avec certitude la pérennité de ces oratoires. En 1024/1025, il y avait une *basilica canonicorum* dans le *viculus* de Lucheux, donnée en bénéfice à des combattants.

Passio Leudegarii prima, éd. Krusch, c. 33–37, 315–320; Ursin, Passio Leudegarii, éd. Krusch, c. 18–25, 340–349; Gesta episcoporum Cameracensium, éd. Bethmann, l. I, c. 21–22, 409–410; ibid. l. II, c. 19, 460.

Delmaire, Le diocèse d'Arras 1, 198; ibid. 2, 519 et 581; Meijns, Aken of Jeruzalem? 1, 105–108; ead., Des basiliques rurales, 315–318.

119. Malines: chapitre Saint-Rombaut

Maalinas (870); *Maslinas*; fl. Mechelen. – Cambrai. – B., prov. Anvers, ch.-l. arr. et c. fus.

En 1024/1025, les *Gesta* des évêques de Cambrai signalent l'existence d'une communauté de chanoines (*monasterium canonicorum*) autour des reliques du martyr Rombaut, présenté comme un ermite venu d'Irlande. Le culte de ce saint est attesté depuis le début du IXe siècle dans des litanies. L'auteur des *Gesta* évoque bien l'antiquité de cet établissement qui, ajoute-t-il, connut la prospérité *regalibus emolumentis*. Cette affirmation semble confirmée par la mention de Malines dans le partage de Meersen en 870 et son attribution à Charles le Chauve. Au début du Xe siècle, l'abbatiat est à nouveau attesté dans un diplôme de Charles le Simple (912/915). L'établissement est donné en bénéfice au comte Widricus mais il est prévu qu'il revienne ensuite à l'Église de Liège dont il dépendait.

À l'extrême fin du XIe siècle, Thierry de Saint-Trond consacre une Vie à Rombaut qui apporte les précisions suivantes. Adon, le propriétaire qui accueillit le saint à Malines, et son épouse auraient cédé à Rombaut un domaine où fut fondé un monastère. Une série de miracles aurait été opérée à Malines lors des incursions normandes (les historiens invoquent alors la mention d'un raid en 836, donnée par les Annales de Fulda); il est alors question d'une *mulier matricularia et nonna* nommée Gerlende, d'un prêtre nommé Lantgerus et enfin des *clerici* du lieu. Rédigée un peu plus tard, la Vie de saint Gommaire de Lierre évoque la rencontre entre Rombaut et Gommaire ainsi que la destruction de l'*ecclesia Sancti Rumoldi* de Malines par les Normands.

Annales de Saint-Bertin, éd. Grat/Vieillard/Clémencet, a° 870, 174; Recueil des actes de Charles le Simple, n° 65, 147–148; Gesta episcoporum Cameracensium, éd. Bethmann, l. II, c. 47, 465; Vita Gummari, éd. De Bue, c. 15, 685; ibid., c. 23, 688.

Verbreemen, L'ordre géographique suivi dans le traité de Meersen, 175–185 (identifie *Maalinas* avec Malonne); Dierkens, Abbayes et chapitres, 143 (réfute l'hypothèse de Jozef Verbreemen) et 149–150 (à propos de l'acte de Charles le Simple); Gaiffier, Attestations anciennes sur le culte de s. Rombaut (avec bibliographie).

120. Marchiennes: monastère Sainte-Rictrude (Saints-Pierre-et-Paul?)

Martianas. – Arras. – Dép. Nord, arr. Douai, ch.-l. cant.

Dans la *Suppletio* destinée à compléter les maigres informations de la première Vie d'Amand, le moine Milon d'Elnone († 872) attribue au saint la fondation de Marchiennes. En 876, l'établissement est mentionné comme monastère royal: Charles le Chauve partagea la mense abbatiale entre plusieurs fidèles du défunt Lothaire II qui avaient pris son parti avant la bataille d'Andernach et qui se retrouvèrent donc privés de leurs bénéfices à la suite de la victoire de Louis le Jeune. Un diplôme de l'empereur donné à Ponthion le 11 juillet 877 confirma les biens de la mense conventuelle destinée à entretenir les frères et les sœurs vivant à Marchiennes (*sororum et fratrum [...] in coenobio Marcianas [...] sub tutela sanctae Rictrudis Deo militantium*). L'acte précise que le vin produit à Vregny, près de Soissons, devait être partagé entre la communauté, l'abbé laïc (*senior*) et la communauté de Hamage dont les liens avec Marchiennes étaient étroits (*duo monasteria vicina sibi, et commoda sub una lege*, dit Hucbald de Saint-Amand dans la Vie d'Amé).

En 907, la communauté (*clerici et sanctimoniales congregationis Deo dilectae famulae beatae Rictrudis*) fait appel à Hucbald de Saint-Amand pour mettre par écrit les traditions concernant le monastère. Dans la Vie de sainte Rictrude, le moine présente les origines familiales de la jeune femme, son mariage avec Adalbaud (vraisemblablement entre 629 et 636), les quatre enfants qui naquirent de cette union (Clotsende, dont Amand fut le parrain; Eusebie, dont la reine Nanthilde fut la marraine; Adalsende; et Mauront, dont un certain Riquier fut le parrain), la mort d'Adalbaud en Gascogne, puis, contre la volonté royale (celle de Dagobert? Mais Hucbald ne le dit pas expressément et il pourrait être question de Clovis II), l'entrée de Rictrude à Marchiennes. La communauté aurait d'abord été fondée comme établissement masculin (*monachorum ordo*) par Amand, mais l'abbé Jonat y aurait introduit des femmes (*sanctimoniales*). Au début du XIIe siècle, l'histoire-polyptyque ajoute que Rictrude fut conseillée dans sa décison par l'évêque de Cambrai Aubert qui, aux côtés de saint Amand, procéda à la consécration de l'établissement en l'honneur des saints Pierre et Paul un 27 octobre (cette date n'est toutefois pas attestée dans les manuscrits liturgiques médiévaux). On peut cependant penser qu'un établissement avait été fondé depuis plus longtemps sur le domaine de la famille d'Adalbaud, mais à Hamage dans un premier temps. Hucbald rappelle effet qu'une certaine Gertrude, grand-mère d'Adalbaud, en avait été l'abbesse. Les trois filles de Rictrude accompagnèrent leur mère à Marchiennes. Eusébie fut ensuite envoyée à Hamage auprès de son arrière-grand-mère; Clotsende devint *rectrix* de la communauté à la mort de sa mère, un 13 mai après 675/687. Rictrude fut ensevelie à Marchiennes par son fils Mauront qui fit don d'une partie de ses biens à la communauté.

En 975, un acte pour Marchiennes témoigne toujours de l'existence d'une communauté double (*sororibus ac fratribus in coenobio sanctae Rectrudis degentibus*; *monasterium sanctae Rectrudis*) – gouvernée par une abbesse nommée Judith – à laquelle est rendu le domaine de Haines que s'était approprié le comte Arnoul de Flandre. En 1024/1025, le rédacteur des *Gesta* des évêques de Cambrai fait de Rictrude la fondatrice (*ex propriis opibus et praediis*) de la communauté (*ordo puellarum*), évoque la décadence de cet établissement féminin (*feminae turpiter viventes*) puis sa transformation en une communauté monastique masculine par l'intervention conjointe du comte de Flandre, de l'évêque Gérard Ier et de Léduin, alors abbé de Saint-Vaast. Gérard procéda à la dédicace d'une nouvelle église en 1029.

Milon, Vita Amandi, éd. Krusch, 450; Recueil des actes de Charles le Chauve 2, n° 435, 473–475 (donné le 11 juillet 877 à Ponthion); Annales de Saint-Bertin, éd. Grat/Vieillard/Clémencet, a° 876, 211; Hucbald, Vita Rictrudis, éd. Papebroch, passim; Hucbald, Vita Amati, éd. Cat. Brux. 2, c. 21–22, 51–52 (Amé à Hamage); Vita Eusebiae, éd. Hensken, c. II, § 5, 448 (mention du culte d'Adalbaud); Recueil des actes de Lothaire, n° 39, 93–94; Gesta episcoporum Cameracensium, éd. Bethmann, l. II, c. 26, 461; L'histoire-polyptyque de l'abbaye de Marchiennes, éd. Delmaire, c. 3–15, 67–79.

Delmaire, Le diocèse d'Arras 1, 201–203; ibid. 2, 520–521 et 588; Dierkens, Abbayes et chapitres, 308, n. 171; Dolbeau, Le dossier hagiographique de s. Amé; Geary, Aristocracy in Provence, 131–136; Moreau, La Vita Amandi prima et les fondations monastiques de saint Amand, 462; Pagani, Ionas-Ionatus (l'abbé de Marchiennes, Jonat, pourrait être Jonas de Bobbio, biographe de Colomban, également honoré à Elnone comme abbé); Platelle, Crime et châtiment; id., Marchiennes, Catholicisme 8 (1979), 414–416; id., La religion populaire; Ugé, The legend of saint Rictrude; ead., Politics of Narrative Production 2, 166–228.

121. Marconne: église Sainte-Marie [Saint-Maurice]

Marcona. – Thérouanne. – Dép. P.-de-C., arr. Montreuil, cant. Hesdin.

Au milieu du IXe siècle, Marconne est attesté comme dépendance du domaine de Bloville appartenant à l'abbaye de Fontenelle/Saint-Wandrille. C'est là que la tradition a localisé les possessions des parents de sainte Austreberte. Ce qui concerne les origines de la sainte est très fragile, même si celle-ci est bien attestée comme abbesse de Pavilly dans la Vie de Philibert. Sa Vie rappelle qu'elle était la fille du comte palatin Badefrid et d'une certaine Framehilde, originaire d'Alémanie; le couple aurait été possessionné un peu au sud de la Canche puisqu'Austreberte traversa miraculeusement ce petit fleuve pour se rendre auprès de l'évêque Omer et recevoir, contre l'avis de ses parents, le voile consacré. Avant de les quitter définitivement pour entrer au monastère de Port-le-Grand en Ponthieu puis à Pavilly, elle aurait vécu religieusement dans le domicile familial. La Vie de sa mère Framehilde assure qu'il s'agissait de Marconne, où était édifiée une église en l'honneur de la Vierge dans laquelle Framehilde elle-même aurait été inhumée. Au tout début du XIe siècle, une partie de ses reliques auraient été transportées à Montreuil où l'on prétendait aussi conserver celles de sa fille Austreberte.

Recueil des actes de Charles le Chauve 1, n° 160, 424; Vita Austrebertae, éd. Mabillon, c. 3–8, 29–31; Vita Framehildis, éd. Lechat, c. 4, 164 (du XIIIe siècle).

122. Mariakerke: église Sainte-Marie

Meron; *Meren*. – Tournai. – B., Fl. or., arr. et c. fus. Gand.

Saint-Pierre de Gand reçut l'église (*capella*) de *Meron* des mains d'un prêtre nommé Humbert, sous l'abbatiat d'Éginhard († 840) comme en témoigne le fragment ancien du *Liber traditionum* de l'abbaye. Elle fut usurpée par le comte de Flandre. Cette *capella in honore sancte Marie dicata* (ce qui explique le nom qui fut ensuite donné à la localité) fut rendue aux moines blandiniens par le comte Arnoul en 941; ce que confirme, en 950, un acte de Louis IV et, en 964, un diplôme de Lothaire.

Liber traditionum antiquus, Diplomata Belgica, éd. Gyssseling/Koch, 129; Liber traditionum, éd. Fayen, n° 6, 20; Diplomata belgica, éd. Gysseling/Koch, n° 53 (diplôme d'Arnoul Ier du 8 juillet 941); ibid., n° 60, 156 (privilège de Lothaire du 22 février 964); Recueil des actes de Louis IV, n° 36, 85 (20 août 950).

123. Marœuil

Mareolo. – Arras. – Dép. P.-de-C., arr. Arras, cant. Dainville.

123a. Église

Les traditions concernant la vie et l'action de sainte Bertille à Marœuil sont plus tardives que celles qui concernent le chapitre établi autour de ses reliques au Xe siècle. Elles furent consignées à la fin du XIe siècle mais, dans leur sobriété, ne semblent pas pour autant invraisemblables. À la mort de son époux Guthlandus en compagnie duquel elle avait vécu chastement, Bertille, *ex nobilissima Francorum prosapia oriunda*, aurait fait don d'une partie de ses biens à diverses communautés, se réservant néanmoins l'usufruit du domaine de Marœuil pour y faire construire une église (*basilica*). L'autel fut consacré en l'honneur de saint Amand. Bertille vécut dans une cellule (*cellula*) contigüe à l'église dans laquelle elle fut ensuite inhumée. Aucune indication chronologique n'est fournie, mais les éléments semblent se rapporter plutôt à l'époque mérovingienne.

On se reportera à la notice consacrée au dossier hagiographique de sainte Bertille.

123b. Chapitre Saint-Amand et Sainte-Bertille

En 1024/1025, il y avait à Marœuil une communauté de chanoines (*monasterium canonicorum*) autour des reliques de sainte Bertille qui aurait fait don de ce domaine à la cathédrale de Cambrai. Un acte du roi Lothaire donné en 977 vient nuancer cette tradition puisqu'il rappelle que le chapitre fut fondé (*constructum fuisse*) par l'évêque Fulbert de Cambrai († 956) en l'honneur de saint Amand et de sainte Bertille et exige la restitution des biens donnés par Fulbert et ses successeurs Bérenger puis Engran et sur lesquels l'évêque Tetdon avait ensuite mis la main.

L'existence d'une communauté dès les VIIIe–IXe siècles repose sur deux indices fragiles qu'il convient quand même de rappeler: d'une part l'identification faite par Léon Levillain du *Mariolum monasterium* d'un acte de 859 avec Marœuil. D'autre part une série d'inscriptions découvertes en 1948–1950 et présentées comme une série d'épitaphes des abbés et des écolâtres de Marœuil. Cependant les noms d'Amandus, Adalbaudus, Maurondus, Hubertus, Vindicianus et Vedastus (tous correspondant à des personnages ayant illustré l'histoire des premiers temps du christianisme dans le nord de la Gaule) ne permettent guère de prendre ces inscriptions au sérieux.

Recueil des actes de Lothaire, n° 41, 97–98; Gesta episcoporum Cameracensium, éd. Bethmann, l. II, c. 16, 459.

Catrin, Aperçu sur l'ancienne abbaye de Marœuil-en-Artois, 1–45 (pour les inscriptions); Delmaire, Le diocèse d'Arras 1, 198; ibid. 2, 521; Lestocquoy, À propos d'inscriptions; Meijns, Aken of Jeruzalem? 1, 114–120 et 418–424; ead., Des basiliques rurales, 323–328.

124. Maroilles: église puis monastère Sainte-Marie, Saints-Pierre-et-Paul

Maricolas. – Cambrai. – Dép. Nord, arr. Avesnes-sur-Helpe, cant. Landrecies.

L'abbaye de Maroilles a fait l'objet d'excellents développements de la part de Jean-Marie Duvosquel et, plus récemment, d'Anne-Marie Helvétius; nous nous contenterons donc ici de résumer brièvement l'histoire de cet établissement jusqu'au début du XIe siècle. Suivant un acte de 674, celui-ci a été fondé dans les années 650–660 par un *vir illuster* nommé Robert qui rassembla une communauté de *monachi* sur son domaine de Maroilles, autour d'une église (*basilica*), consacrée en l'honneur de la Vierge, et établit comme premier abbé un certain Humbert originaire du Vermandois. Ce *monasterium* était dédié à la Vierge et aux saints Pierre et Paul (le vocable de Pierre seul apparaît parfois ensuite, comme en 750 et en 920). À sa mort, Humbert fut inhumé dans l'église abbatiale. La pérennité de la communauté est attestée aux VIIIe–IXe siècles par un différend qui l'opposa aux moines de Saint-Denis au sujet de l'oratoire de Croix. Au début du IXe siècle, Maroilles est bien une abbaye royale. La Vie d'Humbert fait mention d'un abbé Rodin, nommé par Charlemagne, qui aurait procédé à l'élévation des reliques. En 870, c'est un abbé, laïc cette fois-ci, qui apparaît dans la documentation, l'établissement étant passé dans la main de Charles le Chauve au traité de Meersen. À cette date en tout cas, Maroilles est occupé par trente chanoines mais cette transformation pourrait remonter au milieu du IXe siècle (à moins que la communauté n'ait jamais été véritablement monastique). En 920 (ou en 948 selon Anne-Marie Helvétius qui juge l'acte faux), la communauté (*abbatiuncula* suivant l'acte) fut donnée à l'église de Cambrai et les relations entre l'évêque et la communauté semblent alors avoir été passablement houleuses au point de provoquer la forgerie de deux diplômes dans la deuxième moitié du Xe siècle. En 1025/1030, l'évêque Gérard Ier procéda à la restauration de la communauté.

On se reportera à la notice consacrée au dossier hagiographique de saint Humbert. – La charte de donation, éd. DUVOSQUEL (testament d'Humbert donné à Maroilles le 18 mars 674, inséré dans les Gesta episcoporum Cameracensium, éd. BETHMANN, l. I, c. 27, 412–413); Die Urkunden der Arnulfinger, n° 21 (jugement d'Attigny rendu le 17 août 750 par Pépin III, rappelant la donation par Robert de l'église de Croix à Saint-Pierre de Maroilles [cf. Die Urkunden der Merowinger 2, dep. 250, 605]); Annales de Saint-Bertin, éd. GRAT/VIEILLARD/CLÉMENCET, 174 (traité de Meersen); Recueil des actes de Charles le Chauve 2, n° 334, 238–240 (4 février 870); Recueil des actes de Charles le Simple, n° 106, 252–255 (8 septembre 920: concession de Maroilles et Crespin à Étienne de Cambrai, insérée dans Gesta episcoporum Cameracensium, éd. BETHMANN, l. I, c. 68, 425); ibid., n° 107, 255–257 (5 janvier 921: faux); ibid., n° 129, 304–605 (6 janvier 921: faux); Gesta episcoporum Cameracensium, éd. BETHMANN, l. II, c. 32, 462.

Jean-Marie DUVOSQUEL, Maroilles, Catholicisme 8, 1979, 700–701 (avec les références des quatre articles de l'auteur tirés de son mémoire de licence); DUVOSQUEL/NAZET/VAN OVERSTRAETEN, Un problème d'historiographie médiévale, 54–56; HELVÉTIUS, Abbayes, évêques et laïques, 106–118, 172–178, 268–277 et 326–330; EAD., Réécriture hagiographique et réforme monastique; NAZET, Crises et réformes dans les abbayes hainuyères, 486–487.

125. Massemen: église [?]

Masmine. – Cambrai. – B., prov. Fl. or., arr. Dendermonde (fr. Termonde), c. fus. Wetteren.

L'église (*ecclesia*) de Massemen, usurpée par des *satellites* du comte Arnoul Ier de Flandre dans le courant du Xe siècle, était revendiquée par l'abbé Othelbold dans la lettre qu'il adressa à la comtesse Otgive en 1019/1030.

De brief van abt Othelbold aan gravin Otgiva, éd. VOET, 236.

126. Mater: église [Saint-Martin]

Materna. – Cambrai. – B., Fl. or., arr. et c. fus. Oudenaarde (fr. Audenarde).

Cette église (*ecclesia*) fut cédée à Saint-Pierre de Gand le 30 septembre 998 par Arnoul, comte de Valenciennes, selon une notice du *Liber traditionum* de cet établissement.

Liber traditionum, éd. FAYEN, n° 104, 98.

127. Maubeuge: monastère Saint-Pierre puis Sainte-Marie

Malbodium. – Cambrai. – Dép. Nord, arr. Avesnes-sur-Helpe, ch.-l. cant.

La première Vie d'Aldegonde n'offre que de très succincts renseignements sur les origines du monastère de Maubeuge en se contentant de préciser que la sainte fut abbesse (*mater animarum*). On devine néanmoins que cette fondation s'est faite sur un domaine patrimonial. La communauté connut un essor remarquable, en témoignent à la fois les liens avec les établissements voisins (Elnone, Lobbes, Nivelles) et le rayonnement précoce du culte d'Aldegonde à laquelle succédèrent ses nièces Aldetrude puis Madelberte, filles de sainte Waudru, abbesse de Mons. Le monastère comptait également quelques desservants masculins – la Vie d'Aldegonde les évoque çà et là. La première Vie n'évoque qu'une seule église dont le vocable (Saint-Pierre) est indiqué dans la seconde Vie de la sainte. Au début du Xe siècle, les reliques de saint Ghislain subtilisées à Celle par les *clerici atque puellae* de Maubeuge furent déposées dans une autre église dédiée à la Vierge. Anne-Marie Helvétius propose de mettre en relation la rédaction de la seconde Vie d'Aldegonde à la fin du IXe siècle avec la construction de cette seconde église et une translation des reliques de la sainte depuis Cousolre (à quelques kilomètres à l'est de Maubeuge) où elle avait été inhumée. Au début du Xe siècle, la rédaction de la Vie de Madelberte signale le besoin de développer un culte dans l'église Saint-Pierre où se trouvait le tombeau de cette dernière.

La confection de la fausse donation d'Aldegonde au profit des moniales au milieu du IXe siècle semble indiquer l'instauration d'un abbé laïc contre lequel la communauté aurait eu à se défendre; ce qui va dans le sens de l'attestation, en 870, de Maubeuge comme abbaye royale, passée dans la main de Charles le Chauve. Au début du Xe siècle, si l'on suit la perspicace analyse d'Anne-Marie Helvétius s'appuyant sur la seconde version des Miracles de Ghislain donnée par le moine Régnier, l'abbatiat de Maubeuge aurait été confié au comte de Vermandois Herbert II qui aurait pu introduire des chanoines venus de Saint-Quentin. Des chanoines (*canonici*) apparaissent bien dans la documentation avec une nouvelle falsification destinée à servir leurs intérêts dans la seconde moitié du Xe siècle: il s'agit cette fois-ci d'une fausse confirmation par Childéric II d'une donation d'Aldegonde attestant l'ancienneté d'une communauté masculine autour d'une église précisément dédiée à saint Quentin. Au XIIe siècle, une troisième forgerie fait état de douze chanoines.

Au début du XIe siècle, la réforme de la vie monastique fut l'œuvre d'une certaine Ansoalde, avec le soutien du comte de Hainaut et de Gérard Ier (les *Gesta* sont cependant curieusement muets sur ce sujet). Cette Ansoalde était la sœur de Thierry de Saint-Hubert auquel est aussi attribué la rédaction d'une nouvelle Vie d'Aldegonde, fortement empreinte de l'idéal monastique. On a longtemps pensé à tort que son auteur était Hucbald de Saint-Amand.

On se reportera aux notices consacrées aux dossiers hagiographiques des saintes Aldegonde, Aldetrude et Madelberte. – Anson, Vita Ursmari, éd. LEVISON, c. 4, 458; ibid., c. 6, 459–460; Gesta abbatum Fontanellensium, éd. PRADIÉ, l. XIII, c. 7, 183 (*Malbodium coenobium*); Charte de dotation, éd. DARIS (faux testaments d'Aldegonde); Annales de Saint-Bertin, éd. GRAT/VIEILLARD/CLÉMENCET, a° 870, 174 (*Molburium*); Inventio et miracula Gisleni, éd. DE BUE, c. 5, 1036; Die Urkunden der Merowinger 1, n° 100, 255–257 (fausse confirmation de Childéric II); Gesta episcoporum Cameracensium, éd. BETHMANN, l. II, c. 36, 463; Vita Theoderici, éd. WATTENBACH, c. 6, 40.

BONNENFANT, Note critique; HELVÉTIUS, Abbayes, évêques et laïques, 60–75, 159–168 et 247–254; EAD., Sainte Aldegonde; NAZET, Crises et réformes dans les abbayes hainuyères, 487–488.

128. Meerbeke: monastère

Merrebecchi; *Merbeca*. – Cambrai. – B., prov. Fl. or., arr. Alost (fl. Aalst), c. fus. Ninove.

Meerbeke est mentionné comme établissement royal, passé dans la main de Charles le Chauve en 870. Le dossier hagiographique de sainte Berlinde paraît bien trop tardif pour être d'une quelconque utilité à l'historien: la Vie de la sainte fut de toute évidence rédigée pour le monastère de Nivelles (peut-être à Lobbes dès le milieu du XIe siècle?) pour asseoir l'autorité de l'abbaye à Meerbeke où était établi un petit prieuré et encourager le culte local rendu à Berlinde.

Annales de Saint-Bertin, éd. Grat/Vieillard/Clémencet, a° 870, 174.

Sur sainte Berlinde: van der Essen, Étude critique et littéraire, 309–311; id., Berlinde, Dictionnaire d'histoire et de géographie ecclésiastique 8 (1935), 523–525; D'Haenens, Les invasions normandes en Belgique, 239–241.

129. Melle: église [Saint-Martin]

Mella in pago Bracbantinse. – Cambrai. – B., prov. Fl. or., arr. Gand, c. fus.

La possession de l'église (*ecclesia*) de Melle est reconnue aux moines de Saint-Pierre de Gand par un diplôme du roi Lothaire donné le 22 février 964.

Diplomata belgica, éd. Gysseling/Koch, n° 60, 156.

130. Mendonck: église [?]

Medmedug super fluuio Dormia. – Tournai. – B., prov. Fl. or., arr. et c. fus. Gand.

D'après un passage du fragment ancien du *Liber traditionum* de Saint-Pierre de Gand, saint Bavon aurait passé quarante jours et quarante nuits en prière dans l'église de Mendonck. Celle-ci reçut à l'extrême fin du VIIe siècle des biens d'une certaine Childela, *Deo sacrata.* Il est tout à fait possible que Bavon ait été inhumé à Mendonck puis que ses reliques aient été transportées à Saint-Bavon (au VIIe ou au VIIIe siècle?): les Miracles rédigés à la fin du Xe siècle signalent en tout cas que l'on venait en pèlerinage à Mendonck le 1er août. Cette date, qui ne correspond pas au jour de la *depositio* de Bavon (1er octobre), pourrait signaler celle de la translation des reliques à Gand. Le 5 mai 966, Lothaire confirma l'abbaye gantoise dans la possession de cette église (*ecclesia*).

Liber traditionum antiquus, c. 44, Diplomata belgica, éd. Gysseling/Koch, 135–136; Recueil des actes de Lothaire, n° 26, 65; Liber miraculorum Bavonis, éd. Holder-Egger, l. III, c. 1–5, 596.

Declercq/Verhulst, Gand entre les abbayes et la fortification comtale, 42.

131. Merchten (?): église [Marie/Pierre]

Merskhem in pago Bragbantensi. – Cambrai. – B., prov. Brabant, arr. Hal-Vilvorde, c. fus.

L'église (*ecclesia*) de *Merskhem* était revendiquée par l'abbé Othelbold de Saint-Bavon dans la lettre qu'il adressa à la comtesse Otgive en 1019/1030, ce qui signifie que les Bavoniens n'avaient pu la récupérer malgré l'intervention de l'empereur Henri II en 1003. On identifie parfois Merchten avec le *predium, quod Martinas dicitur*, donné à son église par un évêque de Cambrai nommé Émebert. Ce dernier décéda à *Ham* (Hamme près de Bruxelles?) et son corps fut ensuite transporté à Merchten puis Maubeuge.

Die Urkunden Heinrichs II., n° 36, 41; De brief van abt Othelbold aan gravin Otgiva, éd. VOET, 235; Gesta episcoporum Cameracensium, éd. BETHMANN, l. I, c. 16, 408.
VERBESSELT, Het parochiewezen in Brabant 10, 95–150.

132. Merck-Saint-Liévin: église [Saint-Omer]

Fiscus Merke. – Thérouanne. – Dép. P.-de-C., arr. Saint-Omer, cant. Fauquemberges.

En 938, après avoir exigé des évêques Wicfrid de Thérouanne et Fulbert de Cambrai qu'ils autorisent son épouse Adèle, malade, à venir prier saint Bertin et à pénétrer dans le monastère de Sithiu, Arnoul Ier (à la demande pressante d'Adèle elle-même) procéda à la donation aux moines de Sithiu du fisc de Merck ainsi que de tous les biens qui en dépendaient, dont l'église (*ecclesia*). Le comte s'en réservait cependant l'usufruit de son vivant.

Folcuin, Gesta abbatum Sithiensium, éd. HOLDER-EGGER, c. 106, 627–628; Recueil des actes de Lothaire, n° 15, 34 (7 janvier 962).

133. Mere: église [Saint-Bavon]

Meren in pago Bracbantinse. – Cambrai. – B., prov. Fl. or., arr. Alost (fl. Aalst), c. fus. Erpe-Mere.

Le fragment palimpseste de la description des biens de Saint-Bavon de Gand dressée au tout début du IXe siècle signale l'église (*ecclesia*) de Mere, à nouveau mentionnée en 1003 dans une confirmation de l'empereur Henri II. Ceci justifie assurément la revendication de l'abbé Othelbold sur ce même oratoire au tout début du XIe siècle dans la lettre qu'il adressa à la comtesse Otgive.

VERHULST, Das Besitzverzeichnis, 223 (identification) et 233 (édition du fragment); Die Urkunden Heinrichs II., n° 36, 41 (5 février 1003); De brief van abt Othelbold aan gravin Otgiva, éd. VOET, 235.

134. Merendree: église Sainte-Radegonde

Merendra. – Tournai. – B., prov. Fl. or., arr. Gand, c. fus. Nevele.

La Passion de saint Gérulphe, rédigée dans le courant du Xe siècle, rapporte que le domaine de Merendree appartenait à un certain Leutgoldus et à son épouse Ratguera. Leur fils Gérulphe aurait été assassiné de retour du Mont-Blandin où il avait reçu la confirmation de l'évêque de Tournai Élisée (attesté en 747). Le meurtre aurait eu lieu dans l'église du monastère de Tronchiennes et Gérulphe aurait émis le souhait d'être inhumé à Tronchiennes et de voir la communauté recueillir sa part d'héritage. C'est néanmoins à Merendree que sa dépouille fut déposée dans l'église consacrée en l'honneur de sainte Radegonde. Au début du IXe siècle, trois moines de Saint-Bavon auraient enfoui le tombeau du saint. Le récit de la Passion cherche en fait à justifier la découverte du corps à Merendree et la translation des restes de Gérulphe à Tronchiennes dans le premier tiers du Xe siècle. L'église (*ecclesia*) de Merendree, qui aurait été usurpée du temporel de Saint-Bavon par des *satellites* du comte de Flandre Arnoul Ier, était revendiquée par l'abbé Othelbold dans la lettre qu'il adressa à la comtesse Otgive en 1019/1030.

Passio Gerulfi, éd. SUYSKEN; De brief van abt Othelbold aan gravin Otgiva, éd. VOET, 236.

Pour la bibliographie, on se reportera aux notices consacrées à saint Gérulphe et au monastère de Tronchiennes.

135. Merville

Menrivilla ab antiquis Broilum nominata. – Thérouanne. – Dép. Nord, arr. Dunkerque, ch.-l. cant.

Le nom de Merville (*Mauronti villa*) est attesté à partir de la deuxième moitié du XIe siècle. Le domaine appartenait au chapitre Saint-Amé de Douai qui conservait les reliques des saints Amé et Mauront. Les sources prétendent cependant qu'il s'agit de l'ancien domaine de *Broilus* connu dès le début du Xe siècle par les œuvres d'Hucbald de Saint-Amand.

Hucbald, Vita Rictrudis, éd. PAPEBROCH, c. II, § 24, 86; ibid., c. III, § 31, 88; Hucbald, Vita Amati, éd. Cat. Brux. 2, c. 24–27, 53–54 (la Vie fut rédigée pour Marchiennes selon François Dolbeau); Vita Amati tertia, éd. Cat. Brux. 2, c. 9, 56 (Amé consacre Breuil); ibid., c. 13–15, 58–59 (mort, miracles et translation d'Amé); Recueil des actes de Philippe Ier, n° 80, 204 (1076).

On se reportera aux références bibliograhiques données dans les notices consacrées à saint Amé, à Douai et à Marchiennes. – DIERKENS, Abbayes et chapitres, 308, n. 171; DOLBEAU, Le dossier hagiographique de s. Amé; GEARY, Aristocracy in Provence, 131–136; Philibert SCHMITZ, Bruel-sur-Lys, Dictionnaire d'histoire et de géographie ecclésiastique 10, 1938, 884.

135a. Monastère Saint-Pierre [Saint-Pierre]

Dans la Vie de sainte Rictrude, Hucbald de Saint-Amand rapporte que le fils aîné de la sainte nommé Mauront (né après 629/636) était notaire au service du souverain. Sous l'influence d'Amand, il embrassa ensuite la vie monastique en fondant sa propre communauté à Breuil dont il prit la tête. Très peu de temps plus tard, entre 675/687, il accueillit l'évêque Amé de Sion déposé sur ordre de Thierry III. Amé avait été reçu dans un premier temps à Péronne par l'abbé Ultan jusqu'à la mort de ce dernier. Suivant la Vie de Rictrude, Amé semble être resté un simple moine. Il mourut un 13 septembre et fut inhumé à Breuil par les soins de Mauront. Rédigée un peu auparavant par le même Hucbald, la Vie d'Amé se fait l'écho de traditions sensiblement différentes. Si elle rappelle également la vie mondaine de Mauront, sa conversion monastique sous l'influence d'Amand, ainsi que la fondation d'un monastère dédié à saint Pierre sur son domaine de Breuil, la Vie développe en revanche le comportement exemplaire d'Amé et sa nomination à la tête de la communauté. Il est également question de la vie qu'il mena dans une cellule construite à son intention contre le mur de l'église dans laquelle il fut finalement inhumé. Mauront fit don de tous ses biens au monastère. Est également évoquée une imposante chaîne de fer que portait le saint en pénitence.

135b. Église Sainte-Marie et Saint-Amé

La troisième Vie d'Amé (rédigée après le milieu du XIe siècle) se fait l'écho de la construction à Breuil, par Mauront, d'une seconde église dédiée à la Vierge et à saint Amé, très peu de temps après la mort de ce dernier. Ses reliques y auraient été portées lors d'une cérémonie présidée par l'évêque des Morins Bainus (avant 701 † 710) un 28 avril et déposées près de l'autel.

136. *Villa Milinia*: église [?]

In pago Bragbantensi. – Cambrai. – B., localisation inconnue.

L'église (*ecclesia*) de la *villa Milinia*, usurpée par des *satellites* du comte Arnoul Ier de Flandre dans le courant du Xe siècle, était revendiquée par l'abbé Othelbold dans la lettre qu'il adressa à la comtesse Otgive en 1019/1030.

De brief van abt Othelbold aan gravin Otgiva, éd. VOET, 235.

137. Mons

Castrilocus. – Cambrai. – B., ch.-l. prov. Hainaut.

On se reportera à la notice consacrée au dossier hagiographique de sainte Waudru. – Vita Aldegundis prima, éd. MABILLON, c. 4, 808; Gesta abbatum Fontanellensium, éd. PRADIÉ, c. 13, § 7, 182 (*Castrologium monasterium*); Inventio et miracula Gisleni, éd. DE BUE, c. 5, 1036; Gesta episcoporum Cameracensium, éd. BETHMANN, l. II, c. 39, 464.

Monasticon belge 1, 1890–1897, 314 et 327–328 [Ursmer BERLIÈRE]; HELVÉTIUS, Avant la ville, la campagne; EAD., Abbayes, évêques et laïques, 45–59, 155–158 et 235–246; NAZET, Crises et réformes dans les abbayes hainuyères, 467–468.

137a. Monastère féminin Saint-Pierre, plus tard Sainte-Marie et Sainte-Waudru

La Vie d'Aldegonde évoque rapidement la séparation de Waudru et de son époux Madelgaire, l'entrée de ce dernier à Hautmont puis de Waudru, *in monasterio quod prius aedificare coeperat* où elle reçut le voile consacré des mains de l'évêque Aubert. Il faut ensuite attendre la seconde moitié du IXe siècle pour obtenir davantage d'informations de la part de la Vie de la sainte. Celle-ci évoque l'intervention d'un ermite nommé Ghislain puis celle du *vir illuster* Hidulphe qui fit, pour le compte de cette dernière, l'achat du domaine de Mons. Une vaste demeure fut édifiée que Waudru refusa d'occuper pour préférer un logement plus modeste flanqué d'une église (*congruum habitaculum, simul et oratorium*) dédiée à saint Pierre. Plus tard, d'autres saintes femmes seraient venues la rejoindre (*coeperunt nonnullae nobilioris generis feminae ad ejus magisterium concurrere*). Tout ce qui a été dit sur une communauté masculine reste très hypothétique même si l'on ne peut évidemment exclure la présence de quelques desservants masculins sur place. La seconde Vie d'Aldegonde prétend que Waudru aurait été inhumée dans le domaine patrimonial de Cousolre. Mons est à nouveau mentionné en 833 mais curieusement pas en 870 lors du partage du royaume de Lothaire entre Louis le Germanique et Charles le Chauve. On doit pouvoir affirmer que la rédaction de la Vie de la fondatrice au milieu du IXe siècle devait répondre aux besoins d'une communauté dont la vie était empreinte de régularité bénédictine. Les *clerici atque puellae* de Mons participèrent à la tentative de vol des reliques de saint Ghislain au début du Xe siècle. Selon Anne-Marie Helvétius, qui s'appuie essentiellement sur le témoignage tardif mais semble-t-il assez sûr de Gislebert de Mons, l'établissement serait passé dès le début du Xe siècle dans le patrimoine des comtes de Hainaut.

137b. Chapitre Saint-Germain

Lorsque les comtes de Hainaut s'installèrent à Mons, ils eurent à cœur de fonder leur propre chapitre, distinct de la petite communauté masculine qui ne devait pas manquer d'exister auprès des moniales. En 1024/1025, l'auteur des *Gesta* des évêques de

Cambrai fait bien état de deux communautés à Mons: *duo quoque monasteria [...] unum quidem puellarum [...] in honore sanctae Mariae [...]. Alterum vero monasterium est canonicorum sancti Germani.*

138. Mont-Saint-Éloi: monastère Saint-Vindicien (auparavant Saints-Pierre-et-Paul?)

Arras. – Dép. P.-de-C., arr. Arras, cant. Dainville.

Les traditions relatives à cette communauté ne remontent pas plus loin que 1024/1025 mais sont assez précises. Au début de VIIIe siècle, tombé malade à *Brossela*, l'évêque Vindicien de Cambrai demanda à être porté au Mont-Saint-Éloi, ainsi nommé parce que l'illustre évêque de Noyon/Tournai dont Vindicien était un familier se reposait de temps à autre dans ce *diversorium*. L'évêque de Cambrai mourut un 11 mars et fut inhumé dans l'église (*basilica*) du lieu dont on ignore le vocable originel (Saint-Éloi? Saints-Pierre-et-Paul suivant l'acte de Liébert de 1076?). Le site faisait sans doute partie du domaine que possédait Vindicien et dont le centre se trouvait à Écoivres où l'évêque avait fait édifier un oratoire en l'honneur de Saint-Martin. Le sanctuaire reçut en 830 la sépulture de l'évêque Halitgaire. Il était néanmoins à l'abandon, *pro eo quod gentilium infestatione* (à cause des Normands?) au milieu du Xe siècle sous l'épiscopat de Fulbert lorsque deux jeunes clercs d'Arras le visitèrent. L'un des deux fut alors momentanément atteint de cécité. Ce signe invita Fulbert à procéder à l'invention du corps de l'évêque, retrouvé dans un sarcophage de pierre aux côtés de son archidiacre Honoré. Plusieurs miracles se manifestèrent alors, ce qui provoqua la prospérité du sanctuaire. Il fut pillé en 1006 par les troupes de Richard de Normandie. En 1024/1025, tenue par des *viri militares*, la communauté ne rassemblait plus que quelques chanoines.

Gesta episcoporum Cameracensium, éd. BETHMANN, l. I, c. 28–33, 413–414; ibid. l. I, c. 42, 416; ibid. l. II, c. 18, 459–460 (*monasterium sancti Vinditiani*); VAN MINGROOT, Liste provisoire, n° 18 et 19 (restauration par l'évêque Liébert en 1076).

BARUBÉ, L'abbaye du Mont-Saint-Éloi, 37–52 et 189–190; DELMAIRE, Le diocèse d'Arras 1, 199; ibid. 2, 529 (le monastère était encore dans les limites de la paroisse d'Écoivres au début du XIIe siècle); MEIJNS, Aken of Jeruzalem? 1, 111–114 (VIIe–IXe siècles: pérennité vraisemblable d'une communauté dépendante de l'évêque) et 418– 424 (restauration de Fulbert); ibid. 2, 719–726 (réforme du XIe siècle); EAD., Des basiliques rurales, 320–323.

139. Moorsel: monastère Sainte-Marie, Saint-Sauveur? [Saint-Martin]

Morzella. – Cambrai. – B., prov. Fl. or., arr. et c. fus. Alost (fl. Aalst).

L'existence ancienne d'un monastère Saint-Sauveur à Moorsel n'est documentée que par deux textes hagiographiques tardifs: les Vies des saintes Berlinde (de Meerbeke) et Gudule. Le premier texte rapporte qu'une communauté féminine dédiée à la Vierge existait au VIIe siècle; le second que Charlemagne procéda à la translation des reliques de Gudule dans l'église Saint-Sauveur de Moorsel (où, de son vivant, la sainte avait l'habitude de se retirer pour prier), puis, à la fin du Xe siècle, à Saint-Géry de Bruxelles. Mais aucune mention indépendante (annalistique ou liturgique) ne vient apporter une quelconque confirmation à cet ensemble de traditions tardives. L'existence même d'une communauté à Moorsel est donc sujette à caution. Rien n'est fermement assuré avant la fondation de Saint-Géry à Bruxelles au début du XIe siècle par le comte

Lambert de Louvain et la première attestation du culte rendu à Gudule en 1073 fournie par un acte de l'évêque Liébert de Cambrai.

Vita Gudilae prima (BHL 3684), éd. Holder-Egger, MGH SS 15–2, Hanovre 1888, 1200–1203 (rédigée au milieu du XIIe siècle d'après Michel de Waha qui fait justice des interprétations de Dom Podevyn).

Despy, Un dossier mystérieux, 265–267; Monasticon belge 7–2 (1977), 195–198 [Ludo Milis]; Michel de Waha, Gudule, Dictionnaire d'histoire et de géographie ecclésiastique 22 (1988), 639–641; Verbesselt, Het parochiewezen in Brabant 7, 139–194.

140. Moortsele: église [Saint-Amand]

Mortesela. – Cambrai. – B., prov. Fl. or., arr. Gand, c. fus. Oosterzele.

L'église (*ecclesia*) de Moortsele, usurpée par des *satellites* du comte de Flandre Arnoul Ier dans le courant du Xe siècle, était revendiquée par l'abbé Othelbold dans la lettre qu'il adressa à la comtesse Otgive en 1019/1030.

De brief van abt Othelbold aan gravin Otgiva, éd. Voet, 236.

141. Moustier-en-Fagne: monastère Saint-Pierre

Wasler; *Guaslaris*. – Cambrai. – Dép. Nord, arr. Avesnes-sur-Helpe, cant. Trélon.

Wallers-Trélon est aujourd'hui une commune contigüe à celle de Moustier-en-Fagne, où il faut, semble-t-il, localiser le monastère ancien de Wallers. Le nom même de cette localité (Moustier) vient en effet du prieuré dépendant de Lobbes établi au début du XIIe siècle et on peut raisonnablement postuler une continuité avec l'établissement de Wallers du haut Moyen Âge. Wallers apparaît dès 870 comme abbaye royale puis peu avant 889 dans la liste courte des biens appartenant à Lobbes (*cella in monasterio Wasler cum appendicibus suis*). Au début du Xe siècle, la Vie de Landelin fait de ce dernier le fondateur de la communauté dans la deuxième moitié du VIIe siècle au même titre qu'Aulne et surtout Lobbes. Cette affirmation est reprise au début du XIe siècle par les *Gesta* des évêques de Cambrai. Pour Folcuin néanmoins, cette fondation doit revenir à Ursmer de Lobbes (mais on sait ce qu'on doit penser de ce détournement de la mémoire des origines de Lobbes) qui y aurait établi un certain Dodon comme supérieur. Une Vie lui fut consacrée à la fin du Xe siècle qui présente l'histoire de Wallers (elle fait ainsi état de la consécration de l'église à saint Pierre et de la générosité de Dodon) et surtout les étapes du développement du culte de cet ermite: dédicace de l'église par l'évêque Thierry, élévation puis translation à Wallers des reliques par Dodilon puis nouvelle translation dans l'église au milieu du Xe siècle. Ce dernier épisode fit successivement intervenir un certain Leutbert, *loci provisor*, et un clerc nommé Trésuguin, *decanus*, qui présida la cérémonie avec la permission de l'évêque Fulbert de Cambrai. Pour financer une reconstruction du monastère, les reliques furent emportées dans le Porcien puis en Brabant où elles échappèrent miraculeusement à une tentative de vol.

Au regard de l'histoire d'Aulne qui avait été vraisemblablement fondée dans des circonstances très proches, le devenir de Wallers s'expliquerait, selon Alain Dierkens, par la volonté des Pippinides (implantés à Lobbes) de pouvoir compter sur une base avancée dans le diocèse de Cambrai.

Le polyptyque de l'abbaye Saint-Pierre de Lobbes, éd. DEVROEY, 33; Annales de Saint-Bertin, éd. GRAT/VIEILLARD/CLÉMENCET, a° 870, 174 (*Vuasloi*); Vita Landelini, éd. LEVISON, c. 5, 441–442; Folcuin, Gesta abbatum Lobbiensium, éd. PERTZ, c. 4, 57; Vita Dodonis, éd. DE BUCK; Gesta episcoporum Cameracensium, éd. BETHMANN, l. II, c. 33, 463.

DIERKENS, Abbayes et chapitres, 94, n. 21 (actes faux pour Wallers); ibid., 100–102; NAZET, Crises et réformes dans les abbayes hainuyères, 489–490; POSWICK, Moustier-en-Fagne.

142. Nédon: église [Sainte-Marie/Saint-Éloi]

Neudum. – Arras. – Dép. P.-de-C., arr. Arras, cant. Heuchin.

L'église de Nédon était une dépendance de la *cellula* de Bourecq, elle-même attestée dans le temporel du monastère de Centule/Saint-Riquier dès l'époque carolingienne.

Hariulf, Chronicon Centulense, éd. LOT, l. III, c. 3, 95.

143. Noorderwijk: église [?]

Northreuuick in pago Tessandrie; *Northreuuic et Idingehem*. – Cambrai. – B., prov. Anvers, arr. Turnhout, c. fus. Herentals.

La possession de l'église (*ecclesia*) de Noorderwijk est confirmée aux moines de Saint-Bavon de Gand par Otton II le 21 janvier 974. Deux ans plus tard, cette église et celle d'Itegem sont cédées à un certain *vir nobilis* nommé Folgbert contre le domaine de Houtem, son église et toutes ses dépendances.

Die Urkunden Otto des II., n° 69, 83 (21 janvier 974); ibid., n° 126, 143 (19 janvier 976).

COENS, L'auteur de la Passio Livini, 293.

144. Noyelles-sur-Selles: église [Saint-Martin]

Niella. – Cambrai. – Dép. Nord, arr. Valenciennes, cant. Bouchain.

La *villula* de Noyelles et son église (*ecclesia*) sont attestées comme dépendances du domaine de Douchy en 950 dans le diplôme de confirmation du roi Louis IV. L'église n'était cependant pas mentionnée dans la donation du comte Arnoul à Saint-Pierre de Gand (941): on peut donc penser que l'oratoire a été édifié entre 941 et 950.

Recueil des actes de Louis IV, n° 36, 85; Diplomata belgica, éd. GYSSELING/KOCH, n° 60, 156 (confirmation de Lothaire du 22 février 964).

VERHULST, Sur un diplôme de Louis IV pour Saint-Pierre de Gand, 434.

145. Obourg: église [Saint-Martin]

Olburtius. – Cambrai. – B., prov. Hainaut, arr. et c. fus. Mons.

Le domaine et l'église d'Obourg sont mentionnés dans une précaire passée entre l'abbaye de Saint-Germain-des-Prés et un certain comte Guillaume: celui-ci reçoit l'usufruit d'un domaine en Condroz et s'engage à céder celui d'Obourg qui lui avait été donné par un empereur Charles. Les éléments fournis par l'acte ont conduit Anne-Marie Helvétius à identifier ce comte avec Guillaume de Blois († 834), un fidèle de Louis le Pieux, auparavant actif à la cour de Charlemagne. La précaire pourrait alors être datée des années 830, mais on ignore si ses dispositions furent effectivement appliquées. Anne-Marie Helvétius a reconnu en Obourg un vaste domaine mérovingien dont Mons aurait été détaché au VIIe siècle pour servir d'assise foncière au monastère fondé par sainte Waudru.

Recueil des chartes de l'abbaye de Saint-Germain-des-Prés 2, n° 38bis, 229–230.

DEVROEY, Note sur les biens de Saint-Germain-des-Prés en Belgique, 43–44; HELVÉTIUS, Avant la ville, la campagne, 373–381.

146. Ootegem: église [Saint-Amand à l'époque moderne]

Otingehem. – Diocèse de Tournai. – B., prov. Fl. occ., arr. Courtrai, c. fus. Zwevegem.

L'église (*ecclesia*) d'Ootegem fut cédée à Saint-Pierre de Gand en 998 par un certain Herebrandus avec l'ensemble de son domaine situé sur l'Escaut.

Liber traditionum, éd. FAYEN, n° 104, 99.

147. *Ostold*: église

À chercher près de Watervliet (Tournai – B., prov. Fl. or., arr. Eeklo, c. fus. Sint-Laureins).

L'église (*ecclesia*) de *Ostold*, usurpée dans le courant du Xe siècle par des *satellites* du comte de Flandre, Arnoul Ier, était revendiquée par l'abbé Othelbold dans la lettre qu'il adressa à la comtesse Otgive en 1019/1030.

De brief van abt Othelbold aan gravin Otgiva, éd. VOET, 236.

148. Oudenbourg

Aldenborg; *Aldeburch*; fl. Oudenburg. – Tournai. – B., prov. Fl. occ., arr. Ostende, cant. Ghistelles.

148a. Église Saint-Pierre
148b. Église Sainte-Marie

L'abbaye de Lobbes élevait assurément des bovins à Oudenbourg en 868/869 et y possédait quelques tenures. Est-ce une raison suffisante pour accepter les interpolations introduites dans la Vie de saint Ursmer rédigée par Rathier de Vérone, qui attribuent au deuxième abbé de Lobbes une activité missionnaire en Flandre? Ces traditions sont ensuite réaffirmées avec force dans le *Tractatus*, rédigé à Oudenbourg entre 1081 et 1084. Sont présentées les origines de l'église Saint-Pierre de ce *castellum* du Bas-Empire: non seulement Ursmer aurait fondé l'église Saint-Pierre (*basilica ligno condita*) dont les ruines en étaient encore visibles à la fin du XIe siècle, mais il aurait également édifié au nord de la localité une église dédiée à la Vierge. Dans ces deux sanctuaires, il aurait réuni deux communautés (*clericorum congregatio* ou *societas*). Dans la deuxième moitié du Xe siècle, deux frères nommés Wlinemar et Erembald, l'un prêtre, l'autre laïque, s'étaient installés à Sainte-Marie. Quant à l'église Saint-Pierre, elle fut reconstruite en 1056 et les travaux furent marqués par de nombreux miracles.

On tiendra pour fragile la fondation d'une église Saint-Pierre dès la fin du VIIe siècle. En revanche, il n'est pas invraisemblable que les moines aient pu entretenir de temps à autre, dès l'époque carolingienne, une petite communauté, ce dont se ferait confusément l'écho le *Tractatus*. L'exemple de Zegelsem vient donner un certain crédit à cette hypothèse. L'insécurité entretenue par les Normands aurait ensuite pu inciter les moines à abandonner provisoirement ces possessions exposées. Il est toutefois curieux que le récit du voyage des reliques d'Ursmer et d'Ermin en Flandre en 1060 ne fasse pas un instant mention d'Oudenbourg.

Le polyptyque de l'abbaye Saint-Pierre de Lobbes, éd. DEVROEY, 17 (*vaccaritia* dans la description de 868/869); ibid., 36 (liste courte vers 889); ibid., 51 (liste longue; avant 1038); Rathier de Vérone, Vita Ursmari, éd. LEVISON, 455–456 (passages interpolés); Tractatus de ecclesia Sancti Petri, éd. HOLDER-EGGER, c. 5–10, 868–869.

Monasticon belge 3–1 (1960), 56–58 [Nicolas HUYGHEBAERT]; MEIJNS, Aken of Jeruzalem? 1, 265–272; EAD., Communautés de chanoines dépendant d'abbayes bénédictines, 111–117.

149. Outreau: église Saint-Quentin [Saint-Wandrille]

Walbodeghem. – Thérouanne. – Dép. P.-de-C., arr. Boulogne-sur-Mer, ch.-l. cant.

Le domaine d'Outreau est attesté comme bien du monastère de Fontenelle/Saint-Wandrille dans un diplôme de Charles le Chauve de 853/854. En 858, les reliques des saints Wandrille et Ansbert furent déposées dans l'église (*basilica*) du lieu et y opérèrent plusieurs miracles.

Recueil des actes de Charles le Chauve 1, n° 160, 425 (*Walbodinga et Tuthilingam villas cum appendiciola earum Laom*); Miracula Wandregisili, éd. VAN DEN BOSCH, c. 18, 285 (*praedium Walbodegem*); ibid., c. 22, 286 (*praedium Turbodinghem quae est possessio almi patris Wandregisili, et adjacens patrimonio Walbodegem*); ibid., c. 25–27, 287 (naufrage du préfet Grippo).

150. Outrijve: église [Saint-Pierre]

Alta ripa. – Tournai. – B., prov. Fl. occ., arr. Courtrai, cant. Avelgem.

Si l'on suit les études récentes consacrées aux forgeries gantoises, on peut admettre qu'entre 964 (diplôme authentique de Lothaire ne mentionnant pas encore l'église d'Outrijve) et 981 (forgerie du dernier diplôme de Lothaire la mentionnant), les moines de Saint-Pierre de Gand ont acquis l'église (*ecclesia*) de cette localité.

Diplomata belgica, éd. GYSSELING/KOCH, n° 57, 150 (fausse donation d'Arnoul Ier datée du 29 juin 960 forgée en 990/1035); ibid., n° 63, 162 (faux diplôme de Lothaire forgé avant 981; cf. VERHULST, Note sur deux chartes de Lothaire, 17); Liber traditionum, éd. FAYEN, n° 71, 76–77 (notice mentionnant la donation de l'église par Arnoul Ier le 29 juin 963).

151. Papegem/Bavegem: église [?]

Papengem; *Papingehem*. – Cambrai. – B., prov. Fl. or., arr. Alost (fl. Aalst), c. fus. Sint-Lievens-Houtem (anc. c. de Vlierzele).

L'église de Papegem et Bavegem (*Papingehem et Bauingehem cum ecclesia*) apparaît pour la première fois dans un diplôme de restitution pour Saint-Bavon donné par Otton II en 976, ce que rappelle en 1019/1030 l'abbé Othelbold dans la lettre qu'il adressa à la comtesse Otgive.

Die Urkunden Otto des II., n° 126, 143; De brief van abt Othelbold aan gravin Otgiva, éd. VOET, 239.

152. Pas-en-Artois: chapitre [Saint-Martin]

Pas. – Arras. – Dép. P.-de-C., arr. Arras, ch.-l. cant.

Pas est cité comme *viculus* dans lequel est établie une *basilica canonicorum* en 1024/1025 au même titre que Lucheux. L'établissement est alors tenu en bénéfice par des combattants. En 1138, il fut confié au prieuré clunisien de Saint-Martin-des-Champs.

Gesta episcoporum Cameracensium, éd. Bethmann, l. II, c. 19, 460.

Delmaire, Le diocèse d'Arras 1, 199; ibid. 2, 537 et 581; Meijns, Aken of Jeruzalem? 1, 253–255.

153. Passendale: église [?]

Pascandala. – Thérouanne. – B., prov. Fl. occ., arr. Ypres, c. fus. Zonnebeke.

À Passendale, les moines de Sithiu possédaient une église (*ecclesia*) en 844/859.

Le polyptyque de l'abbaye de Saint-Bertin, éd. Ganshof, 19 et 89.

154. Poperinge: église [Saint-Bertin]

Pupurninga. – Thérouanne. – B., prov. Fl. occ., arr. Ypres, ch.-l. cant.

À Poperinge, les moines de Sithiu possédaient une église (*ecclesia*) en 844/859. Au tournant des IXe–Xe siècles, le comte Baudouin II de Flandre mit probablement la main sur le domaine de Poperinge mais, à l'exemple du Wast, on peut penser que son fils Arnoul Ier restitua ensuite le domaine à Sithiu même si cela n'est pas formellement attesté par la documentation. L'autel de Poperinge apparaît ensuite en 1040 dans une charte de l'évêque Drogon.

Le polyptyque de l'abbaye de Saint-Bertin, éd. Ganshof, 18 et 79.

Monasticon belge 3–1 (1960), 157–165 [Nicolas Huyghebaert]; Carnier, Parochies en bidplaasten, 181–186.

155. Puisieux: église Saint-Vaast [Saint-Denis]

Putialis. – Arras. – Dép. P.-de-C., arr. Arras, cant. Pas.

Par un acte daté de 799, Gisèle, sœur de Charlemagne, cède à l'abbaye de Saint-Denis le domaine de Puisieux, *cum illas ecclesias, quae sunt constructas in honore sancti Vedasti vel ceterorum sanctorum, cum apendiciis suis*: il s'agit de Gommecourt (sans lieu de culte au Moyen Âge), Postivillers [Sainte-Marie], *Berninocurte*, *Linarias* et *Hodricio*. La confirmation de l'empereur, donnée le même jour, est formulée de manière légèrement différente (*Puciales [...] cum ecclesiis inibi constructis in honore sancti Vedasti vel aliorum sanctorum vel omnibus appendiciis suis ad se pertinentibus infra pagum ipsum*).

Die Urkunden Karls des Großen, n° 190, 255 (confirmation de Charles); ibid., n° 319, 484 (donation de Gisèle).

Delmaire, Le diocèse d'Arras 2, 492 (Gommecourt); ibid., 539 (Postivillers); ibid., 540 (Puisieux).

156. Quaregnon: église Saint-Quentin

Villa Quaternione. – Cambrai. – B., prov. Hainaut, arr. Mons, c. fus.

D'après la *Vita Gisleni prima*, cette église (*oratorium*) aurait été édifiée de concert par sainte Waudru et saint Ghislain. Elle aurait été ensuite cédée à l'abbaye fondée par ce dernier. Cette information ne vaut évidemment qu'à la date de rédaction du texte, c'est-à-dire dans le deuxième quart du Xe siècle.

Vita Gisleni prima, éd. DE BUE, c. 15, 1034.

157. Quelmes: église [Saint-Pierre]

Kelmis. – Thérouanne. – Dép. P.-de-C., arr. Saint-Omer, cant. Lumbres.

Donné en 723 à Sithiu et mentionné alors comme dépendance du domaine de Setques, Quelmes possédait une église (*ecclesia*) en 844/859.

Diplomata belgica, éd. GYSSELING/KOCH, n° 13, 28 (donation de Rigobert); Le polyptyque de l'abbaye de Saint-Bertin, éd. GANSHOF, 13 et 27–37.

158. Quentovic: église Saint-Pierre

Quenta vicus. – Amiens. – Auj. La Calotterie, dép. P.-de-C., arr. et cant. Montreuil-sur-Mer.

La localisation précise du grand port de Quentovic, actif entre les VIIe et IXe siècles, n'est désormais plus discutée. Il était établi sur la rive sud de la basse vallée de la Canche, sur le territoire de l'actuelle commune de La Calotterie (LEBECQ, Quentovic, 75–77). L'ordinaire du lieu devait donc être l'évêque d'Amiens, mais étant donnée l'importance du port – et dans notre étude de l'église Saint-Pierre –, il a paru utile de ne pas l'exclure de ce catalogue.

Un diplôme de Charles le Chauve de 853/854 confirme aux moines de Fontenelle la possession d'un manse à Quentovic. Le récit du refuge que trouvèrent dans la région les reliques des saints patrons du monastère en 858 apporte davantage de précisions sur les biens possédés par les moines. On peut ainsi savoir que les reliques des saints Wandrille et Ansbert furent déposées la veille de l'Ascension (11 juin) dans l'église Saint-Pierre, proche du port, appartenant aux moines (*ad ecclesiam Sancti Petri, quae vicina est emporio Quentavico et ex ditione sanctorum*). Elles y opérèrent plusieurs miracles avant d'être assez rapidement emportées (avant la fin de l'année semble-t-il) vers un autre domaine monastique, à Outreau, près de Boulogne. Elles firent un second séjour à Quentovic entre 866 et 868. Ferdinand Lot identifiait l'église Saint-Pierre comme étant l'une des basiliques du monastère de Saint-Josse, ce qui est difficilement concevable. Plus convaincante est l'hypothèse défendue par Hubert Le Bourdellès d'une localisation sur le site de l'actuelle ville de Montreuil-sur-Mer qui tire précisément son nom (*Monasteriolum*) d'un petit établissement monastique primitif. Basilique périphérique du grand port carolingien dont on connaît le declin rapide à la fin du IXe siècle, Saint-Pierre aurait donc contribué à cristalliser le développement du nouveau centre urbain de la région, Montreuil.

Au IXe siècle, seule l'église Saint-Pierre est citée aux alentours immédiat de Quentovic, mais il est très probable qu'elle n'ait pas été la seule église desservant le port.

Recueil des actes de Charles le Chauve 1, n° 160, 424; Miracula Wandregisili, éd. VAN DEN BOSCH, c. 12–17, 284–285; ibid., c. 30–43, 287–289.

DHONDT, Les problèmes de Quentovic; LE BOURDELLÈS, Les problèmes linguistiques de Montreuil-sur-Mer, 951–953; LEBECQ, La Neustrie et la mer; ID., Quentovic; LOT, Étude critique sur l'abbaye de Saint-Wandrille, XXIII, n. 2.

159. Quernes: église [Saint-Omer]

Kernas. – Thérouanne. – Dép. P.-de-C., arr. Béthunes, cant. Norrent-Fontes.

Le récit de la consécration de l'église (*ecclesia*) de Quernes, édifiée par un riche propriétaire, n'apparaît que dans la troisième Vie de l'évêque Omer, rédigée dans la deuxième moitié du XIe siècle.

Vita Audomari tertia, éd. STILTING, c. 17, 409 [Saint-Omer, Bibl. Mun., ms 698, fol. 21–22v].

160. Renaix: monastère Saints-Pierre-et-Paul

Rotnace; fl. Ronse. – Cambrai. – B., prov. Fl. or., arr. Oudenaarde (fr. Audenarde). c. fus.

La fondation de Renaix est attribuée à saint Amand par Milon d'Elnone († 872) dans sa fameuse *Suppletio*. Chassé de Saint-Pierre de Gand par la victoire définitive de Charles Martel sur le maire du palais neustrien Ragenfred (719), l'abbé irlandais Célestin serait venu finir ses jours à Renaix. Un acte de Louis le Pieux de 834 rappelle la volonté de Charlemagne de créer un évêché *aquilonalibus in partibus, in gente videlicet Danorum sive Suevonum*, d'abord confié à Amalaire, évêque de Trèves, puis au prêtre Héridac. Ce dernier se vit donc attribuer la *cella* de Renaix pour mener à bien ce projet. Il n'y eut pas de suite et Louis le Pieux soumit ensuite l'établissement à Inden, comme le rappellent le diplôme de l'empereur et les *Gesta* des évêques de Cambrai.

Vers 860, les reliques de saint Hermès y furent ensuite apportées. Lors des incursions normandes, elles reprirent la route d'Inden. L'évêque de Cambrai Fulbert († 956) eut toutes les peines du monde à les faire revenir de Germanie. En 1024/1025, il y avait sur place un chapitre (*monasterium canonicorum*) dédié aux apôtres Pierre et Paul, comme à Leuze.

Milon, Vita Amandi, éd. KRUSCH, 450; Ratio fundationis, Diplomata belgica, éd. GYSSELING/KOCH, n° 49, 125 (déposition de l'abbé Célestin); Annales Blandinenses, éd. GRIERSON, a° 765 (en fait 719), 8 (Célestin à Renaix); Gesta episcoporum Cameracensium, éd. BETHMANN, l. I, c. 76, 429; ibid., l. II, c. 44, 464–465; Recueil des historiens des Gaules et de la France 6, éd. BOUQUET, 593–594 (sur cet acte, voir DIERKENS, Saint Anschaire).

COENS, Un manuscrit perdu, 59 (BHL 3857d = venue des reliques d'Inden en 860 puis récit des *Gesta episcoporum Cameracensium*, l. I, c. 76); D'HAENENS, Les invasions normandes en Belgique, 233–234; Monasticon belge 7–2 (1977), 143–144 [A. CAMBIER]; MEIJNS, Aken of Jeruzalem? 1256–1265; EAD., Communautés de chanoines dépendant d'abbayes bénédictines, 103–111; MOREAU, La Vita Amandi prima et les fondations monastiques de saint Amand, 463; RÖCKELEIN, «Pervenimus mirificum ad sancti Medardi oraculum», 153.

161. Renty

Rentica. – Thérouanne. – Dép. P.-de-C., arr. Saint-Omer, cant. Fauquembergues.

Les sanctuaires du domaine de Renty/Fauquembergues sont documentés par la Vie de

Bertulphe, rédigée au Mont-Blandin à Gand entre 1070 et 1088 . L'auteur affirme s'appuyer sur une Vie plus ancienne, *veteri olim stylo descripta*. Il subsiste bien un *codex* du Xe siècle contenant un paragraphe très succint concernant le saint (La Haye, Bibl. royale, ms 70 H 50; Analecta Bollandiana 6, 1887, 204–206), mais ce résumé pose problème car il évoque la fondation d'un monastère par Bertulphe dans la *villa Herbecha* (Harelbeke?) et ne dit rien au sujet de Renty. Les informations des notices qui suivent, documentées par la seule Vie du XIe siècle, sont donc à considérer avec prudence.

Vita Bertulfi, éd. MABILLON, c. 4, 46; ibid., c. 16–19, 50–51; ibid., c. 22, 53.
Paroisses et communes 62–1, 611–612; ibid. 62–2, 1127.

161a. Églises Saint-Pierre, Saint-Martin et Saint-Vaast

Au début du VIIIe siècle, un grand propriétaire et son épouse (Wambert et Homburga) avaient fait construire un monastère (*coenubium*) à Renty, dédié à saint Denis, ainsi que trois églises (*ecclesiae*), dédiées aux saints Pierre, Martin et Vaast et situées sur les domaines du couple le long de la vallée de l'Aa. Il est dès lors tentant d'identifier l'église Saint-Vaast avec la future église paroissiale de Renty et l'église Saint-Martin avec celle d'Hardinghem, connue au Moyen Âge comme succursale de celle de Fauquembergues, un domaine (*villa*) qui, aux dires de la Vie, appartenait également à Wambert. Au Moyen Âge, Fauquembergues comptait un chapitre dédié à saint Léger (et, à l'intérieur de la collégiale, une chapelle consacrée à la Vierge pour le service paroissial); ce qui ne permet pas de pousser plus loin le rapprochement avec les données de la Vie de Bertulphe.

161b. Monastère Saint-Denis

Reçu par Wambert et Homburga, Bertulphe fut baptisé puis entra à leur service comme clerc, chargé de l'intendance des domaines. Il se montra particulièrement habile dans cette charge pendant le pèlerinage de ses maîtres à Rome. À leur retour, Wambert et Homburga lui firent don du domaine: ils moururent peu de temps après et furent inhumés à Renty. Bertulphe rassembla alors onze disciples dans la plus belle église du domaine. Il mourut un 4 février et fut inhumé à Saint-Denis.

162. Roksem: église Saint-Michel, Saint-Jean-Baptiste et Sainte-Marie

Hrochasem. – Tournai. – B., prov. Fl. occ., arr. Ostende, c. fus. Oudenbourg.

Par un acte donné à Sithiu le 25 juillet 745, le prêtre Félix céda au monastère l'église (*cella*) de Roksem qu'il avait fait édifier – *vili opere*, dit le pseudo-original forgé au début du Xe siècle – en l'honneur de l'archange Michel, de saint Jean-Baptiste, de la Vierge et de tous les saints ainsi que tous les biens qui en dépendaient. Félix en garda l'usufruit jusqu'à sa mort. En janvier 770, l'église (*basilica*) était desservie par un prêtre du nom de Fulgislus et c'est à lui qu'un certain Sigherhadus fit appel pour rédiger l'acte de vente à Sithiu de tous les biens qu'il possédait à Roksem. Comme dans le cas de Poperinge, on peut penser que Roksem passa dans le patrimoine des comtes de Flandre à la fin du IXe siècle avant d'être rendu à Sithiu par Arnoul Ier. Le pseudo-original de l'acte de 745, conservé à Gand, date de cette époque et il est très vraisemblable qu'il fut exécuté pour appuyer la revendication des moines de Sithiu.

Diplomata belgica, éd. GYSSELING/KOCH, n° 15 et 17, 31–34 et 36.

Monasticon belge 3/1, 1960, 182–185 [Nicolas HUYGHEBAERT]; MEIJNS, Enkele beschouwingen; MORELLE, Autour de Folcuin, 315–335.

163. Rumegies: église [Saint-Brice]

Ramelgeis. – Tournai. – Dép. Nord, arr. Valenciennes, cant. Saint-Amand-les-Eaux rive gauche.

En 974, le domaine et l'église (*ecclesia*) de Rumegies qui dépendaient du fisc royal d'Hollain furent cédés à Saint-Pierre de Gand par le comte Godefroid.

Liber traditionum, éd. FAYEN, n° 86, 85–86 (notice de la donation de Godefroid du 21 janvier 974); Diplomata Belgica, éd. GYSSELING/KOCH, n° 67, 169 (faux acte de donation de Godefroid forgé avant 1047).

164. Sains-lès-Fressin: église Saint-Martin

Sanctis. – Thérouanne. – Dép. P.-de-C., arr. Montreuil-sur-Mer, cant. Fruges.

Le 3 août 800, un clerc nommé Déodat cède à l'abbé de Sithiu, Odland, tous ses biens, dont l'église Saint-Martin de Sains ainsi que les autres églises qui dépendaient de ce lieu (*ecclesiam Sancti Martini quae est constructa in honore ipsius predicti Domni et sancti Martini in iam dicto loco Sanctis, seu ecclesias reliquas seu quidquid ad iam dictum locum Sanctis aspectum uel subjectum esse uidertur*). On se contentera ici de constater que deux églises situées en aval de Sains dans la vallée de la Planquette (le *fluvium Capriunum* de l'acte) étaient effectivement dédiées à saint Martin au Moyen Âge: Fressin et Saint-Martin (dont dépendaient aussi Wambercourt et Cavron).

Diplomata belgica, éd. GYSSELING/KOCH, n° 21, 40.
LEMARIGNIER, Les actes de droit privé de Saint-Bertin, 58–59.

165. Sains-lès-Marquion: monastère Sainte-Saturnine puis église Saint-Remi

Sanctis. – Cambrai. – Dép. P.-de-C., arr. Arras, cant. Marquion.

En 1024/1025, on conservait à Cambrai le souvenir d'une communauté féminine (*basilica puellarum*; *monasterium*; *puellaris congregatio*) anciennement établie à Sains autour des reliques de sainte Saturnine. À une époque non précisée, Saturnine, originaire de Germanie, aurait voulu fuir son fiancé quand celui-ci la rattrapa et la décapita. Prenant sa tête dans ses mains, elle eut le temps de gagner l'église (*aecclesia*) du lieu, dédiée à saint Remi, avant de mourir. Plus tard des Saxons seraient venus emporter la moitié de ces saintes reliques. Tout cela est évidemment sujet à caution en raison à la fois d'un démarquage évident de la Passion de sainte Maxellende et de l'absence de témoignages anciens du culte de Saturnine. En 1024/1025, le sanctuaire n'était plus desservi que par un seul prêtre.

Gesta episcoporum Cameracensium, éd. BETHMANN, l. II, c. 12, 459.

166. Saint-Amand-les-Eaux

Monasterium Elnonis (674/675). – Tournai. – Dép. Nord, arr. Valenciennes, ch.-l. cant.

Plus encore que Sithiu et les établissements gantois, l'abbaye d'Elnone connut un rayonnement extraordinaire pendant le haut Moyen Âge, dont témoignent aujourd'hui à la fois la série des diplômes royaux qui ont été conservés et la production de son *scriptorium*. Elnone fait davantage figure d'exception dans le paysage religieux des régions septentrionales avant l'an Mil; ce qui ne doit pas nous dispenser de proposer une brève présentation historique d'un établissement dont les origines ont été parfaitement étudiées par le chanoine Platelle.

À l'origine de cette fondation monastique d'Amand, il y a assurément une donation royale, très vraisemblablement de Dagobert Ier. Les textes hagiographiques et les listes abbatiales tardives ne permettent guère de se faire une idée de la communauté jusqu'au début du IXe siècle même si émergent quelques figures d'abbés un peu mieux connues que d'autres (Agelfrid, Gislebert, Arn). En 821, un diplôme de Louis le Pieux atteste de la partition du temporel. Pour autant ce ne furent pas systématiquement des laïcs qui furent placés à la tête de l'établissement avant la fin du IXe siècle mais l'on compta des religieux, évidemment fort proches des cercles dirigeants (Adalard, frère d'Évrard de Frioul; Carloman, fils de Charles le Chauve; Gauzlin, futur évêque de Paris et défenseur de la cité contre les Normands). À leur initiative, toute une série de dispositions fut prise qui permet une reconstitution assez fidèle du temporel d'Elnone. En outre, ils favorisèrent les activités intellectuelles qu'illustrèrent les moines Milon († 872) puis Hucbald († 930). En 883, aux dires des Annales du monastère, Elnone fut pillé par les Normands: faut-il en conclure que les reliques de saint Amand furent mises en sécurité à Paris et plus précisément à Saint-Germain des Prés dont Gauzlin était également abbé? Tout cela reste très hypothétique et le chanoine Platelle a bien montré que même dans ce cas «les inconvénients de l'absence semblent [...] avoir été réduits au minimum» comme en témoigne, dès 890, une précaire de l'abbé Raoul de Sithiu en faveur d'Hucbald, instaurant une société de prière entre les deux maisons.

Au début du Xe siècle, Saint-Amand passe sous le gouvernement de véritables abbés laïc: Robert, futur roi de France, les comtes de Laon, Roger Ier et Roger II, puis enfin le comte de Flandre, Arnoul Ier. Conseillé par Gérard de Brogne, ce dernier fit procéder à la restauration du temporel, à la réforme de l'établissement et à l'ordination de l'abbé Leudric en 952. Passé entre 965 et 994 (?) dans les mains du roi de France, Saint-Amand revint finalement aux comtes de Flandre.

On trouvera une liste des diplômes concernant le monastère jusqu'au milieu du Xe siècle dans Platelle, Le temporel de l'abbaye de Saint-Amand, 70–71. Cette liste peut être mise à jour avec les éditions suivantes: Die Urkunden der Merowinger, n° 45, 118–119 (faux diplôme de Dagobert) et n° 102, 263–264 (fausse donation de Barisis par Childeric II et Chimnechild); Die Urkunden Lothars I., n° 48, 141–142 (confirmation de la possession de Barisis le 10 octobre 840); Diplomata belgica, éd. Gysseling/Koch, n° 48, 82–83 (précaire de Raoul, abbé de Sithiu, en faveur d'Hucbald le 28 mars 890); Recueil des actes de Robert Ier, n° 46, 180–181 (Robert reçoit des moines la *cella* de Barisis en précaire le 24 septembre 906); appendice III, n° 1, 209–210 (contre-lettre de l'acte précédent); Recueil des actes de Raoul, n° 7, 32–33 (affectation de biens à la mense conventuelle le 6 avril 925); Recueil des actes de Louis IV, n° 6, 16–17 (concession de biens du 21 août 937).

Pour les sources narratives, on verra naturellement toutes les pièces du dossier hagiographique d'Amand. – Annales Elnonenses, éd. Grierson, passim; Passio salvii, éd. Coens, c. 18, 186 (Winegard, meurtrier de Saulve, part achever son existence *ad monasterium sancti Amandi confessoris*).

Présentation des inscriptions d'Alcuin pour le monastère dans Clavis des auteurs latins du Moyen Âge 2, dir. Jullien/Perelman, 360; ibid., 363–364; ibid. 387–393. Dans les notices qui suivent, les inscriptions sont citées selon la numérotation de Ernst Dümmler (MGH Poetae 1, 305–308).

Le fragment du polyptyque a été édité dans Das Polyptychon und die Notitia de areis von Saint-Maur-des-Fossés, éd. HÄGERMANN/HEDWIG, 103–105.

D'HAENENS, Les invasions normandes en Belgique, 202–203; ibid., 253–254; ibid., 275–276; ibid., 323; LECLERCQ, Saint-Amand-les-Eaux, Dictionnaire d'archéologie chrétienne et de liturgie 15–1 (1950), 462–482; HÉLIOT, Textes relatifs à l'architecture du haut Moyen Âge, 10–11 et 14–16; PLATELLE, La justice seigneuriale de l'abbaye de Saint-Amand, 47–63; PLATELLE, Le temporel de l'abbaye de Saint-Amand, 5–121; UGÉ, Politics of Narrative Production 2, 299–340.

166a. Église Saint-Martin

Si l'on suit la tradition recueillie par Alcuin dans l'inscription qu'il composa pour Saint-Martin (IX), cette église existait déjà lorsqu'Amand établit son monastère à Elnone. Elle devint par la suite l'église paroissiale du bourg monastique.

Carte archéologique de la Gaule 59, 382 (nécropole sur l'emplacement de l'église); PLATELLE, Le temporel de l'abbaye de Saint-Amand, 47.

166b. Église puis chapitre Saint-André

Une inscription d'Alcuin fut composée pour cette église (X) et le dernier des grands sacramentaires d'Elnone, exécuté vers 876 et aujourd'hui conservé à Stockholm, en signale l'existence (fol. 161v: *basilica Sancti Andreae*). Au XIIe siècle, Philippe de l'Aumône rapporte que le saint y passa ses derniers moments, devant l'autel dédié à la Vierge, en l'honneur de laquelle Alcuin composa une inscription (II). Pierre Héliot pense cependant que cet autel était placé dans l'abbatiale Saint-Amand/Saint-Étienne. Un acte de l'abbé Radbod (996 † 1013), fortement mutilé dans le cartulaire du moine Gautier, évoque les débuts de la communauté canoniale installée dans l'église Saint-André à l'instigation du comte Baudouin IV. Le chanoine Platelle rappelle que cette initiative peut être interprétée comme un élément de la politique d'expansion des princes flamands vers l'est, particulièrement en direction de Valenciennes. On sait en effet depuis Jan Dhondt que les chapitres séculiers furent des points d'ancrage privilégiés du pouvoir comtal en Flandre.

MEIJNS, Aken of Jeruzalem? 1, 436–439; PLATELLE, Le temporel de l'abbaye de Saint-Amand, 50 et 119–121.

166c. Église Saint-Pierre

Alcuin a composé une inscription pour cette église (XI). Milon rapporte qu'Amand fut inhumé dans cette basilique (*basilica*) dédiée au prince des apôtres. L'édifice était petit et surtout interdit aux femmes (*incongrua atque etiam secunda sexui propter monachorum habitacula inacessa*), ce qui provoqua la construction d'une autre église (que l'on peut identifier avec Saint-Étienne/Saint-Amand) et la translation du corps du saint. En 782, l'abbé Gislebert, également évêque de Noyon/Tournai, y fut inhumé, *sub arcu*.

Milon, Vita Amandi, éd. KRUSCH, c. 6, 472; Annales Elnonenses, éd. GRIERSON, 142 (sépulture de Gislebert).

PLATELLE, Le temporel de l'abbaye de Saint-Amand, 49–50.

166d. Église Saint-Étienne (Saint-Amand)

Alcuin a composé plusieurs inscriptions pour ce sanctuaire: pour l'église Saint-Amand et le tombeau du saint (III à laquelle on peut ajouter V, VII et XV), ainsi que pour l'autel Saint-Étienne (VI). Ce dernier est mentionné par des sources plus tardives (les Annales Elnonenses et une charte de Baudouin VI) comme patron à part entière de l'église. Les traditions relatives à sa fondation ne sont pas concordantes: l'épitaphe de l'abbé Gislebert († 782), composée par Alcuin (I), déclare que l'église fut édifiée par ses soins en même temps que la réfection de l'ensemble du monastère (*cuncta claustra monasterii*). Milon attribue sa dédicace – et la translation du corps d'Amand – à Éloi seize ans après la mort du missionnaire († après 674/675), ce qui historiquement n'est pas recevable car ce dernier mourut plus de quinze années après l'évêque de Noyon-Tournai! Le chanoine Platelle penche en définitive pour une première construction peu de temps après la mort du saint et une simple rénovation de la part de Gislebert.

Des inscriptions d'Alcuin font également connaître les travaux de réfection de l'abbé Arn et particulièrement la crypte (*cripta*), en fait une chapelle hors-œuvre selon Pierre Héliot. Cette construction était destinée à abriter le tombeau du saint (IV et XIV). Arn confia la direction des travaux au sacristain Lothaire. L'ouvrage fut dédié à saint Michel. Alcuin composa d'ailleurs une inscription en l'honneur de l'archange, vraisemblablement pour cet autel (XII). Toujours sous la direction de Lothaire, une seconde campagne de travaux (à moins qu'il ne s'agisse de la même car l'on connaît les erreurs de chronologie de Milon) fut provoquée par le débordement des eaux de la Scarpe qui rendait inaccessible le tombeau du saint.

Alcuin composa des inscriptions pour deux autres autels dédiés d'une part à saint Laurent (VIII) et d'autre part aux saints Hilaire et Victor (XIII). Pierre Héliot propose de les placer dans la crypte Saint-Michel mais il se peut qu'ils aient été situés ailleurs dans l'abbatiale ou même dans une autre église du monastère.

Vita Amandi prima, éd. KRUSCH, c. 26, 449 (sépulture d'Amand à Elnone); Milon, Vita Amandi, éd. KRUSCH, c. 6, 472.

HÉLIOT, Textes relatifs à l'architecture du haut Moyen Âge, 10–11 et 14–16; PLATELLE, Le temporel de l'abbaye de Saint-Amand, 50–51 et 54–55.

167. Saint-Ghislain

Ursidungus; *Cella*. – Cambrai. – B., prov. Hainaut, arr. Mons, c. fus.

En réexaminant le difficile dossier hagiographique de saint Ghislain, Anne-Marie Helvétius a montré que la communauté que l'on présentait comme établie au VIIe siècle au lieu-dit Ursidongus/Celle par un certain Ghislain était en fait une fondation du début du Xe siècle. On peut, selon toute vraisemblance, en attribuer l'instauration au duc de Lotharingie Gislebert († 939) et à Gérard de Brogne, ces derniers ayant pu faire appel à des moines de Saint-Denis pour étoffer la communauté naissante. Ceci n'exclut pas l'existence sur place d'une petite église, antérieure à la fondation du monastère.

HELVÉTIUS, Abbayes, évêques et laïques, 213–234.

167a. Église Saint-Pierre (Saints-Pierre-et-Paul)

Vers 930, il existait à Celle une église (*basilica*) desservie par un prêtre nommé Teutfrid, résidant à Hornu, et dont l'auteur de l'Invention et des Miracles de Ghislain affirme, à tort selon Anne-Marie Helvétius, qu'elle avait été longtemps auparavant l'abbatiale du monastère fondé par le saint. Plusieurs avertissements divins permirent la découverte des reliques. Suivit leur translation dans l'église (*oratorium*) puis leur élévation solennelle par l'archidiacre Gilbald, représentant l'évêque Étienne de Cambrai. Les reliques furent volées par les religieux (*clerici atque puellae*) de Maubeuge, mais l'autorité d'Étienne permit leur retour rapide à Celle. Une communauté fut alors fondée sur place, *principum consilio*.

D'après Anne-Marie Helvétius, on pourrait accepter les quelques informations données par l'*additamentum* de la Vie de Ghislain faisant état d'une intervention de l'évêque Halitgaire de Cambrai († 830) un 25 juillet, non pas, comme cela est affirmé dans ce texte, pour présider une translation de reliques à la demande d'un abbé nommé Elefans, mais pour consacrer l'église du lieu.

Vita Gisleni prima, éd. DE BUE, c. 17, 1034; Inventio et miracula Gisleni, éd. DE BUE, c. 2–5, 1035–1036.

HELVÉTIUS, Abbayes, évêques et laïques, 222–227.

167b. Monastère Saint-Pierre (Saint-Ghislain)

On vient de voir comment, à partir des premiers textes du dossier hagiographique de Ghislain, Anne-Marie Helvétius avait pu proposer de voir dans le monastère qui possédait ses reliques une communauté monastique (*monachico ordine sub norma sancti habitus instituto*), fondée par le duc Gislebert et dont Gérard de Brogne fut le premier abbé. Dans le courant du Xe siècle, l'établissement est plusieurs fois mentionné par la documentation diplomatique, ce qui suppose notamment sa transformation en abbaye royale, concédée en bénéfice aux comtes de Hainaut. Sous l'épiscopat de Gérard Ier, cette situation avait diminué dans des proportions dramatiques, le nombre des moines n'était alors plus que de quatre.

Actes et documents anciens, éd. DUVIVIER, n° 3, 11–12 (assainteurement de 936/957); Die Urkunden Otto des I., n° 291, 408–409; Die Urkunden Heinrichs II., n° 386, 492–493 (confirmation de biens de 1018, largement interpolée à la fin du XIIe siècle); Inventio et miracula Gisleni, éd. DE BUE, c. 6–10, 1036–1037; Gesta episcoporum Cameracensium, éd. BETHMANN, l. II, c. 40, 464; ibid., l. III, c. 20–21, 472.

DUVOSQUEL/NAZET/VAN OVERSTRAETEN, Un problème d'historiographie médiévale, 56–60; HELVÉTIUS, Abbayes, évêques et laïques, 231–234; Monasticon belge 1 (1890–1897), 244–252 [Ursmer BERLIÈRE]; NAZET, Crises et réformes dans les abbayes hainuyères, 468–470.

168. Saint-Josse-sur-Mer: monastère Saint-Josse

Cella Sancti Judoci. – Amiens. – Dép. P.-de-C., arr. et cant. Montreuil-sur-Mer.

Saint-Josse est situé sur la rive sud de la Canche, l'ordinaire du lieu devait donc être l'évêque d'Amiens, mais étant donnée l'importance de l'établissement, souvent cité en relation avec le port de Quentovic, il a paru utile de ne pas l'exclure de ce catalogue.

Rédigée au début du Xe siècle, la première Vie de saint Josse (*Judocus*) rapporte que ce Breton, avec le soutien du *dux* Haymon, mena au VIIe siècle une vie d'ermite en Ponthieu, en se rapprochant progressivement du port de Quentovic qui connaissait alors son premier essor. Il y fonda une première communauté. À la mort de Josse, ses deux neveux lui succédèrent à la tête de la *cella* et des *custodes eiusdem loci*. Il n'est pas impossible que l'auteur décrive pour le VIIe siècle une situation qui est en fait celle de son temps. Toujours est-il que sur une série de trois deniers émis à Quentovic (*Wicus*) à la fin du VIIe siècle, est représenté un capuchon qui pourrait bien signaler une provenance du monastère.

Ce n'est en fait qu'au IXe siècle que l'on est bien documenté sur ce que les textes appellent la *cella sancti Judoci* passée dans le patrimoine de l'abbaye de Ferrières. Confié par Charlemagne à Alcuin vers 792, puis par Louis le Pieux à l'abbé Loup, l'établissement fut ensuite enlevé à ce dernier pour passer dans la main d'un certain

Rhudingus puis du comte Odulf. Loup s'en plaignit amèrement auprès du souverain et de ses correspondants. Il finit par récupérer le petit monastère. En 852, plusieurs lettres témoignent des efforts qu'il déploya pour faire couvrir de plomb anglais, livré à Étaples, les toitures de Saint-Josse et de Ferrières. Loup composa ensuite un sermon à la gloire du saint. Le dossier hagiographique complexe de saint Josse signale une translation de ses reliques en Angleterre en 901, ce qui ne signifierait pas nécessairement la fuite de l'ensemble de la communauté. Mais l'invention du corps du saint en 977 à la droite de l'autel Saint-Martin, suivie d'une restauration par l'abbé Sigebrand, suggère un abandon du monastère pendant la plus grande partie du Xe siècle.

On se reportera à la notice consacrée au dossier hagiographique de saint Josse. — Alcuin, Epistolae, n° 25 et 175; Loup de Ferrières, Correspondance 1, éd. Levillain, n° 19, 102–104 (840, à Lothaire); n° 32, 146–150 (844, à Hugues, demi-frère de Louis le Pieux); n° 36, 158–160 (844, à Louis, abbé de Saint-Denis); n° 42, 174–178 (845, à Charles le Chauve); n° 43, 178–184 (845, à Hincmar); n° 47, 196–198 (845, à l'abbé Louis); n° 48, 198–202 (845/846; à Hincmar); n° 49, 202–208 (846, à Charles le Chauve); n° 57, 220–224 (846/847; à Charles); n° 58, 224–228 (846/847, à Marcward, abbé de Prüm); n° 65, 238–242 (847, à Marcward); ibid. 2, n° 82, 66 (846/851, à Louis, abbé de Saint-Denis); n° 85, 72–74 (852, à Félix, chancelier du roi d'Angleterre Ethelwulf); n° 86, 74–76 (852, à Guimond, évêque d'York); n° 87, 79–80 (à Altsig, abbé d'York); Recueil des actes de Charles le Chauve 1, n° 3; n° 30; ibid., 74–77.

Grierson, Grimbald of St. Bertin's, 556–557; Lafaurie, Deniers abbatiaux mérovingiens, 183–184.

169. Saint-Omer

Sithiu. – Thérouanne. – Dép. P.-de-C., s.-pr.

Il n'est pas question de présenter ici de manière approfondie l'histoire des communautés de Sithiu, terme commode pour désigner l'établissement primitif rassemblant, à partir de 820, des moines autour de Saint-Bertin et des chanoines autour de Saint-Omer. C'est en effet surtout à partir de l'époque carolingienne que les données, rassemblées dans le cartulaire-chronique du moine Folcuin (961/962), deviennent plus abondantes. Folcuin signale ainsi, avant 820, l'existence d'une communauté de quarante moines autour des reliques de saint Omer. L'abbé Fridugise les remplaça par un chapitre de trente chanoines au sein duquel il choisit de vivre tandis que de quatre-vingt-trois, le nombre de moines fut ramené à soixante. Le chiffre fut fixé par l'empereur lui-même si l'on en croit le diplôme de Charles le Chauve du 22 juin 877. À cette date, le monastère comptait par ailleurs 112 *famuli*. Toujours d'après Folcuin, c'est l'abbé Hugues (834 † 844) qui semble avoir ensuite rétabli un équilibre plus favorable aux moines en installant un des leurs comme prévôt à Saint-Omer. Sous l'abbatiat de Foulques († 900), c'est à nouveau un moine de Saint-Bertin, nommé Héric, qui est mentionné comme *aedituus* de Saint-Omer. Folcuin est ensuite remarquablement silencieux sur l'histoire de la communauté canoniale, pourtant mentionnée régulièrement dans la documentation diplomatique, sans que l'on puisse très bien cerner, on l'a dit, les liens qui l'unissaient à Saint-Bertin. Les abbés sont toujours désignés comme abbés de Sithiu ou de Saint-Bertin. Signalons néanmoins le cas exceptionnel de l'abbé Nanthaire présenté comme *abbas de Sancto Otmaro* (*Annales regni Francorum*, a° 808, éd. Kurze, 127). À la fin du IXe siècle, les Miracles de Saint-Berton développent longuement les efforts conjoints des moines et des chanoines, dont seule l'église était protégée par des fortifications hâtivement levées, pour repousser l'assaut des Normands. Folcuin est naturellement beaucoup plus prolixe sur l'histoire de la communauté monastique sur laquelle nous reviendrons ailleurs. Contentons-nous de rappeler ici les deux faits majeurs qui la marquèrent. D'une part, l'existence de l'abbatiat laïc qui passa dans les mains du comte de Flandre en 900, à la suite de l'assassinat de l'abbé (et archevêque de Reims) Foulques; d'autre part, la réforme introduite non sans résistance par le comte Arnoul Ier et Gérard de Brogne en 944.

Sithiu conserva pendant tout le haut Moyen Âge une réelle unité. Dans la seconde moitié du IXe siècle, la deuxième Vie de Bertin évoque encore un seul *coenobium Christi militum Audomari atque Bertini*. La Vie de Bertulphe de Renty (éd. Mabillon, c. 31, 57) fait mention d'un seul abbé, le comte de Flandre Arnoul Ier, mais de deux prévôts. Dans la deuxième moitié du Xe siècle, Folcuin insiste aussi sur cette particularité de l'établissement: *coenubium illud bipertitum est, nam inferiora monachi, superiora canonici optinent*. Écrivant la Vie de saint Erkembode, l'abbé Jean de Saint-Bertin († 1230) tenait encore à préciser les choses: *Cithiense cenobium quod quidem nunc constat esse bipartitum*. Mais la nature des liens qui unissaient ces deux communautés pendant le haut Moyen Âge reste très difficile à apprécier dans le détail.

On se reportera aux notices consacrées aux dossiers hagiographiques des saints Bertin et Omer. – Gesta abbatum Fontanellensium, éd. Pradié, c. 13, c. 7, 178 (testament d'Anségise: *Sanctus Autmarus* désigne vraisemblablement Sithiu dans son ensemble); Recueil des actes de Charles le Chauve 2, n° 430, 460–463; Diplomata belgica, éd. Gysseling/Koch, n° 44, 77–78; Libellus miraculorum Bertini, éd. Holder-Egger, c. 4, 511; ibid., c. 6–8, 512–513; Folcuin, Gesta abbatum Sithiensium, éd. Holder-Egger, passim.

Le cartulaire de l'abbaye de Saint-Bertin, éd. Guérard, xxxi–lxxvi; Giry, Histoire de la ville de Saint-Omer, 1–40; Héliot, Églises et chapelles de l'abbaye de Saint-Bertin, 604–609 (et les autres études de cet auteur); Meijns, Aken of Jeruzalem? 1, 218–233; ead., Chanoines et moines à Saint-Omer; Ugé, Politics of Narrative Production 1, 42–163 (et les articles de l'auteur).

169a. Église Sainte-Marie (Saint-Omer)

D'après la première Vie d'Omer, l'évêque aurait fait construire une église (*ecclesia*) sur le domaine de Sithiu appartenant au *vir potens* Adroald, et dans laquelle il fut ensuite inhumé. Cette fondation, dit la Vie, fut antérieure à celle de la communauté des moines Mommelin, Bertin et Ébertram dans ce même domaine, d'abord au *Vetus Monasterium* puis autour d'une église dédiée à Saint-Martin. Parmi les actes copiés par Folcuin, on conserve un privilège d'Omer daté du 14 avril 663 par lequel l'évêque confie cette église à l'abbé Bertin et à ses successeurs. Eugen Ewig a accepté son authenticité au regard des autres privilèges épiscopaux accordés au même moment dans le royaume franc. Il est pourtant difficile de ne pas soupçonner un acte refondu, peut-être à partir de deux pièces indépendantes. Le privilège ne signale pas de communauté rassemblée autour de Sainte-Marie dès cette époque. Erkembode, abbé de Sithiu et évêque de Thérouanne, y fut inhumé en 743/745. À partir de 820, Sainte-Marie devint l'église de la communauté canoniale. Elle est alors davantage connue sous le nom de Saint-Omer.

Diplomata belgica, éd. Gysseling/Koch, n° 3, 10–13; Vita Audomari, Bertini et Winnoci, éd. Levison, c. 11, 760–761; Folcard, Vita Bertini, éd. Stliting, c. 20, 607–608 (la fondation de Sainte-Marie serait intervenue après celle du monastère, pour servir de cimetière); Folcuin, Gesta abbatum Sithiensium, éd. Holder-Egger, c. 24, 611–612 (Erkembode); ibid., c. 47, 614 (Fridugise); Vita Audomari tertia, éd. Stilting, c. 11–12, 408–409 (chronologie radicalement différente: Omer fonde Saint-Martin puis le monastère consacré à la Vierge où il est inhumé).

Ewig, Das Privileg des Bischofs Audomar von Térouanne; La cathédrale de Saint-Omer, dir. Delanne-Logié/Hilaire.

169b. *Vetus Monasterium*

Généralement identifiée avec la commune actuelle de Saint-Momelin, dép. Nord, arr. Dunkerque, cant. Bourbourg.

La Vie d'Omer conserve le souvenir d'une première fondation monastique au lieu-dit *Vetus Monasterium* par trois hommes venus rejoindre l'évêque Omer: Mommelin, Bertin et Ébertram. Cette première initiative est mise au crédit d'une errance de type irlandais (*rogabant Dominum, ut in locum, quem sua illis preparavit misericordi, eos diduceret inlesos*). Il convient, en fait, de privilégier des considérations plus pratiques, comme la recherche d'un lieu suffisamment sec dans le vaste ensemble marécageux que représentait alors Sithiu; ce qui conduisit finalement à préférer l'*insula* du domaine (le terme est donné par le privilège d'Omer de 663). Au *Vetus Monasterium*, les moines possédaient une pêcherie en 877.

Vita Audomari, Bertini et Winnoci, éd. Levison, c. 11, 760; Recueil des actes de Charles le Chauve 2, n° 430, 460–463; Diplomata belgica, éd. Gysseling/Koch, n° 44, 77–78; Folcuin, Gesta abbatum Sithiensium, éd. Holder-Egger, c. 1, 608.

169c. Église Saint-Pierre

Telle qu'elle a été conservée, la donation faite par Adroald en 649 s'adresse, à la demande de l'évêque Omer, à ses compagnons Bertin, Mommelin et Ébertram pour qu'ils bâtissent à Sithiu un monastère (*senodocium*; *monasterium*) dédié à l'apôtre Pierre. Cette église n'était pas le premier sanctuaire du lieu. La Vie d'Omer signale en effet que l'évêque avait auparavant fait édifier sur le domaine de Sithiu une petite basilique dédiée à la Vierge. Les mentions de vocables dans la documentation diplomatique semblent indiquer que l'église principale de la communauté fut bien dédiée à l'apôtre Pierre comme l'affirme le moine Folcard au milieu du XIe siècle. Au milieu du IXe siècle, elle fut recouverte de bardeaux par l'abbé Adalard. Elle fut le théâtre d'un miracle rapporté par une troisième version de la Vie de Bertin rédigée au tournant des IXe–Xe siècles. Il y est aussi question des laudes qu'y célébraient les moines. Il reste enfin à signaler une chapelle (*oratorium*) dédiée à la Vierge, que mentionne Folcard au milieu du XIe siècle en précisant qu'elle aurait été construite au sud de Saint-Pierre par Bertin lui-même.

Diplomata belgica, éd. Gysseling/Koch, n° 1, 6–7 (privilège d'Omer); Vita Audomari, Bertini et Winnoci, éd. Levison, c. 11, 760–761; Vita Bertini secunda, éd. Stilting, c. 25, 594 (miracle à Saint-Pierre); Folcuin, Gesta abbatum Sithiensium, éd. Holder-Egger, c. 58, 618 (travaux d'Adalard); Folcard, Vita Bertini, éd. Stliting, c. 11, 605–606 (Saint-Pierre); ibid., c. 35, 610 (chapelle Sainte-Marie près de Saint-Pierre).

169d. Église Saint-Martin (Saint-Bertin)

Il est davantage question de Saint-Martin dans les sources. Aux dires de Folcuin, cette église (*basilica*; *monasterium*) fut édifiée au tournant des VIIe–VIIIe siècles par l'abbé Rigobert auquel, de son vivant, Bertin avait cédé la charge abbatiale. C'est néanmoins sous l'abbatiat de son successeur, Erlefrid, que mourut Bertin (en 709/710?). Il fut alors inhumé à Saint-Martin, dont on entreprit à cette occasion l'agrandissement. L'église devint sans doute très rapidement ce qu'elle était du temps de Folcuin, *loci caput et totius abbatiae principatus*, du fait de la présence du tombeau de l'illustre abbé. On sait que l'abbé Adalard la fit couvrir d'une toiture de plomb au milieu du IXe siècle. À la suite des destructions opérées par les Normands en 861, on fit construire un nouveau clocher dont on conserve une description particulièrement précise. L'autel principal de

Saint-Bertin est resté consacré à saint Martin. C'est à proximité que furent inhumés l'évêque Folcuin († 855), l'abbé Hilduin († 877) et le comte Adalolphe († 933). D'après Folcuin, le fameux Goibert, bienfaiteur de l'église de *Stenetland*, fut inhumé près d'un autel dédié au Sauveur en 838.

Diplomata belgica, éd. GYSSELING/KOCH, n° 1, 6–7 (privilège d'Omer); Vita Audomari, Bertini et Winnoci éd. LEVISON, c. 11, 760–761; Miraculum Bertini, éd. HOLDER-EGGER (un voleur est incapable de quitter le monastère entouré de marais); Folcuin, Gesta abbatum Sithiensium, éd. HOLDER-EGGER, c. 12 et 16, 611 (Saint-Martin); ibid., c. 58, 618 (travaux d'Adalard); ibid., c. 85, 622 (Hilduin); ibid., c. 105, 627 (Adalolphe); ibid., c. 117, 634 (Goibert); Folcuin, Vita Folcuini, éd. HOLDER-EGGER, c. 12, 429–430; Diplomata belgica, éd. GYSSELING/KOCH, n° 20, 40 (acte de Charlemagne donné dans l'*atrium Sancti Bertini*).

169e. Église Saint-Sauveur

En marge du dossier diplomatique concernant l'église de *Stenetland*, apparaît une église (*cellula*) Saint-Sauveur fondée à Sithiu, *iuxta monasterium Sancti Bertini*, par le fameux Guntbert, sur le conseil de l'évêque Hunfrid, pour y accueillir des *Deo Salvatori famulantes* au service des plus pauvres. Cette *cellula* est mentionnée dans un acte faux de Charles le Chauve et Dom Huyghebaert s'est demandé si elle ne désignait pas le refuge du *custos* de *Stenetland*, successeur de Guntbert, au moment où il en aurait été chassé par le comte de Flandre Baudouin II. Le précepte aurait alors été précisément forgé pour obtenir la restitution de la *cella*.

Recueil des actes de Charles le Chauve 2, n° 489, 622–625; Diplomata belgica, éd. GYSSELING/KOCH, n° 36, 65–66.

Voir la bibliographie rassemblée dans la notice consacrée à l'église de *Stenetland*.

170. Saint-Souplet: église Saints-Pierre-et-Paul et Saint-Sulpice

Pommeriolas. – Cambrai. – Dép. Nord, arr. Cambrai, cant. Le Cateau-Cambrésis.

La Passion de sainte Maxellende rapporte que le corps de cette jeune fille assassinée par son propre fiancé fut porté dans une église (*basilica*) dédiée aux apôtres Pierre et Paul et à saint Sulpice qu'une riche veuve nommée Amaltrude avait fait édifier sur son domaine de *Pomeriolas*. Cette Amaltrude s'était vouée au Seigneur. Une fois le corps déposé, elle se mit à le veiller nuit et jour jusqu'à ce que, trois ans plus tard, une voix divine lui enjoignât de rendre visite à l'évêque Vindicien de Cambrai et de préparer la translation du corps vers la basilique Saint-Vaast de Caudry, ce qui fut scrupuleusement respecté.

Passio Maxellendis prima, éd. BEVENOT, c. 13–14, 585–586.

171. Saintes: église [Sainte-Renelde]

Nahtinas sive ad Sanctas; *Sanctis*. – Cambrai. – B., prov. Brabant, arr. Bruxelles, c. fus. Tubize.

En 868/869, seul le nom de Quenestinnes est cité dans la description de la mense conventuelle de Lobbes. En 889 apparaît le nom de Saintes (*Nahtinas sive ad Sanctas*). Il faut néanmoins attendre le début du XIe siècle, si l'on suit la très perspicace critique que François De Vriendt a récemment appliquée à la Vie de sainte Renelde rédigée à

Lobbes entre 1015 et 1035, pour lire les premières mentions de ce culte local. Cette Vie prétend que Renelde était vénérée dès l'époque carolingienne et précise que ses reliques auraient été élevées en 866. Un récit plus tardif ajoute que la célébration fut présidée par l'évêque Jean de Cambrai. La toponymie donne un certain crédit à ces informations.

Le polyptyque de l'abbaye Saint-Pierre de Lobbes, éd. DEVROEY, 35 (liste courte établie vers 889), 49 (liste longue dressée avant 1038), 57 (liste du XIIe); Vita Reineldis, éd. DU SOLLIER, passim; Translatio Reineldis, éd. VAN DEN GHEYN, passim.

COENS, Le lieu de naissance de sainte Renelde; La vie et le culte de sainte Renelde, dir. DELPORTE.

172. Salles: monastère Sainte-Marie

Salas. – Cambrai. – B., prov. Hainaut, arr. Thuin, c. fus. Chimay.

Une enquête de Georges Despy a permis d'établir qu'un acte forgé au sein du chapitre de Chimay au tournant des XIIe–XIIIe siècles était en partie inspiré d'un diplôme sincère donné en 888 et précisant la fondation de l'abbaye de Salles par un certain Erlebold. L'établissement, dont la dotation initiale est ainsi connue, était dédié à la Vierge. Au milieu du Xe siècle la communauté existait toujours et Gérard de Brogne tenta sans succès de la réformer.

DHONDT, Note sur l'acte de fondation de Sainte-Monégonde de Chimay, 331–335 (édition de l'acte).

DESPY, Deux actes fabriqués au chapitre de Chimay; DIERKENS, Abbayes et chapitres, 145–146 et 242–243; HELVÉTIUS, Abbayes, évêques et laïques, 191; NAZET, Crises et réformes dans les abbayes hainuyères, 470–471.

173. Saméon: église [Saint-Martin]

Samionem; *Samionium*. – Tournai. – Dép. Nord, arr. Douai, cant. Orchies.

Saméon est mentionné dès 847 comme bien de la mense conventuelle d'Elnone. En revanche, l'église du lieu (*viculus Marelonius cum ecclesia Samionii*) n'apparaît dans la documentation qu'en 1071. On apprend cependant qu'elle fut distraite de la mense abbatiale par l'abbé Genulfus († 969), ce qui signale une possession vraisemblablement plus ancienne.

Recueil des actes de Charles le Chauve 1, n° 92, 249 (23 mars 847); PLATELLE, La justice seigneuriale de l'abbaye de Saint-Amand, pièce justificative n° 1, 417 (notice de 1071).

PLATELLE, Le temporel de l'abbaye de Saint-Amand, 100.

174. Samer

Silviacum. – Thérouanne. – Dép. P.-de-C., arr. Boulogne-sur-Mer, ch.-l. cant.

174a. Communauté Sainte-Marie et Saint-Pierre

Dans le courant du VIIe siècle, saint Vulmer s'établit à proximité des domaines familiaux dans une cabane (*tugurium*). Après avoir fait édifier une église dédiée à la Vierge et à saint Pierre, il rassembla une communauté double (*congregatio utriusque sexus*). Sa nièce Bertana avait la charge de veiller sur la communauté féminine que la tradition place à Wierre-au-Bois, tandis que lui-même était à la tête de la communauté des moines. Les deux communautés vivaient à une certaine distance l'une de l'autre, ce qui n'empêchait pas Vulmer de rendre de fréquentes visites aux moniales. En 688, un don du roi Caedwalla en route pour Rome permit la construction d'une nouvelle basilique (*basilica*). À sa mort Vulmer fut inhumé dans le domaine (*in propria hereditate*). La rédaction de la Vie de Vulmer au milieu du IXe siècle et la bonne diffusion de son culte dans le monde franc (dans le calendrier d'Héric d'Auxerre, et les martyrologes d'Adon puis d'Usuard) suggèrent l'existence d'une communauté à cette époque. Certains historiens (Daniel Haigneré puis Pierre Feuchère) ont identifié l'*Aria monasterium* (où Goibert confirma une importante donation de biens au prieuré de *Stenetland* en 857) avec Samer. Les Miracles de saint Bertin évoquent la présence à Sithiu en 891 d'un *quidam strenuus iuvenis quondam captivus* [des Normands] *de colonia Sancti Vulmari*. Rien ne prouve que la communauté ait été restaurée au XIe siècle par la comtesse Ide de Boulogne. En revanche elle fut bien transformée en prieuré clunisien en 1107.

Vita Vulmari, éd. MABILLON, c. 6–15, 236–238 (rédigée au plus tôt *tempore quoque domini Karoli*: Charlemagne ou Charles le Chauve?); Vita Vulmari, éd. CUYPERS, c. 27, 88 (*basilica sancti Vulmari*); Libellus miraculorum Bertini, éd. HOLDER-EGGER, c. 10, 515.

FEUCHÈRE, La question de l''Aria monasterio', 1072; HAIGNERÉ, Les origines (le *locus quemdam in territorio Boloniae* de la Vie d'Ide désignerait plutôt Le Wast et non Samer comme le pensait Hensken).

174b. Basilique Saint-Martin

Les Miracles de Vulmer font mention d'une église (*aedis*; *basilica*) dédiée à saint Martin, située à un mille au nord de Samer. Le jour de la fête de saint Vulmer, le prêtre (*clericus*) qui avait la charge de ce sanctuaire, un certain Marfrid, eut l'idée malheureuse de recourir aux services de ceux qui lui étaient soumis (*cunctos qui eidem ecclesiae subesse videbantur*) pour couper le foin dans les prés de la vallée de la Liane. Le saint ne tarda pas à manifester son mécontentement en provoquant le débordement du petit fleuve qui emporta vers la mer tout le foin coupé dans la journée. Fortement impressionné, le prêtre revint sa vie durant à un comportement beaucoup plus respectueux.

Vita Vulmari, éd. CUYPERS, c. 23–24 et 27, 88.

Paroisses et communes 62–2, 1220 (Saint-Martin était le patron de l'église paroissiale de Samer à l'époque moderne).

174c. Basilique Sainte-Gertrude

Un dernier miracle de la Vie de saint Vulmer suggère de façon un peu obscure une situation de concurrence entre la basilique Saint-Martin présentée précédemment, la basilique Saint-Vulmer et une troisième basilique (*basilica*) dédiée à sainte Gertrude qu'il convient peut-être de rapprocher d'un secours de la paroisse de Wierre-au-Bois connu à l'époque moderne et portant le vocable de Sainte-Gertrude.

Vita Vulmari, éd. CUYPERS, c. 27, 88.

Paroisses et Communes 62–2, 1376.

175. Schellebelle: église [Saint-Géry]

Bella vicus. – Tournai. – B. prov. Fl. or., arr. Dendermonde (fr. Termonde), c. fus. Wichelen.

L'église (*ecclesia*) de Schellebelle, usurpée par des *satellites* du comte de Flandre Arnoul Ier dans le courant du Xe siècle, était revendiquée par l'abbé Othelbold dans la lettre qu'il adressa à la comtesse Otgive en 1019/1030.

De brief van abt Othelbold aan gravin Otgiva, éd. VOET, 235.

176. Schoonaarde: église [Sainte-Marie]

Sconarda. – Cambrai. – B., prov. Fl. or., arr. et c. fus. Dendermonde (fr. Termonde).

L'église (*ecclesia*) de Schoonaarde, usurpée par le comte de Hainaut Régnier V, était revendiquée par l'abbé Othelbold dans la lettre qu'il adressa à la comtesse Otgive en 1019/1030. Mentionnée comme chapelle dans les pouillés, elle ne devint paroissiale qu'en 1844.

De brief van abt Othelbold aan gravin Otgiva, éd. VOET, 236 (*villam Letha, cum ecclesia et suis reditibus, et Sconarda similiter*).

177. Seclin: *mausoleum* puis collégiale Saint-Piat

Sacilinio, Schelnum. – Tournai. – Dép. Nord, arr. Lille, ch.-l. cant.

La Vie de saint Éloi mentionne la cérémonie d'invention des reliques de saint Piat que présida l'évêque de Noyon/Tournai entre 640 et 660 et au cours de laquelle ce dernier prit soin de montrer à la foule, *in argumentum*, les nombreux clous qui avaient supplicié le saint (au IIIe siècle?). L'évêque fit ensuite réaliser un tombeau somptueux pour abriter les reliques du martyr (*eliganter conposuit atque mausoleum urbane desuper fabricavit*). Il n'est alors pas fait état de l'institution d'une communauté, ce qu'imagine pourtant Hériman, sans doute avec raison, au début du XIIe siècle (*officia Domino famulantium clericorum constituens, sicut usque inpresantiarum cernimus*). Il est en effet probable que l'auteur de la Passion de Piat s'adresse, dans le courant du IXe siècle, aux fidèles venus faire leurs dévotions ainsi qu'à quelques religieux desservant le sanctuaire. Au milieu du XIIe siècle, Seclin est devenu un lieu de pèlerinage important pour l'ensemble du doyenné de Lille, ce que l'on observe ailleurs sous le nom de croix banale ou de bancroix et dont les origines sont le plus souvent beaucoup plus anciennes. Hériman témoigne des prières désespérées adressées à saint Piat lors d'une virulente épidémie de peste en 1090 (à l'occasion de laquelle un pèlerinage à la cathédrale de Tournai fut finalement institué par l'évêque Radbod). La présence des reliques du martyr est de surcroît attestée lors de la consécration de l'abbaye d'Hasnon (1070). Quant au chapitre séculier, il faut attendre le début du XIIe siècle pour être véritablement documenté à son sujet. La crypte de la collégiale renferme toujours une cuve de sarcophage communément datée des IIIe–IVe siècles ainsi qu'une belle dalle funéraire, réalisée à Tournai au XIIIe siècle, représentant le saint martyr.

Vita Eligii, éd. KRUSCH, l. I, c. 32, 688 et l. II, c. 7, 699–700; Recueil des actes de Charles le Chauve 2, n° 274, 116 (mention de la *villa* de Seclin et ses dépendances en 864); Passio Piati, éd. MORETUS PLANTIN, passim; Tomellus de fundatione coenobii Hasnoniensis, éd. HOLDER-EGGER, 157; Hériman,

Liber de restauratione Sancti Martini Tornacensis, éd. WAITZ, c. 6, 277, c. 47, 295 et c. 54, 297–298.
Childéric – Clovis, 172–176; D'HAENENS, Les invasions normandes en Belgique, 266–297; Henri LECLERCQ, Piat, Dictionnaire d'archéologie chrétienne et de liturgie 14–1 (1939), 812–818); LEURIDAN, Histoire de Seclin, passim; MEIJNS, Aken of Jeruzalem? 1, 101–105; EAD., Des basiliques rurales, 309–315; PLATELLE, Les paroisses, 136–137; Les premiers monuments chrétiens 3, 272–273; VAN WERVEKE, A-t-il existé des fortifications à Saint-Omer?, 1068–1074 (témoignage tardif et sans valeur du *Chronicon de gestis Normannorum* concernant le refuge des reliques de Piat à Saint-Omer en 846).

178. Semmerzake: église [Saint-Pierre]

Cimbresac in pago Bragbantinse. – Cambrai. – B., prov. Fl. or., arr. Gand, c. fus. Gavere.

La possession de cette église (*ecclesia*) est confirmée aux moines de Saint-Pierre de Gand par Otton II le 28 février 977.

Diplomata Belgica, éd. GYSSELING/KOCH, n° 65, 166.

179. Sivry: église [Sainte-Marie]

Suvriacum. – Cambrai. – B., prov. Hainaut, arr. Thuin, c. fus. Sivry-Rance.

L'église (*ecclesia*) de Sivry est mentionnée dans le premier faux testament de sainte Aldegonde daté du milieu du IXe siècle.

Charte de dotation de l'abbaye de Maubeuge, éd. DARIS, 42.

180. Snellegem: église Saint-Étienne?

Snethlingehem; *Snellingehem*; *Snellingim*. – Tournai. – B., prov. Fl. occ., arr. Bruges, c. fus. Jabbeke.

Dédiée à saint Étienne, l'église du fisc de Snellegem (restitué pour moitié au milieu du Xe siècle à Saint-Pierre de Gand) n'est pas mentionnée dans la documentation du haut Moyen Âge, contrairement à ce que pourrait laisser croire un article de Dom Dekkers et de J. Noterdaeme. Les auteurs ont néanmoins rassemblé tout un faisceau d'arguments pour faire remonter l'origine de cette église au VIIe siècle.

Diplomata Belgica, éd. GYSSELING/KOCH, n° 53, 145 (grande restitution d'Arnoul Ier du 8 juillet 941); ibid., n° 60, 156 (confirmation du roi Lothaire du 22 février 964); Recueil des actes de Louis IV, n° 26, 86 (confirmation de la restitution d'Arnoul); Liber traditionum, éd. FAYEN, n° 66, 73 (notice de la restitution d'Arnoul); VERCAUTEREN, Étude critique sur un diplôme original d'Henri Ier, 207 (édition de l'acte de 1038).
DEKKERS/NOTERDAEME, Sint Eligius in de Pagus Flandrensis.

181. Soignies: monastère Sainte-Marie, Saint-Pierre et Saint-Jean? (Saint-Vincent)

Soniaca. – Cambrai. – B., prov. Hainaut, ch.-l. arr.

En 1024/1025, l'auteur des *Gesta* des évêques de Cambrai affirme que saint Vincent-Madelgaire, ayant quitté Hautmont, vint s'établir à Soignies pour rassembler une nouvelle communauté (*monasterium*). Il fut inhumé dans l'établissement comme par la suite son fils Landry qui lui avait succédé. Les *Gesta* amplifient des développements connus par la Vie d'Aubert (qui suggère seulement l'existence un ermitage) puis celle de Vincent. Soignies est cependant déjà mentionné dans la Vie de Madelberte, abbesse de Maubeuge, rédigée au début du Xe siècle: l'auteur rappelle que le domaine de Soignies aurait appartenu au saint et qu'une communauté était, à l'époque de la rédaction, rassemblée autour de ses reliques (*monasterium Soniacas vocabulo, in quo nunc grex Christi militat canonice*). D'après la Vie de Vincent, le saint aurait fait dédier l'église du monastère à la Vierge ainsi qu'aux saints Pierre et Jean. L'existence de la communauté sous le nom de *Sunniacum* est attestée en 870 lors du partage du royaume de Lothaire II.

Évoquée par Sigebert de Gembloux, la tentative de réforme du comte Régnier III au milieu du Xe siècle semble tout à fait légendaire, comme l'est également la prétendue création du chapitre par Brunon de Cologne avancée par Jacques de Guise. L'attribution de la Vie de Vincent à un moine d'Hautmont, récemment proposée par François De Vriendt, n'est pas pour rassurer l'historien quant à l'importance (ou l'existence) de la communauté au début du XIe siècle dont l'auteur des *Gesta* des évêques de Cambrai ne dit rien par ailleurs: la notice qu'il consacre à Soignies n'est pas introduite par une formule du type *in [...] est monasterium canonicorum* qui abonde dans le reste du livre pour désigner les communautés canoniales. Peut-être convient-il en définitive de s'en tenir à cette seule certitude: il y avait à Soignies au début du XIe siècle une église possédant les reliques de saint Vincent-Madelgaire.

Vita Madelbertae, éd. BERTRAND, c. 3, 62; Annales de Saint-Bertin, éd. GRAT/VIEILLARD/CLÉMENCET a° 870, 174; Vita Vincentii prima, éd. PONCELET, 437–438; Gesta episcoporum Cameracensium, éd. BETHMANN, l. II, c. 46, 465.

Monasticon belge 1, 1890, 315 [Ursmer BERLIÈRE]; Saint Vincent, dir. DEVESELEER; Reliques et châsses, dir. DEVESELEER; DUVOSQUEL/NAZET/VAN OVERSTRAETEN, Un problème d'historiographie médiévale, 50–53; HELVÉTIUS, Le culte de saint Vincent de Soignies; NAZET, Crises et réformes dans les abbayes hainuyères, 471; ID., La transformation d'abbayes en chapitres.

182. Somain: église dépendant de Cysoing

Summinium. – Arras. – Dép. Nord, arr. Douai, cant. Marchiennes.

Suivant l'hypothèse de Philip Grierson, Somain serait le quatrième domaine fiscal décrit dans les *Brevium exempla* aux environs de 810. Aucun lieu de culte n'est alors signalé. Il en va de même dans le testament d'Évrard de Frioul (863/864). En 869 néanmoins, une église (*capella*) est bien mentionnée et soustraite au domaine fiscal de Somain (accordé à Adalard par sa mère Gisèle) pour être donnée au monastère de Cysoing, *in usus fratrum ibidem militantium*, avec toutes ses dépendances. Au début du XIIe siècle, une série de documents signale l'existence au prieuré de Beaurepaire, d'une communauté de chanoines réguliers et de moniales dépendant de Cysoing. On est donc tenté de situer à cet emplacement la chapelle primitive du domaine et non à celui de l'actuelle église paroissiale de Somain [Saint-Michel].

Brevium exempla, éd. BORETIUS, c. 34–35, 255; Cartulaire de l'abbaye de Cysoing, éd. COUSSEMAKER, n° 1, 1–3 (testament d'Évrard de Frioul).

DELMAIRE, Le diocèse d'Arras 2, 555–556 et 583; GRIERSON, The identity of the unnamed fiscs in the 'Brevium exempla', 458–459; MACHUT, La formation des terroirs, 8–10; ROBTON, Le prieuré de Beaurepaire, 181–184.

183. *Stenetland*: église Saint-Sauveur, Sainte-Marie et Saint-Pierre

Dans les environs immédiats de Thérouanne.

La localisation de *Stenetland* a été longtemps discutée: HUYGHEBAERT, Le comte Baudouin II, 53–57 admet une identification avec Steenkerke (B., prov. Fl. occ., arr. et c. fus. Furnes [fl. Veurne]), mais il faut sans doute préférer une localisation aux environs immédiats de Sithiu (VAN CAENEGEM, Le diplôme de Charles le Chauve, 405–406, n. 4).

La documentation diplomatique de Sithiu a conservé de manière substantielle le souvenir du riche propriétaire Goibert et de son fils Guntbert, entré très jeune à Sithiu après avoir été tonsuré à Rome des mains du pape Eugène II en 826. Le dossier des actes ayant trait à cet établissement a été copié par le moine Folcuin à la fin de ses *Gesta abbatum Sithiensium* dans un chapitre consacré aux biens de l'aumônerie de Sithiu. Mentionnée comme *basilica* (828), *ecclesia* (831 et 838) et *cella* (857), l'église de *Stenetland* était consacrée en l'honneur du Sauveur, de la Vierge, de saint Pierre et de tous les saints. On sait qu'après avoir abondamment doté le sanctuaire en 828 afin d'assurer l'entretien des *custodes* qui le desservaient, Goibert le céda à Sithiu, mais en confia la gestion à son fils Guntbert. La basilique lui fut retirée par l'abbé Hilduin en 867. Guntbert dressa alors la liste des biens de *Stenetland*, notamment le trésor ainsi que quelques manuscrits liturgiques. Guntbert, malade, souscrivit en 868 un dernier acte avant de prendre une nouvelle fois la direction de Rome en compagnie de l'évêque Hunfrid.

Folcuin, Gesta abbatum Sithiensium, éd. GUÉRARD, l. I, c. 61, 79–81 et l. II, c. 82–91; éd. HOLDER-EGGER, c. 52, 615 et c. 112–117, 633–634; Diplomata belgica, éd. GYSSELING/KOCH, n° 26 (826, premier testament de Goibert avant son pèlerinage à Rome); n° 27 (828, dotation de *Stenetland*); n° 29 (831, dotation complémentaire); n° 31 (838, fragment du testament de Goibert); n° 33 (857, confirmation d'Adalard); n° 36 (866, faux précepte de Charles le Chauve: cf. Recueil des actes de Charles le Chauve 2, n° 489, 623–624); n° 37 (867, inventaire des biens); n° 40 (868, testament de Guntbert).

COOLEN, Guntbert de Saint-Bertin; HUYGHEBAERT, Le comte Baudouin II (le faux précepte de Charles le Chauve aurait été forgé entre 900 et 918 par les moines de Sithiu pour obtenir du comte Baudouin II la restitution de *Stenetland*); MEIJNS, Aken of Jeruzalem? 1, 249–253; EAD., Communautés de chanoines dépendant d'abbayes bénédictines, 100-103; MORELLE, Autour de Folcuin, 138–155 et 363–384; Jacques PYCKE, Guntbert, Dictionnaire d'histoire et de géographie ecclésiastique 22 (1988), 1175–1177.

184. Tamise: église Sainte-Marie et Saint-Pierre [Sainte-Marie et Sainte-Amelberge]

Temsica; *Tempseca*; fl. Temse. – Tournai. – B. prov. Fl. or., arr. Saint-Niklaas, c. fus.

L'histoire du domaine comtal de Tamise et de sa donation à Saint-Pierre de Gand a été au centre de plusieurs falsifications: d'une part, un diplôme de Charles le Chauve daté de 877 et, d'autre part, la notice 59 du second *Liber traditionum* de Saint-Pierre-au-Mont-Blandin. Ces deux documents évoquent la donation dès 870 du domaine de Tamise et de son église au monastère par le comte de Flandre Baudouin II. Dom Huyghebaert a montré que ces deux sources servent précisément les intérêts de la communauté blandinienne vers 1035 et ont un même but: permettre la restitution du domaine dont la gestion, les revenus et l'église dédiée à la Vierge et à saint Pierre – le diplôme la dit *bene ornata* – avaient échappé aux moines dans la première moitié du XIe siècle. Selon Dom Huyghebaert, le précepte de Charles le Chauve aurait été entièrement forgé à cette occasion alors que l'on admettait jusque-là l'existence d'un diplôme sincère. L'église de Boekhoute était également visée par les prétentions des moines. Le domaine de

Tamise avait bien été donné aux Blandiniens par le comte Arnoul Ier en 941. À cette date, précise le privilège, les reliques de sainte Amelberge reposaient en ce lieu et on aura donc guère de peine à admettre l'existence d'une église dont il serait étonnant qu'elle ne fût pas aussi passée dans les mains des moines, même si elle n'apparaît ni dans la confirmation de Louis IV (950), ni dans celle de Lothaire (964).

Le dossier de Tamise présente également un volet hagiographique. En suivant la notice 59 du *Liber traditionum*, on peut sans doute accepter la réalité de la translation des reliques de sainte Amelberge de Tamise à Gand par les soins de l'évêque Raginelme, du comte Baudouin II et de l'abbé Robert, donc entre 863 et 879. Les circonstances de la translation et particulièrement celles de l'invention du corps sont précisées par un texte particulièrement polémique évoquant les efforts vains des chanoines de Tronchiennes puis des moines de Saint-Bavon jusqu'à ce qu'un moine de Saint-Pierre nommé Thietwala soit miraculeusement informé de la localisation du corps. Dom Huyghebaert refuse de voir dans cette *Inventio* un simple récit de combat qu'expliquerait la rivalité entre les deux communautés à la fin du XIe siècle. Il y a sans doute des informations à retenir et notamment pour notre propos, le fait que le domaine de Tamise n'était alors vraisemblablement pas encore passé dans les mains des moines blandiniens. Dans le cas contraire, cela aurait été mentionné.

Diplomata belgica, éd. GYSSELING/KOCH, n° 52 (877, faux précepte de Charles le Chauve: cf. Recueil des actes de Charles le Chauve 2, n° 337, 244–248); ibid., n° 53 (941, restitutions d'Arnoul Ier); Recueil des actes de Louis IV, n° 36, 85; Recueil des actes de Lothaire, n° 22, 47; Liber traditionum, éd. FAYEN, n° 59, 50–51; Inventio Amalbergae, éd. DU SOLLIER.

HUYGHEBAERT, L'usurpation du domaine de Tamise; ID, La translation de sainte Amelberge.

185. Tatinghem: église [Saint-Martin]

Tatingehim. – Thérouanne. – Dép. P.-de-C., arr. Saint-Omer, cant. Saint-Omer sud.

Forgé avant 981, le faux privilège de Lothaire daté du 5 mai 966 fait mention de l'église de Tatinghem dont le domaine était en la possession des moines de Saint-Pierre de Gand. Si l'on suit une notice du *Liber traditionum* de l'abbaye, l'église aurait été cédée aux moines en 965 par Baudouin Badzo pour le salut de l'âme de son défunt oncle Arnoul Ier, en même temps qu'une série d'autres biens.

Diplomata belgica, éd. GYSSELING/KOCH, n° 63, 162 (faux privilège de Lothaire forgé avant 981: cf. VERHULST, Note sur deux chartes de Lothaire, 17); Liber traditionum, éd. FAYEN, n° 75, 79–80 (notice de donation du 29 octobre 965).

186. Thérouanne

Tarvanna. – Thérouanne. – Dép. P.-de-C., arr. Saint-Omer, cant. Aire-sur-la-Lys.

Il ne fait aucun doute que Thérouanne fut bien un siège épiscopal à part entière. C'est néanmoins Sithiu qui s'est très tôt imposé dans le diocèse comme centre économique, spirituel, intellectuel et religieux. De ce fait, les textes du haut Moyen Âge sont très allusifs concernant la cathédrale et son chapitre, pour lesquels n'est conservé aucun diplôme avant le XIe siècle.

Carte archéologique de la Gaule 62–1, 83–96; MÉRIAUX, Thérouanne et son diocèse; VERCAUTEREN, Étude sur les civitates de la Belgique seconde, 318–323; VAN WERVEKE, Het bisdom Terwaan.

186a. Cathédrale Sainte-Marie

La Vie d'Omer évoque sans plus de précisions la dernière messe célébrée avant sa mort par l'évêque en présence de son entourage dans une église (*ecclesia*). Sous l'épiscopat d'Hunfrid († 870) un miracle se produisit à Thérouanne dont Hincmar de Reims se fit l'écho dans les Annales de Saint-Bertin. Le jour de l'Assomption 862, alors qu'une esclave était occupée à faire la lessive (ou le repassage) du sang se mit à maculer progressivement une chemise. L'évêque fit porter le vêtement dans une église (*ecclesia*) qu'il est assez logique d'identifier avec la cathédrale. À la suite de ce prodige, la fête de l'Assomption fut instaurée dans le diocèse. La documentation diplomatique bertinienne signale en 872 l'existence de l'avoué de l'église cathédrale (*illuster vir Odbertus advocatus Sancte Marie de civitate Taruenne*). Fouillé par Camille Enlart entre 1898 et 1906, par Roland Delmaire entre 1965 et 1969, puis, à partir de 1970, par Honoré Bernard, le site de la cathédrale aurait révélé, selon ce dernier, un véritable groupe épiscopal composé de trois édifices dès l'époque mérovingienne, remanié sous l'épiscopat de l'évêque Folcuin († 855). Selon Noël Duval néanmoins, la fonction et la chronologie de ces constructions restent pour le moins incertaines.

Vita Audomari, Bertini et Winnoci, éd. LEVISON, c. 14, 762; Annales de Saint-Bertin, éd. GRAT/VIEILLARD/CLÉMENCET, a° 862, 92; Diplomata belgica, éd. GYSSELING/KOCH, n° 42, 75.

BERNARD, Les cathédrales de Thérouanne; Les premiers monuments chrétiens 3, 274–277 (avec bibliographie).

186b. Monastère (?)

Dans l'état actuel des connaissances, il n'existe pas de raison absolument convaincante d'écarter le témoignage de la Vie de l'ermite Trivier même s'il demande à être accepté avec beaucoup de prudence. Trivier aurait vécu au milieu du VIe siècle. Le texte évoque sa présence pendant quelques temps dans un monastère: *in pago autem Tarouuanensi monasterium, quod in suburbano Tarouuannicae urbis situm erat [...] ipsum monasterium iuxta fluuium momine Ulte, et prope pelagus*. En revanche toutes les traditions concernant la fondation mérovingienne de Saint-Jean-au-Mont près de Thérouanne ne méritent pas d'être retenues.

Vita Treverii, c. 2, éd. CHIFFLET, 33.

HUYGHEBAERT, Les origines de l'abbaye de Saint-Jean-au-Mont, 449–464.

187. Terdeghem: église [Saint-Martin]

Terdengim in pago Taruennensi. – Thérouanne. – Dép. Nord, arr. Dunkerque, cant. Steenvoorde.

L'église (*ecclesia*) de Terdeghem fut cédée à Saint-Pierre de Gand avec toutes ses dépendances le 20 octobre 1002 par Sigard (et ses trois fils) pour le repos de l'âme de son épouse Adèle.

Liber traditionum, éd. FAYEN, n° 106, 100.

188. Thiennes: église [Saint-Pierre]

Teones. – Thérouanne. – Dép. Nord, arr. Dunkerque, cant. Hazebrouck sud.

Possession du monastère de Centule/Saint-Riquier en 831, l'église de Thiennes dépendait de la *cella* de Bourecq.

Hariulf, Chronicon Centulense, éd. Lot, l. III, c. 3, 95.
Voir les références bibliographiques rassemblées pour Bourecq.

189. Tielrode: église [Saint-Pierre]

Tiegelrodo. – Tournai. – B., prov. Flandre orientale, arr. Sint-Niklaas, c. fus. Temse.

À partir de 868/869, les moines de Lobbes possédaient à Tielrode, entre autres biens, l'église (*ecclesia*).

Le polyptyque de l'abbaye Saint-Pierre de Lobbes, éd. Devroey, 17 (description de 868/869); ibid., 37 (liste courte établie vers 889); ibid., 50 (liste longue établie avant 1038); ibid., 58 (XIIe siècle).

190. Torhout: monastère Saint-Pierre

Monasterium Turholtensis. – Tournai. – B., prov. Fl. occ., arr. Bruges, c. fus.

Au milieu du VIIe siècle, l'ermite Bavon aurait demandé à être assisté dans ses derniers moments par un prêtre du monastère (*monasterium*) de Torhout nommé Domlinus qui put traverser sans encombre le *vastae solitudinis densorum lignorum saltus* qui le séparait de la *cella* du mourant située près de Gand. Sous le règne de Louis le Pieux, l'établissement fut cédé à Anschaire et à ses successeurs pour soutenir leur mission en Scandinavie. Le disciple du missionnaire, Rimbert, y fut formé avant de gagner à son tour la Scandinavie. Après 843, Charles attribua l'abbatiat laïc à un de ses fidèles nommé Régnier qui mit à son service les clercs venus de Scandinavie. L'abbatiat passa ensuite dans les mains du comte de Flandre. Une lettre d'Arnoul Ier rappelle que son propre père Baudouin II avait acquis les reliques de saint Donatien auprès d'Ebbon de Reims et qu'elles furent déposées un temps au *coenobium quo nuncupatur Turholt* avant de prendre la route de Bruges.

Vita Bavonis, éd. Krusch, c. 14, 544–545; Recueil des historiens des Gaules et de la France 6, éd. Bouquet, 593–594; AA SS Octobris 6, Anvers 1794, 496–498 (lettre d'Arnoul et réponse de l'archevêque de Reims Hugues de Vermandois).
Dierkens, Saint Anschaire (avec les références aux Vies d'Anschaire et de Rimbert; discussion sur l'authenticité de la lettre d'Arnoul); Monasticon belge 3–1 (1960), 208–210 [Nicolas Huyghebaert]; Röckelein, «Pervenimus mirificum ad sancti Medardi oraculum», 153–154.

191. Tournai

Tornacum. – Tournai (rive gauche de l'Escaut) et Cambrai (rive droite). – B., prov. Hainaut, ch.-l. arr.

Orientation bibliographique: Dumoulin, L'organisation paroissiale; Hirschmann, Stadtplanung, 113–128; Leclercq, Tournai, 2537–2555; Pycke, 'Urbs fuerat quondam'; Vercauteren, Étude sur les civitates de la Belgique seconde, 233–253; Verslype, La topographie du haut Moyen Âge à Tournai; Verslype, Le paysage rural et urbain des bassins de l'Escaut et de la basse et moyenne Meuse 2, 104–114; Warichez, Les origines de l'Église de Tournai.

191a. Cathédrale Sainte-Marie [Saint-Étienne?]

La découverte récente d'un vaste ensemble sous la cathédrale conduit à reconsidérer sur des bases plus sûres l'histoire de l'édifice et de ses desservants pendant le haut Moyen Âge. Si l'on écarte le témoignage de la *Vita Eleutherii*, les sources sont extrêmement laconiques et se limitent aux mentions diplomatiques (la première date de 817) ainsi qu'à ce *Balderedus ecclesiae Tornacensis abbas* auquel Éloi, sur son lit de mort, aurait défendu de revenir à Tournai car il y risquait sa vie. Peut-être était-il à la tête du clergé de la cathédrale privée de son évêque depuis le début du VIIe siècle. Les travaux de construction des bâtiments canoniaux sont attestés en 817. Le vocable de la Vierge apparaît dans le diplôme de Charles le Chauve de 855 qui, par ailleurs, fixe à trente le nombre des chanoines du chapitre cathédral. Des traditions hagiographiques tardives précisent qu'au temps d'Heidilon († après 902) une église (*basilica*) adjacente dédiée à Saint-Étienne aurait été détruite. Le maître autel de la cathédrale était bien dédié au protomartyr au XIIIe siècle.

Vita Eligii, éd. KRUSCH, l. II, c. 34, 720; Recueil des historiens des Gaules et de la France 6, éd. BOUQUET, 509 (817); Recueil des actes de Charles le Chauve 1, n° 14, 35–37 (842), ibid., n° 173, 457–459 (855); Recueil des actes de Charles le Simple, n° 2, 2–4 (893), ibid., n° 40, 85–86 (901); DUVIVIER, Actes et documents, 3–5 (donation du comte Hilduin); Recueil des actes de Louis IV, n° 26, 65 (945), ibid., n° 39, 90 (950/952), ibid., n° 43, 98.

DUMOULIN/PYCKE, Topographie chrétienne de Tournai, 5–16; PIRENNE, Le fisc royal de Tournai; VERSLYPE, Le paysage rural et urbain des bassins de l'Escaut et de la basse et moyenne Meuse 2, 106–107.

191b. Saint-Brice (diocèse de Cambrai)

L'église Saint-Brice se trouve dans le voisinage de la tombe du roi Childéric († 482). Les fouilles effectuées après la seconde guerre mondiale ont mis au jour une première église préromane qu'il n'est guère possible de dater plus précisément. L'église Saint-Brice est citée pour la première fois en 1054. Aux dires de l'auteur du *Chronicon* de Saint-André du Cateau, l'empereur Henri III aurait installé sa résidence *apud Sanctum Brixum* lors du siège de la cité. Située sur la rive droite de l'Escaut, l'église Saint-Brice relevait au Moyen Âge du diocèse de Cambrai.

Chronicon Sancti Andreae, éd. BETHMANN, c. 20, 534.

DUMOULIN/PYCKE, Topographie chrétienne de Tournai, 28–32.

191c. Saint-Martin

L'église aurait été fondée par saint Éloi selon Hériman. De riches sépultures y auraient été découvertes au milieu du XIIe siècle d'après les *Historiae Tornacenses*. L'édifice (*ecclesiola*) était néanmoins abandonné à la fin du XIe siècle et desservi par le prêtre de Saint-Piat. Les affirmations d'Hériman n'ont pas été acceptées par la critique récente.

DUMOULIN/PYCKE, Topographie chrétienne de Tournai, 24–28; D'HAENENS, Les invasions normandes en Belgique, 262–267; Monasticon belge 1 (1890), 273–274 [Ursmer BERLIÈRE].

191d. Saint-Nicaise (?)

Entre 845 et 855, le moine Milon d'Elnone évoque l'urne précieuse dans laquelle repose le corps de saint Nicaise (*Nicasius recubat pretiosa martyr in urna*) dans (ou à proximité de) la cathédrale de Tournai. Le grand sacramentaire composé à Elnone pour cette église dans le deuxième quart du IXe siècle inscrit saint Nicaise à la fois dans ses litanies mais aussi dans son calendrier (*depositio* au 14 décembre). Surtout, ce même calendrier signale au 30 juillet la *dedicatio ecclesiae Nicasii episcopi* qu'il pourrait être tentant de rapprocher d'une église carolingienne de la cité dont la tradition n'a pas conservé le souvenir par la suite. Mais la dédicace en question pourrait aussi être celle de Saint-Nicaise de Reims.

Milon, Vita Amandi metrica, éd. Traube, 589; Henri Leclercq, Petersbourg (Saint-), Dictionnaire d'archéologie chrétienne et de liturgie 14–1 (1939), 646–649; Coens, Recueil d'études bollandiennes, 273.

Pycke, Matériaux, 78; id., 'Urbs fuerat quondam', 224.

191e. [Saint-Piat]

À Saint-Piat fut découvert un petit édifice paléochrétien (?). Celui-ci fut réaménagé au début du VIe siècle pour abriter des sépultures aristocratiques. Néanmoins l'église et son vocable ne sont pas évoqués avant le début du XIIe siècle pour abriter des sépultures aristocratiques. Un sacramentaire de Saint-Amand mentionne bien la *congregatio beati martyris Piatonis* mais Dom Leclercq (Tournai, 2550) refusait à bon droit d'en attribuer l'usage à une église Saint-Piat en particulier, en précisant que l'expression désignait l'ensemble des fidèles du diocèse de Tournai dont Piat était le patron le plus illustre à l'époque carolingienne. On suppose donc que ce manuscrit a été en usage au chapitre cathédral.

Childéric – Clovis, 149; Coens, Recueil d'études bollandiennes, 272; Dumoulin/Pycke, Topographie chrétienne de Tournai, 19–21; Pycke, 'Urbs fuerat quondam', 266.

191f. Églises Saint-Pierre et Saint-Quentin

D'après Hériman, ces deux églises auraient été le siège de congrégations féminines dont les biens auraient souffert sous l'épiscopat de l'évêque Fulcher († 953).

Dumoulin/Pycke, Topographie chrétienne de Tournai, 16–18 et 22–24.

192. Tronchiennes: communauté canoniale (Sainte-Marie)

Truncinis; fl. Drongen. – Tournai. – B., prov. Fl. or., arr. et c. fus. Gand.

Les origines du chapitre de Tronchiennes ont fait l'objet d'un long examen de la part de Brigitte Meijns dont nous présentons ici les conclusions. Le récit de l'invention des reliques de sainte Amelberge à la fin du IXe siècle, où sont mentionnés le comte de Flandre Baudouin II et l'évêque Raginelm de Tournai († 879), fait état des *fratres Truncinensis monasterii* venus en vain à Tamise pour y rechercher le corps de sainte Amelberge. En 944, le convoi transportant les reliques des saints Wandrille et Ansbert en route vers le Mont-Blandin traversa la Lys à Tronchiennes après avoir quitté Bruges: l'existence du monastère est alors signalée (*reverentia Dei genitricis Marie monasterio Truncinensi*). Dans le premier tiers du Xe siècle, sous l'épiscopat d'Airard († 932), peut-être dès 914/915, la communauté s'appropria les reliques de saint Gérulphe, inhumé au milieu du VIIIe siècle (?) dans l'église de Merendree. Les reliques du saint semblent avoir été particulièrement mises à l'honneur lors de l'assemblée de paix d'Audenarde en 1030. La communauté canoniale fut rattachée à l'ordre des Prémontrés en 1138. La *Vita Basini*, un mythique roi irlandais, peut être alors considérée comme le récit de fondation de ce nouvel établissement qui prétendit aussi plus tard se rattacher à la vague des fondations d'Amand.

Inventio Amalbergae, éd. Du Sollier, c. 49, 103; Sermo de adventu, éd. Huyghebaert, c. 45, 49–50; Translationes Bavonis, éd. Coens, l. I, c. 1, 53 (mention du *rector mo-nasterii Sanctae Mariae* en 1010); Annales Elmarenses, éd. Grierson, a° 880, 83 (mention de la destruction du *altum monasterium Sanctae Mariae quod dicitur Truncinias*); ibid., a° 1030, 89–90 (assemblée de paix d'Audenarde).

Meijns, Aken of Jeruzalem? 1, 341–354; Huyghebaert, La translation de sainte Amelberge, 455–457; id., Un texte prémontré méconnu; Monasticon belge 7–3 (1980), 539–567 [N. J. Weyns].

193. Tubersent: église [Saint-Étienne]

Thorbodeshem. – Thérouanne. – Dép. P.-de-C., arr. Montreuil, cant. Étaples.

À Tubersent, les moines de Sithiu possédaient une église (*ecclesia*) en 844/859.

Le polyptyque de l'abbaye de Saint-Bertin, éd. GANSHOF, 23 et 120.

194. Valenciennes

Valencianis. – Arras (rive gauche de l'Escaut) et Cambrai (rive droite). – Dép. Nord, s.-pr.

Sont regroupées dans cette notice les églises qui relevaient du vaste domaine fiscal de Valenciennes, mentionné dès 694 comme palais dans un acte de Clovis III puis à nouveau en 698 et 723/724. Certains de ces oratoires gagnèrent leur indépendance dans le courant du Moyen Âge et sont ensuite mentionnés comme paroisses autonomes.

Die Urkunden der Merowinger 1, n° 141, 356–357; ibid, n° 152 381–382; ibid, n° 185, 460–462.

COENS, La passion de saint Sauve, 133–163; DEISSER-NAGELS, Valenciennes; PLATELLE., Des Romains aux Normands; ID., Le développement de Valenciennes; ID., Du 'domaine de Valentinus' au comté de Valenciennes; ID., Survol de l'histoire de Saint-Saulve.

194a. Communauté féminine?

Rédigée dans le troisième quart du IXe siècle, la Vie des saintes Harlinde et Relinde évoque leur éducation auprès de l'abbesse du monastère *quod vulgo Valencina vocatur*, où elles apprirent à chanter, à psalmodier, à broder, et – ce qui était exceptionnel, souligne leur biographe – à écrire et à peindre. De retour chez elles, leurs parents firent édifier pour elles le monastère d'Aldeneik dans le diocèse de Liège. Francine Deisser-Nagels, Matthias Werner et surtout Alain Dierkens ont mis en doute l'identification avec Valenciennes (mais d'après ce dernier, c'est bien à cette localité que pensait l'auteur), sans raison absolument convaincante selon Michel Parisse. Ceci nous conduit donc à accepter avec prudence l'existence de cet établissement sinon au début du VIIIe du moins à la fin du IXe siècle. Mais peut-être conviendrait-il d'identifier cette communauté de celle, toute proche, de Condé-sur-Escaut dont on conserve plusieurs mentions pendant le haut Moyen Âge.

Vita Harlindis et Reinulae, éd. MABILLON, c. 4–5, 656.

DEISSER-NAGELS, Valenciennes, 87, n. 129; DIERKENS, Les origines de l'abbaye d'Aldeneik, 401–404; Monasticon belge 6 (1976), 82; PLATELLE, Des Romains aux Normands, 20; Le développement de Valenciennes, 26; WERNER, Der Lütticher Raum, 175 [et les observations de Michel PARISSE dans Francia 8 (1980), 786].

194b. Chapitre Saint-Jean-Baptiste (diocèse de Cambrai)

En 1024/1025, l'auteur des *Gesta* des évêques de Cambrai mentionne l'existence d'un chapitre (*monasterium canonicorum*) de douze membres dans le *castrum* de Valenciennes, fondé par le comte Arnoul et l'évêque Rotard (979 † 995) en l'honneur de saint Jean-Baptiste. Jacques de Guise fait remonter la fondation du chapitre à Pépin II ou à Pépin III, ce qui ne mérite assurément aucun crédit.

Gesta episcoporum Cameracensium, éd. BETHMANN, l. II, c. 30, 462.

HELVÉTIUS, Abbayes, évêques et laïques, 282–283; PLATELLE, Le développement de Valenciennes, 25–26.

194c. Église Saint-Martin puis chapitre Saint-Saulve (diocèse de Cambrai. – aujourd'hui c. de Saint-Saulve: dép. Nord, arr. Valenciennes, cant. Anzin)

La Passion de saint Saulve rapporte l'assassinat, dans le fisc de Valenciennes, de cet évêque énigmatique, venu d'Aquitaine avec un compagnon (nommé Sulpice par la liste des reliques présentes à la consécration de l'abbatiale du saint Sépulcre de Cambrai), et dont le culte est bien attesté depuis le début du IXe siècle. Le texte vaut donc avant tout par sa description du domaine royal de Valenciennes à cette date.

Arrivés dans le fisc, les deux hommes auraient prié dans une église (*basilica*) dédiée à saint Martin, y auraient veillé la nuit de Pâques avant d'être invités, le lendemain, par le procurateur du domaine, un certain Genardus. La cupidité du fils de ce dernier expliquerait ensuite l'assassinat des deux hommes lorsqu'ils voulurent poursuivre leur chemin vers Condé-sur-Escaut. La Passion développe longuement l'enquête ordonnée trois ans plus tard par Charles Martel, la punition des coupables, la translation des dépouilles – d'abord inhumées à Beuvrages dans le plus grand secret – vers l'église Saint-Martin et la donation d'un tiers du fisc à ce sanctuaire. L'auteur mentionne l'entrée dans la *familia* du saint d'un certain Winegaire qu'il a connu; au moment où il écrit, il parle en outre de la *basilica Sancti Salvii* et de ses desservants auxquels il adresse son texte (*omnes Deo servientes in eiusdem sancti martyris servitio degentes*). D'après une hypothèse récemment posée par Anne-Marie Helvétius, la basilique serait en fait devenue dès le milieu du VIIIe siècle une petite dépendance de Saint-Martin de Tours, rapidement transformée en abbaye royale.

En 828, la communauté (*monasterium*; *basilica*) et son *rector* Georges (qui était ainsi récompensé de la fabrication d'un orgue hydraulique pour l'empereur Louis) sont abondamment évoqués par Éginhard puisqu'ils accueillirent les reliques des saints Marcellin et Pierre en route vers Gand. Les *custodes* du saint sont mentionnés en 866 par Hariulf puisqu'ils cédèrent des reliques au sacristain de Centule. Saint-Saulve passa en 870 dans les mains de Charles le Chauve lors du traité de Meersen. En 914, l'église (*ecclesia*) est mentionnée – après la destruction par les Normands? – dans deux versions d'une précaire (l'une falsifiée, l'autre fausse selon Jean Dufour; l'une vraie, l'autre fausse selon Anne-Marie Helvétius) par laquelle Saint-Martin de Tours reçoit une série de biens en Flandre et en Lotharingie. En 1024/1025, il y avait sur place un chapitre (*monasterium canonicorum*) dédié à saint Saulve dont l'auteur des *Gesta* des évêques de Cambrai rappelle qu'il fut fondé par Charles Martel autour de ce qui avait été autrefois une petite église (*aecclesiola*) dédiée à saint Martin.

Passio Salvii, éd. Coens, c. 2–3, 165–166; ibid., c. 15–19, 181–187; Eginhard, Translatio Marcellini et Petri, éd. Waitz, l. IV, c. 8–11, 258–260; Annales de Saint-Bertin, éd. Grat/Vieillard/Clémencet, a° 870, 174 (traité de Meersen); Recueil des actes de Robert Ier, n° 48, 188–191 (commentaire), 194 (B) et 196 (A); Gesta episcoporum Cameracensium, éd. Bethmann, l. II, c. 31, 462; Hariulf, Chronicon Centulense, éd. Lot, l. III, c. 12, 123.

Helvétius, Abbayes, évêques et laïques, 179–190 (avec rappel de la bibliographie antérieure).

194d. Église Saint-Vaast (diocèse d'Arras)

Selon l'auteur de la *Passio Salvii*, c'est vers cette église (*basilica*) du fisc de Valenciennes que furent dirigés les bœufs du cortège transportant les reliques de Saulve et de son compagnon. L'attelage prit finalement la route de Saint-Martin. Cet épisode, qui se serait produit au temps de Charles Martel († 741), signale l'existence de Saint-Vaast à la charnière des VIIIe–IXe siècles, lorsque la Passion fut mise par écrit.

Passio Salvii, éd. Coens, 15, 182.

Delmaire, Le diocèse d'Arras 2, 560–561.

195. Vendin-le-Vieil: église [Saint-Léger]

Wendinium. – Arras. – Dép. P.-de-C., arr. Lens, cant. Lens nord-ouest.

L'église (*ecclesia*) de Vendin-le-Vieil dépendait, ainsi que celles d'Annay et de Loison, du fisc de Harnes qui était propriété des moines de Saint-Pierre de Gand et auquel Lothaire étendit en 972/977 l'immunité concédée à l'abbaye.

Recueil des actes de Lothaire, n° 40, 96.
Delmaire, Le diocèse d'Arras 2, 561–562.

196. Villers-Pol: église [Saint-Martin]

Villare. – Cambrai. – Dép. Nord, arr. Avesnes-sur-Helpe, cant. Le Quesnoy ouest.

Les *Gesta* des évêques de Cambrai ont conservé un acte de précaire donné le 13 avril 885 (ou 874?) par lequel un certain Machaire et son épouse Gondrade cèdèrent à la cathédrale de Cambrai leurs biens en Condroz (et, en particulier, l'église Sainte-Marie de Huy sur la Meuse). Ils en conservèrent néanmoins l'usufruit contre un versement annuel de deux sous. En retour, ils reçurent de l'évêque Jean, *per consensum supra fidelium clericorum Cameracensium et laicorum*, l'église de *Villare*, *quae est sita in pago Hagnoense, super fluvium Unctium*, ainsi que d'autres biens dépendant de la cathédrale. Le domaine de Villers-Pol est plusieurs fois mentionné comme bien du temporel épiscopal (*villa pontificalis*).

Gesta episcoporum Cameracensium, éd. Bethmann, l. I, c. 54, 419–421.
Dierkens, Les Ansfrid et le comté de Huy, 57 et 72–73 (acte de Machaire); Gysseling, Toponymisch woordenboek 2, 1014 (identification).

197. Vinderhoute: église [Saint-Bavon]

Vindreholt; *Uinderholt.* – Tournai. – B., prov. Fl. or., arr. Gand, c. fus. Lovendegem.

Le diplôme de Lothaire pour l'abbaye gantoise de Saint-Bavon, donné le 5 mai 966, confirme la possession de l'église (*ecclesia*) de Vinderhoute. La restitution de l'église est attestée dans la lettre que l'abbé Othelbold adressa à la comtesse Otgive en 1019/1030.

Recueil des actes de Lothaire, n° 26, 65; De brief van abt Othelbold aan gravin Otgiva, éd. Voet, 193 et 236.

198. Virginal: église [?]

Vergenou; *Vercenau*; *Verzenau.* – Cambrai. – B., prov. Brabant, arr. Nivelles, c. fus. Ittre.

En 868/869, les moines de Lobbes possédaient à Virginal, entre autres biens, l'église (*ecclesia*). L'ensemble relevait du domaine de Zegelsem.

Le polyptyque de l'abbaye Saint-Pierre de Lobbes, éd. Devroey, 16 (description de 868/869); ibid., 35 (liste courte établie vers 889); ibid., 49 (liste longue établie avant 1038); ibid., 57 (XIIe siècle).

199. Vitry-en-Artois: église [Sainte-Marie/Saint-Martin?]

Victuriaco. – Arras. – Dép. P.-de-C., arr. Arras, ch.-l. cant.

Tout comme Lambres, Vitry est cité comme domaine (*villa*) royal dès le VIe siècle puisque c'est là que Clotaire Ier épousa Radegonde et qu'en 575 les leudes de Chilpéric Ier, abandonnant leur roi, se rallièrent à son frère Sigebert. À la fin du VIIe siècle, un lit dans lequel avait dormi saint Éloi était pieusement conservé à Vitry. Suivant les hypothèses de Ph. Grierson, Vitry-en-Artois serait le deuxième domaine fiscal décrit dans les *Brevium exempla* aux environs de 810. Aucun lieu de culte n'est alors signalé. En 863/864 néanmoins, une église (*ecclesia*) est bien mentionnée et soustraite au patrimoine accordé à Raoul par son père Évrard pour être donnée au monastère de Cysoing avec toutes ses dépendances.

Grégoire de Tours, Historiarum libri decem, l. IV, c. 51, éd. Krusch/Levison, 188; Brevium exempla, éd. Boretius, c. 30–31, 255 (identification proposée par Grierson, The identity of unnamed fiscs, 458–459); Cartulaire de l'abbaye de Cysoing, éd. Coussemaker, n° 1, 1–3 (testament d'Évrard).

Barbier, Le système palatial franc, 257–258; Delmaire, Le diocèse d'Arras 2, 567 (Saint-Martin à l'époque moderne mais l'autel était dédié à la Vierge en 1118).

200. Vladslo: église [Saint-Martin]

Frordeslo. – Tournai. – B., prov. Fl. occ., arr. et c. fus. Diksmuide (fr. Dixmude).

L'église (*ecclesia*) de Vladslo fut cédée en 982 à Saint-Pierre de Gand par Eilbodon, dont la Vie de Bertulphe affirme qu'il *Cutracensi territorio praesidebat* et qui en 975 avait déjà donné à l'abbaye une partie de ses biens dont les églises de Flers-en-Escrébieux. En 994, l'évêque Radbod Ier abandonna aussi aux moines blandiniens l'autel de Vladslo.

Liber traditionum, éd. Fayen, n° 100, 95.

Huyghebaert, Examen de la charte de Radbod.

201. Vlierzele: église [Saint-Frédéric]

Flithersala. – Cambrai. – B., prov. Fl. or., arr. Alost (fl. Aalst), c. fus. Sint-Lievens-Houtem.

Attesté dans le temporel de l'abbaye gantoise de Saint-Bavon en 864, le domaine de Vlierzele est mentionné avec son église (*ecclesia*) en 976 dans un acte d'Otton II en faveur du monastère.

Recueil des actes de Charles le Chauve 2, n° 274, 116; Die Urkunden Otto des II., n° 126, 143; Die Urkunden Heinrichs II., n° 36, 41.

202. Vremde: église [?]

Frimethe. – Cambrai. – B., prov. et arr. Anvers, c. fus. Boechout.

Le domaine de Vremde et son église (*ecclesia*) sont mentionnés en 1003 comme biens de Saint-Bavon de Gand.

Die Urkunden Heinrichs II., n° 36, 41.

203. Wakken: église [?]

Wackinio in pago Mempesco. – Tournai. – B., prov. Fl. occ., arr. Tielt, c. fus. Dentergem.

L'église du domaine de Wakken fut donnée à la fin du IXe siècle à Saint-Pierre de Gand (*ad mensa fratrum* dit le fragment ancien du *Liber traditionum*) par un certain Gontbert et son épouse Theadwara.

Diplomata Belgica, éd. GYSSELING/KOCH, c° 22, 133; Liber traditionum, éd. FAYEN, n° 29, 36.

204. Le Wast: église (puis prieuré) Saint-Michel

Wachone villare; *Wachunvillare.* – Thérouanne. – Dép. P.-de-C., arr. Boulogne, cant. Desvres.

Le domaine du Wast était une possession (*patrimonium*) de l'abbaye de Fontenelle dès la deuxième moitié du IXe siècle, que l'on retrouve ensuite au milieu du siècle suivant dans la main d'un fidèle du comte de Flandre, un certain *vir illuster* nommé Hugues. C'est à ce dernier que l'abbé Regenold de Sithiu acheta l'église dédiée à saint Michel pour la somme de 5 livres. La transaction fut confirmée par un diplôme de Lothaire donné le 7 janvier 962: le Wast est alors qualifié de *monasterium.* C'est au Wast que fut envoyé l'abbé Regenold atteint d'éléphantiasis. Il y mourut en 961. Le domaine semble cependant être resté en possession des comtes de Flandre puis de Boulogne puisque peu après 1086/1088, la comtesse Ide y établit un prieuré dépendant de Cluny où elle fut inhumée en 1113.

Miracula Wandregisili, éd. VAN DEN BOSCH, c. 19, 285 (cf. LOT, Étude critique sur l'abbaye de Saint-Wandrille, XIX); Folcuin, Gesta abbatum Sithiensium, éd. HOLDER-EGGER, c. 109–110, 630–631 (Jean le Long ajouta ensuite qu'Arnoul Ier fut atteint par la maladie et qu'il trouva lui aussi refuge au Wast); Recueil des actes de Lothaire, n° 15, 35 (962); Vita Idae, éd. HENSKEN, c. 7, 143.

HAIGNERÉ, Notice historique et archéologique; ID., Les origines (le *locus quemdam in territorio Boloniae* de la Vie d'Ide désignerait le Wast et non Samer comme le pensait Godefroid Hensken).

205. Wattrelos: église [Saint-Malo]

Waterlos in pago Tornacensi. – Diocèse de Tournai. – Dép. Nord, arr. Lille, cant. Roubaix est.

L'église (*ecclesia*) de Wattrelos a été restituée à Saint-Bavon avant 1019/1030 comme l'atteste la lettre de l'abbé Othelbold à la comtesse Otgive.

De brief van abt Othelbold aan gravin Otgiva, éd. VOET, 239.

206. Wavrans-sur-l'Aa

Wabrante; *Waurantis.* – Thérouanne. – Dép. P.-de-C., arr. Saint-Omer, cant. Lumbres.

Le 27 juillet 868, le moine Guntbert règle ses dernières affaires avant de partir en pèlerinage à Rome. Il se trouve alors en compagnie de l'évêque Hunfrid, *in Wabrante villa episcopali in solarium.* Il s'agit d'une des rares mentions de biens de l'église cathédrale de Thérouanne. Folcuin précise également que c'est à la *villa Waurantis, distante a Sitdiu coenobio fere 4 miliaribus* que saint Omer serait décédé, mais la Vie carolingienne de l'évêque ne dit rien de tel. Tout indique que cette pieuse légende s'est développée en raison de l'appartenance du lieu au temporel de la cathédrale. L'église du village était dédiée à saint Omer à l'époque moderne.

Folcuin, Gesta abbatum Sithiensium, éd. HOLDER-EGGER, c. 3, 609; Diplomata belgica, éd. GYSSELING/KOCH, n° 40, 72.

207. *Wernetlinigus*: église

Tournai. – Dans le *pagus* de Tournai.

La donation d'un chapelain d'Évrard de Frioul nommé Walgaire au monastère de Cysoing comprenait l'église (*ecclesia cum ornamento ibidem competenti*) de *Wernetlinigus* située dans la *pagus* de Tournai. L'acte a été donné avant 863/864.

Cartulaire de l'abbaye de Cysoing, éd. COUSSEMAKER, n° 2, 5.

208. Wilrijk: église [Saint-Bavon]

Wilrika. – Cambrai. – B., prov., arr. et c. fus. Anvers.

L'église (*ecclesia*) de Wilrijk est attestée en 1003 dans le temporel de Saint-Bavon de Gand.

Die Urkunden Heinrichs II., n° 36, 41 (5 février 1003).

209. Wizernes: église [Saint-Folcuin]

Weserinio. – Thérouanne. – Dép. P.-de-C., arr. Saint-Omer, cant. Saint-Omer sud.

À Wizernes, les moines de Sithiu possédaient une église (*ecclesia*) en 844/859.

Le polyptyque de l'abbaye de Saint-Bertin, éd. GANSHOF, 19 et 91.

210. Wontergem: église [Saint-Étienne]

Guntrengem. – Tournai. – B., prov. Fl. or., arr. Gand, c. fus. Deinze.

L'église (*ecclesia*) de Wontergem, usurpée par des *satellites* du comte de Flandre Arnoul Ier dans le courant du Xe siècle, était revendiquée par l'abbé Othelbold dans la lettre qu'il adressa à la comtesse Otgive en 1019/1030.

De brief van abt Othelbold aan gravin Otgiva, éd. VOET, 236.

211. Wormene: 2 églises [?]

Villa Warminia in pago Bragbantinse. – Cambrai. – B., prov. Fl. or., arr. Alost (fl. Aalst), c. fus. Zottegem.

Le domaine de Wormene est attesté dans le temporel de l'abbaye gantoise de Saint-Bavon en 864. Ses deux églises ne sont mentionnées qu'en 976.

Recueil des actes de Charles le Chauve 2, n° 274, 116 (11 octobre 864); Die Urkunden Otto des II., n° 126, 143 (19 janvier 976).

212. Wormhout: monastère Saint-Martin puis Saint-Winnoc

Worumholt. – Thérouanne. – Dép. Nord, arr. Dunkerque, ch.-l. cant.

Dans la deuxième moitié du VIIe siècle, quatre Bretons nommés Quadanoc, Ingenoc, Madoc et Winnoc se présentèrent à Sithiu pour y vivre *sub sacrae regulae iugo*. Peu de temps après, l'abbé Bertin reçut d'un certain Heremarus le domaine de Wormhout. Il les envoya bâtir sur place un petit monastère (*cella*) destiné à accueillir les pauvres, concrétisant ainsi ce qui semble être une politique missionnaire délibérée (*Bertinus Dei famulis multiplicare volens habitacula et Christi pauperibus hospitia preparare, quae eo tempore rara in predicto fuerunt pago*). Des traditions plus tardives (une version interpolée de la première Vie de Winnoc puis la seconde Vie) évoquent la dédicace de cet établissement à saint Martin. À la mort de ses trois compagnons, Winnoc fut placé à la tête de la communauté par Bertin, ce qui semble signaler des liens d'étroite dépendance avec Sithiu. Rien ne permet de déterminer précisément la règle adoptée par les clercs de Wormhout. Une première série de miracles vient apporter quelques informations concrètes sur l'établissement avant 820: on y préparait la farine à la main; l'église était flanquée d'une sacristie (*domuncula*) qui s'enflamma un jour de grande chaleur alors que les frères s'accordaient une sieste (le tombeau de Winnoc fut néanmoins épargné); c'est dans le petit jardin (*ortulus*) adjacent à l'église détruite que fut placé le tombeau le temps de la reconstruction.

Wormhout est ensuite mentionné à plusieurs reprises par le chroniqueur Folcuin, notamment à l'occasion d'une visite effectuée en 843 par l'évêque de Thérouanne. L'établissement est alors signalé comme *cella monachorum*. La seconde série des Miracles de saint Winnoc se fait l'écho de la reconstruction de l'église par un comte Gérard au milieu du IXe siècle; de la fondation par ce même comte de l'église d'Éperlecques dépendant de Wormhout; de la translation des reliques de Winnoc à Sithiu (précisément à Saint-Omer) avant 877 puis à Bergues le 30 décembre 899 sur ordre du comte de Flandre qui y transféra également la communauté désormais canoniale. Après 1022, les reliques de Winnoc étaient transportées chaque année de Bergues à Wormhout la veille et le jour de la fête de saint Jean-Baptiste. Il subsistait donc sans aucun doute une église sur place: un membre de la *familia* du saint est bien mentionné comme résidant à Wormhout. Au Moyen Âge, l'église paroissiale de Wormhout était dédiée à saint Martin.

Vita Audomari, Bertini et Winnoci, éd. Levison, c. 22–28, 469–775; Miracula Winnoci, éd. Levison, c. 1–7, 780–783; ibid., c. 9, 784; Vita Winnoci secunda, éd. Mabillon, c. 2, 304 (règle de saint Benoît; premier établissement à Bergues); ibid., c. 7, 307 (dédicace du *monasterium* de Wormhout à saint Martin); Folcuin, Gesta abbatum Sithiensium, éd. Holder-Egger, c. 11, 610 (fondation d'une *cella monachorum*), ibid., 52, 615 (antiphonaire offert par Guntbert); ibid., 57, 617 (visite de l'évêque Folcuin); Chronique et cartulaire de l'abbaye de Bergues-Saint-Winnoc, éd. Pruvost.

On se reportera à la bibliographie donnée dans la notice de Bergues. – De Croocq, Un saint de la Flandre française, 9–87; Van Werveke, A-t-il existé des fortifications à Saint-Omer?, 1070–1071 (sur les translations).

213. Wortegem: église [?]

Wrattingim. – Tournai. – B., prov. Fl. or., arr. Oudenaarde (Audenarde), c. fus. Wortegem-Petegem.

L'église (*ecclesia*) de Wortegem fut donnée à Saint-Pierre de Gand le 2 juillet 964 par le comte Arnoul Ier.

Liber traditionum , éd. FAYEN, n° 72, 77.

214. Zegelsem: prieuré Saint-Ursmer et Saint-Pierre

Sigulfi villa; *Scingulsi villa.* – Cambrai. – B., prov. Fl. or., arr. Oudenaarde (fr. Audenarde), c. fus. Brakel.

En 868/869, les moines de Lobbes possédaient un vaste ensemble domanial à Zegelsem sur lequel était édifiée une église (*ecclesia*). En outre, l'église que l'abbaye possédait à Virginal dépendait également de Zegelsem. Doit-on penser que cette description intervint avant ou après le raid normand dévastateur dont Folcuin se fait l'écho à la fin du Xe siècle? En tout cas, ce dernier explique ainsi la dispersion de la petite communauté de douze chanoines installée à Zegelsem (*in eo [fundo] memoria Sancti Ursmari et Sancti Petri, in qua tunc duodecim canonicorum habebatur conventus*) dont le prévôt se nommait Sparnarius. Il certifie la valeur de ses renseignements en rappelant qu'ils proviennent d'un témoin interrogé par les moines.

Le polyptyque de l'abbaye Saint-Pierre de Lobbes, éd. DEVROEY, 15–16 (description de la mense conventuelle de 868–869); ibid., 35 (liste courte établie vers 889); ibid., 50 (liste longue établie avant 1038); ibid., 57 (liste du XIIe siècle); Folcuin, Gesta abbatum Lobbiensium, éd. PERTZ, c. 16, 62.

MEIJNS, Aken of Jeruzalem? 1, 242–245; EAD., Communautés de chanoines dépendant d'abbayes bénédictines, 95–97.

215. Zellik: église [Saint-Bavon]

Sethleca in pago Bragbantinse; *Sedleca in pago Bragbantensi.* – Cambrai. – B., prov. Brabant, arr. Hal-Vilvorde, c. fus. Hasse.

En 974, l'église (*ecclesia*) de Zellik fut restituée aux moines de Saint-Bavon de Gand par Otton II comme le rappelle l'abbé Othelbold dans la lettre qu'il adressa à la comtesse Otgive en 1019/1030.

Die Urkunden Otto des II., n° 69, 83 (21 janvier 974); ibid., n° 126, 143 (19 janvier 976); Die Urkunden Heinrichs II., n° 36, 41 (5 février 1003); De brief van abt Othelbold aan gravin Otgiva, éd. VOET, 239.

216. Zierikzee: église [vocable inconnu puis Saint-Liévin]

Creka et Papingalant in pago Scaldis. – Diocèse de Cambrai? – Pays-Bas, dans l'île de Schouwen.

La possession de l'église (*ecclesia*) de *Creka et Papingalant* est confirmée aux moines de Saint-Bavon de Gand par Otton II le 18 janvier 976.

Die Urkunden Otto des II., n° 125, 142; Die Urkunden Heinrichs II., n° 36, 41 (nouvelle confirmation du 5 février 1003).

DEKKER, Saint-Bavon en Zélande, 386–390.

217. Zingem: église [Saint-Bavon]

Siggingahem in pago Curtracinse; *Siggengem super Scaldim fluvium*. – Tournai. – B., prov. Fl. or., arr. Oudenaarde (fr. Audenarde), c. fus.

Donné le 5 mai 966, un diplôme de Lothaire pour l'abbaye gantoise de Saint-Bavon confirme la possession de l'église (*ecclesia*) de Zingem, ce que rappelle l'abbé Othelbold dans la lettre qu'il adressa en 1019/1030 à la comtesse Otgive.

Recueil des actes de Lothaire, n° 26, 65; De brief van abt Othelbold aan gravin Otgiva, éd. VOET, 239.

218. Zwalm: église [Saint-Matthieu]

Sualmis. – Diocèse Cambrai. – B., prov. Fl. or., ar. Oudenaarde (fr. Audenarde), c. fus.

L'église de Zwalm faisait partie des biens restitués à Saint-Bavon après les usurpations comtales du Xe siècle, comme le rappelle l'abbé Othelbold dans la lettre qu'il adressa en 1019/1030 à la comtesse Otgive.

De brief van abt Othelbold aan gravin Otgiva, éd. VOET, 239.

Les principaux établissements religieux des diocèses d'Arras, Cambrai, Thérouanne et Tournai avant l'an mil

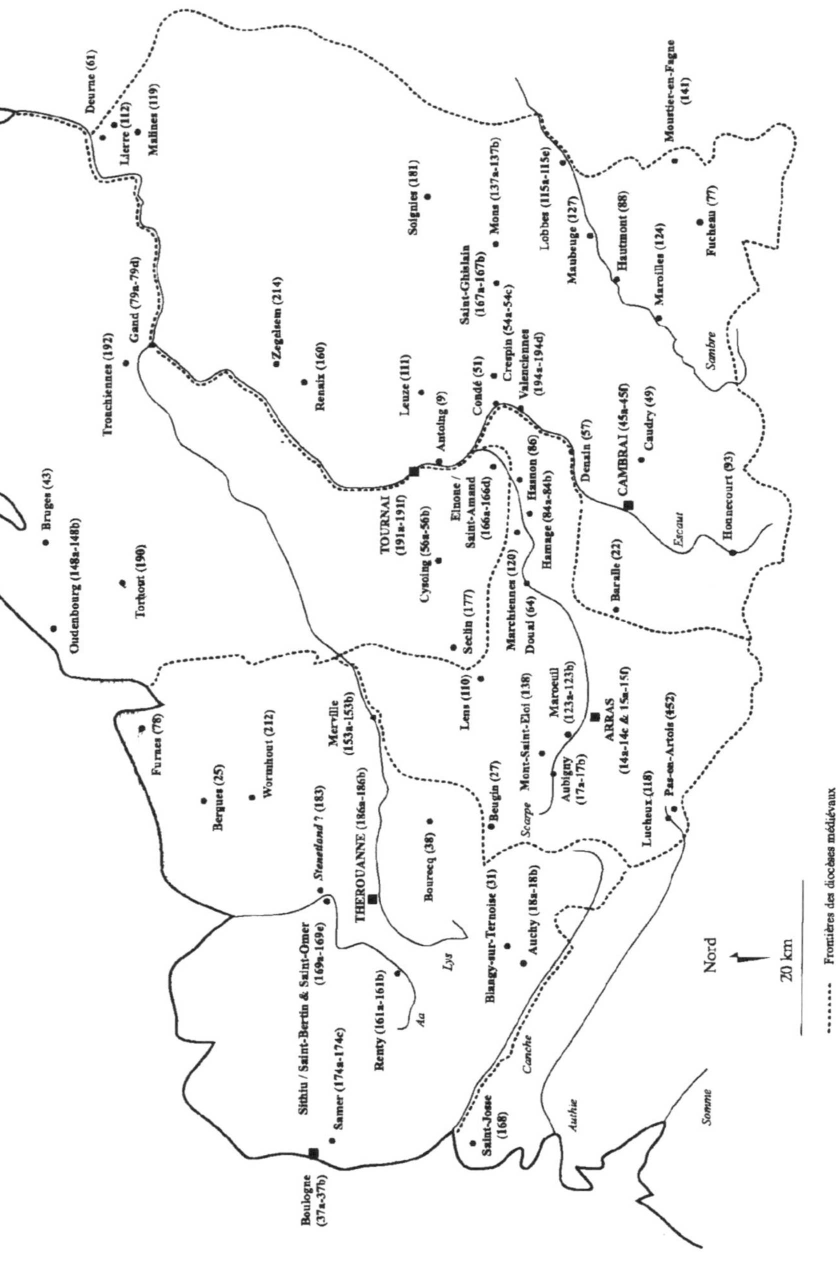

Annexe II

Les principaux dossiers hagiographiques

Les œuvres hagiographiques sont en grande partie restées anonymes. Il a donc paru plus cohérent de présenter les Vies, Passions, Translations et autres récits de miracles selon le nom (français) du saint dont elles évoquent l'existence et la postérité. Pour éviter de surcharger le corps de la thèse de références bibliographiques, nous avons pris le parti de présenter brièvement les éléments de datation habituellement retenus, en nous contentant de renvoyer aux derniers travaux approfondis en la matière. Ceux-ci permettront ensuite de retrouver l'ensemble de la bibliographie. Dans certains cas, nous avons simplement suivi les éléments fournis par les derniers éditeurs dans leurs introductions. En de plus rares occasions, quand les textes n'ont fait l'objet ni d'éditions ni de travaux fondamentaux ou quand des découvertes récentes rendent nécessaire un réexamen de certains dossiers, il a paru utile de présenter un exposé plus abondant. Ce catalogue ne présente pas l'ensemble des dossiers hagiographiques des saints considérés mais seulement les pièces qui sont exploitées dans ce livre. D'autre part, on trouvera dans la bibliographie les références d'autres textes hagiographiques qu'il n'a pas paru nécessaire de présenter avec autant de détails. Les dates données correspondent à celles de l'existence (parfois présumée) du personnage.

Enfin, il n'est peut-être pas inutile de préciser que, dans le corps de l'ouvrage, nous avons employé de préférence le français et la majuscule pour désigner les écrits hagiographiques. On parlera ainsi plutôt de la Vie de saint Amand et non de la *Vita sancti Amandi*, des Miracles de saint Wandrille et non des *Miracula Wandregisili*, de la Translation des reliques de sainte Renelde et non de la *Translatio sanctae Reineldis*, etc.

1. Achard (Aycadre), deuxième abbé de Jumièges († 697/698?)

Vita Aichardi (BHL 181), éd. Jean Périer, AA SS Septembris 5, Anvers 1755, 85–99. – On considère généralement que la Vie aurait été rédigée dans le dernier tiers du IXe siècle par un moine de Jumièges réfugié à Haspres, près de Cambrai, qui aurait un peu auparavant composé la Vie de saint Hugues (Van der Straeten, Vie inédite de s. Hugues, 224–228; id., L'auteur des Vies de s. Hugues et de s. Aycadre; plus récemment, Howe, Jumièges, 95–101).

Une étude récente (Le Maho, La production éditoriale à Jumièges) s'est néanmoins attaquée à certaines de ces conclusions et propose des arguments convaincants en faveur d'une rédaction des deux textes à Jumièges même, immédiatement après la restauration de l'abbaye par des moines de Saint-Cyprien de Poitiers à la demande du duc Guillaume Longue-Épée. L'auteur des deux Vies pourrait alors être Annon, deuxième abbé de la communauté restaurée, confronté en 942–944 aux appétits des agents de Louis IV (dont l'archevêque de Rouen) qui gouvernaient le duché au nom du jeune Richard Ier après l'assassinat de son père.

2. Aldegonde, première abbesse de Maubeuge († 684?)

Sur la vie et le culte de la sainte, on lira un état de la question dans Helvétius, Le culte de sainte Aldegonde, et Bertrand, Études d'hagiographie hainuyère, 539–540.

Vita Aldegundis prima (BHL 244), éd. Jean Mabillon, AA SS OSB 2, Paris 1669, 807–815; éd. partielle Wilhelm Levison, MGH SRM 6, Hanovre/Leipzig 1913, 85–90; trad. Michel Rouche, Vie de sainte Aldegonde, Maubeuge 1988 (avec la traduction du c. 27 de la *Vita secunda*); trad. anglaise dans McNamara et al., Sainted Women of Dark Ages, 237–254. – Cette Vie a été rédigée dans le premier quart du VIIIe siècle, peut-être par un moine d'Hautmont (Helvétius, Sainte Aldegonde; ead., Abbayes, évêques et laïques, 315–317).

Vita Aldegundis secunda (BHL 245), éd. Jean Bolland/Godefroid Hensken, AA SS Januarii 2, Anvers 1643, 1035–1040; le c. 27 a été édité par Wilhelm Levison sous le titre de *Clausula vitae secundae*, dans: MGH SRM 6, Hanovre/Leipzig 1913, 90. – Ce texte est un remaniement très soigné de la *Vita prima* réalisé dans la seconde moitié du IXe siècle; sa rédaction peut être mise en relation avec la construction à Maubeuge d'une nouvelle église dédiée à la Vierge et la translation des reliques de la sainte dans ce nouvel édifice (Helvétius, Abbayes, évêques et laïques, 159–160 et 318–320).

Vita Aldegundis secunda amplificata (BHL 246), éd. partielle Cat. Brux. 2, 133–135. – Il s'agit d'une version légèrement différente de la *Vita secunda*, copiée dans les Annales de Jacques de Guise ainsi que dans Bruxelles, Bibl. royale, ms 7808 du XIVe siècle. Le nouvel examen auquel Anne-Marie Helvétius a soumis le dossier hagiographique d'Aldegonde la conduit à dater la rédaction de ce texte du début du XIe siècle, vraisemblablement à l'attention d'un prieuré établi à Cousolre (Helvétius, Abbayes, évêques et laïques, 334–335).

3. Aldetrude, abbesse de Maubeuge († 696?)

Vita Aldetrudis (BHL 253–254), c. 1–9, éd. Godefroid Hensken, AA SS Februarii 3, Paris/Rome ³1865, 515–516; c. 10–15, éd. Cat. Brux. 2, 379–381. — Rédigé dans la première moitié du IXe siècle, le texte s'inspire étroitement de la *Vita prima* d'Aldegonde (Helvétius, Abbayes, évêques et laïques, 317).

4. Amelberge de Tamise, honorée à Saint-Pierre-au-Mont-Blandin (Gand)

Tomellus Amalbergae (BHL 322), éd. Jean-Baptiste Du Sollier, AA SS Julii 3, Anvers 1723, 88–90. — Ce sermon est attribué à l'évêque Radbod d'Utrecht († 917) (Poncelet, Les biographies de sainte Amelberge, 401–403).

Vita Amalbergae (BHL 323), éd. Jean-Baptiste Du Sollier, AA SS Julii 3, Anvers 1723, 91–102. – Cette Vie a été rédigée dans le courant du XIe siècle (avant 1073) au monastère de Saint-Pierre-au-Mont-Blandin à Gand (Poncelet, Les biographies de sainte Amelberge, 403–408; Van der Essen, Étude critique et littéraire, 177–182; Huyghebaert, La translation de sainte Amelberge à Gand, 444, n. 3).

Inventio Amalbergae (BHL 324), éd. Jean-Baptiste DU SOLLIER, AA SS Julii 3, Anvers 1723, 103–104. – Par le même auteur que la Vie, semble-t-il (PONCELET, Les biographies de sainte Amelberge, 408-409; HUYGHEBAERT, La translation de sainte Amelberge à Gand, 455–457 qui accepte les informations données par ce texte).

5. Amand, abbé d'Elnone et évêque de Maastricht († après 674/675)

Vita Amandi prima (BHL 332), éd. Bruno KRUSCH, MGH SRM 5, Hanovre/Leipzig 1910, 428–449; trad. partielle MOREAU, Saint Amand évangélisateur, 62-63; trad. anglaise HILLGARTH, Christianity and Paganism, 139–148.

Vita Amandi altera (BHL 335), éd. Godefroid HENSKEN, AA SS Februarii 1, Anvers 1658, 854–855.

La première Vie d'Amand est un texte surprenant car extrêmement peu précis et mal documenté dont l'auteur est resté anonyme. Bruno Krusch (éd. cit., 405) rejetait à bon droit Baudemundus, rédacteur du testament d'Amand, pour proposer l'abbé Gislebert d'Elnone († 782). Mais on comprend mal pourquoi ce dernier ne se serait pas appuyé sur les documents produits un siècle plus tard par le moine Milon. Le Père de Moreau (La Vita Amandi prima, 454) retenait en définitive l'hypothèse d'un clerc septentrional écrivant au tournant des VIIe–VIIIe siècles.

La découverte récente d'un fragment de la fin du VIIIe siècle en écriture rhétique contenant des bribes d'une Vie d'Amand, manifestement plus ancienne que la *Vita prima* (éd. RIEDMANN, Unbekannte frühkarolingische Handschriftenfragmente, 281–282), a conduit à un nouvel examen du dossier hagiographique d'Amand (DECLERCQ/VERHULST, L'action et le souvenir de saint Amand en Europe centrale). De cette *Vita antiqua* dépendraient donc non seulement la *Vita prima* mais également la Vie BHL 335 (que nous appellerons par commodité *Vita altera*) contenue dans le sanctoral de Bernard Gui († 1331) et, pour cette raison, considérée comme tardive et sans valeur, même si l'intérêt de certains détails avait pu être relevé (VAN DER ESSEN, Étude critique et littéraire, 346).

La *Vita prima* et la *Vita altera* s'accordent à donner des informations étonnamment précises sur l'Aquitaine et la cité de Bourges: l'auteur de leur source commune, la *Vita antiqua*, serait ainsi à localiser au sud de la Loire et aurait écrit au tout début du VIIIe siècle. Ces hypothèses permettent d'expliquer les imprécisions flagrantes concernant les régions septentrionales de l'apostolat d'Amand dans la *Vita prima*.

Milon de Saint-Amand, Vita Amandi (BHL 339–343b), éd. Bruno KRUSCH, MGH SRM 5, Hanovre/Leipzig 1910, 450–485. – La *Vita Amandi secunda* (ainsi nommée par son dernier éditeur) est une compilation du moine Milon de Saint-Amand († 872) contenant des textes rédigés par Milon lui-même afin de compléter la très vague Vie du saint: Suppletio (BHL 339), éd. citée, 450–452 (concernant les fondations d'Amand); Argumentum quo tempore Amandus vel natus vel defunctus sit (BHL 341), éd. citée, 457–459. On y trouve également des pièces liturgiques: Qualiter corpus beati Amand fuerit translatum (BHL 342), éd. citée, 470–476 (récit de la première translation du corps à Elnone en 677); Sermo legendus in transitu Amandi (BHL 341b), éd. citée, 459–470; Sermo de elevatione corporis (BHL 343a), éd. citée, 476–481 (précieux récit de l'élévation du corps en 809 à cause de l'inondation du monastère d'Elnone); De igne caelesti (BHL 343b), éd. citée 481–483 (miracle des cierges rallumés par trois fois en 855).

Le recueil se clôt sur la copie de trois documents conservés dans le monastère à l'époque de Milon: une lettre du pape Martin Ier à Amand (éd. citée, 452–456), le «testament» du saint (éd. citée, 483-485; trad. MOREAU, Saint Amand évangélisateur, 62-63; trad. anglaise HILLGARTH, Christianity and Paganism, 149) et enfin le Titulus de obitu beati Amandi (BHL 340), éd. citée, 457.

Excellente présentation de l'ensemble dans Henri PLATELLE, Milon, Nouvelle biographie nationale [de Belgique] 2 (1990), 277–279.

Milon de Saint-Amand, Vita Amandi metrica (BHL 333), éd. Ludwig TRAUBE, MGH, Poetae 3, Berlin 1896, 567–609.

6. Amé, évêque de Sion et abbé de Breuil-sur-Lys († 690?)

Hucbald de Saint-Amand, Vita Amati (BHL 363–364), éd. Cat. Brux. 2, 44-55. – Une recherche récente de François Dolbeau a attribué à Hucbald de Saint-Amand la paternité de la *Vita Amati*, rédigée après la *Vita Rictrudis* (907) mais avant la *Vita Lebuini* (peu après 918) dont Hucbald est également l'auteur. Notons aussi, même si cela ne concerne pas notre recherche, que la *Vita secunda* désigne une version légèrement modifiée de la *Vita prima* qui circula dans le *Legendarium Flandrense* (DOLBEAU, Le dossier hagiographique de s. Amé, 96–97 et 100–101).

Vita Amati tertia (BHL 365), éd. Cat. Brux. 2, 46–52 et 55–59. – La *Vita tertia* intègre le récit d'un miracle opéré à Cambrai tel qu'un continuateur l'a introduit dans les *Gesta episcoporum Cameracensium* au milieu du XIe siècle; le seul témoin connu est daté du tournant des XIIe-XIIIe siècles (DOLBEAU, Le dossier hagiographique de s. Amé, 103).

7. Ansbert, évêque métropolitain de Rouen († 693/699)

Aigrade, Vita Ansberti (BHL 520), éd. Wilhelm LEVISON, MGH SRM 5, Hanovre/Leipzig 1910, 618–641. — Le texte a été rédigé au monastère de Fontenelle/Saint-Wandrille dans la deuxième moitié du VIIIe siècle ou au tout début du IXe siècle; la dédicace d'un certain Aigrade à l'abbé Childebert († vers 701) montre cependant que la Vie actuellement conservée est le remaniement d'un texte plus ancien (HOWE, The hagiography of Saint-Wandrille, 132–140).

8. Austreberte, abbesse de Pavilly († 704?)

Le dossier hagiographique de sainte Austreberte est partiellement édité et reste de ce fait mal connu. Voici néanmoins les conclusions auxquelles a abouti John Howe dans un état de la question publié récemment (The hagiography of Jumièges, 108–116). La première biographie de la sainte (BHL 831), rédigée au VIIIe siècle (mais dont le style a, par la suite, été revu) est toujours inédite à l'exception du prologue (éd. Cat. Par. 3, 137–139). Des miracles auraient été ajoutés à la fin de la Vie par le même auteur (BHL 834–835: éd. Jean MABILLON, AA SS OSB 3–1, Paris 1672, 39–42).

Par la suite, la Vie aurait circulé sous une forme brève (BHL 833: éd. Jean MABILLON, ibid., 37–39) dont les plus anciens témoins manuscrits sont datés du tournant des Xe–XIe siècles.

La Vie BHL 832 (éd. Jean Mabillon, ibid., 28–37; trad. anglaise McNamara et al., Sainted Women of Dark Ages, 304–318), présentée habituellement par les historiens comme la plus ancienne biographie d'Austreberte, ne représenterait en fait qu'un remaniement tardif mais fidèle de la première Vie, composé à l'occasion de la fondation de Sainte-Austreberte de Montreuil au XIe siècle (les développements du culte de la sainte sont étudiés dans Corrêa, St Austraberta).

9. Aubert, évêque de Cambrai († entre 667 et 674)

Vita Autberti (BHL 861), éd. Joseph Ghesquière, AA SS Belgii selecta 3, Bruxelles 1785, 538–565. – Au texte reproduit par l'abbé Migne dans la Patrologie latine (à partir d'un résumé donné par Laurent Surius au XVIe siècle), il faut impérativement préférer l'édition du Père Ghesquière, établie d'après un manuscrit de Saint-Aubert de Cambrai et un volume du grand légendier de l'abbaye de Vaucelles (du XIIIe siècle), passé dans la bibliothèque des Bollandistes (aujourd'hui Bruxelles, Bibl. royale, ms 7461, 255–271: Cat. Brux. 2, 17). Une bonne partie du livre IV a été éditée par Ernst Sackur dans Neues Archiv 15 (1890), 470–472 à partir d'un légendier d'Anchin du XIIIe siècle (Douai, Bibl. mun., ms 864, fol. 113–128; Cat. Duac., 416).

Les *Gesta* des évêques de Cambrai évoquent le livre *quem Fulbertus doctor karissimus de vita sancti Autberti iubente domno episcopo Gerardo inscripserit* (l. I, c. 78, éd. Bethmann, 430) et l'on admet généralement l'identification de ce Fulbert avec le célèbre évêque de Chartres († 1028) (voir en dernier lieu Helvétius, Abbayes, évêques et laïques, 332–334). Mais les arguments qui soutiennent cette démonstration sont assez fragiles. Max Manitius (Geschichte der lateinischen Literatur des Mittelalters 2, Munich 1923, 341) et le Père de Gaiffier (qui avait étudié ce dossier dans sa thèse d'École des chartes de 1926: voir ses Études critiques, 417, 458 et 480 et aussi Propylaeum ad AA SS Decembris, Bruxelles, 1940, 581) ne s'y sont pas ralliés.

En attendant la publication d'une recherche plus fouillée (Mériaux, L'auteur de la Vita Autberti), on admettra que ce texte a été rédigé par un chanoine de la cathédrale de Cambrai entre 1015 (la consécration de la collégiale, le 1er octobre, est évoquée dans la Vie) et 1024/1025 (date de rédaction des *Gesta* qui se réfèrent au texte). Quoiqu'il en soit, la Vie d'Aubert reste une intéressante «récapitulation des traditions» qui circulaient à propos des saints mérovingiens à l'aube du XIe siècle (Platelle, Elle était belle et bonne, 147) (Bonne introduction de François Baix, Aubert, Dictionnaire d'histoire et de géographie ecclésiastique 5 (1931), 222–225; bibliographie exhaustive dans Narrative Sources).

10. Bavon, reclus à Gand († vers 650)

Vita Bavonis (BHL 1049), éd. Bruno Krusch, MGH SRM 4, Hanovre/Leipzig 1902, 534–546; trad. partielle Helvétius, Écrire la vie des saints mérovingiens, 49–51. – Rédigée au début du IXe siècle, très vraisemblablement pour accompagner l'application à Saint-Bavon (dont Éginhard était abbé) des réformes monastiques du début du règne de Louis le Pieux (van der Essen, Étude critique et littéraire, 349–354).

Miracula Bavonis (BHL 1054), éd. partielle Oswald Holder-Egger, MGH SS 15–2, Hanovre 1888, 590–597. – Ce recueil a été rédigé avant 1010. Le premier livre rappelle le refuge des moines de Saint-Bavon à Laon, leur retour dans la chapelle castrale de

Gand, la réforme de leur communauté et enfin la translation, le 30 septembre 946, des reliques du saint (dont l'authenticité fut alors fâcheusement mise en doute par les moines du Mont-Blandin). Les deux livres suivants présentent une nouvelle série de miracles (COENS, Translations et miracles de saint Bavon, 41–43).

Translationes et miracula Bavonis (BHL 1055–1059), éd. Maurice COENS, Translations et miracles de saint Bavon au XIe siècle, Analecta Bollandiana 86 (1968), 52–65. – Il y est question des ostensions des reliques de Bavon le 1er août 1010 et le 10 mai 1058 et de plusieurs miracles qui eurent alors lieu.

11. Berthe, abbesse de Blangy († vers 725?)

Vita Bertae (BHL 1266), éd. Jean-Baptiste DU SOLLIER, AA SS Julii 2, Anvers 1721, 49–54.

Liber de miraculis et translatione Bertae (BHL 1267–1270), éd. Jean-Baptiste DU SOLLIER, ibid., 54–60; éd. partielle Ludwig VON HEINEMANN (d'après l'éd. précédente), MGH SS 15-1, Hanovre 1887, 564–566.

En l'absence d'études plus approfondies, il est difficile de savoir ce que l'historien peut retenir du dossier hagiographique de sainte Berthe. Il semble que la Vie et les Miracles (le premier livre rapporte la translation des reliques à Erstein, en Alsace, à la fin du IXe siècle) aient le même auteur. Dans le prologue, celui-ci annonce en effet écrire la *genealogia, vel vita, seu etiam miracula, translatio quoque corporis sanctae ac beatissimae beatae abbatissae, sanctarumque filiarum ejus*. Le premier livre des Miracles était en tout cas connu de l'auteur des Miracles de saint Vulfran de Fontenelle qui écrivit en 1053/1054 (VAN HOUTS, Historiography and hagiography at Saint-Wandrille, 237). En revanche, on ne peut soutenir – avec VAN DER ESSEN, Étude critique et littéraire, 420–421 – que Folcuin de Saint-Bertin ait eu sous les yeux la *Vita Bertae* en 961–962. Le passage des *Gesta abbatum Sithiensium* qui évoque Blangy correspond à une interpolation postérieure (éd. GUÉRARD, 33–34).

La composition de la Vie et des premiers Miracles doit, en définitive, être rapprochée de la restauration de la communauté de Blangy au début du XIe siècle et de son rattachement à l'abbaye de Fécamp par Roger, comte de Saint-Pol (charte de fondation dans PL 147, 475–476). C'est de Fécamp que provient en effet le plus ancien témoin manuscrit de la Vie de la sainte (auj. Rouen, Bibl. mun., ms U 3 du XIe siècle: Analecta Bollandiana 23 (1904), 156–160).

12. Bertille, abbesse de Marœuil (VIIe siècle?)

Vita Bertilliae (BHL 1288), éd. Jean BOLLAND, AA SS Januarii 1, Paris ³1866, 156–158. – Cette Vie fut composée à l'occasion de l'élévation des reliques de la sainte en 1081, peut-être, comme le propose le chanoine Platelle, par Gautier, abbé du Saint-Sépulcre de Cambrai († 1090), également auteur d'une Vie de saint Vindicien (VAN DER ESSEN, Étude critique et littéraire, 311–313; Henri PLATELLE, Gautier, abbé de St.-Sépulcre de Cambrai, Dictionnaire d'histoire et de géographie ecclésiastique 20 (1984), 110–111).

13. Bertin, abbé de Sithiu († 698)

La première Vie de Bertin constitue la deuxième partie de la *Vita Audomari, Bertini et Winnoci*: on se reportera donc, pour ce texte, à la notice consacrée à saint Omer.

Miraculum Bertini (BHL 1289b), éd. Wilhelm LEVISON, MGH SRM 5, Hanovre/Leipzig 1910, 778–780. – Ajouté à la Vie de Bertin quand le texte a commencé à circuler seul (mais avant la mise par écrit de la *Vita secunda*), ce récit assez étonnant présente les déboirs d'un voleur enfermé dans le monastère et incapable de s'en échapper.

Vita Bertini secunda (BHL 1290), éd. Jean STILTING AA SS Septembris 2, Anvers 1748, 590–595. – Ce texte a été rédigé par l'auteur de la *Vita Audomari secunda*, sans doute au tournant des IXe–Xe siècles. Le Père Stilting et Léon van der Essen (Étude critique et littéraire, 406–407), contre l'avis d'Oswald Holder-Egger et de Wilhelm Levison, attribuent aussi à cet auteur le *Libellus miraculorum Bertini* parce que le prologue de la *Vita Bertini secunda* précède le *Libellus* dans Saint-Omer, Bibl. mun., ms 764 (Cat. Aud., 288–289) et que les deux œuvres se suivent dans Boulogne-sur-Mer, Bibl. mun., ms 107 (VAN DER STRAETEN, Les manuscrits d'Arras et de Boulogne, 137–138).

Libellus miraculorum Bertini (BHL 1291), éd. Oswald HOLDER-EGGER, MGH SS 15–1, Hanovre 1887, 509–516; trad. partielle Henri PLATELLE in: Histoire des Pays-Bas français. Documents, 71–74. – Le récit des deux attaques normandes qui visèrent Sithiu en 861 et en 891 ainsi que la relation de quelques autres miracles ont été consignés par un moine de Saint-Bertin, témoin des événements, avant l'assassinat de Foulques (900), ancien abbé de Sithiu devenu archevêque de Reims (883) après la mort d'Hincmar. L'identification de cet auteur avec celui de la *Vita Bertini secunda* a été discutée plus haut.

Folcard de Saint-Bertin, Vita Bertini (BHL 1293), éd. Jean STILTING, AA SS Septembris 2, Anvers 1748, 604–613. – L'œuvre est dédiée à l'abbé Bovon (1042 † 1065).

Erembold de Saint-Bertin, Libellus de miraculo Bertini (BHL 1295), éd. partielle Oswald HOLDER-EGGER, MGH SS 15–1, Hanovre 1887, 522–524. – Le texte a été rédigé au milieu du XIe siècle.

Bovon de Saint-Bertin, Relatio de inventione et elevatione Bertini (BHL 1296), éd. Oswald HOLDER-EGGER, ibid., 524–534. – Le récit a été composé peu de temps après la cérémonie d'élévation des reliques de Bertin en 1052 (UGÉ, Relics as tools of power).

14. Bertulphe, ermite à Renty († début du VIIIe siècle?)

Vita Bertulfi (BHL 1316), éd. Jean MABILLON, AA SS OSB 3–1, Paris 1672, 45–64; éd. partielle Oswald HOLDER-EGGER, MGH SS 15–2, Hanovre 1888, 633–641. – Telle qu'elle nous est parvenue, la Vie de Bertulphe est un texte tardif, composé à Saint-Pierre-au-Mont-Blandin (Gand) sous l'abbatiat de Folcard (entre 1073 et 1088). Il s'agit d'une œuvre composite, récemment étudiée par Dom Huyghebaert. Elle comprend le remaniement d'une *vita veteri olim stilo descripta* (c. 2–23); l'histoire de la translation mouvementée des reliques du saint au Mont-Blandin au Xe siècle, tirée elle aussi d'un *libellus* perdu (c. 24–33 et 37–39); le récit de l'élévation des reliques à Gand en 1073 (c. 40–46); et enfin un récit inséré par l'auteur (c. 34–36) pour justifier la possession de reliques dont on pouvait penser qu'elles avaient été offertes en 975 à

Adalbéron de Reims (VAN DER ESSEN, Étude critique et littéraire, 422–423; HUYGHEBAERT, La consécration de l'église abbatiale de Saint-Pierre de Gand, 135–141; ID., Le 'Sermo de Adventu SS. Gudwali et Bertulfi').

Dom Huyghebaert a aussi proposé d'identifier l'auteur avec le réformateur Wéry de Saint-Pierre dont l'ardente prédication itinérante fut à l'origine de la fondation de l'abbaye d'Afflighem en 1083. En se fondant sur des arguments stylistiques ainsi que sur la répétition de thèmes grégoriens chers au monachisme réformateur, l'historien a aussi suggérer d'attribuer au même auteur la paternité de la seconde Vie de saint Winnoc (HUYGHEBAERT, La 'Vita secunda s. Winnoci').

Précisons enfin qu'il existe un court texte concernant Bertulphe (problématique car il ne dit rien de Renty), inséré dans un *codex* du Xe siècle ayant appartenu à Saint-Bertin et aujourd'hui conservé à La Haye (Bibl. royale, 70 H 50: Analecta Bollandiana 6 (1887), 204–206).

15. Calixte Ier, pape († 222/223), honoré à Cysoing

Translatio Calixti Cisonium (BHL 1525), éd. Oswald HOLDER-EGGER, MGH SS 15–1, Hanovre 1887, 418–422; trad. partielle Henri PLATELLE in: Histoire des Pays-Bas français. Documents, 58 et 68. – Il s'agit d'un récit détaillé de la translation des reliques du pape Calixte Ier de Brescia vers Cysoing en 854. Plusieurs indices d'ordre stylistique plaident en faveur d'une rédaction du texte par Hucbald de Saint-Amand († 930), dont on peut penser qu'il était un parent du comte d'Ostrevant Hucbald, époux d'Heilwich, première fille des fondateurs de Cysoing, Évrard de Frioul et son épouse Gisèle.

L'œuvre semble bien avoir été écrite avant la seconde translation des reliques de Calixte (à Reims), qui intervint peu après la mort de l'abbé Raoul († 892) dont Hucbald lui-même avait été le maître à Saint-Bertin en 890 (Diplomata belgica, éd. GYSSELING/KOCH, n° 48, 82) (CHARTIER, Clavis operum Hucbaldi Elnonensis, n° 26, 220; ID., Hucbald de Saint-Amand, Dictionnaire d'histoire et de géographie ecclésiastique (25), 1995, 40–44; COENS, Un légendier de Cysoing; PLATELLE, Hucbald de Saint-Amand, Nouvelle biographie nationale [de Belgique] 2 (1990), 225–228).

16. Dodon, abbé de Wallers († milieu du VIIe siècle)

Vita Dodonis (BHL 2207), éd. Remi DE BUCK, AA SS Octobris 12, Bruxelles 1867, 634–638; trad. Mémoires de la Société archéologique et historique de l'arrondissement d'Avesnes 19 (1955), 40–46. – La Vie a été rédigée à la fin du Xe siècle, vraisemblablement à Wallers (DIERKENS, La production hagiographique à Lobbes, 256).

17. Éleuthère, évêque de Tournai (début du VIe siècle?)

Il n'est guère aisé de proposer une reconstitution assurée du dossier hagiographique d'Éleuthère, que la tradition considère comme évêque de Tournai au début du VIe siècle. La plupart des manuscrits de la bibliothèque de la ville ont en effet été détruits en mai 1940. Le chercheur reste donc dépendant de l'édition donnée par Godefroid Hensken en 1658, qui ne correspond toutefois «à aucun état de la tradition manuscrite» (Jacques PYCKE, Henri, chanoine de Tournai, Dictionnaire d'histoire et de géographie ecclésiastique 23 (1990), 1238–1239).

Vita Eleutherii prima (BHL 2455), éd. Godefroid HENSKEN, AA SS Februarii 3, Paris/Rome [3]1865, 190–192.

Vita Eleutherii secunda (BHL 2459–2463), éd. Godefroid HENSKEN, ibid., 192–198.

Jusqu'au début du XXe siècle, on distinguait deux Vies: la première aurait été rédigée bien avant le début du Xe siècle. Elle aurait ensuite été légèrement remaniée et complétée dans une deuxième Vie, rédigée pour la cérémonie d'élévation des reliques d'Éleuthère par l'évêque Heidilon († après 902) (Albert D'HAENENS, Éleuthère, Dictionnaire d'histoire et de géographie ecclésiastique 15 (1963), 150–153). Une critique radicale est cependant venue dater la rédaction de l'ensemble du milieu du XIIe siècle, à l'occasion des révélations faites au chanoine Henri en 1141 rapportées par les Historiae Tornacenses. Cette Vie unique, ainsi que plusieurs textes assez proches consacrés aux origines de la cité de Tournai, auraient été composés dans le souci de hâter l'indépendance à l'égard du siège épiscopal de Noyon dont dépendait encore Tournai (WARICHEZ, Les origines de l'Église de Tournai, 10–16; VAN DER ESSEN, Étude critique et littéraire, 394–397).

De son côté, Paul Rolland a proposé d'identifier l'auteur de la (seconde) Vie avec le fameux Hériman, sans rejeter l'existence d'une Vie primitive de la fin du IXe siècle (ROLLAND, Les Monumenta Historiae Tornacensis, 292–296). Nous préférons ne pas conserver la distinction (signalée seulement pour mémoire) entre une première et une seconde Vie et l'ensemble sera cité sous le seul titre de *Vita Eleutherii*.

18. Éloi, évêque de Noyon-Tournai († 660)

Éloi a fait l'objet de notices d'excellente qualité dans: Dictionnaire de théologie catholique 4 (1911), 2340–2349 [Elphège VACANDARD]; Vies des saints 12 (1956), 31–48 [Jacques DUBOIS]; Dictionnaire d'histoire et de géographie ecclésiastique 15 (1963), 260–263 [Émile BROUETTE]; Lexikon des Mittelalters 3 (1986), 1829–1830 [Joseph-Claude POULIN].

Vita Eligii (BHL 2474), éd. partielle Bruno KRUSCH, MGH SRM 4, Hanovre/Leipzig 1902, 663–741; trad. française (d'après l'éd. de Bruno Krusch complétée, pour les chapitres manquants, par PL 87, 479–594) Isabelle HOUSTE, Vie de saint Eloi 1, Noyon 2002, 37–143; trad. anglaise partielle (d'après l'éd. de Bruno Krusch) Jo Ann MCNAMARA dans Medieval Hagiography (version électronique: http://www.fordham.edu/halsall/basis/eligius.html). – Dans une lettre adressée à l'évêque Chrodobert (de Tours ou de Paris?), le métropolitain de Rouen, Ouen († 684), demande à son correspondant de corriger la Vie qu'il a consacrée à son contemporain Éloi, évêque de Noyon-Tournai. Le texte original n'est pas conservé, mais l'on possède un remaniement augmenté de nombreux miracles. On peut naturellement discuter pour savoir si le texte original a simplement été interpolé (Elphège Vacandard) ou entièrement refondu (Bruno Krusch). L'auteur du remaniement est sans aucun doute un clerc de Saint-Éloi de Noyon (où se trouvait le tombeau du saint) qui travaillait au début du VIIIe siècle (voir l'introduction de Bruno Krusch, 634–663; VAN DER ESSEN, Étude critique et littéraire, 324–336; ID., Vies de saint Médard et de saint Éloi, 379–390; WESTEEL, Quelques remarques sur la Vita Eligii).

19. Ermin, abbé de Lobbes († 737)

Anson de Lobbes, Vita Erminonis prima (BHL 2614), éd. Wilhelm LEVISON, MGH SRM 6, Hanovre/Leipzig 1913, 461–470. – La Vie a été rédigée du vivant de Pépin III († 768) par Anson, futur abbé de Lobbes, qui était également l'auteur de la Vie du prédécesseur d'Ermin, saint Ursmer (DIERKENS, La production hagiographique à Lobbes, 246–247).

20. Erkembode, abbé de Sithiu et évêque de Thérouanne († avant 743)

Jean de Saint-Bertin, Vita Erkembodonis (BHL 2599), éd. Daniel PAPEBROCH, AA SS Aprilis 2, Paris/Rome ^{3}1866, 93–95; éd. (d'après Saint-Omer, Bibl. mun., ms 698, fol. 52r–55r) et trad. Roger BERGER dans: La cathédrale de Saint-Omer, dir. DELANNE-LOGIÉ/HILAIRE, 75–83. – Cette Vie fut rédigée, non pas par l'abbé Jean le Long († 1383) comme le pensait Léon van der Essen, mais par un autre abbé de Saint-Bertin également nommé Jean (le troisième du nom), élu en 1187 (VAN DER ESSEN, Jean d'Ypres; COENS, L'auteur de la Vita Erkembodonis).

21. Etton, ermite à Fuchau (VIIe siècle?)

Vita Ettonis (BHL 2653), éd. Jean PIEN, AA SS Julii 3, Anvers 1723, 59–62. – Le culte d'Etton est attesté dès le tournant des IXe–Xe siècles. La Vie qui fut rédigée en son honneur n'est guère originale (les c. 9–11 sont tirés du c. 6 de la première Vie de Landelin de Crespin). Elle développe des thèmes hagiographiques tardifs (dont le voyage de Vincent-Madelgaire en Irlande), ce qui interdit d'en repousser la rédaction en-deçà du XIe siècle. Le texte a été copié dans la première moitié du XIe siècle (?) dans Cambrai, Médiathèque, ms 865, puis, dans le dernier quart du même siècle, dans le légendier du Saint-Sépulcre de Cambrai (Cambrai, Médiathèque, ms 864) (MOLINIER, Cambrai, 348–351; MUZEREL et al., Cambrai, 102–103; HELVÉTIUS, Abbayes, évêques et laïques, 122–123 et 167; HEUCLIN, Le pèlerinage à saint Etton; VAN DER ESSEN, Étude critique et littéraire, 282–284).

22. Eusébie, abbesse de Hamage († vers 680?)

Vita Eusebiae (BHL 2736), éd. Godefroid HENSKEN, AA SS Martii 2, Paris/Rome ^{3}1852, 447–450. – Le plus ancien témoin manuscrit de la Vie d'Eusébie conservé à ce jour est un petit légendier de Marchiennes copié au début du XIe siècle (Douai, Bibl. mun., ms 849, aux fol. 31v–42r). La Vie d'Eusébie s'est en partie inspirée de la Vie de Rictrude par Hucbald de Saint-Amand, mais apporte également quelques éléments concernant Hamage jusque-là inédits.

Les Miracles de la sainte composés au XIIe siècle rapportent qu'un même auteur aurait rédigé une Vie en prose et une Vie métrique en l'honneur d'Eusébie. Léon van der Essen propose de l'identifier avec Jean d'Elnone qui composa la Vie métrique de sainte Rictrude (éd. Gabriela SILAGI, MGH Poetae 5–3, Hanovre 1979, 566–597) à la demande de l'évêque Erluin de Cambrai (995 † 1012). On rappellera à ce propos que tous ces textes accompagnent la *Vita Eusebiae* dans Douai, Bibl. mun, ms 849 (Cat. Duac, 405 et 462–463; VAN DER ESSEN, Étude critique et littéraire, 265–268).

23. Folcuin, évêque de Thérouanne († 855)

Folcuin, Vita Folquini episcopi Morinensis (BHL 3079), éd. Oswald HOLDER-EGGER, MGH SS 15–1, Hanovre 1887, 424–430. – La Vie a été composée par l'arrière-petit-neveu de l'évêque, nommé lui aussi Folcuin, après sa nomination comme abbé de Lobbes en 968; l'auteur avait été auparavant moine à Saint-Bertin (et auteur des fameux *Gesta abbatum Sithiensium*).

Il subsiste deux témoins du texte copiés à Saint-Bertin sous l'abbatiat d'Odbert (987 † 1023): on en trouve quelques fragments dans Saint-Omer, Bibl. mun., ms 342bis, fol. 104r–104v (Cat. Aud., 247–248); le texte se lit intégralement dans Boulogne-sur-Mer, Bibl. mun., ms 107, fol. 78–97v (VAN DER STRAETEN, Les manuscrits d'Arras et de Boulogne, 137–138) (HOLDER-EGGER, Zu Folcwin; voir aussi les deux notices consacrées à l'évêque et à son arrière-petit-neveu par Émile BROUETTE dans: Dictionnaire d'histoire et de géographie ecclésiastique 17 (1971), 744–749 et 750–751).

24. Framehilde, mère d'Austreberte (VIIe siècle?)

Vita beatae Framehildis (BHL 3091d), éd. Robert LECHAT, Analecta Bollandiana 38 (1920), 161–166. – Copiée au XIIIe siècle dans un légendier aujourd'hui conservé à la British Library (anciennement British Museum, Nero E 1, 2e partie) (Roger AUBERT, Framehilde, Dictionnaire d'histoire et de géographie ecclésiastique 17 (1971), 1382–1383).

25. Géry, évêque de Cambrai († 623/629)

Vita Gaugerici prima (BHL 3286), éd. Bruno KRUSCH, MGH SRM 3, Hanovre 1896, 652–658; trad. Michel ROUCHE, Vie de saint Géry. – Cette première Vie a été rédigée de toute évidence par un membre du clergé cathédral de Cambrai dans le courant du VIIe siècle (KRUSCH, Das Leben des Bischofs Gaugerich; VAN DER ESSEN, Étude critique et littéraire, 207–208).

Vita Gaugerici secunda (BHL 3287), éd. Pierre VAN DEN BOSCH, AA SS Augusti 2, Anvers 1735, 672–675. – Il s'agit d'un sobre remaniement carolingien, copié entre le milieu du IXe siècle et le milieu du siècle suivant dans un manuscrit aujourd'hui conservé à la Bibliothèque Vaticane (Palat. lat., ms 582) (VAN DER ESSEN, Étude critique et littéraire, 208–209).

Vita Gaugerici tertia (BHL 3289), éd. Pierre VAN DEN BOSCH, AA SS Augusti 2, Anvers 1735, 675–690. – La troisième Vie de Géry, considérablement plus développée que les précédentes, a été rédigée à la demande de l'évêque Gérard Ier (1012 † 1051). Depuis le commentaire du Père van den Bosch (AA SS Augusti 2, 668–669), on admet que son auteur est le même que celui des *Gesta episcoporum Cameracensium* (VAN DER ESSEN, Étude critique et littéraire, 209–211; VAN MINGROOT, Kritisch onderzoek omtrent de datering van de Gesta episcoporum Cameracensium, 315–316).

En attendant des recherches plus complètes sur le dossier hagiographique de Géry, on se contentera de signaler qu'une étude comparée du récit de la fondation de Saint-Médard/Saint-Géry et de ses réécritures successives invite plutôt à penser que l'auteur des *Gesta* avait sous les yeux la seconde Vie (comme l'avait noté Ludwig Bethmann) et non la troisième (comme le prétend Léon van der Essen). L'expression *in montis vertice* lue dans les *Gesta* (éd. Bethmann, l. II, c. 4, 456) se présente en effet comme un emprunt direct de la seconde Vie que l'on ne retrouve pas dans la troisième. Par ailleurs, plusieurs précisions de la troisième Vie ne figurent pas encore dans les *Gesta*: il en va ainsi de l'établissement à Saint-Médard/Saint-Géry d'une communauté sous la direction de Landon, frère de Géry. Bien que l'auteur des *Gesta* s'excuse de ne pas développer certains détails, nous ne voyons pas pourquoi il aurait ignoré une information si importante concernant les origines de l'établissement.

26. Gérulphe, honoré à Tronchiennes (VIIIe siècle?)

Passio Gerulfi (BHL 3507), éd. Constantin Suysken, AA SS Septembris 6, Anvers 1757, 259–267. – Cette Passion est contenue dans un *Liber Sancti Bertini* du Xe siècle conservé à La Haye (Bibl. royale, 70 H 50, fol. 85r–92v; Analecta Bollandiana 6 (1887), 204–206). Le texte est dédié au *nobilissimus abbas ac venerandus pater Gerardus* dont on peut penser qu'il s'agit du grand réformateur Gérard de Brogne. Les circonstances précises de la rédaction du texte restent obscures même s'il ne fait guère de doute qu'il fut écrit pour légitimer la translation des reliques du saint à Tronchiennes dans le premier tiers du Xe siècle (van der Essen, Étude critique et littéraire, 385–388; Huyghebaert, Gérulfe, Dictionnaire d'histoire et de géographie ecclésiastique 20 (1984), 1071–1072; id., Un texte prémontré méconnu). En 1030, Les reliques de saints Gérulphe furent particulièrement mises à l'honneur et placées en tête de la procession de la Paix d'Audenarde (Annales Elmarenses, a° 1030, éd. Grierson, 89–90).

27. Ghislain, ermite en Hainaut (VIIe siècle?)

Vita Gisleni prima (BHL 3552), éd. Jacques de Bue, AA SS Octobris 4, Bruxelles 1780, 1030–1034. – La Vie primitive correspond aux c. 1–16: ils ont été rédigés par un moine de Saint-Ghislain dans le deuxième quart du Xe siècle. D'après le schéma convaincant établi par Anne-Marie Helvétius (Abbayes, évêques et laïques, 229–231 et 325–326), il s'agissait d'établir l'ancienneté des possessions de l'abbaye, fondée au début des années 930. Il est évident que l'hagiographe ignore absolument tout du personnage dont il est censé rapporter l'existence et s'en tient à de savants lieux communs. Un dernier chapitre (c. 17 nommé *additamentum* par Daniel Van Overstraeten) a été ajouté par la suite pour expliquer la localisation de la sépulture (hors de l'église) lors de l'invention du corps, alors que la Vie avait précisé que le saint avait été inhumé dans l'église.

Inventio et miracula Gisleni (BHL 3554), éd. Jacques de Bue, AA SS Octobris 4, Bruxelles 1780, 1035–1037; éd. partielle Oswald Holder-Egger, MGH SS 15–2, Hanovre 1888, 576–579. – Selon Anne-Marie Helvétius (Abbayes, évêques et laïques, 215–216), ce récit de l'invention des reliques aurait été rédigé vers 950, par un témoin oculaire de la cérémonie (en 928/931).

28. Gommaire, honoré à Lierre

Vita Gummari (BHL 3694), éd. Jacques de Bue, AA SS Octobris 5, Paris/Rome ³1869, 682–688. – La Vie de saint Gommaire semble avoir été rédigée dans la première moitié du XIe siècle; elle fut réécrite en vers par un certain Theobald. La tradition manuscrite du texte est très tardive (il n'existe aucun témoin antérieur au XVe siècle), néanmoins le culte de Gommaire à Lierre est bien attesté par les *Gesta episcoporum Cameracensium* en 1024/1025 (éd. Bethmann, l. II, c. 48, 465), ce qui rend tout à fait vraisemblable une rédaction à cette époque et dans cet établissement, mais à partir de traditions dont la valeur est très difficile à apprécier (Jacques Pycke, Gommaire, Dictionnaire d'histoire et de géographie ecclésiastique 21 (1986), 562–564).

29. Gudwal, honoré à Saint-Pierre-au-Mont-Blandin (Gand)

Vita Gudwali (BHL 3687), éd. Godefroid Hensken, AA SS Junii 1, Anvers 1695, 729–742. – Le culte de saint Gudwal est bien attesté dans la première moitié du Xe siècle (Anglo-Saxon Litanies, éd. Lapidge, 261 et 292). On connaît également le récit rocambolesque de la translation de ses reliques, depuis Montreuil, à Saint-Pierre de Gand, par les soins du comte Arnoul Ier de Flandre. La Vie de Bertulphe de Renty est précieuse à cet égard. C'est donc au Mont-Blandin que fut rédigée la Vie de Gudwal au milieu du XIIe siècle (Jean Évenou, Gudwal, Dictionnaire d'histoire et de géographie ecclésiastique 22 (1988), 645–646; Huyghebaert, Le 'Sermo de Adventu SS. Gudwali et Bertulfi').

30. Hiltrude, honorée à Liessies

Vita Hiltrudis (BHL 3953), éd. Jean Périer, AA SS Septembris 7, Anvers 1760, 492–501. – Rédigée par un moine de Waulsort, peut-être dans la seconde moitié du XIe siècle, ou plus probablement dans la première moitié du XIIe siècle (Helvétius, Abbayes, évêques et laïques, 192–196).

31. Hugues, évêque de Rouen († 730?)

Vita Hugonis (BHL 4032a), éd. Joseph van der Straeten, Vie inédite de saint Hugues, évêque de Rouen, Analecta Bollandiana 87 (1969), 232–260. – Rédigée, selon Joseph van der Straeten (L'auteur des Vies de s. Hugues et de s. Aycadre), dans le dernier tiers du IXe siècle par un moine de Jumièges réfugié à Haspres et qui aurait ensuite composé la Vie de saint Achard. Une étude récente de Jacques Le Maho propose néanmoins avec d'excellents arguments une rédaction à Jumièges en 942–944 (Le Maho, La production éditoriale à Jumièges).

32. Humbert, abbé de Maroilles († après 674)

Vita Humberti prima, éd. Anne-Marie Helvétius, Réécriture hagiographique et réforme monastique: les premières Vitae de saint Humbert de Maroilles (X^e–XIe siècles). Avec l'édition de la Vita Humberti prima, in: La réécriture hagiographique dans l'Occident médiéval. Transformations formelles et idéologiques, dir. Monique Goullet et Martin Heinzelmann (Beihefte der Francia, 58), Ostfildern 2003, 195–230, 220–230.

Vita Humberti secunda (BHL 4036), éd. Godefroid Hensken, AA SS Martii 3, Anvers 1668, 561–567; éd. partielle Oswald Holder-Egger, MGH SS 15–2, Hanovre 1888, 797–799.

Récemment retrouvée par Anne-Marie Helvétius dans un cartulaire moderne de l'abbaye de Maroilles (Archives départementales du Nord, 11H43, fol. 59r–69r du XVIIIe siècle), la première Vie de saint Humbert de Maroilles aurait été rédigée par un chanoine de l'établissement au milieu du Xe siècle, peut-être en réaction à la tutelle exercée depuis peu par l'évêque de Cambrai sur la communauté. La *Vita secunda* a été composée vers 1030/1035 pour accompagner la restauration monastique de Maroilles (Duvosquel, La 'vita' de saint Humbert; Helvétius, Abbayes, évêques et laïques, 326–330 et 339–340; ead., Réécriture hagiographique et réforme monastique).

33. Jonat, abbé de Marchiennes (VIIe siècle)

La Vie de sainte Rictrude par Hucbald de Saint-Amand présente Jonat comme le premier abbé de Marchiennes et la tradition l'a ensuite identifié avec le moine Jonas de Bobbio, auteur de la Vie de saint Colomban. Rien ne permet aujourd'hui d'écarter absolument cette affirmation très hypothétique (Pagani, Iona-Ionatus; Daniel Misonne, Jonatus, Dictionnaire d'histoire et de géographie ecclésiastique 27 (2000), 1483–1484). Saint Jonat est le sujet d'une homélie et d'un récit d'invention de reliques qui se lisent dans un petit légendier de Marchiennes du XIe siècle exclusivement consacré aux saints de l'abbaye (Douai, Bibl. mun., ms 849; Cat. Duac., 405). Les deux textes ont parfois été attribués à Hucbald (Chartier, Clavis operum Hucbaldi Elnonensis, 211–212).

Vita Ionati (BHL 4447), éd. Cat. Brux. 2, 273–275 et Jean-Baptiste Du Sollier, AA SS Augusti 1, Anvers 1733, 73–74 (c. 16–18). – Anne-Marie Helvétius (Abbayes, évêques et laïques, 326–330, n. 97) refuse l'attribution de ce texte à Hucbald de Saint-Amand († 930?) en raison de la mention des *gesta* de saint Humbert qui ne furent pas rédigés avant le milieu du Xe siècle.

Inventio corporis Ionati (BHL 4448), éd. Jean-Baptiste Du Sollier, AA SS Augusti 1, Anvers 1733, 74–75. – Le récit de l'invention des reliques de saint Jonat à Marchiennes fait mention d'une abbesse Judith (c. 24, 74) que l'on rapprocherait volontiers de l'*abbatissa Judit* mentionnée dans un diplôme non daté du roi Lothaire (954 † 986) pour l'abbaye de Marchiennes (Recueil des actes de Lothaire, n° 39, 94; original conservé aux Archives départementales du Nord). Ceci rend également difficile l'attribution du texte à Hucbald.

34. Josse, ermite en Ponthieu (VIIe siècle)

On lira d'excellentes notices dans: Vies des saints 12 (1956), 417–422 [Jacques Dubois]; Dictionnaire d'histoire et de géographie ecclésiastique 28 (2001), 279–281 [Roger Aubert]; un état sommaire du dossier est dressé dans Poulin, Les réécritures dans l'hagiographie bretonne, 177–178.

Vita Judoci prima (BHL 4504), éd. et trad. Hubert Le Bourdellès, Vie de saint Josse avec commentaire historique et spirituel, Studi medievali 34 (1993), 916–934. – On a longtemps pensé qu'Alcuin, qui fut abbé de Saint-Josse, était l'auteur de la Vie de cet ermite breton. Son dernier éditeur, Hubert Le Bourdellès, a néanmoins attribué le texte à un Breton de la communauté de Landévennec, réfugiée à Montreuil en raison de la menace exercée par les Normands au tournant des IXe–Xe siècles.

En revanche, Loup de Ferrières († après 862), dont l'abbaye possédait la petite communauté de Saint-Josse, a bien composé une homélie en l'honneur du saint (LEVISON, Ein Predigt des Lupus von Ferrières).

Un peu après 1010, Isembard de Fleury-sur-Loire rédigea une seconde Vie du saint qui rapporte notamment l'invention de ses reliques en 977. Le texte en est toujours inédit. Plusieurs passages ont cependant été repris vers 1120 dans l'*Histoire ecclésiastique* d'Ordéric Vital (l. III, c. 2) (GAIFFIER, Isembard de Fleury-sur-Loire; à compléter par HOWE, The date of the 'Vita Judoci' by abbot Florentius, 25–26).

35. Kilien, ermite à Aubigny-en-Artois (VIIe siècle)

Vita Killiani (BHL 4663b), éd. Albert PONCELET, Analecta Bollandiana 20 (1901), 434–444. – Le texte, peut-être rédigé dans la seconde moitié du IXe siècle, est copié dans Douai, Bibl. mun., ms 857, fol. 105v–114r en provenance de Marchiennes (par une main du Xe siècle) (Vies des saints 11 (1954), 392–393 [Jacques DUBOIS]; DUBOIS, Un sanctuaire monastique au Moyen Âge: Saint-Fiacre-en-Brie, 7–11).

36. Landelin, abbé de Lobbes puis de Crespin († fin du VIIe siècle)

Vita Landelini (BHL 4696), éd. Wilhelm LEVISON, MGH SRM 6, Hanovre/Leipzig 1913, 438–444. – Selon Alain Dierkens (La production hagiographique à Lobbes, 248–249), cette Vie aurait été rédigée à Crespin après 920 (date à laquelle le monastère passe sous le contrôle de l'évêque de Cambrai) et 931 (date à laquelle sont attestés des chanoines dans l'établissement). Cette datation est désormais à nuancer en prenant en compte l'hypothèse d'Anne-Marie Helvétius concernant la falsification du diplôme de Charles le Simple pour Cambrai (920). Pour cette historienne, la Vie aurait donc été écrite aux environs de 900 (Abbayes, évêques et laïques, 260–263).

37. Léger, évêque d'Autun († 677/679)

Passio Leudegarii prima (BHL 4849b), éd. Bruno KRUSCH, MGH SRM 5, Hanovre/Leipzig 1910, 282–322; trad. anglaise FOURACRE/GERBERDING, Late Merovingian France, 215–253.

Ursin de Ligugé, Passio Leudegarii (BHL 4851), éd. Bruno KRUSCH, MGH SRM 5, Hanovre/Leipzig 1910, 323–356.

Passio Leudegarii tertia (BHL 4855), éd. partielle Bruno KRUSCH, MGH SRM 5, Hanovre/Leipzig 1910, 356–362.

On se contentera de résumer ici l'importante mise au point procurée par Joseph-Claude Poulin au sujet du dossier hagiographique de saint Léger (POULIN, Saint Léger). La première biographie de l'évêque († 677/679) fut rédigée avant 692 par un moine de Saint-Symphorien d'Autun, à la demande de l'évêque Hermenaire, ancien abbé du monastère et successeur de Léger sur le siège épiscopal d'Autun. Il ne subsiste qu'un fragment de cette œuvre mais son dernier éditeur, Bruno Krusch, l'a habilement reconstituée à partir de la troisième Passion, qui s'inspire strictement (à quelques très rares exceptions près) du peu que l'on connaisse de la première Passion et de la deuxième Passion d'Ursin qui, elle, nous est connue intégralement.

Pour Bruno Krusch, cette seconde Passion était l'œuvre d'un faussaire du VIIIe siècle. Mais il ne semble pas déraisonnable d'accepter les propos de ce biographe qui se présente sous le nom d'Ursin et peut donc être rapproché d'un moine de Ligugé attesté à la fin du VIIe siècle. Ce document a davantage recueilli les traditions poitevines de la vie de Léger, notamment au monastère de Saint-Maixent dont Léger fut abbé et où il fut finalement inhumé. Cette Passion développe le récit de la translation du corps du saint d'Artois en Poitou et insiste davantage sur les aspects proprement religieux de l'existence de Léger.

La troisième Passion est une compilation des deux textes précédents.

38. Liévin, honoré à Gand

Vita Livini (BHL 4960), éd. Jean Mabillon, AA SS OSB 2, Paris 1669, 450–461. – Des arguments d'ordre paléographique (Gand, Bibl. de l'Université, ms 308) indiquent que ce texte ne peut être postérieur à l'abbatiat de Folbert à Saint-Bavon (1039 † 1066). La Vie se présente comme une composition d'un certain Boniface (pour introduire une confusion avec le célèbre archevêque de Mayence), mais il s'agit en fait d'un démarquage de la Vie de saint Lebuin de Deventer comme l'ont montré Oswald Holder-Egger et le Père Coens (Holder-Egger, Zu den Heiligengeschichte des Genter St. Bavosklosters, 656–659; Coens, L'auteur de la Passio Livini, 288 et 297–305).

Translatio Livini et Brictii (BHL 4962), éd. Oswald Holder-Egger, MGH SS 15–2, Hanovre 1888, 612–614. – Rédigée par un moine de Saint-Bavon au tournant des XIe–XIIe siècles (Coens, L'auteur de la Passio Livini, 290–291).

39. Liphard, évêque anglo-saxon (VIIe siècle?)

Vita Lietphardi (BHL 4930), éd. Godefroid Hensken, AA SS Februarii 1, Anvers 1658, 495–497. – Cette Vie a assurément été composée après 1024/1025. Il est en effet question du remplacement des chanoines, attestés à cette date à Honnecourt-sur-Escaut (Gesta episcoporum Cameracensium, éd. Bethmann, l. II, c. 10, 458), par des moines bénédictins. Par ailleurs, les *Gesta* ne font pas la moindre mention du culte de Liphard, signalé seulement en 1064 lorsque ses reliques furent apportées de Honnecourt pour participer à la cérémonie de consécration de l'abbatiale du Saint-Sépulcre de Cambrai (Relatio de sanctis ecclesiae Cameracensis, éd. Hofmeister, MGH SS 30–2, Hanovre 1934, 868; mais la composition de cette liste demanderait à être étudiée de plus près).

La Vie de Liphard se lit dans le légendier du Saint-Sépulcre de Cambrai du XIe siècle (Cambrai, Médiathèque, ms 863–864, fol. 200r–203v; Muzerel et al., Cambrai, 102–103). L'édition des Bollandistes a été faite d'après une copie procurée par Nicolas de Beaufort († 1624), chanoine de Saint-Jean des Vignes de Soissons.

40. Lugle et Luglien, Irlandais honorés à Lillers (VIIIe siècle?)

Vita Luglii et Lugliani (BHL 5061), éd. Joseph Ghesquière, AA SS Octobris 10, Anvers 1861, 117–122. – Le fond de la biographie des saints Lugle et Luglien est bien peu crédible. Les deux frères, venus d'Irlande, se seraient rendus à Jérusalem, auraient regagné leur pays natal avant de prendre la route de Rome. À leur retour, ils seraient partis prêcher chez les Anglo-Saxons puis auraient traversé la Manche pour se retrouver à Boulogne. Léon van der Essen (Étude critique et littéraire, 418–420) a dénoncé les multiples lieux communs qui caractérisent ces pseudo-missionnaires irlandais et propose de dater le texte de la fin du IXe siècle (avant 956 puisque la translation de leurs reliques n'est pas évoquée).

Néanmoins, la mention du culte de saint Nicolas dans le texte semble signaler une composition beaucoup plus tardive (début du XIIe siècle au plus tôt). Il n'existe aucune attestation du culte de ces deux Irlandais antérieure au XVe siècle.

41. Madelberte, abbesse de Maubeuge († 705?)

Vita Madelbertae (BHL 5129), éd. et trad. Paul Bertrand, Analecta Bollandiana 115 (1997), 56–71. – Rédigée au début du Xe siècle à Maubeuge, peut-être par une moniale du monastère.

42. Maxellende, honorée à Caudry (VIIe siècle?)

Passio Maxellendis prima (BHL 5794), éd. Humbert Bevenot, AA SS Belgii selecta 3, Bruxelles 1785, 580–587. – La Passion se lit dans un légendier du Saint-Sépulcre composé dans le dernier quart du XIe siècle (Cambrai, Médiathèque, ms 863, fol. 282–287v; Muzerel et al., Cambrai, 102–103). Léon van der Essen datait le texte du IXe siècle, s'appuyant sur les leçons d'un office de la cathédrale de Cambrai (Étude critique et littéraire, 277–281). Mais celles-ci ont en fait été ajoutées au XIVe siècle dans un manuscrit des IXe–Xe siècles (Cambrai, Médiathèque, ms 204; Muzerel et al., Cambrai, 44), comme l'avait déjà noté le chanoine Quiévreux (Vie de sainte Maxellende, 67–69).

Le vocabulaire employé interdit de proposer une datation précoce – Humlinus est un *miles* alors qu'on attendrait un *vir illuster*; saint Remi est *archiepiscopus Remensis* –, de même que la conception d'un mariage résolument fondé sur le consentement conjugal (qui semble d'ailleurs être un des principaux messages pastoraux que véhicule le texte). La Vie est assurément carolingienne. Comme le texte était connu du rédacteur des *Gesta episcoporum Cameracensium* (éd. Bethmann, l. I, c. 24–25, 410) et qu'il ne fait pas encore mention de la translation opérée par l'évêque Rotard († 995), évoquée dans la deuxième Vie, on datera prudemment sa composition du Xe siècle, au sein d'un établissement qu'il reste encore à préciser (l'auteur s'adresse en effet à des *fratres* dans le prologue).

En revanche, les références historiques et topographiques semblent tout à fait acceptables, ce qui laisse penser qu'il a pu exister un texte plus ancien ou des inscriptions assez détaillées, sur lesquelles ce récit aurait pu s'appuyer (même s'il ne le dit pas). Les remarques de Léon van der Essen sur la sûreté des informations restent donc toujours valables comme l'ont rappelées les notices récentes du chanoine Platelle (Bibliotheca sanctorum 9 (1967), 237–238; Catholicisme 8 (1979), 991–992).

Curieusement le culte de Maxellende est attesté en Saxe, à Essen, un peu avant le milieu du Xe siècle (Bodarwé, Sanctimoniales litteratae, 114) alors qu'il faut attendre le début du XIe siècle pour trouver de telles mentions à Cambrai (par l'intermédiaire des *Gesta*) et dans les environs (litanies de Marchiennes: Coens, Recueil d'études bollandiennes, 276).

Passio Maxellendis secunda (BHL 5795), c. 1–27 (début): éd. Cat. Brux. 2, 19–27; c. 27 (fin): éd. Humbert BEVENOT, AA SS Belgii selecta 3, Bruxelles, 1785, 588–589, notes h, i et k. – Cette deuxième Vie est contenue dans le grand légendier de l'abbaye de Vaucelles du XIIIe siècle (Bruxelles, Bibl. royale, ms 7461, 68–76; Cat. Brux. 2, 13). Dans le prologue, son auteur avoue s'appuyer sur un texte plus ancien qui est à n'en pas douter la première Vie de Maxellende. Le texte fait état des translations successives jusqu'à la fondation du monastère Saint-André du Cateau (1025) dont la chronique de fondation fut rédigée en 1113. La Vie semble en tirer des informations. Léon van der Essen la datait donc du milieu du XIIe siècle (Étude critique et littéraire, 277–281). Il semble cependant que les deux textes se soient inspirés d'une source commune évoquant la cérémonie de dédicace du monastère (DUVOSQUEL, La 'vita' de saint Humbert, 47–48). De la sorte, on peut proposer une datation plus haute du texte, peut-être peu de temps après la fondation de Saint-André qui avait reçu les reliques de la sainte.

43. Médard, évêque de Noyon († avant 561)

Pseudo-Fortunat, Vita Medardi (BHL 5864), éd. Bruno KRUSCH, MGH Auctores antiquissimi 4–2, Berlin 1885, 67–73. – Cette Vie a été rédigée au début du VIIe siècle. La confusion de son auteur avec Venance Fortunat a longtemps été entretenue du fait de la rédaction par ce dernier d'un *Carmen de Medardo* (BHL 5863: éd. Friedrich LEO, MGH Auctores antiquissimi 4–1, Berlin 1881, 44-48) (VAN DER ESSEN, Vies de saint Médard et de saint Éloi, 373–379).

Vita Medardi (BHL 5865), éd. Daniel PAPEBROCH, AA SS Junii 2, Anvers 1698, 82–86. – Elle a été rédigée par un religieux de Saint-Médard de Soissons au IXe siècle.

Radbod, Vita Medardi (BHL 5866), éd. Daniel PAPEBROCH, AA SS Junii 2, Anvers 1698, 87–94. – Le texte est attribué à Radbod, évêque de Noyon-Tournai (1068 † 1098).

44. Mommelin, évêque de Noyon-Tournai († après 674/675)

Vita Mummolini prima (BHL 6026), éd. Cat. Brux. 2, 529–530 à compléter par les passages édités par Joseph GHESQUIÈRE, AA SS Belgii selecta 4, Bruxelles 1787, 398–411.

Vita Mummolini secunda (BHL 6025), éd. P. VAN HECKE, AA SS Octobris 7, Anvers 1845, 981–984.

Léon van der Essen a établi l'antériorité de la Vie partiellement éditée par le Père Ghesquière sur le texte édité par les Bollandistes et la date de la fin du IXe siècle en se reposant sur des indices assez fragiles. On se contentera ici de faire remarquer que si l'existence de Mommelin ne fait aucun doute, son culte en revanche n'est pas encore mentionné dans les martyrologes du IXe siècle. Il est attesté à la fin du XIe siècle dans la Vie de sainte Godeberte de l'évêque Radbod. Sa diffusion est restée très restreinte (MORLET, Le culte des saints dans l'ancien diocèse de Noyon). Le plus ancien témoin manuscrit contenant la Vie primitive est un légendier de l'abbaye de Vaucelles du XIIIe siècle (Cat. Brux. 2, 1–10). De toute manière, le texte ne propose guère d'éléments s'écartant de ce que dit déjà la *Vita Audomari, Bertini et Winnoci* au IXe siècle (VAN DER

Essen, Étude critique et littéraire, 375–384; commode résumé dans Henri Leclercq, Mommelin, Dictionnaire d'archéologie chrétienne et de liturgie 11–2 (1934), 1752–1758).

45. Omer (*Audomarus*), évêque de Thérouanne († après 667)

Les dossiers hagiographiques d'Omer, Bertin et Winnoc ont fait l'objet d'une étude très approfondie par Wilhelm Levison dans l'introduction à son édition de la Vie tripartite. Pour Omer et Bertin, on verra également également van der Essen, Étude critique et littéraire, 400–411 (paru avant le travail de Levison) et le commode résumé du dossier d'Omer donné par van der Straeten, Les Vies métriques de saint Omer, 60–61.

Vita Audomari, Bertini et Winnoci (BHL 763), éd. Wilhelm Levison, MGH SRM 5, Hanovre/Leipzig 1910, 753–775; trad. partielle Hubert Le Bourdellès dans: La cathédrale de Saint-Omer, dir. Delanne-Logié/Hilaire, 31–36. – Les Vies d'Omer, Bertin et Winnoc circulèrent très vite séparément, mais l'ensemble est bien né d'une même plume, dont il subsiste aujourd'hui un unique témoin manuscrit du Xe siècle (Bruxelles, Bibl. royale, ms 8518–8520; Cat. Brux. 2, 213–215). Des arguments d'ordre stylistique mais qui se rapportent aussi à l'histoire des communautés de Sithiu (surtout la partition de 820 présentée par Folcuin, Gesta abbatum Sithiensium, éd. Holder-Egger, c. 47, 614–615) permettent d'en dater la rédaction du début du IXe siècle, en tout cas avant 820 (Huyghebaert, Du nouveau sur la Vita Audomari?; Heinzelmann, Saints et saints évêques).

Miracula Audomari (BHL 765), éd. Wilhelm Levison, MGH SRM 5, Hanovre/Leipzig 1910, 776–778. – Ces quelques miracles ont été ajoutés lorsque la Vie d'Omer a commencé à circuler seule, avec de très légères transformations (*B* pour Levison): ils concernent les vignobles de Sithiu en Rhénanie et ont sans doute été consignés à la fin du IXe siècle.

Vita Audomari secunda (BHL 767), éd. Jean Stilting, AA SS Septembris 3, Anvers 1750, 402–406. – *C* pour Levison. Ce texte a été rédigé par l'auteur de la *Vita Bertini secunda*, sans doute au tournant des IXe–Xe siècles. On a pu rappeler plus haut que le Père Stilting et Léon van der Essen (contre l'avis d'Oswald Holder-Egger et de Wilhelm Levison) l'identifiaient avec l'auteur du *Libellus miraculorum Bertini*.

Vita Audomari tertia (BHL 768–771), éd. Jean Stilting, AA SS Septembris 3, Anvers 1750, 406–417. – Cette édition sera utilisée dans la mesure où elle reprend le texte copié dans la deuxième moitié du XIe siècle dans Saint-Omer, Bibl. mun., ms 698, aux fol. 2v–48v (*D*1 pour Levison) (sur ce manuscrit, voir Cat. Aud., 251–252; Boinet, Un manuscrit à peinture de la bibliothèque de Saint-Omer; Coolen, Un miracle de saint Omer; Deremble, L'illustration romane de la Vie de saint Omer).

Vita Audomari metrica longior (BHL 772), éd. partielle Joseph van der Straeten, Analecta Bollandiana 81 (1963), 63 et 64, n. 2. – Il s'agit bien de BHL 772 et non de BHL 773 comme l'a inscrit H. Fros dans le Novum Supplementum; le texte a été rédigé par un chanoine de Saint-Omer à la fin du Xe siècle (van der Straeten, Les Vies métriques de saint Omer, 63–64).

Vita metrica brevior (BHL 775), éd. Joseph VAN DER STRAETEN, Analecta Bollandiana 81 (1963), 71–87. – Par le même auteur que le texte précédent.

Elogium rythmicum Audomari (BHL 775d), éd. Joseph VAN DER STRAETEN, Analecta Bollandiana 81 (1963), 87–88. – Cette pièce a été composée au début du XIIe siècle.

46. Piat, martyr à Seclin (IIIe siècle?)

Passio Piati (BHL 6845), éd. Henri MORETUS PLANTIN, Les Passions de saint Lucien et leurs dérivés céphalophoriques (Bibliothèque de la Faculté de philosophie et lettres de Namur 15), Namur 1953, 122–131. – La première attestation du culte de saint Piat, bien documenté au IXe siècle, se lit dans la Vie d'Éloi. Ce dernier aurait procédé à l'invention des reliques du martyr à Seclin entre 641 et 660.

La Passion qui lui est consacrée est cependant empruntée, mot pour mot, aux Vies des saints Romain, Trond, Maurice et Lucien à l'exception de trois éléments: le lieu d'origine de ce missionnaire (*Beneventensi*/Bénévent: à ce propos, le Père de Gaiffier a émis l'hypothèse d'une mauvaise lecture des martyrologes anciens qui annoncent le culte du saint en *Medenentinse*/Mélantois), le jour et enfin le lieu de son martyre (à Seclin un 1er octobre). La notice du martyrologe d'Usuard semble être inspirée de ce texte, qui aurait ainsi été rédigé avant le milieu du IXe siècle (MORETUS PLANTIN, Les Passions de saint Lucien, 36–51; à lire avec les remarques du Père de Gaiffier dans: Le Moyen Âge 60 (1954), 240–242; Henri LECLERCQ, Piat, Dictionnaire d'archéologie chrétienne et de liturgie 14–1 (1939), 812–818).

47. Pierre, premier abbé de Cantorbéry († début du VIIe siècle)

Eadmer de Cantorbéry, Vita Petri (BHL 6702m), éd. André WILMART, Revue des sciences religieuses 15 (1935), 354–361. – Le texte a été édité d'après un manuscrit de la cathédrale de Cantorbéry (aujourd'hui conservé à Cambridge, Corpus Christi College, ms 371), copié dans le premier tiers du XIIe siècle, sans doute très peu de temps après la composition de la Vie.

48. Renelde, honorée à Lobbes (VIIe siècle?)

Vita Reineldis (BHL 7082), éd. Jean-Baptiste DU SOLLIER, AA SS Julii 4, Anvers 1725, 176–178 (à lire avec les variantes de Bruxelles, Bibl. royale, ms 18018, fol. 151v–155 éditées dans COENS, Le lieu de naissance de sainte Renelde, 366–367); trad. Véronique SUYS in: La vie et le culte de sainte Renelde, dir. DELPORTE, 9–15. – Ce texte a été rédigé à Lobbes vers 1015–1035 si l'on suit l'analyse récente que lui a consacrée François De Vriendt (COENS, Le lieu de naissance de sainte Renelde; DE VRIENDT, La Vita sanctae Reineldis, 29–34).

Translatio Reineldis ad monasterium Laubiense (BHL 7082b), éd. Joseph VAN DEN GHEYN, Analecta Bollandiana 22 (1903), 441–445. – Rédigé à l'occasion d'une élévation des reliques en 1170, le texte rappelle le souvenir d'une précédente translation présidée par un évêque Gérard.

49. Riquier, ermite en Ponthieu (milieu du VIIe siècle)

Vita Richarii primigena (BHL 7245), éd. Bruno KRUSCH, MGH SRM 7, Hanovre 1919, 444–453; éd. et trad. Christiane VEYRARD-COSME, L'œuvre hagiographique en prose d'Alcuin, 14–27.

Alcuin, Vita Richarii (BHL 7223–7227), éd. Bruno KRUSCH, MGH SRM 4, Hanovre/Leipzig 1902, 389–401; éd. et trad. Christiane VEYRARD-COSME, L'œuvre hagiographique en prose d'Alcuin, 110–137.

La Vie de Riquier a longtemps été connue par le seul remaniement composé par Alcuin à l'occasion du passage de la cour à Centule au printemps 800, après la reconstruction du monastère dirigé par Angilbert. Alcuin avouait avoir travaillé d'après un *libellus stilo simpliciori digestus de vita sanctissimi ac vere magnifici confessoris Richarii*. Cette biographie originale a en fin de compte été retrouvée par le Père Poncelet qui la datait de la fin du VIIe siècle. Il semble que l'on puisse accepter les affirmations du narrateur qui assure avoir recueilli le témoignage de personnes ayant connu le saint. Bruno Krusch suspectait le texte d'Alcuin de justifier des revendications de biens (et notamment la cella de Forestmontier, dernier ermitage de Riquier) et d'avoir largement imaginé la personnalité de Riquier. Il faut donc revenir sur ces opinions (BANNIARD, Les deux vies de saint Riquier; ID., Seuils et frontières langagières; Henri PLATELLE, Ricario, Bibliotheca sanctorum 11 (1968), 155–157; VEYRARD-COSME, Alcuin et la réécriture hagiographique, in: La Réécriture hagiographique, dir. GOULLET/HEINZELMANN).

50. Rictrude, abbesse de Marchiennes († 687?)

Hucbald de Saint-Amand, Vita Rictrudis (BHL 7247), éd. Jean MABILLON, AA SS OSB 2, Paris 1669, 938–950; éd. Daniel PAPEBROCH, AA SS Maii 3, Anvers 1680, 81–89; le prologue a été édité seul par Wilhelm LEVISON dans MGH SRM 6, Hanovre/Leipzig 1913, 93–94; trad. anglaise dans MCNAMARA et al., Sainted Women of Dark Ages, 197–219.

Composée en 907 à la demande des *clerici et sanctimoniales* de Marchiennes par Hucbald de Saint-Amand, la Vie de Rictrude est adressée à l'évêque Étienne de Liège († 920). L'auteur prétend s'appuyer sur des *exemplaria historiarum* fournis par la communauté ainsi que sur des traditions orales. Il est parfois difficile d'apprécier le bien-fondé de certains éléments historiques de cette œuvre, orientée par la conviction profonde que «la grâce de Dieu mène le jeu de l'histoire» (PLATELLE, Le thème de la conversion à travers les œuvres hagiograpiques d'Hucbald de Saint-Amand, 516) et nourrie d'une très vaste culture (CHARTIER, Clavis operum Hucbaldi Elnonensis, 211; SMITH, A Hagiographer at work; UGÉ, The legend of saint Rictrude; VAN DER ESSEN, Étude critique et littéraire, 260–265; ID., Hucbald de Saint-Amand, 543–550).

51. Rombaut, honoré à Malines

Thierry de Saint-Trond, Vita Rumoldi (BHL 7381), éd. Jean-Baptiste DU SOLLIER, AA SS Julii 1, Anvers 1719, 241–249. – Le culte de saint Rombaut est attesté dès l'époque carolingienne (GAIFFIER, Attestations anciennes sur le culte de s. Rombaut). La Vie du saint a été rédigée par Thierry, abbé de Saint-Trond († 1107), afin de justifier la présence des reliques de saint Libert à Saint-Trond. Libert, le fils d'Adon – un grand propriétaire qui accueillit l'Irlandais Rombaut à Malines – aurait été ressuscité par le saint après s'être noyé dans la Dyle. Il serait devenu son disciple et aurait ensuite cherché refuge à Saint-Trond à l'occasion d'un raid normand; c'est là qu'il aurait été assassiné puis enseveli, de telle sorte que, affirme Thierry, *de loco autem sepulcri non ambigua sententia est*) (D'Haenens, Les invasions normandes en Belgique, 254–257; bibliographie complète dans: Narrative Source 2000).

52. Saulve, martyr à Valenciennes (début du VIIIe siècle)

Passio Salvii (BHL 7472), éd. Maurice Coens, Analecta Bollandiana 87 (1969), 164–187. – Le culte de saint Saulve est abondamment documenté au IXe siècle, notamment par Alcuin († 814) et Éginhard († 840). Le plus ancien témoin manuscrit de sa Vie a été copié dans la deuxième moitié du IXe siècle (Bruxelles, Bibl. Bollandistes, ms 14). Compte tenu de ces éléments, le Père Coens datait la rédaction du texte des environs de 800. Cela signale en tout cas sa valeur, non pas au regard de ce qu'il dit du prétendu martyre de Saulve avant 741 (la mention d'un *dux Francorum Carolus* indique en effet le principat de Charles Martel) mais de ce qu'il apporte comme informations sur le domaine fiscal de Valenciennes au tournant des VIIIe–IXe siècles (Coens, La passion de Saint Sauve, 133–163).

Anne-Marie Helvétius a récemment relu la Passion à la lumière de deux versions d'un acte de 941 conservé dans les archives de Saint-Martin de Tours. Il apparaît que la communauté de Saint-Saulve aurait été, dès le début du VIIIe siècle, un prieuré de l'abbaye tourangelle. À la fin de ce siècle, un de ses clercs aurait ainsi rédigé la Passion du saint local afin d'en développer le culte, non sans multiplier les références à saint Martin (Helvétius, Abbayes, évêques et laïques, 179–190).

53. Silvin, évêque (?) honoré à Auchy (VIIIe siècle?)

Vita Silvini (BHL 7747), éd. Jean Mabillon, AA SS OSB 3–1, Paris 1672, 294–299. – Bien des éléments de la Vie de saint Silvin, inhumé à Auchy, posent problème. Néanmoins il n'est pas possible d'ignorer ce document, ne serait-ce qu'en raison de l'ancienneté du culte de cet ermite, attesté dans les martyrologes carolingiens d'Usuard et d'Adon, et de la diffusion précoce de sa Vie, copiée dès la fin du Xe siècle (ou le tout début du XIe siècle) à Saint-Benoît-sur-Loire (van der Straeten, Les manuscrits hagiographiques d'Orléans, Tours et Angers, 58–59).

Telle qu'elle nous a été transmise, la Vie se présente comme la réécriture, à la demande d'une abbesse nommée Leutwith, d'un texte plus ancien, rédigé par un certain évêque Antenor dans un style médiocre (*partim rustice, partim vitiose composita*) et surtout dont le manuscrit était très abîmé (*in corruptis membranulis, jamque vetustate nimia ex parte deletis*); tout ceci justifiant, aux dires de l'auteur, une nouvelle rédaction. Quelques arguments stylistiques et surtout l'absence de mention des raids normands, conduisait Léon van der Essen (Étude critique et littéraire, 415–418) à dater le texte de la première moitié du IXe siècle mais sans avancer d'hypothèses plus précises quant au lieu et au contexte de sa rédaction.

L'hypothèse d'une rédaction à Saint-Bertin où les reliques du saint furent déposées entre 951 et 981 (Folcuin, Gesta abbatum Sithiensium, éd. Holder-Egger, 630; Hariulf, Chronicon Centulense, éd. Lot, l. III, c. 22–24, 150–157) ne mérite pas d'être retenue. D'une part parce que la Vie insiste étrangement sur l'intervention des moines de Centule/Saint-Riquier au moment des funérailles du saint. D'autre part parce qu'elle tient à préciser que les reliques de saint Riquier sont conservées à Centule (c. 20).

54. Trivier, abbé dans le diocèse de Thérouanne? (VIe siècle)

Vita Treverii (BHL 8314), éd. Pierre-François Chifflet, AA SS Januarii 2, Anvers 1643, 33–35. – Chifflet signale avoir pris copie de la Vie de Trivier à partir d'un vieux manuscrit du Prieuré de Saint-Trivier dans les Dombes. Le récent inventaire des manuscrits liturgiques du diocèse de Lyon établi par le Père Amiet signale qu'en 1647, le Père Bullioud publiait à Lyon un opuscule intitulé *Sancti Treverii confessoris Dumbarum et Bressiae patroni, vita ex lectionibus vetustissimi officii manuscripti ecclesiarum sancti Treverii in Dumbis et Bressiae eruta*. Le Père Amiet fait prudemment remonter au XIIIe siècle ce témoin perdu (Amiet, Les manuscrits liturgiques du diocèse de Lyon, 291, n° 203) qui pourrait ainsi correspondre à l'un des manuscrits consultés par Chifflet. Dans une lettre adressée en 1627 aux Bollandistes, ce dernier prétendait en effet avoir consulté plusieurs témoins de la Vie de Trivier (Coens, Le plan d'une hagiographie de la Franche-Comté, 38).

55. Ursmer, abbé-évêque de Lobbes († 713)

Anson de Lobbes, Vita Ursmari prima (BHL 8416), éd. Wilhelm Levison, MGH SRM 6, Hanovre/Leipzig 1913, 453–461. – Cette Vie a été rédigée par Anson, futur abbé de Lobbes, dans le troisième quart du VIIIe siècle à partir d'une vie métrique plus ancienne écrite par le successeur d'Ursmer, Ermin, auquel Anson consacra aussi une Vie (Dierkens, La production hagiographique à Lobbes, 246–247).

Rathier de Vérone, Vita Ursmari (BHL 8417), éd. Jean Mabillon, AA SS OSB 3-1, Paris 1672, 250–255. – Cette Vie a été rédigée entre 939 et 944. Rathier avait alors retrouvé à Côme un manuscrit du texte d'Anson et jugé bon de l'améliorer (Dierkens, La production hagiographique à Lobbes, 247).

Dans le courant du XIe siècle, cette Vie a été interpolée et des détails attribuant à Ursmer une action missionnaire en Flandre ont été introduits (éd. Wilhelm Levison, MGH SRM 6, Hanovre/Leipzig 1913, 455–456).

Hériger de Lobbes, Vita Ursmari metrica (BHL 8419), éd. Karl Strecker, MGH Poetae 5-1, Leipzig 1937, 178–208. – Rédigée dans le troisième quart du Xe siècle, peut-être vers 965 (Dierkens, La production hagiographique à Lobbes, 249–253).

Folcuin, Miracula Ursmari (BHL 8420), éd. Godefroid Hensken, AA SS Aprilis 2, Paris/Rome 31866, 561–565. – Il s'agit des miracles rapportés par Folcuin († 990) dans ses *Gesta abbatum Lobbiensium*. Alain Dierkens (Abbayes et chapitres, 127–128) met en rapport la confection de ce recueil avec la création du chapitre de douze chanoines à Saint-Ursmer (attesté à partir de 973). Les miracles ont par la suite été complétés du vivant même de Folcuin (c. 16 = BHL 8421) puis successivement jusqu'à la fin du XIe siècle (BHL 8422–8424).

56. Vaast, évêque à Arras († 540)

Jonas de Bobbio, Vita Vedasti (BHL 8501–8503), éd. Bruno KRUSCH, MGH SRM 3, Hanovre 1896, 406–413; éd. et trad. Christiane VEYRARD-COSME, L'œuvre hagiographique en prose d'Alcuin, 2–13. – L'attribution de la Vie de Vaast à Jonas de Bobbio repose sur le fait que le moine lui-même, dans le prologue de sa *Vita Columbani*, affirme avoir passé trois années au monastère d'Elnone en compagnie de saint Amand, vraisemblablement entre 639 et 642. Bruno Krusch a en outre mis en évidence des correspondances stylistiques et thématiques entre les deux textes. Force est néanmoins de constater que l'on ne sait rien des circonstances de la rédaction de la *Vita Vedasti*, ni même de l'éventuelle communauté à laquelle elle pouvait être destinée (KRUSCH, Zwei Heiligenleben des Jonas von Susa, 427–448; VAN DER ESSEN, Étude critique et littéraire, 211–217).

Alcuin, Vita Vedasti (BHL 8506–8508), éd. Bruno KRUSCH, MGH SRM 3, Hanovre 1896, 406–413; éd. et trad. Christiane VEYRARD-COSME, L'œuvre hagiographique en prose d'Alcuin, 78–107. – Cette seconde Vie a été rédigée par Alcuin à la demande de l'abbé Radon de Saint-Vaast en même temps qu'un sermon (Adhortatio ad imitandas virtutes sancti Vedasti (BHL 8509), éd. Godefroid HENSKEN, AA SS Februarii 1, Anvers 1658, 800; éd. et trad. Christiane VEYRARD-COSME, L'œuvre hagiographique en prose d'Alcuin, XXXIII–XL) et qu'une série d'inscriptions pour les églises du monastère (Clavis des auteurs latins du Moyen Âge 2, dir. JULLIEN/PERELMAN, *sub verbis*).

Il convient de dire quelques mots de la série des interpolations dégagées par Bruno Krusch dans son édition. En effet, la *Vita Vedasti* de Jonas se clôt sur l'inhumation de saint Vaast dans la cathédrale malgré les hésitations de ses proches auxquels il aurait confié son souhait de reposer dans un petit oratoire extra-urbain. Depuis la fin du VIIe siècle le monastère Saint-Vaast se trouvait cependant hors du *castrum* d'Arras, de l'autre côté du ruisseau du Crinchon à un endroit que les moines identifièrent rapidement avec l'emplacement du petit oratoire même si les termes de la Vie évoquent plutôt la localisation de celui-ci entre le *castrum* et le Crinchon.

Il semble qu'Alcuin ait été informé de cette contradiction lorsqu'il rédigea son texte. Bruno Krusch a ainsi identifié une première classe de manuscrits (*A*) présentant l'inhumation de saint Vaast dans cet *oratorium* et non plus dans la cathédrale afin, semble-t-il, de servir les prétentions des moines. Mais cette falsification du texte de Jonas dut paraître grossière puisque une autre classe de manuscrits (*B*) corrige l'erreur et rétablit l'épisode de l'ensevelissement de Vaast dans la cathédrale.

Quelques décennies plus tard, les moines de Saint-Vaast semblent avoir trouvé un astucieux artifice pour résoudre cette contradiction. Ils firent alors état d'une translation des reliques du saint de la cathédrale vers le monastère, présidée par l'évêque Aubert de Cambrai et son collègue Omer de Thérouanne. Cette interpolation caractérise les manuscrits de la classe *C*. En attendant des recherches plus approfondies, rien n'interdit cependant d'accepter l'historicité de cette translation, jugée totalement imaginaire par Krusch (VAN DER ESSEN, Étude critique et littéraire, 217–219; KÉRY, Die Errichtung des Bistums Arras, 255–256; UGÉ, Politics of Narrative Production 2, 278–287; VEYRARD-COSME, Alcuin et la réécriture hagiographique, in: La Réécriture hagiographique, dir. GOULLET/HEINZELMANN).

Haimin de Saint-Vaast, Pauca de miraculis Vedasti (BHL 8510), éd. Godefroid HENSKEN, AA SS Februarii 1, Anvers 1658, 801–802; éd. partielle Oswald HOLDER-EGGER, MGH SS 15–1, Hanovre 1887, 397–398. – Haimin fut d'abord sacristain de Saint-

Vaast avant de recevoir la charge d'écolâtre du monastère (Henri PLATELLE, Haimin, Dictionnaire d'histoire et de géographie ecclésiastique 23 (1990), 96–97). Au milieu du IXe siècle, plusieurs de ses élèves lui dédièrent leurs œuvres: Milon d'Elnone; Hubert de Saint-Vaast, auteur d'une Apparitio Vedasti (BHL 8512); et peut-être Héric d'Auxerre. Haimin est aussi l'auteur d'un Sermo in natali Vedasti (BHL 8511).

Ulmar de Saint-Vaast et al., Libellus de virtutibus Vedasti (BHL 8513–8515), éd. Godefroid HENSKEN, AA SS Februarii 1, Anvers 1658, 805–808; éd. partielle Oswald HOLDER-EGGER, MGH SS 15–1, Hanovre 1887, 399–402. – Les premiers Miracles (c. 1–8) ont été consignés par Ulmar entre 875 et 880; les autres ont été ajoutés dans les décennies suivantes.

Sermo de relatione corporis beati Vedasti a Bellovaco ad proprium locum et miracula (BHL 8516–8518), éd. Godefroid HENSKEN, AA SS Februarii 1, Anvers 1658, 809–813; éd. partielle Oswald HOLDER-EGGER, MGH SS 15–1, Hanovre 1887, 402–404. – Ce sermon a été rédigé par un témoin oculaire du retour des reliques de Vaast en 893 depuis Beauvais où elles avaient été déposées en raison de la menace normande, peu après 879 (Annales Vedastini, éd. VON SIMSON, 46), ou peut-être en 881 (Chronicon Vedastinum, éd. WAITZ, 709).

57. Véron, honoré à Lambeek puis à Mons

Olbert de Gembloux, Historia inventionis, miraculorum et translationis Veroni (BHL 8550), éd. Godefroid HENSKEN, AA SS Martii 3, Anvers 1668, 845–850; éd. partielle Oswald HOLDER-EGGER, MGH SS 15–2, Hanovre 1888, 750–753. – Rédigée entre 1012 et 1020 par Olbert, abbé de Gembloux, à la demande du comte Régnier V de Hainaut.

58. Vincent-Madelgaire, moine à Hautmont puis abbé de Soignies (milieu du VIIe siècle)

Vita Vincentii Madelgarii prima (BHL 8672–8673), éd. Albert PONCELET, Analecta Bollandiana 12 (1893), 426–440; trad. Sandra MANGOUBI, in: Saint Vincent de Soignies, dir. DEVESELEER, 23–33. – Cette Vie a été rédigée entre 1015 et 1024/1025, peut-être à Soignies selon Anne-Marie Helvétius (Abbayes, évêques et laïques, 227–335; Le culte de saint Vincent de Soignies, 44–49), ou plutôt à Hautmont selon des arguments très convaincants développés par François De Vriendt (Les deux Vies latines de saint Vincent de Soignies, 39–42).

59. Vindicien, évêque de Cambrai († 713?)

Gautier du Saint-Sépulcre, Vita Vindiciani (BHL 8677 m et n), éd. Joseph VAN DER STRAETEN, in: ID., Les manuscrits hagiographiques d'Arras et de Boulogne, 95–127. – La Vie de saint Vindicien a longtemps été connue par l'intermédiaire du travail de François Doresmieux († 1639), abbé du Mont-Saint-Éloi, édité dans AA SS Martii 2, Paris/Rome [3]1865, 75–83 (VAN DER ESSEN, Étude critique et littéraire, 276–277).

François Doresmieux, dont on sait qu'il figure parmi les victimes du faussaire artésien Claude Despretz (PONCELET, Une lettre de s. Jean), s'est en fait inspiré de l'œuvre de Gautier, abbé du Saint-Sépulcre de Cambrai († avant 1090), dont l'édition a récemment été donnée par le Père van der Straeten. Le texte de Gautier est de peu d'intérêt pour notre propos dès lors qu'il se contente de reprendre des sources antérieures qui nous sont parvenues par ailleurs: il s'agit essentiellement de la deuxième Passion de Léger, de la Passion de Maxellende et des *Gesta episcoporum Cameracensium* (Émile Brouette, Vindiciano, Bibliotheca sanctorum 12 (1969), 1195–1197; Henri Platelle, Gautier, Dictionnaire d'histoire et de géographie ecclésiastique 20 (1984), 110–111).

60. Vulgan, honoré à Lens

Vita Vulganii (BHL 8746), éd. Charles de Smedt, AA SS Novembris 1, Paris 1887, 569–574.

Translatio Vulganii (BHL 8746b), éd. Albert Poncelet, Analecta Bollandian 23 (1904), 268–269.

Le Livre noir de Saint-Ouen de Rouen du XIIe siècle (aujourd'hui Rouen, Bibl. mun., ms Y 41) conserve le souvenir de saint Vulgan sous la forme d'une Vie rédigée sous l'abbatiat de Nicolas (1042 † 1092) – si l'on accepte cette information recueillie au XVIIe siècle dans l'établissement – et d'un très court récit de la translation des reliques de Lens vers le château de La Ferté à la demande du duc Robert de Normandie († 1035) (Rombaut Van Doren, Vulgano, Bibliotheca sanctorum 12 (1969), 1366–1368).

61. Vulmer, abbé de Samer († après 688)

Vita Vulmari (BHL 8748), éd. Jean Mabillon, AA SS OSB 3–1, Paris 1672, 234–239; trad. partielle Anne-Marie Helvétius, Écrire la vie des saints mérovingiens, 44–45.

Vita Vulmari (BHL 8749), éd. Guillaume Cuypers, AA SS Julii 5, Anvers 1727, 84–89.

Deux versions d'un texte similaire ont été conservées dont la plus ancienne, pour des raisons stylistiques, est celle qui a été éditée par Dom Mabillon. La Vie est datée du milieu du IXe siècle (mais l'argument de l'antériorité aux raids normands est bien faible car rien ne dit que la communauté de Samer ait disparu à cette occasion). Une série de miracles (l'un se produisit *tempore domni Karoli*) est donnée dans la seconde version (éditée par les Bollandistes), mais il semble bien qu'ils aient appartenu à la rédaction originelle de la Vie (van der Essen, Étude critique et littéraire, 412–414).

Epitome vitae secundae Vulmari (BHL 8752), éd. Analecta Bollandiana 3 (1884), 450–454. – Ce résumé d'une *Vita Vulmari* inédite (Paris, Bibl. nat. de France, ms lat. 12611) est contenu dans un légendier du XIIe siècle en usage à Lobbes (Cat. Brux. 2, 414–419; van der Essen, Étude critique et littéraire, 414).

62. Wandrille, premier abbé de Fontenelle († 668)

On lira une mise au point très complète dans Thomas Bauer, Wandregisel, Biographisch-bibliographisches Kirchenlexikon 13 (1998), 321–328 (http://www.bautz.de/bbkl/w/wandregisel.shtm).

Vita Wandregisili prima (BHL 8804), éd. Bruno KRUSCH, MGH SRM 5, Hanovre/Leipzig 1910, 13–24; trad. Jean LAPORTE, Vie de saint Wandrille, Fontenelle rééd. 1994. – Le plus ancien témoin de cette Vie (Paris, Bibl. nat de France, ms lat. 18315) est communément daté du tout début du VIIIe siècle; le texte lui-même est attribué à un disciple de Wandrille qui l'aurait écrit peu de temps après la mort du saint (HOWE, The hagiography of Saint-Wandrille, 163–166).

Vita Wandregisili secunda (BHL 8805), éd. Pierre VAN DEN BOSCH, AA SS Julii 5, Anvers 1727, 272–281.

Miracula Wandregisili (BHL 8807–8809), éd. Pierre VAN DEN BOSCH, AA SS Julii 5, Anvers 1727, 281–290; éd. partielle Oswald HOLDER-EGGER, MGH SS 15–1, Hanovre 1887, 406–409.

Sous le nom de Miracles de saint Wandrille, il faut distinguer une première partie rédigée autour de 830 (BHL 8807) en même temps que la deuxième Vie; un deuxième recueil de miracles consignés à Quentovic et Outreau entre 858 et 868 (BHL 8808); et enfin un troisième composé à Chartres entre 885 et 887 (BHL 8809) qui s'achève par un dernier miracle à Boulogne, non daté.

Le plus ancien témoin est aujourd'hui Saint-Omer, Bibl. mun., ms 764 copié à Saint-Bertin dans le courant du Xe siècle que seule a pris en compte l'édition d'Oswald Holder-Egger. Comme celle-ci est malheureusement beaucoup trop fragmentaire, il est encore indispensable de recourir aux textes édités par les Bollandistes (HOWE, The hagiography of Saint-Wandrille, 171–189; ajouter à la bibliographie DESCHAMPS, Notice sur un manuscrit de la bibliothèque de Saint-Omer).

Sermo de adventu sanctorum Wandregisili, Ansberti et Vulframni in Blandinium (BHL 8810), éd. Nicolas HUYGHEBAERT, Une translation de reliques à Gand en 944 (Commission royale d'histoire. Recueil de textes pour servir à l'étude de l'histoire de la Belgique), Bruxelles 1978. – «Le *Sermo de adventu*, tel qu'il nous est parvenu, est une œuvre composite, formée de morceaux écrits à des époques différentes et avec des matériaux de toute provenance. C'est avant tout le remaniement, mais aussi l'amplification d'un récit d'*adventus* du Xe siècle, réécrit sous la forme de *sermo* au début du XIIe siècle, complété par un autre *sermo*, dû à l'auteur de la *Vita Gudwali*, et des ajouts de la seconde moitié du XIIe siècle» (HUYGHEBAERT, Une translation de reliques à Gand, CXXX).

63. Waudru, première abbesse de Mons († à la fin du VIIe siècle)

Vita Waldetrudis (BHL 8776), éd. Joseph DARIS, Analectes pour servir à l'histoire ecclésiastique de la Belgique 4 (1867), 218–231; trad. Albert NOIRFALISE, in: Sainte Waudru, dir. CAUCHIES, 47–72. – La Vie a été rédigée dans la seconde moitié du IXe siècle, avant la seconde Vie d'Aldegonde, peut-être par un moine de Lobbes (DE VRIENDT, Le dossier hagiographique de sainte Waudru, 13–24; ID., La tradition manuscrite de la Vita Waldetrudis, 329–331).

64. Winnoc, premier abbé de Wormhout († au début du VIIIe siècle)

La première Vie de Winnoc (BHL 8952) constitue en fait la troisième partie de la *Vita Audomari, Bertini et Winnoci*, présentée en tête du dossier consacré à saint Omer.

En marge de l'édition de ce texte, Wilhelm Levison a également édité les nombreuses interpolations que l'on peut lire dans le légendier de l'abbaye de Clairmarais (aujourd'hui Saint-Omer, Bibl. mun., ms 716, tome VIII, de la fin du XIIe siècle). Dom Huyghebaert a attribué la paternité de cette Vie interpolée à l'abbé Rumold de Bergues († 1068) qui aurait de surcroît inséré en un seul manuscrit toutes les pièces relatives à saint Winnoc dont il pouvait disposer (dont les Miracles présentés ci-desous); le tout aurait ensuite été copié dans le légendier de Clairmarais (HUYGHEBAERT, L'abbé Rumold de Bergues).

Miracula Winnoci (BHL 8953–8953d), éd. Wilhelm LEVISON, MGH SRM 5, Hanovre/Leipzig 1910, 780–786. – Ces Miracles sont tous connus par le légendier de Clairmarais évoqué précédemment et proviennent, selon Dom Huyghebaert, du manuscrit perdu de l'abbé Rumold de Bergues. La première partie (c. 1–4, 780–782) a été consignée par un chanoine de Bergues au Xe siècle: elle est en effet déjà contenue dans Saint-Omer, Bibl. mun., ms 764, réalisé à cette époque avec des textes relatifs aux saints de Fontenelle. La deuxième partie (c. 5–10, 782–785) a été rédigée par un moine de Bergues entre 1050 et 1064 (peut-être par l'auteur de la charte de Baudouin V du 23 mai 1067) mais évoque des miracles plus anciens, opérés avant la restauration monastique de 1022. Le dernier miracle (c. 11, 785–786) peut être attribué à l'abbé Rumold lui-même (HUYGHEBAERT, L'abbé Rumold de Bergues, 7–10; à propos du c. 10: ID., Le cas de Mirolfe).

Vita Winnoci secunda (BHL 8954), éd. Jean MABILLON, AA SS OSB 3–1, Paris 1672, 301–314; éd. partielle Oswald HOLDER-EGGER, MGH SS 15–2, Hanovre 1888, 775–778. – Cette deuxième Vie a longtemps été attribuée à un certain Drogon, auteur du *Liber miraculorum sancti Winnoci*. Une savante étude de Dom Huyghebaert a néanmoins proposé un autre auteur en la personne du moine réformateur Wéry de Saint-Pierre-au-Mont-Blandin (à Gand) qui aurait écrit vers 1064, à la demande des moines de Bergues. Dom Huyghebaert attribue également à ce Wéry la Vie de Bertulphe de Renty (HUYGHEBAERT, La 'Vita secunda s. Winnoci').

Bibliographie

ABRÉVIATIONS

AA SS	Acta sanctorum
AA SS OSB	Acta sanctorum ordinis sancti Benedicti
Annales ESC	Annales: économies, sociétés, civilisations
Cat. Aud.	Catalogus codicum hagiographicorum latinorum bibliothecae publicae Audomaropolitanae
Cat. Brux.	Catalogus codicum hagiographicorum Bibliothecae regiae Bruxellensis. Codices latini membranei
Cat. Duac.	Catalogus codicum hagiographicorum latinorum bibliothecae publicae Duacensis
Cat. Par.	Catalogus codicum hagiographicorum latinorum antiquiorum saeculo XVI qui asservantur in Bibliotheca nationali Parisiensi
MGH	Monumenta Germaniae historica
MGH SRM	MGH Scriptores rerum merowingicarum
MGH SRG	MGH Scriptores rerum germanicarum in usum scholarum
MGH SS	MGH Scriptores
PL	Patrologie latine, éd. Jacques-Paul Migne

SOURCES

Catalogues de sources manuscrites et imprimées

Seuls ont été signalés les catalogues spécialement utilisés dans cette étude. Pour un présentation récente de la documentation médiévale et des grands répertoires de sources, nous renvoyons le lecteur à Van Caenegem, Raoul C. et al.: Introduction aux sources de l'histoire médiévale (Corpus Christianorum. Continuatio medievalis), Turnhout 1997.

On signalera les immenses services que peuvent rendre deux bases de données accessibles en ligne. Il s'agit d'une part de la Bibliotheca hagiographica latina manuscripta (http://bhlms.fltr.ucl.ac.be/) dont on trouvera une présentation dans Analecta Bollandiana 116 (1998), 250–252. Elle permet, pour chaque dossier hagiographique, de retrouver rapidement les références des manuscrits à partir des catalogues publiés par les Bollandistes (on ne perdra donc pas de vue que les textes hagiographiques de certains fonds – celui de la Médiathèque de Cambrai pour ne prendre qu'un exemple – n'ont pas été inventoriés).

D'autre part, l'Université de Gand propose en ligne un répertoire bibliographique exhaustif nommé Narrative Sources qui concerne les sources narratives des Pays-Bas méridionaux composées entre le Ve et le XVe siècle. Il est consultable à l'adresse suivante: http://www.narrative-sources.be

Amiet, Robert: Les manuscrits liturgiques du diocèse de Lyon (IRHT. Documents, études et répertoires), Paris 1998.

Analecta Bollandiana. Inventaire hagiographique des tomes 1 à 100 (1882–1982), Bruxelles 1983.

Becquet, Jean: Province ecclésiastique de Cambrai. Diocèse actuel d'Arras (Abbayes et prieurés de l'ancienne France 14), Ligugé 1975.

Becquet, Jean: Province ecclésiastique de Cambrai. Diocèses actuels de Cambrai et Lille (Abbayes et prieurés de l'ancienne France 15), Paris/Turnhout 1994.

Bibliotheca hagiographica latina antiquae et mediae aetatis ediderunt socii Bollandiani, Bruxelles 1898–1901, 2 volumes.

Catalogus codicum hagiographicorum latinorum bibliothecae publicae Audomaropolitanae, Analecta Bollandiana 47 (1929), 241–306; ibid. 49 (1931), 102–116.

Catalogus codicum hagiographicorum Bibliothecae regiae Bruxellensis. Codices latini membranei (Subsidia hagiographica 1), Bruxelles 1886–1889, 2 volumes.

Catalogus codicum hagiographicorum latinorum bibliothecae publicae Duacensis, Analecta Bollandiana 20 (1901), 361–470.

Catalogus codicum hagiographicorum latinorum antiquiorum saeculo XVI qui asservantur in Bibliotheca nationali Parisiensi (Subsidia hagiographica 2), Bruxelles 1889–1893, 4 volumes.

Clavis des auteurs latins du Moyen Âge. Territoire français (Corpus Christianorum. Continuatio medievalis), dir. Marie-Hélène JULLIEN et François PERELMAN, Turnhout, 2 volumes parus depuis 1994.

FROS, Henryk: Bibliotheca hagiographica latina antiquae et mediae aetatis. Novum supplementum (Subsidia hagiographica 70), Bruxelles 1986 (à compléter, pour les textes inédits, par ID., Inédits non recensés dans la BHL, Analecta Bollandiana 102 (1984), 163–196 et 355–380).

LEROQUAIS, Victor: Les sacramentaires et les missels manuscrits des bibliothèques publiques de France, Paris 1924, 4 volumes.

MICHELANT, H.: Catalogue général des manuscrits des bibliothèques publiques de France. Série in-4° 4, Arras, Avranches, Boulogne, Paris 1872.

MICHELANT, H.: Catalogue général des manuscrits des bibliothèques publiques de France. Série in-4° 3, Paris 1861 [Saint-Omer].

MOLINIER, Auguste: Catalogue général des manuscrits des bibliothèques publiques de France. Série in-8° 17, Paris 1891 [Cambrai].

MUZERELLE, Denis et al.: Cambrai (Manuscrits datés des bibliothèques de France 1), Paris 2000.

RAMACKERS, Johannes: Papsturkunden in den Niederlanden (Belgien, Luxemburg, Holland und Französich-Flandern) (Abhandlungen der Gesellschaft der Wissenschaften zu Göttingen. Philologisch-historische Klasse, dritte Folge, 8), Berlin 1933–1934.

VAN DER STRAETEN, Joseph: Les manuscrits hagiographiques d'Arras et de Boulogne-sur-Mer (Subsidia hagiographica 50), Bruxelles 1971.

VAN DER STRAETEN, Joseph: Les manuscrits hagiographiques d'Orléans, Tours et Angers (Subsidia hagiographica 64), Bruxelles 1982.

Annales

Annales Blandinienses, éd. Philip GRIERSON, Les annales de Saint-Pierre de Gand et de Saint-Amand (Commission royale d'histoire. Recueil de textes pour servir à l'étude de l'histoire de Belgique), Bruxelles 1937, 1–73.

Annales Elmarenses, éd. Philip GRIERSON, Les annales de Saint-Pierre de Gand et de Saint-Amand (Commission royale d'histoire. Recueil de textes pour servir à l'étude de l'histoire de Belgique), Bruxelles 1937, 74–115.

Annales Elnonenses, éd. Philip GRIERSON, Les annales de Saint-Pierre de Gand et de Saint-Amand (Commission royale d'histoire. Recueil de textes pour servir à l'étude de l'histoire de Belgique), Bruxelles 1937, 132–175.

Annales Fuldenses, éd. Friedrich Kurze, MGH SRG, Hanovre 1891.

Annales de Saint-Bertin, éd. Félix GRAT, Jeanne VIEILLARD et Suzanne CLÉMENCET (avec une introduction de Léon LEVILLAIN), Paris 1964; trad. anglaise Janet NELSON, The Annals of St-Bertin. Ninth Century Histories. Volume I (Manchester Medieval Sources series), Manchester/New-York 1991.

Annales Vedastini, éd. Bernhard VON SIMSON, MGH SRG, Hanovre/Leipzig 1909, 40–82.

Flodoard: Annales, éd. Philippe LAUER, Les annales de Flodoard (Collection de textes pour servir à l'enseignement de l'histoire), Paris 1905.

Histoires, chroniques, gesta

[Sigebert de Gembloux, Chronica] Auctarium Hasnoniense, éd. Ludwig BETHMANN, MGH SS 6, Hanovre 1844, 441–442.

Breve chronicon abbatum Elnonensium, éd. Henri PLATELLE, Revue du Nord 37 (1955), 224–226.

Bède le Vénérable: Historia ecclesiastica gentis Anglorum, éd. et trad. anglaise Bertram COLGRAVE et Roger Aubrey Baskerville MYNORS, Bede's Ecclesiastical History of the English People, Oxford 1969; trad. française Olivier SZERWINIACK et al., Bède le Vénérable. Histoire du peuple anglais (La Roue à livres), Paris 1999, 2 volumes.

Chronicon Besuense, éd. PL 162, Paris 1889, 861–1006.

Chronicon Sancti Andreae Castri Cameracesii, éd. Ludwig BETHMANN, MGH SS 7, Hanovre 1846, 526–550.

Chronicon Vedastinum, éd. Georg WAITZ, MGH SS 13, Hanovre 1881, 677–709.

La chronique de Saint-Maixent (751–1140), éd. Jean VERDON (Les Classiques de l'histoire de France au Moyen Âge 33), Paris 1979.

Flodoard: Historia Remensis ecclesiae, éd. Martina STRATMANN, MGH SS 36, Hanovre 1998.

Folcuin: Gesta abbatum Lobbiensium, éd. Georg Heinrich PERTZ, MGH SS 4, Hanovre 1841, 52–74.
Folcuin: Gesta abbatum Sithiensium, éd. Benjamin GUÉRARD, Cartulaire de l'abbaye de Saint-Bertin (Collection des cartulaires de la France 3), Paris 1840, 1–168 [à corriger avec François MORAND, Appendice au cartulaire de l'abbaye de Saint-Bertin, Paris 1867]; éd. Oswald HOLDER-EGGER, MGH SS 13, Hanovre 1881, 606–635.
Fundatio monasterii Aquicinctini, éd. Georg WAITZ, MGH SS 14, Hanovre 1883, 579–584.
Pseudo-Frédégaire: Chronicarum libri IV cum continuationibus, éd. Bruno KRUSCH, MGH SRM 2, Hanovre 1888, 1–193; éd. et trad. anglaise John Michael WALLACE-HADRILL, The Fourth Book of the Chronicle of Fredegar, Londres 1960; éd. et trad. française Olivier DEVILLERS et Jean MEYERS, Frédégaire. Chronique des temps mérovingiens, Turnhout 2001.
Gesta sanctorum patrum coenobii Fontanellensis, éd. et trad. Pascal PRADIÉ, Chronique des abbés de Fontenelle (Les classiques de l'histoire de France au Moyen Âge 40), Paris 1999.
Gesta abbatum Sithiensium. Continuatio, éd. Oswald HOLDER-EGGER, MGH SS 13, Hanovre 1881, 663–673.
Gesta episcoporum Cameracensium, éd. Ludwig BETHMANN, MGH SS 7, Hanovre 1846, 393–489.
Gesta episcoporum Cameracensium. Continuationes, éd. Ludwig BETHMANN, MGH SS 7, Hanovre 1846, 489–504.
Grégoire de Tours: Historiarum libri decem, éd. Bruno KRUSCH et Wilhelm LEVISON, MGH SRM 1–1, Hanovre 1951 ; trad. française Robert LATOUCHE, Grégoire de Tours. Histoire des Francs (Les classiques de l'histoire de France au Moyen Âge, 27 et 28), Paris 1963, 2 volumes.
Hariulf: Chronicon Centulense, éd. Ferdinand LOT, Chronique de l'abbaye de Saint-Riquier (Ve siècle – 1104) (Collection de textes pour servir à l'étude et à l'enseignement de l'histoire), Paris 1904.
Hériman: Liber de restauratione monasterii Sancti Martini Tornacensis, éd. Georg WAITZ, MGH SS 14, Hanovre, 1883, 274–317 ; trad. anglaise Lynn H. NELSON, Herman of Tournai. The Restoration of the Monastery of Saint-Martin of Tournai (Medieval Texts in Translation), Washington 1996.
L'histoire-polyptyque de l'abbaye de Marchiennes (1116/1121). Étude critique et édition (Publication du Centre belge d'histoire rurale 84), éd. Bernard DELMAIRE, Louvain-la-Neuve 1985.
Jacques de Guise: Annales historiae illustrium principum Hanoniae, éd. Ernst SACKUR, in: MGH SS 30–1, 44–334 ; éd. et trad. Agricole DE FORTIA D'URBAN, Histoire de Hainaut, Paris/Bruxelles 1826–1833, 16 volumes.
Jean d'Ypres, dit le Long: Chronica monasterii Sancti Bertini, éd. Edmond DURAND et Ursin MARTÈNE, Thesaurus novus anecdotorum 3, Paris 1717, 446–776 ; éd. Oswald HOLDER-EGGER, MGH SS 25, Hanovre 1880, 747–866.
Lambert de Saint-Omer: Liber Floridus, éd. Albert DEROLEZ, Lamberti S Audomari Liber Floridus. Codex autographus Bibliothecae Universitatis Gandavensis, Gand 1963.
Liber historiae Francorum, éd. Bruno KRUSCH, MGH SRM 2, Hanovre 1888, 215–328.
Ordéric Vital: Historia ecclesiastica, éd. Marjorie CHIBNALL, The Ecclesiastical History of Orderic Vitalis (Oxford Medieval Texts), Oxford 1969–1980, 6 volumes.
Relatio de sanctis ecclesiae Cameracensis, éd. Adolf HOFMEISTER, MGH SS 30–2, Hanovre 1934, 867–868.
Simon de Saint-Bertin: Gesta abbatum Sithiensium, éd. Benjamin GUÉRARD, Cartulaire de l'abbaye de Saint-Bertin (Collection des cartulaires de France 3), Paris 1840, 167–372 [à corriger avec François MORAND, Appendice au cartulaire de l'abbaye de Saint-Bertin, Paris 1867]; éd. Oswald HOLDER-EGGER, MGH SS 13, Hanovre 1881, 635–663.
Tomellus de fundatione coenobii Hasnoniensis [suivant la suggestion de Louis Serbat], éd. Oswald HOLDER-EGGER, MGH SS 14, Hanovre 1883, 149–158.
Tractatus de ecclesia Sancti Petri Aldenburgensis, éd. Oswald HOLDER-EGGER, MGH SS 15–2, Hanovre 1887, 867–904.

Sources hagiographiques
(les textes hagiographiques présentés dans l'annexe II n'ont pas été repris)

Acta, translationes et miracula Prudentii, éd. Jacques DE BUE, AA SS Octobris 3, Anvers 1770, 348–377.
Altfrid, Vita Liudgeri (BHL 4937), éd. Wilhelm DIEKAMP, Die Vitae sancti Liudgeri (Die Geschichtsquellen des Bistums Münster 4), Münster 1881, 3–53.
Baudonivie, Vita Radegundis, éd. Bruno KRUSCH, MGH Auctores Antiquissimi 4–2, Berlin 1884, 38–49; et MGH SRM 2, Hanovre 1888, 377–395.
Éginhard, Translatio et miracula Marcellini et Petri (BHL 5233), éd. Georg WAITZ, MGH SS 15–1, Hanovre 1887, 238–264.

Fortunat, Vita Radegundis (BHL 7048), éd. Bruno KRUSCH, MGH SRM 2, Hanovre 1888, 364–377.
Grégoire de Tours, In gloria martyrum, éd. Bruno KRUSCH, MGH SRM 1–2, Hanovre 1885, 34–111; trad. anglaise Raymond VAN DAM, Gregory of Tours. Glory of the Martyrs (Translated Texts for Historians), Liverpool 1988.
Grégoire de Tours, De virtutibus Martini (BHL 5618), éd. Bruno KRUSCH, MGH SRM 1–2, Hanovre 1885, 134–211; trad. anglaise Raymond VAN DAM, Saints and Their Miracles in Late Antique Gaul, Princeton 1993, 199–303.
Hériger de Lobbes, Translatio Landoaldi (BHL 4700), éd. partielle Oswald HOLDER-EGGER, MGH SS 15-2, Hanovre 1888, 601–607.
Jonas de Bobbio, Vita Columbani abbatis discipulorumque eius (BHL 1898), éd. Bruno KRUSCH, Ionae vitae sanctorum Columbani, Vedastis, Iohannis, Hanovre/Leipzig 1905 (MGH SRG), 144–294; trad. Adalbert DE VOGÜÉ, Jonas de Bobbio. Vie de Colomban et de ses disciples (Vie monastique 19; Aux sources du monachisme colombanien 1), Bégrolles-en-Mauges 1988.
Radbod de Noyon, Vita Godebertae (BHL 3572), éd. Jean BOLLAND, AA SS Aprilis 2, Anvers 1675, 32–36.
Ruotger, Vita Brunonis (BHL 1468), éd. Irene OTT, Ruotgers Lebensbeschreibung des Erzbischofs Bruno von Köln (MGH SRG nova series 10), Weimar 1951.
Sulpice Sévère, Vita Martini, éd. et trad. Jacques FONTAINE, Sources chrétiennes 133, Paris 1967, volume 1.
Virtutes Fursei (BHL 3213), éd. Bruno KRUSCH, MGH SRM 4, Hanovre 1902, 440–449.
Vita Agili (BHL 148), éd. Jean STILTING, AA SS Augusti 6, Anvers 1743, 574–587.
Vita Audoini prima (BHL 750), éd. Wilhelm LEVISON, MGH SRM 5, Hanovre/Leipzig 1910, 553–567.
Vita Audoini secunda (BHL 751), éd. Guillaume CUYPERS, AA SS Augusti 4, Anvers 1739, 810–819.
Vita Filiberti (BHL 6805), éd. Wilhelm LEVISON, MGH SRM 5, Hanovre/Leipzig 1910, 583–604.
Vita Fursei (BHL 3209), éd. Bruno KRUSCH, MGH SRM 4, Hanovre 1902, 434–440.
Vita Harlindis et Reinulae (BHL 3755), éd. Jean MABILLON, AA SS OSB 3–1, Paris 1623, 654–662.
Vita Idae (BHL 4141), éd. Godefroid HENSKEN, AA SS, Aprilis 2, Anvers 1675, 141–145.
Vita Vigoris (BHL 8608–8611), éd. Charles DE SMEDT, AA SS Novembris 1, Paris 1887, 297–305.
Vita Sulpicii (BHL 7930), éd. Jean BOLLAND, AA SS Januarii 2, Anvers 1643, 167–174.
Vita Theoderici (BHL 8050), éd. Wilhelm WATTENBACH, MGH SS 12, Hanovre 1856, 36–57.
De virtutibus Geretrudis (BHL 3495), éd. Bruno KRUSCH, MGH SRM 2, Hanovre 1898, 464–471.

Sources diplomatiques

Actes des comtes de Flandre. 1071–1128, éd. Fernand VERCAUTEREN (Commission royale d'histoire. Recueil des actes des princes belges), Bruxelles 1938.
Actes et documents anciens intéressant la Belgique. Nouvelle série (Commission royale d'histoire), éd. Charles DUVIVIER, Bruxelles 1903.
Cartulaire de l'abbaye de Cysoing et de ses dépendances, éd. Ignace DE COUSSEMAKER, Lille 1884.
Cartulaire de l'abbaye de Saint-Bertin (Collection des cartulaires de la France 3), éd. Benjamin GUÉRARD, Paris 1840.
Cartulaire de l'abbaye de Saint-Vaast d'Arras rédigé au XIIe siècle par Guimann, éd. Eugène VAN DRIVAL, Arras 1875.
Cartulaire [factice] de l'église abbatiale Notre-Dame de Boulogne-sur-Mer, éd. Daniel HAIGNERÉ, Mémoires de la Société académique de l'arrondissement de Boulogne-sur-Mer 13, 1882–1886, 95–360.
Charte de dotation de l'abbaye de Maubeuge, éd. Joseph DARIS, Analectes pour servir à l'histoire ecclésiastique de la Belgique 2, 1865, 42–52.
Les chartes de l'abbaye de Jumièges 1, v. 825 à 1169, éd. Jean-Jacques VERNIER, Rouen/Paris 1916.
Les chartes de l'abbaye de Saint-Bertin d'après le Grand Cartulaire de Dom Charles-Joseph Dewitte (648–1779) 1, 648–1240, éd. Daniel HAIGNERÉ, Saint-Omer 1886.
Chartes et documents de l'abbaye Saint-Pierre au Mont-Blandin à Gand, depuis sa fondation jusqu'à sa suppression, éd. Auguste VAN LOKEREN, Gand 1868–1871, 2 volumes.
Chartes originales antérieures à 1121 conservées dans le département du Nord, éd. Michèle COURTOIS, mémoire de maîtrise inédit, Université de Nancy II 1981.
Chronique et cartulaire de l'abbaye de Bergues-Saint-Winoc, éd. Alexandre PRUVOST, Bruges 1875–1878, 2 volumes.
La chronique et les chartes de l'abbaye de Maroeuil, éd. Paul BERTIN, Lille 1959.
Confirmations papales des possessions du chapitre de Tournai, éd. Joseph VOISIN, Analectes pour servir à l'histoire ecclésiastique de la Belgique 4 (1867), 265–275.

Diplomata belgica ante annum millesimum centesimum scripta, éd. Maurits GYSSELING et Anton C. F. KOCH, Bruxelles 1950.
Diplomata, chartae, epistolae, leges aliaque instrumenta ad res Gallo-Francicas spectantia, nouv. éd. Jean-Marie PARDESSUS, Paris 1843–1849, 2 volumes.
Geschichte der Grundherrschaft Echternach im Frühmittelalter 1–2, Quellenband, éd. Camillus WAMPACH, Luxembourg 1930.
Liber traditionum Sancti Petri Blandiniensis, éd. Arnold FAYEN, Gand 1906.
De oorkonden van de Sint-Baafsabdij te Gent (819–1321) (Publications de la commission royale d'histoire, in-4°), éd. Cyriel VLEESCHOUWERS, Bruxelles 1990–1991, 2 volumes.
Recherches sur le Hainaut ancien (pagus Hainoensis) du VIIe au XIIe siècle, éd. Charles DUVIVIER, Bruxelles 1865.
Recueil des actes de Charles II le Chauve, roi de France (Chartes et diplômes relatifs à l'histoire de France), éd. Arthur GIRY, Maurice PROU et Georges TESSIER, Paris 1943–1955, 3 volumes
Recueil des actes de Charles le Simple (893–923) (Chartes et diplômes relatifs à l'histoire de France), éd. Philippe LAUER, Paris 1943–1949, 2 volumes.
Recueil des actes d'Eudes, roi de France (888–898) (Chartes et diplômes relatifs à l'histoire de France), éd. Robert-Henri BAUTIER, Paris 1967.
Recueil des actes de Lothaire et de Louis V, rois de France (954–987), éd. Louis HALPHEN et Ferdinand LOT, Paris, 1908 (Chartes et diplômes relatifs à l'histoire de France).
Recueil des actes de Louis IV d'Outremer (936–954) (Chartes et diplômes relatifs à l'histoire de France), éd. Philippe LAUER, Paris 1914.
Recueil des actes de Philippe Ier, roi de France (1059–1108) (Chartes et diplômes relatifs à l'histoire de France), éd. Maurice PROU, Paris 1908.
Recueil des actes de Robert Ier et de Raoul, rois de France (922–939) (Chartes et diplômes relatifs à l'histoire de France), éd. Jean DUFOUR, Paris 1978.
Recueil des chartes de l'abbaye de Saint-Germain-des-Prés, des origines au début du XIIIe siècle, éd. René POUPARDIN, Paris, s.d. [1909].
Recueil des historiens des Gaules et de la France, éd. Dom Martin BOUQUET, Paris 1869–1880, 24 volumes.
Die Urkunden der Arnulfinger, éd. électronique Ingrid HEIDRICH: http://igh.histsem.uni-bonn.de/
Die Urkunden der Merowinger (MGH, Diplomata regum Francorum e stirpe merovingica), éd. Carlrichard BRÜHL, Theo KÖLZER et al., Hanovre 2001, 2 volumes.
Die Urkunden Arnolfs (Diplomata regum Germaniae ex stirpe Karolinorum 3), éd. Paul KEHR, Hanovre 1940.
Die Urkunden Heinrichs II. und Arduins (MGH Diplomata regum et imperatorum Germaniae 3), éd. Harry BRESSLAU et al., Hanovre 1888–1893.
Die Urkunden Konrad I., Heinrich I. und Otto I. (MGH Diplomata regum et imperatorum Germaniae 1), éd. Theodor SICKEL, Hanovre 1879–1884.
Die Urkunden Lothars I. und Lothars II (MGH Diplomata Karolinorum 3), éd. Theodor SCHIEFFER, Hanovre 1966.
Die Urkunden Otto des II. und Otto des III. (MGH Diplomata regum et imperatorum Germaniae 2), éd. Theodor SICKEL, Hanovre 1888–1893.
Die Urkunden Pippins, Karlmanns un Karls des Großen (MGH Diplomata Karolinorum 1), éd. Engelbert MÜHLBACHER et al., Hanovre 1906.
Die Urkunden Zwentibolds und Ludwigs des Kindes (Diplomata regum Germaniae ex stirpe Karolinorum 4), éd. Paul KEHR, Hanovre 1940.
Urkundenbuch des Erzstifts Magdeburg 1, 937–1192 (Geschichtsquellen der Provinz Sachsen und des Freistaates Anhalt, neue Reihe 18), éd. Friedrich ISRAËL et Walter MÖLLENBERG, Magdebourg 1937.

Sources normatives et conciliaires

Capitula episcoporum (MGH Leges) 1, éd. Peter BROMMER, Hanovre 1984; 2, éd. Rudolf POKORNY et Martina STRATMANN, Hanovre 1995; 3, éd. Rudolf POKORNY, Hanovre 1995.
Capitularia regum Francorum (MGH Leges) 1, éd. Alfred BORETIUS, Hanovre 1883; 2, éd. Alfred BORETIUS et Viktor KRAUSE, Hanovre 1890–1897.
Concilia Galliae. a. 314 – a. 506 (Corpus Christianorum. Series latina, 148A), éd. Charles MUNIER, Turnhout 1963; trad. Jean GAUDEMET, Conciles gaulois du IVe siècle (Sources chrétiennes 241), Paris 1977.
Concilia Galliae. a. 511 – a. 695, éd. Carlo DE CLERCQ (Corpus Christianorum. Series latina 148B), Turnhout 1963; trad. Jean GAUDEMET et Brigitte BASDEVANT, Les canons des conciles mérovingiens

(VIe–VIIe siècles) (Sources chrétiennes 353 et 354), Paris 1989, 2 volumes.
Concilia aevi Karolini (MGH Leges 2), éd. Albert Werminghoff, Hanovre/Leipzig 1906.

Sources liturgiques et nécrologiques

Anglo-Saxon Litanies of the Saints (Henry Bradshaw Society 106), éd. Michael Lapidge, Londres 1991.
Coens, Maurice: Anciennes litanies des saints, in: id., Recueil d'études bollandiennes (Subsidia hagiographica 37), Bruxelles 1963, 131–322.
Coens, Maurice: Litanies de Bergues-Saint-Winnoc dans un psautier originaire de Flandre maritime, Analecta Bollandiana 83 (1965), 291–302.
Gaiffier, Baudouin de: Le calendrier d'Héric d'Auxerre du manuscrit de Melk 412, Analecta Bollandiana 77 (1959), 392–425.
Der karolingische Reichskalender und seine Überlieferung bis ins 12. Jahrhundert (MGH. Libri memoriales 2), éd. Arno Borst, Hanovre 2001, 3 volumes.
Libri confraternitatum Sancti Galli, Augiensis, Fabariensis (MGH Necrologia Germaniae), éd. Paul Piper, Hanovre 1884.
Le martyrologe d'Adon, ses deux familles, ses trois recensions. Texte et commentaire (Sources d'histoire médiévale publiées par l'Institut de recherche et d'histoire des textes), éd. Jacques Dubois et Geneviève Renaud, Paris 1984.
Le martyrologe d'Usuard. Texte et commentaire (Subsidia hagiographica 40), éd. Jacques Dubois, Bruxelles 1965.
Die Totenbücher von Merseburg, Magdebourg und Lüneburg (MGH Libri memoriales et necrologia, nova series 2), éd. Gerd Althoff et Joachim Wollasch, Hanovre 1983.

Polyptyques et descriptions de biens

Breviarium de thesauro sancti Bavonis, éd. Wilhelm Wattenbach, Neues Archiv 8, 1883, 374–376.
Brevium exempla ad describendas res ecclesiasticas et fiscales, éd. Alfred Boretius, Capitularia regum Francorum (MGH Leges) 1, Hanovre 1883, 250–256.
Charte de donation de l'abbaye de Maubeuge, éd. Joseph Daris, Analectes pour servir à l'histoire ecclésiastique de la Belgique 2 (1865), 42–44.
Das Polyptychon und die Notitia de areis von Saint-Maur-des-Fossés. Analyse und Edition (Beihefte der Francia 23), éd. Dieter Hägermann et Andreas Hedwig, Sigmaringen 1990.
Le polyptyque de l'abbaye de Saint-Bertin (844–859), édition critique et commentaire (Mémoires de l'Académie des Inscriptions et Belles-Lettres 45), éd. François-Louis Ganshof, Françoise Godding-Ganshof et Antoine de Smet, Paris 1975.
Le polyptyque et les listes de biens de l'abbaye Saint-Pierre de Lobbes (IXe–XIe siècles) (Commision royale d'histoire. Recueil de textes pour servir à l'étude de l'histoire de la Belgique), éd. Jean-Pierre Devroey, Bruxelles 1986.

Correspondance

De brief van abt Othelbold aan gravin Otgiva, over de relikwieën en het domein van de Sint-Baafsabdij te Gent (1019–1030) (Commission royale d'histoire), éd. Léon Voet, Bruxelles 1949.
The Letters and Poems of Fulbert of Chartres (Oxford Medieval Texts), éd. et trad. anglaise Federick Behrends, Oxford 1976.
Loup de Ferrières, Correspondance (Les Classiques de l'histoire de France au Moyen Âge 10 et 16), éd. Léon Levillain; 1, 829–847, Paris 1927; 2, 847–862, Paris 1935.

Sources poétiques et inscriptions métriques

Alcuin, Carmina, éd. Ernst Dümmler, MGH Poetae 1, Berlin 1881, 169–354.

ÉTUDES

Althoff Gerd: Der frieden-, bündnis und gemeinschaftstiftende Charakter des Mahles im früheren Mittelalter, in: Essen und Trinken im Mittelalter und Neuzeit, dir. Irmgard Bitsch et al., Sigmaringen 1990, 13–25.
Albert, Bath-Sheva: Le pèlerinage à l'époque carolingienne (Bibliothèque de la Revue d'histoire

ecclésiastique 82), Louvain-la-Neuve 1999.
AMAND, Marcel: Les débuts du christianisme à Tournai, Les études classiques 40 (1972), 311–327.
AMAND Marcel: Les reliques de saint Nicaise et l'emplacement du premier cimetière chrétien à Tournai, Revue belge de philologie et d'histoire 35 (1957), 66–74.
AMOS, Thomas L.: Monks and pastoral care in the early Middle Ages, in: Religion, Culture and Society in the Early Middle Ages. Studies in honor of Richard E. Sullivan (Studies in Medieval Culture 23), dir. John J. CONTRENI et Thomas F. X. NOBLE, Kalamazoo 1987, 165–180.
L'archéologie en Hainaut-Cambrésis-Avesnois. Catalogue d'exposition, Valenciennes 1981.
AUBRUN, Michel: L'ancien diocèse de Limoges des origines au XIVe siècle (Publication de l'Institut d'études du Massif central 21), Clermont-Ferrand 1981.
AUBRUN, Michel: Le clergé rural dans le royaume franc du VIe au XIIe siècle, in: Le clergé rural dans l'Europe médiévale et moderne (Flaran 13), dir. Pierre BONNASSIE, Toulouse 1995, 15–27.
AUBRUN, Michel: La paroisse en France des origines au XVe siècle, Paris 1986.
AVRIL, Joseph: La 'paroisse' dans la France de l'an Mil, in: Le roi de France et son royaume autour de l'an Mil, dir. Xavier BARRAL I ALTET et Michel PARISSE, Paris 1992, 203–218.
AVRIL, Joseph: Paroisse et clergé paroissial, du haut Moyen Âge à la Révolution française: quelques réflexions à partir de publications récentes, in: Revue d'histoire de l'Église de France 84 (1998), 349–370.
BANNIARD, Michel: Les deux Vies de saint Riquier: du latin médiatique au latin hiératique, in: Médiévales 25 (1993), 45–52.
BANNIARD, Michel: Latin et communication orale en Gaule franque: le témoignage de la 'Vita Eligii', in: Le septième siècle. Changements et continuités (Studies of the Warburg Institute 42), dir. Jacques FONTAINE et Jocelyn Nigel HILLGARTH, Londres 1992, 58–86.
BANNIARD, Michel: Viva Voce. Communication écrite et communication orale du IVe au IXe siècle en Occident latin (Collection des études augustiniennes. Série Moyen Âge et Temps Modernes 25), Paris 1992.
Les barbares et la mer. Les migrations des peuples du nord-ouest de l'Europe du Ve au Xe siècle, dir. Jacques-Yves MARIN, Caen/Toulouse 1992.
BARBIER, Josiane: Palais et fisc à l'époque carolingienne: Attigny, Bibliothèque de l'École des chartes 140 (1982), 133–162.
BARBIER, Josiane: Le système palatial franc: genèse et fonctionnement dans le nord-ouest du regnum, Bibliothèque de l'École des chartes 148 (1990), 245–299.
BARUBÉ, Odile: L'abbaye du Mont-Saint-Éloi des origines au XIVe siècle, Poitiers 1977.
BARUBÉ, Odile: La collégiale du Mont-Saint-Éloi, des origines à 1350, Revue d'histoire de l'Église de France 61 (1975), 227–230.
BAUDUIN Pierre: La première Normandie (X^e–XIe siècles). Sur les frontières de la haute Normandie: identité et construction d'une principauté, Caen 2004.
BAUER, Thomas: Heiligenverehrung und Raum: allgemeine Grundlagen und Entwicklung, Methoden der Erforschung am Beispiel des Raumes zwischen Schelde, Maas und Rhein, in: L'évangélisation des régions entre Meuse et Moselle et la fondation de l'abbaye d'Echternach (V^e–IXe siècle), actes des 10es journées lotharingiennes (Luxembourg, 28–30 octobre 1998) (Publications de la Section historique de l'Institut grand-ducal de Luxembourg 117; Publications du CLUDEM 16), dir. Michel POLFER, Luxembourg 2000, 147–188.
BAUER, Thomas: Lotharingien als historischer Raum. Raumbildung und Raumbewußtsein im Mittelalter (Rheinisches Archiv 136), Cologne 1997 [à lire avec les observations de Monique GOULLET dans Francia 26-1 (1999) 293–296].
BAUTIER, Anne-Marie: De 'prepositus' à 'prior', de 'cella' à 'prioratus': évolution linguistique et genèse d'une institution (jusqu'à 1200), in: Prieurs et prieurés dans l'Occident médiéval (Hautes études médiévales et modernes 60), dir. Jean-Loup LEMAÎTRE, Genève 1987, 1–21.
BEAUJARD, Brigitte: Cités, évêques et martyrs en Gaule à la fin de l'époque romaine , in: Les fonctions des saints dans le monde occidental (IIIe–XIIIe siècle) (Collection de l'École française de Rome 149), Rome 1991, 175–191.
BEAUJARD, Brigitte: Le culte des saints en Gaule. Les premiers temps. D'Hilaire de Poitiers à la fin du VIe siècle (Histoire religieuse de la France 15), Paris 2000.
BEAUSSART, Philippe: Patrimoine archéologique du Valenciennois, Valenciennes 1987.
BECK, Henry G. J.: The selection of bishops suffragan to Hincmar of Rheims, 845–882, The Catholical Historical Review 45 (1959), 273–308.
BELOT, Éric: Boulogne, ville romaine. Pour une étude archéologique systématique d'un site majeur de la Gaule septentrionale, De Franse Nederlanden. Les Pays-Bas français 21 (1996), 121–138.

Belot, Éric: Les dieux et les morts. Collections d'antiquités romaines du château-musée de Boulogne-sur-Mer (Mémoires de la société académique du Boulonnais 9), Boulogne 1990.

Berings, Geert: Een onderzoek van de patrocinia van parochiekerken in het scheldebekken vanaf het vroegste christendom tot 1559, mémoire de licence inédit, Université de Gand 1981, 2 volumes

Berlière, Ursmer: L'exercice du ministère paroissial par les moines dans le haut Moyen Âge, Revue bénédictine 39 (1927), 227–250.

Berlière, Ursmer: Les processions de croix banales, Bulletin de l'Académie royale de Belgique. Classe des lettres et des sciences morales et politiques 8 (1922), 419–446.

Bernard, Honoré: Les cathédrales de Thérouanne. Les constructions du haut Moyen Âge, Archéologie médiévale 10 (1980), 105–152.

Bernard, Honoré: Les cryptae carolingiennes de Thérouanne et d'ailleurs, Bulletin de la Commission départementale des Monuments historiques du Pas-de-Calais 10-4 (1979–1980), 305–333.

Bertrand, Paul: Études d'hagiographie hainuyère. L'exemple du «cycle de Maubeuge»: un état de la question, Le Moyen Âge 107 (2001), 537–546.

Bertrand, Paul: La Vie de sainte Madelberte de Maubeuge, Analecta Bollandiana 115 (1997), 39–76.

Biographie nationale de Belgique, Bruxelles 1866–1944, 28 volumes ; Suppléments, Bruxelles 1957–1985, 16 volumes ; Nouvelle biographie nationale, Bruxelles, en cours depuis 1988.

Biographisch-bibliographisches Kirchenlexikon, Herzberg, en cours (http://www.bautz.de/bbkl/).

Bibliotheca sanctorum, Rome 1961–1969, 12 volumes.

Blaise, Albert: Dictionnaire Latin-Français des auteurs chrétiens, Strasbourg 1954.

Bled, Olivier: Boulogne a-t-il été évêché avant le XVIe siècle?, Mémoires de la Société des antiquaires de la Morinie 31 (1912–1913), 7–49.

Bled, Olivier: Abbatiale et collégiale, dans Mémoire de la Société des Antiquaires de la Morinie 32, 1914–1920, 5–112.

Bled, Olivier: Le Chronicon Morinense, Bulletin de la Société des antiquaires de la Morinie 11 (1902–1906), 171–180.

Bled, Olivier: Regestes des évêques de Thérouanne (500–1553) 1, Saint-Omer 1904.

Bodarwé, Katrinette: Sanctimoniales litteratae. Schriftlichkeit und Bildung in den ottonischen Frauenkommunitäten Gandersheim, Essen und Quedlinburg (Quellen und Studien. Veröffentlichungen des Instituts für kirchengeschichtliche Forschung des Bistums Essen 10), Münster 2004.

Boeren, Petrus Cornelis: Contribution à l'histoire de Cambrai à l'époque mérovingienne, Maastricht/Vroenhoven 1940.

Boesch Gajano, Sofia: Des *loca sanctorum* aux espaces de la sainteté, in: Deux mille ans d'histoire de l'Église. Bilan et perspectives historiographiques (Revue d'histoire ecclésiastique 95–3), dir. Jean Pirotte et Eddy Louchez, Louvain-la-Neuve 2000, [48]–[70].

Boinet, Amédée: Un manuscrit à peinture de la bibliothèque de Saint-Omer, Bulletin archéologique du Comité des travaux scientifiques et historiques (1904), 415–430.

Bonenfant, Paul: Note critique sur le prétendu testament de sainte Aldegonde, Bulletin de la Commission royale d'histoire 98 (1934), 219–238.

Bonnet, Charles: Les églises en bois du haut Moyen Âge d'après les recherches archéologiques, in: Grégoire de Tours et l'espace gaulois, actes du colloque de Tours (3–5 novembre 1994) (Supplément à la Revue archéologique du Centre de la France 13), dir. Henri Galinié et Nancy Gauthier, Tours 1997, 217–236.

Boudriot, Wilhelm: Die altgermanische Religion in der amtlichen kirchlichen Literatur des Abendlandes vom 5. bis 11. Jahrhundert, Bonn 1928.

Bougard, François: La relique en procès: autour des Miracles de saint Colomban, in: Le règlement des conflits au Moyen Âge, actes du 31e congrès de la SHMESP (Angers, juin 2000) (Publications de la Sorbonne. Série Histoire ancienne et médiévale 62), Paris 2001, 35–66.

Bouly, Eugène: Dictionnaire historique de la ville de Cambrai, des abbayes, des châteaux-forts et des antiquités du Cambrésis, Cambrai 1854.

Bozóky, Edina: L'initiative et la participation du pouvoir laïc dans les translations de reliques au haut Moyen Âge. Esquisse typologique, in: Sources. Travaux historiques 51–52 (1997), 39–57.

Bozóky, Edina: La politique des reliques des premiers comtes de Flandre (fin du IXe–fin du XIe siècle), in: Les reliques. Objets, cultes, symboles (Hagiologia 1), dir. Edina Bozóky et Anne-Marie Helvétius, Turnhout 1999, 271–292.

Bozóky, Edina: Le recouvrement des reliques des saints Valéry et Riquier par Hugues Capet, in: Saint Riquier à Saint-Riquier (Médiévales 13), dir. Danielle Buschinger, Amiens 2001, 1–13.

Bozóky, Edina: Voyage de reliques et démonstration du pouvoir aux temps féodaux, in: Voyages et voyageurs au Moyen Âge, actes du 26e congrès de la SHMESP (Limoges-Aubazine, mai 1995)

(Publications de la Sorbonne. Série Histoire ancienne et médiévale 39), Paris 1996, 267–280.
BRASSART, Félix: Histoire du château et de la châtellenie de Douai, des fiefs, terres et seigneuries tenus du souverain de cette ville, depuis le Xe siècle jusqu'en 1789, Douai 1877, 2 volumes; Preuves, Douai 1877–1887, 2 volumes.
BRASSART, Félix: Mémoire sur un point important de l'histoire de Douai. Établissement de la collégiale de St-Amé dans cette ville, Souvenirs de la Flandre wallonne 12 (1872), 5–62 et 75–113.
BROWN, Peter: Le culte des saints. Son essor et sa fonction dans la chrétienté latine, trad. française Paris, 1984.
BRÜHL, Carlrichard: Palatium und civitas. Studien zur Profantopographie späntantiker Civitates vom 3. bis 13. Jahrhundert 1, Gallien, Cologne/Vienne 1975.
BRULET, Raymond: La militarisation de la Gaule du Nord au Bas-Empire et les petites agglomérations urbaines de Famars et de Bavay, Revue du Nord. Archéologie 77–313 (1995), 55–70.
BÜHRER-THIERRY, Geneviève: Les chorévêques en Bavière. Leurs activités dans la première moitié du Xe siècle, Zeitschrift für bayerische Landesgeschichte 48 (1985), 479–488.
BULTEAU, Abbé: Étude historique et archéologique sur les abbayes d'Honnecourt et de Vaucelles, Bulletin de la Commission historique du Nord 16 (1883), 1–110.
CARDEVACQUE, Adolphe de: Histoire de l'abbaye d'Auchy-les-Moines, Arras 1875.
CARDEVACQUE, Adolphe de, TERNINCK, Auguste: L'abbaye de Saint-Vaast. Monographie historique, archéologique et littéraire de ce monastère, Arras 1865–1868, 3 volumes.
CARDOT, Fabienne: L'espace et le pouvoir. Étude sur l'Austrasie mérovingienne (Publications de la Sorbonne, Série histoire ancienne et médiévale 17), Paris 1987.
CARNIER, Marc: Parochies en bidplaasten in het bisdom Terwaan vóór 1300. Een repertorium van de parochies van de dekenijen Veurne en Ieper en een overzicht van alle bidplaasten van het bisdom (Archives générales du Royaume, Studia 78), Bruxelles 1999.
CAROLI, Martina: Bringing saints to cities and monasteries: translationes in the making of sacred geography (ninth-tenth centuries), in: Towns and their Territories Between Late Antiquity and the Early Middle Ages (The Transformation of the Roman World 9), dir. Gian Pietro BROGIOLO, Nancy GAUTHIER et Neil CHRISTIE, Leyde/Boston/Cologne 2000, 259–274.
Carte archéologique de la Gaule 59, Le Nord, dir. Roland DELMAIRE, Paris, 1996.
Carte archéologique de la Gaule 62, Le Pas-de-Calais, dir. Roland DELMAIRE, Paris, 1994, 2 volumes.
CASSARD, Jean-Christophe: En marge des incursions vikings, Annales de Bretagne et des Pays de l'Ouest 98-3 (1991), 261–272.
La cathédrale de Saint-Omer. 800 ans de mémoire vive, dir. Nicolette DELANNE-LOGIÉ et Yves-Marie HILAIRE, Paris 2000.
Catholicisme. Hier, aujourd'hui, demain, dir. Gérard MATHON et al. Paris, en cours depuis 1948.
CATRIN, Paul: Aperçu sur l'ancienne abbaye de Marœuil-en-Artois et l'institution qui lui succède, Arras 1953.
CATRIN, Paul: L'influence colombanienne à l'abbaye de Marœuil-en-Artois, in: Mélanges colombaniens, actes du congrès de Luxeuil (20–23 juillet 1950) (Bibliothèque de la Société d'histoire ecclésiastique de la France), Paris 1951, 243–246.
Les chanoines dans la ville. Recherches sur la topographie des quartiers canoniaux en France, dir. Jean-Charles PICARD, Paris 1994.
Les chapitres de dames nobles entre France et Empire, dir. Pierre HEILI et PARISSE, Paris 1998.
Charters and the Use of the Written World in Medieval Society (Utrecht Studies in Medieval Literacy 5), dir. Karl HEIDECKER, Turnhout 2000.
CHARTIER, Yves: Clavis operum Hucbaldi Elnonensis: bibliographie des œuvres d'Hucbald de Saint-Amand, Journal of Medieval Latin 5 (1995), 202–224.
Childéric – Clovis. 1500e anniversaire (482–1982), Tournai 1982.
La christianisation des campagnes (Bibliothèque de l'Institut historique belge de Rome 38 et 39), dir. Marie-Élisabeth HENNEAU et Jean-Pierre MASSAUT, Bruxelles/Rome 1996, 2 volumes.
La christianisation des pays entre Loire et Rhin (IVe–VIIe siècle) (Revue d'histoire de l'Église de France 62–168), dir. Pierre RICHÉ, Paris 1976; rééd. Paris 1993 (Cerf. Histoire de la France religieuse 2).
Le christianisme en Occident du début du VIIe siècle au milieu du IXe siècle. Textes et document (Regards sur l'histoire. Histoire médiévale), dir. François BOUGARD, Paris 1997.
Christianity and Paganism (350–750). The Conversion of Western Europe, éd. et trad. Jocelyn Nigel HILLGARTH, Philadelphie ²1986.
Christianizing Peoples and Converting Individuals (International Medieval Research 7), dir. Guyda ARMSTRONG et Ian N. WOOD, Turnhout 2000.

Claude, Dietrich: Geschichte des Erzbistums Magdeburg bis in das 12. Jahrhundert 1, Die Geschichte der Erzbischöfe bis auf Ruotger (1124) (Mitteldeutsche Forschungen, 67-1), Cologne/Vienne 1972, 17–135.
Coens, Maurice: L'auteur de la Passio Livini s'est-il inspiré de la Vita Lebuini?, Analecta Bollandiana 70 (1952), 285–305.
Coens, Maurice: L'auteur de la Vita Erkembodonis, Analecta Bollandiana 42 (1924), 126–136.
Coens, Maurice: La légende de S. Audebert, comte d'Ostrevant, Analecta Bollandiana 51 (1933), 99–116.
Coens, Maurice: Un légendier de Cysoing, Analecta Bollandiana 60 (1942), 17–20.
Coens, Maurice: Le lieu de naissance de sainte Renelde d'après sa 'Vita', Analecta Bollandiana 69 (1951), 348–387.
Coens, Maurice: Litanies de Bergues-Saint-Winnoc dans un psautier originaire de Flandre maritime, Analecta Bollandiana 83 (1965), 291–302.
Coens, Maurice: La Passion de saint Sauve martyr à Valenciennes, Analecta Bollandiana 87 (1969), 133–187.
Coens, Maurice, Le plan d'une hagiographie de la Franche-Comté et des régions voisines par P.-F. Chifflet en 1627, Analecta Bollandiana 83 (1965), 23–49.
Coens, Maurice: Recueil d'études bollandiennes (Subsidia hagiographica 37), Bruxelles 1963.
Coens, Maurice: S. Bavon était-il évêque ?, Analecta Bollandiana 63 (1945) 220–241.
Coens, Maurice: Le séjour de sainte Walburge à Anvers, d'après son office à la collégiale de Zutphen, Analecta Bollandiana 80 (1962), 345–360.
Coens, Maurice: Translations et miracles de saint Bavon au XIe siècle, Analecta Bollandiana 86 (1968), 39–66.
Coens, Maurice: Un manuscrit perdu de Rouge-Cloître décrit d'après les notes d'Héribert Rosweyde et d'Aubert le Mire, Analecta Bollandiana 78 (1960), 51–83.
Coens, Maurice, van der Straeten, Joseph: Un martyrologe du XIIe siècle à l'usage de Saint-Bavon de Gand (Brit. Mus., Egerton 2796), Analecta Bollandiana 84 (1966), 129–160.
Constable, Giles: Monasteries, rural churches and the cura animarum in the early middle ages, in: Cristianizzazione ed organizzazione ecclesiastica delle campagna nell'alto Medioevo: espansione e resistenze (Settimane di studio del centro italiano di studi sull'Alto Medioevo 28) 1, Spolète 1982, 349–389.
Constable, Giles: Opposition to pilgrimage in the Middle Ages, Studia Gratiana 19 (1976), 123–146.
La conversione al cristianesimo nell'Europa dell'alto Medioevo (Settimane di studio del centro italiano di studi sull'Alto Medioevo 13), Spolète 1966.
Coolen, Georges: L'abbé Odbert et le scriptorium de Saint-Bertin, Bulletin de la Société des antiquaires de la Morinie 17 (1946–1952), 436–439.
Coolen, Georges: La confraternité de Saint-Bertin, Bulletin de la Société des antiquaires de la Morinie 21–412 (1972), 622–634.
Coolen, Georges: L'église carolingienne de Saint-Bertin, Bulletin de la Société des antiquaires de la Morinie 17 (1946–1952), 113–120, 129–137 et 568–573.
Coolen, Georges: Frechen et les possessions audomaroises en Rhénanie, Bulletin de la Société des antiquaires de la Morinie 18-331 (1952), 585–592.
Coolen, Georges: Guntbert de Saint-Bertin. Chronique des temps carolingiens, Revue du Nord 40 (1958), 212–224.
Coolen, Georges: Insula Sithiu, Bulletin de la Société des antiquaires de la Morinie 18 (1952–1957), 76–77.
Coolen, Georges: Un miracle de saint Omer, Bulletin de la Société des antiquaires de la Morinie 20 (1963–1967), 285–288.
Coolen, Georges: Saint Colomban et saint Omer, in: Mélanges colombaniens (Bibliothèque de la Société d'histoire ecclésiastique de la France), Paris, 1951, 361–375.
Coolen, Georges: Saint Omer et saint Bertin, Bulletin de la Société des antiquaires de la Morinie 22 (1972–1980), 1–24.
Coolen, Georges: Sithiu et les origines de la dévotion mariale dans la Gaule septentrionale, Bulletin de la Société des antiquaires de la Morinie 18 (1952–1957), 46–49.
Coolen, Georges: Les vignobles de Sithiu en Rhénanie, Bulletin de la Société des antiquaires de la Morinie 18-334 (1953), 1–24.
Cooper, Kate: The widow as impresario: gender, legendary afterlives, and documentary evidence in Eugippius' Vita Severini, in: Eugippius und Severin. Der Autor, der Text und der Heilige (Österreichische Akademie der Wissenschaften. Philosophisch-historische Klasse. Denkschriften 297;

Forschungen zur Geschichte des Mittelalters 2), dir. Walter POHL et Maximilian DIESENBERGER, Vienne 2001, 53–63.

CORRÊA, Alice: St Austraberta of Pavilly in the anglo-saxon liturgy, Analecta Bollandiana 115 (1997), 75–112.

Cristianizzazione ed organizzazione ecclesiastica delle campagna nell'alto Medioevo: espansione e resistenze (Settimane di studio del centro italiano di studi sull'Alto Medioevo 28), Spolète 1982, 2 volumes.

Les cultes à Arras au Bas Empire, Arras [1990].

DAUPHIN, Hubert: Le Bienheureux Richard, abbé de Saint-Vanne († 1046) (Bibliothèque de la Revue d'histoire ecclésiastique 24), Louvain/Paris 1946.

DE CLERCQ, Carlo: La législation religieuse franque de Clovis à Charlemagne. Étude sur les actes des conciles et les capitulaires, les statuts diocésains et les règles monastiques (507–814) (Recueil de travaux de l'Université de Louvain, 2e série 38), Louvain/Paris 1936.

DE CROOCQ, Charles de: Un saint de la Flandre française. Saint Winoc, abbé de Wormhout, patron de Bergues (vers 640–717) (Annales du comité flamand de France 44), Lille 1944.

DE VRIENDT, François: Les deux Vies latines de saint Vincent de Soignies (XIe–XIIe siècles). Un patrimoine littéraire sonégien?, in: Saint Vincent de Soignies. Regards du XXe siècle sur sa vie et son culte. Recueil d'études publié à l'occasion du quatrième centenaire de la confrérie Saint-Vincent (1599–1999) (Les Cahiers du Chapitre 7), dir. Jacques DEVESELEER, Soignies 1999, 35–50.

DE VRIENDT, François: Le dossier hagiographique de sainte Waudru, abbesse de Mons (IXe s. – XIIe s.), Mémoires et publications de la Société des sciences, arts et lettres du Hainaut 98 (1996), 1–37.

DE VRIENDT, François: La tradition manuscrite de la Vita Waldetrudis (BHL 8776–8777). Les mécanismes de propagation d'un récit hagiographique régional (IXe–XVe siècle), Analecta Bollandiana 117 (1999), 319–368.

DE VRIENDT, François: La Vita sanctae Reineldis (BHL 7082). Commentaire critique et nouvelle hypothèse de datation, in: La vie et le culte de sainte Renelde des origines à nos jours (Dossier du Comité d'histoire religieuse Rebecq-Tubize 2), dir. Luc DELPORTE, Tubize 1996, 17–35.

DEBLON, André: Les origines des doyennés ruraux dans le diocèse de Liège, Le Moyen Âge 105 (1999), 703–716.

DECLERCQ, Georges: Anno Domini. Les origines de l'ère chrétienne, Turnhout 2000.

DECLERCQ, Georges: Centres de faussaires et falsifications de chartes en Flandre au Moyen Âge, in: Falsos y falsificaciones de documentos diplomáticos en la edad media, Saragosse 1991, 65–74.

DECLERCQ, Georges: Le classement des chartriers ecclésiastiques en Flandre au Moyen Âge, Scriptorium 50 (1996), 331–344.

DECLERCQ, Georges: Het kapittel van Harelbeke in de 11de en 12de eeuw. Een bijdragen tot de studie van de 'vita canonica' in Vlaanderen, Sacris erudiri 29 (1986), 267–312.

DECLERCQ, Georges: Traditievorming en tekstmanipulatie in Vlaanderen in de tiende eeuw. Het Liber Traditionum Antiquus van de Gentse Sint-Pietersabdij (Verhandelingen van de koninklijke academie voor wetenschappen, letteren en schone kunsten van de België 164), Bruxelles 1998.

DECLERCQ, Georges: Originals and cartularies: the organization of archival memory (ninth-eleventh centuries), in: Charters and the Use of the Written World in Medieval Society (Utrecht Studies in Medieval Literacy 5), dir. Karl HEIDECKER, Turnhout 2000, 147–170.

DECLERCQ, Georges, VERHULST, Adriaan: L'action et le souvenir de saint Amand en Europe centrale. À propos de la découverte d'une Vita Amandi antiqua, in: Aevum inter utrumque. Mélanges offerts à Gabriel Sanders (Instrumenta patristica 23), dir. Roland DEMEULENAERE et Marc VAN UYTFANGHE, Steenbruges/La Haye 1991, 503–526.

DECLERCQ, Georges, VERHULST, Adriaan: Gand entre les abbayes et la fortification comtale, in: Gand. Apologie d'une ville rebelle, dir. Johan DECAEVELE, Anvers 1989, 37–59.

DEHAISNES, Chrétien: Documents et extraits divers concernant l'histoire de l'art dans la Flandre, l'Artois et le Hainaut avant le XVe siècle, Lille 1886.

DEISSER-NAGELS, Francine: Valenciennes, ville carolingienne, Le Moyen Âge 68 (1962), 51–90.

DEKKER, Cornelis: Saint-Bavon en Zélande, in: Studia in honorem Adriaan Verhulst, dir. Jean-Marie DUVOSQUEL et Erik THOEN, Gand 1995, 379–396.

DEKKERS, Eligius, NOTERDAEME Jozef: Sint Eligius in de Pagus Flandrensis. De kerk te Snellegem, Sacris erudiri 7 (1955), 140–161.

DELAPLACE, Christine: Les origines des églises rurales (Ve–VIe siècles). À propos d'une formule de Grégoire de Tours, Histoire et sociétés rurales 18 (2002), 11–40.

DELEHAYE, Hippolyte: Cinq leçons sur la méthode hagiographique (Subsidia hagiographica 21), Bruxelles 1934.

Delehaye, Hippolyte: Sanctus. Essai sur le culte des saints dans l'Antiquité (Subsidia hagiographica 17), Bruxelles 1927.
Delisle, Léopold: Mémoires sur d'anciens sacramentaires, Paris 1886.
Delmaire, Bernard: Les actes de fondation de paroisse dans le Nord de la France aux XIIe–XIIIe siècles, Revue du Nord 83 (2001), 253–278.
Delmaire, Bernard: Le diocèse d'Arras de 1093 au milieu du XIVe siècle. Recherches sur la vie religieuse dans le Nord de la France au Moyen Âge (Mémoires de la Commission départementale d'histoire et d'archéologie du Pas-de-Calais 21), Arras 1994, 2 volumes.
Delmaire, Bernard: Thérouanne et Hesdin, deux destructions (1553), une reconstruction, in: Destruction et reconstruction de villes, du Moyen Âge à nos jours (Crédit Communal. Collection Histoire, série in-8°, 100), Bruxelles 1999, 127–153.
Delmaire, Bernard et Roland: Les limites de la cité des Atrébates (nouvelle approche d'un vieux problème), Revue du Nord 72 (1990), 697–735.
Delmaire, Roland: Ciuitas Morinorum, pagus Gesoriacus, ciuitas Bononensium, Latomus. Revue d'études latines 33 (1974), 265–279.
Delmaire, Roland: La région Manche/mer du Nord dans l'espace politique et économique romain, in: Les hommes et la mer dans l'Europe du nord-ouest de l'Antiquité à nos jours, actes du colloque de Boulogne-sur-Mer (juin 1984) (Numéro spécial hors-série de la Revue du Nord 1). dir. Jean-Claude Hocquet, Stéphane Lebecq et Alain Lottin, Villeneuve d'Ascq 1986, 153–161.
Delmaire, Roland: Pour une réhabilitation de l'inscription bavaisienne *CIL XIII 395**, Revue du Nord. Archéologie 84 (2002), 129–132.
Demolon, Pierre, Rouche, Michel: Les origines rurales de Douai, La fondation de la ville de Douai, in: Histoire de Douai (Histoire des villes du Nord/Pas-de-Calais 9), dir. Michel Rouche, Dunkerque 1985, 11–37.
Demouy, Patrick: L'empereur Charles IV et les reliques de saint Nicaise, Annales de l'Est 32 (1980), 115–132.
Depreux, Philippe: Imbuendis ad fidem prefugidum surrexit lumen gentibus. La dévotion à saint Remi de Reims aux IXe et Xe siècles, Cahiers de civilisation médiévale 35 (1992), 111–129.
Depreux, Philippe: Prosopographie de l'entourage de Louis le Pieux (781–840) (Instrumenta 1), Sigmaringen 1997.
Depreux, Philippe: Saint Remi et la royauté carolingienne, Revue historique 285 (1991), 235–260.
Dereine, Charles: Chanoines, Dictionnaire d'histoire et de géographie ecclésiastique 12 (1953), 353–405.
Dereine, Charles: Ermites, reclus et recluses dans l'ancien diocèse de Cambrai entre Scarpe et Haine (1075–1125), Revue bénédictine 97 (1987), 289–313.
Deremble, Colette: L'illustration romane de la Vie de saint Omer, manuscrit 698 de la Bibliothèque de Saint-Omer, in: La cathédrale de Saint-Omer. 800 ans de mémoire vive, dir. Nicolette Delanne-Logié et Yves-Marie Hilaire, Paris 2000, 39–48 [illustrations hors-texte].
Derolez, Albert: La cité des Atrébates à l'époque romaine. Documents et problèmes, Revue du Nord 40 (1958), 505–553.
Derville, Alain: Les humbles débuts, in: Histoire de Saint-Omer (Histoire des villes du Nord/Pas-de-Calais 1), dir. Alain Derville, Lille 1981, 11–27.
Derville, Alain: Saint-Omer des origines au début du XIVe siècle, Lille 1995.
Derville, Alain: Somain et les Brevium exempla, Revue du Nord 77 (1995), 7–11.
Deschamps, Louis: Notice sur un manuscrit de la bibliothèque de Saint-Omer, Mémoires de la société des antiquaires de la Morinie 5 (1839–1840), 173–208 [+ planches dans l'atlas correspondant].
Deschamps, Paul: Critique du privilège épiscopal accordé par Emmon de Sens à l'abbaye de Sainte-Colombe (660, 26 août), Le Moyen Âge 25 (1912), 144–165.
Une description des paroisses de Tournai (1690/1728) (Commission royale d'histoire), éd. François Jacques et Alexandre Pasture, Bruxelles 1968.
Deshusses, Jean: Chronologie des grands sacramentaires de Saint-Amand, Revue bénédictine 87 (1977), 230–237.
Desmet, Yves: Le culte des eaux dans le nord de la Gaule pendant le haut Moyen Âge, Revue du Nord 80 (1998), 7–27.
Desmulliez, Janine: Préhistoire et antiquité, in: Histoire des provinces françaises du Nord 1, dir. Alain Lottin, Dunkerque 1988, 9–117.
Despy, Georges: Deux actes fabriqués au chapitre de Chimay: la 'charte d'Erlebold de 887' et la 'bulle de Lucius III de 1182', in: Clio et son regard. Mélanges d'histoire, d'histoire de l'art et d'archéologie offerts à Jacques Stiennon, dir. Rita Lejeune et Joseph Deckers, Liège, 1982, 115–128.

DESPY, Georges: Un dossier mystérieux: les origines de Bruxelles, Bulletin de l'Académie royale de Belgique. Classe des Lettres (1997), 241–303.

DESPY, Georges: Serfs ou libres? Sur une notice judiciaire cambrésienne de 941, Revue belge de philologie et d'histoire 39 (1961), 1127–1143.

DEVAILLY, Guy: La pastorale en Gaule au IXe siècle, Revue d'histoire de l'Église de France 59 (1973), 23–54.

DEVISSE, Jean: Hincmar, archevêque de Reims (845–882) (Travaux d'histoire éthico-politique 29), Genève 1975–1976, 3 volumes.

DEVROEY, Jean-Pierre: Note sur les biens de Saint-Germain-des-Prés en Belgique (VIIIe–Xe siècles), Revue bénédictine 96 (1986), 30–47.

D'HAENENS, Albert: Les incursions hongroises dans l'espace belge (954/955). Histoire ou historiographie?, Cahiers de civilisation médiévale 4 (1961), 423–440.

D'HAENENS, Albert: Les invasions normandes en Belgique au IXe siècle. Le phénomène et sa répercussion dans l'historiographie médiévale (Recueil de travaux d'histoire et de philologie de l'Université de Louvain, 4e série 38), Louvain 1967.

DHONDT, Jan: Développement urbain et initiative comtale en Flandre au XIe siècle, Revue du Nord 30 (1948), 133–156.

DHONDT, Jan: Note critique sur les comtes de Hainaut au dixième siècle, Annales du cercle archéologique de Mons 59 (1945), 123–144.

DHONDT, Jan: Note sur l'acte de fondation de Sainte-Monégonde de Chimay, Bulletin de la Comisssion royale d'histoire 107 (1942) 321–335.

DHONDT, Jan: Les problèmes de Quentovic, in: Studi in onore Amintore Fanfani 1, Antichità e Alto Medioevo, Milan 1962, 181–248.

DHONDT, Jan: Recherches sur l'histoire du Boulonnais et de l'Artois aux IXe et Xe siècles, Mémoires de l'Académie des sciences, lettres et arts d'Arras (1941–1942), 96–103, 130–145 et 177–187.

DHONDT, Jan: Une dynastie inconnue de comtes d'Ostrevant, in: Miscellanea historica in honorem Leonis van der Essen 1, Louvain 1947, 177–187.

Dictionnaire d'archéologie chrétienne et de liturgie, dir. Fernand CABROL, Henri LECLERCQ et al., Paris 1907–1953, 15 volumes.

Dictionnaire d'histoire et de géographie ecclésiastique, dir. Alfred BAUDRILLART, Roger AUBERT et al., Paris, en cours depuis 1912.

Dictionnaire de théologie catholique, dir. Eugène MANGENOT, Alfred VACANT et al., Paris 1923-1950, 15 volumes.

DIERKENS, Alain: Abbayes et chapitres entre Sambre et Meuse (VIIe–XIe siècles). Contribution à l'histoire religieuse des campagnes du haut Moyen Âge (Beihefte der Francia 14), Sigmaringen 1985.

DIERKENS, Alain: Les Ansfrid et le comté de Huy au Xe siècle, Annales du cercle hutois des Sciences et Beaux-Arts 41 (1987), 55–77.

DIERKENS, Alain: Carolus monasteriorum multorum eversor et ecclesiasticarum pecuniarum in usus proprios commutator, in: Karl Martell in seiner Zeit (Beihefte der Francia 37), dir. Jörg JARNUT, Ulrich NONN et Michael RICHTER, Sigmaringen 1994, 277–294.

DIERKENS, Alain: La christianisation des campagnes de l'empire de Louis le Pieux. L'exemple du diocèse de Liège sous l'épiscopat de Walcaud (c. 809 – c. 831), in: Charlemagne's heir. New perspectives on the reign of Louis the Pious (814–840), dir. Roger COLLINS et Peter GODMAN, Oxford 1990, 309–329.

DIERKENS, Alain: Christianisme et 'paganisme' dans la Gaule septentrionale aux Ve et VIe siècles, in: Die Franken und die Alemannen bis zur Schlacht bei Zülpich (496/497) (Ergänzungsbände zum Reallexikon der Germanischen Altertumskunde 19), dir. Dieter GEUENICH, Berlin/New-York 1998, 451–474.

DIERKENS, Alain: Considérations sur la christianisation du Hainaut à l'époque mérovingienne, in: Saint Vincent de Soignies. Regards du XXe siècle sur sa vie et son culte. Recueil d'études publié à l'occasion du quatrième centenaire de la confrérie Saint-Vincent (1599–1999) (Les Cahiers du Chapitre 7), Soignies 1999, 17–22.

DIERKENS, Alain: La création des doyennés et des archidiaconés dans l'ancien diocèse de Liège (début du Xe siècle?). Quelques remarques de méthode, Le Moyen Âge 92 (1986), 345–365.

DIERKENS, Alain: Les origines de l'abbaye d'Aldeneik (première moitié du VIIIe siècle), Le Moyen Âge 85 (1979), 389–432.

DIERKENS, Alain: La production hagiographique à Lobbes au Xe siècle, Revue bénédictine 93 (1983), 245–259.

DIERKENS, Alain: Pour une meilleure compréhension du phénomène de la christianisation: quelques réflexions sur l'implantation du christianisme en pays mosan au haut Moyen Âge, in: Christianisation et déchristianisation (Publications du Centre de recherche d'histoire religieuse et d'histoire des idées 9), Angers 1986, 47–62.

Dierkens Alain: Prolégomènes à une histoire des relations culturelles entre les îles britanniques et le continent pendant le haut moyen âge. La diffusion du monachisme dit colombanien ou iro-franc dans quelques monastères de la région parisienne au VIIe siècle et la politique religieuse de la reine Bathilde, in: La Neustrie. Les pays au nord de la Loire de 650 à 850. Colloque historique international (Beihefte der Francia 16-2), dir. Hartmut Atsma, Sigmaringen 1989, 371–393.

Dierkens, Alain: Pour une typologie des missions carolingiennes, in: Propagande et contre-propagande religieuse (Problèmes d'histoire du christianisme 17), dir. Jacques Marx, Bruxelles 1987, 77–93.

Dierkens, Alain: Réflexions sur le miracle au haut Moyen Âge, in: Miracles, prodiges et merveilles au Moyen Âge, actes du 25e congrès de la SHMESP (Orléans, mai 1994) (Publications de la Sorbonne. Série Histoire ancienne et médiévale 34), Paris 1995, 8–30.

Dierkens, Alain: Saint Amand et la fondation de l'abbaye de Nivelles, in: Saint Géry et la christianisation dans le nord de la Gaule (V^e^–IXe siècles) (Revue du Nord 68-269), dir. Michel Rouche, Villeneuve d'Ascq 1986, 325–334.

Dierkens, Alain: Saint Anschaire, l'abbaye de Torhout et les missions carolingiennes en Scandinavie. Un dossier à réouvrir, in: Haut Moyen Âge. Culture, éducation et société. Études offertes à Pierre Riché, dir. Michel Sot, Nanterre/La Garenne-Colombes 1990, 301–313.

Dierkens, Alain: Superstitions, christianisme, paganisme à la fin de l'époque mérovingienne. À propos de l'Indiculus superstitionum et paganiarum, in: Magie, sorcellerie, parapsychologie, dir. Hervé Hasquin, Bruxelles 1984, 9–26.

Dierkens, Alain, Périn, Patrick: Les sedes regiae mérovingiennes entre Seine et Rhin, in: Sedes regiae (ann. 400–800), dir. Gisela Ripoll et Josep M. Gurt, Barcelone 2000, 267–304.

Dion, Marie-Pierre: Le scriptorium et la bibliothèque de l'abbaye de Saint-Amand au IXe siècle, in: La Cantilène de sainte Eulalie, actes du colloque de Valenciennes (21 mars 1989), Lille/Valenciennes 1990, 35–52.

Dolbeau, François: La bibliothèque de l'abbaye d'Hasnon, O.S.B., d'après un catalogue du XIIe siècle, Revue des études augustiniennes 34 (1988), 237–246.

Dolbeau, François: Le dossier hagiographique de s. Amé, vénéré à Douai. Nouvelles recherches sur Hucbald de Saint-Amand, Analecta Bollandiana 97, 1979, 89–110.

Dolbeau, François: Un sermon inédit de Rathier pour la fête de saint Donatien, Analecta Bollandiana 98 (1980), 335–362.

Dolbeau, François, Heinzelmann, Martin, Poulin, Joseph-Claude: Les sources hagiographiques narratives composées en Gaule avant l'an Mil (SHG). Inventaire, examen critique, datation, Francia 15 (1987), 701–731.

Doppelklöster und andere Formen der Symbiose männlicher und weiblicher Religiosen im Mittelalter (Berliner historische Studien 18 ; Ordensstudien 8), dir. Kaspar Elm et Michel Parisse, Berlin 1992.

Dubois, Jacques: Les listes épiscopales, témoins de l'organisation ecclésiastique et de la transmission des traditions, in: La christianisation des pays entre Loire et Rhin (IVe–VIIe siècle) (Revue d'histoire de l'Église de France 62–168), dir. Pierre Riché, Paris 1976; rééd. Paris 1993 (Cerf. Histoire de la France religieuse 2), 9–23.

Dubois, Jacques: Les martyrologes du Moyen Âge latin (Typologie des sources du Moyen Âge occidental 26), Turnhout 1978.

Dubois, Jacques: Un sanctuaire monastique au Moyen Âge: Saint-Fiacre-en-Brie (Hautes études médiévales et modernes 27), Genève/Paris 1976.

Dubois, Jacques, Lemaitre, Jean-Loup, Sources et méthodes de l'hagiographie médiévale, Paris 1993.

Duchesne, Louis: Fastes épiscopaux de l'ancienne Gaule, Paris 1894–1915, 3 volumes.

Dumoulin, Jean: L'organisation paroissiale de Tournai au XIIe et XIIIe siècles, in: Horae Tornacenses. Recueil d'études d'histoire publiées à l'occasion du VIIIe centenaire de la consécration de la cathédrale de Tournai, Tournai 1971, 28–47.

Dumoulin, Jean, Pycke, Jacques: L'évangélisation de la Belgique Seconde du IIIe au VIe siècle. État de la question, in: Recueil d'études d'histoire hainuyère offertes à Maurice-A. Arnould 1 (Analectes d'histoire du Hainaut), dir. Jean-Marie Cauchies et Jean-Marie Duvosquel, Mons 1983, 439–461.

Dumoulin, Jean, Pycke, Jacques: Topographie chrétienne de Tournai des origines au début du XIIe siècle. Problématique nouvelle, Sacris erudiri 26 (1983), 1–50.

Dupraz, Louis: Contribution à l'histoire du Regnum Francorum pendant le troisième quart du VIIe siècle (656–680), Fribourg (Suisse) 1948.

Dupré Theseider, Eugenio: La 'grande rapina dei corpi santi' dall'Italia al tempo di Ottone I, in: Festschrift Percy Ernst Schramm zu seinem siebzigsten Geburtstag von Schülern und Freunden zugeeignet 1, Wiesbaden 1964, 420–432.

Duvaux, A.: Notes historiques sur Fusciau, Mémoires de la Société archéologique et historique de l'arrondissement d'Avesnes 14 (1932), 1–119.

Duvosquel, Jean-Marie: L'abbaye de Maroilles en Hainaut et la politique de sécularisation des Carolingiens, Anciens pays et assemblées d'État 56 (1972), 3–12.

Duvosquel, Jean-Marie: La cession de l'abbaye de Maroilles en Hainaut par Charles le Simple à l'église de Cambrai (920), in: Valenciennes et les anciens Pays-Bas. Mélanges offerts à Paul Lefrancq, Valenciennes 1976, 175–180.

Duvosquel, Jean-Marie: La charte de donation de saint Humbert pour l'abbaye de Maroilles, en Hainaut (18 mars 674), Bulletin de la Commission royale d'histoire 136 (1970), 143–177.

Duvosquel, Jean-Marie: Les chartes de donation d'autels émanant des évêques de Cambrai aux Xe–XIIe siècles éclairées par les obituaires. À propos d'un usage grégorien de la chancellerie épiscopale, in: Hommage à la Wallonie. Mélanges d'histoire, de littérature et de philologie wallonnes offerts à Maurice-A. Arnould et Pierre Ruelle, Bruxelles 1981, 147–163.

Duvosquel, Jean-Marie: Le domaine de l'abbaye de Maroilles à l'époque carolingienne, Contributions à l'histoire économique et sociale 6 (1970–1971), 9–24.

Duvosquel, Jean-Marie: La 'vita' de saint Humbert, premier abbé de Maroilles (première moitié du XIe siècle), Le Moyen Âge 78 (1972), 41–53.

Duvosquel, Jean-Marie, Nazet, Jacques, Van Overstraeten, Daniel: Un problème d'historiographie médiévale. Jacques de Guise et l'intervention de Brunon de Cologne dans les abbayes et les chapitres du Hainaut au milieu du Xe siècle, Études régionales. Annales du Cercle archéologique et historique de La Louvière et du Centre 8 (1970), 47–61.

Ebling, Horst: Prosopographie der Amtsträger des Merowingerreiches, von Chlotar II (613) bis Karl Martell (741) (Beihefte der Francia 2), Munich 1974.

Enluminures arrageoises. Le scriptorium de l'abbaye Saint-Vaast d'Arras des origines au XIIe siècle, Arras 2002.

Erlande-Brandenburg, Alain: Le roi est mort. Étude sur les funérailles, les sépultures et les tombeaux des rois de France jusqu'à la fin du XIIIe siècle (Bibliothèque de la Société française d'archéologie 7), Paris 1975.

L'évangélisation des régions entre Meuse et Moselle et la fondation de l'abbaye d'Echternach (V^e^–IXe siècle), actes des 10es journées lotharingiennes (Luxembourg, 28–30 octobre 1998) (Publications de la section historique de l'Institut grand-ducal de Luxembourg 117; Publications du CLUDEM 16), dir. Michel Polfer, Luxembourg 2000.

Ewig, Eugen: Die christliche mission bei den Franken und in Merowingerreich, in: Miscellanea historiae ecclesiasticae 3 (Bibliothèque de la Revue d'histoire ecclésiastique 50), Louvain 1970, 24–72.

Ewig, Eugen: Le culte de saint Martin à l'époque franque, in: id., Spätantikes und fränkisches Gallien. Gesammelte Schriften (1952–1973) 2 (Beihefte der Francia 3–2), éd. Hartmut Atsma, Munich/Zurich 1979, 355–370.

Ewig, Eugen: Die fränkischen Teilungen und Teilreiche (511–613), in: id., Spätantikes und fränkisches Gallien. Gesammelte Schriften (1952–1973) 1 (Beihefte der Francia 3–1), éd. Hartmut Atsma, Munich/Zurich 1976, 114–171.

Ewig, Eugen: Die fränkischen Teilreiche im 7. Jahrhundert (613–714), in: id., Spätantikes und fränkisches Gallien. Gesammelte Schriften (1952–1973) 1 (Beihefte der Francia 3–1), éd. Hartmut Atsma, Munich/Zurich 1976, 172–230.

Ewig, Eugen: Die Kathedralpatrozinien im römischen und im fränkischen Gallien, in: id., Spätantikes und fränkisches Gallien. Gesammelte Schriften (1952–1973) 2 (Beihefte der Francia 3–2), éd. Hartmut Atsma, Munich/Zurich 1979, 260–318.

Ewig, Eugen: Die Merowinger und das Frankenreich, Stuttgart/Berlin/Cologne ^2^1993.

Ewig, Eugen: Der Petrus- und Apostelkult im spätrömischen und fränkischen Gallien, in: id., Spätantikes und fränkisches Gallien. Gesammelte Schriften (1952–1973) 2 (Beihefte der Francia 3–2), éd. Hartmut Atsma, Munich/Zurich 1979, 318–354.

Ewig, Eugen: Das Privileg des Bischofs Audomar von Térouanne von 663 und die Anfänge der Abtei Sithiu, in: id., Spätantikes und fränkisches Gallien. Gesammelte Schriften (1952–1973) 2 (Beihefte der Francia 3-2), éd. Hartmut Atsma, Munich/Zurich 1979, 507–537.

Ewig, Eugen: Die Verehrung orientalischer Heiliger im spätrömischen Gallien und im Merowingerreich. Der griechisch-orientalische Einfluss in Gallien, in: id., Spätantikes und fränkisches Gallien. Gesammelte Schriften (1952–1973) 2 (Beihefte der Francia 3–2), éd. Hartmut Atsma, Munich/

Zurich 1979, 393–410.
Faider-Feytmans, Germaine: Les limites de la cité des Nerviens, L'Antiquité classique 21 (1952), 338–358.
La femme au Moyen Âge, dir. Jean Heuclin et Michel Rouche, Maubeuge/Paris 1988.
Ferrant, J.: Esquisse historique sur le culte et les reliques de saint Bertulphe de Renty en l'église d'Harelbeke, Annales de la Société d'émulation de Bruges 48 (1898), 3–219.
Feuchère, Pierre: Les agents de l'administration locale en Ternois du VIIe au IXe siècle, in: Bulletin de la Société des antiquaires de la Morinie 17 (1946–1952), 331–339.
Feuchère, Pierre: Les origines urbaines de Lens-en-Artois, Revue belge de philologie et d'histoire 30 (1952), 91–108.
Feuchère, Pierre: La question de l''Aria monasterio' et les origines d'Aire sur la Lys, Revue belge de philologie et d'histoire 28 (1950), 1068–1077.
Fichtenau, Heinrich: 'Carta' et 'noticia' en Bavière du VIIIe au Xe siècle, Le Moyen Âge 69 (1963), 105–120.
Flachenecker, Helmut: Patrozinienforschung in Deutschland, Concilium medii aevi 2 (1999), 145–163 (www.cma.d-r.de/2-99/flachenecker.pdf).
Florin, Bernard: Les fouilles sur le Mont-des-Boeufs à Cambrai (1982, 1983, 1984). État de la question, in: Saint Géry et la christianisation dans le nord de la Gaule (V^e–IXe siècles) (Revue du Nord 68-269), dir. Michel Rouche, Villeneuve d'Ascq 1986, 371–384.
Florin, Bernard: Recherche archéologique sur le Mont-des-Boeufs à Cambrai (rapport des fouilles de 1982), in: Mémoires de la Société d'émulation de Cambrai 97 (1983), 77–124.
Foot, Sarah: Anglo-Saxon minsters: a review of terminology, in: Pastoral Care Before the Parish, dir. John Blair et Richard Sharpe, Leicester/Londres/New-York 1992, 212–225.
Foot, Sarah: Parochial ministry in early Anglo-Saxon England: the role of monastic communities, in: The Ministry. Clerical and Lay (Studies in Church History 26), dir. William J. Sheils et Diana Wood, Oxford 1989, 43–54.
Fossier, Robert: Enfance de l'Europe. Aspects économiques et sociaux 1, L'homme et son espace (Nouvelle Clio 17); 2, Structures et problèmes (Nouvelle Clio 17bis), Paris 1982.
Fossier, Robert: La terre et les hommes en Picardie jusqu'à la fin du XIIIe siècle (Publications de la Faculté des lettres et sciences humaines de Paris-Sorbonne. Série recherches 48), Paris/Louvain 1968, 2 volumes.
Fouracre, Paul: The work of Audoenus of Rouen and Eligius of Noyon in extending episcopal influence from the town to the country in seventh-century Neustria, in: The Church in Town and Countryside (Studies in Church History 16), dir. Derek Baker, Oxford 1979, 77–91.
Fouracre, Paul, Gerberding, Richard A.: Late Merovingian France. History and Hagiography (640–720) (Manchester Medieval Sources Series), Manchester/New York 1996.
Fournier, E.: Sur quelques-uns des plus anciens documents de l'histoire d'Arras, Mémoires de l'Académie d'Arras (1943–1944), 202–212.
Frank, Hieronymus: Die Klosterbischöfe des Frankenreiches (Beiträge zur Geschichte des alten Mönchtums und des Benediktinerordens 17), Münster 1932.
Fritze, Wolfgang H.: Universalis gentium confessio. Formeln, Träger und Wege universalmissionarischen Denkens im 7. Jahrhundert, Frühmittelalterliche Studien 3 (1969), 78–130.
Frutieaux, Élisabeth: Entre liturgie et sacralité. Enquête sur la nature et la fonction des calices durant le haut Moyen Âge, Revue d'histoire de l'Église de France 85 (1999), 225–246.
Gaiffier, Baudouin de: Les 'Actes de s. Rombaut' du Bollandiste J.-B. Du Sollier (1718), Handelingen van de Kon. kring voor oudheidkunde [...] van Mechelen 79 (1975), 309–314 [id., Recueil d'hagiographie publié à l'occasion du 80e anniversaire de l'auteur (Subsidia hagiographica 61), Bruxelles 1977, n° xvii].
Gaiffier, Baudouin de: Attestations anciennes sur le culte de s. Rombaut, Sacris erudiri 26 (1983), 51–55.
Gaiffier, Baudouin de: Études critiques d'hagiographie et d'iconologie (Subsidia hagiographica 43), Bruxelles 1967.
Gaiffier, Baudouin de: Isembard de Fleury-sur-Loire auteur de la Vita S. Judoci (BHL 4505–4510), Jahrbuch für Gesellschaft für niedersächsige Kirchengeschichte 77 (1979), 9–12.
Gaiffier, Baudouin de: Recueil d'hagiographie publié à l'occasion du 80e anniversaire de l'auteur (Subsidia hagiographica 61), Bruxelles 1977.
Gaiffier, Baudouin de: Les revendications de biens dans quelques documents hagiographiques du XIe siècle, Analecta Bollandiana 50 (1932), 123–138.
Gaillard, Michèle: Les fondations d'abbayes féminines dans le nord et l'est de la Gaule, de la fin du

VIe siècle à la fin du Xe siècle, Revue d'histoire de l'Église de France 76 (1990), 5–20.
Gallia christiana in provincias ecclesiasticas distributa, dir. Denis DE SAINTE-MARTHE et al., Paris 1751–1785, 13 volumes parus.
GAMESON, Fiona: Goscelin's Life of Augustine of Canterbury, in: St Augustine and the conversion of England, dir. Richard GAMESON, Stroud 1999, 391–409.
Gand & Blandinium. De Gentse abdijen van Sint-Peter en Sint-Baafs, dir. Georges DECLERCQ, Gand 1997.
GANSHOF, François-Louis: Saint-Bertin et les origines du comté de Guines, Revue belge de philologie et d'histoire 10 (1931), 541–555.
GAUDEMET, Jean: La paroisse au Moyen Âge. État des questions, Revue d'histoire de l'Église de France 59 (1973), 5–21.
GAUTHIER, Nancy: L'évangélisation des pays de la Moselle. La province romaine de Première Belgique entre Antiquité et Moyen Âge (IIIe–VIIIe siècles), Paris 1980.
GAUTHIER, Nancy: Rouen pendant le haut Moyen Âge (650–850), in: La Neustrie. Les pays au nord de la Loire de 650 à 850. Colloque historique international 2 (Beihefte der Francia 16-2), dir. Hartmut ATSMA, Sigmaringen 1989, 143–159, 2–19.
GAUTHIER, Nancy: La topographie chrétienne entre idéologie et pragmatisme, in: The Idea and Ideal of the Town between Late Antiquity and the Early Middle Ages (The Transformation of the Roman World 4), dir. Gian Pietro BROGIOLO et Bryan WARD-PERKINS, Leyde/Boston/Cologne 1999, 195–209.
GEARY, Patrick J.: Aristocracy in Provence. The Rhône Basin at the Dawn of the Carolingian Age (Monographien zur Geschichte des Mittelalters 31), Stuttgart 1985.
GEARY, Patrick J.: Le vol des reliques au Moyen Âge (Aubier Histoires), Paris 1993.
GEARY, Patrick J.: Phantoms of Remembrance. Memory and Oblivion at the End of the First Millenium, Princeton 1994.
GÉNICOT, Léopold: L'économie rurale namuroise au bas Moyen Âge 4, La communauté et la vie rurale (Université de Louvain. Recueil des travaux d'histoire et de philologie, 6e série, 49), Louvain-la-Neuve 1995.
GEOFFROY, Jean-François, ROUMÉGOUX, Yves, THOQUENNE, Virginie: Cambrai antique et médiéval: la fouille d'une partie du quartier de l'ancienne église Saint-Martin, Revue du Nord. Archéologie 78-318 (1996), 137–162.
GEORGE, Philippe: Saint Remacle, évangélisateur en Ardenne (ca. 650). Mythe & réalité, in: La christianisation des campagnes 1 (Bibliothèque de l'Institut historique belge de Rome 38), dir. Marie-Élisabeth HENNEAU et Jean-Pierre MASSAUT, Bruxelles/Rome 1996, 47–70.
GERZAGUET, Jean-Pierre: L'abbaye d'Anchin de sa fondation (1079) au XIVe siècle. Essor, vie et rayonnement d'une grande communauté bénédictine, Villeneuve d'Ascq 1997.
GIRY, Arthur: Histoire de la ville de Saint-Omer et de ses institutions jusqu'au XIe siècle (Bibliothèque de l'École pratique des hautes études, sciences historiques et philologiques 31), Paris 1877.
GODDING, Robert: Prêtres en Gaule mérovingienne (Subsidia hagiographica 82), Bruxelles 2001.
GOETZ, Hans-Werner: Wunderberichte im 9. Jahrhundert, in: Mirakel im Mittelalter. Konzeptionen, Erscheinungsformen, Deutungen (Beiträge zur Hagiographie 3), dir. Martin HEINZELMANN, Klaus HERBERS et Dieter R. BAUER, Stuttgart 2002, 180–226.
GOTTLOB, Theodor: Der abendländische Chorepiskopat (Kanonistische Studien und Texte 1), Bonn 1928.
GOUGAUD, Louis: L'œuvre des Scotti dans l'Europe continentale (fin VIe–fin XIe siècles), Revue d'histoire ecclésiastique 9 (1908), 21–37 et 255–277.
GOUGAUD, Louis: Les saints irlandais hors d'Irlande (Bibliothèque de la Revue d'histoire ecclésiastique 16), Louvain/Oxford 1936.
GOUGAUD, Louis: Les surnuméraires de l'émigration scottique (VIe–VIIIe siècles), Revue bénédictine 43 (1931), 296–302.
GOULLET, Monique, WAGNER, Anne: Reliques et pouvoir dans le diocèse de Verdun aux Xe–XIe siècles, Revue Mabillon 10 [71] (1999), 67–88.
Grégoire de Tours et l'espace gaulois, actes du colloque de Tours (3-5 novembre 1994) (Supplément à la Revue archéologique du Centre de la France 13), dir. Henri GALINIÉ ET Nancy GAUTHIER, Tours 1997.
GRICOURT, Jean: Composés et dérivés de templum dans le Nord de la Gaule, Revue internationale d'onomastique 7 (1955), 97–104.
GRICOURT, Jean: Le culte de saint Piat, la voirie antique et les origines chrétiennes dans la région de Seclin (Nord), in: Compte-rendu du 4e congrès des sociétés savantes du Nord de la France (Hénin-

Liétard, 5 mai 1963), Hénin-Liétard/Carvin [1964], 47–97.
GRIERSON, Philip: The early abbots of St. Bavo's of Ghent, Revue bénédictine 49 (1937), 29–61.
GRIERSON, Philip: The early abbots of St. Peters of Ghent, Revue bénédictine 48 (1936), 129–145.
GRIERSON, Philip: Grimbald of St. Bertin's, English Historical Review 55–220 (1940), 529–561.
GRIERSON, Philip: The identity of the unnamed fiscs in the 'Brevium exempla ad describendas res ecclesiasticas et fiscales', Revue belge de philologie et d'histoire 18 (1939), 437–459.
GRIERSON, Philip: La maison d'Évrard de Frioul et les origines du comté de Flandre, Revue du Nord 24 (1938), 241–266.
GRIERSON, Philip: The relations between England and Flanders before the norman conquest, in: Essays in Medieval History Selected from the Transactions of the Royal Historical Society on the Occasion of its Centenary, dir. Richard W. SOUTHERN, Londres/Melbourne/Toronto/New-York 1968, 61–92.
GRIERSON, Philip: The translation of the relics of st. Amalberga to St. Peter's of Ghent, Revue bénédictine 51 (1939), 292–315.
GUYON, Jean: L'Église en Provence aux Ve et VIe siècles, in: L'Église et la mission au VIe siècle. La mission d'Augustin de Cantorbéry et les Églises de Gaule sous l'impulsion de Grégoire le Grand (Cerf Histoire), dir. Christophe DE DREUILLE, Paris 2000, 213–240.
GYSSELING, Maurits: La genèse de la frontière linguistique dans le nord de la Gaule, Revue du Nord 44 (1962), 5–37.
GYSSELING, Maurits: Toponymisch woordenboeck van België, Nederland, Luxemburg, Noord-Frankrijk en West-Duitsland (voor 1226), Bruxelles 1960, 2 volumes.
Hagiographie im Kontext. Wirkungsweisen und Möglichkeiten historischer Auswertung (Beiträge zur Hagiographie 1), dir. Dieter R. BAUER et Klaus HERBERS, Stuttgart 2000.
HAIGNERÉ, Daniel: Étude historique sur l'existence d'un siège épiscopal dans la ville de Boulogne avant le VIIe siècle, in: ID., Recueil historique du Boulonnais 3, éd. Arthur DE LA GORCE DE ROSNY, Boulogne-sur-Mer 1899, 328–374.
HAIGNERÉ, Daniel: Notice historique et archéologique sur le prieuré de Saint-Michel du Wast, ordre de Clugny, diocèse de Boulogne, in: Mémoires de la Société des antiquaires de la Morinie 9-2 (1851), 1–59.
HAIGNERÉ, Daniel: Les origines et le nom primitif du bourg du Wast, Bulletin de la Société académique de l'arrondissement de Boulogne-sur-Mer 4 (1885–1890), 503–510.
HAIGNERÉ, Daniel: Les possessions de l'abbaye de Saint-Riquier dans le Pagus de Thérouanne au IXe siècle, Bulletin de la société des antiquaires de la Morinie 8 (1887–1891), 445–452.
HARMENING, Dieter: Superstitio. Überlieferungs- und theoriegeschichtliche Untersuchungen zur kirchlich-theologischen Aberglaubensliteratur des Mittelalters, Berlin 1979.
HARTMANN, Wilfried: Neue Texte zur bischöflichen Reformgesetzgebung aus den Jahren 829/31. Vier Diözesansynoden Halitgars von Cambrai, Deutsches Archiv 35 (1979), 368–394.
HARTMANN, Wilfried: Der rechtliche Zustand der Kirchen auf dem Lande: die Eigenkirche in der fränkischen Gesetzgebung des 7. bis 9. Jahrhunderts, in: Cristianizzazione ed organizzazione ecclesiastica delle campagna nell'alto Medioevo: espansione e resistenze (Settimane di studio del centro italiano di studi sull'Alto Medioevo 28) 1, Spolète 1982, 397–441.
HARTMANN, Wilfried: Die Synoden der Karolingerzeit im Frankenreich und in Italien (Konziliengeschichte, Reihe A: Darstellungen), Paderborn et al. 1989.
HAUTCOEUR, Édouard: Mémoire sur les patrons des lieux et sur les titulaires des églises dans le diocèse de Cambrai, Lille 1883.
HAUTCOEUR, Édouard: Tableau des patrons des lieux et des titulaires des églises du diocèse de Cambrai, Lille 1885.
HEIDRICH, Ingrid: Les maires du palais neustriens du milieu du VIIe siècle au milieu du VIIIe siècle, in: La Neustrie. Les pays au nord de la Loire de 650 à 850. Colloque historique international 1 (Beihefte der Francia 16-1), dir. Hartmut ATSMA, Sigmaringen 1989, 217–228.
HEINZELMANN, Martin: L'aristocratie et les évêchés entre Loire et Rhin jusqu'à la fin du VIIe siècle, in: La christianisation des pays entre Loire et Rhin (IVe–VIIe siècle) (Revue d'histoire de l'Église de France 62–168), dir. Pierre RICHÉ, Paris 1976; rééd. Paris 1993 (Cerf. Histoire de la France religieuse 2), 76–90.
HEINZELMANN, Martin: Bischofsherrschaft in Gallien. Zur Kontinuität römischer Führungsschichten vom 4. bis zum 7. Jahrhundert. Soziale, prosopographische und bildungsgeschichtliche Aspekte (Beihefte der Francia 5), Munich/Zurich 1976.
HEINZELMANN, Martin: Clovis dans le discours hagiographique du VIe au IXe siècle, in: Clovis chez les historiens (Bibliothèque de l'École des charte 154-1), dir. Olivier GUYOTJEANNIN, Paris 1996, 87–

112.
HEINZELMANN, Martin: Einhards 'Translatio Marcellini et Petri': eine hagiographische Reformschrift von 830, in: Studien zu Leben und Werk. Dem Gedenken an Helmut Beumann gewidmet (Arbeiten der Hessischen historische Kommission, n. F. 12), dir Hermann SCHEFERS, Darmstadt 1997, 269–298.
HEINZELMANN, Martin: Saints et saints évêques. L'évêque de Thérouanne saint Omer, à paraître.
HEINZELMANN, Martin: Translationsberichte und andere Quellen des Reliquienkultes (Typologie des sources du Moyen Âge occidental 33), Turnhout 1979.
HÉLIOT, Pierre: Le clocher carolingien de Saint-Bertin, in: Mémoires de la Société nationale des antiquaires de France, 9e série 3 (1954), 131–136.
HÉLIOT, Pierre: Églises et chapelles de l'abbaye de Saint-Bertin antérieures au XIIIe siècle, Bulletin archéologique du Comité des travaux historiques et scientifiques (1936–1937), 601–630.
HÉLIOT, Pierre: Sur la topographie antique et les origines chrétiennes de Boulogne-sur-Mer, Revue archéologique (1958), fasc. 1, 158–182 et fasc. 2, 1958, 40–64.
HÉLIOT, Pierre: Sur les abbatiales préromane et romane de Saint-Bertin, Revue belge d'archéologie et d'histoire de l'art 18 (1949), 3–11.
HÉLIOT, Pierre: Textes relatifs à l'architecture du haut Moyen Âge dans le nord de la France, Bibliothèque de l'École des chartes 114 (1957), 5–17.
HÉLIOT, Pierre, RODIÈRE, Roger: L'église abbatiale d'Auchy-les-Moines, Bulletin de la Commission départementale des Monuments historiques du Pas-de-Calais, 2e série 6-1 (1935), 304–325.
HELVÉTIUS, Anne-Marie: L'abbatiat laïque comme relais du pouvoir royal aux frontières du royaume. Le cas du nord de la Neustrie au IXe siècle, in: La royauté et les élites dans l'Europe carolingienne (du début du IXe aux environs de 920) (Centre d'histoire de l'Europe du Nord-Ouest 17), dir. Régine LE JAN, Villeneuve d'Ascq 1998, 285–299.
HELVÉTIUS, Anne-Marie: Abbayes, évêques et laïques. Une politique du pouvoir en Hainaut au Moyen Âge (VIIe-XIe siècles) (Crédit communal. Collection Histoire, série in 8° 92), Bruxelles 1994.
HELVÉTIUS, Anne-Marie: Avant la ville, la campagne: recherches sur les paroisses primitives et les domaines anciens autour de Mons en Hainaut, in: Villes et campagnes au Moyen Âge. Mélanges Georges Despy, dir. Alain DIERKENS et Jean-Marie DUVOSQUEL, Liège 1991, 367–381.
HELVÉTIUS, Anne-Marie: Le culte de sainte Aldegonde, in: De Sainte-Aldegonde à Sainte-Marie. 550 ans de service au jour d'Huy, dir. Christian DURY, Huy 1995, 21–39.
HELVÉTIUS, Anne-Marie: Le culte de saint Vincent de Soignies: histoire d'un conflit hagiographique du IXe au XIIe siècle, in: Hainaut et Tournaisis. Regards sur dix siècles d'histoire. Recueil d'études dédiées à la mémoire de Jacques Nazet (1944–1996) (Archives et bibliothèques de Belgique, n° spécial 58 ; Publications extraordinaires de la Société royale d'histoire et d'archéologie de Tournai 8), dir. Claire BILLEN, Jean-Marie DUVOSQUEL et André VANRIE, Bruxelles 2000, 31–59.
HELVÉTIUS Anne-Marie: Du monastère double au chapitre noble: moniales et chanoinesses en Basse-Lotharingie, in: Les chapitres de dames nobles entre France et Empire, dir. Pierre HEILI et Michel PARISSE, Paris 1998, 31–45.
HELVÉTIUS, Anne-Marie: Écrire la vie des saints mérovingiens: modèles carolingiens de la sainteté en Gaule du nord, in: Le christianisme en Occident du début du VIIe siècle au milieu du IXe siècle. Textes et document (Regards sur l'histoire. Histoire médiévale), dir. François BOUGARD, Paris 1997, 43–58.
HELVÉTIUS, Anne-Marie: Les inventions de reliques en Gaule du Nord (IXe–XIIIe siècle), in: Les reliques. Objets, cultes, symboles (Hagiologia 1), dir. Edina BOZÓKY et Anne-Marie HELVÉTIUS, Turnhout 1999, 271–292.
HELVÉTIUS, Anne-Marie: Réécriture hagiographique et réforme monastique: les premières Vitae de saint Humbert de Maroilles (Xe–XIe siècles. Avec l'édition de la Vita Humberti prima, in: La réécriture hagiographique dans l'Occident médiéval. Transformations formelles et idéologiques, dir. Monique Goullet et Martin Heinzelmann (Beihefte der Francia, 58), Ostfildern 2003, 195–230.
HELVÉTIUS, Anne-Marie: Saint Landelin et les origines de l'abbaye de Crespin, Revue bénédictine 97 (1987), 225–240.
HELVÉTIUS, Anne-Marie: Sainte Aldegonde et les origines du monastère de Maubeuge, Revue du Nord 74 (1992), 221–237.
HELVÉTIUS, Anne-Marie: Le saint et la sacralisation de l'espace en Gaule du Nord d'après les sources hagiographiques (VIIe–XIe siècle), in: Le sacré et son inscription dans l'espace à Byzance et en Occident (Byzantina Sorbonensia 18), dir. Michel KAPLAN, Paris 2001, 137–161.
HELVÉTIUS, Anne-Marie: Les sainteurs de l'abbaye de Crespin du Xe au XIIIe siècle, in: Revue belge de philologie et d'histoire 66 (1988), 231–249.

HELVÉTIUS, Anne-Marie: Les saints et l'histoire. L'apport de l'hagiologie à la médiévistique d'aujourd'hui, in: Die Aktualität des Mittelalters, dir. Hans-Werner GOETZ, Bochum 2000, 135–163.

HELVÉTIUS, Anne-Marie: Virgo et virago: réflexions sur le pouvoir du voile consacré d'après les sources hagiographiques de la Gaule du nord, in: Femmes et pouvoir des femmes à Byzance et en Occident (VIe–XIe siècles), dir. Alain DIERKENS, Stéphane LEBECQ, Régine LE JAN et Jean-Marie SANSTERRE, Villeneuve d'Ascq 1999, 189–203.

HEN, Yitzhak: Culture and Religion in Merovingian Gaul. AD 481–751 (Cultures, Beliefs and Traditions 1), Cologne/Leyde/New-York 1995.

HEN, Yitzhak: Paganism and superstitions in the time of Gregory of Tours: une question mal posée !, in: The World of Gregory of Tours (Cultures, Beliefs and Traditions 8), dir. Kathleen MITCHELL et Ian WOOD, Cologne/Leyde/New-York 2000, 229–240.

HENRIET, Patrick: Les clercs, l'espace et la mémoire, in: À la recherche de légitimités chrétiennes. représentations de l'espace et du temps dans l'Espagne médiévale (IXe–XIIIe siècle) (Annexe des Cahiers de linguistique et de civilisation hispaniques médiévales 15), dir. Patrick HENRIET, Paris/Madrid 2003, 11–25.

HENRIET, Patrick: Texte et contexte. Tendances récentes de la recherche en hagiologie, in: Religion et mentalités au Moyen Âge. Mélanges en l'honneur d'Hervé Martin, dir. Sophie CASSAGNES-BROUQUET, Amaury CHAUOU, Daniel PICHOT et Lionel ROUSSELOT, Rennes 2003, 75–86.

HERBERS, Klaus: Hagiographie, in: Aufriss der historischen Wissenschaften 4, Quellen, dir. Michael MAURER, Stuttgart 2002, 190–214.

HERBERS, Klaus: Papstregesten 800–911, 2–1, 844–858 (Regesta Imperii 1 ; Die Regesten des Kaiserreiches unter den Karolingern 751–918 (926/962) 4), Cologne/Weimar/Vienne 1999.

HERBERS, Klaus: Rom im Frankenreich – Rombeziehungen durch Heiligen in der Mitte des 9. Jahrhunderts, in: Mönchtum – Kirche – Herrschaft 750–1000, dir. Dieter R. BAUER, Rudolf HIESTAND, Brigitte KASTEN et Sönke LORENZ, Sigmaringen 1998, 133–169.

HERRMANN-MASCARD, Nicole: Les reliques des saints. Formation coutumière d'un droit, Paris 1975.

HEUCLIN, Jean: Difficultés et enjeux d'une réforme en Hainaut: l'abbaye de Liessies, Mélanges de science religieuse 50 (1993), 171–186.

HEUCLIN, Jean: Hommes de Dieu et fonctionnaires du roi en Gaule du nord du Ve au IXe siècle (348–817), Villeneuve d'Ascq 1998.

HEUCLIN, Jean: Aux origines monastiques de la Gaule du nord. Ermites et reclus du Ve au XIe siècle, Lille 1988.

HEUCLIN, Jean: Le pèlerinage à saint Etton, Haynau 9 (1994), 1–8.

HEUCLIN, Jean: Peuplement et christianisation de l'Avesnois, in: 900e anniversaire de l'abbaye de Liessies, actes du colloque de Liessies (30 septembre-1er octobre 1995), Fourmies/Trélon 1997, 9–18.

HILLGARTH, Jocelyn Nigel: Modes of evangelization of Western Europe in the seventh century, in: Irland und die Christenheit. Bibelstudien und Mission (Veröffentlichungen des Europa-Zentrums Tübingen, Kulturwissenschaftliche Reihe), dir. Próinséas NÍ CHATHÁIN et Michael RICHTER, Stuttgart 1987, 311–331.

HILPISCH, Stephanus: Die Doppelklöster. Entstehung und Organisation (Beiträge zur Geschichte des alten Mönchtums und des Benediktinordens 15). Münster 1928.

HIRSCHMANN, Franck G.: Stadtplanung, Bauprojekte und Grossbaustellen im 10. und 11. Jahrhundert. Vergleichende Studien zu den Kathedralstädten westlich des Rheins (Monographien zur Geschichte des Mittelalters 43). Stuttgart 1998.

HIRSCHMANN, Franck G.: Urbanisme, programmes de construction et grands chantiers au nord-est de la Gaule (Xe–XIe siècles), in: Pèlerinage et art roman. Villes et campagnes à l'époque romane (Revue d'Auvergne 109, 1-2), Clermont-Ferrand 1995, 117–148.

Histoire d'Arras (Histoire des villes du Nord/Pas-de-Calais 10), dir. Pierre BOUGARD, Yves-Marie HILAIRE et Alain NOLIBOS, Dunkerque 1988.

Histoire des Pays-Bas français (Univers de la France et des pays francophones), dir. Louis TRENARD, Toulouse 1972.

Histoire des Pays-Bas français. Documents (Univers de la France et des pays francophones), dir. Louis TRENARD, Toulouse 1974.

Histoire du christianisme 4, Évêques, moines et empereurs (610–1054), dir. Gilbert DAGRON, Pierre RICHÉ et André VAUCHEZ, Paris 1993.

HOLDER-EGGER, Oswald: Zu Folcwin von St. Bertin, Neues Archiv 6 (1881), 415–438.

HOLDER-EGGER, Oswald: Zu den Heiligengeschichten des Genter St. Bavosklosters, in: Historische Aufsätze dem Andenken an Georg Waitz gewidmet, Hanovre 1886, 622–665.

HOLZBAUER, Hermann: Mittelalterliche Heiligenverehrung – Heilige Walpurgis (Eichstätter Studien N. F. 5), Kevelaer 1972

HOWE, John: The conversion ot the physical world. The creation of a christian Landscape, in: Varieties of Religious Conversion in the Middle Ages, dir. James MULDOON, Miami 1997, 63–78.

HOWE, John: The date of the 'Life' of st. Vigor of Bayeux, Analecta Bollandiana 102 (1984), 303–312.

HOWE, John: The date of the 'Vita Judoci' by abbot Florentius (BHL 4511), Analecta Bollandiana 101 (1983), 25–31.

HOWE, John: The hagiography of Jumièges (Province of Haute Normandie) (Sources hagiographiques de la Gaule 7), in: L'hagiographie du haut Moyen Âge en Gaule du nord. Manuscrits, textes et centres de production (Beihefte der Francia 52), dir. Martin HEINZELMANN, Stuttgart 2001, 91–125.

HOWE, John: The hagiography of Saint-Wandrille (Fontenelle) (Province of Haute Normandie) (Sources hagiographiques de la Gaule 8), in: L'hagiographie du haut Moyen Âge en Gaule du nord. Manuscrits, textes et centres de production (Beihefte der Francia 52), dir. Martin HEINZELMANN, Stuttgart 2001, 127–192.

HUYGHEBAERT, Nicolas: L'abbé Rumold de Bergues, auteur de la Vie interpolée de s. Winnoc?, Revue d'histoire ecclésiastique 68 (1973), 5–28.

HUYGHEBAERT, Nicolas: L'abbesse Frisilde et les débuts de l'abbaye de Messines, Revue d'histoire ecclésiastique 50 (1955), 141–157.

HUYGHEBAERT, Nicolas: De abdij te Sint-Winoksbergen in de vroege middeleuwen, De Franse Nederlanden. Les Pays-Bas français, 1983, 55–70.

HUYGHEBAERT Nicolas: Le cas de Mirolfe, un 'potens' indigent en Boulonnais, Le Moyen Âge 79 (1973), 25–34.

HUYGHEBAERT Nicolas: Le comte Baudouin II de Flandre et le 'custos' de Steneland. À propos d'un faux précepte de Charles le Chauve pour Saint-Bertin (866), Revue bénédictine 69 (1959), 49–67.

HUYGHEBAERT, Nicolas: La consécration de l'église abbatiale de Saint-Pierre de Gand (975) et les reliques de saint Bertulfe de Renty, in: Corona gratiarum. Miscellanea patristica, historica et liturgica Eligio Dekkers o.s.b. XII lustra complenti oblata (Instrumenta patristica 11), Bruges/La Haye 1975, 129–141.

HUYGHEBAERT, Nicolas: 'Dedicationes Tornacenses' (616–1395), in: Horae Tornacenses. Recueil d'études d'histoire publiées à l'occasion du VIIIe centenaire de la consécration de la cathédrale de Tournai, Tournai 1971, 9–27.

HUYGHEBAERT, Nicolas: Du nouveau sur la Vita Audomari ?, Bulletin de la Société des antiquaires de la Morine 19 (1957–1962), 241–252.

HUYGHEBAERT, Nicolas: L'énigme des reliques de saint Vulfran, archevêque de Sens, Revue bénédictine 87 (1977), 180–194.

HUYGHEBAERT, Nicolas: Examen de la charte de Radbod Ier, évêque de Noyon et de Tournai, pour Saint-Pierre de Gand (994), Bulletin de la Commission royale d'histoire 132 (1966), 1–35.

HUYGHEBAERT, Nicolas: Examen d'une charte non datée de l'évêque Hardouin de Tournai pour l'abbaye de Saint-Bertin, Bulletin de l'Institut de recherche et d'histoire des textes 15 (1967–1968), 275–291.

HUYGHEBAERT, Nicolas: Note sur l'origine de la pluralité des curés dans l'ancien comté de Flandre, Revue d'histoire ecclésiastique 64 (1969), 403–417.

HUYGHEBAERT, Nicolas: Les origines de l'abbaye de Saint-Jean-au-Mont près de Thérouanne, Bulletin de la Société des antiquaires de la Morine 18-346 (1956), 449–473.

HUYGHEBAERT, Nicolas: Le Sermo de adventu ss. Gudwali et Bertulfi. Édition et étude critique, Sacris erudiri 24 (1980), 87–113.

HUYGHEBAERT, Nicolas: Un texte prémontré méconnu: l'Adventus (secundus) S. Gerulfi in Trunchinium (XIIe siècle), Analecta premonstratensia (56), 1980, 5–20.

HUYGHEBAERT, Nicolas: Une translation de reliques à Gand en 944, Le Sermo de adventu sanctorum Wandregisili, Ansberti et Vulframni in Blandinium (Commision royale d'histoire. Recueil de textes pour servir à l'étude de l'histoire de la Belgique), Bruxelles 1978.

HUYGHEBAERT, Nicolas: La translation de sainte Amelberge à Gand, Analecta Bollandiana 100 (1982), 443–458.

HUYGHEBAERT, Nicolas: L'usurpation du domaine de Tamise. Note sur un faux diplôme de Charles le Chauve pour Saint-Pierre de Gand (870), Revue bénédictine 92 (1982), 82–104.

HUYGHEBAERT, Nicolas: La 'vita secunda s. Winnoci' restituée à l'hagiographie gantoise, Revue bénédictine 81 (1971), 216–258.

JACQUES, Alain: Arras, ville antique, Arras 2000.

JÉGOU, Laurent: L'évêque entre autorité sacrée et exercice du pouvoir. L'exemple de Gérard de

Cambrai (1012-1051), Cahiers de civilisation médiévale 47 (2004), 37–56.
JOASSART, Bernard: Pierre-François Chifflet, Héribert Rosweyde et Jean Bolland. Documents inédits à propos de l'hagiographie franc-comtoise, Analecta Bollandiana 117 (1999), 163–178.
JUDIC, Bruno: La diffusion de la Regula pastoralis de Grégoire le Grand dans l'Église de Cambrai, une première enquête, Revue du Nord 76 (1994), 207–230.
JUDIC, Bruno: L'influence de Grégoire le Grand dans la Provence du VIIe siècle, in: L'Église et la mission au VIe siècle. La mission d'Augustin de Cantorbéry et les Églises de Gaule sous l'impulsion de Grégoire le Grand, actes du colloque d'Arles (20–21 novembre 1998), dir. Christophe DE DREUILLE, Paris 2000, 89–120.
JUDIC, Bruno: La tradition de Grégoire le Grand dans l'idéologie politique carolingienne, in: La royauté et les élites dans l'Europe carolingienne (du début du IXe aux environs de 920) (Centre d'histoire de l'Europe du Nord-Ouest 17), dir. Régine LE JAN, Villeneuve d'Ascq 1998, 17–57.
JULLIAN, Camille: Le cycle de Rictiovare, Revue des études anciennes 25 (1923), 367–378.
Jumièges. Congrès scientifique du XIIIe centenaire, Rouen 1955, 2 volumes.
KAISER, Reinhold: Bischofsherrschaft zwischen Königtum und Fürstenmacht. Studien zur bischöflichen Stadtherrschaft im westfränkisch-französichen Reich im frühen und hohen Mittelalter (Pariser historische Studien 17), Bonn 1981.
KAISER, Reinhold: Bistumsgründungen im Merowingerreich im 6. Jahrhundert, in: Beiträge zur Geschichte des Regnum Francorum. Referate beim wissenschaftlichen Colloquium zum 75. Geburtstag von Eugen Ewig (28 mai 1988) (Beihefte der Francia 22), dir. Rudolf SCHIEFFER, Sigmaringen 1990, 9–35.
KAISER, Reinhold: Le diocèse d'Arras au Moyen Âge. À propos de deux thèses récentes, Le Moyen Âge 103 (1997), 339–348.
KAISER, Reinhold: Die Gesta episcoporum als Genus der Geschichtsschreibung, in: Historiographie im frühen Mittelalter (Veröffentlichungen des Instituts für österreichische Geschichtsforschung 32), dir. Georg SCHEIBELREITER et Anton SCHARER, Vienne/Munich 1994, 459–480.
KAISER, Reinhold: Quêtes itinérantes avec des reliques pour financer la construction des églises (XIe–XIIe siècles), Le Moyen Âge 101 (1995), 197–225.
KAISER, Reinhold: Royauté et pouvoir épiscopal au nord de la Gaule (VIIe–IXe siècles), in: La Neustrie. Les pays au nord de la Loire de 650 à 850. Colloque historique international 1 (Beihefte der Francia 16-1), dir. Hartmut ATSMA, Sigmaringen 1989, 143–159.
KAISER, Reinhold: Untersuchungen zur Geschichte der Civitas und Diözese Soissons in römischer und merowingischer Zeit (Rheinisches Archiv 89), Bonn 1973.
KERLOUÉGUAN, François: Présence et culte de clercs irlandais et bretons entre Loire et Monts Jura, in: Aquitaine and Ireland in the Middle Ages, dir. Jean-Michel PICARD, Dublin 1995, 189–206.
KÉRY, Lotte: Die Errichtung des Bistums Arras, 1093/1094 (Beihefte der Francia 33), Sigmaringen 1994.
KOCH, Anton C. F.: Le territoire des Ménapiens, Tijdschrift voor rechtgeschiedenis 18 (1950), 19–35.
KÖLZER, Theo: Merowingerstudien I (MGH Studien und Texte 21), Hanovre 1998.
KÖLZER, Theo: Merowingerstudien II (MGH Studien und Texte 26), Hanovre 1999.
KOTTJE, Raymund: Die Bussbücher Halitgars von Cambrai und des Hrabanus Maurus. Ihre Überlieferung und ihre Quellen (Beiträge zur Geschichte und Quellenkunde des Mittelalters 8), Berlin/New-York 1980.
KRÜGER, Karl Heinrich: Königsgrabkirchen der Franken, Angelsachsen und Langobarden bis zur Mitte des 8. Jahrhunderts. Ein historischer Katalog (Münstersche Mittelalter-Schriften 4), Munich 1971.
KRÜGER, Karl Heinrich: Sithiu/Saint-Bertin als Grablege Childerichs III. und der Grafen von Flandern, Frühmittelalterliche Studien 8 (1974), 71–80.
KRUSCH, Bruno: Das Leben des Bischofs Gaugerich von Cambrai, Neues Archiv 16 (1890), 227–234.
KRUSCH, Bruno: Die Urkunden von Corbie und Levillains letztes Wort, Neues Archiv 31 (1906), 335–375.
KRUSCH, Bruno: Zwei Heiligenleben des Jonas von Susa, Mitteilungen des Instituts für österreichische Geschichtsforschung 14 (1893), 385–448.
KÜHN, Norbert: Die Reichsabtei Kornelimünster im Mittelalter. Geschichtliche Entwicklung, Verfassung, Konvent, Besitz, Aix-la-Chapelle 1982.
KÜNZEL, Rudi: Paganisme, syncrétisme et culture religieuse populaire au haut Moyen Âge. Réflexions de méthode, Annales ESC 47 (1992), 1055–1069.
KUPPER, Jean-Louis: Les voies de la création hagiographique. Lettre d'envoi par l'évêque Notger de Liège de la *Vita sancti Landoaldi*, in: Autour de Gerbert d'Aurillac, le pape de l'an mil. Album de documents commentés (Matériaux pour l'histoire publiés par l'École des chartes 1), dir. Olivier

Guyotjeannin et Emmanuel Poulle, Paris 1996, 301–305.

La Rocca, Cristina, Provero Luigi: The dead and their gifts. The will of Eberhard, count of Friuli, and his wife Gisela, daughter of Louis the Pious (863–864), in: Rituals of Power. From Late Antiquity to the Early Middle Ages (The Transformation of the Roman World 8), dir. Frans Theuws et Janet Nelson, Leyde/Boston/Cologne 2000, 225–279.

Lafaurie, Jean: Deniers abbatiaux mérovingiens d'Auxerre, Dousay, Saint-Denis et Wicus-Saint-Josse, Bulletin de la Société française de numismatique 52-9 (1997), 181–184.

Lafaurie, Jean: Les monnaies émises à Cambrai aux VIe–IXe siècles, in: Saint Géry et la christianisation dans le nord de la Gaule (V^e^–IXe siècles) (Revue du Nord 68–269), dir. Michel Rouche, Villeneuve d'Ascq 1986, 393–403.

Lamy-Lassalle, Colette: Sanctuaires consacrés à saint Michel en France des origines à la fin du IXe siècle, in: Millénaire monastique du Mont-Saint-Michel 3, Culte de saint Michel et pèlerinage au Mont (Bibliothèque d'histoire et d'archéologie chrétienne), Paris 1971, 113–126.

Laplane, Henri de: Les abbés de Saint-Bertin d'après les anciens monuments de ce monastère, Saint-Omer 1854, 2 volumes.

Laporte, Jean: La date de l'exode de Jumièges, in: Jumièges. Congrès scientifique du XIIIe centenaire 1, Rouen 1955, 47–48.

Laporte, Jean: Gérard de Brogne à Saint-Wandrille et à Saint-Riquier, Revue bénédictine 70 (1960), 142–166.

Laporte, Jean: Les monastères francs et l'avènement des Pippinides, Revue Mabillon 30 (1940), 1–30.

Laporte, Jean: Les origines du monachisme dans la province de Rouen, Revue Mabillon 31 (1941), 1–13, 25–41 et 49–68.

Latouche, Robert: L'abbaye de Landevennec et la Cornouaille aux IXe et Xe siècles, Le Moyen Âge 65 (1959), 1–26.

Laugardière, Maurice de: L'Église de Bourges avant Charlemagne, Paris/Bourges 1951.

Lauwers, Michel: Le cimetière dans le Moyen Âge latin: lieu sacré, saint et religieux, Annales HSS (1999), 1047–1072.

Le Bourdellès, Hubert: Les Bretons à Montreuil-sur-Mer vers 920. Leur création culturelle, Bulletin de la Société nationale des antiquaires de France (1995), 44–52.

Le Bourdellès, Hubert: Les problèmes linguistiques de Montreuil-sur-Mer: les origines de la ville à travers ses noms successifs, Revue du Nord 63 (1981), 947–960.

Le Bourdellès, Hubert: Vie de saint Josse avec commentaire historique et spirituel, Studi medievali 34 (1993), 851–958.

Le Jan, Régine: L'aristocratie lotharingienne: structure interne et conscience politique, in: Lotharingia. Eine europäische Kernlandschaft um das Jahr 1000, Referate eines Kolloquiums vom 24. bis 26. Mai 1994 in Saarbrücken (Veröffentlichungen der Kommission für Saarländische Landesgeschichte und Volksforschung 26), dir. Hans-Walter Herrmann, Saarbruck 1995, 71–87.

Le Jan, Régine: Famille et pouvoir dans le monde franc (VIIe–Xe siècle). Essai d'anthropologie sociale (Publications de la Sorbonne. Histoire ancienne et médiévale 33), Paris 1995.

Le Jan, Régine: Monastères de femmes, violence et compétition pour le pouvoir dans la Francie du VIIe siècle, in: ead., Femmes, pouvoir et société dans le haut Moyen Âge, Paris 2001, 89–118.

Le Jan, Régine: Prosopographica neustrica: les agents du roi en Neustrie de 639 à 840, in: La Neustrie. Les pays au nord de la Loire de 650 à 850. Colloque historique international 1 (Beihefte der Francia 16-1), dir. Hartmut Atsma, Sigmaringen 1989, 261–269.

[Le Jan-] Hennebicque, Régine: Structures familiales et politiques au IXe siècle: un groupe familial de l'aristocratie franque, Revue historique 265 (1981), 289–333.

Le Maho, Jacques: L'abbaye mérovingienne de Logium à Caudebec-en-Caux (Seine-maritime), Revue d'histoire de l'Église de France 82 (1996), 5–39.

Le Maho, Jacques: La production éditoriale à Jumièges vers le milieu du Xe siècle, Tabularia 1 (2001), 11–32 (http://www.unicaen.fr/mrsh/crahm/revue/tabularia/pdf/lemaho.pdf).

Le Maître, Philippe: Image du Christ, image de l'empereur. L'exemple du culte du saint Sauveur sous Louis le Pieux, Revue d'histoire de l'Église de France 68 (1982), 201–212

Lebecq, Stéphane: Le baptême manqué du roi Radbod, in: Les assises du pouvoir. Temps médiévaux, territoires africains. Textes réunis pour Jean Devisse, dir. Odile Redon et Bernard Rosenberger, Saint-Denis 1994, 141–150.

Lebecq, Stéphane: Entre Antiquité tardive et très haut Moyen Âge: permanence et mutations des systèmes de communications dans la Gaule et ses marges, in: Morfologie sociali e culturali in Europa fra tarda Antiquità e alto Medioevo (Settimane de studio del centro italiano di studi sull'Alto Medioevo 40), Spolète 1998, 461–501.

LEBECQ, Stéphane: Les Frisons entre paganisme et christianisme, in: Christianisation et déchristianisation (Publications du Centre de recherche d'histoire religieuse et d'histoire des idées 9), Angers 1986, 19–45.
LEBECQ, Stéphane: L'homme au péril de l'eau dans les plaines littorales des anciens Pays-Bas au début du Moyen Âge, in: Les catastrophes naturelles dans l'Europe médiévale et moderne (Flaran 15), dir. Bartholomé BENNASSAR, Toulouse 1996, 27–42.
LEBECQ, Stéphane: Marchands et navigateurs frisons du haut Moyen Âge 1, Essai; 2, Corpus des sources écrites, Lille 1983.
LEBECQ, Stéphane: The role of the monasteries in the systems of production and exchange of the frankish world between the seventh and the beginning of the ninth centuries, in: The Long Eighth Century (The Transformation of the Roman World 11), dir. Inge Lyse HANSEN et Chris WICKHAM, Leyde/Boston/Cologne 2000, 121–148.
LEBECQ, Stéphane: La Neustrie et la mer, in: La Neustrie. Les pays au nord de la Loire de 650 à 850. Colloque historique international 1 (Beihefte der Francia 16-1), dir. Hartmut ATSMA, Sigmaringen 1989, 405–439.
LEBECQ, Stéphane: Les origines franques (V^{e}–IXe siècle) (Nouvelle histoire de la France médiévale 1), Paris 1990.
LEBECQ, Stéphane: Quentovic: un état de la question, Studien zur Sachsenforschung 8 (1993), 73–82.
LEBECQ, Stéphane: Scènes de chasse aux mammifères marins (mers du Nord, VIe–XIIe siècles), in: Milieux naturels, espaces sociaux. Études offertes à Robert Delort (Publications de la Sorbonne. Histoire ancienne et médiévale 47), dir. Franco MORENZONI et Élisabeth MORNET, Paris 1997, 241–253.
LEBECQ, Stéphane: Vulfran, Willibrord et la mission de Frise: pour une relecture de la Vita Vulframni, in: L'évangélisation des régions entre Meuse et Moselle et la fondation de l'abbaye d'Echternach (V^{e}–IXe siècle), actes des 10es journées lotharingiennes (Luxembourg, 28-30 octobre 1998) (Publications de la section historique de l'Institut grand-ducal de Luxembourg 117; Publications du CLUDEM 16), dir. Michel POLFER, Luxembourg 2000, 428–451.
LECLERCQ, Henri: Tournai, Dictionnaire d'archéologie chrétienne et de liturgie 15-2 (1953), 2478–2565.
LEMAN, Pierre: Topographie chrétienne d'Arras au VIe siècle: la Vita Vedastis et les données de l'archéologie, Revue du Nord. Archéologie 77 (1995), 169–184.
LEMARIGNIER, Jean-François: Les actes de droit privé de Saint-Bertin au haut Moyen Âge. Survivance et déclin du droit romain dans la pratique franque, Revue internationale des droits de l'Antiquité 5 (1950), 35–72.
LEMARIGNIER, Jean-François: Encadrement religieux des campagnes et conjoncture politique dans les régions du royaume de France situées au nord de la Loire, de Charles le Chauve aux derniers Carolingiens (840–987), in: Cristianizzazione ed organizzazione ecclesiastica delle campagna nell'alto Medioevo: espansione e resistenze (Settimane di studio del centro italiano di studi sull'Alto Medioevo 28) 2, Spolète 1982, 765–800.
LEMARIGNIER, Jean-François: Quelques remarques sur l'organisation ecclésiastique de la Gaule du VIIe à la fin du IXe siècle principalement au nord de la Loire, in: Agricoltura e mondo rurale in Occidente nell'alto Medioevo (Settimane di studio del centro italiano di studi sull'Alto Medioevo 13), Spolète 1966, 451–486.
LEMARIGNIER, Jean-François: L'exemption monastique et les origines de la réforme grégorienne, in: À Cluny. Congrès scientifique, fêtes et cérémonies liturgiques en l'honneur des saints abbés Odon et Odilon (9–11 juillet 1949), Dijon 1950, 288–340.
LEMARIGNIER, Jean-François: Structures politiques et religieuses dans la France médiévale. Recueil d'articles rassemblés par ses disciples, Rouen 1995.
LESNE, Émile: Amand, Dictionnaire d'histoire et de géographie ecclésiastique 2 (1914), 942–945.
LESNE, Émile: Histoire de la propriété ecclésiastique en France, Lille 1910–1943, 6 volumes.
LESTOCQUOY, Jean: À propos d'inscriptions trouvées à Maroeuil-en-Artois, Revue du Nord 40 (1958), 452–458.
LESTOCQUOY, Jean: Les étapes du développement urbain d'Arras, Revue belge de philologie et d'histoire 23 (1944), 163–185 ; in: ID., Études d'histoire urbaine. Villes et abbayes. Arras au Moyen Âge (Mémoires de la Commission départementale des Monuments historiques du Pas-de-Calais 12-2), Arras 1966, 122–137.
LESTOCQUOY, Jean: Notes pour servir à l'histoire de l'art en Artois: 1. Épigraphie de l'abbaye de Saint-Vaast, Bulletin de la Commission départementale des Monuments historiques du Pas-de-Calais, 2e série 7 (1941), 54–59.

LESTOCQUOY, Jean: Les origines de Montreuil-sur-Mer, Revue du Nord 30 (1948), 184–196.

LESTOCQUOY, Jean: L'origine des évêchés de la Belgique seconde, Revue d'histoire de l'Église de France 32 (1946), 43–52.

LESTOCQUOY, Jean: Les saints et les églises de l'abbaye de Saint-Vaast d'Arras au VIIIe siècle, Revue du Nord 26 (1943), 197–208.

LEURIDAN, Théodore: Histoire de Seclin, Lille 1929–1931, 3 volumes.

LEVISON, Wilhelm: Ein Predigt des Lupus von Ferrières, in: ID., Aus rheinischer und fränkischer Frühzeit, Düsseldorf 1948, 557–566.

Lexikon des Mittelalters, Munich/Zurich 1980–1998, 9 volumes.

Lexikon für Theologie und Kirche, dir. Michael BUCHBERGER et al., Fribourg ²1957–1965, 10 volumes ; dir. Walter KASPERS et al., Fribourg/Bâle/Rome/Vienne, 3e éd. en cours depuis 1993.

LIFSHITZ, Felice: Beyond positivism and genre: 'hagiographical texts' as historical narrative, Viator 25 (1994), 95–113.

LIFSHITZ, Felice: The migration of neustrian relics in the viking age: the myth of voluntary exodus, the Reality of coercition and theft, Early Medieval Europe 4–2 (1995), 175–192.

LINAS, Charles de: Notice sur la reliure d'une vie manuscrite de Saint-Omer, Revue de l'art chrétien 1 (1857), 21–28 et 62–69.

LOBRICHON, Guy: Psautier glosé d'Otbert de Saint-Bertin, in: Autour de Gerbert d'Aurillac. Le pape de l'an mil (Matériaux pour l'histoire publiés par l'École des chartes 1), dir. Olivier GUYOTJEANNIN et Emmanuel POULLE, Paris 1996, 261–268.

Local Saints and Local Churches in the Early Medieval West, dir. Richard SHARPE et Alan THACKER, Oxford 2002.

LOHRMANN, Dietrich: Le moulin à eau dans le cadre de l'économie rurale de la Neustrie (VIIe–IXe siècles), in: La Neustrie. Les pays au nord de la Loire de 650 à 850. Colloque historique international (Beihefte der Francia 16-1), dir. Hartmut ATSMA, Sigmaringen 1989, 367–404.

LOISNE, Comte de: Dictionnaire topographique du département du Pas-de-Calais (Dictionnaire topographique de la France), Paris 1907.

LONGNON, Auguste: Études sur les pagi de la Gaule 2, Le Boulonnais et le Ternois (Bibliothèque de l'École des hautes études 2), Paris 1869, 25–52.

LONGNON, Auguste: Géographie de la Gaule au VIe siècle, Paris 1878.

LORENZ, Sönke: Papst Calixt I. (217–222): Translationen und Verbreitung seines Reliquienkultes bis ins 12. Jahrhundert, in: Ex Ipsis Rerum Documentis. Beiträge zur Mediävistik. Festschrift für Harald Zimmermann zum 65. Geburtstag, dir. Klaus HERBERS, Hans Henning KORTÜM et Carlo SERVATIUS, Sigmaringen 1991, 213–232.

LORREN, Claude: L'église Saint-Martin de Mondeville (Calvados). Quelques questions, in: Mélanges d'archéologie et d'histoire médiévales en l'honneur du doyen Michel de Boüard (Mémoires et documents publiés par la Société de l'École des chartes 27), Genève/Paris 1982, 251–276.

LORREN, Claude: Manche et mer du Nord du IIIe au VIIIe siècle, in: Les barbares et la mer. Les migrations des peuples du nord-ouest de l'Europe du Ve au Xe siècle, dir. Jacques-Yves MARIN, Caen/Toulouse 1992, 145–169.

LORREN, Claude: Le village de Saint-Martin de Mondeville, de l'Antiquité au haut Moyen Âge, in: La Neustrie. Les pays au nord de la Loire de 650 à 850. Colloque historique international (Beihefte der Francia 16-2), dir. Hartmut ATSMA, Sigmaringen 1989, 439–465.

LOT, Ferdinand: Étude critique sur l'abbaye de Saint-Wandrille (Bibliothèque de l'École pratique des hautes études, Sciences historiques et philologiques, 204), Paris 1913.

LOT, Ferdinand: La grande invasion normande de 856–862, Bibliothèque de l'École des chartes 69 (1908), 5–62.

LOT, Ferdinand: Le monastère inconnu pillé par les Normands en 845. (Comment les rumeurs se propageaient au IXe siècle.), Bibliothèque de l'École des chartes 70 (1909), 433–445.

LOT, Ferdinand: Un prétendu repaire de pirates normands au IXe siècle, Inguerobs, et les origines de Montreuil-sur-Mer et d'Étaples, Comptes rendus de l'Académie des Inscriptions et Belles Lettres (1945), 423–432.

LOUIS, Étienne: Aux débuts du monachisme en Gaule du Nord: les fouilles de l'abbaye mérovingienne et carolingienne de Hamage, in: Clovis. Histoire et mémoire 2, dir. Michel ROUCHE, Paris 1997, 843–868.

LOUIS, Étienne: Fouilles archéologiques sur le site du monastère mérovingien puis carolingien de Hamage (Fr., dép. du Nord), Handelingen der Maatschappij voor Geschiedenis en Oudheidkunde te Gent 49 (1995), 45–69.

LOUIS, Étienne: Hamage (Nord): espaces et bâtiments claustraux d'un monastère mérovingien et carolingien, in: Pratique et sacré dans les espaces monastiques au Moyen Âge et à l'époque moderne, actes du colloque de Liessies/Maubeuge (26–28 septembre 1997) (Histoire médiévale et archéologie 9), Amiens/Lille 1998, 73–97.

LOUIS, Étienne: Sorores ac fratres in Hamatico degentes. Naissance, évolution et disparition d'une abbaye au haut Moyen Âge: Hamage (France, Nord), De la Meuse à l'Ardenne 29 (1999), 17–47.

LOUIS, Étienne: Hamage. Fouilles programmées de l'ancienne abbaye, document final de synthèse inédit (1998).

LUMPE, A.: Die Quellen von Pseudo-Eleutherius, Sermo de trinitate 1, Rheinisches Museum für Philologie, n. F. 101 (1957), 199–200.

MACHUT, Bernard: Recherches sur l'enceinte romaine du Bas-Empire à Cambrai, Mémoires de la Société d'émulation de Cambrai 106 (1999), 87–268.

MACHUT, Robert: La formation des terroirs et l'évolution de l'habitat dans la région de Somain, du haut Moyen Âge à nos jours, Bulletin de la Commission historique du Nord 40 (1975–1976), 5–22.

MACMULLEN, Ramsey: Christianisme et paganisme du IVe au VIIIe siècle, trad. française, Paris 1998.

MALBRANCQ, Jacques: De Morinis et Morinorum rebus, Tournai 1639–1654, 3 volumes.

MÂLE, Émile: La fin du paganisme en Gaule et les plus anciennes basiliques chrétiennes, Paris 1950.

MALNORY, Arthur: Quid luxovienses monachi discipuli sancti Columbani ad regulam monasteriorum atque ad communem ecclesiae profectum contulerint, Paris 1894.

MANITIUS, Max: Geschichte der lateinischen Literatur des Mittelalters 2, Munich, 1923.

MARKUS, Robert A.: From Caesarius to Boniface: christianity and paganism in Gaul, in: Le septième siècle. Changements et continuités (Studies of the Warburg Institute 42), dir. Jacques FONTAINE et Jocelyn Nigel HILLGARTH, Londres 1992, p. 154–168.

MARTENS, Mina: Le culte de saint Géry à Bruxelles au Xe siècle, in: Hommage au Professeur Paul Bonenfant (1899–1965). Études d'histoire médiévale dédiées à sa mémoire par les anciens élèves de son séminaire à l'Université libre de Bruxelles, Bruxelles 1965, 19–33.

Medieval Hagiography. An Anthology (Garland Reference Library of the Humanities 1942), dir. Thomas HEAD, New-York/Londres 2000.

MEIJNS, Brigitte: Aken of Jeruzalem? Het ontstaan en de hervorming van de kanonikale instellingen in Vlaanderen tot circa 1155, Louvain 2000, 2 volumes.

MEIJNS, Brigitte: Des basiliques rurales dans le nord de la France? Une étude critique de l'origine mérovingienne de quelques communautés de chanoines, Sacris erudiri 41 (2002), 301–340.

MEIJNS, Brigitte: Chanoines et moines à Saint-Omer. Le dédoublement de l'abbaye de Sithiu par Fridogise (820–834) et l'interprétation de Folcuin (vers 962), Revue du Nord 83 (2001), 691–705.

MEIJNS, Brigitte: Communautés de chanoines dépendant d'abbayes bénédictines pendant le haut Moyen Âge. L'exemple du comté de Flandre, Revue bénédictine 113 (2003), 90–123.

MEIJNS, Brigitte: Enkele beschouwingen betreffende de oorsprong en de vroegste geschiedenis van de cella in Roksem (8ste–11de eeuw), in: Licht in de Middeleeuwen. Kerstening in Westelijk Vlaanderen, Vlaanderen 44-3 (1995), 39–46.

MEIJNS, Brigitte: Les fondations de chapitres dans le comté de Flandre. La thèse du professeur Jan Dhondt et l'état des recherches actuelles, in: Les moines dans la ville (Histoire médiévale et archéologie 7), dir. Jean HEUCLIN et Philippe RACINET, Amiens/Lille 1996, 197–211.

MEIJNS, Brigitte: L'ordre canonial dans le comte de Flandre depuis l'époque mérovingienne jusqu'à 1155. Typologie, chronologie et constantes de l'histoire de fondation et de réforme, Revue d'histoire ecclésiastique 97 (2002), 5–58.

MERDRIGNAC, Bernard: Bretons et Irlandais en France du Nord (VIe–VIIIe siècles), in: Ireland and Northern France AD 600–850, dir. Jean-Michel PICARD, Dublin 1991, 119–142.

MERIAUX, Charles: L'auteur de la Vita Autberti, in: Hagiographische Überlieferung im Frühmittelalter zwischen Niederschrift und Wiederschrift, dir. Maximilian DIESENBERGER et Meta NIEDERKORN-BRUCK, sous presse.

MÉRIAUX, Charles: Aux origines lointaines des paroisses en Gaule du Nord. Quelques observations sur la christianisation du diocèse de Cambrai (VIe–VIIIe siècles), in: La paroisse à l'époque préromane et romane (Les Cahiers de Saint-Michel de Cuxa 30), Cuxa 1999, 171–180.

MÉRIAUX, Charles: Christianisation et organisation de l'espace dans le nord de la Gaule du haut Moyen Âge, Bulletin d'information de la Mission historique française en Allemagne 38 (2002), 207–224.

MÉRIAUX, Charles: De la cité antique au diocèse médiéval. Quelques observations sur la géographie ecclésiastique du Nord de la Gaule mérovingienne, Revue du Nord 85 (2003), 595–609.

MÉRIAUX, Charles: La christianisation du Hainaut et du Cambrésis. Recherches sur les origines paroissiales du sud de l'ancien diocèse de Cambrai d'après les titulatures des églises, mémoire de DEA inédit, Université de Lille III, 1996.

MÉRIAUX, Charles: Communautés de clercs et communautés de chanoines dans les diocèses d'Arras, Cambrai, Tournai et Thérouanne (VIIe–XIe siècles), in: Frühformen von Stiftskirchen in Europa. Zu Funktion und Wandel religiöser Gemeinschaften vom 6. bis zum Ende des 11. Jahrhunderts (Schriften zur südwestdeutschen Landeskunde 54), dir. Sönke LORENZ et Thomas ZOTZ, Leinfelden-Echterdingen 2005, 251–286.

MÉRIAUX, Charles: Fulbert, évêque de Cambrai et d'Arras (933/934 † 956), in: L'Église et la société entre Seine et Rhin (V^e–XVe siècle). Recueil d'études d'histoire du Moyen Âge en l'honneur de Bernard Delmaire, Revue du Nord 86/356–357 (2004), 525–542.

MÉRIAUX, Charles: Patrozinienforschung et hagiotoponymie. Quelques remarques d'historiographie comparée, à paraître.

MÉRIAUX, Charles: Sépultures, reliques et mémoire des évêques de Cambrai (VIe–XIe siècles), in: Sépulture, mort et symbolique du pouvoir au Moyen Âge, dir. Michel MARGUE, Luxembourg, sous presse.

MÉRIAUX, Charles: Thérouanne et son diocèse jusqu'à la fin de l'époque carolingienne. Les étapes de la christianisation d'après les sources écrites, Bibliothèque de l'École des chartes 158 (2000), 377–406.

METZ, Wolfgang: Adelsforst, Martinskirche des Adels und Urgautheorie. Bemerkungen zur fränkischen Verfassungsgeschichte des 7. und 8. Jahrhunderts, in: Historische Forschungen für Walter Schlesinger, dir. Helmut BEUMANN, Cologne/Vienne 1974, 75–85.

MILIS, Ludo: La conversion en profondeur: un processus sans fin, in: Saint Géry et la christianisation dans le nord de la Gaule (V^e–IXe siècles) (Revue du Nord 68–269), dir. Michel ROUCHE, Villeneuve d'Ascq 1986, 487–498.

MILIS, Ludo: La formation d'une région bi-culturelle, in: Histoires des provinces françaises du Nord 1, dir. Alain LOTTIN, Dunkerque 1988, 119–234.

MILIS, Ludo: L'ordre des chanoines réguliers d'Arrouaise: son histoire et son organisation de la fondation de l'abbaye-mère vers 1090 à la fin des chapitres annuels (1471), Bruges 1969.

Mirakel im Mittelalter. Konzeptionen, Erscheinungsformen, Deutungen (Beiträge zur Hagiographie 3), dir. Martin HEINZELMANN, Klaus HERBERS et Dieter R. BAUER, Stuttgart 2002.

MISONNE, Daniel: Chapitres séculiers dépendant d'abbayes bénédictines au Moyen Âge dans l'ancien diocèse de Liège, in: La vita comune del clero nei secoli XI e XII 1 (Miscellanea del Centro di studi medioevali 3), Mendola 1962, 412–432.

MISONNE, Daniel: Un écrit de saint Gérard de Brogne relatif à une relique de saint Landelin, Analecta Bollandiana 75 (1965), 75–80.

MISONNE, Daniel: Gérard de Brogne et sa dévotion aux reliques, Sacris erudiri 25 (1982), 1–26.

MISONNE, Daniel: Les sources littéraires de la Vie de saint Éloque et les amplifications walciodoriennes de la translation, Revue bénédictine 71 (1961), 338–365.

Monasticon belge, dir. Ursmer BERLIÈRE et al., Maredsous/Liège 1890–1993, 8 volumes.

MOREAU, Édouard de: Étude critique sur la plus ancienne biographie de saint Amand, Revue d'histoire ecclésiastique 22 (1926), 27–67.

MOREAU, Édouard de: Histoire de l'Église en Belgique 1, La formation de la Belgique chrétienne, Bruxelles ²1945.

MOREAU, Édouard de: Histoire de l'Église en Belgique 2, La formation de l'Église médiévale, Bruxelles ²1945.

MOREAU, Édouard de: Histoire de l'Église en Belgique. Tome complémentaire: circonscriptions ecclésiastiques. chapitres, abbayes, couvents avant 1559, Bruxelles 1948.

MOREAU, Édouard de: Saint Amand apôtre de la Belgique et du nord de la France, Louvain 1927.

MOREAU, Édouard de: Saint Amand, le principal évangélisateur de la Belgique, Bruxelles 1942.

MOREAU, Édouard de: Saint Victrice de Rouen, apôtre de la Belgica secunda, Revue belge de philologie et d'histoire 5 (1926), 71–79.

MOREAU, Édouard de: La Vita Amandi prima et les fondations monastiques de saint Amand, Analecta Bollandiana. 67 (1949), 447–464.

MORELLE, Laurent: Autour de Folcuin de Saint-Bertin, mémoire inédit d'habilitation, Université de Paris I, 2001.

MORELLE, Laurent: Histoire et archives vers l'an mil: une nouvelle «mutation»?, Histoire et archives 3 (1998), 119–141.

MORELLE, Laurent: Le statut d'un grand monastère franc: Corbie (664–1050), in: Le christianisme en Occident du début du VIIe siècle au milieu du IXe siècle. Textes et document (Regards sur l'histoire. Histoire médiévale), dir. François BOUGARD, Paris 1997, 203–224.

MORETUS PLANTIN, Henri: Les Passions de saint Lucien et leurs dérivés céphalophoriques (Bibliothèque de la Faculté de philosophie et lettres de Namur 15), Namur 1953 (à lire avec les observations de Baudouin DE GAIFFIER, Le Moyen Âge 60 (1954), 237–243).

MOSTERT, Marco: Les livres de la christianisation. Manuscrits entre Meuse et Moselle, des débuts de la culture de l'écrit jusqu'à l'époque carolingienne, in: L'évangélisation des régions entre Meuse et Moselle et la fondation de l'abbaye d'Echternach (Ve–IXe siècle), actes des 10es journées lotharingiennes (Luxembourg, 28–30 octobre 1998) (Publications de la Section historique de l'Institut grand-ducal de Luxembourg 117; Publications du CLUDEM 16), dir. Michel POLFER, Luxembourg 2000, 245–260.

MOULIN, C.: Les églises et chapelles Sainte-Croix en France, Revue d'histoire de l'Église de France 62 (1976), 349–360.

MOYSE, Gérard: Monachisme et réglementation monastique en Gaule avant Benoît d'Aniane, in: Sous la règle de saint Benoît. Structures monastiques et sociétés en France de Moyen Âge à l'époque moderne, acte du colloque de l'abbaye Sainte-Marie de Paris (23–25 octobre 1980), Genève, 1982 (Hautes études médiévales et modernes, 47), 3–19.

MOYSE, Gérard: Les origines du monachisme dans le diocèse de Besançon (Ve–Xe siècles), Bibliothèque de l'École des chartes 131 (1973), 21–104 et 369–485.

MUSCHIOL, Gisela: Famula Dei. Zur Liturgie in merowingischen Frauenklöstern (Beiträge zur Geschichte des alten Mönchtums und des Benediktinertums 41), Münster 1994.

MUSSET, Lucien: Les destins de la propriété monastique durant les invasions normandes (IXe–XIe s.). L'exemple de Jumièges, in: Jumièges. Congrès scientifique du XIIIe centenaire 1, Rouen 1955, 49–55.

Naissance des arts chrétiens. Atlas des monuments paléochrétiens de la France, Paris 1991.

NATHAN, Geoffrey: The Rogation ceremonies of late antique Gaul. Creation, transmission and the role of the bishop, Classica et Medievalia. Revue danoise de philologie et d'histoire 49 (1998), 275–302.

NAZET, Jacques: Antoing et Leuze: fondations monastiques de saint Amand?, in: Centenaire du séminaire d'histoire médiévale de l'Université libre de Bruxelles (1876–1976), Bruxelles 1977, 9–19.

NAZET, Jacques: Les chapitres de chanoines séculiers en Hainaut du XIIe au début du XIVe siècle (Mémoire de la classe des Lettres de l'Academie Royale de Belgique, collection in-8°, 3e série 7).Bruxelles 1993.

NAZET, Jacques: Crises et réformes dans les abbayes hainuyères du IXe au début du XIIe siècle, in: Recueil d'études d'histoire hainuyère offertes à Maurice-A. Arnould (Analectes d'histoire du Hainaut), dir. Jean-Marie CAUCHIES et Jean-Marie DUVOSQUEL, Mons 1983, 1, 461–496.

NAZET, Jacques: Saint Badilon à Leuze: les origines d'un culte insolite, Mémoires de la Société royale d'histoire et d'archéologie de Tournai 4 (1983–1984), 55–69.

NAZET, Jacques: La transformation d'abbayes en chapitres à la fin de l'époque carolingienne: le cas de Saint-Vincent de Soignies, Revue du Nord 49 (1967), 257–280.

NEBBIAI-DALLA GUARDA, Donatella: Les outils de la culture chrétienne et de la liturgie: manuscrits et bibliothèques, in: Le christianisme en Occident du début du VIIe siècle au milieu du IXe siècle. Textes et document (Regards sur l'histoire. Histoire médiévale), dir. François BOUGARD, Paris 1997, 117–133.

La Neustrie. Les pays au nord de la Loire, de Dagobert à Charles le Chauve (VIIe–IXe siècles), catalogue d'exposition, dir. Laure-Charlotte FEFFER et Patrick PÉRIN, Rouen 1985.

La Neustrie. Les pays au nord de la Loire de 650 à 850. Colloque historique international (Beihefte der Francia 16–1 et 16–2), dir. Hartmut ATSMA, Sigmaringen 1989.

NIERMEYER, Jan-Frederik: Mediae latinitatis lexicon minus, Leyde 1976.

NOËL, René: Deux grandes forêts du nord de la Gaule franque: la Silua Arduenna et la Carbonaria, in: Clovis. Histoire et mémoire 1, dir. Michel ROUCHE, Paris 1997, 631–668.

NOIZET, Hélène: Les basiliques martyriales au VIe et au début du VIIe siècle, Revue d'histoire de l'Église de France 87 (2001), 329–355.

NOLTE, Cordula: Conversio und Christianitas. Frauen in der Christianisierung vom 5. bis 8. Jahrhundert (Monographien zur Geschichte des Mittelalters 41, Stuttgart 1995.

Le nord de la France de Théodose à Charles Martel. Trésors des musées du Nord de la France, catalogue d'exposition, Lille 1984.

Nouvelle biographie nationale: voir Biographie nationale de Belgique.

Novum glossarium mediae latinitatis ab anno DCCC usque ad annum MCC, Copenhague, en cours depuis 1957.

OBERHOLZER, Paul: Vom Eigenkirchenwesen zum Patronatsrecht. Leutkirchen des Klosters St. Gallen im Früh- und Hochmittelalter (St. Galler Kultur und Geschichte 33), Saint-Gall 2002.

OOST, Tony, VAN UYTVEN, Raymond: Een historisch-archeologisch overzicht van het vroegste Antwerpen, in: La genèse et les premiers siècles des villes médiévales dans les Pays-Bas méridionaux. Un problème archéologique et historique (Crédit Communal. Collection Histoire, série in 8°, 83), Bruxelles 1990, 331–345.

ORCHARD, Nicholas: The ninth and tenth-century additions to Cambrai, Médiathèque municipale, 164, Revue bénédictine 113 (2003), 285–294.

OSTENDORF, Adolf: Das Salvator-Patrocinium, seine Anfänge und seine Ausbreitung im mittelalterlichen Deutschland, Westfälische Zeitschrift 100 (1959), 357–376.

OVERGAAUW, Eef A.: Martyrologes manuscrits des anciens diocèses d'Utrecht et de Liège (Middeleeuwse studies en bronnen 30), Hilversum 1993, 2 volumes.

The Pagan Middle Ages, dir. Ludo MILIS, Woodbridge 1998.

PAGANI, Ileana: Ionas-Ionatus: a proposito della biografia di Giona di Bobbio, Studi medievali 29 (1988), 45–85.

Palais médiévaux (France-Belgique). 25 ans d'archéologie, dir. Annie RENOUX, Le Mans 1994.

La paroisse à l'époque préromane et romane, actes des 31es journées romanes de Cuixà (5–12 juillet 1998) (Les Cahiers de Saint-Michel de Cuxa 30), Cuxa 1999.

La paroisse en questions, des origines à la fin de l'ancien régime, dir. Yves COUTIEZ et Daniel VAN OVERSTRAETEN, Ath/Mons/Saint-Ghislain 1998.

PAS, Justin de: Sur l'origine normande de saint Omer et de ses compagnons, Bulletin de la société des Antiquaires de la Morinie 14 (1922–1929), 239–256.

Pastoral Care Before the Parish, dir. John BLAIR et Richard SHARPE, Leicester/Londres/New-York 1992.

Patrimoine des bibliothèques de France 2, Nord – Pas-de-Calais, Picardie, Paris 1995.

PÄTZOLD, Stefan: Die Anfänge des Christentums an der mittleren Elbe. Von der Ankunft der ersten Glaubensboten bis zur Gründung des Erzbistums Magdeburg im Jahr 968, Concilium medii aevi 3 (2000), 135–153 (http://www.cma.d-r.de/3-00/paetzold.pdf).

Le paysage monumental de la France autour de l'an Mil, dir. Xavier BARRAL I ALTET, Paris 1987.

PÉRIN, Patrick: La part du Haut Moyen Âge dans la genèse des terroirs de la France médiévale, in: Le roi de France et son royaume autour de l'an Mil, dir. Xavier BARRAL I ALTET et Michel PARISSE, Paris 1992, 225–233.

PETER, Joseph: L'abbaye de Liessies en Hainaut, depuis ses origines jusqu'à la réforme de Louis de Blois (764–1566), Lille 1912.

PEYTREMANN, Édith: Archéologie de l'habitat rural dans le nord de la France du IVe au XIIe siècle (Mémoires publiés par l'Association française d'archéologie mérovingienne 13), Saint-Germain-en-Laye 2003, 2 volumes.

PHILIPPART, Guy: Hagiographes et hagiographie, hagiologes et hagiologie: des mots et des concepts, Hagiographica 1 (1994), 1–16.

PICARD, Jean-Michel: Aquitaine et Irlande dans le haut Moyen Âge, in: Aquitaine and Ireland in the Middle Ages, dir. Jean-Michel PICARD, Dublin 1995, 17–30.

PICARD, Jean-Michel: L'Homélie de Cambrai. Écriture bilingue et traduction dans les milieux irlandais du VIIe siècle, in: Europe et traduction, dir. Michel BALLARD, Arras 1998, 25–36.

PICARD, Jean-Michel: L'Irlande et la Normandie avant les Normands (VIIe–IXe siècles), Annales de Normandie 47 (1997), 3–24.

PIETRI, Charles: Remarques sur la christianisation du nord de la Gaule (IVe-VIe siècles), Revue du Nord 66 (1984), 55–68.

PIETRI, Luce: Les abbés de basilique dans la Gaule du VIe siècle, Revue d'histoire de l'Église de France 69 (1983), 5–28.

PIETRI, Luce: La christianisation de la Belgique Seconde (IVe–VIe siècles), in: La Picardie, berceau de la France. Clovis et les derniers Romains, 1500e anniversaire de la bataille de Soissons (486-1986), Amiens 1986, 173–189.

PIRENNE, Henri: Le fisc royal de Tournai, in: Mélanges d'histoire du Moyen Âge offerts à Ferdinand Lot par ses amis et ses élèves, Paris 1925, 641–648.

PLATELLE, Henri: La cathédrale et le diocèse. Un aspect religieux du rapport ville-campagne. L'exemple de Cambrai, in: Villes et campagnes au Moyen Âge. Mélanges Georges Despy, dir. Alain DIERKENS et Jean-Marie DUVOSQUEL, Liège 1991, 625–641.

PLATELLE, Henri: Une chronique inconnue de l'abbaye de Saint-Amand, Revue du Nord 37 (1955), 217–226.

PLATELLE, Henri: La conversion religieuse dans l'Europe médiévale, in: La conversion religieuse, dir. Emmanuel GODO, Paris 2000, 45–56.

Platelle, Henri: Crime et châtiment à Marchiennes. Étude sur la conception et le fonctionnement de la justice d'après les Miracles de sainte Rictrude (XIIe s.), Sacris erudiri 24 (1980), 155–202.

Platelle, Henri: Le développement de Valenciennes du Xe au XIIIe siècle: le castrum, les bourgs, les enceintes. Étude topographique, in: Valenciennes et les anciens Pays-Bas. Mélanges offerts à Paul Lefrancq, Valenciennes 1976, 21–52.

Platelle, Henri: Du 'domaine de Valentinus' au comté de Valenciennes (début du XIe siècle), in: La genèse et les premiers siècles des villes médiévales dans les Pays-Bas méridionaux. Un problème archéologique et historique (Crédit Communal. Collection Histoire, série in 8°, 83), Bruxelles 1990, 159–168.

Platelle, Henri: Elle était belle et bonne, elle aimait le Christ. Que savons-nous au juste de sainte Waudru?, Mélanges de science religieuse 44 (1987), 147–169.

Platelle, Henri: L'éloge des villes au Moyen Âge: Cambrai, une autre Jérusalem (XIIe s.), in: Autour de la ville en Hainaut. Mélanges d'archéologie et d'histoire offerts à Jean Dugnoille et à René Sansen, Ath 1986, 65–80; réimprimé dans: Mémoires de la Société d'émulation de Cambrai 99 (1987), 13–33.

Platelle, Henri: Erreur sur la personne. Contribution à l'histoire de l'imposture au Moyen Âge, in: Universitas. Philosophie, Théologie, Lettres, Histoire, Questions d'aujourd'hui. Numéro spécial des Mélanges de science religieuse pour le centenaire des Facultés catholiques de Lille, Lille 1977, 117–145.

Platelle, Henri: L'essor des principautés, in: Histoire des provinces françaises du Nord 2, dir. Alain Lottin, Dunkerque 1989, 7–116.

Platelle, Henri: La justice seigneuriale de l'abbaye de Saint-Amand. Son organisation judiciaire, sa procédure et sa compétence du XIe au XVIe siècle (Bibliothèque de la Revue d'histoire ecclésiastique 41), Paris/Louvain 1965.

Platelle, Henri: La mort précieuse. La mort des moines d'après quelques sources des Pays-Bas du sud, Revue Mabillon 60 (1982), 151–174.

Platelle, Henri: Le mouvement communal de Cambrai de 1077 et ses destinées ultérieures, in: Les chartes et le mouvement communal, Saint-Quentin 1982, 131–148.

Platelle, Henri: Les origines – Le Moyen Âge, in: Les diocèses de Cambrai et de Lille (Histoire des diocèses de France 8), dir. Pierre Pierrard, Paris 1978, 5–93.

Platelle, Henri: La paroisse et son curé jusqu'à la fin du XIIIe siècle. Orientations de la recherche actuelle, in: L'encadrement religieux des fidèles au Moyen Âge et jusqu'au Concile de Trente. La paroisse, le clergé, la pastorale, la dévotion, actes du 109e congrès national des sociétés savantes (Dijon, 1984), section d'histoire médiévale et de philologie, Paris 1985, 11–26.

Platelle, Henri: Les paroisses du décanat de Lille au Moyen Âge, Mélanges de science religieuse 25 (1968), 67–88 et 115–141.

Platelle, Henri: Le premier cartulaire de l'abbaye de Saint-Amand, Le Moyen Âge 62 (1956), 301–329.

Platelle, Henri: La religion populaire entre la Scarpe et la Lys d'après les Miracles de sainte Rictrude de Marchiennes, in: Alain de Lille, Gautier de Châtillon, Jacquemart Giélée et leur temps, dir. Henri Roussel et François Suard, Lille 1979, 365–402.

Platelle, Henri: Reliques circulant sous un faux nom: formalisme et religion populaire, in: La Religion populaire, Paris 1979, 95–102.

Platelle, Henri: Des Romains aux Normands, in: Histoire de Valenciennes (Histoire des villes du Nord/Pas-de-Calais 3), dir. Henri Platelle, Lille 1982, 11–22.

Platelle, Henri: Survol de l'histoire de Saint-Saulve. Le saint, l'abbaye, la paroisse du VIIIe au XVIIIe siècle, Mémoires du Cercle archéologique et historique de Valenciennes (1971), 3–17.

Platelle, Henri: Le temporel de l'abbaye de Saint-Amand des origines à 1340, Paris 1962.

Platelle, Henri: Terre et ciel aux anciens Pays-Bas. Recueil d'articles de M. le Chanoine Platelle publié à l'occasion de son élection à l'Académie royale de Belgique (numéro spécial des Mélanges de science religieuse), Lille 1991.

Platelle, Henri: Le thème de la conversion à travers les œuvres hagiograpiques d'Hucbald de Saint-Amand, in: Saint Géry et la christianisation dans le nord de la Gaule (V^e-IXe siècles) (Revue du Nord 68-269), dir. Michel Rouche, Villeneuve d'Ascq 1986, 511--529.

Platelle, Henri: La violence et ses remèdes en Flandre au XIe siècle, Sacris erudiri 20 (1971), 101–173.

Podevyn, Renier: Étude critique sur la Vita Gudulae, Revue belge de philologie et d'histoire 2 (1923), 619–641.

Podevyn, Renier: Hubert, l'auteur de la 'Vita Gudulae', Revue belge de philologie et d'histoire 15,

1936, 489–496.
PONCELET, Albert: Les biographies de sainte Amelberge, Analecta Bollandiana 31 (1912), 401–409.
PONCELET, Albert: Les documents de Claude Despretz, Analecta Bollandiana 29 (1910), 241–257.
PONCELET, Albert: Une lettre de s. Jean, évêque de Cambrai à Hincmar de Laon, Analecta Bollandiana 27 (1908), 384–390.
PONTAL, Odette: Histoire des conciles mérovingiens, Paris 1989.
POSWICK, Réginald-Ferdinand: Moustier-en-Fagne, le monastère de Wallers, Publications de la Société d'histoire régionale de Rance (1970–1975) 8 (1976), 59–84.
POULIN, Joseph-Claude: Les réécritures dans l'hagiographie bretonne (VIIIe–XIIe siècles), in: La réécriture hagiographique dans l'Occident médiéval. Transformations formelles et idéologiques, dir. Monique Goullet et Martin Heinzelmann (Beihefte der Francia, 58), Ostfildern 2003, 145–194.
POULIN, Joseph-Claude: Saint Léger d'Autun et ses premiers biographes (fin VIIe – milieu IXe siècle), Bulletin de la société des antiquaires de l'Ouest, 4e série 14 (1977), 167–200.
Les premiers monuments chrétiens de la France 3, Ouest, Nord et Est (Atlas archéologique de la France), Paris 1998.
PRINZ, Friedrich: Frühes Mönchtum im Frankenreich. Kultur und Gesellschaft in Gallien, den Rheinlanden und Bayern am Beispiel der monastischen Entwicklung (4. bis 8. Jahrhundert), Munich/ Vienne 1965.
Propylaeum ad AA SS decembris, Bruxelles 1940.
PÜCKERT, Wilhelm: Aniane und Gellone. Diplomatisch-kritische Untersuchungen zur Geschichte der Reformen des Benedictinerordens im IX. und X. Jahrhundert, Leipzig 1899.
PYCKE, Jacques: Le chapitre cathédral Notre-Dame de Tournai de la fin du XIe à la fin du XIIIe siècle. Son organisation, sa vie, ses membres (Recueil de travaux d'histoire et de philologie de l'Université de Louvain, 6e série, 30), Louvain-la-Neuve/Bruxelles 1986.
PYCKE, Jacques: Matériaux pour l'histoire de la bibliothèque capitulaire de Tournai au Moyen Âge, Scriptorium 33 (1979), 76–83.
PYCKE, Jacques: 'Urbs fuerat quondam, quod adhuc vestigia monstrant'. Réflexions sur l'histoire de Tournai pendant le haut Moyen Âge (V^e^–Xe siècles), in: La genèse et les premiers siècles des villes médiévales dans les Pays-Bas méridionaux. Un problème archéologique et historique (Crédit Communal. Collection Histoire, série in 8°, 83), Bruxelles 1990, 211–233.
QUIÉVREUX, Chanoine: Vie de sainte Maxellende et de son culte, Caudry 1924.
RACINET, Sabine: Recherches archéologiques et textuelles sur les traces de la christianisation en Picardie, Mélanges de science religieuse 53 (1996), 43–60.
Reliques et châsses de la collégiale de Soignies. Objets, cultes et traditions (Les Cahiers du chapitre 8), dir. Jacques DEVESELEER, Soignies 2001.
RENARD, Étienne, Autour d'un faux diplôme de Clovis en faveur de Saint-Pierre-le-Vif de Sens (DD Merov. 4-5), Archiv für Diplomatik 49 (2003), 1–13.
RENARD, Étienne: Lectures et relectures d'un polyptyque carolingien (Saint-Bertin, 844–859), Revue d'histoire ecclésiastique 94 (1999), 373–435.
RICHÉ, Pierre: Les bibliothèques de trois aristocrates laïcs carolingiens, Le Moyen Âge 69 (1963), 87–104.
RICHÉ, Pierre: Danses profanes et religieuses dans le haut Moyen Âge, in: Histoire sociale, sensibilités collectives et mentalités. Mélange Robert Mandrou, Paris 1985, 159–167.
RICHÉ, Pierre: Éducation et culture dans l'Occident barbare (VIe–VIIIe siècle), Paris [4]1995.
RICOUARD, M.: Translation des reliques de Saint Wandrille, Bulletin de la Société des antiquaires de Picardie 17-1 (1889), 32–56.
RIEDMANN, Josef: Unbekannte frühkarolingische Handschriftenfragmente in der Bibliothek des Tiroler Landesmuseums Ferdinandeum, Mitteilungen des Instituts für österreichische Geschichtsforschung 84 (1976), 262–289.
ROBBINS BITTERMANN, Helen: The influence of irish monks on merovingian diocesan organization, American historical review 440 (1934–1935), 232–245.
ROBTON, Edmond: Le prieuré de Beaurepaire, in: Valenciennes et les anciens Pays-Bas. Mélanges offerts à Paul Lefrancq, Valenciennes 1976, 181–189.
RÖCKELEIN, Hedwig: Miracles and horizontal mobility in the early Middle Ages: some methodological reflections, in; The Community, the Family and the Saint. Patterns of Power in Early Medieval Europe (International Medieval Research 4). dir. Joyce HILL et Mary SWAN, Turnhout 1998, 181–197.
RÖCKELEIN, Hedwig: «Pervenimus mirificum ad sancti Medardi oraculum». Der Anteil westfränkischer Zellen am Aufbau sächsischer Missionszentren, in: Am Vorabend der Kaiserkrönung. Das Epos

«Karolus Magnus et Leo papa» und der Papstbesuch in Paderborn 799, dir. Peter GODMAN, Jörg JARNUT et Peter JOHANEK, Berlin 2002, 145–162.
RÖCKELEIN, Hedwig: Reliquientranslationen nach Sachsen im 9. Jahrhundert. Über Kommunikation und Öffentlichkeit im Frühmittelalter (Beihefte der Francia 48), Stuttgart 2002.
RODIÈRE, Roger: Les corps saints de Montreuil, Paris 1901.
ROLLAND, Paul: Les Monumenta Historiae Tornacensis (saec. XII). Étude critique, Annales de l'Académie royale d'archéologie de Belgique 73 (1925), 253–313.
ROLLAND, Paul: Les origines légendaires de Tournai (étude critique), Revue belge de philologie et d'histoire 25 (1946–1947), 555–581.
ROSENWEIN, Barbara H.: Negotiating Space. Power, Restraint, and Privileges of Immunity in Early Medieval Europe, Ithaca 1999.
ROUCHE, Michel: Un acte privé carolingien de l'église de Cambrésis, Comptes rendus de l'Académie des Inscriptions et Belles Lettres (1980), 360–372.
ROUCHE, Michel: L'âge des pirates et des saints, in: Histoire de Boulogne-sur-Mer (Histoire des villes du Nord/Pas-de-Calais 5), dir. Alain LOTTIN, Lille 1983, 33–52.
ROUCHE, Michel: L'Aquitaine des Wisigoths aux Arabes (418–781). Naissance d'une région (Bibliothèque générale de l'EHESS), Paris 1979.
ROUCHE, Michel: Cambrai du comte mérovingien à l'évêque impérial, in: Histoire de Cambrai (Histoire des villes du Nord/Pas-de-Calais, 2), dir. Louis TRENARD, Lille 1982), 11–42.
ROUCHE, Michel: La christianisation des pays au nord de la Somme, De Franse Nederlanden. Les Pays-Bas français (1981), 81–91.
ROUCHE, Michel: Les Saxons et les origines de Quentovic, Revue du Nord 59 (1977), 457–478.
ROUCHE, Michel: Topographie historique de Cambrai durant le haut Moyen Âge (V^e^–Xe siècles), Revue du Nord 58 (1976), 339–347.
ROUCHE, Michel: Vie de saint Géry, in: Saint Géry et la christianisation dans le nord de la Gaule (V^e^–IXe siècles) (Revue du Nord 68-269), dir. Michel ROUCHE, Villeneuve d'Ascq 1986, 281–288.
ROUSSELLE, Aline: Croire et guérir. La foi en Gaule dans l'Antiquité tardive, Paris 1990.
RYCKAERT, Marc: Les origines et l'histoire ancienne de Bruges: l'état de la question et quelques données nouvelles, in: Peasants and Townsmen in Medieval Europe. Studia in honorem Adriaan Verhulst, dir. Jean-Marie DUVOSQUEL et Erik THOEN, Gand 1995, 117–133.
SABBE, Étienne: Deux points concernant l'histoire de l'abbaye de St.-Pierre du Mont-Blandin (X^e^-XIe siècles), Revue bénédictine 47 (1935), 52–71.
SABBE, Étienne: Étude critique sur le diplôme d'Arnoul Ier, comte de Flandre, pour l'abbaye de Saint-Pierre à Gand (941, juillet 8), in: Études d'histoire dédiées à la mémoire de Henri Pirenne par ses anciens élèves, Bruxelles 1937, 299–330.
Saint Géry et la christianisation dans le nord de la Gaule (V^e^–IXe siècles) (Revue du Nord 68–269), dir. Michel ROUCHE, Villeneuve d'Ascq 1986.
Saint-Médard. Trésor d'une abbaye royale, dir. Denis DEFENTE, Paris 1996.
Saint Vincent de Soignies. Regards du XXe siècle sur sa vie et son culte. Recueil d'études publié à l'occasion du quatrième centenaire de la confrérie Saint-Vincent (1599–1999) (Les Cahiers du Chapitre 7), dir. Jacques DEVESELEER, Soignies 1999.
Sainte Waudru devant l'histoire et devant la foi. Recueil d'études publié à l'occasion du treizième centenaire de sa mort, dir. Jean-Marie CAUCHIES, Mons 1989.
Sainted Women of Dark Ages, éd. Jo Ann MACNAMARA, John HALBORG et Gordon WHATLEY, Durham/ Londres 1992.
SALIN, Édouard: La civilisation mérovingienne d'après les sépultures, les textes et le laboratoire, Paris 1949–1959.
SALMON, Abbé: Actes inédits des saints martyrs Fuscien, Victoric et Gentien, Mémoires de la Société des antiquaires de Picardie 18 (1861), 123–143.
SANTINELLI, Emmanuelle: Des femmes éplorées? Les veuves dans la société aristocratique du haut Moyen Âge, Villeneuve d'Ascq 2003.
SAPIN, Christian: Le problème du cloître à galerie dans l'architecture canoniale, in: Les chanoines dans la ville. Recherches sur la topographie des quartiers canoniaux en France, dir. Jean-Charles PICARD, Paris 1994, 33–39.
SCHÄFERDIEK, Knut: Die Kirche des früheren Mittelalters (Kirchengeschichte als Missionsgeschichte 2–1), Munich 1978.
SCHÄFERDIEK, Knut: The irish mission of the seventh century: historical fact or historiographical fiction?, in The End of Strife, papers selected from the colloquium of the Commission internationale d'histoire ecclésiastique comparée held at the University of Durham (2 to 9 september 1981),

dir. David Loades, Edimbourg 1984, 139–154.

Scheibelreiter, Georg: Audoin von Rouen. Ein Versuch über den Charkter des 7. Jahrhunderts, in: La Neustrie. Les pays au nord de la Loire de 650 à 850. Colloque historique international 1 (Beihefte der Francia 16–1), dir. Hartmut Atsma, Sigmaringen 1989, 195–216.

Scheibelreiter, Georg: Der Bischof in merowingischer Zeit (Veröffentlichungen des Instituts für österreichische Geschichtsforschung 27), Cologne/Graz/Vienne 1983.

Scheibelreiter, Georg: Griechisches-lateinisches-fränkisches Christentum. Der Brief Papst Martins I. an den Bischof Amandus von Maastricht aus dem Jahre 649, Mitteilungen des Instituts für österreichische Geschichtsforschung 100 (1992), 84–102.

Schieffer, Rudolf: Die Entstehung von Domkapiteln in Deutschland (Bonner historische Forschungen 43), Bonn 1976.

Schilp, Thomas: Norm und Wirklichkeit religiöser Frauengemeinschaften im Frühmittelalter (Veröffentlichungen des Max-Planck-Instituts für Geschichte 137), Göttingen 1998.

Schmid, Karl: Neue Quellen zum Verständnis des Adels im 10. Jahrhundert, Zeitschrift für Geschichte des Oberrheins 108 (1960), 185–232.

Schmitt, Jean-Claude: La fabrique des saints, Annales ESC 39-2 (1984), 286–300.

Schmitt, Jean-Claude: Les 'superstitions', in: Des dieux de la Gaule à la papauté d'Avignon (des origines au XIVe siècle) (Histoire de la France religieuse 1), Paris 1988, 417–551.

Schneider, Gerhard: Erzbischof Fulco von Reims (883-900) und das Frankenreich (Münchener Beiträge zur Mediävistik und Renaissance-Forschung 14), Munich 1973.

Schreiner, Klaus: Schutzherr, Schlachtenhelfer, Friedensstifter. Die Verehrung Martins von Tours in politischen Kontexten des Mittelalters, Rottenburger Jahrbuch für Kirchengeschichte 18 (1999), 89–110.

Schwineköper, Berent, Wentz, Gottfried: Das Erzbistum Magdeburg 1–1, Das Domstift St. Moritz in Magdeburg (Germania sacra), Berlin/New-York 1972.

Seillier, Claude: Boulogne, base navale romaine, in: Les hommes et la mer dans l'Europe du nord-ouest de l'Antiquité à nos jours, actes du colloque de Boulogne-sur-Mer (juin 1984) (Numéro spécial hors-série de la Revue du Nord 1). dir. Jean-Claude Hocquet, Stéphane Lebecq et Alain Lottin, Villeneuve d'Ascq 1986, 163–178.

Seillier, Claude: Des origines aux invasions du Ve siècle, in: Histoire de Boulogne-sur-Mer (Histoire des villes du Nord/Pas-de-Calais 5), dir. Alain Lottin, Lille 1983, 11–32.

Semmler, Josef: Spätmerowingische Herrscher: Theuderich III. und Dagobert II., Deutsches Archiv 55 (1999), 1–28.

Semmler, Josef: Zehntgebot und Pfarrtermination in karolingischer Zeit, in: Aus Kirche und Reich. Studien zu Theologie, Politik und Recht im Mittelalter. Festschrift für Friedrich Kempf, dir. Hubert Mordeck, Sigmaringen 1983, 33–44.

Semmler, Josef: Zur pippidinisch-karolingischen Sukzessionskrise (714–723), Deutsches Archiv 33 (1977), 1–36.

Serbat, Louis: Un historien imaginaire du XIe siècle. Le moine 'Tomellus', Mémoires de la Société nationale des antiquaires de France, 8e série 8 (1934), 108–144.

Servatius, Carlo: 'Per ordinem principis ordinetur'. Zum Modus der Bischofsernennung im Edikt Chlothars II. vom Jahre 614, Zeitschrift für Kirchengeschichte 84 (1973), 1–29.

Sigal, Pierre-André: Histoire et hagiographie: les Miracula aux XIe et XIIe siècles, in: L'historiographie en Occident du Ve au XVe siècle (= Annales de Bretagne et des pays de l'Ouest 87–2), Rennes 1980, 237–257.

Sigal, Pierre-André: L'homme et le miracle dans la France médiévale (XIe–XIIe siècles), Paris 1985.

Sigal, Pierre-André: Miracles in vita et miracles posthumes aux XIe et XIIe siècles, in: Histoire des miracles (Publications du Centre de recherches d'histoire religieuse et d'histoire des idées 6), Angers 1983, 41–49.

Sigal, Pierre-André: Le travail des hagiographes aux XIe et XIIe siècles: sources d'information et méthodes de rédaction, Francia 15 (1987), 149–182.

Sigal, Pierre-André: Les voyages de reliques aux XIe et XIIe siècles, in: Voyage, quête, pèlerinage dans la littérature et la civilisation médiévales (Sénéfiance 2), Aix-en-Provence 1976, 73–103.

Simeray, Françoise: La bibliothèque de l'abbaye de Saint-Amand, in: Positions des thèses soutenues par les élèves [de l'École nationale des chartes] pour obtenir le diplôme d'archiviste paléographe, Paris 1990, 151–159.

Simon, Marc: L'abbaye de Landévennec de saint Guénolée à nos jours, Rennes 1985.

Smith, Julia M. H.: L'accès des femmes aux saintes reliques au haut Moyen Âge, Médiévales 40, printemps 2001, 83–100.

SMITH, Julia M. H.: A hagiographer at work: Hucbald and the librairy at Saint-Amand, Revue bénédictine 106 (1996), 151–171.
SMITH, Julia M. H.: The hagiography of Hucbald of Saint-Amand, Studi medievali 35-2 (1994), 517–542.
SMITH, Julia M. H.: Old saints, new cults: roman relics in Carolingian Francia, in: Early Medieval Rome and the Christian West. Essays in Honour of Donald A. Bullough, Leyde/Boston/Cologne 2000, 317–339.
SNIEDERS, Irène: L'influence de l'hagiographie irlandaise sur les vitae des saints irlandais de Belgique, Revue d'histoire ecclésiastique 24 (1928), 296–627 et 828–867.
Soldiers of Christ. Saints and Saints' Live from Late Antiquity and the Early Middle Ages, dir. Thomas HEAD et Thomas F. X. NOBLE, University Park (Pennsylvanie) 1995.
SOT, Michel: Gesta episcoporum, Gesta abbatum (Typologie des sources du Moyen Âge occidental 37), Turnhout 1981.
SOT, Michel: Un historien et son Église. Flodoard de Reims, Paris 1993.
SOT, Michel: Organisation de l'espace et historiographie épiscopale dans quelques cités de la Gaule carolingienne, in: Le métier d'historien au Moyen Âge. Études sur l'historiographie médiévale (Publications de la Sorbonne, série Études 13), dir. Bernard GUENÉE, Paris 1977, 31–43.
STAERK, Antonio: Les manuscrits latins du Ve au XIIIe siècle conservés à la bibliothèque impériale de Saint-Pétersbourg, Saint-Pétersbourg 1910, 2 volumes.
STANCLIFFE, Clare: Kings who opted out, in: Ideal and Reality in Frankish and Anglo-Saxon Society. Studies presented to J. M. Wallace-Hadrill, dir. Donald BULLOUGH, Roger COLLINS et Patrick WORMALD, Oxford 1983, 154–176.
STEENBOCK, Frauke: Das Nicasius-Diptychon in Tournai, in: Das erste Jahrtausend. Kultur und Kunst im Werdenden Abendland an Rhein und Ruhr 2, dir. Victor H. ELBERN, Düsseldorf 1964, 1007–1013.
STOCLET, Alain J.: Evindicatio et petitio. Le recouvrement de biens monastiques en Neustrie sous les premiers Carolingiens. L'exemple de Saint-Denis, in: La Neustrie. Les pays au nord de la Loire de 650 à 850. Colloque historique international 2 (Beihefte der Francia 16-2), dir. Hartmut ATSMA, Sigmaringen 1989, 125–149.
STÖRMER, Wilhelm: Adelige Eigenkirchen und Adelsgräber. Denkmalpflegerische Aufgaben, Zeitschrift für bayerische Landesgeschichte 38 (1975), 1142–1158.
STRATMANN, Martina: Hinkmar von Reims als Verwalter von Bistum und Kirchenprovinz (Quellen und Forschungen zum Recht im Mittelalter 6), Sigmaringen 1991.
SWINARSKI, Ursula: Herrschen mit den Heiligen. Kirchenbesuche, Pilgerfahrten und Heiligenverehrung früh- und hochmittelalterlicher Herrscher (ca. 500–1200) (Geist und Werk der Zeiten 78), Bern 1996.
TARDIF, Jules: Les chartes mérovingiennes de Noirmoutier, Nouvelle revue historique de droit français et étranger 22 (1898), 763–790.
Le temps chrétien de la fin de l'Antiquité au Moyen Âge (IIIe–XIIIe siècle) (Colloques internationaux du CNRS 604), dir. Jean-Marie LEROUX, Paris 1984.
THELLIEZ, Cyrille: Une 'charte d'affranchissement' de l'évêque de Cambrai, Fulbert, du 27 avril 941, Anciens pays et assemblées d'État 15 (1958), 1–12.
THIÉBAUT, Jacques: La cathédrale disparue de Cambrai et sa place dans l'évolution de l'architecture du Nord de la France, thèse de 3e cycle inédite, Université de Lille III 1975, 3 volumes.
THIÉBAUT, Jacques: Les cathédrales préromanes de Cambrai, in: L'art du haut Moyen Âge dans le nord-ouest de la France, actes du colloque de Saint-Riquier (22–24 septembre 1987) (Greifswalder Beiträge zum Mittelalter 8), dir. Michel PERRIN et Dominique POULAIN, Greifswald 1993, 61–76.
TOCK, Benoît-Michel: Les mutations du vocabulaire latin des chartes au XIe siècle, in: Bibliothèque de l'École des chartes 155 (1997), 119–148.
Topographie chrétienne des cités de la Gaule des origines au milieu du VIIIe siècle, dir. Nancy GAUTHIER et Jean-Charles PICARD (†), Paris, en cours depuis 1986.
TRAUBE, Ludwig: Perrona Scottorum. Ein Beitrag zur Überlieferungsgeschichte und zur Palaeographie des Mittelalters, in: ID., Vorlesungen und Abhandlungen, Munich 1965, 95–119.
TREFFORT, Cécile: Du cimiterium christianorum au cimetière paroissial: l'évolution des espaces funéraires en Gaule du VIe au Xe siècle, in: Archéologie du cimetière chrétien, actes du 2e colloque ARCHEA (Orléans, 29 septembre – 1er octobre 1994) (Supplément à la Revue archéologique du Centre de la France 11), dir. Henri GALINIÉ et Élisabeth ZADORA-RIO, Tours 1996, 55–63.
TREFFORT, Cécile: L'Église carolingienne et la mort. Christianisme, rites funéraires et pratiques commémoratives (Collection d'histoire et d'archéologie médiévale 3), Lyon 1996.

Trésors archéologiques du nord de la France, catalogue d'exposition, Valenciennes 1997.
TRIER, Jost: Der heilige Judocus. Sein Leben und seine Verehrung zugleich ein Beitrag zur Geschichte der deutschen Namengebung (Germanistische Abhandlungen 56), Breslau 1924.
UGÉ, Karine: Creating a usable past in the tenth century. Folcuin's 'Gesta' and the crises at Saint-Bertin, Studi Medievali 37-2 (1996), 387–903.
UGÉ, Karine: The legend of saint Rictrude: formation and transformation (tenth-twelfth century), in: Proceedings of the Battle Conference 2000 (Anglo-Norman Studies 23), dir. John GILLINGHAM, Woodbridge 2001, 281–297.
UGÉ, Karine: Politics of Narrative Production. Monastic Historiography in Flanders (Ninth-Eleventh Century), PhD inédit, Boston College 2000, 2 volumes.
UGÉ, Karine: Relics as tools of power. The eleventh-century Inventio of St Bertin's relics and the assertion of abbot Bovo's authority, in: Negotiating Secular and Ecclesiastical Power. Western Europe in the Central Middle Ages (International Medieval Research 6), dir. Arnoud-Jan A. BIJSTERVELD, Henk TEUNIS et Andrew WAREHAM, Turnhout 1999, 51–71.
VACANDARD, Elphège: L'idolâtrie en Gaule au VIe et au VIIe siècle, Revue des questions historiques 65 (1899), 424–454.
VAN CAENEGEM, Raoul C.: Le diplôme de Charles le Chauve du 20 juin 877 pour l'abbaye de Saint-Bertin, Tijdschrift voor rechtgeschiedenis 31 (1963), 403–426.
VAN CAENEGEM, Raoul C.: Note sur la date de la donation de Charles le Chauve pour l'abbaye de Saint-Bertin, in: Miscellanea mediaevalia in memoriam Jan Frederick Niermeyer, Groningue 1967, 71–78.
VAN CAENEGEM, Raoul C.: The sources of flemish history in the Liber Floridus, in: Liber Floridus colloquium. Papers read at the international meeting held the University Library Ghent on 3–5 september 1967, dir. Albert DEROLEZ, Gand 1973, 71–83.
VAN DER ESSEN, Léon: Étude critique et littéraire sur les vitae des saints mérovingiens de l'ancienne Belgique (Recueil de travaux de l'Université de Louvain, 1ère série 17), Louvain/Paris 1907.
VAN DER ESSEN, Léon: Jean d'Ypres ou de Saint-Bertin († 1383), Revue belge de philologie et d'histoire 1 (1922), 475–494.
VAN DER ESSEN, Léon: Hucbald de Saint-Amand (c. 840–930) et sa place dans le mouvement hagiographique médiéval, Revue d'histoire ecclésiastique 19 (1923), 333–351 et 522–552.
VAN DER ESSEN, Léon: Le siècle des saints (625–739). Étude sur les origines de la Belgique chrétienne, Bruxelles 1942.
VAN DER ESSEN, Léon: Vies de saint Médard et de saint Éloi, Annuaire de l'Université catholique de Louvain 68 (1904), 372–390.
VAN DER STRAETEN, Joseph: L'auteur des Vies de s. Hugues et de s. Aycadre, Analecta Bollandiana 88 (1970), 63–73.
VAN DER STRAETEN, Joseph: Vie inédite de s. Hugues, évêque de Rouen, Analecta Bollandiana 87 (1969), 215–260.
VAN DER STRAETEN, Joseph: Les Vies métriques de saint Omer, Analecta Bollandiana 81 (1963), 59–88.
VAN HOUTS, Elisabeth M. C.: Historiography and hagiography at Saint-Wandrille: the 'Inventio et Miracula sancti Vulframni', in: Proceedings of the Battle Conference (1989) (Anglo-Norman Studies 12), dir. Marjorie CHIBNALL, Woodbridge 1990, 233–251.
VAN METER David C.: Count Baldwin IV, Richard of Saint-Vanne, and the inception of monastic reform in eleventh-century Flanders, Revue bénédictine 107 (1997), 130–148.
VAN MINGROOT, Erik: Kritisch onderzoek omtrent de datering van de Gesta episcoporum Cameracensium, Revue belge de philologie et d'histoire 53 (1975), 281–332.
VAN MINGROOT, Erik: Liste provisoire des actes des évêques de Cambrai de 1031 à 1130, in: Serta devota in memoriam Guillelmi Lourdaux. Pars posterior: cultura mediaevalis (Historica Lovaniensia, 1ère série 21), dir. Werner VERBEKE et al., Leuven 1995, 13–55.
VAN OVERSTRAETEN, Daniel: Les paroisses rurales en Hainaut au Moyen Âge d'après les archives de l'abbaye de Saint-Ghislain, in Recueil d'études d'histoire hainuyère offertes à Maurice-A. Arnould (Analectes d'histoire du Hainaut), dir. Jean-Marie CAUCHIES et Jean-Marie DUVOSQUEL, Mons 1983, 1, 497–520.
VAN REY, Manfred: Die Lütticher Gaue Condroz und Ardennen im Frühmittelalter. Untersuchungen zur Pfarrorganisation (Rheinisches Archiv 102), Bonn 1977.
VAN REY, Manfred: Les saints patrons des églises paroissiales du pagus de Lomme de l'ancien diocèse de Liège, in: Congrès de Comines (28–31 août 1980). 45e congrès de la fédération des cercles d'archéologie et d'histoire de Belgique et 1er congrès de l'Association des cercles francophones d'histoire et d'archéologie de Belgique, 3, Comines 1983, 247–266.

VANSTEENBERGHE, Edmond: Note sur la valeur historique du De Morinis de Malbrancq, Bulletin de la Société des antiquaires de la Morinie 14 (1922–1927), 319–328.

VAN UYTFANGHE, Marc: Les expressions du type quod vulgo vocant dans les textes latins antérieurs au Concile de Tours et aux Serments de Strasbourg: témoignages lexicologiques et sociolinguistiques de la 'langue rustique romaine'?, Zeitschrift für romanische Philologie 105 (1989), 28–49.

VAN UYTFANGHE, Marc: Le remploi dans l'hagiographie: une 'loi du genre' qui étouffe l'originalité?, in: Ideologie e pratiche del reimpiego nell'alto Medioevo 1 (Settimane di studio del Centro italiano di studi sull'Alto Medioevo 46), Spolète 1999, 359–411.

VAN UYTFANGHE, Marc: Stylisation biblique et condition humaine dans l'hagiographie mérovingienne (600–750) (Verhandelingen van de koninklijke Academie voor wetenschappen, letteren en schone kunsten van België 120), Bruxelles 1987.

VAN UYTFANGHE, Marc: La vallée de l'Escaut et de ses affluents à l'époque mérovingienne: le témoignage des textes, in: De merovingische beschaving in de Schaldevallei (Westvlaamse archaeologica monografieën 2), dir. André VAN DOORSELAER, Courtrai 1981, 23–63.

VAN UYTFANGHE (Marc), Die Vita im Spannungsfeld von Legende, Biographik und Geschichte (mit Anwendung auf einen Abschnitt aus der Vita Amandi prima), in: Historiographie im frühen Mittelalter (Veröffentlichungen des Instituts für österreichische Geschichtsforschung 32), dir. Georg SCHEIBELREITER et Anton SCHARER, Vienne/Munich 1994, 195–221.

VAN WERVEKE, Hans: A-t-il existé des fortifications à Saint-Omer antérieurement à 878–881?, Revue belge de philologie et d'histoire 41 (1963), 1065–1090.

VAN WERVEKE, Hans: Het bisdom Terwaan van de oorsprong tot het begin der veertiende eeuw (Recueil de travaux publiés par la faculté de philosophie et de lettres [de l'Université de Gand] 52), Gand/Paris 1924.

VAN WERVEKE, Hans: Saint-Wandrille et Saint-Pierre de Gand (IXe–Xe siècle), in: Miscellanea mediaevalia in memoriam Jan Frederick Niermeyer, Groningue 1967, 79–92.

Varieties of Religious Conversion in the Middle Ages, dir. James MULDOON, Miami 1997.

VERBEEMEN, Jozef: L'ordre géographique suivi dans le traité de Meersen (870) et son importance pour la localisation de quelques abbayes y mentionnées, Archives et bibliothèques de Belgique 35 (1964), 155-185.

VERBESSELT J.: Het parochiewezen in Brabant tot hed einde van de 13de eeuw, 1950–1972, 12 volumes.

VERCAUTEREN, Fernand: Comment s'est-on défendu, au IXe siècle dans l'empire franc contre les invasions normandes?, Annales du XXXe congrès de la fédération archéologique et historique de Belgique, Bruxelles, 1936, 117–132.

VERCAUTEREN, Fernand: Étude critique sur un diplôme original d'Henri Ier roi de France pour l'abbaye de Saint-Pierre au Mont-Blandin à Gand (1038, après le 20 juillet), Bulletin de la Commission royale d'histoire 101 (1936) 187–213.

VERCAUTEREN, Fernand: Étude sur les civitates de la Belgique seconde. Contribution à l'histoire urbaine du nord de la France de la fin du IIIe à la fin du XIe siècle (Mémoires de la classe des lettres et des sciences morales et politiques de l'Académie royale de Belgique, in 8°, 2e série 33), Bruxelles 1934.

VERCAUTEREN, Fernand: Le 'Romanus' des sources franques, Revue belge de philologie et d'histoire 11 (1932), 77–88.

VERHULST, Adriaan: Das Besitzverzeichnis der Genter Sankt-Bavo-Abtei von ca. 800 (Clm 6333). Ein Beitrag zur Geschichte und Kritik der karolingischen Urbarialaufzeichnungen, Frühmittelalterliche Studien 5 (1971), 193–234.

VERHULST, Adriaan: Note sur deux chartes de Lothaire, roi de France, pour l'abbaye de Saint-Bavon à Gand, Bulletin de la Commission royale d'histoire 155 (1989), 1–23.

VERHULST, Adriaan: The origins and early history of Antwerp (7th–12th centuries), in: ID., Rural and Urban Aspects of Early Medieval Northwest Europe (Variorum collected Studies Series), Aldershot 1992, n° 14, 33 p. [traduction inédite et remaniée d'un texte publié dans: De Stad Antwerpen van de Romeinse yijd tot de 17de eeuw. Topografische studie rond het plan van Virgilius Bononensis, dir. Leon VOET et al., Bruxelles 1978, 13–40].

VERHULST (Adriaan), Saint Bavon et les origines de Gand, in: Saint Géry et la christianisation dans le nord de la Gaule (Ve–IXe siècles) (Revue du Nord 68–269), dir. Michel ROUCHE, Villeneuve d'Ascq 1986, 455–467.

VERHULST, Adriaan: De Sint-Baafsabdij te Gent en haar grondbezit (VIIe–XIVe eeuw). Bijdrag tot de kennis van de structuur en de uitbating van het grootgrondbezit in Vlaanderen tijdens de Middeleeuwen (Verhandelingen van de koninklijke vlaamse Academie voor Wetenschappen, Letteren en schone Kunsten van België, klasse der Letteren 30), Bruxelles 1958.

VERHULST, Adriaan: Sur un diplôme de Louis IV pour Saint-Pierre de Gand, Bibliothéque de l'École des chartes 148 (1990), 427–438.
VERMEULEN, Frank: Moderate acculturation in the fringe area of the Roman Empire: some archeological indications from the Civitas Menapiorum, Bulletin de l'Institut historique belge de Rome 62 (1992), 5–41.
VERSLYPE, Laurent: Le paysage rural et urbain des bassins de l'Escaut et de la basse et moyenne Meuse à la période mérovingienne. Approches socio-économiques et environnementales de l'occupation des territoires par les sources archéologiques, thèse de doctorat inédite, Université catholique de Louvain, 2001, 3 volumes.
VERSLYPE, Laurent: La topographie du haut Moyen Âge à Tournai. Nouvel état des questions archéologiques, Revue du Nord. Archéologie 81–333 (1999), 143–162.
VEYRARD-COSME, Christiane: L'œuvre hagiographique en prose d'Alcuin. Vitae Willibrordi, Vedasti, Richarii. Édition, traduction, études narratologiques (Per Verba. Testi mediolatini con traduzione), Florence 2003.
La vie et le culte de sainte Renelde des origines à nos jours (Dossier du Comité d'histoire religieuse Rebecq-Tubize 2), dir. Luc DELPORTE, Tubize 1996.
VIEILLARD-TROIEKOUROFF, May: Les monuments religieux de la Gaule d'après les œuvres de Grégoire de Tours, Paris 1976.
Vies des saints et des bienheureux par les Bénédictins de Paris, Paris 1935–1959, 13 volumes.
Vies de saints dans le nord de la France (VIe–XIe siècles) (Mélanges de science religieuse 56–2), Lille 1999.
Villes et campagnes au Moyen Âge. Mélanges Georges Despy, dir. Alain DIERKENS et Jean-Marie DUVOSQUEL, Liège 1991.
VILLETTE, Jean-Luc: Passiones et Inventiones s. Quentini. L'élaboration d'un corpus hagiographique du haut Moyen Âge, Mélanges de science religieuse 56-2 (1999), 49–76.
Visitatieverslagen van Karel Maes, bisschop van Gent. Diarium mei-juni 1611 (Commission royale d'histoire), éd. Richard WEEMAES, Bruxelles 1987.
VOGEL, Cyrille: Le pécheur et la pénitence au Moyen Âge (Chrétiens de tous les temps 5), Paris 1969.
VOGEL, Lothar: Vom Werden eines Heiligen. Eine Untersuchung der Vita Corbiniani Bischofs Arbeo von Freising (Arbeiten zur Kirchengeschichte 77), Berlin/New-York 2000, 308–314.
VOISIN, Louis: Notice sur les archidiacres de Tournai, Mémoires de la société historique et littéraire de Tournai 16 (1877), 1–79.
VON DER NAHMER, Dieter: Die Klostergründung "in solitudine" – ein unbrauchbarer hagiographischer Topos?, Hessisches Jahrbuch für Landesgeschichte 22 (1972), 90–111.
VOS, Joachim: Lobbes, son abbaye et son chapitre, ou histoire complète du monastère de Saint-Pierre à Lobbes et du chapitre de Saint-Ursmer à Lobbes et à Binche, Louvain 1865, 2 volumes.
WAKSMAN, Pierre: Histoire des dépendances de l'abbaye de Saint-Bertin du VIIe à la fin du Xe siècle, in: Positions des thèses soutenues par les élèves [de l'École nationale des chartes] pour obtenir le diplôme d'archiviste paléographe, Paris 1960, 103–106.
WARICHEZ, Joseph: L'abbaye de Lobbes depuis les origines jusqu'en 1200. Étude d'histoire générale et spéciale, Louvain/Paris 1909.
WARICHEZ, Joseph: Les origines de l'Église de Tournai (Recueil de travaux de l'Université de Louvain 10), Louvain 1902.
WEHRLI, Christoph: Mittelalterliche Überlieferungen von Dagobert I. (Geist und Werk der Zeiten 62), Berne/Francfort-sur-le-Main 1982.
WERNER, Karl-Ferdinand: Le rôle de l'aristocratie dans la christianisation du nord-est de la Gaule, in: La christianisation des pays entre Loire et Rhin (IVe–VIIe siècle) (Revue d'histoire de l'Église de France 62–168), dir. Pierre RICHÉ, Paris 1976; rééd. Paris 1993 (Cerf. Histoire de la France religieuse 2), 45–74.
WERNER, Matthias: Der Lütticher Raum in frühkarolingischer Zeit. Untersuchung zur Geschichte einer Karolingischer Stammlandschaft (Veröffentlichungen des Max-Planck Instituts für Geschichte 62), Göttingen 1980.
WESTEEL, Isabelle: Quelques remarques sur la Vita Eligii, Vie de saint Éloi, Mélanges de science religieuse 56–2 (1999), 33–47.
WESTEEL-HOUSTE (Isabelle), Vie de saint Éloi. Étude critique et édition, in: Positions des thèses soutenues par les élèves [de l'École nationale des chartes] pour obtenir le diplôme d'archiviste paléographe, Paris 1994, 221–226.
WILMART, André: Les livres de l'abbé Odbert, Bulletin de la Société des antiquaires de la Morinie 14-265 (1924), 169–188.

WHITTAKER, Dick: L'importance des invasions du Bas-Empire: peut-on faire confiance aux historiens ?, Revue du Nord. Archéologie 77-313 (1995), 11–20.
WOOD, Ian: The Merovingian Kingdoms (450–751), Londres/New-York 1994.
WOOD, Ian: The Missionary Life. Saints and the Evangelisation of Europe, 400–1050 (The Medieval World), Harlow 2001.
WOOD, Ian: Pagans and holy men, 600–800, in: Irland und die Christenheit. Bibelstudien und Mission (Veröffentlichungen des Europa-Zentrums Tübingen, Kulturwissenschaftliche Reihe), dir. Próinséas NÍ CHATHÁIN et Michael RICHTER, Stuttgart 1987, 347–361.
WORMALD, Francis: Some illustrated manuscripts of the lives of the saints, Bulletin of the John Rylands Library 35 (1952–1953), 248–266.
YOUNG, Bailey K., Pratiques funéraires et mentalités païennes, in: Clovis. Histoire et mémoire, actes du colloque de Reims (19–25 septembre 1996) 1, Clovis et son temps, l'événement, dir. Michel ROUCHE, Paris 1997, 15–42.
ZADORA-RIO, Élisabeth: Le village des historiens et le village des archéologues, in: Campagnes médiévales. L'homme et son espace. Études offertes à Robert Fossier (Publications de la Sorbonne. Série histoire ancienne et médiévale 31), dir. Élisabeth MORNET, Paris 1995, 145–153.
ZEDDIES, Nicole: Religio et sacrilegum. Studien zur Inkriminierung von Magie, Häresie und Heidentum (4.–7. Jahrhundert) (Europäische Hochschulschriften III, 964), Berne/Francfort-sur-le-Main 2003.

Index des manuscrits cités

Index des noms de personnes et des noms de lieux

La localisation administrative des lieux cités est précisée en tête des notices de l'annexe I. Les chiffres en gras renvoient aux notices des annexes I et II.

A

B

C

F

M

N

O

P

Q

V

W

TABLE DES CARTES

TABLE DES TABLEAUX